« PAVILLONS »

Collection dirigée par
Maggie Doyle et Jean-Claude Zylberstein

ELLIOT PERLMAN

AMBIGUÏTÉS

traduit de l'anglais par Johan-Frédérik Hel Guedj

ROBERT LAFFONT

Titre original . SEVEN TYPES OF AMBIGUITY

ISBN 2-221-09529-4
(édition originale : ISBN 0-330-36423-5 Picador by Pan Macmillan Australia, Sydney)

Pour Debbie

« Dieu a pitié des enfants de la crèche.
Il a moins pitié des enfants de l'école.
Et n'en a aucune pour les adultes.
Il les laisse livrés à eux-mêmes,
Et il leur faut parfois ramper à quatre pattes... »

YEHUDA AMICHAI

Première partie

1.

Hier soir, il a failli t'appeler. Tu t'imagines, après tout ce temps ? Lui, il s'imagine. Il se figure qu'il t'appelle ou qu'il tombe sur toi par hasard. Selon le temps qu'il fait, il t'imagine dans une de tes robes de cotonnade fleurie ou en blue-jean délavé, en épais cardigan de laine sur une chemise à carreaux, et tu bois un bol de café en lisant un livre de poésie derrière tes lunettes cerclées d'écaille, et il pleut. Il pense à toi, les cheveux simplement attachés, à l'odeur sucrée de ta nuque, cette odeur si caractéristique. Il t'imagine ainsi quand il est dans le train, au supermarché, dans la maison de ses parents, le soir, seul, et quand il est avec une femme.

Pourtant, il se trompe. Tu ne lisais pas de poésie. Il aurait aimé que tu en lises mais tu n'en lisais pas. Si on insiste, il avoue ne plus trop savoir ce que tu lisais et, de toute manière, ce ne sont pas tes lectures qui ont été à l'origine de cette histoire. C'était ce rire, ce rire insouciant, et ta manière d'être une publicité pour Coca-Cola en trois dimensions, c'était tes amies du genre « Et si on essayait ça ? », ton indifférence pour tout ce qui t'a précédée, tes coups de téléphone à la chaîne, tes blagues pour initiés, ta musique immédiate, le soleil que tu portais en toi, ce qu'il éprouvait quand tu parlais à ses parents, les premiers cours en fac, ton inévitable succès, les maisons sur la plage, la dentelle blanche de tes dessous, les slows très intimes, la bonne grâce avec laquelle tu acceptais les horaires variables, ton apparente absence d'espérances, les cultes interchangeables que tu rendais à la campagne, à la famille, à l'Orient, au classique, au moderne, au post-moderne, aux démunis, à la déréglementation, à l'orgasme, au féminin, aux féministes, et cette façon que tu avais de passer de l'un à l'autre avec la légèreté de celle qui prépare une salade. Tu aimerais sa manière de te voir. Il t'utilise comme une arme contre lui-même, pas seulement parce que tu en as fait autant. Parfois, quand il sort, il reste assis dans sa voiture, aux feux rouges, et il essaie de calculer combien de fois il est resté assis comme ça, à attendre au feu rouge, en route pour quelque part, sans toi, mais avec l'envie de croiser quelqu'un, n'importe qui, dans l'espoir de te réduire à l'état de simple anecdote vouée à se confondre avec d'autres anecdotes. Il pense à toi quand la femme qui est couchée à côté de lui le croit endormi. Qu'il y ait eu beaucoup d'autres femmes, cela n'est pas pour te surprendre. Tu te souviens que tu le trouvais beau ? Tu ne le lui as jamais avoué. Il en était réduit à le supposer. Il était beau et, neuf ans plus tard, il l'est encore plus. Les années l'ont affiné, de sorte que sa prestance jadis un peu adolescente a laissé place à un charme authentique. Enfin, pas toujours. Le matin, ou quand il a bu, le charme s'estompe. Mais la boisson n'est pas vraiment le problème du moment, en tout cas pas le plus criant. Aux dernières nouvelles, ce n'était pas plus un problème pour lui que pour ton mari. Autrement dit, aux dernières nouvelles, ce n'est plus la quantité qui est inquiétante. Ces deux hommes éprouvent le même besoin secret d'inhiber leurs mécanismes inhibiteurs. Dans le cas de Simon, ce besoin est la partie émergée d'un iceberg ancien, profond.

Simon est dépassé par les tâches quotidiennes les plus élémentaires : se doucher et se raser, s'habiller, laver ses vêtements, se nourrir, et nourrir Empson. Il finit par manquer de tout, sauf des provisions les plus élémentaires ; il ne réagit que lorsqu'il n'y a plus rien pour le chien. Tu ne peux pas connaître Empson ; Simon l'a eu tout jeune. Il doit avoir trois ans et demi, maintenant. Il l'emmenait tout le temps à l'école. C'était son style. Les enfants adoraient Empson presque autant que Simon. Tu l'aimais, toi aussi, Simon. Je me l'imagine volontiers bon enseignant. Tu te souviendras peut-être que le père de Simon, William (peut-être l'appelais-tu M. Heywood ?), avait été très déçu de voir Simon devenir enseignant, surtout dans le primaire. Il trouvait ce métier trop peu viril pour son fils, il pensait que Simon y gâcherait ses qualités. Et pourtant, ironie de l'histoire, si Simon n'avait pas cessé d'enseigner, William n'aurait peut-être pas éprouvé le besoin de me contacter.

Il était très tard, un soir. Au son de sa voix, j'entendais bien que William était gêné. Il était chez lui, et moi aussi, bien sûr, en train de racler la fin de mon dîner au fond d'une tasse. Je ne sais pas pourquoi, il s'est figuré que je serais encore là. Au téléphone, il chuchotait presque, c'était pour son fils qu'il m'appelait, mais à son insu. Malgré son embarras (qui est, je l'ai appris depuis, un véritable trait de caractère), il n'a pas tardé à en venir au fait. Il m'a confié qu'il avait un fils de trente-deux ans qui vivait seul avec un chien dans un appartement au bord de la mer, à Elwood. Il m'a appris que ce fils, obsédé de poésie, sortait rarement depuis qu'il avait perdu son emploi, survenu dès la première vague de dégraissage. En allant ainsi droit au fait qui le préoccupait, William en manquait plein d'autres. Si son père n'avait pas de temps à consacrer à la poésie, me confierait Simon, c'était par peur du désordre de sa propre existence. La poésie alimente tout ce qui déborde les limites de l'ordinaire, du quotidien, c'est pourquoi William n'a pas de temps à y consacrer. Il n'imagine rien de plus inutile. Et toi ? Quelle est ton excuse ?

2.

La conversation a dû se prolonger environ une demi-heure. Elle a été remplie, pour l'essentiel, par les exemples que William me fournissait du désintérêt de son fils pour tout sauf la poésie et peut-être « ce satané chien ». Apparemment, il n'a aucune idée de l'intérêt soutenu que Simon porte à ta personne et à ce qui te touche. Il m'a confié que Simon souffrait d'une grave dépression et je n'en ai pas conclu grand-chose, excepté que William voulait me convaincre que son fils souffrait d'une grave dépression. Il m'a signalé que je lui avais été chaudement recommandé par tel ou tel, et qu'il était prêt à payer pour que Simon vienne me voir. J'ai trouvé la formulation intéressante. Il était prêt à payer pour que Simon vienne me voir – et non à *me* payer pour que je traite Simon. Sa femme ne savait rien de son coup de fil et il m'a demandé de bien vouloir l'excuser par avance s'il raccrochait brusquement, au cas où elle entrerait dans la pièce à l'improviste. William consacrait beaucoup de temps à se prémunir contre l'improviste. Il n'admettrait pas volontiers cette habitude, et encore moins ce qu'elle a de futile. Pas plus qu'il n'admettrait qu'il est plus utile de se préparer un tout petit peu plus à l'attendu – et un tout petit peu moins à l'inattendu. Quant à sa femme, elle ne l'a pas pris par surprise, pas cette fois-là.

De prime abord, il n'y avait rien à faire, parce que, comme je l'ai expliqué à William, il fallait que Simon ait envie de me voir. Je ne pouvais pas l'appeler et lui annoncer : « Votre père pense que vous êtes un peu dérangé. Que diriez-vous de mercredi à quatre heures ? » Comme il n'avait jamais abordé le sujet avec Simon, je ne voyais vraiment pas comment j'aurais pu intervenir. Son avis sur la question ? On s'est dit au revoir et j'en ai conclu qu'on en resterait là. Évidemment, on n'en est pas resté là.

Environ un mois plus tard, William et May, la mère de Simon, sont sortis dîner avec Henry et Diane Osborne. Tu te souviens peut-être des Osborne ? Ce sont les amis des parents de Simon, leurs amis les plus proches. Simon m'assure que le mépris d'Henry pour la poésie n'a d'égal que celui de son père. C'était un vendredi soir ; les Osborne avaient emmené les parents de Simon dans un restaurant français pour célébrer le départ en retraite de William, qui quittait la banque ce même jour. Au moment de partir, après les congratulations du restaurateur, ils sont tombés sur Simon, par hasard semble-t-il. Il était complètement ivre et tenait par la taille une très séduisante jeune femme. Les deux couples d'âge mûr n'ont pas tardé à deviner quel était le métier de la demoiselle en minijupe, et la gêne s'est installée. William s'est répandu en excuses comme s'il était responsable. Henry, tâchant de prendre les choses à la légère, a demandé à la jeune femme si c'était la première fois qu'elle venait dans le restaurant. Tandis que Simon hélait un taxi, elle s'est présentée par son prénom, « Angelique », et a répondu à Henry qu'elle venait souvent et que le propriétaire était un client. Un lundi, Simon m'a appelé. Il m'a raconté toute l'histoire et m'a expliqué qu'il devait s'arranger pour venir me consulter, c'était une condition *sine qua non* du rapprochement avec ses parents. La conversation a été brève. Il préférait, m'a-t-il dit, que l'on ne se rencontre pas dans mes locaux, et m'a indiqué une adresse où le retrouver, un soir. C'était l'été, et il m'a suggéré de passer par l'arrière, par le jardin, où il m'attendrait. En temps normal, jamais je n'aurais accepté un tel arrangement, mais quelque chose dans sa voix, une certaine intelligence, et la sincérité qu'il a mise à me raconter cette histoire de restaurant avec ses parents, les Osborne et Angelique – une sincérité désarmante – m'ont convaincu. Et puis, si je veux faire preuve de cette honnêteté que j'admire tant chez Simon, je dirais que j'avais besoin d'un client de plus, à plein tarif. Un besoin encore d'actualité. Mon épouse et moi venons de nous séparer.

3.

On comprend tout à fait qu'une personne déprimée ne s'intéresse à aucune initiative constructive, porteuse de débouchés futurs. À cet égard, Simon n'a jamais fait que flirter avec la dépression, qu'elle soit de forme ordinaire ou clinique. S'il s'agissait seulement de vocabulaire, je pourrais affirmer sans trop d'hésitation que Simon, sauf pendant de courtes périodes, est trop plongé dans la réalité pour être cliniquement déprimé. En fait, William en sait très peu sur ce que son fils a dans la tête. Ce que lui-même et beaucoup d'autres ne comprennent pas, c'est que la dépression ne se limite pas à des sentiments – parfois écrasants – d'inadéquation, de désespoir et de tristesse. Quand les gens sont déprimés, ils sont parfois très, très en colère. Ils ne sont pas seulement malheureux et silencieux. Ils peuvent se laisser gagner par la passion. Simon était assis dans un fauteuil, sous un parasol, au milieu d'un vaste jardin bien entretenu, avec une piscine au milieu, des bouleaux et des sapins à la périphérie. Il s'est levé, nous nous sommes serré la main et nous nous sommes présentés. J'ai été frappé par sa beauté parfaite et son calme. Il est rare de rencontrer quelqu'un qui fasse une aussi bonne première impression. Tu te souviens ? Il m'a remercié d'être venu, en ajoutant qu'il comprenait bien que pareille rencontre était inhabituelle. Je lui ai répondu une banalité au sujet de mon métier, de l'inattendu auquel je devais m'attendre et, là-dessus, de sa voix rassurante, il m'a cité quelqu'un, un vers d'un poème où il était question de surprises et de chance. Je ne sais pourquoi mais j'étais un peu tendu. Il m'a posé des questions, comme s'il m'interviewait, comme s'il notait mentalement certains détails : d'âge mûr, séparé, habite en centre-ville, pas dans un beau quartier, etc. J'ai dû réussir l'épreuve car il a eu l'air de m'apprécier, sans pour autant se départir de sa réserve. Peut-être ne correspondais-je pas à son image type du psychiatre. Je ne sais pas. Il m'a conseillé de ne pas totalement ignorer ce que son père avait pu me raconter à son sujet, ajoutant que sa description contenait sans nul doute ce qu'il appelait « cette dangereuse parcelle de vérité » susceptible de faire croire que la totalité de ce qu'il disait et dirait était tout aussi vraie.

Il était foncièrement charmant, plein d'esprit, détendu, intelligent. J'étais un peu surpris qu'il ne m'ait pas proposé quelque chose à boire, mais je n'ai émis aucun commentaire. Nous autres, Européens, nous sommes d'instinct de meilleurs hôtes, avec ou sans troubles de la personnalité. Je ne savais rien de lui, et peut-être ne se montrerait-il plus jamais aussi affable. Ce n'est pas que j'attende de mes patients qu'ils soient aux petits soins pour moi mais, en l'occurrence, la scène avait un côté informel très inhabituel. Et je ne voulais rien faire qui soit susceptible de l'interrompre. Peut-être se sentait-il un peu gêné de me proposer l'alcool de ses parents. J'imaginais qu'une propriété de cette superficie, avec sa piscine, son court de tennis et sa parabole satellite, devait appartenir à ses parents. Ils avaient dû proposer de sortir ce soir-là, dans le cadre de leur accord.

« Je suis un enseignant de trente-deux ans, au chômage, j'habite tout seul dans un appartement à Elwood, dit-il en riant, mais ce n'est pas parce que je ne travaille pas que je suis fauché. »

Ensuite, après quelques propos anodins, il s'est mis à me parler de toi. Au début, je n'ai pas compris à combien de temps remontait votre relation. Cela ne ressortait pas clairement, et je lui ai posé la question.

« C'est fini depuis environ neuf ans, m'a-t-il dit. Vous voulez comprendre pourquoi j'en parle encore. Exact ?

– Je n'ai rien dit de tel, lui ai-je répondu.

– Non, c'est vrai. Vous vous êtes retenu parce que mon père vous a payé pour ne pas m'annoncer que je suis fou ou, en tout cas, pour que vous le lui annonciez d'abord à lui. Je trouve ça admirable, mes amis, ce que vous faites là mais, merde, le procédé est franchement un petit peu primitif, au point d'en être gênant, non ? En réalité, que savez-vous ? Et qu'avez-vous vraiment envie de savoir des cas que vous traitez ? De n'importe quel cas ? De mon cas à moi ? Je crains fort que rien de tout cela ne vous parle beaucoup. Je le pense vraiment. Sincèrement, cela ne vous dira rien, je le crains. Et je n'essaie pas de me donner un air détaché, un air supérieur.

« Écoutez... tout ce qu'elle était à l'époque, tout ce qu'elle est maintenant, ces gestes, tout ce dont je me souviens mais que je ne veux plus ou ne peux plus formuler, les mots parfaits qui, d'une certaine manière, deviennent imparfaits dès qu'on en use pour la décrire, tout cela, tout ce qui la concerne, devrait rester voué au silence... Mon propos n'est pas étayé par la raison. Je le sais. Mais vraiment, ce calme énigmatique qui s'empare des gens en présence de la raison... pour ma part, je n'ai jamais su y puiser le moindre réconfort, dans la raison, en tout cas pas de façon stable, et sûrement pas depuis " elle ". C'est comme de sentir l'odeur du toast brûlé. Vous avez mis votre toast à griller. Vous êtes allé le chercher. Cela vous a plu, de vous faire griller ce toast, mais il a brûlé. Qu'avez-vous fait ? Était-ce votre faute ? Cela ne compte plus. Vous ouvrez la fenêtre, mais seul un nuage superficiel se dissipe. L'odeur de brûlé reste là, elle vous enveloppe. Elle demeure sur les murs. Vous quittez la pièce, mais l'odeur colle à vos vêtements. Vous changez de vêtements, mais l'odeur est encore là, dans vos cheveux. Elle persiste même sur la peau si fine du dos de la main. Et le lendemain matin, elle est encore là. »

4.

Imaginez... Je suis assis dans un vaste jardin manucuré, face à un symbole architectural de la réussite version XIXe siècle rénové. Le soleil s'apprête à se retirer, mais il fait encore très chaud. J'ai cru voir des moustiques voleter au bord de la piscine. Le mobilier est confortable mais j'en ai rarement vu de plus monstrueux. L'air est immobile ; par conséquent je ne peux espérer voir le parasol sauter hors de son orifice au centre de la table pour aller empaler quelqu'un.

Ce charmant jeune homme exprime avec éloquence des doutes tout à fait légitimes sur la science et sur la discipline qui m'ont conduit à lui. Il paraît éprouver à l'égard de son père, petit-bourgeois autoritaire, semble-t-il, une impression d'antagonisme assez ordinaire et pas forcément très sain. Ils ne se comprennent pas. Leurs valeurs divergent – pas assez pour que les signaux d'alarme lancés par le père restent sans effet sur le fils, ce chômeur esthète que j'ai en face de moi. Les réflexions paternelles lui tapent sur les nerfs. Mais pas autant que sur les tiens. Lui, c'est un romantique obnubilé par un passé idéalisé. Il aurait pu au moins m'offrir un thé glacé. Peu importe ; après tout, j'allais réclamer des honoraires et il appartenait à l'espèce rêvée : celle des angoissés bien portants. Il était un brin mélancolique, mais ce n'était pas complètement sans raison. Rien n'interdisait que son état perdure pendant des années. Je le trouvais normal, vaguement malheureux – à peu près comme tout le monde.

Nous avons entendu quelqu'un marcher vers nous, sur le côté de la maison. Ce quelqu'un n'était peut-être pas seul. Subitement, Simon m'a empoigné, m'a plaqué la main sur la bouche. Il était d'une force tout à fait surprenante. Il émanait de lui une efficacité d'hystérique. J'ai cru qu'il allait me tuer. Je n'ai pas prononcé un mot. Il m'a entraîné derrière la haie où nous nous sommes dissimulés tous les deux. Il avait l'air de savoir où se cacher, comme si ce n'était pas la première fois. J'étais sur le point de rectifier mes premières impressions de lui, désormais convaincu d'avoir affaire à un psychotique. À travers les buissons, nous avons vu un homme, ton mari, entrer dans la maison par la porte de derrière, accompagné de ton fils. Cette maison était la tienne.

Simon avait voulu me montrer qu'il prenait votre histoire commune très au sérieux. Il se rendait souvent chez toi à l'insu de tous. M'y faire venir, c'était sa façon de me montrer qu'il avait l'intention de me prendre au sérieux, moi aussi, ou tout au moins de faire un effort. Dès que Sam et ton mari ont disparu dans la maison, nous nous sommes faufilés hors de notre cachette. Il m'a conduit à l'hôtel Esplanade, à St-Kilda, de l'autre côté de la baie. Dans sa voiture. C'était la première fois que j'y allais. Nous y sommes retournés souvent, depuis. Cette première fois a été une initiation à la vie de Simon, celle qu'il dissimulait aux regards de sa famille. En l'espace d'une heure, j'ai assisté à une bagarre, j'ai entendu un chanteur de country déjanté (« du grunge rockabilly », à ce qu'il m'a expliqué) et quelqu'un a proposé de lui vendre ce qu'on lui a dit être des amphétamines. Et il m'a présenté à son amie Angelique. Quand tu as quitté Simon, il s'est mis en colère contre toi. Il a vu comme de la trahison dans ton départ. Il était incapable de comprendre que tu ne souhaites pas passer ton avenir à observer avec lui le monde sous toutes ses formes, tristes ou belles. À la façon dont il en parlait, on pouvait vous imaginer tous les deux dans deux pièces séparées, chacun étant capable de deviner ce que l'autre pensait et qu'il pensait simultanément. Lui et toi respectiez les mêmes valeurs esthétiques, politiques, morales. Lui et toi étiez comme deux conspirateurs. Lui et toi désiriez les mêmes choses, les mêmes choses vous faisaient rire. Mais, en définitive, vos besoins étaient différents. Pour toi, Simon n'était jamais qu'une étape. Tu commençais à trouver son optimisme, ses opinions et son contact trop prévisibles, un peu lassants, un peu étouffants. Tu as cessé de porter ses T-shirts. Tu les as remis à leur place. Tu as joué les sottes. Certains soirs, on ne te trouvait pas. Où étais-tu passée ? Quand son père, qui ne remarquait jamais rien, s'est aperçu de ton absence, il en a rendu Simon responsable et, au bout d'un moment, Simon en a fait autant. Jamais William n'a été si chaleureux envers toi que lorsque tu es partie et May regardait dans la rue à travers les stores comme si elle te guettait. Les autres fils aussi étaient partis de la maison, tous les hommes forts avec leurs épouses discrètes et leurs bons métiers, leurs enfants en manteau de velours et leurs objectifs à atteindre.

Simon avait essayé de trouver du réconfort dans la lecture, mais il faut tourner beaucoup de pages avant que l'effet de l'anesthésique ne se dissipe. Il avait espéré que vous parviendriez à survivre ensemble et peut-être même à corriger certaines imperfections du monde. Qui sait si son romantisme n'a pas toujours été son plus gros problème ? Ton départ inexplicable était à couper le souffle, littéralement.

Un soir, en rentrant du bureau, William a découvert Simon en train de parler à voix haute, tout seul dans sa chambre. C'était il y a neuf ans. Assis à son bureau, il parlait tout seul. William est resté à la porte, et il a écouté :

Aurait-il mieux valu, après tout...
Dire : « Je suis Lazare et je reviens d'entre les morts,
Je reviens pour te dire tout, je te dirai tout » –
Si quelqu'une, arrangeant un coussin sous sa tête,
Avait dit : « Non, ce n'est pas ça du tout ;
Ce n'est pas du tout ce que j'avais voulu dire. »

S'agissant d'un homme obsédé par le langage, il n'est pas indifférent de constater que Simon a retenu les mots appris par cœur ce soir-là mais pas ceux échangés avec son père – qui avaient conduit William à le frapper. Il se remémore distinctement les quelques secondes qui ont précédé le moment où la force de la main paternelle s'est muée en un foyer de chaleur très intime localisé entre la lèvre et la mâchoire. Ils n'ont rien dit de plus. Il se souvient aussi de l'effet de souffle et du froid de son alliance. Peu après, Simon a quitté la maison. Vers cette même époque, tu as rencontré ton mari.

5.

Pendant longtemps, on a pensé qu'éviter la douleur et réduire les tensions étaient les motivations premières de tout individu. Cette idée a été remise en question, notamment par Maslow : ne pouvait-on arriver à des conclusions plus subtiles et plus riches en observant les efforts que déploient les humains pour atteindre le bonheur et l'accomplissement de soi ? Dans cette perspective, il faut établir une distinction entre les besoins nés d'un déficit (ou besoins élémentaires), et les besoins nés d'un excédent (ou besoins supérieurs). Les besoins nés d'un déficit sont les plus puissants et ils ont la priorité sur les besoins nés d'un excédent. Un individu qui meurt de faim se moque que d'autres puissent voir jusqu'où il est prêt à s'abaisser pour manger. Toutefois, l'existence de besoins supérieurs est révélatrice ; toute tentative de les satisfaire révèle un état très éloigné de la dépression, au sens clinique du terme. Seul l'individu ayant assouvi ses besoins élémentaires manifeste des besoins supérieurs. Ses tentatives pour les satisfaire génèrent une certaine tension, mais cette tension est constructive, positive.

Peu de temps après son départ de la maison, Simon s'est lancé dans l'enseignement. C'est alors qu'il a eu sa première classe en tant que titulaire. Sa nouvelle vie lui inspirait un tel enthousiasme qu'il en avait du mal à trouver le sommeil. Il avait tant de projets, pour ses élèves et pour lui-même. Entre William et lui, la communication était quasi inexistante, même s'il bavardait très régulièrement avec May. Il pensait encore à toi, mais la douleur n'était plus aussi aiguë. Il envisageait de passer un mastère en sciences de l'éducation ou en littérature. Les sciences de l'éducation auraient bénéficié à sa carrière mais il conservait une vraie passion pour les livres, en particulier pour la poésie. Il songeait à écrire sur l'œuvre de son héros, le critique littéraire William Empson. Tu te souviendras peut-être qu'il était intarissable sur tout ce qui touchait Empson, l'auteur des *Sept Sortes d'ambiguïtés*.

Simon a essayé de m'expliquer à quel point était géniale cette étape « décisive » de l'histoire de la critique littéraire (c'était sa formule, que l'on trouvait également imprimée en quatrième de couverture des *Sept Sortes d'ambiguïtés*). Peine perdue. Il m'en a acheté un exemplaire. Pour être simple (peut-être trop), je dirais que l'ouvrage analysait les effets que le poète peut atteindre en recourant consciemment ou non à l'ambiguïté. Je ne suis pas arrivé au bout. J'imagine que Simon le sait. À mon sens, il existe des ambiguïtés plus importantes que celles du langage poétique évoquées par Empson. Par exemple, il y a l'ambiguïté des relations humaines. Une relation entre deux êtres, tout comme une relation entre deux mots, est ambiguë si elle prête à différentes interprétations. Et si deux êtres ont une perception différente de leur relation – je ne fais pas seulement allusion à l'évolution de cette relation, mais à sa nature –, alors cette différence peut affecter le cours de leur existence. Détail intéressant, c'est un sujet que Simon n'a jamais eu envie d'aborder, et pourtant nous l'avons évoqué à de nombreuses reprises.

Un détail m'intéressait davantage que le contenu des travaux d'Empson (il faut bien gagner sa vie, d'une manière ou l'autre) : l'âge auquel il les avait publiés – vingt-quatre ans. Soyons encore plus précis, j'étais surtout intéressé par les rappels fréquents que Simon faisait de cette précocité. Je trouvais ça très révélateur. Mais évidemment, comme Simon le soulignait, Empson, qui fut par la suite anobli, avait reçu le soutien indéfectible de son directeur de thèse à Cambridge. William, lui, avait dénigré l'intérêt précoce de Simon pour l'enseignement. Dans la famille, personne ne l'avait jamais encouragé, sauf May, quand il était enfant. Et toi, à une certaine époque, n'est-ce pas ?

Même si le désir subsistait, il a réussi pendant quelque temps à se pardonner ce qu'il avait pu t'infliger pour te perdre. Il avait quitté la maison, et pas moyen de l'empêcher de parler de ses « enfants », comme il appelait ses élèves. Que ce soit à May ou même à ses frères, il décrivait sans fin ces vingt-deux gamins de huit ans confiés à ses soins, les bruyants, les méchants, les dépenaillés qui avaient enfilé deux chemises l'une sur l'autre, les rapides en baskets, les mignons qui le suivaient partout et les grands calmes qui ne s'étaient pas encore faits à l'idée d'être nés. Ils représentaient vingt-deux raisons d'espérer, vingt-deux êtres à enrichir et à encourager, vingt-deux êtres à surprendre et à ravir tous les jours avec le chien Empson, et, bien sûr, vingt-deux êtres auxquels raconter des histoires. Est-ce que tu sais à quel point ils aimaient sa façon de raconter des histoires ? Les mots qu'il prononçait étaient aussi mélodieux qu'une chanson.

Les parents n'ont pas été longs à vouloir rencontrer le personnage dont parlait leur progéniture. Comme de juste, à leur tour, ils se sont entichés de lui – pour certaines mères, au sens littéral du terme. L'entrevue débutait autour de quelques inquiétudes feintes sur les progrès de l'enfant, et s'achevait par des avances. Qu'il repoussait avec tact. Ce n'était pas qu'il considérait les femmes mariées comme intouchables (d'ailleurs, elles n'étaient pas toutes mariées). C'était plutôt à cause de son engagement envers ses élèves. Chacun de ces enfants était un être humain, et pas le prétexte de je ne sais quelle gratification. Ces enfants représentaient l'avenir, pas le leur ou le sien, mais celui de tous. On ne souille pas l'avenir, pas sciemment.

De toute façon, comme tu peux l'imaginer, il satisfaisait sa libido ailleurs, et même, devrais-je préciser, un peu partout. Ceux qui ne connaissaient pas Simon l'auraient traité de menteur, mais c'était un fait : il était submergé de propositions féminines – qu'il acceptait souvent. Il n'avait rien à faire, elles venaient toutes seules. En réalité, il avait vite cessé de se confier à ses amis, car la simple liste de ses aventures pouvait passer pour de la vantardise. Il engage la conversation dans les boutiques, les cafés et même dans les transports en commun ; il s'ensuit un échange de numéros de téléphone ; le reste est prévisible et, le plus souvent, pas très intéressant. Plus digne d'intérêt est son absence d'attachement ; il ne permet jamais à ces femmes de nourrir le moindre espoir, la moindre attente. Il s'est forgé un discours, une sorte de décharge sentimentale qu'il leur fait signer en guise de préambule. Évidemment, ses avertissements ne les empêchent pas de récriminer, mais ils lui permettent de revendiquer une position hautement morale, et, tant qu'il agit ainsi, tant qu'il manifeste ce besoin supérieur, ce besoin lié à une forme d'excédent, on ne peut pas le déclarer cliniquement déprimé. Cependant, ce qui est inquiétant, c'est son incapacité de nouer des liens avec d'autres femmes, et ce besoin d'être flatté. Tu restes sans successeur. Tu l'empêches de refaire sa vie. Si l'on excepte quelques rares moments d'euphorie, son amour-propre est complètement immunisé contre ses succès charnels. La valeur de chacun d'eux s'écroule dès qu'il l'a atteint. Les complications nées de ses rendez-vous galants et une certaine dose de culpabilité l'ont conduit vers Angelique. Elle t'aurait plu. Elle me plaît. Cela fait maintenant deux ans qu'ils sont amis. Le jour où elle a fait la connaissance de ses parents et des Osborne, ils passaient leur première soirée ensemble. À la suite d'une querelle avec sa famille protestante luthérienne, Angelique avait fui Adélaïde et atterri à Melbourne chez une ex-camarade d'école dont le petit ami possédait des parts dans un night-club. Ensemble, elles s'étaient introduites dans la vie nocturne de Melbourne et, quand le stock des invitations sans contrepartie s'était épuisé, leur stock de fierté aussi. Elle avait rencontré Simon dès sa première nuit de trottoir. Il était devenu un de ses habitués mais selon ses propres modalités. Elle ne devait jamais rester toute la nuit, ne jamais l'appeler la première, et accepter un paiement complet à chaque visite. Pas question de crédit. Ces conditions étaient destinées à éviter toute complication, toute ambiguïté affective.

Très vite, Simon a parlé de toi à Angelique. La toute première fois qu'elle est venue dans son appartement, elle a vu des photos de toi et t'a trouvée belle. Elle sait tout de toi, même l'histoire de ton père, comment il a laissé sa famille en Italie pour venir retrouver ta mère. En fait, Simon l'a recrutée, tout comme il m'a recruté.

Elle posait plein de questions sur toi, sur William et May. Elle connaît tout de son enfance, de ses frères et des vacances familiales avec les Osborne, à Sorrente. Elle l'aimait entendre parler de ses élèves, avant qu'il ne cesse d'enseigner. Angelique aimerait être mère, un jour. Comme tu dois le savoir, elle a rencontré Sam. Elle a aussi rencontré ton mari, mais pas par l'intermédiaire de Simon, j'en ai bien peur.

Pourtant si, cela s'est peut-être produit par l'intermédiaire de Simon, curieusement. Comme tu l'imagines, dans son travail, Angelique a vécu quelques expériences terribles et, même s'il évitait que germe entre eux la moindre histoire d'amour, la moindre dépendance, Simon ne pouvait dissimuler son inquiétude. Il l'a persuadée qu'elle serait plus en sécurité (à peine, à mon avis) si elle quittait la rue pour le bordel. Je ne connais pas le fonctionnement de cette profession ; je pourrais questionner Angelique. Peu importe. J'imagine qu'on se rend à un entretien d'embauche. Les bordels les plus prospères recourent peut-être à des consultants de ton espèce. Pardonne-moi. Je ne voulais pas me montrer cavalier. Vraiment, je ne sais pas. Mais j'ai appris, et je dois dire que cela m'a surpris, que des « agences » haut de gamme sont rémunérées par certaines entreprises sous forme de provisions sur honoraires, parfois très importantes. Apparemment, pour avoir pignon sur rue, ce serait impératif. Le détail figure sur la carte de visite de l'entreprise, comme sur un ticket-restaurant ou sur le billet d'un match de tennis. Par exemple, le bordel où travaille Angelique loue ses services à plusieurs banques d'affaires et cabinets de courtage financier. C'est comme cela qu'elle a rencontré ton mari, lors d'un Noël très actif. Je suis désolé, mais je suis vraiment obligé de tout te raconter. C'était une incroyable coïncidence, sans laquelle tout se serait passé autrement ou n'aurait même jamais eu lieu.

6.

Je ne vais pas te demander si tu savais. Je ne veux pas évoquer ici tes griefs envers ton mari, même les plus enracinés. Ce n'est pas le pire de ses clients, loin de là. Voilà qui n'est pas pour te surprendre. Il se montre très expansif. Voilà qui est pour te surprendre. Tu vois,

Angelique n'a aucun scrupule à trahir la confiance de ton mari, et nous en apprenons bien davantage sur toi à travers lui qu'en te suivant dans la rue. Bien entendu, Simon ne te suivait pas en permanence. Il y a eu une période, que j'ai déjà évoquée, durant laquelle Simon s'était pardonné à lui-même ce qu'il était et ce qui lui était arrivé. Il enseignait et se savait un enseignant de talent. Il se sentait en accord avec lui-même. Malgré ses efforts, comme la plupart des enseignants (et des parents), Simon avait ses préférés. Une année, son préféré a été un garçonnet petit pour son âge et très tranquille. Chaque fois que Simon emmenait Empson à l'école, ce gamin était toujours le dernier à s'approcher pour jouer avec le chien. Il s'appelait Carlo. Il était timide. Même s'il ne suscitait pas de franche animosité, il était trop calme pour être apprécié des autres enfants, et Simon a cru deviner un début d'existence pénible. Non sans arrogance, peut-être, il a pensé pouvoir y remédier. Simon aime venir au secours des autres, chaque fois qu'il n'a pas lui-même besoin d'être secouru. Tu t'en souviens ?

La timidité de Carlo compliquait l'évaluation précise de ses facultés à lire et à comprendre. On ne sait pas si sa lenteur était le signe d'une aptitude médiocre ou de sa peur de lire à voix haute. Quoi qu'il en soit, Simon voulait savoir ce qui effrayait Carlo. Il s'est organisé pour qu'il puisse rester deux jours par semaine après la classe. Il lui lisait des histoires pour enfants et des comptines. Après quoi, Carlo les lui lisait à son tour. À l'occasion, il les lui chantait. Lentement, l'enfant progressait. Et Simon a remarqué que son comportement en cour de récréation était un peu plus ouvert.

Malheureusement, par la suite, l'histoire de Carlo est devenue une histoire publique, un fait divers. Tu ne te souviens peut-être pas de son nom. Simon restait avec lui dans la salle de classe jusqu'à ce que sa mère vienne le chercher. Le père de Carlo travaillait la nuit et dormait le jour. Sa mère était employée dans une usine de vêtements. Il y avait bien d'autres enfants au sein de cette famille mais, à cause des cours particuliers, ils partaient de l'école plus tôt que leur frère. Carlo était le seul que sa mère venait chercher après le travail.

Un jour que la mère de Carlo devait faire des heures supplémentaires, elle a demandé à son fils de ne pas rester avec Simon, de rentrer avec ses frères et sœurs. Cette histoire hantera Simon à jamais. Carlo n'a rien dit à Simon, n'a pas quitté l'école comme convenu, et est resté pour son cours. Quand ils ont eu achevé la séance de lecture, ils sont sortis tous deux voir Empson. Carlo avait envie d'aller aux toilettes. Au bout d'une dizaine de minutes, il n'était pas de retour. Simon s'est imaginé que le garçonnet avait eu un petit accident et qu'il était gêné. Il lui a accordé encore une dizaine de minutes avant de partir à sa recherche. Carlo n'était ni aux toilettes ni avec Empson. Simon ne l'a trouvé nulle part dans l'enceinte de l'école. Il a couru partout, crié, mais en vain. Les locaux étaient déserts. Ils n'avaient jamais été aussi déserts. Comme tu l'as appris, je le suppose, par les journaux, on ne l'a toujours pas retrouvé.

Pour Simon, ç'a été le commencement du déclin. La disparition de ce petit garçon l'a anéanti. Il se sentait responsable. Curieusement, mais il ne faut pas que tu te méprennes sur sa réaction, quand on s'est aperçu que l'enlèvement de Carlo était le premier d'une série dans la ville de Melbourne, il en a éprouvé une espèce de soulagement. En plus du traumatisme subi et du sentiment de culpabilité qui lui en est resté, Simon s'est trouvé être brièvement la cible de la presse populaire. Les autres enseignants se sont mis à le considérer avec méfiance. Ce que l'on avait initialement pris pour une passion admirable était désormais perçu comme un zèle malsain. Je le trouve très disposé à évoquer cette période. Il l'a abordée dès notre deuxième ou notre troisième séance, me semble-t-il. Je crois qu'en réalité, il avait le secret espoir de ne pas avoir à m'en dire davantage. Les faits étaient importants à ses yeux, je ne le nie pas, mais d'un autre côté, cela lui plaisait de m'en parler. Ne t'est-il jamais arrivé de faire une confidence à une nouvelle connaissance dans le seul but de lui donner l'impression d'une intimité instantanée ? C'est une forme de flatterie qui n'est pas rare.

Mais je ne suis pas si facile à satisfaire, et Simon n'aime pas tant que ça l'intimité. En plus de toi et de la disparition de Carlo, il parlait souvent de son père. C'est à la mode. En revanche, il parlait rarement de May. Un jour, je lui ai signalé que je voulais l'entendre me parler de sa mère. Il m'a répondu qu'il n'y avait pas grand-chose à en dire. Nous étions chez lui, ce qui était fréquent durant ces périodes où il restait enfermé, rideaux tirés, et j'ai insisté : il devait me parler d'elle pendant une heure avant que j'accepte de l'écouter sur autre chose. Simon m'a rétorqué que j'étais ridicule et que, dans ce cas, je pouvais m'en aller. J'ai ignoré sa repartie, je suis allé dans la cuisine nous chercher une bière chacun, et j'ai joué avec Empson. Je lui ai rapporté sa bière et je me suis rassis. Simon a parlé pendant trois heures. Je ne pensais pas que cela fonctionnerait. Mes menaces et mes numéros d'intimidation fonctionnaient rarement. Et je ne suis pas non plus très fort côté hypnose.

Enfant, Simon avait très peur de ce qui arrivait à sa mère. Elle pouvait se montrer aimante et douce, puis, l'instant d'après, avec une soudaineté apparente, se mettre dans une colère violente. Ou alors elle se murait. En somme, elle n'était pas accessible. Elle s'enfermait dans sa chambre et elle y restait. Parfois, Simon s'y faufilait et, pendant son sommeil, se cachait sous le lit ou dans la penderie. Puis il se contentait de la regarder en respirant aussi discrètement que possible. Dans ces périodes-là, elle n'ouvrait pas la bouche. Ses silences pouvaient durer des semaines. Qu'arrive-t-il à un enfant né d'une mère dépressive ?

Dans les douze mois qui suivent la naissance d'un bébé, une mère sur quatre subit une grave dépression. Mais, dans ce cas, la maladie s'est prolongée très tard dans l'enfance de Simon. Apparemment, ses frères étaient tout le temps sortis, occupés à casser quelque chose, à s'entraîner pour une compétition, à camper. Ils étaient loin. Simon restait à la maison. Il se rappelait (avoir conservé ce souvenir le sidérait) un après-midi d'été avec les Osborne, à Sorrente. William et May s'étaient violemment disputés. Il ne savait plus pourquoi. Les aînés étaient à la plage, en train de jouer au cricket. William était sorti en trombe. Simon, lui, s'était déjà éloigné en douce des cris et des hurlements pour s'abriter dans la penderie. Là, il s'était endormi. Un peu plus tard, les sanglots de May et le lourd staccato de sa respiration l'avaient réveillé. Il avait risqué un œil par la porte entrouverte et l'avait vue allongée sur le lit, dans sa robe de chambre à moitié ouverte ; Diane Osborne lui caressait le visage et les cheveux. T'en a-t-il jamais fait part ?

Il est stupéfait d'avoir pu oublier. Il se souvient de n'avoir pas compris, d'avoir eu très peur, incapable de quitter sa mère et Diane du regard. Dans cet espace exigu, il y avait l'extrême dénuement d'un esprit presque vierge confronté à quelque chose d'excessif et de mal environné de halètements, et l'indifférence à ce qui se produirait quand ces halètements s'apaiseraient. Au bout d'un moment, il a entendu William sur le palier. Les deux femmes étaient enlacées et ne l'ont pas entendu venir. Simon ne savait que faire. Il n'était pas censé se trouver là. Il comprenait plus ou moins que quelque chose clochait, mais il était incapable de parler. Il ignorait ce qui clochait. Être amies, n'était-ce pas normal ? William a poussé la porte et trouvé les deux femmes ensemble. Il a empoigné Diane par les cheveux, l'a écartée du lit et les a frappées toutes les deux, May à la bouche et Diane dans le ventre ; elle était par terre et il la cognait. Puis il l'a remise debout comme on fait avec un meuble, l'a couchée sur son épouse terrorisée et a hurlé qu'elles pouvaient continuer. Simon a vu tout cela avant de s'évanouir. Lorsqu'il s'est affaissé, son corps a repoussé l'un des battants. Il conserve la vague impression que, s'il ne s'était pas endormi dans la penderie, rien ne serait arrivé. Il n'aurait rien vu, et rien ne serait arrivé. Il n'était pas censé se trouver là. L'épisode n'a jamais été évoqué devant lui. Forcément, se disait-il, c'était l'attitude que l'on adoptait face à un événement qui n'était pas supposé avoir eu lieu. On ne l'évoque pas. Quand il a eu fini de me parler de sa mère, Simon était en larmes. Ensuite, il m'a posé une autre de ses questions auxquelles je ne suis jamais certain de pouvoir répondre.

« Qu'est-ce qui, chez les hommes, rend les femmes si seules ? »

7.

Quand un enfant se sent en danger, il va se défendre, se barricader, le cas échéant se replier. Nous n'entrons pas dans le monde en pleine maturité. Il nous faut développer, créer notre sentiment du moi. Quand, à divers titres, des membres de notre entourage nous tiennent sous la menace – menace de punition ou d'abandon – on peut avoir l'impression que notre moi vole en éclats. C'est la plus grande peur, notre terreur. Cette peur, dans une certaine mesure, nous la connaissons tous dès la petite enfance et, en grandissant, nous essayons de nous défendre contre elle. Chez certains, ce travail est plus dur que chez d'autres. Les gens n'en parlent pas. Ils jugent inutile d'en parler ; sauf si elle persiste, ils n'ont pas tort.

Une fois adulte, Simon a essayé à plusieurs reprises de parler avec May. Il l'a fait pour lui-même autant que pour elle. Après cette histoire avec Carlo, Simon est allé la voir. Que pouvait-elle lui en dire ? Un enfant qui disparaît. À l'évidence, pour tous les êtres concernés, c'est une tragédie. Mais elle ne voyait pas très bien en quoi cela atteignait Simon. Ce qui comptait, c'était moins ce qu'elle aurait dit que le fait de dire quelque chose, n'importe quoi. Pourtant, elle avait du mal à lui manifester la moindre compréhension, si infime soit-elle, et Simon s'est senti rejeté. De nouveau, leur relation s'est limitée au respect de quelques obligations polies. Un jour de la fête des mères, en plus de la carte traditionnelle, il a glissé dans l'enveloppe un poème de Robert Lowell. Peu de temps auparavant, May lui avait confié que ses fils étant tous partis de la maison, elle se sentait parfois très seule. Elle n'avait évoqué ni son mariage ni William, mais, pour Simon, peu importait. C'était la fête des mères, et il lui avait recopié ce poème de Lowell : « Parler du malheur qui existe dans le mariage », et le lui avait donné. Connais-tu ce poème ?

La chaleur de la nuit nous pousse à laisser ouvertes les fenêtres de notre chambre.
Notre magnolia est en fleurs. La vie commence à prendre.
Mon mari inconstant abandonne le domicile et ses disputes,

Il arpente les rues et navigue en quête de femmes à vendre,
Il négocie sur le fil du rasoir. Ce cinglé serait capable de tuer sa
femme avant de faire vœu de tempérance.
Oh luxure, monotone et fruste...
C'est l'injustice... il est tellement injuste –
Il rentre à cinq heures et se pavane, aveugle de whisky.
Mon seul souci : comment rester en vie.
Qu'est-ce qui l'agace ? Tous les soirs, je me lace
Dix dollars et ses clefs de voiture à la cuisse...
Encornée par le rostre de son désir d'épiderme,
Je le vois qui se fige au-dessus de moi, le pachyderme.

Naturellement, le parallèle était très approximatif. Le mari du poème évoque presque autant Simon que William. Mais Simon espérait que ces vers la toucheraient, qu'ils ouvriraient entre eux deux une nouvelle forme de dialogue ou d'échange. May n'y a jamais fait aucune allusion. Il a regretté de les lui avoir offerts. Cela l'a surpris qu'elle n'ait rien à en dire, ne serait-ce que pour relever que le mari du poème n'avait pas grand-chose à voir avec son mari à elle. Si elle avait pris la défense de William, une défense consciencieuse, flagrante, si elle avait fait remarquer que William ne battait pas le pavé en quête de prostituées, que le désir de luxure évoqué ne lui rappelait en rien son mari, cela aurait suffi à rasséréner Simon.

Même dans un contexte thérapeutique, Simon avait gardé cette répugnance du petit garçon à s'exprimer de manière directe sur la sexualité paternelle. J'imagine que, toi, depuis Sorrente et la maison sur la plage, tu as une idée sur la question, non ? C'était vers la fin, tôt, un soir. Simon avait pris la voiture pour aller faire deux ou trois courses avant la fermeture des magasins. May était dans la cuisine. Tu venais de prendre une douche. Le soleil se couchait presque. Tu te souviens ? Tu étais occupée à te changer pour la soirée et tu regardais ce coucher de soleil par la fenêtre. Tu jouais avec un bracelet que Simon t'avait offert. Il y avait un ennui avec le fermoir. Avais-tu déjà prévu de partir ? C'était peut-être ce que se demandait William en te regardant. La porte n'était pas complètement close. Nous le savons, tu l'ignorais. À l'évidence, c'était un hasard, pas une invite, mais William en profitait pour t'observer. Et, à cause de cette porte ouverte, à cause des rayons du soleil couchant, lorsque Simon a arrêté sa voiture, il a vu vos deux silhouettes. Il t'a vue regarder par la fenêtre, il a vu William te regarder. Tout était paisible, et personne ne s'est dépêché de moins en voir.

8.

À cette époque, que j'évoque comme celle du déclin de Simon, il y a eu un changement de gouvernement. La nouvelle équipe a décidé de stimuler l'économie en employant moins d'enseignants. Il se peut que tu t'en souviennes. Ton mari et William ont voté pour. Et toi aussi, qui sait ? Simon a été incité à quitter son établissement. Étant donné l'ampleur de ces réductions de personnel, il était probable qu'il perde de toute façon son emploi. Avec la disparition de Carlo, c'était sûr. Le chômage a accéléré son déclin. Il y a eu ces crises, ces journées passées au lit, les rideaux tirés. Il dormait, il écoutait les bruits de la rue. Ses amis, qui tous avaient conservé leur boulot et qui tous essayaient de préserver leur mariage, n'avaient plus rien de commun avec lui. Il ne possédait plus les ressources nécessaires à l'entretien de ces amitiés-là. Ils ont cessé de l'appeler. May téléphonait de temps à autre, mais William, lui, n'était plus capable d'un échange verbal normal avec son fils.

Les bruits que faisaient ses voisins quand ils se préparaient pour la journée, quand ils recevaient à dîner des amis qui entraient les bras chargés de bouteilles et la bouche pleine de salutations bien rodées – ces bruits le blessaient. Comment pouvaient-ils connaître autant de monde ? Tu t'imagines, quel que soit le jour de la semaine, Simon n'avait nulle part où aller. Aucune heure n'existait sauf celle que scandaient les bruits des voisins et les chants des oiseaux à la fin d'une autre nuit sans sommeil.

Les objets s'usaient imperceptiblement, jusqu'à rendre l'âme l'un après l'autre : le séchoir, un radiateur, le col d'une chemise. Et les voisins qui ne se taisaient jamais. Il les entendait rire toujours, et ses factures lui parvenaient reformatées. Ornées du nouveau logo de l'entreprise – couronnement de la réforme micro-économique – elles avaient l'air d'invitations à un goûter d'anniversaire et non de ce qu'elles étaient, les cartes de visites d'une société de tartufes. Il a reçu d'abord des formulaires standard, puis des formulaires agressifs –, menaces de suspendre tel ou tel service, menaces de procédures judiciaires.

Tu n'aurais pas aimé le voir dans cet état. Tu ne connais pas de gens de son espèce. Ton mari y a veillé. Dans la matinée, Simon ajoutait un peu de lait à son whisky et, au début, ça paraissait ridicule, tout ça, rester au lit jusqu'à pas d'heure, regarder la télé affalé sur le canapé. Mais il n'y avait plus de point de comparaison, plus de friction, rien qui appelle à la moindre résistance. Deux bols de céréales et un whisky glace par jour peuvent facilement évoluer vers un seul bol de céréales, puis vers un bol de lait sans céréales avec du scotch et un reste de glaçon. Personne ne disait rien, cela n'avait plus rien de ridicule. Cela devenait normal, et ces rires étaient forcément faux, ces rires forcés, à moitié hystériques, qui venaient de la porte à côté. Il pensait à toi. Il pensait à tuer ces gens d'à côté. Il était sans emploi et il se demandait si tu l'apprendrais. Toi, seras-tu jamais sans emploi ? Il a tranché : quel que soit l'état de délabrement de l'économie, tu ne serais jamais sans emploi. Quand tous les consultants en management jusqu'au dernier en seraient réduits à chercher un job de serveur ou de femme de ménage, toi, tu resterais au-dessus de la ville, entourée de verre, parfaitement vêtue, invitée à des réunions où tu formulerais des recommandations dénuées de tout fondement. Était-il jaloux ? Il était certainement jaloux, mais plus que ça, bien plus que ça, il était seul. C'était l'un des êtres les plus seuls qui soient, de ces êtres que tu ne fréquentes plus.

Là encore, il ne lui a pas fallu longtemps avant de s'en vouloir. Nous passons notre temps à guetter ce genre d'accident dans la vie des autres, et à tenter de deviner ce qu'ils ont pu fabriquer pour le mériter, ce qu'ils ont pu faire et que nous ne ferons jamais. Donc, quand ça lui est arrivé, Simon était prêt à reconnaître qu'il s'était attiré ses ennuis, mais il ignorait comment il s'y était pris.

En un sens, on peut affirmer que nous créons notre propre réalité par la manière dont nous choisissons de percevoir le monde extérieur. Or, comme tout ce qui se crée, ou comme tout ce qui se construit, cette réalité peut s'écrouler. Est-ce que cela fait sens, pour toi ? Tu crois vivre un mariage heureux, et puis tu découvres que non. Toute ta perception du monde extérieur, tel qu'il se rattache à ta personne, subitement, s'effondre. C'est terrifiant, car notre perception de nous-mêmes dans le monde et notre sentiment du moi constituent une seule et même entité. Qui était Simon dans son monde sinon un jeune homme vieillissant sur un canapé, sans emploi, à court de temps, à court de scotch, avec toute la cruauté d'un potentiel non réalisé et l'arrière-goût amer d'espoirs mal placés ? À deux heures du matin, il bute dans les meubles. Dehors, chez les voisins, il y a des portières de voiture qui claquent et encore des rires débridés. Ils ne vont jamais se taire ? Au bout d'un moment, ce n'est plus drôle. Plus de glace. Fallait-il vraiment qu'il en soit ainsi ?

Je dois dire qu'au moins dans les premiers temps de mes relations avec Simon, c'est vraiment Angelique qui l'a empêché de s'ôter la vie. Elle s'est engagée. Elle a rompu les termes de leur accord, qu'il n'était plus en position de lui imposer. Angelique venait le voir sans rendez-vous, sans invitation. Au début, il la renvoyait, en lui expliquant qu'il ne fallait pas qu'elle prenne ça pour elle, mais qu'il ne pouvait plus se permettre de la fréquenter. Comment peut-on ne pas prendre ça pour soi ? Dès que tu l'entends, tu le prends pour toi. Elle ne l'a pas écouté. Elle lui a apporté à manger et lui a préparé des petits plats. Elle lui demandait de lui faire la lecture, en lui expliquant que c'était les nouvelles bases de l'accord. Il était donc obligé de lui faire la lecture en échange de sa compagnie, et pas de crédit. Elle l'interrogeait sur ce qu'il lui lisait et ainsi, dans une modeste mesure, elle l'amenait à retrouver son moi antérieur. Elle le soutenait, quand personne ne prenait même la peine de l'appeler.

Il te serait facile d'ignorer ce qui s'est passé entre eux sous le prétexte que Simon a simplement profité d'elle. Mais toutes les procédures artificielles qu'il avait instituées avaient pour seul but de l'empêcher de tomber amoureuse de lui, et il ne les a abandonnées que sur son insistance à elle ; ce serait donc injuste de ta part de ne pas prendre en compte leur relation. Quels que soient l'aveuglement ou les illusions opportunes qui t'ont conduite dans les bras de ton mari, tu ne t'es jamais retrouvée sans aucun espoir de rien ; ta vie n'a changé que dans le bon sens et c'est toi qui choisis – ou qui te laisses choisir. Ton statut dans cette société n'a jamais été remis en question, tu n'as jamais ouvert un journal pour y lire la quintessence de ton désespoir corrigé en fonction des variations saisonnières. Vois un peu ce qu'on lui a refusé : l'amour et le travail. En l'absence de l'un et de l'autre, c'est beaucoup demander à un individu qu'il conserve son amour-propre intact. Et, s'il a perdu son amour-propre, comment peux-tu t'attendre à ce qu'il puise en lui de quoi émettre un jugement moral, et qu'il s'y conforme quitte à se faire mal, un mal peut-être irrémédiable ? Ces années médianes, disons entre vingt-cinq et trente-cinq ans, sont généralement celles de la plus grande productivité. C'est à ce moment-là qu'on s'établit dans une vocation, qu'on fonde une famille et qu'on se crée une réputation dans un milieu donné. L'efficacité dans le travail, ainsi que, évidemment, la faculté d'aimer, sont des signes avérés de maturité. Mais pour Simon, ces années si fécondes de la fleur de l'âge auront partiellement coïncidé avec un moment où la société lui interdisait d'embrasser sa vocation. Une vocation nourrie d'intentions nobles, faut-il le préciser, et tournée en dérision par son père. Donc, oui, il a autorisé Angelique à lui faire la cuisine, à le soutenir, à l'emmener en promenade. Il n'est jamais allé jusqu'à lui débiter les mensonges qu'elle avait envie d'entendre plus que toute poésie et plus que toute prose. Malgré cela, elle a quand même permis à Simon de tenir le coup, elle toute seule, du moins jusqu'à ce que je gagne sa confiance.

Au lit, un après-midi, après une promenade, Angelique lui a demandé comment il pouvait être si sûr de ne pas l'aimer. À ton avis, de sa part, était-ce du courage ou de la stupidité ? T'imagines-tu posant une question pareille ? Simon lui a répondu qu'il l'aimait, en effet, et qu'elle devait bien le savoir, mais qu'il n'était pas amoureux d'elle. Tu le lui pardonneras mais elle a cru qu'il se livrait à l'une de ces facéties sémantiques dont il avait le secret. S'il n'avait pas été prévoyant et prévenant à la fois, elle aurait pu tirer réconfort de cette ambiguïté.

« En dépit de ce que je suis maintenant, lui a-t-il dit, ou plutôt en dépit de ce que je ne suis pas, je reste bien trop prudent, trop précautionneux à ton égard pour tomber amoureux de toi. C'est comme ça que je le sens.

« Tu sais que tu es amoureux de quelqu'un quand tu te réveilles à côté de lui et que rien ne te gêne, même pas son haleine qui sent l'eau croupie au fond d'un vase. Quand il t'a manqué pendant le temps de ton sommeil, et que le revoir au matin t'excite. Tu peux alors tomber du lit, sauter dans la douche, roter sans gêne, voire te risquer à péter en modulant la musique d'un film de Peter Greenaway que vous avez tous les deux détesté sans l'avoir vu. »

Quand elle lui a demandé qui était Peter Greenaway, il n'a pu que répondre « Ah oui... » en s'adressant plus ou moins au plafond, lui passer la main dans les cheveux, sur le visage, et plus bas, jusqu'à devoir changer de position dans le lit. Aujourd'hui, il admettrait volontiers qu'elle lui a sauvé la vie. Elle l'aimait sans condition, et rien ne vous soutient davantage. Mais, pour elle, rien n'était plus dangereux. Pour lui, elle était présente quoi qu'il fasse, tandis que toi, quoi qu'il fasse, tu n'étais plus présente.

Tous les avertissements et toutes les stratégies de Simon n'ont été d'aucun effet, ils ne l'ont pas protégée, ils ne l'ont pas empêchée de tomber amoureuse. Mais, en réalité, cet amour répondait à son besoin à lui, et la responsabilité minimale de Simon n'a fait qu'exacerber sa sensibilité minimale aux sentiments d'Angelique. Si je crève de faim, je ne suis pas en état de percevoir les besoins de la main qui me nourrit sans conditions. Angelique avait peut-être besoin de lui sauver la vie, mais elle aurait pu le faire sans avoir à subir le reste. Simon l'admettra. Maintenant, je la connais bien, elle aussi, et nous sommes tombés d'accord. Avec sa force, toute sa vitalité et cet optimisme presque naïf, en dépit de tout ce qu'elle a vu et connu, c'est vraiment une femme exceptionnelle. Ton mari serait d'accord. Je n'en doute pas. Il a tiré un grand réconfort de sa présence.

En réalité, elle aime Simon au point d'en éprouver une incroyable frustration qu'elle est incapable d'exprimer. Elle gagne beaucoup d'argent, maintenant, dans ce bordel haut de gamme. Ce bordel est destiné à la clientèle d'entreprise. Des hommes comme ton mari s'y délassent en sa compagnie, et avec son assistance. Ils la paient pour qu'elle s'habille d'une manière qui ne les fasse pas rougir et qu'elle se déshabille d'une manière qui les fasse rougir.

Aujourd'hui, elle doit sûrement gagner plus d'argent que moi, ce qui n'est pas extrêmement difficile. Ne la sous-estime pas, je t'en prie. Elle aussi, elle a envie de s'en sortir. Elle a envie de se lancer dans l'e-commerce dès que le marché aura repris, et d'être mère. Elle veut être mère dès que le marché aura repris ! Elle a parlé avec Simon d'avoir un enfant de lui. Ne ris pas. Malgré les vestiges d'une sensibilité très classe moyenne qui subsistent chez Simon, et ils sont nombreux, ce n'est pas cela qui l'éloigne d'Angelique. C'est toi, ton mythe. Donc, je t'en prie, ne ris pas de lui, et ne ris pas d'Angelique. Tu répugnes peut-être à manifester ta compréhension. Désormais, la compréhension te met mal à l'aise. Dans le monde d'artifices sophistiqués qui entoure la piscine au bord de laquelle nous étions assis, Simon et moi, tu peux vivre sans. En fait, tu vis sans. Les gens devraient peut-être faire preuve d'un peu plus d'imagination dans leurs sentiments. Avant même que j'aie pu approcher Simon, Angelique l'avait sorti du lit, de sa chambre. Ils partaient pour de longues promenades, tous les deux, et souvent ils emmenaient Empson. Ils parlaient de toi. Elle lui racontait tout ce qui lui arrivait, et tout ce que lui racontait ton mari. Les réactions de Simon étaient variables. Elle arrivait même à le faire rire. Au bout d'un certain temps, il est sorti seul. Il faisait les courses, quelques provisions de base, ou alors il marchait avec Empson. Quelquefois, il attrapait un train et il y restait deux heures, à lire ou à regarder par la fenêtre. Vu les circonstances, il faut que tu comprennes ce que ça avait de positif.

9.

Les faits et le dessous des faits : il se trouvait dans une galerie marchande, seul, quand il t'a vue, avec Sam. C'était l'après-midi. Il n'avait jamais vu Sam. Tu étais allée le chercher à l'école, et vous êtes tous les deux entrés chez le bijoutier du coin de la rue. Les choses ne se seraient probablement pas passées comme elles se sont passées s'il n'y avait eu ce hasard, qu'il vous ait aperçus cet après-midi-là, Sam et toi. Et toi, si tu l'avais vu, les choses auraient tourné autrement. Mais tu ne l'as pas vu, et ça, ce n'était pas par hasard. Il ne souhaitait pas que tu le voies. D'après l'uniforme de Sam, Simon a su quelle école il fréquentait. Il a déduit de ta présence à cet endroit et du choix de l'école que tu habitais dans le quartier. Il a traversé et surveillé la vitrine, depuis la rue adjacente. Tu étais en train d'expliquer quelque chose au bijoutier. Sam faisait tourner un présentoir de montres, un présentoir plus grand que lui. Compte tenu qu'il souhaitait ne pas être vu, Simon courait un risque inutile. Mais un risque calculé. Te contempler en femme adulte, en femme active, servie par ce bijoutier pendant que ton petit garçon jouait avec tout ce qui lui tombait sous la main... Il était captivé. Pour Simon, le temps s'était immobilisé. Il avait entendu dire que tu avais un enfant, et s'était demandé à quoi il ressemblait. À quoi ressemblait-il ? Sa curiosité a laissé place à une forme d'excitation.

Cela te paraît drôle ? Simon t'a entrevue derrière cette vitrine, depuis le trottoir d'en face, il t'a vue tendre ton bracelet au bijoutier pour qu'il l'examine, il t'a observée, tu étais en train de surveiller ton fils. Cela lui plaisait de vous voir ainsi, tous les deux. Ton petit garçon est venu vers toi avec un objet dans la main, qu'il avait pris sur le présentoir, une montre. Tu lui as gentiment demandé de la remettre à sa place, le tout apparemment sans un bruit, dans cette sombre petite boutique du coin de la rue. Après que Sam t'a eu obéi, tu lui as lentement passé les doigts dans les cheveux, et Simon s'est dit que Sam devait se sentir rasséréné de s'être comporté comme il fallait, d'avoir su quoi faire et d'avoir obtenu de toi un geste d'affection, si fugitif soit-il.

Le bijoutier a pris son temps pour examiner le bracelet sous le faisceau d'une lampe. Il a attrapé ce qui a paru être à Simon un minuscule tournevis et a actionné le fermoir de ce bijou que Simon était allé acheter chez ce même bijoutier, des années plus tôt. Tu le portes encore. Tu peux imaginer l'effet que ça lui a fait, quand il s'en est aperçu. Son désespoir était tel qu'il l'a pris pour une sorte de présage. Tu es peut-être frappée par la tristesse de l'épisode ? C'est peut-être triste, mais avant que tu ne fermes les yeux sur lui, je te demande de te remémorer la dernière fois que tu as perçu un présage, ou un signe métaphorique. Tu es incapable de t'en souvenir, c'était il y a bien longtemps ? Mais toi, tu fonctionnes, n'est-ce pas ? Tu ne cours jamais aucun danger. Toi, la femme élégante qu'il a vue chez ce bijoutier avec ce petit garçon, il t'a considérée comme un espoir, un espoir pour lui, pour tous. Sam représentait l'avenir, et voici que l'avenir cherchait ton regard, en quête de chaleur et de conseils. Si Sam remettait la montre dans le présentoir, il n'y avait aucune incertitude. Il jouissait d'un amour inconditionnel, et il le savait, cela se voyait, tout au moins quand tu étais avec lui. Simon, lui, savait d'où tu venais, et l'expression que vous aviez tous les deux, en cet instant, le remplissait d'espoir. Après tout, n'étiez-vous pas nés ensemble, Simon et toi ? Vous aviez à peine vingt ans, vous puisiez dans les deux premières décennies de votre existence tout ce qu'il était possible d'y puiser, vingt années de jeux, de répétitions et de rodage, avant de finalement inventer vos personnalités d'adultes dans le reflet de votre image réciproque.

Tu as laissé le bracelet au bijoutier, avec ton nom et ton numéro de téléphone. Sam voulait une glace. Nous ignorons s'il l'a eue. Simon ne s'est pas aventuré à découvert. Mais toi, tu venais d'être redécouverte, fortuitement, avec ton auréole intacte. Je t'ai prévenue, tu aurais aimé le regard qu'il posait sur toi. Vas-tu me soutenir que tu n'y comprends rien ?

Angelique te trouvait froide. Simon refusait de l'admettre.

« Si tu la voyais, tu ne dirais pas cela, lui avait-il répliqué, en leur servant un verre à tous les deux. Tu te fondes sur le besoin qu'éprouve son mari de rationaliser ses comportements. Son infidélité exige de percevoir de la froideur en elle autant qu'elle exige ta présence. Et le petit garçon, il faudrait que tu voies comment elle est avec lui, et la façon qu'il a de la regarder.

– Sam. C'est son nom, a-t-elle dit, guère impressionnée.

– Il parle du petit garçon ?

– Un peu, a-t-elle admis.

– Tu ne m'as jamais signalé qu'il parlait de lui.

– Il ne m'en dit pas grand-chose. Pense un peu au style de nos rencontres. Il ne va quand même pas m'apporter des photos de sa famille.

– Mais à part le fait qu'il a un fils, et que son nom est Sam, il t'a confié autre chose à son sujet. Tu me l'as dit.

– Sam a six ans et il est très intelligent. Il tient d'elle. Ça, il l'admet, a-t-elle ajouté d'un ton détaché.

– C'est vrai, il ressemble beaucoup à sa mère.

– Simon, tu l'as entrevu un instant à travers la vitrine d'un magasin plongé dans la pénombre. Tu ne sais pas de quoi il a l'air. Au milieu d'un groupe de gamins, tu serais incapable de le reconnaître. »

Mais il ne se trompe pas, n'est-ce pas ? Oui, Sam te ressemble. Ça, maintenant, nous le savons. C'est un petit garçon très calme, paisible mais curieux, toujours en quête de quelque chose. Tu étais comme lui, enfant ? Je pense que oui. Nous perdons notre curiosité le long du chemin, tandis que nous acceptons peu à peu de ne pas savoir, de ne pas comprendre. Tout comme il t'a idéalisée, Simon a idéalisé ton fils, et c'est là que ça commence. Enfin, c'est à partir de là que se déroule la chronologie des événements récents, celle qui me mène jusqu'à toi.

Ensuite, Simon a pris l'habitude de se rendre à pied à l'école de ton fils pour le regarder jouer pendant la récréation de midi. Il n'y allait pas tous les jours. Il en était incapable. Il avait ces accès de déprime qui le ramenaient à son lit. La quasi-euphorie qu'il avait éprouvée en t'apercevant par hasard chez le bijoutier s'est trouvée bientôt noyée sous les vagues d'une humeur contraire. Un piédestal magnifie toujours les proportions. Si vous aviez inventé vos personnalités adultes ensemble, c'est-à-dire, si vous étiez nés en même temps et dans une certaine similarité, pourquoi vous suivait-il, toi et ton fils, pourquoi cette manie pathologique, pourquoi risquer l'humiliation à ses propres yeux et aux tiens ? Et si tu l'avais surpris, un jour ? Comment se serait-il expliqué, comment t'aurait-il expliqué ce qu'il était devenu ? Lui en aurais-tu voulu ? Qu'aurait-il fait si tu avais posé sur lui un regard horrifié ? Les journaux le répètent quotidiennement, il n'y a pas de travail, nulle part et, de toute façon, les enseignants sont des sangsues accrochées aux caisses de l'État. D'accord ? Et si tu le pensais toi aussi ? Pardonne-moi. Je n'avais pas l'intention de me montrer insultant. Je souhaiterais simplement que tu te voies telle qu'il te voit.

Quand rien chez toi ne l'inspirait, quand rien chez toi ne l'intriguait, quand tu ne le sortais pas du lit, tu le détruisais en lui tendant le miroir à double face le plus cruel qu'on puisse imaginer. D'un côté, il y avait le Simon que tu connaissais, fort de toutes ses promesses, et de l'autre, un homme en stagnation, affligé d'un goût lamentable pour les petits déjeuners tardifs exclusivement composés de liquides.

À l'époque où nous l'avons tiré de là, toi ou moi, il allait souvent voir Sam. Sam respire vraiment la tranquillité. Simon revient sans cesse là-dessus. Sam est très en harmonie avec lui-même, et c'est cela, j'imagine, qui le rend si attirant aux yeux des autres enfants. À un âge où les garçons s'efforcent à tout instant de dépasser leur voisin, de se pousser dans le jeu ou d'en être les maîtres, il est rare d'en voir un exercer par sa simple présence un effet tel que les autres le prennent pour leader. C'est pourtant bel et bien ce qui s'est passé. Et Simon a pu le constater.

Posté à l'extérieur de l'école, il observait un groupe de gamins tenter de résister au chaos naturel qui menaçait leur partie de football. Un garçon plus grand les dominait de la voix. Peut-être était-ce le propriétaire du ballon. Il était surexcité, ce qui le faisait paraître encore plus grand. Il a su enflammer l'imagination collective avec une idée : « C'est Sam qui décide. » Voilà Sam bombardé capitaine à la quasi-unanimité de ces petites voix. Sam, Sam ! D'après ce que raconte Simon, on peut déduire qu'ils n'avaient pas bien compris le rôle d'un capitaine d'équipe puisqu'ils n'en avaient choisi qu'un. Il était désigné capitaine des deux équipes. En fait, ils avaient élu celui qui saurait édicter les règles de circulation du ballon. Pourquoi ? Ce ballon n'était même pas le sien. Ce petit garçon est beau et intelligent, pas le plus grand ni le plus rapide ni le plus futé, mais à la fois grand, rapide et futé. Et puis, surtout, il possède beaucoup d'assurance et il est curieux du monde qui l'entoure. Il aime saisir le sens des choses et, en général, il y parvient. Il a l'habitude d'anticiper ce qu'il va vivre. Il a reçu de son professeur, de toi et de ton mari plus que les bases habituelles. C'est à toi que Simon attribue l'équilibre et le calme de Sam. D'après lui, son absence à la fois de peur et d'arrogance en fait le digne fils de sa mère. Tu te rends compte du souvenir que Simon conserve de toi ? Je te l'ai déjà dit. Il y a tant à apprendre de quelqu'un en écoutant le peu qu'il se remémore et étiquette sous le terme de « passé ».

Tu as entendu Sam, lorsqu'il lit. Sans aucun doute. Rien ne t'a frappée ? Pas son élocution, non, car il lit bien. Rien ne te frappe, dans le contenu de ses lectures ? Si tu prends ces minces opuscules dans lesquels les enfants apprennent à lire, tu y trouveras des phrases courtes et simples, du genre : « Tom sait courir. Tom sait sauter. Cours, Tom, cours. Saute, Tom, saute. »

Réfléchis : l'acte d'apprendre à écrire. Voici un enfant que l'on contraint à rester assis, à être attentif, à se concentrer sur des symboles et des lettres. Le but est atteint lorsque l'enseignant aura su stimuler chez son élève une curiosité dont l'assouvissement requiert cette immobilité peu naturelle. Qu'est-ce que ressent l'enfant obéissant ? Que lui enseigne cet inconfort de l'immobilité et de la concentration ? Tom sait courir, mais il ne le peut pas. Cours, Tom, cours. Pour découvrir la bonne fortune d'autrui, le jeune lecteur a besoin d'être dans l'inconfort. Ces mots décrivent Tom, que l'on invite à se faire plaisir, un plaisir que l'enseignant interdit à son élève.

Simon appelle ça la première dichotomie de l'éducation, dichotomie entre ce qu'on lui enseigne comme étant le bon et le bien, et ce que l'enfant sait être le vrai d'après sa propre expérience. Naturellement, chez un petit garçon fortement motivé comme l'est Sam, la contradiction ne soulève guère de problème. Ce sont les louanges qu'il reçoit en échange de sa réussite qui vont donner leur valeur à ses efforts. Mais, après un certain laps de temps, il va devoir trouver seul une motivation. On espère que sa curiosité suffira à le faire progresser. Un jour, il n'y aura plus de louanges.

Dans ces livres de lecture, ou ces abécédaires, comme on les appelait avant, Simon a relevé une autre contradiction. Au cours du processus de socialisation, les premières personnes avec lesquelles un enfant apprend à échanger sont sa mère et son père. Les textes scolaires ne devraient-ils pas présenter des scénarios réalistes ? Des situations qui empêchent l'enfant de nourrir vis-à-vis de ses parents des attentes non vraisemblables ? Or dans ces livres, il n'existe pas la moindre divergence entre le père et la mère, jamais le moindre désaccord. L'enfant ne tarde pas à comprendre ; quelque chose, quelque part, cloche. Il se trouve confronté à une alternative logique dont les deux termes sont aussi séduisants l'un que l'autre : soit les récits ne reflètent pas la vraie vie, soit ses parents ne vont pas. Dans les deux cas, l'apprentissage de la lecture – démarche difficile – aura abusé l'enfant, et pour rien. L'enfant se fait escroquer.

Dans ces mêmes ouvrages, on trouve la source d'un mythe, celle de l'éternelle disponibilité parentale. La mère est toujours là. Elle n'a jamais de préoccupations. Elle n'a pas de travail et n'en désire pas. Son rôle est un croisement entre celui de Dieu et celui de l'esclave. Elle n'est jamais fatiguée, ne soupçonne jamais son mari, ne rêve jamais qu'un autre homme pourrait lui faire revivre ce moment piquant de l'existence qu'elle a brièvement connue avant la venue au monde d'un petit garçon, avant que Tom ne sache courir. Elle voit bien Tom courir, mais lui, il ne voit rien. Et puis, tu sais, il y a encore un autre mensonge.

Naturellement, personne ne peut s'engager à être toujours présent auprès de l'enfant. À un moment ou à un autre, on est obligé de le quitter, ne serait-ce que pour subvenir à ses besoins et, le cas échéant, pour préserver en douce un peu de vie à soi. Je t'en prie, crois-moi, je ne suis pas en train de critiquer. Si tu peux te le permettre, et si ton employée de maison sait s'y prendre avec les enfants, enfin, si elle ne s'en tire pas trop mal avec eux, et que tu t'accordes un peu de temps rien que pour toi, Simon lui-même ne songerait pas à te le reprocher. Mais, évidemment, ce n'était ni pour Simon, ni pour moi, que tu te faisais du souci.

10.

Ton mari n'obtient pas toujours qu'on lui dise toute la vérité. Mais de cela non plus Simon ne te tient pas rigueur. C'est juste qu'il a eu peu à peu l'impression que tu te servais de Sam comme d'un moyen de conquérir une sorte d'autonomie secrète par rapport à ton mari. Et l'inquiétude de Simon était que Sam n'en tire pas profit. Je suis sûr que tu as plus ou moins rationalisé tout cela. Ne me souffle rien. Cela se formule de la manière suivante : si tu es plus heureuse, d'une manière ou d'une autre, ton bien-être va rejaillir sur Sam, et peut-être même sur ton mari. C'est la théorie de la capillarité, selon laquelle le bonheur de quelques-uns se répand et exerce ses effets sur le bonheur de tous. Enfin, évidemment, dès que l'on creuse le raisonnement, il peut paraître stupide. À cette époque, quand ta sœur, ta mère ou l'employée de maison allait chercher Sam à l'école, Simon ne savait pas ce qui te retenait ailleurs, ce que tu fabriquais, au juste. Confronté à l'impossibilité de se trouver à deux endroits en même temps, il restait avec Sam, en sachant que, tôt ou tard, tu reviendrais vers ton fils, souriante, mine de rien.

Mais tu n'as pas besoin de mes avis douteux pour entrevoir les conséquences éventuelles de tes actes. Un jour, ton employée de maison est allée chercher Sam à l'école. Sur le chemin du retour, Sam suçait un Kimpouss, une glace à l'eau, qu'elle lui avait achetée. Tu te souviens des Kimpouss ? Simon, lui, s'en souvient. C'était par une chaude journée et Sam avançait lentement, en flanquant des coups de pied dans des boîtes et des cailloux, dans tout ce qu'il trouvait sur son chemin. Avec ce genre de démarche, le trajet entre un point A et un point B est forcément plus long et, en cette fin de journée particulièrement chaude, ton employée de maison était sur le point de perdre patience. Tu ne l'as peut-être même jamais vue dans un état pareil. Il ne faut jamais embaucher quelqu'un sous le seul prétexte qu'elle sent le talc pour bébé Johnson & Johnson. Elle a demandé à Sam de terminer son Kimpouss dehors. La glace fondait et Sam était déjà tout poisseux. Il avait les mains dégoûtantes, et ça coulait, et il en avait partout sur sa chemise d'écolier.

Après avoir fini, il a délicatement posé le carton vide du Kimpouss dans l'herbe, près de la piscine, et il s'est mis à taper du pied dans un ballon en plastique, tout seul, dans la partie du jardin qui est située derrière la maison. Simon était fatigué de le regarder. Même par cette chaleur, Sam semblait posséder une énergie sans limites. Il frappait dans le ballon, l'expédiait à l'autre bout du jardin et courait le rechercher. Il avait le souffle court, mais il n'avait apparemment aucune intention d'arrêter ou de ralentir la cadence, et le ballon, c'était à prévoir, a fini par atterrir dans la piscine. Un dernier rebond l'a fait voler loin du bord. Il était hors d'atteinte.

Pour Simon, on avait nécessairement averti Sam du danger ; il ne fallait pas entrer dans l'eau sans la surveillance d'un adulte. Il n'était pas vraiment timoré, mais tout de même, il ne lui serait pas venu à l'idée de se débarrasser de ses vêtements et de repêcher le ballon tout seul. Il était de plus en plus énervé. Apparemment, il n'y avait rien à proximité qui lui permette d'atteindre ce ballon, ne serait-ce que pour taper dedans et le rapprocher du bord. Il a appelé l'employée de maison, mais elle était dans la cuisine, en train de préparer le dîner. La porte était fermée, la radio allumée. La musique et l'odeur des oignons frits s'échappaient par une fenêtre ouverte. Sam, qui en pleurait presque de contrariété, s'est penché par-dessus le bord de la piscine et a agité l'eau pour créer un courant. Le ballon se déplaçait, mais en s'éloignant de lui, donc il a couru vers l'autre côté de la piscine et il a répété le même geste. Il avait créé un courant suffisant pour le renvoyer. Il a battu plus fort des mains, impatient de recueillir les fruits de son ingéniosité. À la radio, c'était du Roy Orbison. Sam a crié de nouveau le nom de l'employée de maison, il était en colère contre elle, il se démenait comme un dément et soufflait comme un bœuf. Le ballon se rapprochait du bord opposé.

Cette chanson de Roy Orbison, était-ce *Only the Lonely* ? À force de crier le nom de la bonne et de s'énerver, il a fini par être hors de lui ; il a lancé une grande gifle dans l'eau avec le plat de la main. C'est comme ça que c'est arrivé. Le voilà dans la piscine. Il est tombé. Ses souliers d'écolier devaient le lester. Sous le coup de la peur, il a avalé de l'eau, et la piscine l'a encerclé de toutes parts. Il n'avait jamais connu pareil concentré de terreur. Tu lui indiques quel menu préparer, tous les soirs, ou elle improvise ? Sait-elle à peu près ce qu'on attend d'elle ? Elle doit s'occuper de préparer le dîner et laisser Sam libre de grandir seul, comme toi, – un être humain à part entière. On nage ou on coule. Seuls les solitaires peuvent comprendre ce que je ressens. Les oignons sont en train de frire. Elle a le nez dans son frigo. Elle est je ne sais où. Et toi, où es-tu pendant que ton fils se noie dans ce qui est la matérialisation d'un pacte moyenâgeux conclu entre l'expert-comptable de ton mari et les ambitions que tes parents avaient pour toi ? Il tient Sam d'une main, par les jambes, la tête en bas. De l'autre, il lui tape dans le dos. Cela ne donne rien. Il tape plus fort. L'eau ressort par saccades, comme une projection de vomi, d'une couleur légèrement orangée. Ça ne s'arrête plus. Simon le couche sur le dos. Il lui essuie la bouche. Il essaie tout, il essaie n'importe quoi. Pris de panique, il tente un bouche-à-bouche, mais il ne sait pas s'y prendre.

Son estimation a beau être inexacte, il serait quand même intéressant de savoir combien de temps Simon pense avoir attendu avant d'aller tirer Sam de la piscine. L'imagines-tu au milieu des arbres, dans ton jardin ? D'abord, il a craint que le mouvement du ballon ne vienne le démasquer, et il s'est contenté de regarder le petit garçon s'énerver après son jouet, après ton employée de maison. Il a aperçu – ou peut-être juste entendu – la gerbe d'éclaboussures, mais il ignore si Sam a déjà appris à nager. Depuis son poste d'observation, derrière les arbres, il ne sait pas du tout si ton employée de maison le surveille en permanence, par intermittence, ou pas du tout. Il se dit que, malgré les étirements, les tractions, les contractions, tous ces mouvements destinés à ramener de l'oxygène dans les poumons de Sam, ton fils est peut-être en train de se noyer sous ses yeux et, entre deux réflexions de ce genre, dans un moment d'inertie, il est frappé par l'absurdité de sa situation. Quoi qu'il en soit, l'attente de Simon a été suffisamment longue pour lui laisser entrevoir que la vie de Sam était en danger. Personne n'était au courant de sa présence. Et s'il n'avait pas été là ? Sam serait-il mort ? Et toi, et ton mari ?

Il a allongé Sam sur le dos, la tête basculée en arrière. Il lui a respiré dans la bouche. Sam restait silencieux. Il a levé les yeux sur Simon. Très vite, il s'est calmé, il était épuisé. Simon lui a caressé le front, le regard plongé dans le sien. Le garçonnet a émis quelques sons réconfortants, même pas des mots et, du bout des doigts, Simon a trouvé la raie dans les cheveux de Sam.

« Une chance que ta maman m'ait demandé de jeter un œil dans le jardin, mon vieux, sinon, on ne sait pas ce qu'on serait d'venus. Sam, t'es un vrai pirate, toi, hein ? »

Sam a levé les yeux vers lui. Simon n'était pas sûr qu'il comprenait, mais peu importait. La terreur s'effaçait de son regard et le soleil commençait à lui sécher les cheveux. C'était tes yeux. À la radio, il y avait une autre chanson. Sam paraissait au bord des larmes. On avait dû ajouter quelque chose dans les oignons, sinon, ils auraient senti le brûlé. Dans la cuisine, on entendait un nouveau crépitement, on cuisait quelque chose, avec beaucoup de liquide.

« Tout va bien, juste une bonne frousse, c'est tout. Ça va aller, hein, Sam ?

– Oui, a-t-il fait doucement.

– Maman va bientôt être là.

– Pourquoi tu es venu ? lui a demandé Sam.

– Je suis là... pour le jardin ». Il a recoiffé les cheveux du garçon, un geste plein de douceur. « Si tu veux, Sam, tu peux pleurer. Ce serait pas bête. »

Il a embrassé le garçon sur le front et quitté le jardin.

Je suis sûr que pas mal de réflexions te traversent l'esprit. Tu te sens coupable ? Ce n'est pas la peine. Sam s'en est tiré. Si tu te sens coupable, pour l'heure, je te prierais de t'abstenir. Le moment viendra peut-être, mais pas tout de suite. Angelique a presque convaincu Simon de se mettre en colère contre toi. Cela en dit long sur elle, tu ne trouves pas ? Elle est persuadée qu'une fois mère, après avoir réussi comme chef d'entreprise, elle fera les choses très différemment. Je ne veux pas me montrer désinvolte, mais parfois je m'amuse de la limpidité des motivations humaines. En tout cas, il y a quelque chose de noble, non ? dans la volonté de protéger son enfant des piscines avant même de l'avoir conçu ? Non, il n'y avait pas que les piscines. Simon m'a rapporté qu'elle avait presque réussi à le mettre en colère contre toi parce qu'elle parlait de l'abandon en experte. Enfin, de ses premiers signes.

11.

N'as-tu jamais pris un train à onze heures, un jour de semaine ? Un train de banlieue ? Et voyagé trois heures uniquement pour revenir à ta gare de départ ? Tu n'as jamais, au grand jamais, frissonné de froid et de haine de toi-même par une chaude journée ? Ni regardé par la fenêtre d'un train en désirant que le tunnel ne finisse jamais ? As-tu jamais examiné au microscope le dessin de la puce sur ta carte bancaire en attendant que l'employé de banque te confirme le solde de ton compte de clôture ?

Suite à l'après-midi de la piscine, Simon est resté sous le choc. Il avait eu beau secourir Sam, il se sentait en quelque sorte complice. Non, je suis incapable de fournir une explication commode, du moins une explication qui ne te pousserait pas à semer une charretée de doutes sur mon interprétation d'un certain pacte. Il ressentait ce que ressentent souvent les témoins d'un accident ou d'un événement traumatisant. Qu'aurait-il pu faire qu'il n'avait pas fait ? Ce qui rend sa réaction si difficile à comprendre, c'est qu'il avait fait exactement ce qu'il fallait pour s'interposer entre Sam et la catastrophe. Alors, en quoi aurait-il été un complice ?

Cela l'effrayait. Il s'est remis à boire. Il ne se rasait pas, il était incapable de trouver le sommeil, il avait des horaires irréguliers ; en somme, il était proche de la dépression clinique. C'était peut-être d'avoir réintégré ta vie par une chaude journée sous les traits de l'homme qui, hasard inexplicable, tient ton fils noyé à bout de bras. Quand nous en avons parlé, il a beaucoup insisté sur la chaleur. J'ai essayé d'en savoir plus sur cette « culpabilité du complice ». Il ne l'admettait pas à tout coup, il lui arrivait de modifier son récit. En ces temps de dénégation, je lui ai demandé pourquoi il s'était tant remis à boire. Il m'a répondu que c'était une chaude journée. En effet. Je m'en souviens. À ce moment-là, Simon était au chômage depuis un bout de temps. Il m'a dit qu'il trouvait cette chaleur humiliante.

As-tu été de ces filles un peu sottes, la tête pleine de rires et de garçons dont l'adolescence grave et bornée visitait tes rêves ? Essaie de te souvenir. Ce devait être avant que tu ne choisisses entre différents looks et différentes idéologies, et bien avant que tu ne te décides à ne plus choisir. Vois-tu, tu es à présent le produit raffiné de toutes ces années de choix, mais qu'étais-tu avant cela, avant de choisir ? Te souviens-tu de l'âge que tu avais quand tu as cessé d'être une page vierge ? Peut-être pas précisément, mais il a bien dû exister, ce temps d'avant le choix – le choix de parler sur un ton particulier qui mêle franchise, politesse et réserve. Il a dû se situer vers le début de l'adolescence. Quelque chose, un événement que tu ne te rappelles pas, t'a alors placée sur une orbite unique, celle de la personne que tu es aujourd'hui. Peut-être as-tu été fortement impressionnée par une chose que tu as vue, par quelqu'un que tu connaissais, par une émotion ? Était-ce un vaccin, une ampoule d'humiliation qui t'a immunisée contre ce qui minait une autre fille, celle à côté de qui personne ne voulait s'asseoir ? Te souviens-tu quand Sam, lui, a commencé de se définir ?

À partir de quand Sam est-il rentré à la maison avec des mots sur son carnet et des résultats médiocres ? Je te mets en garde contre tes attentes excessives de réussite scolaire, s'agissant d'un enfant si jeune. Quoi que prétendent certains de mes collègues, il est bien trop tôt pour formuler des prédictions de mauvais augure. Ce sont plutôt les signaux que j'ai envie de te remettre en mémoire, et si cette dérive des résultats (dans la mesure où le terme convient pour qualifier son parcours scolaire) revêt de l'importance, c'est moins pour eux-mêmes que pour le changement qu'ils reflètent. Sam était (et est toujours) un petit garçon intelligent. En règle générale, il réussissait bien. Je veux dire par là qu'il était attentif et qu'il saisissait très vite. Il était apprécié de ses professeurs et des autres enfants. Subitement, il a connu l'échec dans presque toutes les matières, interrompu de temps à autre par des notes moyennes en maths et en orthographe. Il a cessé de tout saisir au vol, et son attention s'échappait. Pourquoi a-t-il choisi l'échec ? Je laisse entendre que ç'a été une décision consciente, pas moins rationnelle que celles que vous prendriez, ton mari ou toi. Je hasarderai deux explications, aussi évidentes l'une que l'autre.

Apprendre veut dire grandir (c'est ce que nous enseigne Bettelheim). Si un enfant cesse d'apprendre, il retarde sa croissance, en un sens. Qu'est-ce qui le conduit à désirer cet état ? Beaucoup d'enfants perçoivent dans le fait de grandir un abandon progressif de la mère et la fin du maternage. Pourquoi Sam a-t-il éprouvé à nouveau un besoin maladif de ta présence, comme un bébé ? Il était le capitaine que les autres se choisissent pour organiser la partie de foot, un petit bonhomme tranquille et studieux en route vers la réussite. Soudain, il se transforme en élément perturbateur, il échoue. Pourquoi ? Qu'est-ce qu'il éprouve ?

La décision d'échouer exprime souvent une demande d'attention. C'est aussi une forme de dépression (et ne me soutiens pas que les enfants ne sont jamais dépressifs, ou c'est que tu as vraiment tout oublié). Il y a de la colère, qu'il intériorise. En se blessant, il te blesse et, s'il se blesse assez, tu vas sûrement le remarquer. Regarde. Je suis brisé. Et tu le supportes ?

À présent, tu as dû comprendre que je n'apportais pas grand-chose à Simon, comme on dit. En dépit d'une opinion répandue, ce n'est pas mon rôle, en tout cas pas mon rôle professionnel – et, de toute façon, je ne lui apporte rien même en tant qu'ami. Ses pensées sont plus rapides que ma sagesse. J'espère que l'on ne m'en voudra pas. Angelique peut se montrer très catégorique, dans ses jugements. À l'image de beaucoup de gens. Mon opinion, c'est que faire simplement office de *sparring-partner*, ça doit l'aider. Dès le début, Simon m'a fait confiance. Nous n'avons jamais vécu ce que les psychiatres appellent un transfert, ce stade où le patient reporte sur le thérapeute une réaction émotionnelle positive ou négative qu'il a eue jadis à l'égard d'un autre, d'un personnage appartenant à sa vie antérieure. Il y a peut-être eu un transfert à l'envers. Je voulais qu'il m'apprécie, et pas dans le cadre du traitement – enfin, pas seulement. À ma façon, je crois avoir essayé de le guider en douceur. Il est capable de résistance. À quoi faut-il résister ? À mes accès sporadiques et occasionnels de bon sens bienveillant ? Naturellement, il lui en fallait davantage. Bien avant que William ne m'appelle à la rescousse, Simon se cachait déjà derrière les arbres de ton mari. Quand je m'en suis aperçu, je n'ai pas essayé de l'en empêcher. C'est vrai. Mais j'ignorais qu'il avait déjà prévu une autre visite à la bijouterie du coin de la rue. Comment l'aurais-je su ?

Qu'avait-il en tête ? Oui, c'est là que je suis censé intervenir. C'est clair, je ne sais pas tout. Tout savoir, ce n'est pas mon domaine. Même pas en théorie. Je ne sais pas pourquoi tu l'as quitté, il y a neuf ans de ça. Il n'en sait rien non plus. Nous spéculons. J'aurais payé une partie de l'éducation d'un de mes enfants avec nos spéculations sur les raisons qui t'ont poussée à le quitter. Il affirmait que c'était arrivé d'un coup. Mais il n'existe pas d'autre façon de quitter quelqu'un, n'est-ce pas ? Tu es avec l'autre jusqu'au moment où tu n'y es plus. Oui, c'est pour accéder à cette forme de sagesse que William a payé. Lui qui a la réputation d'être plutôt roué en matière financière et fiscale.

Comment aurais-je su que Simon prévoyait de refaire un tour chez ton bijoutier du coin de la rue ? Sans parler de la suite. Il avait envie de voir ce bracelet, de le toucher, comme s'il était une manifestation tangible et durable du lien qui avait existé entre vous neuf ans plus tôt et aujourd'hui. C'est peut-être cela. Pourquoi le portes-tu ? Il est vieux, il ne vaut pas grand-chose, son fermoir n'est pas fiable. La cour que t'a faite ton mari était soutenue par de plus belles pièces, j'en suis certain. Mais tu le portes et, quand il se casse, tu vas dans une boutique au coin d'une rue et tu le confies à un vieux monsieur avec un accent, qui te fait des promesses pour lesquelles tu paies volontiers.

Ce bracelet te rappelle-t-il Simon – ou la personne que tu étais quand tu vivais avec lui ? Peut-être l'aimes-tu, ce bracelet, tout simplement. Tu n'as jamais été du genre à t'attacher aux objets qui ne te sont plus d'aucune utilité. Quelque part sur le chemin entre la maison de ma femme et mon local professionnel, il y a un mur sur lequel on a peint : « La nostalgie n'est plus ce qu'elle était ! » Entre nous deux, l'accord est virulent.

Même en tâchant de me remémorer son obsession, je ne saisis pas très bien ce qu'il avait en tête, ni même s'il avait quelque chose en tête. Qu'aurait-il obtenu en payant la réparation de ce bracelet et, par exemple, en le déposant incognito dans ta boîte aux lettres ? Il n'en sait rien non plus mais, de toute façon, cela ne s'est pas produit. Quand il est allé à la boutique s'enquérir du bijou, le bijoutier lui a répondu qu'on était venu le récupérer. Simon était un peu gêné, il a prétendu ne pas avoir compris que tu étais déjà venue le reprendre. Mais le bijoutier lui a précisé, avec sa discrétion héritée d'un monde ancien, une discrétion très européenne, que ce n'était pas toi, mais un monsieur. Simon a feint d'être un proche de ton mari, et il est allé jusqu'à le décrire au bijoutier à son tour gêné. Et pourtant non, il s'agissait encore d'un autre monsieur.

Simon a été si stupéfait qu'il s'est oublié et a soumis le bijoutier à un contre-interrogatoire, histoire de savoir ce que tu mijotais. Le bijoutier s'est excusé, soit pour toi, soit pour lui qui avait inopinément dévoilé à un jeune homme bavard des informations qui le bouleversaient.

Un autre monsieur. Rien de tout ce que nous lui avions confié, Angelique ou moi, n'aurait pu écorner ton piédestal plus que les propos de ce bijoutier. Pendant un temps, Simon a refusé de parler d'autre chose. Angelique le découvrait soit très expansif, dans le style pseudo-scientifique, soit plongé dans une réflexion mélancolique dont l'objet était sans surprise : fréquentais-tu ou non un autre homme et, si oui, pourquoi ? Allais-tu quitter ton mari pour cet homme, et dans quelle mesure ta décision prenait-elle en compte l'intérêt de Sam ? Peut-être pensait-il simplement avoir enfin compris qui était ton mari, quelle était la formule chimique du personnage... Un nouvel homme ? Voilà qui menaçait l'ordre des choses, même si cet ordre-là n'avait rien de très fonctionnel. Oui, mais, à mon avis, ce n'était pas tout. Il se faisait du souci pour Sam. Valait-il mieux qu'il grandisse auprès de parents insatisfaits dans le cadre d'une union stérile, avec ou sans infidélités (le destin de la majorité d'entre nous), ou entre des parents séparés, avec les problèmes afférents (le destin de la minorité) mais dans un climat où subsiste un minimum d'espoir en l'avenir ? Avec lui, j'ai essayé d'aborder sérieusement le thème de l'absurde. Il n'est pas absurde d'imaginer que tu as, que tu as eu ou que tu es sur le point d'avoir une liaison, et que, un jour, malgré la fortune de ton mari, ton style de vie, ton enfant et le pur ennui de cette existence, tu quitteras ton époux. Ce qui est absurde, pensais-je, c'est que Simon s'imagine avoir son mot à dire. Tous ou presque, nous avons du mal à conserver la maîtrise de notre existence, et voilà Simon, déjà embarrassé d'avoir à se raser et à promener son chien, qui se demande si une femme dont il est séparé depuis près d'une décennie aurait intérêt ou non à préserver son mariage. Il n'y a pas de quoi rire. Cela ne m'a jamais fait rire. C'est à cela que l'on reconnaît en moi le vrai professionnel.

Et n'est-ce pas intéressant de voir jusqu'où il peut aller dans ses attitudes bourgeoises ? Tout en les rejetant, il s'accorde avec ses parents pour attribuer au mariage un caractère sacré, même à un mariage désertique dont la moitié masculine reçoit d'une prostituée plus de chaleur que de son épouse, et dont la partie féminine a renié ce qu'elle était avant de s'attacher à obtenir ce que ses parents lui ont appris à désirer. Et Sam. Simon est en colère à la seule idée que Sam puisse se retrouver plus ou moins abandonné parce que tu as tenté de réparer les dégâts provoqués par ta décision hâtive d'épouser un homme aussi différent de Simon que tu l'es toi-même, à présent.

12.

Simon me l'a raconté, voici ce qui est arrivé quand Angelique est entrée dans son appartement, un après-midi. La porte était ouverte et elle a trouvé Simon assis sur son canapé, avec son habituel verre de scotch, en train de lire en écoutant de la musique. Au début, elle est simplement restée là, à le regarder. Empson était endormi.

« Alors, c'est ça ? Tu vas rester là comme ça, tout le reste de ton existence, à écouter Stephen Cummings et à te bourrer la gueule ?

– J'ai aussi Leonard Cohen, quelque part par là.

– Simon, d'accord, tu n'as pas de boulot. Ce n'est pas la fin du monde. Tu restes planté là, à boire dans ce musée, ou... ce sanctuaire élevé à la mémoire de ton ex-petite amie. Ce n'est jamais que ton ex-petite amie. Tout le monde a eu une petite amie, et tout le monde peut se retrouver au chômage.

– C'est quoi ton problème, là ? l'a-t-il interrompue.

– Je n'ai aucun problème. J'ai des projets. Si les choses ne me conviennent pas, j'essaie de les transformer. Ce n'est pas ce que tu m'as conseillé de faire ? »

Elle se tenait les mains sur les hanches.

« Je ne te dis jamais ce qu'il faut faire.

– Alors, ça, d'abord, c'est des conneries. Dès que je t'ai fréquenté, tu m'as donné toutes sortes de directives, il ne fallait pas que je t'appelle si tu ne m'avais pas appelée en premier, et tout le reste.

– Mais tu ne m'as pas écouté, a-t-il souligné.

– Non, bien sûr que non. Qui irait t'écouter ? Tu n'es qu'un vieux chieur, une grande gueule, avec un souci côté alcool, et tu ne décroches pas d'une yuppie à qui tu n'as pas causé depuis dix ans. Simon, tu es lamentable !

– Pourquoi viens-tu me voir, mon Ange ? »

Elle s'est assise sur le bord du canapé et a bu une gorgée dans le verre de Simon.

« J'aime bien ton chien. »

Elle a donné une série de petites tapes à Empson, rempli le verre de Simon et l'a bu. Puis elle s'est approchée.

« Et malgré tout ça, je te trouve quand même beau... et puis tu es drôle. »

Simon l'a prise par la taille.

« Drôle ! En quoi suis-je drôle ? s'est-il étonné.

– Tu me fais rire. Et tu sais créer des situations à partir de rien. Rien qu'avec... des mots. Tu es amusant et... » D'un geste, elle a désigné la pièce autour d'elle. « ... ici, c'est comme un endroit qui me permet de m'évader. Tu me donnes des conseils.

– Oui, par exemple, le moment favorable pour accéder à la propriété. »

Elle lui a posé la paume de la main contre la joue.

« Simon ! regarde-toi.

– En l'état actuel, on ne tirerait pas grand-chose de moi, je te l'accorde.

– Il faut que tu commences par t'occuper de toi. Il faut vraiment que tu te construises une existence à toi, que tu sortes plus, que tu boives moins, que tu manges mieux.

– Ah ! là, minute. Je refuse de t'entendre dénigrer ta cuisine.

– Simon, je suis sérieuse. »

Il l'a embrassée.

« Tu restes dîner, mon ange ?

– Non. Ce soir, je suis de sortie.

– Y a-t-il un de ces messieurs que je connaisse ? À moins que je ne les connaisse tous ? »

Elle s'est levée.

« Il y a ton client préféré, entre autres. Tu sais, je crois qu'il soupçonne quelque chose.

– Qu'il soupçonne quoi ? s'est enquis Simon.

– À mon avis, il la soupçonne de fréquenter quelqu'un d'autre. »

Il s'est levé.

« Qu'est-ce qui te fait dire ça ? Tu ne lui as rien raconté, non ? Bon sang ! Tu ne lui as rien dit, au moins ?

– Tu sais qu'elle ne veut plus d'enfants ?

– Comment le sais-tu ?

– Il me l'a dit. Sinon, comment le saurais-je ?

– Je n'arrive pas à croire qu'il puisse te confier tout ça !

– Ouais, un vrai scandale, non ? a-t-elle ironisé, en buvant une autre gorgée.

– Enfin, ce n'est pas que ce soit si intime, euh, en l'occurrence, c'est le tout qui est intime... mais bon, peu importe.

– Peu importe ! Peu importe par rapport à quoi ?

– Nom de dieu, comment peut-il te baiser en te causant de sa femme et de son fils ?

– Je te l'ai dit. Tout ça n'a rien à voir avec les conneries qu'on voit dans les films. Je n'ai pas à me mettre en uniforme ou ce genre de connerie. En tout cas, pas de son côté. Lui, ce n'est jamais qu'un type qui passe ses journées à causer sans arrêt de machins sans intérêt à des gens qu'il n'aime pas ou qui lui font peur. À moi, il sait qu'il peut tout raconter. C'est assez fréquent, avec les clients réguliers. Ça fait partie du truc. »

Simon n'écoutait plus.

« Ça va encore nous donner un enfant unique... un solitaire, a-t-il fait en se versant un autre verre.

– Qui ?

– Sam.

– Oui, un enfant unique dans un foyer brisé.

– Un “ foyer brisé ”... c'est quoi, Ange ? Un cliché. De toute manière, elle ne le quittera pas. Elle sait garder un filon quand elle en a repéré un.

– Il n'est pas de cet avis. Il est persuadé qu'elle a une liaison.

– Bon sang, qu'est-ce que vous fabriquez, tous les deux... C'est si lent que ça quand vous vous déshabillez, pour qu'il ait le temps de spéculer sur sa fidélité ? J'espère que tu lui factures un supplément pour la psychanalyse. »

Elle a ignoré sa remarque et a tout lâché.

« Il m'a confié qu'il y avait quelqu'un d'autre, il en a la certitude. La semaine prochaine, elle part pour une conférence ou un congrès, un machin, quoi.

– Oh, ce type est dingue, c'est un paranoïaque. Il est vraiment givré. Vous êtes tous les deux givrés. Des gens qui partent en congrès, il y en a tous les jours. Même les enseignants, maintenant, ça leur arrive, enfin, ça leur arrivait. Il essaie juste de se soulager de sa culpabilité, ou alors c'est que ça l'excite de t'en parler.

– Simon, tu vas te calmer, oui. Et alors, et si elle part avec un autre ? C'est son problème, pas le tien.

– Ça fait juste partie de la merde qu'il te refile, Ange. Tu ne crois pas ? »

Elle s'est levée et a soutenu son regard.

« Il m'a déclaré que, si elle fréquentait quelqu'un d'autre, il la quitterait. »

Simon s'aperçoit que, pour ton mari, la coupe est pleine – que ton mariage est en péril et que tu viens de t'en rendre compte. Quel genre d'homme est-ce ? Va-t-il tenter de sauver cette union, rester cool ? Rester cool, croit-il que ce soit le seul moyen de sauver ce mariage ? Ou va-t-il te quitter ?

Être cool. Dès la sortie de l'adolescence, les hommes y renoncent, pour le meilleur ou pour le pire. Enfin, être cool, ce n'est pas vraiment être serein, hein ? C'est une espèce de fierté infantile, que nous, la société, nous avons tendance à idéaliser. Ce côté « cool », nous en imprégnons nos héros du grand écran. N'est-ce pas séduisant – cette apparente absence de vulnérabilité ? Ça marche. Les femmes n'ont-elles pas envie d'être désirées par un homme qui ne ressent aucune douleur, aucune peur ?

Mais tout ça, c'est du cinéma. Un être humain qui ne désire pas l'autre ou qui n'en a pas besoin est un être mort. Et celui qui désire et réclame n'est pas pour autant indemne. Il peut avoir peur. Mais nous enseignons aux hommes à faire du cinéma, en toutes circonstances. Et, conséquence de leur émancipation, les femmes sont obligées de faire semblant, elles aussi. Ton mari est si bien conditionné qu'il ne se rend pas compte qu'il fait du cinéma. Il l'a fait toute sa vie. C'est comme ça qu'il t'a séduite et, après des années de mariage, il continue de jouer les invulnérables. A-t-il raison ? Le seul mariage véritablement heureux serait-il celui du détachement et du respect ? Ton mari a un tel besoin de toi qu'il refusera de te parler dans l'espoir que son silence te conduira à le respecter encore davantage. Et s'il te parlait ? Et s'il te disait la vérité ? Et s'il pleurait en regardant un film ? Et s'il cessait de flirter avec la nymphette du pressing ? Il s'imagine qu'à la première occasion, les mécaniciens qui révisent sa voiture vont lui endommager une pièce exprès. Quand il n'arrive pas à ouvrir une fenêtre du premier coup, il songe à sa condition de mortel. Il regrette d'avoir un compte joint. Quand ta sœur est dans les parages, il préfère que tu le surveilles de près. Que ton père soit italien n'est pas sans lui inspirer un certain malaise. Ses sourcils lui déplaisent, ils lui ont toujours déplu et, dans les rares occasions où ça se présente, il lui arrive de se stimuler secrètement dans la salle de bains avant de te rejoindre au lit, histoire d'être certain d'être capable de te tenir compagnie jusqu'au bout.

Il est difficile de préciser où s'arrête la tendresse d'Angelique pour ton mari et où commence son désir de provoquer Simon. Elle l'aime certainement beaucoup. Ses confessions lui donnent l'impression d'être indispensable et, comme tu l'as vu, les confessions de Simon lui donnent cette même impression. Tant que Simon sera obsédé par toi, il y aura toujours une place pour ton mari. Mais si Simon allait bien, s'il avait un boulot, s'il parvenait à t'oublier et à se joindre aux convives du dîner – des contribuables, des employés de bureau, des banlieusards, des sondés d'opinion –, bref, s'il était une cible du marché, où seraient Angelique et ton mari ? Et toi, où serais-tu ? Où seras-tu, si tu le quittes ? Et Sam ? Pourra-t-il capter un éclair de sympathie entre toi et celui qui sera alors ton ex-mari le jour de ses vingt et un ans, juste avant les discours, au moment où vous vous lèverez tous, au moment où tu poseras sur l'homme qu'il est devenu un regard de honte sincère, inexprimable et rétrospective ?

13.

La recherche effrénée d'un sentiment de maîtrise des événements est généralement considérée comme un gage de santé. Dans une large mesure, le comportement des individus est déterminé par la maîtrise de soi que l'on possède ou croit posséder. En fait, les gens cliniquement déprimés ne tentent plus de modifier leur réalité. Plus cette absence d'intervention est durable, plus les difficultés croissent. Le point est crucial. Pour être en bonne santé, c'est justement *leur* réalité qu'ils doivent chercher à transformer. Il n'y a aucun mérite à tenter de maîtriser la vie des autres. Je n'ai jamais conseillé le machiavélisme du désespoir. Simon y est venu tout seul. En théorie, dans notre profession, on ne fait pas de racolage.

Regardait-il dans la rue à travers les stores, quand la raison s'est momentanément détournée de lui, une raison fatiguée de sa personne autant qu'il l'était lui-même ? La raison est une lève-tôt. Elle est toujours la première à se dérober. Pour être franc, ce n'était pas vraiment une fuite de la raison, c'était plutôt une conjonction perverse des événements. Simon avait appris de la bouche d'Angelique que ton mari avait presque chaque jour une réunion matinale ; Simon s'intéressait à un matin en particulier, le matin du jour où tu devais prendre un avion pour assister à cette conférence. Si la réunion avait eu lieu dans l'après-midi ou même plus tard dans la matinée, Simon n'aurait jamais été au courant de cette conférence à temps. Si Angelique ne l'avait pas réveillé pour le petit déjeuner, il serait peut-être arrivé trop tard. Mais tout s'est déroulé suivant une espèce de chronologie parfaitement minutée.

Ton mari traversait une période « très chargée » ; son travail se prolongeait souvent tard et commençait toujours tôt. Tu n'as pas oublié. Pourquoi ne poses-tu jamais de questions à personne ? Enfin, j'imagine que maintenant, ça va changer. Réfléchis-y. On est dans un marché déprimé. Les gens ne font plus des horaires pareils. Et si le téléphone ne sonne pas, tu ne touches pas de commission. Il n'était pas du tout « très chargé », sauf peut-être avec Angelique, mais ce matin-là, il avait bien un petit déjeuner de travail. Simon m'assure qu'un jour les gens comme il faut se remettront à prendre leur petit déjeuner à la maison. Mais pendant que ton mari se trouvait avec Angelique, le dollar a plutôt mal tourné. Ce déclin l'a atteint, ces cours planchers exigeaient quantité de consultations urgentes. Selon Angelique, lors de ces petits déjeuners de travail, il y avait toujours trop de café et pas assez de croissants. Plus important, grâce à elle, Simon savait exactement à quel moment ton mari serait dans l'incapacité de recevoir des appels, et donc quand il pouvait lui laisser un message sans courir le risque de l'avoir au bout du fil, un message en ton nom. Ton mari aurait pu te rappeler pour avoir des éclaircissements. Ou alors tu aurais pu l'appeler pour de vrai, histoire de lui préciser quelque chose, ou même de lui dire au revoir, n'importe quoi. Simon n'en aurait rien su. Il courait un risque mais, quand tu y penses, lequel ? Finalement, si ton mari n'avait pas reçu le message de Simon et s'il était arrivé à l'école à l'heure pour prendre Sam, que se serait-il passé ?

Ton mari ne t'a pas appelée. Il n'en avait pas besoin, il avait déjà tout organisé – il irait chercher Sam à l'école, l'emmènerait chez tes parents, le reprendrait le samedi à l'heure du déjeuner, en laissant un peu d'argent pour l'employée de maison. Les courses étaient faites. Ce n'était que pour le week-end. Et tu ne l'as pas appelé non plus. Les appels pendant les heures de travail sont réduits au minimum. Les instructions sont formulées le matin et elles ne soulèvent guère d'interrogation, sauf ambiguïté majeure. Tu avais ta serviette et ton baise-en-ville déjà prêts dans le coffre de la voiture, au pied de la tour où tu travailles. Tu pouvais filer directement du cocktail à l'aéroport. Tu n'allais pas l'appeler, pas dans la journée – pas ce jour-là.

Simon a sur les enfants une autre théorie que je n'ai pas mentionnée, la théorie n° 6017, qui ne possède aucune validité mais que j'ai trouvée intéressante. Cette théorie-ci, il l'a formulée en se fondant sur ses observations faites depuis les abords de l'école, mais je ne suis pas sûr qu'il y croie tant que ça (n'a-t-elle pas tous les signes extérieurs d'une théorie psychologique ?). Il estime que l'on peut établir une corrélation entre le temps que passe un enfant dans l'enceinte de l'école après que la cloche a sonné à la fin de la journée et le degré de dislocation du foyer familial auquel cet enfant est confronté. Pourquoi un enfant s'attarde-t-il à l'école après la classe ? S'il est retenu pour mauvaise conduite, contre qui cet enfant se rebelle-t-il, avec qui rivalise-t-il ? Dans le cas où il suit des cours supplémentaires, comment se fait-il qu'il n'apprenne pas au même rythme que les autres ? S'il traîne dans la cour après l'école, c'est peut-être bien que la maison n'est plus un endroit accueillant.

C'est assez simpliste et, comme je l'ai dit, je ne pense pas qu'il y adhère vraiment. Quid du sport après l'école ? Et les ateliers d'art, d'artisanat, de musique, de théâtre, et la cigarette fumée derrière le hangar à vélos ? Tout cela garde les préados dans l'univers de l'école ; pour beaucoup, celle-ci est à la fois un temple et une place de marché. C'est là que tout arrive. Il ne faut pas, sous prétexte que nous avons oublié ces réalités, négliger l'importance qu'elles ont à leurs yeux.

Des poteaux peints en rouge et blanc signalent les passages piétons protégés. As-tu remarqué cette subtilité : chacun de ces poteaux se termine en pointe sans être vraiment pointu ? On peut les toucher, ils sont la matérialisation de notre inquiétude collective pour les enfants. La clôture grillagée penche vers le bâtiment de l'école, appuyée sur un feuillage luxuriant planté côté intérieur, une vraie plantation, idéale pour la guerre dans la jungle et les cachettes en général. Le bâtiment proprement dit se subdivise en plusieurs parties. Le corps central a juste un peu plus de cent ans d'âge ; il offre au regard des briques ocre rouge, des encadrements de fenêtres blancs et un toit en ardoise terminé par une flèche. À côté, il y a les annexes, dont la bibliothèque ; leurs toits sont plus bas et les briques rouges de différentes nuances, reflets des soubresauts successifs des finances publiques.

Sur le mur de la bibliothèque, il y a un écriteau, juste au-dessous de la gouttière, qui annonce : « ATTENTION. DÉFENSE D'APPROCHER. CE TOIT EST ÉQUIPÉ D'UNE CAMÉRA DE SURVEILLANCE DIRECTEMENT RELIÉE À UNE SOCIÉTÉ DE SÉCURITÉ. LES CONTREVENANTS SERONT APPRÉHENDÉS SUR-LE-CHAMP. » Devant le mur extérieur, le plus haut, un escalier de secours en bois conduit à un terrain de basket goudronné. Il y a un vieil arceau de panier à chaque extrémité, mais sans son panneau. Les garçons jouent-ils au basket féminin ? À côté du terrain, il y a une grande poubelle verte entourée de poubelles plus petites couleur argent ; certaines sont reliées entre elles par une chaîne. Les autres sont cabossées car elles ont servi, en certains moments critiques, de ligne de démarcation entre divers espaces.

Non loin de ces poubelles, il y a les filets de cricket, dont le câble est affaissé aux deux bouts et, à côté, la petite aire bétonnée réservée aux voitures des professeurs. Les salles de classe sont de tailles différentes ; chacune a son atmosphère, selon l'âge des élèves et de l'enseignant. Certaines sont meublées de minuscules tables en plastique tournées face au tableau noir, avec des chaises en bois et des pochettes en toile de jeans ou vichy suspendues au dossier. D'autres sont tapissées de collages d'animaux, de photos de mannequins et de produits laitiers. Il y a des tableaux instructifs : D'où vient la pluie, Où va le soleil.

Rien n'est comparable à ce moment où sonne la cloche de l'école. Rien ne ressemble à la ruée des enfants au sortir des cours, à leur rapidité qui confond en un même mouvement leurs personnalités particulières, personnalités qui, dans un autre contexte, ne supporteraient pas d'être ainsi gommées.

Dans les quelques secondes précédant la sonnerie, les parents, les grands-parents et gardes en tout genre grouillent autour de la palissade, près du portail. Ils n'entrent pas. Certains bavardent, d'autres attendent, tout simplement. Il est intéressant de constater que ces enfants du même âge sont attendus par des adultes si différents. Des jeunes femmes et des hommes vieillissants, d'Europe méridionale, du Pacifique et d'Asie du Sud-Est. À partir de quel âge, les enfants refusent-ils qu'on les embrasse devant leurs pairs ? Quel âge ont-ils quand l'accent de « leur » adulte leur fait honte pour la première fois, un sentiment dont ils se souviendront des années plus tard avec une force renouvelée ? Certains de ces enfants ne sont attendus par personne. Ils rentrent chez eux seuls ou en groupe. Ils échangent leurs vélos. Peut-être vont-ils rejoindre un de leurs parents au travail ? Il y en a qui ne sont pas pressés de mettre un terme au commerce de la journée. Ils traînent.

Les jeux de balle commencent. Les enfants s'y donnent à fond. Il y a un gamin aux yeux fous chargé d'un gros sac de billes, qui dame le terrain devant lui. Il porte un T-shirt noir décoré d'une image de body-builder stéroïdé nu jusqu'à la taille et armé d'un fusil d'assaut. Le gamin lève une bille en l'air, entre le pouce et l'index et, d'une voix traînante de vendeur de journaux, s'écrie : « Si tu la dégommes, tu gagnes. » Le parking des enseignants se vide de ses petites voitures rouges, blanches et jaunes. Les plus jeunes femmes, à peine sorties de l'école d'application des maîtres, montent dans des véhicules ornés de personnages de dessins animés, un animal à fourrure entortillé autour du rétroviseur et des autocollants publicitaires collés sur la vitre arrière, pour des stations de radio en liquidation judiciaire et des camps de vacances où elles sont allées en compagnie de jeunes gens un peu plus âgés et dotés d'une voiture un peu plus grosse. Le gamin aux yeux fous a une petite foule de garçons devant lui. « Si tu la dégommes, tu gagnes. »

Sam réfléchissait. Il se tenait debout, les mains dans les poches. Il observait les autres, dont certains étaient plus âgés que lui. Son sac était posé par terre, et il ne cherchait personne en particulier.

« Sam. »

Il avait entendu prononcer son nom, mais faisait la sourde oreille. Il suivait du regard le garçon et les billes. Si tu la dégommes, tu gagnes.

« Sam », s'est écrié de nouveau Simon.

Sam s'est retourné.

« Tu te souviens de moi ? »

Il a secoué la tête.

« Mais si. Tu te souviens de cette journée terrible, chez toi, quand tu es tombé dans la piscine ?

– Tu es le jardinier ! s'est exclamé Sam.

– Oui. Je suis le jardinier. Tu aimes bien ça, jouer aux billes ?

– Oui. Parfois, a répondu Sam en se retournant vers les autres.

– Écoute... Sam. Tu sais que ta maman ne vient pas te chercher, aujourd'hui ?

– Oui. C'est papa.

– Enfin, ça devait être papa, Sam, mais maintenant il ne peut plus. Il va être retenu à son travail, et il va rentrer tard à la maison. Il m'a demandé de venir, pour t'avertir... et m'occuper de toi. Ça te va ?

– Oui.

– Tu aimes le lait chocolaté ? Moi, oui. »

Simon sait ce que c'est que de parcourir une enceinte d'école déserte, que d'y chercher quelqu'un et d'appeler, la bouche sèche, le pouls battant à la cadence d'une mitrailleuse. Ton mari aura cherché partout. Il aura fouillé ses poches, cherché le message transmis de ta part, que Simon lui avait laissé, lui signalant que Sam était parti en excursion et serait de retour assez tard. Cela ne lui aura servi à rien de retrouver ce message, mais il aura éprouvé le besoin de l'avoir sous les yeux. Sans quoi, il se serait demandé s'il n'aurait pas rêvé toute cette histoire. Tu peux imaginer. Il ne marche plus, il trotte d'un pas nerveux. Tu te le représentes ? Il s'efforce encore de nier l'évidence. Il desserre sa cravate, et puis il court, sans retenue, pris de terreur. Rien ne le préparait à cela. Il crie le nom de son fils, pour tenter d'arrêter le monde. À présent, il est temps, il faut que tu sois informée de tout ça.

14.

Angelique cherchait la date de péremption sur une brique de lait chocolaté. Le placard était rempli de boîtes de soupe, de chocolat, de fruits au sirop et de paquets de purée ; c'était elle qui les lui avait presque tous achetés, au cours des derniers mois. Il y avait des casseroles dans l'évier, avec des restes de soupe figés. Elle était contente de voir ça. Cela prouvait qu'il tapait dans les réserves. Des journaux étaient empilés par terre et des bouteilles vides étaient alignées, en rangs serrés, à côté de la poubelle. Il n'y en avait pas autant que d'habitude.

« Quand as-tu acheté ce lait chocolaté ? a-t-elle lancé à Simon, qui se trouvait dans le salon.

– Il ne veut pas de chocolat chaud, s'est-il écrié en réponse. Il y a du coulis au chocolat, là, quelque part sur le devant. J'ai acheté ça hier.

– J'étais en train d'en préparer pour nous, mais s'il est passé, je vais le jeter.

– Je ne savais pas que le lait chocolaté pouvait passer, mais peut-être que les nouveaux produits sont prévus avec un système de péremption ultramoderne, pour les revanchards de l'écologie. On n'arrête pas le progrès, tu sais... on n'arrête rien, d'ailleurs », a-t-il tranquillement commenté.

Elle a fait bouillir du lait, l'a mélangé avec le coulis, rempli deux bols de chocolat chaud, et versé encore un peu de coulis dans un verre, avec une boule de glace vanille et du lait. Cela faisait peut-être beaucoup de lait.

« Je ne sais pas à quoi ça va ressembler. Je n'avais encore jamais préparé de chocolat chaud à base de coulis », a-t-elle admis en emportant les trois verres dans le salon, où elle les a posés sur la table basse.

La télévision était allumée, le son réglé très bas, quasiment inaudible. Sam était à moitié endormi sur le tapis, avec un coussin sous la tête et une couverture. Empson dormait à côté de lui. Angelique était assise à côté de Simon, avec son chocolat chaud.

« Tu sais ce que tu es en train de faire ? lui a-t-elle demandé.

– Je n'en suis pas certain. Les gens qui sont sûrs de ce qu'ils font sont très dangereux. Moi, je ne suis pas dangereux.

– Tu es fou, Simon. À ton avis, qu'est-ce que ça va donner, tout ça ? Rien de bon, tu le sais. »

Simon a reposé son bol et s'est levé pour border la couverture autour de Sam. Il s'est agenouillé et s'est assuré que, sous le menton, aucune partie de son corps ne restait découverte.

« Ange, tu as probablement raison, mais comme disait ce type qui a sauté de la tour du Rialto en arrivant à hauteur du vingtième étage : jusque-là, ça va. »

Elle a à peine souri. Empson a soupiré. Sur l'écran de télévision, une voiture de police pénétrait dans une ruelle étroite. Angelique a regardé cette pièce demeurée si longtemps à l'état de chaos inerte et désormais modestement encombrée d'objets bien empilés, surtout des livres et des journaux. Son regard est venu se poser sur Simon, avec ton fils endormi à ses côtés.

« Je veux que tu saches... Je t'aime, Simon. Je sais tout ce que tu m'as dit. Je sais que je suis... prévenue, comme tu me l'as dit, mais je t'en prie, sache-le... souviens-t'en, quoi qu'il arrive. Je t'aime même si je sais... que tu es fou. Tu es l'homme le plus doux que j'aie jamais rencontré. Trop doux. Il est plus futé que toi, a-t-elle ajouté en désignant Sam, toujours endormi.

– Qu'il se révèle plus malin que moi, ce n'est pas impossible. Il est déjà beaucoup plus sage.

– Ici, ils vont le trouver. Tu le sais. Ils vont se douter, l'a-t-elle prévenu.

– S'ils le trouvent, ils vont constater qu'il est heureux et en sécurité, avec sa moustache de chocolat.

– Comment ça, " si " ? Mais ils vont le trouver, ce n'est qu'une question de temps. Ils sont sûrement dans tous leurs états, l'un et l'autre. Ils ne seront pas longs. »

Elle s'est levée et l'a rejoint par terre. Il l'a prise dans ses bras et ils ont regardé ton superbe fils qui respirait doucement, la tête à moitié enfouie dans l'oreiller.

« Quand vont-ils le dénicher ? Ils ne seront pas si rapides que ça, a-t-il protesté à voix basse. Les émotions ne sont pas si bonnes ouvrières. »

Après un instant de réflexion, elle s'est répété la formule.

« C'est de T.S. Eliot ? » a-t-elle demandé.

Il a secoué la tête.

« Dylan Thomas ? Non. Yeats, hein, c'est ça ?

– Non, lui a-t-il répondu, en laissant courir ses doigts dans sa chevelure.

– Qui a écrit " Les émotions ne sont pas si bonnes ouvrières " ? »

Elle a posé la tête sur ses genoux.

« C'est toute une histoire, Ange. La formule est belle, non ? Attribuée à un homme qui ne l'a jamais prononcée par deux hommes qui l'ont écrite pour ensuite se faire passer pour un troisième personnage qui n'a jamais existé.

– Attends une minute. Répète-moi ça. Lentement. Elle a fermé les yeux et répété doucement : " Les émotions ne sont pas si bonnes ouvrières. "

– En 1944, a-t-il commencé, un très jeune rédacteur en chef d'une revue d'art et de littérature plutôt radicale recevait une lettre d'une femme. Cette femme y avait joint deux poèmes qu'elle avait découverts dans les affaires de son défunt frère, des poèmes que ce dernier, précisait-elle, avait écrits sans jamais les lui montrer.

« Ce frère est né à Liverpool, expliquait-elle, vers la fin du premier conflit mondial et, deux ans plus tard, lorsque le père est mort de ses blessures de guerre, la mère et ses enfants sont partis s'installer en Australie. La mère avait de la famille là-bas. Ils ont vécu à Sydney, où il est allé à l'école jusqu'à la mort de sa mère. Il avait alors quinze ans. Il ne travaillait pas très bien et sa sœur n'a pu l'empêcher de prendre un boulot dans un garage de Taverner's Hill.

« Il a conservé ce boulot pendant deux ans, puis il a eu la bougeotte et, à dix-sept ans, il est parti pour Melbourne. Pendant une longue période, sa sœur n'a plus eu de nouvelles de lui. Par la suite, l'une de ses connaissances l'a croisé. Elle a donc appris que son frère vivait dans une chambre, tout seul, quelque part dans South Melbourne, au bord de la mer. On lui a rapporté qu'il vendait des polices d'assurance. Inquiète de sa santé, car il avait toujours été fragile, elle lui a écrit mais n'a pas obtenu de réponse, pas avant un long moment. Finalement, elle a reçu une lettre de lui. C'était en 1940. La guerre commençait. Il lui a écrit que sa santé s'était améliorée et qu'il gagnait un peu d'argent en réparant des montres et en faisant des petits boulots.

« Après quoi, elle n'a de nouveau plus entendu parler de lui, jusqu'à l'année de son retour à Sydney, l'année de ses trente-cinq ans. Elle l'a convaincu de revenir à la maison, et c'est là qu'elle s'est aperçue qu'il était malade, même si sa forte constitution avait longtemps dissimulé l'étendue du mal. Ensuite, il lui a avoué qu'il savait être atteint de la maladie de Basedow. Il a ajouté qu'il allait en mourir.

« Dans les semaines précédant sa mort, son agitation et son irritabilité ont laissé place à une sorte de sérénité, et il s'est confié à sa sœur, presque comme à un confesseur. Apparemment, il était tombé amoureux d'une femme, à Melbourne, mais cela n'avait pas marché. Il était très faible, et tenait des propos souvent incohérents. Il est mort durant l'hiver de cette année-là.

« C'est environ six mois plus tard que sa sœur a découvert les poèmes, en rassemblant ses affaires. Elle les a montrés à un ami, qui leur a trouvé une certaine valeur et lui a conseillé d'essayer de les publier. Elle les a donc envoyés au jeune rédacteur en chef, avec une lettre d'accompagnement et une enveloppe affranchie pour la réponse. Les éditeurs littéraires qui prennent leur métier un tant soit peu au sérieux, qui ne sont pas entrés dans la profession uniquement parce qu'ils ne savaient que faire de leur existence, rêvent de recevoir par la poste un bijou, une suite de mots qui les enflamme. Ce rédacteur en chef, âgé d'à peine vingt ans, ne faisait pas exception à la règle. Mais, à d'autres titres, il était exceptionnel. D'abord, il était poète lui-même. Ensuite, il ne s'intéressait qu'à une poésie d'avant-garde qui ne serait reconnue par les courants littéraires dominants que bien plus tard. En plus d'être un poète et un moderniste, c'était un “ mangeur de corbeaux ”, comme toi.

– Un Australien du Sud ?

– Oui. Il était né au Mont Gambier. Ensuite il était parti vivre à Adelaïde. Et, comme si cela ne suffisait pas à marquer sa différence aux yeux de l'establishment, il était juif. Nous avons donc là un éditeur moderniste, incroyablement juvénile, juif, du sud rural, qui lit ces poèmes écrits par un solitaire sans éducation qui se sait mourant.

Imagine-le, Ange, tombant sur une mine d'or. Il montre à ses collègues les poèmes que la sœur a failli ne jamais découvrir, et on décide qu'il faut les publier.

– Comment s'appelaient-ils, le poète et la sœur ?

– Ethel et Ern Malley, pas des noms très romantiques. Mais en fait, ils n'ont jamais existé, ni l'un ni l'autre. Ils étaient le produit de l'imagination de deux poètes conventionnels qui ont avoué avoir monté toute cette histoire comme un canular... une sorte d'expérience. Ils estimaient qu'en défendant le modernisme la revue en question et surtout son jeune rédacteur en chef prônaient une poésie privée de toute signification, de toute structure, de tout savoir-faire. Ils considéraient les poètes modernistes comme des escrocs, et rien d'autre.

« Ils voulaient savoir si les critiques qui louangaient ce genre de poésie étaient capables de la distinguer de textes absurdes fabriqués dans ce seul but. Ils avaient inventé Ethel et Ern Malley de toutes pièces. Les poèmes eux-mêmes, disait-on, avaient été concoctés en un après-midi en piquant des mots et des phrases au hasard dans les livres qu'ils avaient à portée de la main, notamment le *Concise Oxford Dictionary*, un dictionnaire des citations et un rapport américain sur le drainage des aires de reproduction des moustiques. Ils avaient attribué la formule “ Les émotions ne sont pas si bonnes ouvrières ” à Lénine, mais cela aussi était faux.

« Le canular Ern Malley, bientôt connu sous ce nom, a été répandu par la grande presse un peu partout dans le pays, puis finalement rapporté par le *Times* de Londres et le magazine *Time*. Ses poèmes étaient sur toutes les lèvres. Dans tout le monde anglophone, des gens ont fait leurs délices de cette humiliation infligée aux modernistes. Ils n'avaient encore jamais entendu parler d'eux mais cette entreprise de dénigrement, à ce qu'il semble, leur réjouissait le cœur. Le rédacteur en chef a été la risée de tous et le pire restait à venir.

« À la fin 1944, sept poèmes d'Ern Malley ont été taxés par la police d'Australie du Sud d'“ incitations à la débauche ” et le support dans lequel ils avaient été publiés jugé “ indécent, immoral et obscène ” . Le jeune rédacteur en chef a été inculpé et est passé en justice. Si insensé que cela paraisse, il a été déclaré coupable. »

Simon a baissé les yeux sur la partie du visage d'Angelique qui restait visible.

« Qu'y a-t-il, Ange ? Ma mémoire t'effraie, ou t'ai-je ennuyée à en pleurer ? »

Elle pleurait en silence. Il l'a serrée plus fort, contre sa poitrine. Elle s'est efforcée de respirer profondément, plusieurs fois. Empson et Sam respiraient en cadence. Ils étaient tous par terre, dans un coin de la pièce. La télévision montrait le drapeau d'une compagnie pétrolière flottant au vent. Voilà à quoi ressemblait cette scène, et c'est ce que tu aurais vu juste avant que l'on ne frappe dans la porte à coups de pied. Ils l'ont enfoncée d'un seul coup alors qu'elle était fermée à clef. Ils étaient trois, des policiers en tenue, deux hommes et une femme avec un mandat d'arrêt. Ils n'avaient pas besoin d'enfoncer cette porte. Il leur aurait ouvert. Le temps qu'ils arrivent chez lui, on avait bien dû te contacter. À ce moment-là, ton mari avait réussi à te joindre. Comment t'es-tu sentie ? Moi, on ne m'a jamais fait appeler par le haut-parleur d'un aéroport. Tu sais ce que c'est. Dans ces haut-parleurs, c'est toujours les autres qu'on appelle.

15.

Voilà où nous en sommes – tous, chacun de notre côté. William m'a appelé, mais je n'ai pas répondu. Il n'est pas encore allé rendre visite à Simon. Avant cela, il a besoin d'incriminer quelqu'un. Commençons par le commencement. Il m'a à l'œil. Et pourquoi pas ? Il faut bien qu'il récupère quelque chose. Il doit savoir que je ne lui rendrai pas son argent. Je ne l'ai pas. Nous l'avons bu à l'Esplanade, son argent. Il veut probablement me faire radier, ou même obtenir mon arrestation.

Je me suis dit que Simon ne parviendrait pas à te faire sortir de son système, pas sans te revoir, pas sans établir un contact. Mon raisonnement, c'était que, sauf ton respect, tu n'avais pas le droit de le décevoir, désormais. À court terme, cela le ferait beaucoup souffrir. Cela le renverrait peut-être même dans sa chambre obscure. Mais, passé un certain délai, le désespoir inspiré par la contradiction constatée entre ce que tu es devenue et l'idéal qu'il s'en était fait s'évaporerait, et beaucoup d'autres choses avec. Je le lui ai dit. Et je crois qu'il commençait à y croire. Je pense que cela aurait pu l'aider. Oui, tu aurais pu – rien qu'en étant la personne que tu es, avec toutes tes peurs et tes faiblesses, comme nous tous. Tu aurais pu lui avouer que tu conservais de lui un tendre souvenir – au moins ça. Cela ne t'aurait pas coûté beaucoup. Il a failli t'appeler, à plusieurs reprises. Tu n'étais pas censée le savoir. Il a failli t'appeler, le dernier soir.

La police a vraiment reçu un coup de fil, comme à la télévision ou comme dans les films. Il avait peur. Il m'a appelé. Il m'a annoncé qu'il ignorait s'ils allaient le maintenir en garde à vue ou l'envoyer dans la maison de détention provisoire de Melbourne. J'ignore donc où il sera au juste, à partir de demain. Et je ne sais pas non plus comment ils ont fait pour si vite comprendre où retrouver Sam. Il y a beaucoup de choses que j'ignore – mais je sais, en revanche, que ton fils n'a jamais été aussi peu en danger. Et j'ai aussi compris que tu étais la seule désormais à pouvoir aider Simon. Tu es la seule à pouvoir le sauver. Simon me l'a confirmé, au téléphone. Il m'a indiqué que tu devais le présenter comme ton amant, leur déclarer qu'il avait ta permission d'emmener Sam. Que c'est la seule démarche susceptible de le sauver. Pourquoi aurais-tu l'intention de le sauver ? Parce qu'il est malade et n'a jamais cessé de t'aimer. Entre autres motifs, s'il est malade, c'est qu'il n'a jamais cessé de t'aimer. Je ne suis pas en train de soutenir que tu lui serais redevable en quoi que ce soit au-delà de l'amour que nous nous devons tous les uns aux autres, mais – après s'être entendu dire qu'il incombe à chacun de nous, ici-bas, d'agir en personne responsable – , qu'en est-il une fois qu'on est rentré chez soi ? Qu'en est-il, dans notre intérieur ? On l'avait rejeté, et pourtant, jusqu'à présent, il n'avait jamais rien fait de mal. Tu te figures que l'aider de la sorte, ce serait la fin de tout, mais ce ne serait jamais que la fin de certaines habitudes. Que vas-tu faire ? Tu es concernée. Te voilà enfin concernée, après toutes ces années, et il n'y a pas moyen d'y échapper. Il reste peu de gens que tu sois en mesure d'aider, désormais. La nuit dernière, j'ai failli t'appeler.

Deuxième partie

1.

Je l'irrite. Encore. Je le sens. Sans même voir son visage, je le sens. Avec le temps, j'ai appris à capter les signaux. C'est là, dans la lente exhalaison de l'haleine du matin, quand elle est allongée dans le lit, à côté de moi, à fixer le plafond, et c'est là aussi, dans la façon qu'elle a de se tourner sur le flanc. C'est là, dans sa manière de rester indéfiniment sur la même page d'un livre ou d'un magazine, feignant de lire. N'importe qui serait capable d'en faire autant, mais pas à sa manière à elle. Je ne peux pas le prouver, mais ce n'est plus nécessaire, désormais. À qui vais-je essayer de prouver quoi que ce soit ? C'est cuit. Et à mon avis, maintenant, c'est cuit pour nous deux. Tout à coup, nous avons ça en commun. Après des années passées à dériver loin l'un de l'autre, subitement, nous avons ça en commun – ça et notre fils. Maintenant, tout va resurgir.

Au cours de la nuit, nous sommes allés jeter un œil sur lui chacun à notre tour, à plusieurs reprises, jamais en même temps. Il dort, mais nous non, pas vraiment. Je n'arrête pas de tout repasser dans ma tête, je me fixe sur certaines scènes, puis je reprends. Chacune de ces scènes a ses acteurs propres. Et moi, je figure dans toutes. Anna y est presque toujours. Sam intervient dans la dernière, et maintenant j'ai compris que deux autres personnes l'accompagnaient. L'une d'elles est une prostituée. Je la connais. L'autre est un ancien, très ancien petit ami d'Anna. Je ne le connais pas. La police m'assure que Sam n'a pas subi de sévices. Le médecin a confirmé leurs dires. Il a dormi profondément, toute la nuit, et je suis forcé de les croire. Il faut bien que je les croie et, pourtant, il s'agit de mon fils et j'ai des envies de meurtre.

J'ai des envies de meurtre. C'est une manière tout à fait inédite de se réveiller – avec l'envie de tuer, l'envie de se cacher, envie de vomir, et l'envie de recommencer. Je n'avais jamais connu ce genre de réveil, mais il est vrai que je ne dormais pas vraiment. Et Anna non plus, mais il y a maintenant un bon moment que nous nous faisons la grâce de prétendre ignorer que l'autre feint le sommeil. Anna porte quelque chose de blanc, de soyeux, de brillant, de court. Une tenue pour nous narguer. Quand elle se tourne, son vêtement se soulève et révèle ses sous-vêtements, blancs également, et brillants, et courts. Il y eut un temps où, dans les mêmes circonstances, je les aurais vite fait glisser le long de son corps et, avant même qu'elle soit complètement réveillée, je me serais retrouvé en elle. Cela a bien dû se produire, une ultime fois. Le souvenir existe-t-il en moi comme étant celui de la dernière fois ? Peut-être était-ce un matin, ce matin où, quand je suis entré en elle, elle a tourné la tête par-dessus l'épaule, elle m'a fusillé du regard, elle a lancé d'un ton détaché, les yeux encore mis-clos : « Ça, Joe, c'est du viol. »

Elle a mal au ventre. Les lèvres closes, c'est l'explication qu'elle me donne au déplaisir qui est venu lui assombrir le visage.

« Tu aimerais une tasse de thé ?

– Quoi ?

– Tu veux une tasse de thé ? Cela calmera peut-être tes maux de ventre.

– Non... sauf si tu en prends une, toi aussi. »

En me disant cela, elle réussit, je ne sais trop comment, à enrober chaque mot d'une sorte de membrane d'amertume, à la fois visqueuse et perméable. Je n'ai pas vraiment envie d'une tasse de thé mais, enfant, j'ai été élevé dans l'idée qu'un thé, c'était de nature à aider – et pourtant j'avais déjà compris que le geste aidait plus que le thé lui-même – et puis je sais qu'aucun commerce ne sera possible entre nous avant que son estomac ne se soit calmé. Alors, comme il faut vraiment qu'on se parle, je sors du lit, je vais dans la cuisine et je nous prépare une tasse de thé.

J'enfile les pantoufles de cuir qu'elle a conseillé à Sam de m'acheter pour la fête des pères. J'enfile le peignoir que je me suis acheté chez Armani. Cette robe de chambre a dû éveiller des soupçons en elle. N'est-ce pas dans cette direction que les magazines féminins conseillent à leurs lectrices de fouiller ? Contre toute attente, un mari s'achète une robe de chambre de grande marque... C'est qu'il fréquente quelqu'un. Anna ne m'avait fait aucune réflexion. Quand je la laissais traîner par terre, elle me priait de la ramasser. Je ne l'ai pas achetée parce que je fréquentais quelqu'un. J'en éprouvais le besoin. J'avais besoin d'un nouveau peignoir. Elle n'avait pas remarqué que j'en avais besoin. Jamais elle n'aurait remarqué pareil besoin de ma part. Je ne fréquentais personne. Je couche avec des putes.

Quand je reviens dans la chambre avec le thé, elle ne dit rien et ne me regarde pas. Je pose sa tasse sur sa table de nuit, je me remets au lit et je commence à boire la mienne à petites gorgées. Cela attire son attention. Pour la première fois de la matinée, elle me regarde. Comment peut-elle me rendre responsable de tout cela ? Elle ne peut pas, mais, l'espace d'un instant, une bouffée de mépris lui traverse le visage. C'est involontaire. Mes gorgées sont trop bruyantes, cela lui rappelle qu'elle n'aurait jamais dû m'épouser. Et pourtant, je lui demande : « Comment te sens-tu, maintenant ? »

2.

Ma mère voulait que je devienne prêtre. Le plus drôle, c'est que j'y ai réellement songé. J'avais dix ans, peut-être onze. Mon père était parti, pour la deuxième fois. Enfin, ce n'était peut-être pas la deuxième fois. Je me souviens, à peu près à cette époque, j'ai eu l'idée d'apporter à ma mère sa tasse de thé. La tasse tintait dans la soucoupe. Je n'arrivais pas à la maintenir stable. La télévision devait être allumée. Elle l'était en permanence. Dès qu'elles rentraient de l'école, les filles regardaient des dessins animés, et maman regardait toujours *Temptation*, avec Tony Barber. Vers les sept heures, sept heures et demie. Elle appelait ça *Great Temptation*, mais ça, c'était le nom de l'ancienne émission, celle qui passait dans la journée. Si on était malade, elle nous autorisait à manquer l'école une journée, et on regardait avec elle. Grosso modo, tomber malade était le meilleur moyen d'obtenir de passer un peu de temps avec elle, sans les autres.

Mais pas sans Roger. Dès qu'elle a eu compris que l'école ne lui réussirait pas, il est resté presque tout le temps. Elle prenait son après-midi et moi, je m'asseyais à côté d'elle dans le fauteuil noir de papa, le grand fauteuil en skaï, celui qu'on se disputait tous, et maman et moi on regardait *Great Temptation*. Tony Barber posait les questions et la jolie Barbie présentait les prix pendant que Roger, lui, restait couché sur le dos en roulant des prunelles comme un fou. Quand on essayait de regarder la télé, il respirait trop fort, toujours en train de péter ou de ronfler, comme une machine à laver cassée que personne n'aurait su réparer. D'ailleurs, on avait une machine à laver dans ce genre-là. Elle s'arrêtait en milieu de cycle, donc il lui fallait deux fois plus de temps pour arriver au bout. On l'a déposée quelque part sur le parcours du sentier écologique. Personne ne l'a récupérée, alors on l'a rapportée, et Roger s'est identifié à elle. Quand il était allongé par terre, des bulles de salive lui sortaient de la bouche et, sans intervenir davantage, maman nous permettait d'ignorer sa présence, juste pendant la demi-heure que durait *Great Temptation*.

J'apportais une tasse de thé pour tous les deux, deux sucres chacun, et on regardait.

« Qui suis-je ? demandait Tony – question purement rhétorique. Je suis né en Italie, en 1898. Créateur de voitures de course, mon nom est devenu synonyme de vitesse et d'élégance. J'ai fondé ma société, j'en étais le président et, autour de mon nom, elle s'est acquis une renommée mondiale.

– Pour celle-là, tu connais la réponse, Joseph ? » me demandait-elle.

La salive de Roger imbibait l'épaisseur de la moquette, qu'il brossait de la main, à rebrousse-poil.

« Qui suis-je ? La réponse, quelqu'un ? » s'enquérait Tony.

Je frappais du plat de la main contre le fauteuil noir de papa, en imitant avec ma bouche le tintement de la sonnette.

« Oui, Joe ? demandait ma mère.

– Ferrari !

– Pas de candidats ? lançait Tony. Enzo Ferrari.

– Tu le savais. Mais c'est que tu es drôlement malin, Joe ! »

Dès que l'émission était terminée, la diffusion de nos existences reprenait son cours normal. Je sentais le froid dans mes pieds. Mes orteils trouvaient la tête des clous, à travers la moquette. Elle remportait nos tasses vides et nos soucoupes dans la cuisine, pour les laver, et je profitais de l'occasion pour flanquer un petit coup bref et parfaitement ajusté dans la poitrine de Roger, histoire d'entendre le bruit que ça faisait, pour qu'il la boucle, pour lui infliger ce qu'il nous infligeait à tous, tous les jours, ce qu'il était d'ailleurs bien incapable de comprendre et qu'il ne comprendrait jamais.

Je pense qu'à certaines périodes j'ai dû accuser Roger de l'absence de notre père, alors qu'il aurait été plus raisonnable d'accuser papa de la présence de Roger. Il l'avait engendré trop vite, il était pressé, il avait fait ça lors d'une de ses visites chez nous, en touriste. Il restait juste le temps qu'il fallait pour nous rappeler que ce fauteuil noir et spongieux, devant la télévision, était le sien, juste assez longtemps pour que sa veste fourrée à carreaux, sa veste en laine brun orangé, se retrouve suspendue à la patère de l'entrée, par-dessus toutes les affaires qu'on y avait déjà accrochées. Pendant un temps, j'ai été le seul à pouvoir atteindre cette patère. Maman disait aux autres de me demander d'accrocher leurs vêtements. Il n'y avait qu'une seule patère. J'en ai fait la remarque à mon père, lors d'une de ses visites. Il m'a répondu qu'il était au courant, qui est-ce qui l'avait installée là, à mon avis ? À mon avis, qui avait introduit l'hiver dans la maison ? Certaines nuits, Sarah ou un autre enfant me réveillait à trois ou quatre heures du matin pour récupérer son manteau resté accroché à la patère. Il faisait trop froid pour dormir.

Sam est bien au chaud. Il dort encore. D'habitude, il se réveille le premier, le week-end en tout cas. Je finis mon thé avant Anna. Là où ils dorment, ils n'ont jamais eu froid, ni l'un ni l'autre. Dans cette maison, il y a plein de manteaux et plein d'endroits où les accrocher. Et je rentre toujours. Alors pourquoi a-t-elle tant de mal à me regarder ? Peut-être justement parce que je rentre toujours. Quel jour, à quelle heure suis-je devenu si haineux, si méprisable ? Chez elle, c'est la familiarité qui a engendré le mépris. Mais comment est-elle passée, au juste, de l'excitation sublime au confort, puis à l'ennui, et enfin au mépris, dans les bras d'un autre homme ? Et comment passe-t-on enfin à un commissariat de banlieue où l'on doit récupérer son fils volé par un type rencontré il y a bien longtemps, à une époque où l'on n'avait pas encore les moyens d'acheter une moquette neuve pour la maison de sa mère ?

Il va bien falloir qu'elle me regarde. Elle en aura peut-être même envie et, si c'est le cas, serai-je capable de lui rendre son regard ? Je n'ai jamais considéré ma conduite comme devant s'inscrire à la rubrique « infidélité ». Mais fréquenter un ancien petit ami, le dernier en date, celui qui m'a précédé, et sur une longue période, ça, c'est de l'infidélité. C'était forcément sur une longue période, car sinon, comment connaîtrait-il ces détails si intimes nous concernant, et concernant Sam ? Comment saurait-il quelle école fréquentait Sam ? Comment connaîtrait-il Angelique ? Et moi, comment est-ce que je la connais ? Va-t-il falloir que j'explique tout ceci à Anna ?

Je la regarde boire son thé à petites gorgées. Comment une femme aussi belle – je la vois encore ainsi – a-t-elle pu me rendre aussi indigne ? Allons-nous devoir nous avouer toute notre vérité, en commençant par le moment où les choses, ici, ont commencé à s'écrouler ? Dans notre chambre, tout est blanc. Même la chemise de nuit d'Anna. À l'heure qu'il est, elle aurait déjà pu finir son thé, si elle avait voulu. C'est délibéré, cette manière de boire son thé si lentement. Si elle pouvait simplement l'admettre, juste commencer par là. Imagine un peu, si je disais la vérité. Par où débuterais-je ?

3.

J'ai rencontré Angelique par l'intermédiaire de Dennis Mitchell. Ce n'est pas vrai. C'est *avec* Mitch que je l'ai rencontrée. Sid Graeme nous a envoyés là-bas pour célébrer Noël – une espèce de prime, un cadeau, comme une tape dans le dos. Enfin, en réalité, il ne m'a pas envoyé là-bas. Il a annoncé à Mitch qu'un compte avait été ouvert là-bas, pour lui et quelques-uns de ses collègues ou amis. Mitch et moi, on travaillait de plus en plus ensemble. Pour un peu, on serait presque devenu amis. Je l'aime bien. Je crois qu'il m'aime bien. Mitch est un calme, comparé à la plupart des autres opérateurs boursiers, mais c'est un des meilleurs analystes du département de recherche investissement. À l'inverse de beaucoup d'autres, devenir courtier n'a pas l'air de l'intéresser, en tout cas il ne m'en a jamais parlé. Je pense qu'il me mettrait dans la confidence.

Je suis un bon courtier. Un bon courtier, c'est quelqu'un qui fournit les bonnes informations à ses bons clients. Mitch était la source principale des informations que je transmettais à mes clients. D'une certaine façon, dans cette maison, il est la source de presque tout, à part les voitures dans le garage, mon peignoir et la soie blanche qui enveloppe le corps d'Anna. Une fois, je lui ai laissé entendre qu'il était mon *alter ego*. Il a souri. J'ose dire que nous sommes deux amis.

Mitch a la réussite tranquille. Même comparé aux autres analystes, qui tous, sont plus calmes que les courtiers, c'est un calme. Le comité de gestion sait que c'est aussi un bon. Gorman lui-même m'en a fait la remarque, en privé, un vendredi soir, autour d'un verre, et il est directeur général, maintenant. Mitch n'a pas besoin de Gorman. Il pourrait décrocher un poste dans n'importe quelle autre société de courtage du pays. En revanche, le cabinet a besoin de Mitch ou d'analystes comme lui. Il a du flair, et des contacts. J'ai besoin de lui. Nous formons une équipe, à titre officieux. Officiellement, il n'y a pas d'équipes, rien que des analystes, des courtiers, les demi-dieux de la banque d'affaires, et le comité de gestion. Mais je sais que Mitch m'offre le meilleur de lui-même. En tout cas, il m'en réserve la primeur. Il ne m'en a jamais parlé, mais je pense que c'est parce que nous sommes à peu près les seuls catholiques du cabinet. Je ne me suis jamais senti aussi catholique que depuis que je travaille ici. Les autres types ont tous fréquenté les mêmes écoles, le même petit groupe d'écoles que leurs pères avaient fréquenté avant eux, et où vont aussi leurs fils, de ces écoles où ils apprennent tous à haïr les catholiques.

Mitch a presque mon âge. Je crois qu'il a été marié, mais il est divorcé, enfin, je ne sais pas, il est peut-être veuf. Je ne lui pose pas de questions. Je ne lui en ai jamais posé. En temps normal, il ne s'attarde pas trop à prendre un verre le vendredi soir, une attitude que seul un individu possédant le dossier professionnel de Mitch peut se permettre, dans une société de bourse comme la nôtre. Mais, ce vendredi-là, il descendait verre sur verre en compagnie des meilleurs éléments de l'équipe. Je ne sais pas, peut-être que c'était à cause des fêtes. Il avait eu une année formidable et, sans doute parce qu'il reste si rarement le vendredi soir, beaucoup de gens, y compris Gorman et d'autres types du comité de gestion sont allés le féliciter. Certains courtiers me donnaient l'impression de lui cirer les pompes. Je ne sais pas si c'est l'alcool ou les compliments qui l'ont débridé à ce point mais, quand je lui ai apporté une bière et quand nous nous sommes retrouvés seuls pour la première fois de la soirée, il m'a touché un mot du cadeau de Noël de Sid Graeme.

Il m'a demandé ce que j'avais de prévu, plus tard dans la soirée. Une fraction de seconde, j'ai cru qu'il me faisait des avances. Cela peut paraître ridicule, maintenant, mais sur le moment cela ne l'était pas plus que de m'inviter à l'accompagner au bordel. Ç'a été la première fois que nous sommes allés dans cet endroit, et, plus généralement, la première fois que je suis allé au bordel. Peu de temps après, j'ai été capable de me passer de Mitch pour y retourner. Il est difficile d'imaginer deux êtres plus différents que Sid Graeme et Mitch. S'ils se sont rencontrés, c'est au marché qu'ils le doivent. Sid Graeme est un des rares chefs d'entreprise qui aient réussi à se sortir des années 1980 avec une crédibilité plus forte que celle qu'il avait en y entrant. Le fait qu'il ait été alors peu connu et peu important l'y a aidé. Mais pas seulement. Il avait adopté une double stratégie, pleine de rouerie. D'abord, il avait obtenu sa nomination au sein de divers conseils d'administration, commissions et comités consultatifs, dans les arts, les sports, le show-business, le secteur hospitalier, les transports (y compris l'aviation) et – plus intéressant – au sein du gouvernement. En quelque dix années, il était devenu quasi omniprésent. Non seulement il avait fini par connaître tout le gratin de la ville, mais tout le gratin avait fini par le connaître.

Il était parmi les premiers à être informé des modifications de réglementation, que ce soit en matière de banque, de retraite complémentaire, d'assurance, de Bourse, de législation sur l'entreprise, de protection du consommateur ou de n'importe quelle question gouvernementale, y compris les audits des dépenses publiques. Un homme pareil n'avait même pas besoin de payer son pressing. Pour jouir de ce genre de privilège, les gens se battaient. Y compris les politiciens. Mitch avait une chance folle d'avoir gagné sa confiance. Ensuite, Sid Graeme a compris, après le krach de 1987 mais avant le Nasdaq et l'explosion de la bulle Internet, qu'il y avait encore moyen de gagner quelques dollars avec la « vieille » économie. Si vous jugiez vos sources gouvernementales suffisamment fiables, vous pouviez investir dans la première fenêtre qui se présentait avant même que ne soit construite la maison censée soutenir cette fenêtre. Il suffisait de disposer du capital et des sources en question. Sid Graeme ne manquait ni de l'un ni des autres.

Rien que sur sa capacité d'emprunt, il est devenu actionnaire majoritaire d'un certain nombre d'hôpitaux privés, puis il a racheté une compagnie d'assurance santé privée, ce qu'en Amérique et dans d'autres pays on appelle une mutuelle. Sur le chemin du bordel, ce Noël, Mitch m'a renseigné sur l'ascension de Sid Graeme.

« Impressionnant. Mais qu'est-ce que Sid Graeme y connaît, au juste, en matière de santé ? lui ai-je demandé sur un ton pas tout à fait innocent.

– Il est actionnaire majoritaire de deux ou trois hôpitaux. Il est fréquemment consulté par le gouvernement fédéral et par certains États, m'a répondu Mitch.

– Ouais, mais qu'est-ce qu'il sait vraiment, en matière d'hôpitaux et de santé ?

– Il sait faire de l'argent avec. »

Mitch était tendu, pas à cause de mes questions, mais à cause de notre destination. À l'évidence, il n'avait pas bu autant qu'il aurait fallu, ou alors cette adresse griffonnée sur un bout de papier qu'il avait sorti de la poche de son pardessus pour la lire au chauffeur de taxi avait eu pour effet de le dessoûler. Moi aussi, j'étais tendu, mais je ne voulais pas que Mitch le sache, et je ne voulais pas qu'il perde son sang-froid. Parler de Sid Graeme semblait le meilleur moyen de le distraire. J'ai fait semblant de m'intéresser, comme si je n'avais pas trop bu, comme si je n'avais pas été sur les nerfs, un peu coupable et, j'imagine, excité.

« Donc, il gagne de l'argent ? lui ai-je demandé.

– Sid Graeme ?

– Ouais.

– Eh bien, pour commencer, en tant que PDG d'une compagnie d'assurance santé privée, il gagne environ trois millions.

– Trois millions ? Tu plaisantes ?

– Non, je suis sérieux. C'est ce qu'il m'a dit. Pour commencer.

– Et pourquoi te raconte-t-il tout ça ? » me suis-je étonné.

Mitch a eu un sourire.

« Je le soupçonne fortement de vouloir lancer un appel au marché, un jour ou l'autre.

– À partir de quelle société ?

– Joe, quelle importance ? » Et là-dessus, il a éclaté de rire.

Alors on a ri. Ce qu'on a ri. Nous avions peur. Nous avons payé le chauffeur et nous sommes entrés dans le vestibule, comme si nous étions déjà venus là un millier de fois, et sans cesser de rire. Je n'avais jamais vu Mitch rire comme ça, alors que nous attendions, plantés au milieu de ce tapis rouge, avec cette femme entre deux âges derrière son comptoir en marbre, qui nous gratifiait d'un grand sourire, avec l'air de savoir ce qui nous faisait rire, Mitch et moi. Tout à coup, j'ai eu vraiment soif.

« Bonsoir, messieurs », nous a-t-elle lancé.

Et on a eu peur. Là, tout de suite, j'ai peur, mais c'est différent. La femme nous a demandé nos noms. Je ne voulais pas les donner, donc j'ai ri, elle a ri, et Mitch a ri. Sans réfléchir, je lui ai répondu que je m'appelais Mitch et que mon ami s'appelait Joe. Alors Mitch et moi, on a ri. Qui aurait cru que j'aurais eu si peur ?

« Nous sommes des invités de M. Graeme, lui a précisé Mitch.

– M. Graeme ?

– Euh... Sid Graeme, a ajouté Mitch, un peu hésitant – côté courage, ses réserves étaient faibles.

– Ah ! oui », a commenté cette femme d'un certain âge, avec un sourire désormais accueillant, rassuré, avant de nous demander sur un ton très passons-aux-choses-sérieuses si nous étions déjà venus.

Je me sentais comme un adolescent de quinze ans, et j'ignorais pourquoi. La présence de Mitch avait du bon et du mauvais. Du mauvais parce qu'à l'évidence il n'était jamais venu, ni ici ni dans aucun autre endroit de ce genre. Il avait l'air tendu et, quand vous avez quinze ans, quand vous êtes le roi de la basse-cour, vous n'avez aucune envie de vous retrouver avec quelqu'un qui pue les nerfs. Sa présence avait aussi du bon parce que je n'étais pas seul. Nous étions deux à vouloir être pris en charge, deux à vouloir faire oublier à cette dame ce qu'il y avait de juvénile dans la démarche, dans cette croyance que l'union hâtive, haletante, impétueuse et ô combien complaisante du sexe et du commerce constituait une option acceptable pour un cadre intelligent, travailleur, bon père et bon mari. Pour moi, être là, c'était raisonnable. J'étais capable de rationaliser. Je pouvais comprendre. Cela n'avait rien d'insondable. Et je n'ai pas cessé de comprendre. Anna, elle, ne comprendra jamais.

Son thé sera froid comme la glace avant qu'elle en soit capable. Personne n'a jamais bu à si petites gorgées. Elle aura élaboré une version parfaitement irréprochable de ses manigances avec ce malade qui m'a volé mon fils, hier soir. Si l'on s'en tient à la stricte analyse logique des sons composant les mots que nous laissons flotter dans l'atmosphère, elle finit toujours par avoir raison.

La pièce où l'on nous a conduits déclinait le même thème que le vestibule : tapis très rouge, murs tendus d'or, bar et miroirs à un bout, billard à l'autre. Et plein de femmes. C'était surpeuplé de femmes. La plupart des êtres humains installés au bar, ou dans des fauteuils, des sofas, occupés à regarder la télévision, à jouer au billard ou simplement à flâner étaient de sexe féminin. Au début, j'étais incapable de soutenir leur regard. J'avais peur d'être repéré par une connaissance. J'estimais avoir des motifs de honte, des motifs glissants, et je me noyais car il était difficile de s'y raccrocher. D'après les raisonnements machistes de ma cour de collège, celui qui éprouvait le besoin de payer avait quelque chose qui clochait. À la fin de l'adolescence, autour de mes vingt ans, la prudence financière exigeait que l'on s'en tire avec un magazine, un peu de vaseline et une boîte de Kleenex.

Autant se garder pour une histoire tangible. Mais à l'époque où je suis entré là avec Mitch, je gagnais bien ma vie, et même au-delà de toutes mes espérances, et ces femmes-là étaient très tangibles. De toute façon, c'était une offre découverte – gratuite.

Leur domaine, c'était la luxure et sa satisfaction. Elles étaient souples et bien faites, selon un modèle que des décennies de magazines, d'affiches, de films, de clips et de défilés de mode avaient façonné. Il était impossible de sortir de chez soi sans entendre répéter que les femmes devaient ressembler à ça, que tel était notre désir et que, si vous aviez de l'argent, vous pouviez vous le payer. Vous n'aviez plus à mourir de soif. Nous avons pris place et, une par une, ou deux par deux, peu à peu, elles sont venues vers nous. Certaines étaient vêtues de manière plus suggestive que d'autres, mais jamais au-delà du nécessaire, juste de quoi stimuler l'imagination. Une jeune femme genre dégingandé s'est présentée seule et s'est assise à côté de nous.

« Salut, les garçons ! s'est-elle écriée, et, à l'entendre, nous avions achevé de retomber en enfance.

– Salut, ai-je fait, tâchant de me montrer poli, et de ne pas avoir peur.

– B'soir, a lâché Mitch.

– Vous venez d'arriver ? Il fait quel temps, dehors ? » a-t-elle repris.

Notre mémoire climatique ayant été effacée par nos attentes adolescentes, nous avons été incapables de lui fournir une réponse claire.

« Vous aimez les hommes autant que les femmes ? » nous a-t-elle chuchoté en me touchant d'une main certes très douce mais bien trop grande pour elle.

Pris de panique, j'ai eu un mouvement de recul, comme si elle avait eu la peste. Mon nouveau compagnon a saisi le signal et s'est éloigné, imperturbable. Mitch était alors lancé dans une conversation à moitié convenable avec une rousse plantureuse. Je ne crois pas qu'il ait remarqué la violence de ma réaction. Il n'a certainement pas dû s'apercevoir que cette femme à la main trop grande était un homme.

4.

Anna repose sa tasse et, soudain, au son de la porcelaine contre la table de nuit, je souhaite avec une peur toute neuve que cette tasse soit à de nouveau pleine à ras bord. Avec son épaisse chevelure, ses yeux immenses et sa peau olivâtre, elle pourrait m'apparaître comme un être neuf ; je me surprends parfois à poser sur elle mon regard des premiers jours, quand j'espérais qu'elle deviendrait la mère de mes enfants et noierait la fosse d'aisance qui subsiste dans mes gènes familiaux. Quand elle repose la tasse, je n'ose pas la regarder. Je perçois le bruissement de la soie contre les couvertures. Je capte le déplacement de chaleur, quand elle bouge. Je sens son odeur. Même si j'y ai pensé toute la nuit, je ne sais pas du tout par où commencer. Est-ce que je l'accuse, ou est-ce que je m'excuse ?

« Anna, que se passe-t-il ?

– Joe, il faut qu'on se parle.

– Ce type, Simon, tu le connais ?

– Tu sais bien que je le connais. Tu l'as rencontré.

– Je ne l'ai jamais rencontré.

– Mais si.

– Tu as couché avec lui ?

– C'est mon ex.

– Donc, tu as couché avec lui.

– Quand on sortait ensemble. On est sortis ensemble... Je ne sais pas... il y a dix ans, quelque chose comme ça. Quand on s'est rencontrés, toi et moi, je venais de rompre, je ne sortais plus avec lui.

– Pas du tout.

– Quoi ?

– Quand on s'est rencontrés, tu n'avais pas cessé de sortir avec lui.

– Seigneur, Joe, de quoi parles-tu ?

– Tu n'avais pas tout à fait cessé de sortir avec lui.

– Mais si, Joe.

– Anna, tu ne te souviens pas ? Moi, je me souviens.

– De quoi parles-tu ?

– En ce moment, là, est-ce que tu couches avec lui ?

– Non.

– Est-ce que tu le vois, en ce moment ?

– Si je le vois ? Non.

– Putain, tu mens, Anna. Tu mens.

– Non, je ne mens pas.

– Il soutient que vous avez une relation.

– Qui ? Simon ?

– " Baise ton ex dans le dos de son mari et fauche-lui son fils. " Simon *dixit*.

– Hé ! ne me parle pas sur ce ton... "... dans le dos de son mari "... pas de ça avec moi.

– C'est de Simon que nous parlons.

– Ah oui ? Tu lui as parlé ?

– Non, je n'ai pas parlé à Simon, bordel.
– Alors de quoi tu parles ?
– De la police.
– De la police ?
– Les flics m'ont expliqué que tu baisais avec lui.
– Des conneries ! Là, c'est toi qui mens. Ils ne t'ont jamais dit ça.
– Ils m'ont expliqué qu'il venait prendre Sam à l'école, qu'il venait chercher mon fils à l'école, parce que... parce que tu le lui avais demandé. Ils m'ont précisé qu'il prétendait avoir reçu ta permission. Alors pourquoi aurais-tu accordé à ton ex l'autorisation d'aller chercher Sam à l'école ? Parce que tu es encore avec lui.
– Arrête de hurler. Je ne sors pas avec lui. Tu vas réveiller Sam.
– Je ne hurle pas.
– Mais si.
– Tu baises avec ce type, ce Simon.
– C'est des conneries, Joe. Je ne baise pas avec lui.
– Alors, qu'est-ce qu'il fabrique, à passer prendre Sam à l'école, dix ans après votre rupture ?
– Je n'en sais rien.
– Oh ! bordel de Dieu, Anna, tu espères franchement que je vais te croire ?
– Chuuut ! Arrête de hurler. Tu vas réveiller Sam. C'est vrai, Joe, je suis sincère. C'est la vérité.
– Comment peux-tu me regarder et mentir ainsi ? Tu me crois si stupide que ça, bordel ? Tu te crois beaucoup plus futée que moi, et que je vais me contenter de ce genre d'excuse à la con ?
– Lâche-moi, Joe. Lâche-moi.
– Je ne te touche pas. Nom de Dieu, qui ça peut être encore ?
– Lâche-moi.
– Réponds au téléphone, bordel de Dieu. Je me sens mal. »

J'ai envie de croire à... quelque chose. J'ai envie de croire à tout ce qui pourrait effacer cette nausée. Je vous en prie, que quelqu'un me ramène en arrière, et je ne recommencerai plus ce que j'ai pu faire pour mériter ça. Je le jure. De toute manière, je suis perdant. Si ce Simon avait la permission d'aller chercher Sam, alors Anna la lui a donnée, et si elle la lui a donnée, elle a une histoire avec lui. Sinon, j'aurais été au courant de son existence. Et si elle n'a pas d'histoire avec lui, ça m'écœure quand même. Cela signifie qu'un givré, un salopard m'a volé mon fils. Il me l'a volé quand j'aurais dû être présent. Ils m'ont assuré qu'on ne lui avait fait aucun mal, mais tout ça ne veut rien dire. Comment peut-elle parler au téléphone, là, maintenant ? Elle n'a pas l'air inquiet. Ce doit être vrai.

Sam est debout dans l'encadrement de la porte. Il est en pyjama et il nous regarde. Sa mère quitte le téléphone des yeux, elle le regarde. Je lui tends les mains. Il comprend que c'est une invitation à se précipiter vers le lit et à sauter dans mes bras, pour que je nous rassure, tous les deux, et que tout aille bien.

« Papa. »

Je le serre contre ma poitrine. Mon amour pour lui est la seule bonne chose, la seule émotion sans équivoque qui subsiste encore en moi, je le sais. C'est la raison qui justifierait que me soit épargné tout ce qui va suivre, la seule raison.

« Comment va mon petit homme, ce matin ? »

De toute manière, je suis perdant. De toute manière, ce Simon, j'ai envie de le tuer.

J'entends enfin la conversation d'Anna au téléphone.

« Enfin, vous pouvez, dit-elle dans le combiné, mais on n'a pas encore de projet précis. »

Elle passe les doigts dans les cheveux de Sam.

« Non, il va bien. Il a l'air. Il a bien dormi », ajoute-t-elle en le regardant.

Elle place la main sur le combiné et se tourne vers moi.

« C'est ta mère, m'annonce-t-elle. Elle a lu la nouvelle dans le journal. Ne quittez pas, fait-elle, en revenant vers ma mère. Ne quittez pas, et je vous passe Joe. »

Dans le journal. Lequel ? La question serait stupide, donc je ne la pose pas. C'est le seul journal que ma mère ait jamais lu. Elle le lit tous les jours. Je connais ses habitudes. Les dimanches, par exemple, elle le prend après la messe et rentre à la maison se faire griller quelques toasts avec une tasse de thé, qu'elle avalera en le lisant. Ensuite elle va rendre visite à Roger. Elle doit prendre deux bus. Elle ne sait pas conduire. Quand on était jeune, elle n'avait pas l'argent, donc il n'en était pas question, et maintenant elle soutient qu'elle est trop vieille pour apprendre. Elle a trop peur pour apprendre. Je lui ai offert une carte de taxi qu'elle utilise rarement. « Épargne ton argent », me conseille-t-elle. Elle se figure encore que la détresse née de la pauvreté peut être atténuée par la frugalité. Même mon père était plus avisé. Seulement, il ne savait que faire de cette sagesse. Mais aujourd'hui, dans son journal quotidien, ma mère a appris quelque chose de nouveau. Hier soir, son petit-fils a été kidnappé. Je lis le même journal qu'elle.

« Je ne sais pas, maman. Non, je suis encore au lit. Non, je n'ai pas lu le journal, mais je peux t'assurer qu'il va bien... Enfin, comment je le saurais ? Ils n'en savent rien... La police ne sait pas... Enfin... Ils ne nous ont rien dit à ce sujet.

– Quoi ? » m'a demandé Anna dans un chuchotement.

J'écoute ma mère, elle est en train de me rapporter qu'un journal populaire mentionne le rapt de mon enfant. Sam a rampé la tête la première sous les couvertures, pour plonger jusqu'au pied du lit.

« Maman, je ne sais rien à ce sujet.

– Quoi ? Qu'est-ce qu'elle dit ? » me chuchote encore Anna.

Je pose la main sur le combiné.

« Elle dit que, d'après le journal, ton Simon est un kidnappeur en série.

– Oh ! c'est complètement débile.

– Comment peux-tu en être certaine ? Tu ne l'as pas revu depuis dix ans... Désolé, maman, je me suis laissé distraire... Sam... Sam joue les spéléologues dans le lit... Non, il va bien... Bien sûr, je ne vois pas ce qui l'interdirait. » De nouveau, je masque le combiné pour m'adresser à Anna. « Elle veut le voir », lui dis-je.

Dans un moment d'exaspération, Anna ferme les yeux, puis elle me répond.

« Comme tu voudras. »

Je m'organise avec ma mère pour la conduire ici avant de l'emmener rendre visite à Roger. Parfois, le samedi, elle a envie d'y aller. Je ne peux rien y faire. Anna n'est pas ravie, mais elle sait qu'aller rendre visite à Roger est bien la dernière chose dont j'ai envie. Tout est devenu irréel. Cela ne servira à rien d'avoir ma mère à la maison, qu'elle s'assure par elle-même que Sam va bien malgré le passé prétendu de son kidnappeur, l'ancien amoureux de sa bru. Est-ce que le journal mentionne Angelique ? Qu'est-ce qu'elle fabrique, elle, dans tout ça ?

5.

Mitch ne s'arrêtait plus de bavarder avec la rousse plantureuse. Il était comme une Shéhérazade de la Bourse retardant le moment de l'exécution, le tout sur le compte de Sid Graeme. La rousse était très sexy, tant par son allure que par sa façon de parler. Ce qui la rendait encore plus sexy, c'était de voir Mitch, et non moi, lui parler, la séduire, flirter. J'étais suffisamment près pour écouter ce qui se passait dans le reste de la pièce. Je trouvais excitant de voir des hommes et des femmes quitter discrètement les lieux.

Ce que j'ai découvert, c'est que les femmes, là-bas, étaient pour la plupart jolies, parfois très jolies, et toutes, y compris le transsexuel que j'avais si instinctivement écarté, étaient tentantes, à leur manière. Mais, à y regarder de plus près, aucune n'était ce qu'un homme clairvoyant aurait appelé une belle femme. Dans la rue, vous ne les auriez pas nécessairement remarquées.

Elles avaient le charme de l'hôtesse de l'air un peu différente des autres, celle qui sert les passagers installés de l'autre côté. Au début, vous la remarquez mais à peine. Ensuite vous vous prenez à espérer que votre siège soit sous sa responsabilité, et vous êtes déçu de constater que non. Est-elle belle ? Pas vraiment. Avez-vous envie qu'elle vous remarque à son tour ? Dans un instant de voracité, oui, plus que tout au monde. Pourquoi ? Vous n'en savez rien. Cela n'a pas de sens. Pour cette femme, vous êtes un numéro. Vous êtes poulet, pas poisson, vous êtes le type à côté de la vieille dame qui a demandé une couverture supplémentaire. Quand l'avion entame sa descente, vous la désirez comme un fou, et pourtant, quand vous sortez votre mallette du compartiment à bagages, vous l'avez déjà oubliée. Subitement, elle n'a rien de plus mémorable que les instructions de sécurité qu'elle a détaillées au commencement de vos allers-retours entre la réalité et son image. Vous l'avez oubliée, et aucun rendez-vous n'est là pour vous la rappeler. Jusqu'à un certain soir, au lit, environ cinq jours après. Vous écoutez les bruits que fait votre femme en se dévêtant, ses ablutions dans la salle de bains, votre femme qui se prépare à une nuit de sommeil à vos côtés. Et c'est alors que vous vous souvenez de cette hôtesse de l'air, et une inutile partie de vous-même revient soudain à la vie. Si vous aviez le temps, vous sauriez quel usage en faire. Vous vous dites que vous devez avoir le temps, et vous commencez. Ce moment-là, vous en avez besoin. Vous vous remémorez la manière dont cette hôtesse a aidé un passager à installer son oreiller, et vous vous dites que cela aurait pu tourner favorablement si vous aviez correctement abattu vos cartes. Mais tout va bien. Apparemment, tout va bien se terminer. Vous pensez à cet uniforme qu'elle a dû enfiler, et qu'elle va devoir retirer. Vous croyez pouvoir vous souvenir de ses seins. Et tout va se dérouler au mieux. Vous allez être libre et personne n'en saura jamais rien. Mais ensuite, du coin de l'œil, vous voyez que la lumière change. Dans la salle de bains, c'est terminé, votre femme est de retour. Vous, vous n'avez pas terminé, mais vous faites semblant de dormir. Vous êtes dans votre lit, et vous ne parvenez pas à respirer aussi profondément que vous auriez voulu. On en est arrivé là. Et, à travers le prisme des petites larmes qui remplacent la lumière au coin de votre œil, vous remerciez Jésus qu'il existe des endroits où vous allez pouvoir payer une hôtesse de l'air pour qu'elle vous affranchisse.

Je crois que j'ai choisi Angelique parce qu'elle ne m'a pas choisi. Elle était assise au bar, en train de parler au barman, au type de la sécurité, à je ne sais qui, et cela ne l'intéressait pas franchement de toucher sa part sur mon retour à l'adolescence. Mitch s'est enfin éclipsé avec sa rousse plantureuse. Il l'avait choisie car il aurait été impoli, après tout ce temps, de ne pas le faire. Moi, je me suis approché du bar et j'ai interrompu la conversation d'Angelique parce que je m'ennuyais, parce que j'étais gêné et parce que j'étais dans un endroit où les femmes n'ont pas le droit de vous éconduire. Toutes ces femmes étaient attirées vers moi par les forces du marché, et donc j'ai choisi celle qui me semblait la plus proche du monde extérieur, celle qui me tournait le dos. Rien que pour ça, elle aurait pu être ma femme. Pour ça, et pour autre chose aussi.

C'était de loin la plus jolie, à tel point qu'en d'autres circonstances, dans ma vie réelle, j'aurais eu envie de la revoir. Quand elle m'a conduit au premier, elle paraissait totalement maîtresse de la situation. Après s'être assurée au moyen du téléphone intérieur que je n'avais pas d'argent à lui remettre, elle a changé de comportement. Elle s'est mise à me parler comme une jeune femme avec laquelle j'aurais peut-être envie de poursuivre la conversation quand tout serait terminé. Elle m'a demandé ce que je faisais dans la vie. Je ne m'étais pas attendu à ça. Elle me parlait avec une confiance engageante, amicalement, sans flagornerie, comme quelqu'un que j'aurais pu rencontrer dans le travail, lors d'une réunion ou d'une conférence. Je me souviens qu'après que je lui ai expliqué mon métier, elle m'a demandé s'il valait mieux placer son argent dans des titres ou dans l'immobilier. Ensuite, je l'ai vue nue.

Je ne vois plus Anna nue. Je peux, mais il faut que je l'organise. Elle n'a jamais émis de commentaire à ce propos. Il est possible qu'elle ne s'en soit pas rendu compte mais, depuis un certain temps, elle se déshabille dans la salle de bains quand je suis dans la chambre, et dans la chambre quand je suis dans la salle de bains. Cela a commencé avant la naissance de Sam. Si je veux être honnête, c'était avant Sam mais après notre premier bébé. Nous avions un bébé, un garçon qui est mort au dix-septième jour de son existence. Les médecins ne sachant pas pourquoi, ils l'ont rangé dans la catégorie MSN, mort subite du nourrisson, un acronyme pour « nous ne savons pas de quoi votre bébé est mort mais il est mort et maintenant vous êtes seuls ». Anna l'a pris plus mal que moi et, pendant un temps, elle a paru m'en tenir rigueur, justement parce qu'elle avait pris cette disparition plus mal que moi. Elle ne peut prétendre que je n'ai pas été anéanti, car je l'étais. Mais elle avait porté ce bébé neuf mois. C'était elle qui l'avait nourri au sein, elle qui l'avait veillé durant les heures qu'elle n'avait pas consacrées au sommeil, ces dix-sept jours-là. Moi, j'étais retourné au travail. C'est elle qui l'a découvert. Je m'étais levé pour aller travailler, ils dormaient encore, tous les deux. Je croyais qu'ils dormaient. À neuf heures et demie, elle m'a appelé. Elle m'a appelé. Elle a appelé ses parents et sa sœur. Elle a appelé une ambulance. Dans la panique, elle a même appelé la police. Notre fils était mort. Je sortais à peine d'une réunion autour d'un petit déjeuner. Je ne peux pas sous-estimer ce que ç'a a dû être pour elle, de le trouver. Elle ne peut pas non plus sous-estimer ce que c'est que de faire le tour d'une cour d'école en courant, au crépuscule, de crier jusqu'à s'époumoner, de crier le nom d'un fils qui est une petite personne, un petit garçon parfait que vous fréquentez depuis six ans. Et ensuite, j'ai découvert que son ex-amant l'avait enlevé.

Il y a plus. Si je veux être honnête, il y a plus. Le bébé, aujourd'hui, je ne sais pas de quoi il est mort, mais, à l'époque, je croyais le savoir ; je soupçonnais une déficience. Cela me fait horreur de l'admettre, mais il me paraissait un peu bizarre. Il avait une expression curieuse dans le regard. Il m'évoquait Roger. Quand j'en ai parlé à Anna, je n'ai pas mentionné Roger, mais elle était quand même furieuse, elle refusait d'en entendre parler. J'avais envie qu'elle me rassure. J'étais le père.

Nous avons consulté une aide psychosociale pendant un certain temps, puis nous sommes partis en vacances aux Fidji. Après – non, pendant, oui, pendant ces vacances, elle s'est mise à... quoi ? À se montrer réticente. Elle me disait que c'était trop tôt. Je pouvais comprendre. Ensuite, ça s'est amélioré, pas beaucoup. En fait, cela ne s'est pas vraiment amélioré, pas avant qu'elle ne tombe enceinte de Sam. Entre-temps, elle me lançait des remarques outrancières, des reproches qui ne lui ressemblaient pas. Pour ce qui est de Roger, je n'y peux rien. Et cet air qu'avait notre bébé, je n'y pouvais rien non plus. Désormais, Sam est tout ce qui nous reste en commun.

Sam a six ans, presque sept, et il a déjà appris à amadouer ma mère. Elle lui a apporté des berlingots et, comme la dernière fois qu'elle lui a apporté des berlingots, il en prend un devant elle et il laisse le reste. Les sucreries évoluent en même temps que vous. À mesure que vous grandissez, il vous en faut toujours plus pour vous satisfaire, et les fabricants font ce qu'il faut. Ils travaillent dur pour accroître vos attentes. En tout cas, c'est le souvenir que j'en garde. Je me revois désirant plus qu'un simple berlingot, et je me revois me souvenant du temps où je me contentais d'un berlingot. Où ça me suffisait. Plus tard, je me suis senti floué. N'avait-elle jamais entendu parler du chocolat ? N'avait-elle jamais entendu parler des noisettes, du caramel, du nougat ? Tout ronds et tout petits, vous savez où vous les mettre, ces berlingots ?

Sam suit Anna partout. Sa grand-mère ne parvient plus à capter son attention. Les berlingots sont posés sur la table basse. Ma mère les considère un moment, avant de poser le regard sur ses mains tavelées, qui jouent nerveusement avec le fermoir en métal de son sac à main en faux croco.

Elle se sent encore mal à l'aise dans la maison, et pourtant c'est la maison de son fils. Elle me demande sans arrêt si j'ai fini de la payer. Elle s'assied, mal à l'aise. Elle se comporte comme si c'était une maison volée. Anna lui propose quelque chose à manger, à boire, mais ma mère refuse. Nous ferions mieux d'y aller. Anna nous suit, ma mère et moi, jusqu'à la porte d'entrée. Sam a les bras serrés autour de la cuisse de sa mère. Il n'a que six ans. Devant la télévision, il y a un puzzle non terminé. Hier soir, quelqu'un a enlevé mon fils. Je ne peux pas m'empêcher d'y penser. Quand je ferme la porte, Anna lui souffle quelque chose à propos du puzzle. Elle est gentille avec lui. Seigneur Dieu, nous n'allons jamais réussir à effacer ça.

6.

Pourquoi faut-il que ma mère se tienne comme si elle n'était jamais montée dans une voiture ? Je regarde la route, mais je sais qu'elle se retient à la poignée de la portière. Je ne roule même pas vite. J'aurais dû refuser. Je n'ai pas envie d'aller voir Roger, pas aujourd'hui. Je ne peux supporter de voir cet endroit.

« C'est la voiture que tu as toujours eue ? me demande ma mère.

– Quoi ?

– Est-ce que c'est la même voiture, celle que tu as toujours eue ?

– Je ne sais pas ce que ça veut dire.

– Quand l'as-tu achetée ?

– La voiture ?

– Oui.

– Je l'ai... Je ne sais pas... il y a six mois, peut-être.

– Comment tu appelles ça ?

– Comment j'appelle ça ? »

Elle ferme les yeux. Elle pleure, peut-être.

« Tu comprends ce que je veux dire, Joe.

– C'est une Audi, maman. Une Audi TT, un roadster. »

Pour aller voir papa, avec elle, je prenais toujours le bus, un bus pour la ville. On y allait tous, mais moi surtout. Je suis l'aîné des enfants de sexe masculin, le seul mâle doté d'un QI supérieur à soixante. Ici, le parking me rappelle ces visites à mon père. Nous faisions ce qu'on nous disait, à la porte sud, dans Urquhart Street.

Au guichet, vous décliniez le nom de la personne à qui vous veniez rendre visite. On vous priait de signer le registre des visites, et de vous identifier. On vous remettait une carte et on vous donnait un coup de tampon sur la main. L'ensemble de vos effets personnels était rangé dans un casier. On nous dirigeait vers un portique détecteur de métaux et on nous priait de suivre une ligne bleue, droite, discontinue, jusqu'à ce que l'on atteigne l'espace réservé aux visites. Dans cet espace réservé aux visites, on vous demandait la carte remise précédemment. On vous priait à nouveau de vous identifier et, après vous avoir porté sur un registre, on vous dirigeait vers le lieu de la visite proprement dite, dans cette salle. Enfin, vous retrouviez votre papa.

Je ne suis pas allé voir l'endroit où il dormait, donc je ne savais pas ce qu'il avait sous les yeux, la nuit, quand il pensait à nous. Il nous disait qu'il pensait à nous toute la nuit. Et dans la journée, à quoi pensait-il ? Nous lui apportions des photos. À nos visites suivantes, j'avais envie de les revoir. Je me souviens de ça. J'avais peur que quelqu'un ne les lui gribouille. J'ignore pourquoi. Cela m'a traversé l'esprit, une nuit. Je lui ai apporté mes rubans de l'équipe des Petits Athlètes. Il n'a pas été autorisé à les conserver. Il m'a conjuré de rester fier de ce que j'étais.

« Tu n'as pas honte, hein, Joe ? m'a-t-il lancé lors d'une de ces visites, en tenant mon visage entre ses grandes mains. Il n'y a pas de quoi avoir honte. Pas tant que tu t'es donné du mal. Tu as fait de ton mieux.

– Le ruban, papa, il est bleu. Je suis arrivé premier.

– Tant que tu ne te couches pas. Si tu te couches, tu peux plus rien changer. Il faut avoir le courage de lutter pour ce que tu veux. Moi, je n'ai pas eu peur d'y aller à fond. J'en ai mis un sacré coup. C'est comme ça que je réussis à garder la tête haute, même ici. »

On prenait un tram et deux bus, on rentrait à la maison, pour retrouver les tuyauteries bouchées et les coups au plafond du voisin. On s'occupait chacun son tour de cirer les bottes de papa. Maman nous forçait, cela faisait partie de nos corvées, même s'il ne rentrerait pas à la maison avant trois ans. Il gardait la tête droite.

Nous avons vu où dort Roger. Aujourd'hui, ils l'avaient coiffé avec une audace bien imprudente, une raie tracée très près de l'oreille gauche, une coiffure calculée pour le différencier autant qu'il est possible d'un individu normal. Il est assis dans une chaise. Il porte une veste brun orangé matelassée, à carreaux, il fixe du regard des gens assis dans des chaises qui en fixent d'autres. Les enfants peuvent être très cruels envers les êtres de son espèce. Roger a atteint la taille de mon père. Ici, dorénavant, il n'y a plus de patients, mais des clients. Comment Sid Graeme va-t-il leur soutirer le moindre dollar ?

Nous passons dans une vaste pièce d'un seul tenant – la pièce de jour, comme ils l'appellent –, un lieu par-delà tout handicap intellectuel et tout dysfonctionnement psychologique. Un homme fume une cigarette et se frotte les omoplates contre le dos de la chaise d'un autre. Ma mère le salue. Elle vient ici toutes les semaines. En général, avant d'aller attendre le premier des deux bus, elle a pris le temps de remercier la Sainte Vierge.

« Hello, Léon ! lance-t-elle. C'est l'ami de Roger », ajoute-t-elle à mon intention.

Dès qu'il nous voit, Roger sourit.

« Salut, Roger, sacré tire-au-flanc », dis-je à mon frère, en lui serrant la main. Hier soir, quelqu'un m'a volé mon fils.

Il y a des gens, ici, qui ressemblent à des chevaux. Certains font partie du personnel, d'autres sont des clients, des patients, des pensionnaires. Nous confions Roger à leur gentillesse. Nous n'avons pas le choix. Pas une seconde, Jésus ne laissera ma mère souhaiter que Roger n'ait jamais vu le jour. « Tu veux écouter la radio ? lui ai-je demandé, sur le chemin de la maison.

– Ça m'est égal. Comme tu veux. Si tu as envie. »

Une main sur le volant, je tripote le tuner, je cherche une station susceptible de lui plaire, de la musique facile, des tubes et des souvenirs, du sirop, de la guimauve. Ça peut vous donner des envies de meurtre. On va sûrement être bon pour une séquence nostalgie, tous les chanteurs de l'orchestre de Ray Conniff. Ma mère a adhéré au World Record Club, il y a de ça des années. Je me souviens des catalogues glacés sur la table de la cuisine. D'ailleurs, c'est bien simple, je ne conserve aucun souvenir de l'époque où elle n'avait pas encore adhéré au World Record Club. Elle avait dû découper le bon d'adhésion avant ma naissance, et elle l'a rempli. Les chanteurs de l'orchestre de Ray Conniff, Paul Anka, Neil Sedaka et Al Martino. Elle les a eus tous, avec en prime un disque au rabais. Et elle a eu aussi ces bonbons tout ronds, colorés, sans aucun goût.

« Joe, c'est le type qui a enlevé cette Eloise et la... la petite Chinoise ? C'est ce que racontait le journal.

– Quoi ? Que racontait le journal ?

– J'ai lu que l'homme qui a kidnappé Sam pourrait être le même qui a enlevé ces autres gosses. »

Matt Flinders chante *Picking Up Pebbles and Throwing Them Into the Sea.* Je ramasse des cailloux et je les lance dans la mer.

7.

Quand nous arrivons devant chez elle, elle me demande de rester un petit moment, alors que je ne me sens même pas la force d'entrer. Et je n'ai pas davantage la force de rentrer chez moi. Il faut que je m'arrête quelque part. Ce soir, il y a les parents d'Anna qui viennent. Ou alors c'est demain. Ils vont venir, se mettront à parler dans leur sabir et ne repartiront plus. Est-ce que j'ai envie d'un café ? J'ai envie d'un café, ou d'un jus de fruits. J'aimerais que quelqu'un décide à ma place. Il y a un endroit, dans Chapel Street, avec des serveuses incroyables. Un type, au boulot, en parlait. Comment s'appelait cet endroit, déjà ?

Je suis trop vieux pour la musique qu'ils passent ici. Seigneur, ce n'est même pas de la musique. Mais une fois que vous êtes là, difficile de leur demander d'éteindre. Vous avez de la chance s'ils vous servent. Vous avez payé pour cette musique, car ici, pour vous, tout est payant. J'attrape un journal. D'ordinaire, les meilleures pages sont toujours manquantes. Quelles sont les meilleures pages ? Je devrais peut-être manger quelque chose ? J'aimerais que quelqu'un décide à ma place.

« Que puis-je faire pour vous, monsieur ? » me demande la serveuse.

Je ne sais pas si c'est l'endroit qu'ils évoquaient au bureau. Enfin, même si ce n'est pas le bon, je vais peut-être me mettre à en parler autour de moi. Elle ne doit pas avoir plus de quinze ans. Elle a beau s'enquérir de ce qu'elle peut faire pour moi, elle a l'air mauvais. Tous les ans, ils vous sortent un nouveau modèle. Je dénigre, trop de kilomètres au compteur. Ce n'est pas juste. En effet, elle peut faire quelque chose pour moi.

« Dis-moi, quel est le jus qui fait fureur, aujourd'hui ? » lui ai-je lancé avec un sourire.

Je m'entends poser cette question. En réalité, cette question n'a aucun sens. Ça ne veut rien dire, si ce n'est que j'ai commencé à faire mon numéro. Je commence à jouer un rôle, comme n'importe quel enfoiré entre deux âges qui hante les cafés à la mode, seul, le week-end, en veste de cuir brun, ses clefs de voiture sautant d'une main dans l'autre, ostensiblement, et qui lance à la serveuse d'une voix trop forte : « Dis-moi, quel est le jus qui fait fureur, aujourd'hui ? » ce qui, en réalité, n'a aucun sens. Ça ne veut rien dire si ce n'est que je suis un con, un type exécrable et solitaire dont l'être ou la manière d'être, ces derniers temps, a rebuté tous ceux que j'ai approchés, si bien que je me suis retrouvé seul, tout seul, avec ma nouvelle coupe de cheveux, une jolie coupe de grande gueule, et le journal du week-end, seul, tout seul, à parler trop fort dans un café, à puer l'après-rasage et le divorce.

Se figure-t-elle que je ne le sais pas, cette gamine en cache-cœur trop court, avec son carnet de commandes et sa queue de cheval qui se balance comme... comme la queue d'un cheval. Se figure-t-elle que je ne vois pas ce qui m'attend ? Elle n'émet pas de suggestions. Elle me débite la liste des jus de fruits inscrite sur le tableau noir accroché au mur. Pour ça, j'aurais pu me débrouiller tout seul. Elle ne veut donc pas de pourboire ? Elle ne sait donc pas comment ça marche ? Et elle va se demander pourquoi diable je paie pour ça. Elle va faire mine d'être choquée. Je dois payer pour ça, oui.

« Oh, excusez-moi... Pourriez-vous m'ajouter dedans un peu de gingembre et de citronnelle ? »

Tout à fait, sans problème.

Elle est partie. Elle est allée débarrasser la table d'un autre type. Il est à peu près de son âge, en tout cas il en est plus proche que moi, car moi, j'en ai toujours été loin. Il n'est pas rasé. Je le trouve monstrueux. Elle, non. En fait, il me répugne. Mais elle, non. Dans quoi roule-t-il ? Qu'est-ce qu'il fait ? Que peut bien fabriquer un homme si jeune, pour s'asseoir ici et la faire sourire de la sorte, s'asseoir ici sans la moindre trace de panique. Pour ça, c'est sûr, il faudra bien qu'il paie un jour ou l'autre. Sûr comme la nuit. Je n'entends pas ce qu'ils se disent. Je ne comprends pas ce qu'ils se disent. Elle lui raconte peut-être que j'ai de quoi payer. Que peut-elle bien lui raconter ? J'ai un fils. Je vous en prie, débarrassez cette table un peu moins vite. J'ai un fils.

J'ai un fils, il a été enlevé, dans le cadre du complot le plus bizarre qu'on puisse imaginer, un complot entre ma femme, un de ses anciens jules et une prostituée que j'ai fréquentée, pour être honnête, pendant pas mal de temps. Trop longtemps pour avoir envie d'en conserver le souvenir. Alors, ne me dis pas que tu es à moi dans une minute si c'est pour aller après rigoler avec ce type, là-bas, parce que, moi, c'est évident, j'ai besoin de toi tout de suite. Elle va revenir, et repartir, et revenir, et repartir, jusqu'à finalement s'en aller pour de bon, pour un autre emploi précaire, pour toute une vie précaire, sans bénéfices, pour être remplacée par une autre fille qui, d'instinct, saura aller et venir, aller et venir et repartir. Je ne veux plus jamais le laisser seul. J'essaie de reconstituer le film des événements. On m'a laissé un message au bureau me demandant de venir le chercher plus tard. Qui a laissé ce message ? Anna lui prépare des toasts. Fromage tomate et fromage jambon. Elle lui fait cuire des œufs à la coque, quatre minutes et demie. Il ne peut pas grandir sans découvrir que je sais ça : on les met dans l'eau quatre minutes et demie. Elle découpe la coquille de l'œuf. Sa découpe est toujours nette. Les rebords ne sont jamais déchiquetés. Je pourrais en faire autant, mais moi, ma technique est de tapoter l'œuf du dos de la cuiller à café jusqu'à ce que la coquille craque. Ensuite, je la pèle. Il reste souvent de petits morceaux de coquille. Il tombe toujours dessus.

Mais comme ça, c'est plus rapide. Avec le dos de la cuiller, ça va plus vite pour ouvrir les œufs que, entre nous, je paie tout comme je paie les sandwiches, les billes et les bicyclettes, le chauffage et les uniformes scolaires. Anna me soutient que ça va plus vite de découper le cône de l'œuf. La vilaine gamine en cache-cœur moulant et queue de cheval avise ma carte de crédit série platine. Je fais comme si je n'avais pas de liquide, parce que je veux qu'elle voie ma carte. Je veux la voir se poser la question : n'aurait-elle pas décroché un pourboire si elle s'était montrée plus attentionnée ? Une lueur fugitive s'allume dans son regard et se déguise en sourire avant de disparaître comme elle est venue – elle a compris. Bien entendu, je lui verse un généreux pourboire. Il se peut que je revienne ici et puis, de toute manière, posséder une carte pareille et ne pas laisser un bon pourboire, cela ne rime à rien.

Faire en sorte, au moment de partir, que la jeune serveuse soit au fait des privilèges attachés à ma carte de crédit, c'est, je le sais, un pitoyable signe d'insatisfaction et d'insécurité. Mais on en prend conscience toujours trop tard. Sur le moment, je ne pense qu'à lui montrer cette carte dont la brillance exclusive lui renvoie mon reflet. J'aimerais qu'elle voie ma voiture mais elle n'avait pas de raison de la remarquer avant que j'entre ici, et après, il est trop tard. Trop tard pour cette fois-ci. Je me suis garé trop loin, plus bas dans Chapel Street, côté sud, hors de son champ de vision.

Tandis que je me dirige vers ma voiture, je me remémore un fragment de rêve au goût amer, dans lequel Angelique est complice de l'ex d'Anna. Je manque de rentrer dans un couple qui porte avec soin deux sacs de boutiques modernes chic. Ils ont chacun un sac à la main et de l'autre, ils se tiennent. Mais se tiennent-ils fermement ? À y regarder de plus près, est-ce qu'il ne la ralentit pas ? Les sacs contiennent-ils une excuse ou un pot-de-vin ? Rachètent-ils une culpabilité ? Sont-ils là pour obscurcir les choses ? Leur relation à tous les deux va-t-elle au-delà du contenu de ces sacs ? Ces gens se parlent-ils autrement qu'à travers des étiquettes ?

Il y a des années, quand Anna et moi commencions à nous voir, elle me réprimandait pour mon peu de goût vestimentaire. Nous sommes allés chez Country Road, qu'elle puisse me choisir des affaires qui lui plaisent. Rien de très extrême – des chemises, des pantalons, une veste et des chaussures, une garde-robe complète. En fait, ce n'était pas prémédité. On venait de sortir du cinéma, un après-midi. C'était en des temps meilleurs. Elle porte encore le même parfum, mais maintenant il ne sent plus pareil. De temps en temps, je retrouve son odeur. Je la retrouve, à cette minute. Je l'ai entraînée chez Country Road pour qu'elle me choisisse des vêtements. Elle disait que ce que je portais lui était égal mais, d'un autre côté, elle plaisantait souvent sur l'âge de mes vêtements et leur faible taux de rotation. Donc, quand nous sommes sortis du cinéma, cet après-midi-là, j'ai remarqué la boutique, j'ai laissé entendre que c'était le moment, là, tout de suite. Elle pouvait me modeler à sa guise, mettre mon argent là où elle posait sa bouche.

Nous sommes entrés, et je l'ai suivie dans les rayons. Elle sortait les articles et me les tendait. Ensuite, un jeune vendeur est arrivé et nous a proposé son aide. Anna m'a désigné et le vendeur m'a considéré un moment, des pieds à la tête. Avant de me montrer quoi que ce soit, il m'a posé des questions. Qu'est-ce que j'avais déjà ? Où comptais-je porter ces vêtements ? Et si je choisissais plutôt quelque chose dans ce genre-là ? Je ne connaissais pas les réponses à ces questions. J'ai voulu consulter Anna du regard, mais elle était partie. Je l'ai vue à l'autre bout du magasin. Elle avait laissé tomber. Je l'ai interpellée. « Qu'est-ce que tu penses de ça ? »

Elle n'a pas répondu. Je l'ai interpellée de nouveau, et je l'ai vue, de loin, s'éventer d'un geste de la main, un geste bref, dédaigneux, rien qu'une fois, puis elle s'est détournée. Dans la voiture, elle a nié, mais il s'était produit quelque chose, quelque chose avait cassé, ou s'était déclenché en elle. Elle avait eu besoin de s'éloigner. Elle ne supportait pas que le vendeur ou, pourquoi pas, d'autres clients de la boutique, me voient dépendant d'elle pour le choix de ma garde-robe. Subitement, pour la première fois peut-être, j'étais lamentable à ses yeux.

La dispute entre nous a été féroce. Elle ne cessait pas de nier ce qui me paraissait évident, que ces achats avaient provoqué en elle une réaction quasi chimique. Irritation, honte, mépris – elle avait reçu ces sentiments en injection sous-cutanée. J'ai su que cela se reproduirait n'importe quand, sans crier gare, et que je n'y pourrais rien. J'avais la faculté de lui paraître lamentable. Toute ma vie, mes efforts, mes défenses, mes talents et mes ruses ont été consacrés à m'éloigner du gamin que j'étais, fils infortuné d'un père absent et d'une mère incapable qui se figurait que des berlingots sans goût suffiraient à cacher à ses enfants le tissu élimé de leur existence – famille délaissée même par Jésus. Mais Anna m'avait percé à jour. Elle avait saisi de moi un instantané qu'elle ne pouvait se sortir de la tête. C'était il y a bien longtemps, avant notre mariage, avant même nos fiançailles. C'était avant le dix-septième jour, celui où notre fils avait cessé de respirer, avant que je ne me mette à coucher avec des putains et qu'Anna ne retourne vers Simon, cet instit qu'elle regrettait, je crois, de ne pas avoir épousé, un homme qui m'avait privé de mon fils.

8.

Je me rends à ma voiture et ça prend une éternité. Je ne sens pas mon visage. Et puis, soudain, je le sens, et je le sens rouge, chaud, brûlant. Je m'arrête pour me couvrir le visage des deux mains, histoire de revenir à une température correcte et de vérifier si je ne me sens pas orphelin quand je les retire. Je les retire, elles refroidissent et mon visage reste assez chaud pour faire frire un œuf sur le plat. Je ne sais pas comment je vais réussir à agir normalement.

Je ne me souviens pas de mon emploi du temps. Il y a un séminaire d'entreprise en vue. Nous avons les Sheere à dîner. Ce soir? Non, dans une quinzaine. Anna ne devait pas être là, ce week-end. C'est pour ça que les Sheere viennent dans quinze jours. Vraiment, c'est pour ça? Qui d'autre vient? Donald Sheere aura-t-il entendu parler de tout cela, d'Angelique et moi? S'il savait, que dirait-il? À elle seule, la commission que j'ai touchée sur les opérations boursières faites pour Donald Sheere aurait suffi à payer deux fois le prix de notre maison. Ça a commencé par sa femme. Il y a deux ou trois ans, Gorman m'a appelé dans son bureau, une convocation solennelle. J'ai cru que j'étais viré. Il m'a demandé ce que je savais de Donald Sheere.

Une question de pure forme. Gorman était déjà informé de ce que je savais de Donald Sheere. Sheere apparaissait dans les pages financières des journaux depuis au moins quinze ans. Sa famille figurait dans les rubriques mondaines depuis les débuts de la colonisation de l'Australie. Peu importait que l'on ne sache pas précisément quand et comment les Sheere avaient bâti leur fortune. Vos enfants, votre baby-sitter et votre femme de ménage savent qui et ce qu'était Donald Sheere.

Sheere est un homme chez qui l'acquisition de numéraire est une activité automatique. L'équivalent, chez nous, de la respiration. Nous n'avons pas conscience de respirer à moins de trouver l'air pollué, raréfié, ou d'y plonger. Donald Sheere n'a jamais trouvé l'argent pollué ou raréfié. Il y plonge sans cesse pour aussitôt glisser sur un courant ascendant qui l'emporte encore plus haut. Je l'ai vu pratiquer. Et puis je l'ai aidé. Il est plein de gratitude, d'une gratitude charmante, – un charme aristocratique, une gratitude protestante, sans exubérance. S'il se produit un quelconque changement en lui lorsqu'il a atteint son but, les personnes qu'il emploie ne peuvent le détecter. C'est peut-être cela que l'on appelle la bonne éducation.

Après sa question – que savais-je au sujet de Sheere? –, Gorman m'a annoncé ceci : j'avais été choisi pour devenir le courtier en Bourse de sa femme. J'avais réussi à me frayer un chemin dans le département de la clientèle privée et cette nomination, m'a-t-il expliqué de manière tout à fait superflue, m'offrait une opportunité d'en gravir les sommets. Mais j'allais devoir être très convenable. J'allais devoir m'occuper d'elle comme si sa vie en dépendait. Cela non plus, je ne l'ignorais pas. Il n'y a pas si longtemps, une femme comme Elizabeth Sheere aurait rempli ses journées d'œuvres charitables. Elle était d'ailleurs encore engagée dans un certain nombre d'organisations bénévoles mais seulement à titre de simple bienfaitrice ou de présidente honoraire, sans autre responsabilité que des déjeuners et des bals. Elizabeth Sheere était devenue un nom activement recherché par une palette d'associations qui collectaient de l'argent au nom de gens et de causes au sujet desquels l'informait un personnage payé pour ça. Mais maintenant que ses enfants avaient grandi et qu'elle avait vieilli, ce genre d'occupation avait fini par devenir un peu lassant. Elle devait sa position à la richesse et à la réussite de son mari. Que ce succès ait été celui de Donald et pas le sien, ça n'avait guère compté, autrefois. Mais aujourd'hui, si. Elle souhaitait construire sa propre réussite. Elle ne désirait pas la richesse, non. Donald l'avait suffisamment dotée. Mais le succès, oui. Elle voulait jouer sur les marchés. C'est à ce moment-là que Gorman a fait appel à moi.

J'ai eu quelquefois l'occasion de l'emmener déjeuner, j'ai flirté avec elle, juste assez pour qu'elle y prenne du plaisir sans être certaine de la réalité de la chose. Une tactique qui requiert du talent. Ensuite, je lui ai permis de gagner beaucoup d'argent. Cela requiert moins de talent, en tout cas de ma part, mais la réalité de la chose ne faisait aucun doute. Elle désirait cette excitation du succès. Surtout dans un domaine proche de celui qui retenait quotidiennement l'attention de son mari, ni éphémère ni ornemental. Ce n'est pas seulement qu'elle achetait en masse des titres qui montaient – pas toujours des valeurs de père de famille, d'ailleurs. Je l'ai parfois fait vendre contre son intuition féminine, avant la dégringolade. Comment y suis-je parvenu ? Comment savais-je à quel moment entrer ou sortir du marché ? Je l'ignore. Je devinais. Mais je devinais, sous un fort éclairage. Qui m'éclairait ? Dennis Mitchell, le prince des analystes.

Quand Elizabeth Sheere s'est mise à gagner de l'argent sur des titres dont personne n'avait entendu parler et, mieux encore, à vendre des titres dont tout le monde s'était entiché juste avant que leur cours ne s'effondre, son mari l'a subitement trouvée aussi intéressante que du temps où il lui faisait la cour. C'est alors que Donald Sheere a eu recours à mes services. Il m'a appelé directement. Il n'y a pas eu de visites préparatoires dans le bureau de Gorman.

Un après-midi, je suis à mon bureau. Le téléphone sonne et la belle voix superbement modulée d'un homme d'âge mûr me questionne.

« Êtes-vous Joseph Geraghty ?

– Oui, c'est moi.

– Donald Sheere. »

Ce soir-là, je suis rentré à la maison, j'ai rangé la voiture au garage, j'ai pris une douche, me suis servi un verre, et j'ai annoncé à Anna que nous allions déménager.

Elle m'a conseillé de ne pas trop espérer, mais je voyais bien qu'elle était impressionnée. Nous avons déménagé. Nous avons acheté et rénové une maison ancienne de deux étages, près de la plage. Nous y avons fait construire une piscine et un court de tennis. J'ai tenu mes engagements, et Donald Sheere aussi. Je suis devenu son courtier personnel ; je suis intervenu dans presque toutes ses opérations boursières : titres de la vieille et de la nouvelle économie, *futures*, options, fonds spéculatifs, tout ce que Mitch daignait effleurer du regard. Sheere n'a pas tardé à me recommander à ses amis.

Quand c'est arrivé, Gorman n'a pas eu d'autre choix que de me protéger contre les investisseurs en pantoufles susceptibles de voler son bien le plus précieux à un courtier, le temps. Si je parle de vol, c'est parce qu'ils vous appellent sans arrêt pour vous poser très lentement un million de questions toutes fondées sur une proposition selon laquelle la loi de la gravité ne s'appliquerait pas au monde du commerce. Quand vous les avez finalement convaincus de l'inanité de cette conviction si profondément ancrée en eux, ils veulent comprendre – puisque vous en savez tant, pourquoi n'auriez-vous pas la faculté de les transformer en Bill Gates dans un délai d'une à deux semaines ? Ces interlocuteurs inquisiteurs et loquaces n'achètent jamais rien, du moins pas en quantité substantielle, jamais, mais il faut garder le sourire et répondre en sachant que vous vieillissez vite, que ces gens-là se dressent entre vous et une bonne retraite. En réalité, ils n'ont aucune envie de s'entretenir avec un opérateur de marché. Ce qu'ils veulent, c'est un travailleur social qui leur refile des tuyaux boursiers. Les néobourgeois en Saab ou en Volvo sont les pires, pires que les retraités. Ils sont toujours très branchés sur la responsabilité des entreprises et l'investissement éthique, ce qui est très bien. Simplement, je ne vois pas pourquoi je devrais discuter de ça toute la journée alors que j'essaie de payer ma maison. Et puis ils adorent dégoiser sur Donald Sheere ou Rupert Murdoch, comme quand ils étaient à l'université. Les petites fortunes de formation récente détestent les grosses fortunes de formation ancienne, plus encore que les sans-fortune ne détestent les unes et les autres.

9.

Dans deux semaines, nous recevons les Sheere à dîner. Anna m'a supplié de ne pas les inviter. Elle m'a prévenu qu'elle ne pourrait supporter une soirée avec des gens comme eux. Des gens comme eux ! Je croyais justement qu'elle avait envie de devenir comme eux.

Sinon, que veut-elle devenir ? En tout cas, elle voulait leur ressembler. Je crois. Nos rapports sexuels sont rares. Pas un baiser. Je lui prépare des tasses de thé, quelquefois, le matin, le week-end, et elle me laisse des petits mots en lettres capitales destinés à la femme de ménage immigrée que nous employons, pour la renseigner sur le genre de cuisine que j'aime. Quand nous sortons, elle ne me prend plus la main sous la table. Elle ne me cherche plus à tâtons, la nuit. Elle peut bien recevoir les Sheere à dîner. Pour ça, j'ai payé, plus souvent qu'à mon tour. Ce sont des gens très occupé. Il m'a fallu du temps pour organiser cette soirée. Ça m'a pris toute ma vie. Si j'avais pu prévoir qu'ils viendraient, j'aurais invité Mitch.

Je me dirige vers ma voiture, la sonnerie stridente du téléphone résonne dans ma poche. Je ferais mieux de balancer ce machin.

« Allô. »

C'est Anna. Et Sam qui pleure, derrière elle.

« Où es-tu ? Il faut que tu rentres à la maison.

– Qu'est-ce qui ne va pas ? Pourquoi pleure-t-il ?

– Il y a des journalistes qui le photographient à travers les vitres.

– Quoi ?

– Tu ne m'entends pas ?

– Qu'est-ce qu'ils fabriquent ?

– Ce sont les journaux, Joe. Le téléphone n'a pas arrêté. Les gens veulent le voir, l'interviewer.

– Interviewer Sam ?

– Ou nous. Je n'arrive pas à me débarrasser d'eux.

– Tu as appelé la police ?

– Je t'appelle, toi, Joe. Tu rentres ? »

Vous achetez une maison, au printemps. L'air chaud, le parfum des fleurs et des daphnés réveillent ce sentiment d'espoir hésitant que l'hiver étouffe presque complètement chaque année. Vous tâchez de ne pas vous laisser influencer par le boniment de l'agent immobilier, mais c'est peine perdue. Ses mots chromés reflètent ce que vous comptiez trouver de toute façon dans cette maison. Vous n'aviez pas prévu de dépenser autant mais son emplacement est formidable, et puis elle a tellement de potentiel. Votre épouse et vous, vous possédez tellement de potentiel. Il faut prendre des risques. Pendant la durée du prêt, votre situation va encore s'étoffer, c'est une certitude. Ça se voit tout de suite. Vous allez abattre ce mur pour aménager une chambre d'ami. À la fin de la journée, vous rangerez votre voiture dans le garage trois places. Il ne pleuvra jamais, ici. Vous n'aurez jamais à faire crisser vos pneus dans l'allée en espérant arriver à temps pour tabasser le type qui tente de prendre des photos de votre petit garçon en larmes.

« Hé ! » ai-je crié en claquant la portière.

Il est sur le côté de la maison. Anna n'a pas appelé la police, ou alors celle-ci n'est pas encore là. Le photographe me regarde et n'essaie pas d'expliquer qui il est ou ce qu'il fait. Il voit bien que j'ai compris. Maintenant, il court, il crie quelque chose, une espèce de formule d'excuse, mais en courant il pénètre un peu plus dans l'enceinte de ma propriété. Un homme maigrichon qui a déjà commis ce genre d'intrusion. Il court, son appareil calé sous l'aisselle. Que va-t-il se passer, à son avis ? Il court sur le côté de la maison, entre la palissade et les arbres. Jamais je n'ai bougé si vite.

« Espèce de connard ! » me suis-je écrié, essoufflé.

Maintenant, nous débouchons dans le jardin, sur l'arrière, et je bondis vers lui, je me sers de lui pour amortir ma chute. Son appareil tombe sur le dallage qui entoure la piscine.

« Monsieur, il y a erreur », me fait-il.

Sa respiration est âpre, il essaie de se dégager de mon emprise.

« Il n'y a pas d'erreur, espèce d'enfoiré. C'est mon fils qui est là, à l'intérieur. Il est en larmes. » J'ai mon genou calé tout contre sa gorge. « C'est avec ça que tu veux vendre de la copie ? Il s'est fait kidnapper, et tu veux que tout le monde voie ça, tu veux en tirer de l'argent, pour ton patron. Quel scoop. Eh bien, ce scoop-là, tu le vendras pas. »

Il a le souffle court. Son visage vire à l'écarlate, il m'empoigne par les couilles.

« Je vais te tuer, putain. »

Voilà ce que je lui hurle. Je lui cogne la figure, à répétition, du gauche, puis du droit, et encore, encore, contre le dallage lisse, et je vais le tuer. Il serre encore plus fort. Je suis en train de le tuer, quand Anna m'oblige à lâcher prise. Elle m'agrippe par les épaules. Elle use de toutes ses forces pour m'arracher à lui. Sam est à l'intérieur, il pleure. Il assiste à toute la scène. Dès qu'Anna a soulagé le photographe du poids de mon corps, il roule sur le côté, vers l'endroit où son appareil photo est tombé. Voyant cela, je me dégage. Le photographe s'est relevé. Il tient son appareil d'une main, et je me rue de nouveau vers lui.

« Joe, tu es fou ? » s'exclame Anna.

Mais oui. Du bras droit, je lui fais sauter l'appareil des mains, et il retombe sur le dallage. Pour m'échapper, il exécute un bond en arrière. Il a le visage ensanglanté et moi, je lui fracasse son boîtier.

« Joe ! » crie Anna.

Je saute sur son engin de métal noir, jusqu'à le rendre méconnaissable, jusqu'à me rendre méconnaissable, pour que personne, en lisant les journaux, ne puisse reconnaître en Sam le petit garçon que l'on vient d'enlever, comme on a enlevé Eloise et la petite

Chinoise. Je hurle. Le photographe passe devant moi en courant. Il saigne et il veut filer. Je sais ce qu'il ressent. Il atteint la rue.

« Tu as perdu la tête ? » me lance Anna.

Sam pleure et moi je suis près de la piscine, parcouru de frissons, en plein sous le soleil d'après-midi, ce soleil qui, l'agent immobilier nous l'avait promis, viendrait donner sur l'arrière de la maison à peu près vers cette heure-ci. Je me douche et j'efface l'adrénaline, je lave le sang, je révèle des coupures, des froissements, des foulures et quelques débuts d'hématomes. Deux fois par semaine, je fais de l'exercice. Anna croit que c'est trois fois, mais la troisième séance est une séance fantôme. C'est la séance d'Angelique. Mais je travaille quand même deux fois par semaine le développé couché, le vélo, mes abdos, mes pectos, mes biceps, mes quadriceps, donc je suis en assez bonne forme. Mais je ne me bats plus. Je n'ai plus été mêlé à aucune bagarre depuis le temps où je jouais au football, vers la fin de ma scolarité. Donc, même si je ne suis pas en mauvaise forme pour un père de famille qui roule en Audi et sourit aux gens du quartier lorsqu'il les croise au supermarché, je suis en mauvaise forme pour un homme qui veut en tuer un autre qui n'a aucune envie de mourir dans l'exercice de son boulot sordide consistant à photographier un petit garçon à travers les fenêtres de sa maison. L'eau chaude me cingle. J'en vomis presque. Après la douche, je remarque que les veines de mes bras et de mes pieds sont épouvantablement gonflées. Je me couche après avoir avalé mes analgésiques avec un peu de vodka, que je garde près de mon lit. Anna n'a rien remarqué. Pas encore. Elle joue avec Sam. Je suis trop fatigué pour aller remettre la bouteille au frigo, et je me demande si elle va la repérer. Si elle découvre la vodka, dira-t-elle quoi que ce soit et, si elle dit quelque chose, cette chose aura-t-elle un sens ?

Les feuilles d'un grand arbre caressent la vitre. Pas un bruit ne monte du rez-de-chaussée. Peut-être Anna a-t-elle emmené Sam dans le parc. J'ai les yeux clos, mais je ne trouve pas le sommeil. Il faudrait vraiment que quelqu'un vienne s'enquérir de moi. J'ai acheté cette maison et je suis le père de Sam. Personne ne peut prétendre que ce soit mal. Personne ne peut le prétendre. Comment se retrouve-t-on aussi seul ? On naît seul et, malgré les parents, les frères et sœurs, les petites amies, les collègues, l'épouse – oui, malgré la compagne qu'on s'est trouvée –, on ne peut cesser de l'être.

Dennis Mitchell m'a emmené dans un bordel. Il ne me juge pas. Il veille au grain, pour moi. Il a une tête bien faite. J'ai hâte de le voir, lundi. J'ai souvent hâte de le voir. Je viens de m'en rendre compte. A-t-il lu la nouvelle dans le journal ? A-t-il conscience que le petit garçon des infos, c'est mon fils ? Un de ces jours, il faudrait que j'emmène Sam au bureau, que je le présente une nouvelle fois. Pas tout de suite. Laissons la situation se calmer. J'aimerais trouver le sommeil, maintenant. Peut-être vais-je y arriver. Peut-être, si je ferme les yeux suffisamment longtemps. Ça va venir.

Elle est ici. Je n'y crois pas. Dans mon demi-sommeil, elle est là, elle me parle de Sophie, sa sœur cadette, qui conduit Sam au parc. Nous sommes seuls dans la maison, au lit. J'ai les yeux clos. Elle laisse courir sa main sur ma peau. Elle est fraîche, elle touche délicatement les endroits où ça fait mal. Mes muscles se sont apaisés. Elle a l'air de savoir où c'est douloureux. Mieux que moi. Elle se glisse dans le lit, elle n'a gardé que ses dessous. Elle me chuchote quelque chose. Je n'entends pas vraiment, mais elle n'est pas en colère contre moi. Je le sais, d'après son ton de voix. Maintenant, elle atteint des parties de moi que cela lui était égal de ne plus toucher, croyais-je. Sa voix s'est adoucie. Elle parle avec lenteur. À présent, à sa voix, je saisis qu'elle est sous les couvertures. Elle admet que j'ai eu raison de lui réserver ce traitement. Je sais à qui elle pense – je sais à quoi elle pense. Elle s'exprime par vagues et, entre les vagues, elle me prend dans sa bouche. Je ne bouge pas. Impossible de me rappeler la dernière fois qu'elle m'a pris dans sa bouche, et tout se passe comme si elle comprenait que c'est à cela que je pense, car elle me le chuchote. Entre deux souffles, elle me chuchote qu'elle me fait cela à cause de ce que j'ai infligé à cet homme. Elle me voit différemment, maintenant, elle me revoit comme avant, et je ne bouge pas, de crainte que ça ne change. Elle vient sur moi. Par rapport à ce matin, elle a rajeuni. J'ai toujours les yeux clos et je suis allongé, immobile, j'écoute les bruits qui émanent d'elle. C'est comme la mer. Je prends de profondes et discrètes inspirations. Je ne vais plus tenir très longtemps. Je veux la voir faire. Il faut que je conserve cette image. J'ai envie de regarder mais, si je bouge, elle risque de s'arrêter. Le moindre changement, et tout peut s'arrêter. Je risque de tout gâcher. Mais si je veux la voir, là, au bas de mon torse, j'ai intérêt à agir vite. J'ai envie de frissonner. Je ne saurais me contenter d'imaginer comment elle est, sous le voile que forme sa chevelure. Elle laisse courir sa langue sur les côtés, d'un côté puis de l'autre, le plat de la langue. Il va falloir que je regarde. Bientôt. Tout de suite. Je relève les couvertures, lentement, doucement. Cela ne la dérange pas. Elle n'a peut-être pas remarqué. Encore un peu. Je baisse les yeux vers elle, en bougeant à peine la tête de l'oreiller. J'ai les yeux encore presque clos. En bas, par là, il fait sombre. Je vois ses cheveux. Elle ne s'est pas arrêtée. Combien de temps encore allons-nous être capables d'habiter ce moment ? Elle lève les yeux une seconde ou deux, et je redoute d'avoir tout gâché. Mais dans l'obscurité, je la vois sourire. Elle sourit, puis se lèche les lèvres. Elle a l'air plus jeune. Et la voilà qui redescend. Je me laisse glisser dans le lit, juste un peu. Elle lève les yeux. Elle est plus jeune. Je découvre son visage, et il ressemble tellement au visage d'Anna, mais pas à l'Anna que je connais, pas à celle qui boit son thé. Elle me sourit encore, et ce n'est pas Anna. C'est Sophie. Oh, Seigneur. Oh, la jeune et douce Sophie. Je suis lancé à la vitesse d'une locomotive. Tout échappe à mon contrôle, sauf que, maintenant, c'est douloureux, de ce côté-là aussi. Quand je m'étire, je sens se raviver toutes mes autres douleurs. Elles ont mûri. Quand j'expire, je les sens, mais je ne sens rien d'autre. De l'autre côté du lit, les draps sont froids comme la pierre. Sous moi, c'est humide. J'ouvre les yeux. Il n'y a personne ici. Pas de Sophie, personne.

10.

En bas, au rez-de-chaussée, on déverrouille la porte d'entrée, on l'ouvre, et on la referme. J'entends Anna et Sam, et, apparemment une voix qui ressemble à celle de Sophie. On pose des affaires sur des meubles : clefs de voiture, manteaux ou vestes, sacs, un ballon, peut-être un cerf-volant.

« Tu veux un café, Sophie ? lance Anna depuis la cuisine. Quel genre de jus de fruits, Sam ?... Sammy, quel jus de fruits tu veux, mon cœur ? »

Au premier, à côté de moi, sur la table de chevet, il y a la vodka, restée à sa place. Je ne peux pas la remettre au réfrigérateur, maintenant, pas sans qu'elles me surprennent. Pourquoi diable devrais-je avoir honte ? Pourquoi devrais-je avoir honte ?

« Tu veux un coup de main, Anna ? » s'enquiert sa sœur.

Dès le début, j'ai bien aimé Sophie. J'ai toujours eu envie qu'elle m'admire.

« Non. Ça va. Reste avec Sam, j'apporte tout. J'ai une surprise pour toi, Sam », s'écrie Anna.

Qu'a-t-elle raconté à Sophie ? Ça a tout changé. Ce salopard a tout changé. Je m'asperge un peu d'eau et j'enfile en vitesse des vêtements amples. Je ne peux pas rester prisonnier dans la maison que je me suis achetée. Qu'est-ce que j'ai fait de mal ? N'importe quel homme bien élevé aurait agi comme j'ai agi. Les hommes bien élevés ne sont pas des voleurs d'enfants. Je voudrais être déjà lundi.

« Sophie, comment vas-tu ? »

Je l'embrasse sur la joue.

« Mieux que toi, apparemment. Mon pauvre. »

Elle a un geste, une légère et brève pression sur l'épaule.

« Anna t'a raconté toute l'histoire ? »

Je lui pose la question, alors que je ne connais pas moi-même toute l'histoire.

« Oui », me rassure-t-elle, compréhensive, me signifiant ainsi qu'elle non plus n'en connaît pas la moitié.

Nous nous observons un moment, de part et d'autre de la table basse. Nous sommes seuls. Sam est dans la cuisine avec Anna. Nous ne savons pas quoi nous dire. Sophie me semble un peu plus blonde qu'Anna. Elle a un parfum merveilleux, assise là, et je l'imagine me racontant sa version de l'histoire. J'ai certains besoins. Tu te souviens du petit ami d'Anna ? Quel souvenir conserves-tu de lui, Sophie ? Il s'appelait Simon. Tu l'aimais bien, Sophie ? Enfin, Anna a eu une liaison avec lui. Du moins, c'est ce que je crois. Autrement, pourquoi raconterait-il à la police qu'il avait reçu la permission d'aller chercher Sam après l'école ? C'est un élément facile à vérifier, et puis c'était, c'est, un type intelligent. N'est-ce pas ? Alors pourquoi irait-il raconter cela ? Tu étais au courant, Sophie ? Tu es venue aux fêtes d'anniversaire de mon fils en sachant ce qu'Anna fabriquait ? Cette maison te plaît ? Tu la veux ? Elle ne veut plus de moi, Soph. Cela dure depuis très longtemps. Je n'ai pas d'aventures mais... Anna t'a raconté ? Elle te plairait. Cela n'a rien de scabreux. On se parle et tout. Je vois la même chaque fois. Ce n'est pas du tout ce qu'on croit. Elle te plairait, Sophie. Oui, bien sûr, on a fait tout ce que tu peux imaginer, mais parfois je la tiens enlacée et c'est tout. Les femmes aiment bien ça. C'est une personne à qui je peux parler. Tu pourrais lui parler. Elle sait vraiment être drôle. Elle se souvient de choses que je lui ai confiées il y a des semaines, des mois. Elle est toujours en train de poser des questions. C'est comme d'avoir un ami secret, qui ne vous veut rien que du bien. Je sais ce que tu penses. Je ne comprends pas, moi non plus. Crois-tu qu'Anna serait capable de nous éclairer ? Anna sait-elle ce qu'Angelique fabriquait avec Simon quand la police est arrivée ? Sophie, est-ce que tu le sais ? Elle va me manquer. Je te parais bête ?

Nous ne savons que dire, ni l'un ni l'autre, donc rien ne se dit et Sophie me regarde. Je sens monter les larmes. J'attrape le paquet de berlingots, sur la table basse. Depuis le départ de ma mère, personne n'y a touché.

« Tu en veux un, Soph ? C'est ma mère qui les a apportés et je ne vais pas les revendre, pas pour de l'amour et pas non plus pour de l'argent. »

Sophie change sans arrêt de chevalier servant. Ils ont de la chance, tous, de faire ainsi sa connaissance, même brièvement. N'importe quel homme aurait envie d'elle. Moi, ses chevaliers servants, je ne les rencontre pas. Tôt ou tard, elle fera sa vie avec l'un d'eux, s'installera, histoire d'avoir des enfants, à défaut d'autre chose. J'ai envie de les connaître, ses enfants. Ils entendront parler de moi. Pour eux, je resterai à l'état d'ébauche. C'est le papa de Sam, celui-là, là-bas.

Ce soir, ni Anna ni moi n'aurions pu recevoir les Sheere. Nous sommes trop fatigués, même pour nous lancer je ne sais quelles accusations et contre-accusations, même dans l'intimité de notre chambre à coucher. Il se trouve que ce soir nous avons tous les deux, chacun de son côté, un verre d'eau et un cachet de somnifère sur notre table de nuit. Le sien, c'est peut-être un tranquillisant. Je suis le premier au lit. Elle éteint la lumière. Demain, ses parents vont venir. Le vernis de ma vie flambe. Il fait sombre, ici. Nous nous tournons le dos. Nos yeux s'accommodent à un univers qui ressemble au monde des aveugles, et j'aimerais qu'elle me touche. Nous respirons le même air. Bientôt, il sera minuit. S'est-elle déjà endormie ?

« Anna ? »

Je chuchote. Sous le vent, les branches frappent contre la vitre.

« Anna.

– Mmmh, marmonne-t-elle enfin, mais sa voix n'est qu'un souffle.

– Anna, elle s'appelle Angelique. »

La maison est immobile. Dehors, les branches sont au repos. Nous sommes tous les deux tellement fatigués. Peut-être ne m'a-t-elle pas entendu. Elle ne remue pas, et puis j'entends un chuchotement.

« Je sais... Rendors-toi, Joe. »

11.

Mitch, il faut que tu l'aimes. Au bureau, tout le monde a l'air de savoir que le petit garçon du journal était mon fils. La jeune femme qui est assise à la réception me regarde avec compassion. Je ne me souviens pas qu'on m'ait jamais prodigué pareil regard. Elle sait que c'était Sam. Elle se souvient même de l'avoir aperçu, une fois. Cette information l'a captivée, elle l'a imprégnée, elle a enflé en elle. Elle l'a consumée. Tout au long du week-end, elle a raconté à ses connaissances que le petit garçon des infos, celui que l'on a kidnappé, c'était le fils d'un type du bureau. Ce matin, avant de partir pour la gare attraper le train qui la conduit à son poste peu gratifiant de réceptionniste, elle s'est plantée devant le miroir, elle s'est parfumée, une touche derrière chaque oreille, et a préparé les paroles qu'elle m'adresserait. Mais quand, enfin, elle m'a vu devant elle, elle n'a pas réussi à prononcer un mot. Ayant vécu l'événement tout le week-end, elle est épuisée. Tout ce qu'elle a réussi à me dire, c'est : « Bonjour, monsieur Geraghty. » Et timidement avec ça, car je suis devenu une célébrité, bien que pitoyable.

Gorman me convoque dans son bureau. Il veut me témoigner sa sympathie, mais côté sympathie, il n'est pas très bon. Ce n'est pas un talent qu'il a su développer, au cours de toutes ces décennies de convocations dans son bureau. Pour exprimer convenablement sa sympathie, il faut en avoir pour celui auquel on l'exprime ou, du moins, faire semblant d'en avoir. Gorman ne sait pas. Il trouve ça déplaisant. Non l'infortune des autres, mais l'attitude que les conventions sociales lui commandent en ces cas-là. Il n'a jamais eu à trouver les mots qu'on doit dire à celui dont on a enlevé un enfant.

« Joseph, Joe, entrez. Asseyez-vous. Quelle histoire terrible. Comment vont-ils ?

– Nous allons bien.

– Et... euh... Simon ?

– Simon ? Est-ce que vous savez...

– Votre fils.

– Sam.

– Oh ! oui, Sam, bien sûr, Sam. Comment va-t-il ?

– Merci, il va bien. Sûrement mieux que nous, d'ailleurs.

– Vraiment... vraiment, lâcha Gorman. Oui, vous avez l'air un peu... euh... Voulez-vous... Aimeriez-vous vous entretenir avec quelqu'un, aux ressources humaines, ou... ?

– Non, ça ira, merci.

– Enfin, nous avons ce séminaire qui approche. Cela va... euh... on peut en attendre beaucoup de choses. »

Sur le front de Gorman perlent de petites gouttes de sueur. Il cherche à reprendre une contenance en manipulant son coupe-papier, en le contemplant.

« Vos chiffres sont bons, Joe. Maintenez le niveau. Vous allez pouvoir maintenir le niveau étant donné... ce que... étant donné les circonstances ?

– Je pense.

– Si vous avez besoin de temps...

– Non, ça ira.

– Parce qu'on peut toujours trouver quelqu'un...

– Trouver quelqu'un ?

– Quelqu'un avec qui vous auriez la possibilité de vous entretenir.

– Non, dialoguer avec les clients me suffit.

– Eh bien, si vous... Nous sommes là... nous vous soutenons, Joe. Continuez ce bon travail. »

Je suis content de devoir en passer par là. J'ai désormais une obligation sociale – celle de fournir aux gens l'occasion de me livrer leurs interprétations respectives du kidnapping du fils d'un collègue. C'est ennuyeux, gênant, et cela leur prend du temps. C'est pourquoi on est obligé d'aimer Dennis Mitchell. Lui, il ne m'en dit rien. Il n'en sait même rien.

S'il savait, Mitch se sentirait obligé d'ajouter son commentaire, comme tout le monde. Peut-être n'a-t-il pas lu le journal. Il n'agit jamais comme tout le monde. Il ne parle pas de ce dont tout le monde parle. Quand ils ont fini de commenter à voix basse la présence de ma famille dans le monde des tabloïds, les gens du bureau parlent avant tout de la start-up Internet Numero-one.com, un prétendant à la Silicon Valley qui annonce modestement, avant d'entrer sur le marché, qu'il va changer tout ce que nous faisons dans tous les domaines. Le résultat de l'opération se borne à une hausse exponentielle du prix de l'action. Aux yeux des investisseurs, l'attrait de Numero-one.com réside dans son offre à sa clientèle potentielle d'un nom de domaine gratuit du type « .com », « .net » ou « .org », destiné à la configuration d'un site Web personnalisé.

Il fallait que Numero-one.com comptabilise en un an un total de trois millions de clients en acquérant ces noms de domaines auprès de World Wide names, un registre de noms de domaines issu d'une structure informatique dépendant d'une université d'État. Durant le week-end, l'accord entre Numero-one et le satellite informatique de l'université est tombé à l'eau. J'ignore pourquoi. Je n'ai jamais acheté ce titre. J'avais trouvé que ça sentait mauvais. C'est l'attitude que Mitch m'avait conseillée, tranquillement, à la cafétéria. « N'y touche pas », m'avait-il glissé. Le lundi matin, en une vingtaine de minutes, le cours du titre a dégringolé de dix-sept dollars à un dollar soixante.

Quand il se produit un événement de cette espèce au sein d'une entreprise comme la nôtre, il y a généralement au moins une personne qui n'est pas loin de se briser en menus morceaux sans qu'aucune force physique entre en jeu. Quelquefois, pas souvent, vous voyez ce phénomène se produire sous vos yeux. Si un type sait mettre un nombre suffisant de clients en contact avec un titre qui monte, il peut placer une option pour une retraite dorée. C'est ce qu'avait espéré Peter Laffenden. On disait qu'à vingt-neuf ans, avec ce qu'il avait gagné grâce à Numero-one, il allait pouvoir se retirer. Et, ce matin-là, le ciel lui est tombé sur la tête.

Quand c'est arrivé, je m'entretenais avec Gorman. Le temps que ce dernier se souvienne du nom de mon fils, Laffenden était fini. Après le déjeuner, grâce à la caméra de surveillance du parking, nous avons pu voir Laffenden essayer de fourrer ses dossiers dans le coffre de son spider Alfa Romeo. Trop vite, trop fort ? C'est ce que diront les gens. Mais ce n'est pas mon affaire, juste une question. J'aurais pu vendre, mais j'avais pratiqué le test « Dennis Mitchell », et je suis encore là, à soumettre à rude épreuve le système nerveux sympathique de Gorman. Laffenden, qu'on surnommait Fend la Pêche quand il était en passe de réussir un carton, est désormais dans la panade. Pour Laffenden, c'est terminé.

Tôt ou tard, Mitch va découvrir ce qui a mal tourné dans l'affaire Numero-one-World Wide Names, mais il va garder l'information pour lui, en réserve, en cas de besoin. Pour l'heure, ça ne l'occupe pas assez pour que la satisfaction d'avoir eu raison le réchauffe, ou pour qu'il se régale avec les autres d'un cadavre tout fumant tout chaud. Pour Mitch, Laffenden est une victime des vicissitudes du marché. Il n'y a rien de plus à en dire. Mais les autres, eux, en rajoutent sournoisement. Ils se demandent si Fend la Pêche va s'empaler sur son épée ou s'il faudra l'accompagner jusqu'à la sortie. S'il faut l'accompagner, il y aura encore davantage de spectacle. Certains affirment que ça va être nécessaire, mais c'est uniquement parce qu'ils ont envie de voir ça. Même le dernier des idiots, même la plus grande gueule ne va pas jusqu'à se figurer que ça ne peut pas lui arriver, mais tous rêvent de l'accompagner jusqu'à la sortie.

Ici, beaucoup de gens n'ont jamais apprécié Laffenden. Il est jeune, il parle fort, il a gagné pas mal d'argent et il n'en a soufflé mot à personne. En cela, il est semblable à beaucoup d'autres collaborateurs de cette société. Ils sont nombreux, ceux qui n'ont jamais apprécié grand monde. Quand, des années plus tard, Laffenden se souviendra de ces yeux qui l'ont regardé emporter ses cartons dans le dédale des bureaux, passer devant la photocopieuse et la fontaine d'eau minérale, devant la réception jusqu'à l'ascenseur, quand il se remémorera certains commentaires à demi chuchotés par des collègues dont il n'aurait pas cru qu'ils se délecteraient à ce point de sa disparition (des commentaires qu'il était plus ou moins destiné à entendre, formulés avec un soulagement presque orgasmique car c'est Laffenden qui était mort et non l'auteur desdits commentaires) – quand, des années plus tard, Laffenden se souviendra, il aura oublié qu'ici, nombreux sont ceux qui n'ont jamais aimé grand monde. Il aura oublié que leur attitude ne le visait pas lui, en particulier.

Dennis Mitchell a d'autres idées en tête. Oubliés Laffenden et le petit ami d'Anna. Mitch veut me voir. Il souhaite que ce soit tout de suite, immédiatement. Mitch est sous pression. Il aimerait me parler en privé, à l'extérieur du bureau, et nous nous retrouvons donc à la cafétéria du rez-de-chaussée.

« Tu as appris, à propos de Laffenden. Il ne m'a jamais plu. Tu l'auras probablement deviné. C'est au sujet de Laffenden ? lui ai-je demandé.

– Laffenden est fini, me répond Mitch sur un ton dédaigneux.

– Je sais. Tu es au courant de ce qui s'est passé ?

– L'accord est tombé à l'eau pendant le week-end, m'informe-t-il en changeant de position sur son siège, l'air presque énervé, dans le box du café.

– Mitch, de quoi s'agit-il ? »

Il regarde la salle autour de lui. Personne ne nous prête attention, pas même la serveuse. Je me suis réfugié maintes fois dans cet endroit, mais jamais avec Mitch. Je viens ici pour les petits pains à l'européenne. Je ne devrais pas, mais c'est à cause du glaçage et des miettes de noix. La radio diffuse des chansons qui plairaient à ma mère. Rien de capital ne peut se produire en pareil endroit. Mitch se voûte, il joint les mains sur la table, devant moi, puis il quitte ses mains du regard, ses yeux se posent sur mon visage.

« Sid veut te voir.

– Sid Graeme ?

– Ouais. Il veut une réunion. C'est un assez gros morceau, Joe.

– De quoi s'agit-il ?

– Écoute, Joe, poursuit-il, presque dans un chuchotement, il faudra que cela reste entre toi et moi. C'est davantage qu'une simple question de discrétion commerciale. Un dossier politique brûlant.

– Bien sûr, Mitch, personne ne doit rien savoir. Bon, de quoi tu me parles, là, bordel ? »

Subitement, les régions périphériques de mon corps émettent une série de messages. Les coupures, les foulures et les contusions qui me jalonnent les côtes suite à ma tentative de meurtre sont en train de perdre patience, à cause de Mitch.

« Joe, tu n'as jamais été impliqué dans une histoire de cette ampleur. Il ne faut en parler à aucun collaborateur de l'entreprise. Pas pour le moment.

– Qu'est-ce que tu es en train de me dire ? Tu veux qu'on intervienne dans une opération qui concerne Sid Graeme en dehors du cabinet ?

– Non, bien sûr que non. Seulement, une fois que Sid Graeme t'aura informé, et quand nous en aurons discuté, tu n'en parleras à personne.

– Seigneur, Mitch. Qu'est-ce que c'est que toute cette histoire ?

– Tu marches avec nous, Joe ?

– Tu le sais, que je marche avec vous. Toujours. »

12.

Je dois rencontrer Sid Graeme en fin d'après-midi. Avant cela, j'ai envie de me cacher. Aussi bien de Gorman que de mes clients, des autres courtiers et même de la réception. J'ai envie qu'on me laisse tranquillement penser à ce que Graeme a en tête, à la perspective de gagner assez d'argent pour racheter le passé, pour en changer la nature, comme s'il n'avait existé que pour faire apparaître l'avenir plus doux, désormais. Le foyer de mon enfance, humide, usé jusqu'à la corde, qu'une mère vieillissante et apeurée ne peut pas se résoudre à quitter. Le père deux fois condamné et presque tout le temps absent que l'on a laissé sortir juste à temps pour qu'il aille mourir quelque part, n'importe où, pourvu que ce soit loin de l'œil du système. Les deux aînés partis sans autorisation et l'autre, vieux petit garçon abîmé à qui je ne saurai jamais pardonner et dont je ne saurai jamais me faire pardonner. L'épouse dangereusement intelligente, insatisfaite, avec ses grands yeux, sa peau veloutée, sa crinière si douce, qui me considère comme une vulgaire aberration de son existence, une aberration avec laquelle elle a commis l'erreur d'engendrer un fils qu'elle entend désormais partager avec un ancien petit ami. Quelle somme d'argent faut-il pour être enfin imperméable à tout cela ? Et à quoi sert-il, cet argent, quand vous devenez un objet de curiosité même pour des inconnus, parce qu'on a enlevé votre fils ?

Bien sûr, on ne me laisse pas tranquille. Je prends des appels, mais j'ai l'esprit plus vagabond que d'ordinaire. Qu'est-ce que Mitch a pu raconter à mon sujet ? Comment se fait-il que ce soit moi, et personne d'autre, qui soit sur ce coup-là ? Laffenden est fini.

Avait-il toujours ses yeux bleu clair ? Quand il était au sommet, je n'ai jamais pu le regarder droit dans les yeux. Maintenant, je peux. On le dévisage, tous. Il faut qu'on le dévisage. Il a une grande gueule. Évidemment qu'on l'observe. Si nous le pouvions, notre regard ne se limiterait pas au transport des cartons, il se prolongerait bien au-delà du parking, jusque dans le premier bar, le premier d'une longue série de bars. Si nous avions cette faculté, nous serions là, tapis au fond des verres dont le contenu lui délave chaque fois un peu plus le bleu des yeux, qui tourne à la teinte laiteuse des pupilles de vieux chien. On serait là pendant qu'il reproche à sa jeune épouse de n'avoir jamais compris la pression à laquelle il était soumis. Elle essaiera de comprendre mais elle pensera ne pas pouvoir car, lorsque enfin il lui expliquera ce qui s'est passé, elle trouvera ça trop simple. Elle a toujours cru le métier de son mari plus compliqué que ne le laisse supposer ce qui cause sa perte. Mais elle comprendra qu'ils vont cesser de fréquenter les restaurants dont le maître d'hôtel serrait la main de son mari. Et saisira sa faiblesse de caractère. Elle saura pourquoi l'agent immobilier aura oublié de l'avertir que le jeune couple intéressé par la maison souhaite la visiter encore. Si c'était en notre pouvoir, nous serions présents quand elle lancera un vase à la tête de Laffenden en lui criant d'une voix à fendre le verre qu'il est un incapable. Il se pourrait même que nous ayons envie d'être là quand elle décroche le téléphone pour appeler son ex.

Anna, tu ne vas pas croire ce qui est arrivé à Laffenden aujourd'hui. Sa femme ne va pas croire. Elle ne va même jamais en entendre parler. Elle ne saura pas que j'ai gagné. Je suis encore là, à le regarder partir. Anna ne se souviendra même pas d'avoir rencontré Laffenden, le jour de l'arbre de Noël de la société. Donc je note qu'il faut que je trouve quelqu'un à qui parler. Anna, t'est-il arrivé, un jour, de penser que nous deviendrions amis ? Si oui, ce jour-là, tu as pu souhaiter que je trouve quelqu'un à qui parler en cas de besoin, non parce que je préfère ce quelqu'un à toi mais parce que tu n'es pas dans le coin. C'est pour cela que je suis allé la retrouver toutes les semaines. Je le jure. D'accord, pas au début – et on ne faisait pas que bavarder. Seigneur, non. Quelquefois, si, quelquefois, on se contentait de bavarder. Enfin, à présent, elle est partie, elle aussi. Maintenant, je ne peux même plus lui parler. Anna, pourquoi me l'as-tu retirée, elle aussi ? Pourquoi m'as-tu condamné à cet isolement cellulaire ? Si mes pensées, mes sensations ne respirent plus aucun air frais, si elles restent enfermées dans cette tête sourde, lourde, épaisse que je dois trimballer un peu partout, n'est-ce pas un isolement cellulaire ? Comment t'y es-tu prise, Anna ? Comment as-tu réussi à rallier Angelique à ta cause ?

Si je veux rester sain d'esprit, il faut au moins que je m'adresse à quelqu'un, ou que je m'imagine m'adressant à quelqu'un. Cela fait longtemps que je ne m'imagine plus me confier à Anna. Mais Angelique, je croyais pouvoir me confier à elle. Jusqu'à vendredi. Je lui aurais tout raconté. C'est la vérité. Je lui aurais parlé de Sam et de l'ex d'Anna, de Mitch et de Sid Graeme.

13.

Quatre jours après l'enlèvement de Sam, Mitch a organisé ce rendez-vous avec Sid Graeme, au siège de Health National, la mutuelle de santé de Graeme. Tout en haut de Collins Street, dans un bâtiment neuf à façade renaissance. Tout est dans la façade.

« Joseph, je suis content que vous ayez pu vous échapper.

– J'ai la très nette impression que j'aurais été fou de ne pas venir.

– C'est ce que Mitch vous a dit ?

– Plus ou moins.

– J'ai beaucoup entendu parler de vous, Joe.

– Ne croyez pas tout ce que Mitch vous raconte.

– Ah, mais si ! j'y crois. Pas vous ?

– Enfin, en réalité, si. Nous faisons du bon travail, tous les deux.

– C'est ce que j'ai entendu dire. Du bon travail et du travail à deux.

– C'est vrai, monsieur Graeme.

– Sid. Si nous travaillons ensemble, entre nous ce sera Sid. D'accord ?

– D'accord, Sid.

– Allons-nous travailler ensemble, Joe ?

– Vous avez réussi. Vous possédez un portefeuille vaste et diversifié. Vous êtes le président et l'actionnaire majoritaire de cette société d'assurance santé. Vous participez au conseil d'administration de beaucoup d'entreprises cotées. Et vous êtes membre du comité consultatif sur la santé publique, rattaché au gouvernement fédéral. »

Il a eu un sourire. Il attendait la suite.

« Vous apportez votre soutien financier aux deux partis de gouvernement, avec une légère préférence.

– Oui, pour celui des deux qui est le plus souvent aux affaires.

– Vous entretenez toutes sortes de liens dans les hautes sphères, par un biais ou un autre, à l'opéra, au ballet, au Melbourne Symphony orchestra, à l'Arts Trust, au Young Leaders Program, au Children's Trust, au Casino et à l'AFL. Ai-je oublié quelque chose ?

– Si vous avez oublié quelque chose, je ne vois pas quoi, non, pas davantage que vous. Savez-vous comment j'ai débuté ?

– Non, je ne sais pas. Je ne crois pas que vous ayez bénéficié d'un héritage.

– Non, Joe. Je n'ai pas fait d'héritage. » Il nous a versé un scotch à tous les deux. « Mon père était VRP. Il vendait des pièces détachées de voitures, neuves et d'occasion. Quand j'avais neuf ans, mon père s'est tiré. Un événement très banal, je le sais. Un homme, le démon de midi ; il rencontre une femme plus jeune et fonde une nouvelle famille. Ou alors il attrape au vol un nouveau job. C'est terrible, n'est-ce pas ? Je le pense vraiment, je n'essaie pas de faire de l'esprit. Mais ce n'est pas cela qui nous est arrivé. Mon père n'a pas rencontré de jeune femme. Il n'a rencontré personne. Il n'a saisi aucune opportunité professionnelle et n'a pas changé de métier. Un jour, j'avais neuf ans, il est parti et il n'est jamais revenu. Par la suite, nous avons appris qu'il avait déménagé à huit kilomètres de là, sur la même route. Il ne voulait plus garder le moindre lien avec nous.

« J'avais dix-sept ans quand je me suis engagé dans l'armée de l'air. Avez-vous servi dans l'armée, Joe ?

– Non.

– Moi, je me suis engagé dans l'armée de l'air à dix-sept ans.

– Que faisiez-vous dans l'armée de l'air ?

– J'étais basé à Sale. J'étais serveur au mess des officiers. Vous vous demandez probablement comment j'en suis sorti pour devenir ce que je suis.

– Je suis sûr que ce doit être intéressant.

– J'allais tout le temps en salle de communications radio. Je n'étais pas autorisé à entrer, mais je me planquais. Vous savez qu'il y a des plates-formes pétrolières au large de la côte de Gippsland, par là-bas ?

– Oui. Je les ai même vues.

– Eh bien, j'allais en salle radio et j'interceptais les signaux des plates-formes. Comme ça, j'apprenais les résultats des forages. Quand telle ou telle compagnie avait de bons résultats, j'investissais dans ses actions jusqu'au dernier centime que j'avais réussi à économiser, à mendier, à emprunter ou à voler. Avant que l'information soit publiée.

– Ça marchait ?

– Très bien. J'ai appris que l'information, le bon tuyau au bon moment, c'est ce qui fait toute la différence... Ça, et les bons contacts.

– Les bons contacts, ai-je tranquillement répété, comme si c'était nouveau, comme si c'était là un conseil extrêmement judicieux.

– Mitch le sait. C'est une question d'instinct. Il m'a affirmé que vous aviez intégré ça, vous aussi, l'importance des contacts et du timing. »

Je me répétais que je devais être patient, que je finirais par deviner où il voulait en venir. Quand il aurait cessé de me faire sa promotion, il me lâcherait ce qu'il avait en tête. L'homme n'était pas grand. L'homme n'était pas mince. Il faisait son possible pour ne pas se transformer en petit rondouillard, et il y arrivait presque. Mais son pouvoir était trop récent pour l'immuniser contre les blessures de son passé, celles qu'on éprouve après qu'un père vous a laissé en plan sur une chaise comme si vous étiez un vêtement qu'il aurait essayé avant de trouver que le contact n'en était pas agréable. Au moins, l'absence de mon père était-elle la conséquence de ses tentatives avortées de nous apporter la seule aide dont il se croyait capable. Sid Graeme avait les mains molles, presque grassouillettes, bonnes pour un chef d'entreprise mais pas pour un serveur au mess des officiers de l'armée de l'air. Rien qu'à regarder ses mains, vous deviniez les accidents, les manipulations maladroites, les humiliations qu'elles lui avaient valus. Oui, il parlait trop de lui, mais tôt ou tard il en viendrait au fait, parce que c'était là que se trouvait l'argent. Il était là, assis, maître de lui, à m'exposer sa requête tandis que j'attendais de comprendre, et il me fallait admirer la dureté, la pureté de sa colère. Elle était là, en lui, même quand il était calme. Elle était là, bien ancrée, bien antérieure à l'argent. Je l'ai reconnue. C'était elle qui engendrait l'argent.

« Je suis actionnaire majoritaire de Health National. Nous souhaitons racheter un certain nombre d'hôpitaux privés.

– Combien ?

– Autant que possible, et dès que possible.

– Je croyais que les hôpitaux privés ne marchaient pas trop bien, en ce moment. Ils ne sont pas... ils ne sont pas un peu aux abois ?

– Ils sont aux abois, Joe. Pour le moment. Mais le gouvernement compte faire adopter une législation qui va faciliter l'introduction d'un système de soins intégré, à l'américaine. La gestion intégrée des soins va rendre ces hôpitaux privés très rentables. Les gestionnaires gèrent plus efficacement que les médecins. Il y a beaucoup de gras à enlever, dans la santé, et les acteurs du milieu médical n'ont aucun intérêt à se charger de ce travail. Moi, je vais m'en occuper, et plus je posséderai d'hôpitaux, mieux je pourrai intervenir, cela va de soi.

– Qu'est-ce que c'est, au juste, la gestion intégrée des soins ?

– La gestion intégrée des soins, c'est un système de provisionnement qui n'est pas loin de constituer une petite révolution, Joe, le triomphe du bon sens. Ce système implique une relation commerciale, un contrat, entre l'assureur santé, comme Health National, d'un côté, et les hôpitaux privés parties prenantes, ainsi que les médecins spécialistes du secteur privé, de l'autre.

– Je croyais que nous possédions déjà ce genre de système.

– Des relations commerciales entre les assureurs santé et les prestataires de la santé ont été mises en place depuis déjà plus d'une dizaine d'années, mais, dans un cadre légal ayant un caractère obligatoire, des obstacles subsistent à leur application. La législation proposée va lever ces obstacles.

– D'accord, mais il ne s'agit là que d'une formalité, non ?

– Pas du tout. Si les relations entre l'assureur santé et les hôpitaux privés parties prenantes et les médecins spécialistes du secteur privé avaient un caractère contractuel, cela transcenderait la relation entre le patient et son médecin ou l'hôpital.

– Que voulez-vous dire, par transcender ?

– Elle prendra le pas sur la relation entre le médecin et le patient. En fait, il subsistera une relation entre le patient et le médecin, mais elle sera fondée sur la relation entre le médecin et l'assureur santé, et la relation entre le patient et ce même assureur santé. Voilà qui profite à tout le monde.

– En quoi ?

– Eh bien, le bénéfice, pour le patient, c'est que l'assurance santé paie toutes les factures directement aux fournisseurs de soins, autrement dit les médecins et les hôpitaux. En l'absence d'une gestion intégrée des soins, le patient est facturé directement par les prestataires de services, puis, après coup, remboursé par sa mutuelle. Le bénéfice, pour la société, ce sont d'énormes réductions de coûts, tant du côté de l'assureur santé que du côté des hôpitaux privés. On s'est aperçu, et ce n'est pas surprenant, que lorsque les gestionnaires et les experts-comptables non spécialisés dans la médecine travaillent pour les assurances santé et les hôpitaux privés, ils sont capables de réduire fortement les coûts, de manière à rendre l'ensemble du système plus profitable.

– Comment ?

– Eh bien, de plusieurs manières. Les infirmières peuvent être formées pour assumer une partie du travail des médecins. Une bonne part des tâches n'est que pure routine. Il y a une économie à réaliser. Les médecins non spécialistes peuvent aussi se charger d'une partie du travail des spécialistes. En effet, les spécialistes facturent leurs prestations plus cher. Quant aux agents de nettoyage, ils peuvent également recevoir une formation leur permettant d'assurer une partie du travail des infirmières. Pour une bonne part, la tâche des infirmières est basique. Dans beaucoup de cas, on peut libérer les patients hospitalisés plus rapidement. Les médecins participants peuvent être tenus par contrat..., orientés, avec tout le respect qui leur est dû, vers le traitement qu'on leur conseillera... et dans la limite des honoraires qu'ils sont en droit d'exiger. Voyez-vous, Joe, si un médecin informait un patient de l'existence d'un traitement non proposé dans le cadre du contrat d'assurance, il serait sous le coup d'une infraction.

– Contrat proposé par Health National, par exemple ?

– Absolument. Pourquoi pas ?

– Mais comment l'assureur santé sait-il à l'avance quelles procédures médicales s'appliquent ?

– Bonne question, Joe. Pour nous, ce projet n'est pas un coup d'épée dans l'eau. Si ce que nous prévoyons n'est pas médicalement justifié, il est certain que cela ça peut se révéler désastreux, et c'est là que les statistiques entrent en jeu. En réalité, grâce à un emploi rigoureux des statistiques, nous sommes en mesure de savoir quel traitement est vraisemblablement nécessaire et quelle durée d'hospitalisation envisageable.

– Et si le patient nécessite une hospitalisation plus longue ?

– C'est rare.

– Mais quand cela arrive ?

– Le patient a le choix : il va ailleurs ou il paye son séjour de sa poche suivant un barème progressif, bien entendu. Mais le personnel et l'ensemble du système encourageraient le patient à ne pas retomber dans les mauvaises habitudes passées. Tout le monde y gagne, Joe, et nous serons en mesure de maîtriser les coûts. Même les procédures de soins annexes, comme les radios, les ultrasons et la résonance magnétique nucléaire seraient étroitement contrôlées, afin de maintenir les coûts au plus bas. Vous avez déjà subi un de ces trucs ?

– Un de ces trucs ?

– Une IRM.

– Non, pas encore.

– Vous avez bien raison. Je vous assure, Joe, il y a de quoi vous flanquer une de ces frousses. Ça ne fait franchement pas envie, s'est exclamé Sid Graeme en riant.

– Que je comprenne, Sid. Les hôpitaux privés qui, à l'heure actuelle, ne sont pas rentables, le seront bientôt, et c'est pour cela que vous souhaitez les acquérir ?

– Exact.

– Il doit y avoir d'autres parties prenantes, également intéressées par le rachat de ces hôpitaux privés.

– On serait tenté de le supposer, n'est-ce pas ?

– Je serais tenté de le supposer... mais vous allez peut-être me détromper.

– Là encore, vous n'avez pas tort, Joe.

– Donc, ces autres personnes sont au courant de la législation et averties de la rentabilité de la gestion intégrée ?

– Oui, en effet, mais... »

Il s'est tu.

« ... Tant mieux », ai-je songé et, par mégarde, ai-je dit.

Je le pensais vraiment, même si je n'avais pas voulu l'exprimer à voix haute – ce qui n'était pas toujours le cas.

« On estime que le texte gouvernemental visant à faciliter l'introduction d'une gestion intégrée de la santé dans les hôpitaux privés ne passera pas.

– Il ne passera pas ?

– L'opposition a déclaré à plusieurs reprises qu'elle bloquerait le texte au Sénat.

– Si ce texte doit être bloqué au Sénat, pourquoi voulez-vous, pourquoi Health National veut-il racheter tous ces hôpitaux privés ? »

Sid Graeme m'a regardé avec un sourire. Là, on en était au fait, à l'argent. Il a porté son verre à ses lèvres et a fait tourner le scotch dans sa bouche, pendant ce qui m'a paru une éternité. Quand enfin il s'est penché tout près de mon visage pour me chuchoter la réponse, j'ai dû inhaler la sérénité de ses propos flottant sur une haleine anesthésiée.

« Le texte va passer. Il va passer.

– Que voulez-vous dire ? Vous venez de m'expliquer que...

– Il y aura une volte-face de l'opposition. Personne ne le sait, mais ils vont soutenir le projet de loi. Ils ont compris que, s'ils voulaient être en position de remporter les élections, ils ne pouvaient aller contre le marché. Oh, bien sûr, ils comptent quelques trouble-fête dans leurs rangs, mais une minorité et, de toute manière, il est question de chiffres. C'est trop compliqué pour eux. Ils ne comprennent pas vraiment ce genre de salades, et ils l'admettent. Il suffit qu'ils obtiennent une victoire en douceur sur une question environnementale bien fumeuse, et ils se coucheront. Les pragmatiques sont en train de concocter une formulation acceptable.

– Et à l'extérieur du parti, personne n'est au courant ?

– Si, moi. Et Mitch, et maintenant vous.

– Comment l'avez-vous su ?

– J'ai un contact. Je dispose de beaucoup de contacts, Joe, vous devez l'imaginer.

– Donc vous voulez racheter ces hôpitaux aussi vite que possible, avant que le projet de loi ne soit adopté, et avant que quelqu'un ne flaire que ces établissements privés vont redevenir rentables.

– C'est exact. Si j'agis assez vite, nous pourrons les avoir pour rien.

– Assez vite, c'est quoi, assez vite ? lui ai-je demandé.

– Difficile à évaluer. Ce n'est pas seulement une question de calendrier législatif. La nouvelle pourrait filtrer avant que le projet de loi ne passe.

– Et qu'est-ce qui va empêcher la nouvelle de sortir, maintenant ?

– Vous avez raison, admit-il en avalant son scotch. La nouvelle pourrait sortir n'importe quand. Sauf que la fuite émane de l'opposition parlementaire elle-même, et l'opposition n'aura certainement aucune envie d'attirer l'attention sur ses intentions de vote en la matière.

– Pourquoi non ?

– Eh bien, même si tout le monde reconnaît que ce type de réforme est inévitable, ils n'auront aucune envie d'attirer l'attention sur leur virage politique. Cela serait du plus mauvais effet, comme s'ils reniaient leurs principes ou comme s'ils volaient sa politique au gouvernement. Et cela fournirait l'occasion à leurs militants de se mobiliser pour empêcher ce revirement. Manifestement, plus tôt nous rachèterons ces hôpitaux, mieux cela vaudra car, si l'information sort, leur prix va monter en flèche.

– Et pourquoi m'expliquez-vous cela à moi ?

– Parce que je souhaite votre aide. J'ai besoin de votre aide.

– Continuez.

– J'ai besoin de lever des fonds, une très grosse somme d'argent, et rapidement, à travers un appel au marché, une émission de titres National Health. Je me trouve dans la position inhabituelle de chercher des investisseurs, sauf que...

– Sauf que ?

– Eh bien, en raison du caractère sensible de l'information, je ne peux pas leur expliquer l'intérêt qu'ils ont à cette augmentation de capital.

– Vous ne pouvez pas leur mentionner le plan consistant à racheter des hôpitaux privés ni le retournement de veste de l'opposition qui va rendre ces hôpitaux rentables.

– C'est exact. Et c'est là que vous entrez en lice.

– Comment cela ?

– J'ai besoin que cette émission de titres attire des investisseurs sans qu'on leur révèle pourquoi ils doivent y souscrire.

– Vous voulez lancer une sorte de rumeur ?

– Non, c'est trop dangereux. La vérité pourrait éclater.

– Sid, je crois vous avoir attentivement suivi, mais je ne vois pas en quoi je pourrais vous aider.

– Joe, j'ai besoin qu'un investisseur de premier ordre, bien en vue et bien établi, bande comme un âne pour National Health, et aussi vite que possible. Si j'en crois l'avis de Mitch, vous pouvez m'aider à le dénicher. Vous voyez où je veux en venir ?

– Donald Sheere.

– Pouvez-vous m'amener Donald Sheere ? D'après Mitch, il vous apprécie. Il m'assure qu'il vous fait entièrement confiance.

– Je crois qu'il m'apprécie, en effet.

– Mitch me l'a également affirmé. Si Donald Sheere se met à déverser de l'argent dans Health National, tout le monde va suivre. Il est le genre d'investisseur capable d'être une rumeur en soi.

– Pourquoi Donald Sheere irait-il miser de l'argent dans Health National ?

– Parce que vous allez lui conseiller de le faire.

– Sid, Donald Sheere ne connaît rien à la santé.

– Par conséquent, vous allez le renseigner, Joe. Je suis convaincu qu'il apprend vite. C'est l'occasion, pour quelques-uns d'entre nous, de gagner une grosse somme d'argent.

– Vous le connaissez ?

– De vue.

– Sid, je vais être dans l'obligation d'entrer dans les détails. Sinon, il ne va rien se passer.

– Quels détails ?

– Cette loi que le gouvernement veut introduire, le revirement à venir de l'opposition et ses conséquences, l'adoption assurée du texte par le Sénat, et puis toute cette histoire de gestion intégrée des soins.

– Grands dieux, oui, Joe, je souhaite que vous le teniez informé. Je veux que vous lui exposiez tout, et j'entends que vous vous arrangiez pour que je puisse le lui détailler moi-même, dès que possible, avant une quelconque fuite. Mais veillez à ce que Sheere comprenne ceci : le simple fait d'être informé suppose la confidentialité. S'il se met à en discuter avec je ne sais qui, tout est foutu.

– Il comprendra parfaitement la nécessité de la confidentialité. Il n'est pas du genre bavard, Sid. Mais...

– Mais quoi ? Quoi, Joe ?

– Je ne peux pas vous affirmer que Donald Sheere...

– Vous vous voyez mal demander l'engagement de se taire avant d'avoir parlé ? Allons, écoutez-moi, Joe. De quoi avez-vous peur, bordel ? Son argent vient de loin, mais ce n'est jamais que de l'argent. S'il veut en gagner beaucoup plus, et vite, alors il a besoin de vous. Qu'est-ce qu'il peut faire ? N'ayez pas peur de lui, Joe. C'est l'avenir de votre famille. Vous voyez bien. Dépêchez-vous, bon sang. Empoignez-le et ne le lâchez plus, Joe. Ne vous laissez pas traquer par votre avenir comme par un ennemi. C'est une opportunité. »

Je me suis demandé combien de fois il avait répété ce laïus, combien de gens avaient marché, et s'il avait compris avant moi que moi aussi je marcherais.

« Est-ce que vous en êtes, Joe ? Maintenant, je vous ai dit tout ce que vous aviez besoin de savoir. Ce genre d'opportunité... Bon, vous êtes dans le métier depuis suffisamment longtemps pour savoir que ce genre d'opportunité ne se présente pas tous les jours. Gorman vous remerciera. Sheere vous remerciera. Et vous me remercierez. Alors, irez-vous me le chercher ? Pour moi. Pour lui. Pour vous.

– En m'informant, vous avez pris un risque.

– J'ai fait un investissement, Joe. J'ai investi cette information en vous, sur le conseil de Mitch. Il m'a certifié que vous étiez l'homme qu'il me fallait. Il m'a certifié que non seulement vous aviez l'oreille de Donald Sheere, mais que Gorman avait une haute opinion de vous.

– Vraiment ?

– C'est ce qu'il m'a dit.

– Gorman ?

– Ne soyez pas si modeste, Joe.

– Qu'est-ce que Gorman vient faire là-dedans ?

– Si la société doit souscrire à cette émission de titres, vous allez devoir vendre toute l'histoire à Gorman.

– Sid, vous n'avez pas parlé de souscription.

– Selon Mitch, cela ne posera aucun problème, Joe, pas si c'est vous qui lui vendez l'opération.

– À Gorman ?

– À Gorman, à tous ceux auxquels vous aurez à faire appel pour que la société de Bourse souscrive à l'émission d'actions. Mitch ne décèle aucune difficulté. Vous allez nous aider, Joe, n'est-ce pas ? Vous n'allez pas laisser échapper cette occasion ?

Il savait, et Mitch savait, que je n'allais pas laisser filer ça. Nous nous sommes serré la main, et Sid Graeme m'a empoigné le bras, à hauteur du biceps. Je me suis retourné pour m'en aller, mais il a ajouté un truc que je n'ai pas tout à fait saisi, et qui m'a figé.

« Je sais que tout ça... Une sale période pour vous, Joe.

– Je suis navré, Sid, je ne vous ai pas bien entendu.

– Non, je parlais de... euh... la perte de votre fils.

– Il n'est pas mort, Sid.

– Non, bien sûr que non. Veillez sur lui, Joe. »

14.

Un jour, Sid Graeme avait neuf ans, son père était parti s'installer huit kilomètres plus loin, sur la même route, dans une autre banlieue, sans rien dire à personne. Les répercussions d'un événement pareil se font sentir loin dans le temps. Elles constituent le moteur de l'entreprise commerciale de Sid Graeme. Et en plus, l'homme est doué. Je suis forcé de l'admirer.

En roulant vers la maison, j'ai été tenté de penser que cette opportunité – être l'intermédiaire entre deux hommes comme Sid Graeme et Donald Sheere – donnait la mesure de ma compétence, de mon talent. Mitch m'avait recommandé. Gorman pensait du bien de moi. Il était allé jusqu'à toucher un mot à Sid Graeme à mon sujet, j'étais un atout pour la société, à tous égards, et maintenant cette occasion en or me tombait entre les mains. Si je pouvais embarquer Sheere avec moi dans cette affaire... Quoi qu'il en soit, j'étais là, au volant de cette belle voiture ronronnante, à réfléchir au moyen de rapprocher ces deux hommes pendant que Fend la Pêche Laffenden essayait d'expliquer à sa femme comment tout s'était écroulé. J'étais tenté de penser que je méritais ce que j'avais, parce que j'avais travaillé dur pour me créer une réputation, pour gagner la confiance de ces aristocrates de la finance. Autour de moi, aucun conducteur ne portait de costume. Ils avaient l'air contents de rouler dans des voitures cabossées au pot d'échappement fendu, contents de s'accrocher à des salaires de pénitence qui ne les empêcheraient jamais de frissonner la nuit en pensant aux échéances de leur maison pas tout à fait payée. J'étais tenté de me dire ça quand, à un feu rouge, j'ai entr'aperçu mon visage dans le rétroviseur. J'avais pris de l'âge. J'ai remarqué mes sourcils. Les sourcils de mon père formaient une ligne continue, ce qui lui donnait l'allure d'un homme de Cro-Magnon, impression confirmée chaque fois qu'il exposait ses projets. Depuis l'enfance, je tenais mes sourcils à l'œil, pour m'assurer qu'ils ne reproduisaient pas le même tracé. Du temps où Anna riait de ce genre de détails, elle me faisait remarquer qu'après la douche, inconsciemment, je me plaquais chaque sourcil avec le doigt. À ce feu rouge, entre ces deux sourcils bien séparés, bien sages, j'ai vu un long poil fou accroché en surplomb de l'arête du nez. Le feu est passé au vert, et subitement j'ai revu Laffenden.

Parviendrais-je à convaincre Donald Sheere d'investir dans Health National ? Je me suis senti vaguement oppressé. J'ai dénoué ma cravate et j'ai sauté sur les pistes du CD de Phil Collins, histoire de trouver une chanson dont je n'avais pas marre. J'oublie toujours d'emporter de nouveaux CD dans la voiture. J'ai pensé aux mains de mon père, et à celles de Sid Graeme. J'ai pensé aux sourcils de Sam ; je préférais qu'il ressemble à Anna plutôt qu'à Roger, mon frère, qui exécutait au-delà du concevable la menace contenue dans les gènes de mon père – un au-delà auquel ma mère rendait visite chaque semaine, en changeant de bus. Anna veillerait à ce que Sam ne tienne rien de mon père ni de Roger et, si elle réussissait, peut-être finirais-je par tolérer sa liaison avec son espèce de Simon. Mais il ne touchera pas à Sam, ça, non, impossible. Et si Laffenden n'était pas chez lui ? Et s'il n'était pas encore rentré ? Sa femme ne savait peut-être toujours pas qu'elle avait un mari fini. Comment annonce-t-on cela à son épouse ? Ce sourcil s'étale, et il n'y a rien à faire. Il faut obtenir de la société de courtage qu'elle souscrive à l'émission de titres Health National. Mitch pourrait s'en charger. Mitch pourrait mettre Gorman de notre côté. Je ferai le nécessaire pour l'y aider. Laffenden aurait pu l'y aider aussi bien que moi.

Ce rendez-vous et la circulation m'avaient mis en retard. Je me suis engagé dans notre allée le crâne enserré dans un étroit cercle de douleur. En retirant la clef du démarreur, j'ai enfin empêché Phil Collins de me répéter une fois encore qu'on ne peut hâter l'amour. Superbe version, l'original aussi, mais je vous en prie, une autre fois.

Il va falloir que je prenne un autre CD. Les berlingots de ma mère n'avaient pas bougé de la table basse. Ils restaient dans leur sachet en cellophane, petit sanctuaire superflu d'anachronisme sucré. Anna était debout dans la cuisine, en train de lire le journal en mangeant dans un bol, je ne sais quoi. Il était tard, tard pour dîner, tard pour un semblant de confort domestique, qu'à la réflexion nous ne parvenions à fabriquer qu'en société. Quand je lui ai demandé où était Sam, elle a réussi à formuler sa réponse toute simple comme une accusation.

« Il est en haut. Je viens de le mettre au lit.

– Je vais monter l'embrasser », me suis-je entendu dire d'une voix qui sollicitait la permission. Depuis l'enlèvement de Sam, nous nous considérions d'un œil différent. Nous nous guettions, pour voir lequel des deux craquerait le premier, pour discerner lequel des deux désirait le plus fortement ce que l'autre lui avait caché.

« Comment va-t-il, mon petit homme ?

– Papa ! »

Il était en train de lire *Winnie l'Ourson*. Il est impossible d'exprimer à quel point je l'aime. Cela ne cesse pas de m'étonner moi-même.

« Tu lis quoi ?

– Winnie l'Ourson...

– Oh ! celui-là, il est drôlement bien. Tu ne l'avais encore jamais lu ? Tu ne l'avais jamais lu, avant ?

– Si, il me plaît bien, papa. »

Je lui ai déposé un baiser sur le front.

« Comment c'était, l'école ? »

Dès que je lui demande ça, il se tourne de nouveau vers son livre.

« Sam ? Sammy, comment c'était, l'école ?

– C'était bien, me dit-il, sans relever les yeux de son livre pour regarder dans ma direction.

– Sam, écoute, petit homme. Je peux poser ce livre une seconde ?

– Oh, papa !

– S'il te plaît, Sam, ai-je insisté, en prenant le volume et en le posant sur sa table de nuit. Sammy, on peut se parler, un petit peu ?

– Ouais.

– Une petite conversation... entre un papa et son fils ? »

Son regard s'est alourdi, et il m'a répondu.

« Oui, papa.

– Rien qu'une petite conversation entre un papa et son fils, dont on ne parlera pas à maman... parce que ça ne regarde que nous. C'est un truc entre garçons et nous, on est des garçons.

– Ouais », a-t-il approuvé.

Il avait les yeux clos.

« Sam, tu te souviens de vendredi dernier, quand tu as dû faire une visite au commissariat de police ?

– Ouais, a-t-il dit tranquillement.

– Tu te souviens du monsieur qui est venu te chercher à l'école ?

– Ouais.

– Tu as été un garçon courageux, hein ?

– Ouais.

– Tu étais... Sam... est-ce qu'il... est-ce que ce monsieur t'a... touché ?

– Ouais.

– Il t'a touché ?

– Ouais.

– Où ça ? Sam, où est-ce qu'il t'a touché ? »

Pas de réponse.

« Tu as sommeil, Sammy ?

– Mmmh.

– Où est-ce qu'il t'a touché ?

– On... on a bu un chocolat, papa.

– Sam. Sammy, est-ce que maman est au courant ?

– Mmmh. »

Environ une semaine plus tard, Anna m'a appris que Sam rencontrait des difficultés à l'école.

« Des difficultés ? Qu'est-ce que tu entends par là ?

– Ses professeurs m'ont signalé que ses notes avaient baissé.

– Baissé par rapport à quoi ?

– Baissé par rapport à son niveau d'avant.

– D'avant quoi ? D'avant que ton ex ne le maltraite ?

– Joe, je ne suis pas certaine que tu sois encore capable d'avoir une conversation d'adulte.

– Ouais, et moi je ne sais pas si tu es encore capable de t'exprimer sans prendre un air condescendant.

– Joe, nous avons nos problèmes, nos problèmes individuels, et nos problèmes communs. Nous sommes en colère l'un contre l'autre. Mais là, c'est de Sam qu'il s'agit, et il est malheureux. Tu t'es immergé dans le travail, et, ne te défends pas, je sais que c'est pour nous que tu le fais, mais...

– D'accord, Anna, d'accord. Tu as raison. Dis-moi ce que ses professeurs t'ont expliqué.

– Ils considèrent qu'il n'est plus aussi attentif en classe.

– Eh bien, c'est qu'il doit avoir enfin hérité quelque chose de moi.

– Je suis sérieuse, Joe. Tu sais qu'il a toujours été attentif en classe. Il a toujours été dans les premiers.

– Je sais.
– Ils ont même mentionné un TDAH.
– Un TDAH. Qu'est-ce que c'est que ça ?
– Trouble déficitaire de l'attention avec hyperactivité.
– Oh, c'est des conneries, Anna. Il est tout à fait attentif. Ce ne serait pas depuis le soir où... le soir où on l'a enlevé ?
– Le TDAH n'a rien à voir avec ça et, de toute façon, ils affirment que c'est apparu avant. »

Nous nous sommes regardés d'un air coupable. Mes yeux sont devenus humides, et j'ignorais pourquoi. C'était peut-être à cause de sa façon de me parler. Cela faisait très longtemps qu'elle ne m'avait plus parlé sur ce ton réconfortant. Elle s'exprimait comme ça quand elle se trouvait seule avec Sam. Nom de Dieu, suis-je censé savoir quel comportement adopter dans le mariage ? Déjà, d'avoir su comment choisir une épouse, cela me paraissait suffire. À mon avis, elle savait que je luttais constamment contre le vague soupçon que tout était ma faute. Mais, si elle le devinait, comment justifiait-t-elle cette façon de s'en servir contre moi, sur le ton de l'autosatisfaction – « C'est-moi-la-plus-sainte-de-nous-deux » ? N'est-ce pas cruel ? Si elle est réellement supérieure, elle doit comprendre que cette partie de moi qui l'a amenée à modifier sa perception de l'histoire échappe à mon contrôle. Elle n'avait pas à se montrer si dure envers moi, surtout pour une erreur qui était la sienne.

« Joe, je sais que tu ne me crois pas, mais je n'ai pas eu de liaison avec Simon Heywood. Depuis que nous sommes mariés, c'est à peine si je l'ai revu. En fait, je ne crois pas l'avoir revu depuis notre mariage. Je sais que, depuis un certain temps, tout ne va pas pour le mieux entre nous, mais cette histoire avec Sam et Simon est pour moi aussi un cauchemar absurde. Tu m'expliques que ça te dépasse ; moi aussi.
– Je t'ai expliqué que j'étais dépassé ? Qu'est-ce que tu veux dire ? Tu crois que j'étais au courant à l'avance ?
– Non. Mais...
– Mais quoi ? Nom de Dieu, Anna ! C'est ton ex-petit ami qui a enlevé Sam.
– C'est vrai, a-t-elle admis calmement. C'est vrai, Joe, mais il était en compagnie de qui ? »

Elle avait raison. La police avait découvert notre fils entre son ex et une femme avec qui j'avais des relations sexuelles régulières. Or j'étais incapable d'expliquer Angelique. Et peut-être était-elle réellement incapable d'expliquer Simon Heywood. Qu'elle en soit ou non capable, je me sentais honteux. J'ai des besoins physiques et ces besoins ne font pas de moi quelqu'un de mauvais. Les gens en font tout un plat, mais c'est comme de manger, de dormir ou d'aller aux toilettes. Et si votre épouse ne vous laisse pas aller aux toilettes? Vous ne pouvez pas forcer votre femme à vous désirer. Vous choisissez une femme qui vous désire, mais si elle change et que vous soyez le dernier à l'apprendre, que décidez-vous? Je suis persuadé qu'elle dit tout à Sophie. Depuis combien de temps Sophie sait-elle que sa superbe sœur aînée a épousé une erreur?

« Vous faites encore l'amour? lui a demandé Sophie.

– Pour ainsi dire jamais. »

Pour ainsi dire jamais. Presque jamais. Rien qu'un peu de réconfort, une caresse, ç'aurait été un signe d'espoir. Si vous avez des besoins physiques et si vous ne pouvez pas contraindre votre femme à vous désirer, que décidez-vous? J'ai fréquenté une femme, la même, une jeune et jolie femme, toutes les semaines, cela a duré largement plus d'un an, peut-être deux. Nous causons. Je l'ai fait rire. Elle est vive, elle est drôle. Parfois, je me concentre sur son plaisir. D'autres fois, c'est elle qui se consacre au mien. Je la paie. Je paie la maison, et à elle, je verse un pourboire. Avec le temps, on finit par se connaître, enfin, un peu, en tout cas. Cela n'était pas censé affecter mon fils.

« Joe, il faut que je sache.

– Quoi?

– Quand tu vois cette femme, est-ce que... tu te protèges?

– Bien sûr, c'est... c'était... On s'est toujours protégés. »

Elle n'a pas commenté.

« Anna, tu me crois, non? »

C'était vrai. Angelique aime le slogan « Si vous n'avez rien prévu, ne prévoyez rien ». Elle a remarqué l'ingéniosité du choix des mots, de ce même verbe employé dans deux sens différents mais compréhensibles. Je n'essaie même pas. J'ai essayé, une fois. Elle a refusé, et elle avait raison. Ça me rassurait parce que je savais qu'elle ne présentait aucun risque. Cette petite frustration m'a poussé à y retourner. Une bonne affaire.

Nous étions dans notre lit. Anna ne m'avait pas adressé la parole depuis un moment. J'avais simplement essayé de la rassurer, de lui faire comprendre que c'était sans risque, que j'étais sain. Je n'aurais jamais cru que j'en arriverais là.

« Anna, j'ai toujours espéré que tu me désirerais de nouveau... sans protection et je... j'avais envie d'être... prêt. Je voulais être sans risque, pour toi.

– Qu'est-ce que tu lui as fait?

– Que veux-tu dire?

– Avec cette femme... avec la prostituée, qu'est-ce que tu as fait?

– Oh, Anna. Ne parlons pas de ça.

– Je veux savoir.

– Non, tu ne veux pas.

– Tu ne trouves pas que j'ai le droit de savoir ?

– Oh, Anna. Ne parlons pas de droits. Je suis ton mari.

– C'est trop intime ?

– Merde, je n'en sais rien. Oui.

– Quoi, cela doit rester entre elle et toi ?

– Anna !

– Qu'est-ce que tu lui fais ?

– Anna, c'est humiliant, pour nous deux.

– Tu veux dire, pour elle et toi ?

– Anna !

– Tu fais ça dans toutes les positions ? Elle accepte les trucs anaux ?

– Anna, je ne te répondrai pas

– Tu lui demandes de s'habiller chic ? » Elle pleurait. Je me suis penché vers elle, pour la réconforter, mais elle a eu un mouvement de rejet et sa voix est devenue plus âpre, plus forte, noyée de larmes. « Est-ce que tu la frappes, juste un peu ? Est-ce qu'elle te pisse dessus ?

– Oh, Anna, je t'en prie ! Évitons de nous infliger ce genre de choses. »

Elle a rabattu les couvertures sur le côté du lit, dans un geste rapide, agité, et elle s'est redressée à demi, en s'appuyant sur un coude. « Elle te fait tout ça, hein ?

– Anna !

– Tu refuses de répondre à la question parce qu'elle te fait tout ça.

– Anna, tu es complètement hystérique.

– Réponds juste à ma question, alors.

– Si je te réponds, tu vas te calmer ? Pourquoi me poses-tu ces questions ? C'est toi qui me tournes le dos. Depuis combien de temps, Anna ? Combien de temps ?

– Va te faire foutre, Joe. Réponds à ma question.

– Une fois. Elle m'a fait ça une seule fois. Je ne lui ai rien demandé. Elle me l'a fait, un point c'est tout.

– Tu es dégoûtant. Sors de mon lit ! »

15.

Il y a des années, dans la période qui a suivi la mort de notre premier fils, quand j'essayais de recréer une intimité entre nous, une nuit, lors d'une séance amoureuse infructueuse, j'avais suggéré qu'elle s'asseye sur moi et qu'elle se laisse aller, c'est tout. Elle en était restée horrifiée. Je cherchais juste de quoi pimenter les choses, n'importe quoi, je m'épluchais la cervelle en quête d'une idée, je m'agitais en tous sens, désespérant de l'exciter. Qu'y avait-il de mal à cela ? Je n'en avais pas particulièrement envie. Je m'étais imaginé qu'elle aurait pu aimer. Elle n'aimait pas et, manifestement, elle n'avait jamais oublié cet épisode. Mais ça n'avait été qu'une suggestion intime, formulée au hasard par un mari à sa femme, dans une tentative de provoquer une étincelle. Condamner un homme pour cela, ce n'était pas bien. Je n'enlevais pas les enfants des autres, moi.

À la réflexion, ses questions me paraissent cohérentes avec la position qu'elle avait adoptée depuis que Sam nous était revenu. Je n'arrivais pas vraiment à croire qu'elle n'ait pas eu d'aventure avec Simon Heywood. Tout paraissait l'indiquer. Sa colère, son indignation étaient visiblement sincères, mais elle nous y incluait tous les deux pour atténuer ce qu'elle m'avait fait subir pendant des années.

Depuis l'enlèvement de Sam, tout autre échange que : « Tu fais du café ? » ou : « Ma voiture recommence avec ce drôle de ronronnement » s'achevait en équivalent verbal d'un téléphone qu'on raccroche au nez. Plus j'y songeais, plus j'étais convaincu qu'elle fréquentait Simon. À y repenser, il y avait eu des signes. Je ne me souviens pas de leur nature précise, mais je me revois l'esprit fugitivement traversé par l'idée d'une possible infidélité. Cela me contrariait-il ? Bien sûr, mais on préfère toujours l'incertitude. Manifestement, ce n'est pas à elle que j'accordais le bénéfice du doute, mais à moi-même, histoire de me la sortir de l'esprit. Même si ce n'était que pour le sexe, elle avait dû le fréquenter. Nous ne couchions plus jamais ensemble et, en dépit de ces temps de froidure, elle était une femme fondamentalement passionnée. Même dans les moments où elle ne voulait rien avoir à faire avec moi, disons entre la conception de notre premier fils et celle de Sam, même alors, elle avait pris l'habitude de se satisfaire toute seule, au moins occasionnellement, avec un gadget à pile que je lui avais acheté un jour, pendant une virée à St-Kilda. Elle s'était engouffrée dans une pâtisserie, et je devais la retrouver à la voiture. Une fois à la maison, quand je lui ai montré l'objet, elle a pris un air choqué, gêné, mais je sais qu'elle s'en est servie. Elle s'imagine que je l'ignore.

J'avais des doutes à propos du congrès où elle allait, le soir de l'enlèvement de Sam. Mais j'ai dû me tromper car elle ne pouvait partir en week-end avec Simon si, le même soir, celui-ci enlevait Sam. Or c'est lui qui avait tout prévu. Il avait soigneusement choisi son jour. Ce n'était pas un accident. À moins qu'elle n'ait eu l'intention de le retrouver chez lui, avec Sam ? Peu probable. Cela n'avait aucun sens. Et Angelique, dans tout ça ? Vous couchez avec un chien, vous vous réveillez avec des puces.

Dans la période qui a suivi l'enlèvement de Sam, nous n'avons guère dormi, ni l'un ni l'autre. J'ai essayé de lui expliquer que je travaillais sur quelque chose d'énorme, au bureau, de très prometteur pour ma carrière. Elle se montrait aussi polie qu'on peut l'être, tout en affichant une indifférence sans équivoque. Cela faisait des années qu'elle n'avait plus manifesté un réel intérêt pour mon travail, ni pour la situation des marchés en général.

« C'est excitant, la Bourse ! m'avait-elle lancé, un jour. Personne ne sait jamais vraiment ce qui va se passer ! » C'était avant notre mariage. À présent, elle s'en souciait comme d'une guigne. De temps en temps, elle lâche un truc naïf sur l'environnement, les sans-abri ou je ne sais quoi d'autre, comme si elle y pouvait, comme si quiconque y pouvait vraiment quelque chose. Elle m'a avoué regretter de ne pas avoir poursuivi ses études. Ce qu'elle gagne n'est pas si misérable, pour un second revenu, mais nous n'en avons pas vraiment besoin. Voilà des années que nous n'en avons plus besoin, mais je ne l'ai pas découragée pour autant de suivre un troisième cycle. De sa part, ce n'est pas sérieux. Je soupçonne secrètement Anna d'éprouver la peur si répandue d'être une idiote. C'est dingue. Rien n'est plus éloigné de la vérité, mais naturellement, je n'irai pas le lui affirmer, plus maintenant.

Près de chez nous, il y a une vieille caserne de pompiers récemment transformée en galerie d'art. Elle trouvait que c'était une bonne initiative. Nous nous sommes disputés là-dessus. Elle m'a traité de béotien. À mi-voix. Je l'ai entendue.

« Alors comment se fait-il qu'un homme comme Donald Sheere me respecte ? Il est membre de tous ces conseils d'administration qui t'en mettent plein la vue et c'est un mécène, un vrai Médicis.

– Ce qu'il respecte, c'est ta faculté de gagner de l'argent pour son compte.

– Ça ne t'a pas échappé, n'est-ce pas ? Gagner de l'argent pour les autres, il y a pis.

– Il a appelé, tu sais. Hier.

– Quand ? Donald Sheere a appelé ?

– Son bureau a appelé. Les Sheere nous présentent leurs excuses. Pour le dîner, ils ne peuvent pas.

– Qu'est-ce que tu racontes ? »

La nouvelle m'a complètement vidé.

« Il a dû se produire quelque chose. Je ne sais pas.

– Sans raison ? Pourquoi ne m'en as-tu pas parlé ?

– Ils viennent d'appeler, hier. Je te le dis, là, maintenant.

– Tu sais que c'est important pour moi, pour nous tous, et tu me débites des salades sur les galeries d'art... sur le besoin que la société a de s'exprimer. Seigneur, Anna ! »

J'avais tenté de m'adresser directement à Sheere après mon rendez-vous avec Sid Graeme, mais il avait été impossible à joindre, ce qui était inhabituel de sa part. Mitch m'avait rappelé à plusieurs reprises, afin de savoir ce que Sheere pensait des projets de Graeme, et j'avais dû lui avouer que je n'avais pu mettre la main sur lui. C'était déjà embarrassant, mais ç'a été pis quand Sid Graeme m'avait appelé en personne ; il était franchement hors de lui. « Au fond, êtes-vous taillé pour ce boulot ? » s'était-il demandé à voix haute. Je finissais par me le demander, moi aussi. Sheere avait toujours assez promptement répondu à mes appels, et jamais auparavant je n'avais autant insisté sur l'urgence de ma demande. Je me suis mis à douter de cette « relation particulière » que j'entretenais avec lui, qui avait conduit Sid Graeme à compter sur moi. Comment pouvais-je à ce point me méprendre sur les êtres ? À moins que quelque chose n'ait changé ? Avais-je, par inadvertance, eu un geste qui l'avait offensé ?

Le plus drôle, c'est que ma déception se tempérait d'une certaine sérénité. Une sérénité fondée non sur la confiance, mais sur le soulagement. Je l'appelais aussi souvent que possible sans que cela vire au harcèlement. Jusque-là, je remplissais mon rôle. Tant qu'il se montrait indisponible, tant que j'étais dans l'incapacité de lui présenter l'affaire, il ne pouvait la rejeter. Et je ne pouvais échouer. Mais cet ajournement de l'échec allait devenir à brève échéance un échec en soi.

Le dîner, c'était ma police d'assurance. C'était l'occasion garantie d'agir. C'était aussi du grain à moudre pour Mitch et Sid pour les calmer. Quand Anna m'a annoncé qu'ils avaient annulé, je me suis senti complètement perdu.

« De combien as-tu besoin, Joe ?

– Quoi ?

– Combien d'argent veux-tu encore gagner ? Quand est-ce que ça te suffira ?

– Anna, de quoi tu me parles, bordel ?

– Eh bien, Don Sheere n'a pas franchement besoin d'en gagner davantage, et toi, tu as la maison que tu voulais, la voiture que tu voulais. Pourtant, ces gens annulent un dîner, et te voilà au comble de l'agitation.

– Nom de Dieu, Anna ! Ce ne sont pas des gens comme les autres.

– Ce n'est même pas un type que tu apprécies véritablement, Joe. Tu ne le connais même pas vraiment.

– Anna, qu'est-ce que tu en sais, de ce que je connais ou non ? En tout cas, ce qui est sûr, c'est que toi, tu ne comprends rien à ce que j'apprécie.

– Non, en effet, pour le savoir, il faudrait que je sois une prostituée.

– Tu me provoques ? Tu te cherches un prétexte pour filer avec cet instit ? Avant, tu n'avais pas besoin de prétexte.

– Combien de fois faudra-t-il que je te le répète ? Je ne l'ai pas revu depuis près de dix ans.

– Tu devais le voir, le soir de l'enlèvement de Sam. Tu étais au courant de tout. C'est pour ça que tu ne te faisais pas de souci pour Sam.

– Je ne me faisais pas de souci pour lui ! Tu as perdu la tête ? Le soir où Sam a été enlevé, je ne devais pas voir Simon, ni ce soir-là ni aucun autre soir. Tu es paranoïaque, Joe.

– Je suis paranoïaque, ah oui ? Mon fils est enlevé par l'ancien jules de ma femme, c'est la police qui le retrouve...

– Joe, la police...

– Laisse-moi terminer. D'après la police, l'histoire que leur a racontée l'ancien jules en question, c'est que vous deux, vous étiez amants. C'est ce qu'ils m'ont appris lorsque je suis allé chercher Sam au poste de police. Et quand je te questionne, tu continues de nier, et quand j'émets des doutes, tu me sors que je suis paranoïaque. Mais tu ne me proposes aucune autre explication. Franchement, Anna, deux intellos comme vous, vous auriez pu arranger mieux vos salades. Tu devrais te mettre d'accord avec ton partenaire, pour la version des faits.

– Il est en prison. »

J'ai levé les yeux vers elle. Elle avait l'air horrifié par ses propres paroles.

« Tu as essayé de lui parler.

– Non.

– Tu as essayé d'accorder vos deux versions.

– Non. Bien sûr que non.

– Alors, comment savais-tu qu'il était en prison ?

– La police me l'a dit. De toute manière, c'est dans les journaux.

– Tu leur as posé la question.

– Oui, je leur ai posé la question. Je voulais obtenir des informations par leur intermédiaire. Quelqu'un qui a adressé la parole à Sam sans notre autorisation... Je voulais être certaine de savoir où se trouvait ce quelqu'un.

– Tu as parlé à la police ?

– Ils ont appelé hier. Ils voulaient...

– Tu leur as tout raconté ?
– Qu'est-ce que ça veut dire, ça, bon sang ?
– Leur as-tu signalé que tu partais pour un congrès, vendredi, quand Sam a été enlevé ?
– Joe, ils n'ont pas appelé pour...
– Tu ferais bien de mettre ton histoire au point, ne serait-ce que pour la police. Si j'ai pu découvrir, moi, de quoi il retournait, ils finiront par y arriver, eux aussi.
– Découvrir quoi ?
– Que tu ne te rendais à aucun congrès. Il n'y avait pas de congrès.
– Joe, la police a appelé pour t'avoir, toi.
– À propos de ?
– Je ne sais pas. Ils n'ont pas précisé. Pourquoi tu n'interroges pas ta prostituée ?
– Anna, dis-moi la vérité, putain.
– La vérité, c'est que la police veut te parler. »

16.

J'ai enfilé ma veste. Il était à peu près huit heures du soir quand je suis monté dans ma voiture avec l'impression soudaine et très trompeuse que je n'avais plus rien à perdre. Anna se figurait probablement que je me dirigeais vers le poste de police du quartier. Je ne sais pas à quoi elle pensait. Je ne savais pas particulièrement non plus quelle intention j'avais en tête, mais, après avoir arrêté ma voiture devant la citadelle fortifiée de Donald Sheere, à Toorak, j'ai rajusté ma cravate. J'ai pris la profonde inspiration du représentant de commerce.

Allait-il m'offrir un verre ? J'en avais besoin. Tous ces arbustes manucurés et ces pas japonais, ces piliers rectilignes presque anciens plantés le long de l'allée... Ils m'ont fait de l'effet en ce moment d'attente, avant que je n'ose enfin appuyer sur le bouton de sonnette et le temps qu'on vienne m'ouvrir. La caméra de surveillance était perchée en haut, dans l'angle, au-dessus du chambranle, à droite d'une des deux colonnes romanes qui gardaient la porte d'entrée. Qui me surveillait à l'écran, de là-haut ? Elizabeth et Donald Sheere se trouvaient-ils dans la même pièce ? Regardaient-ils la télévision ? Quelles émissions pouvait bien suivre un Donald Sheere ? Étaient-ils chez eux ?

Une femme d'origine étrangère, sans doute l'employée de maison, m'a ouvert la porte. Comme elle avait du mal à répéter mon nom, j'ai sorti mon portefeuille et je lui ai tendu ma carte. Elle l'a lue lentement, en articulant mal les consonnes de mon nom, presque dans un chuchotement. Ger-ag-kh-tee.

« Pour M. Sheere ?

– Oui, c'est cela », ai-je confirmé en tâchant de dissimuler mon exaspération.

Je n'avais pas encore fini de prononcer ma réponse qu'elle avait déjà refermé la porte d'entrée.

Je suis resté dehors à attendre, en me répétant silencieusement mon baratin. S'il était occupé, je pourrais toujours revenir plus tard, mais j'avais à lui communiquer quelque chose qu'à mon avis il serait content d'entendre. La sonnerie de mon téléphone portable m'a fait sursauter. J'avais oublié de l'éteindre. L'écran a affiché le numéro de téléphone de ma mère. Pourquoi m'appelait-elle sur mon portable ? J'ai laissé sonner jusqu'à ce que la boîte vocale se déclenche. Désolé, maman. Je travaille. Pourquoi avais-je l'impression de patienter pour une audition ? J'essayais de faire gagner de l'argent à ce type. Il pouvait refuser. C'était le pire qu'il puisse faire. Je n'en mourrais pas.

Je me demandais ce que me voulait ma mère. Je me suis tourné dos à la porte, j'ai contemplé les massifs et les dolmens des Sheere, leur petit Stonehenge à eux. J'ai songé à nos pères. Au père de Donald Sheere et au mien. La distance entre nos deux pères se mesurait au temps que mettait leur employée de maison à revenir. Elle pourrait se contenter de me répondre qu'ils n'étaient pas là. Ça ne serait pas si long. Je serais reparti en ayant tenté le maximum – et j'en avais peut-être déjà trop fait. Il aurait appris ma visite en rentrant. Ce qui aurait éveillé sa curiosité, juste assez pour qu'il me rappelle. J'ai commencé à me demander si l'employée de maison ne m'avait pas oublié. Mais je ne pouvais pas me contenter de repartir, pour le cas contraire. J'hésitais sur la conduite à tenir, je me demandais si me présenter ainsi à son domicile n'était pas une erreur grossière, quand, brusquement, la porte s'est ouverte.

L'employée de maison m'a invité à entrer et prié d'attendre dans le vestibule. J'étais déjà venu, mais je ne reconnaissais rien. Le sol était de marbre tacheté. Sur un côté de la porte d'entrée, il y avait un escalier à révolution et, de l'autre, un buste sur un piédestal, probablement un défunt membre de la famille. Derrière, le mur était presque entièrement occupé par un tableau. On y voyait un ours déchiqueté par cinq chiens-loups, et, pour faire bonne mesure, transpercé par plusieurs hommes armés de lances, le tout dans un énorme cadre baroque. Je m'efforçais de lire le nom de l'artiste quand j'ai entendu sa voix.

« Joseph, quelle surprise ! »

Je me suis retourné et nous nous sommes serré la main.

« Est-ce que tout va bien ? Je vous dois un ou deux coups de fil. Je suis désolé, la semaine a été rude. »

Il était habillé, sans cravate, dans une chemise blanche encore impeccable et un pantalon de costume au pli bien net. Il m'a conduit à son cabinet de travail tout en lambris, fauteuils de cuir, plaques gravées, témoignages de succès et de donations diverses. Des équipements de télécommunication étaient alignés en formation serrée sur le bureau en acajou ; le mur était lui aussi envahi par le spectacle du démembrement d'un gros mammifère à fourrure quelque part en Europe. Il a poussé un panneau enchâssé dans le mur et dévoilé un bar fort bien pourvu en alcools et miroirs. Pendant qu'il nous versait un verre à tous deux, je l'ai observé. D'ordinaire, nous nous entretenions surtout au téléphone. Ses cheveux étaient plus gris que dans mon souvenir, mais la coupe, au-dessus du col et autour des oreilles, était parfaite, comme toujours. Apparemment, il ne suait jamais, ne criait jamais et n'avait jamais rencontré personne qui ressemble de près ou de loin à mes parents. Même le dernier de ses employés n'avait jamais connu autant d'incertitudes que ma mère dans sa vie quotidienne. Son père était au conseil d'administration de banques dont mon père avait braqué les agences, sans succès.

Ce n'était pas des réflexions propices, en cet instant. Toute pensée sur sa précarité passée et à venir perce toujours plus ou moins dans la voix d'un homme. Or j'étais sur le point de discourir sur l'affaire Health National. Il fallait que je me concentre sur l'argent, la commission, les maisons, les voitures. Chez moi, jusqu'à présent, penser à l'argent, cela fonctionnait toujours. Quelle était la formule de ce type, déjà ? « Le succès à votre image. » J'avais acheté son livre, mais je ne l'avais pas lu. J'avais entendu l'expression dans la bouche d'Anna. Elle fonctionnait, je le lui accorde. Anna ne trouverait rien à y redire. J'essayais de penser à l'argent quand Donald Sheere s'est retourné vers moi avec un verre dans chaque main, un pour chacun. J'ai voulu le retrouver à mi-chemin mais, je ne sais pourquoi, nos mains se sont ratées. L'un de nous deux manquait un peu de coordination.

« Je suis désolé de débarquer chez vous comme ça, mais quand vous m'aurez entendu, vous admettrez, je pense, que c'est assez important.

– Ce n'était pas votre fils, n'est-ce pas, Joe ?

– Si.

– Oh ! je suis navré. C'est épouvantable. Comment va-t-il ? Bien ?

– Oui, il va bien, merci.

– Et... euh... votre épouse ? Hannah, n'est-ce pas ?

– Anna. Ça va.

– Cela devait être terrible, pour vous deux. J'ai lu dans le journal qu'ils avaient arrêté le type ?

– Oui. Ce n'est pas...

– Terrible affaire.

– Oui, mais ce n'est pas pour cela que j'avais besoin de vous voir.

– Non ? »

Il m'a semblé se raidir.

« Non, j'ai besoin de vous parler d'une opportunité d'investissement qui aurait tout le potentiel d'un coup fortement gagnant.

– Le potentiel ?

– Je pense que l'opportunité est excellente. Si elle ne l'était pas, je ne vous aurais pas harcelé de la sorte. »

Il a ri, juste un peu, mais il a ri. C'était déjà la porte qui s'entrebâillait et, par cet entrebâillement, j'entrevoyais l'argent. Quand il m'a demandé de quoi il s'agissait, je me suis rincé la bouche d'une rasade de single malt, et je me suis lancé dans la vente du concept de la gestion de soins intégrée et de ce que Sid Graeme, avec son Health National, allait en tirer. J'étais lancé. C'était ça. C'était cela qui m'avait conduit là où j'étais. Cela qui m'avait conduit dans le cabinet de travail de cet homme, pour une entrevue privée, à une heure indue, et malgré l'étalage de confiance, la respiration maîtrisée, le regard fixé sur le gros mammifère et la bienveillance de Notre Seigneur Jésus, il était impossible de prédire où cela me mènerait.

La gestion de soins intégrée, ai-je commencé, désigne un système de santé fondé sur une relation commerciale contractuelle entre les assureurs santé et les fournisseurs de soins, autrement dit les hôpitaux privés et les médecins. Je lui en ai expliqué l'intérêt commercial – comment, en autorisant la maîtrise des services proposés, ce système permettrait de réduire les coûts, suffisamment pour transformer les prestations de santé en une industrie profitable. Il m'écoutait toujours. J'ai poursuivi.

Pour les patients, l'intérêt du système réside dans le fait que la mutuelle de santé règle toutes les factures directement aux fournisseurs des soins. Ce circuit remplace le système traditionnel des honoraires versés en échange d'un service, que les médecins et les hôpitaux privés facturent directement au patient, qui doit ensuite récupérer auprès de sa mutuelle une partie ou la totalité des frais engagés.

Quand j'ai senti qu'il avait compris le système de la gestion intégrée des soins, tout au moins aussi bien que je l'avais compris moi-même, j'ai abordé l'aspect Health National et Sid Graeme, et les renseignements confidentiels qu'il détenait sur le projet de loi gouvernemental. Le gouvernement entendait promulguer une législation qui légaliserait la gestion intégrée des soins dans les hôpitaux privés. On s'attendait à ce que l'opposition, qui refusait cette gestion intégrée pour des raisons idéologiques, bloque le texte au Sénat. Mais Sid Graeme possédait un contact digne de foi au sein de l'opposition, qui lui avait signalé, en toute confidentialité, que malgré la politique officielle de son parti, il existait en fait au sein du groupe de l'opposition une majorité favorable au texte proposé. Informé de cet état de choses avant les autres acteurs du secteur de la santé, Sid Graeme voulait que Health National acquière autant d'hôpitaux privés que possible. Jusqu'à présent, ces établissements avaient eu du mal à s'en sortir, mais l'introduction de la gestion des soins intégrée allait les rendre extrêmement rentables.

« Comment compte-t-il financer l'acquisition de ces hôpitaux privés ?

– Grâce à une émission de titres Health National.

– Et Graeme veut que j'y souscrive, et vite, avant que la nouvelle ne se répande que l'opposition va accepter de faire passer le texte, et avant que le prix des hôpitaux ne grimpe en flèche, exact ?

– Exactement. »

Sheere remplit de nouveau nos deux verres, avant de reprendre la parole. Visiblement, il réfléchissait. Il avait tout de suite saisi. Il ne m'avait pas jeté dehors. Même s'il disait non, je ne m'étais pas ridiculisé. Subitement, je me suis rendu compte à quel point je me sentais épuisé. L'essentiel de mon laïus était derrière moi, mais on abordait la partie la plus dangereuse. J'entrais dans cette phase de la vente où vous ressentez une terrible envie de vous relâcher. J'aurais pu m'endormir. Mais il allait me poser des questions, et mes réponses détermineraient s'il était partant ou non. Dans mes réponses, il fallait que je sois parfait. Donald Sheere n'était pas comme ces auditeurs qui appellent leur station de radio préférée en espérant recevoir un conseil pour la culture du géranium mais qui, ayant loupé la séquence jardinage, sortaient une question sur la Bourse.

« Donc la gestion des soins intégrée est véritablement un système qui retire la maîtrise des soins aux patients et aux médecins pour la placer entre les mains de leurs mutuelles d'assurance santé ? »

Je n'étais pas trop certain que ce soit la meilleure façon de formuler le projet.

« Eh bien, en dernière instance, je crois qu'on pourrait présenter le projet comme ça.

– Quelle est la marge bénéficiaire des hôpitaux que Sid Graeme possède déjà ?

– Eh bien, il en possède deux. L'un dégage une marge de cinq pour cent et l'autre de neuf. »

Mitch m'avait rapporté ces chiffres, et je les avais retenus car quelquefois, dans mon métier, il m'arrive d'être vraiment bon. Dès que vous êtes en mesure de leur citer des chiffres, les gens sont soulagés. Même de mauvais chiffres peuvent vous gagner leur confiance.

– Cinq et neuf pour cent ! Pas étonnant qu'ils aient du mal à s'en sortir.

– Aucun hôpital privé ne fait mieux pour le moment. Presque tous les autres font moins bien.

– Oui, j'ai lu ça dans le *LaTrobe Valley*.

– Voilà pourquoi ils sont à vendre pour des nèfles.

– Oui, ça paraît logique.

– Mais quand la gestion intégrée sera lancée, ce taux de neuf pour cent va tripler. »

Sheere resta songeur un moment, avant de reprendre :

« Je suppose que Graeme souhaite une réponse dès que possible.

– Ce n'est pas faux.

– Qui est son contact, Joe ?

– Dans l'opposition ?

– Oui. Si je dois me décider vite, j'ai besoin d'être tout à fait sûr de son contact.

– Voudriez-vous le rencontrer ?

– D'après moi, ce serait la meilleure solution, vous ne croyez pas ?

– Sans aucun doute. Ça me paraît sage.

– Qui est-ce ? »

Je ne savais pas qui c'était. Mitch ne me l'avait pas révélé. J'ignorais même s'il le savait. Sid Graeme n'avait pas daigné me le dire, et je n'avais pas pensé à lui poser la question. Tout allait-il capoter à cause de ça ?

Donner un coup de pouce à la vérité.

« Sid ne me l'a pas révélé, mais il m'a assuré que, si l'affaire vous intéressait, il vous communiquerait son nom.

– C'est ce qu'il vous a dit, n'est-ce pas ?

– Oui. »

Il n'en était rien.

« C'est peut-être un cow-boy, mais il est intelligent. Ça, au moins, je le lui accorde. »

Merci, Donald. Plus que tout au monde, j'avais surtout une de ces envies de dormir. J'aurais donné tout son argent pour être en mesure de m'allonger les pieds sous le mammifère européen ensanglanté et la tête sous son bureau.

« Dites à Graeme que je souhaite une entrevue avec son contact, dès que possible.

– Bien sûr.

– Gorman est content de souscrire à cette opération ?

– Ouaip. Absolument », lui ai-je soutenu.

Ces mots ont jailli de ma bouche comme une projection de vomissure. Il n'a même pas été question de réfléchir. Je les ai prononcés et nous les avons tous deux entendus. Pour me poser cette question, Sheere avait réfléchi, mais la réponse, elle, m'était venue sans réfléchir. Je n'avais aucune idée de ce que Gorman pensait de tout ça. Nous n'en avions pas parlé. Et Mitch n'avait pas mentionné le nom de Gorman, car j'avais été la toute première personne avec laquelle il avait abordé l'affaire Sid Graeme. Venais-je de mentir à Donald Sheere ? Je ne le savais pas encore.

« Quelle part du marché de l'hospitalisation privée Sid Graeme s'estime-t-il en mesure de détenir ?

– Entre cinquante et soixante pour cent. »

Là encore, merci Mitch.

« Joe, si le contact de Graeme est digne de confiance, et si Gorman prévoit lui-même de souscrire, vous pouvez signifier à Sid Graeme que je suis partant. »

J'arrivais à mes fins. J'y étais presque. Tout dépendait de deux facteurs sur lesquels j'avais plus ou moins menti. Premièrement, pour la moindre souscription à cette émission de titres, Gorman et la commission de gestion des risques de la société financière auraient dû délivrer leur aval. Deuxièmement, il fallait que Sid Graeme accepte de divulguer à Sheere l'identité de son contact qui, à son tour, devait accepter une entrevue avec Sheere, dès que possible.

Mon téléphone portable a sonné de nouveau. Cette fois, je l'ai éteint sans vérifier l'identité du correspondant. Je n'avais pas encore franchi la porte, et je ne prenais aucun appel. Donald Sheere en était à me remercier d'avoir porté l'affaire à sa connaissance – il me priait de l'excuser de n'avoir pas répondu à mes appels plus tôt. En plus de mon épuisement, j'avais des crampes terribles au bas-ventre. J'entendais ce tumulte intérieur et j'étais certain que Sheere l'entendait, lui aussi. Pis que cela, je craignais de perdre la maîtrise de mes muscles. J'ai eu envie de lui demander où se trouvaient les toilettes, mais cela me semblait un peu grossier. Alors que je luttais pour conserver ma continence et ma cohérence, j'ai résolument écarté l'idée de me vider sous le toit de Donald Sheere. Vu ce que j'éprouvais, le souvenir d'un simple et bref moment de solitude sur un des trônes de la maison persisterait forcément plus longtemps dans ma conscience que le mini cours particulier que je venais de lui administrer sur la gestion des soins intégrée. Et qui pouvait prévoir si ce moment serait si bref que ça ? Hélas, mes contractions devenaient de plus en plus fréquentes. Il fallait que je sorte de cet endroit.

« Ah, au fait, Joe, pour ce dîner, je suis franchement désolé.

– Mais non, je vous en prie.

– Que votre jeune fille appelle mon bureau demain et nous reprenons date. Malheureusement, je ne m'y étais pas attendu, j'ai été obligé de partir pour Zurich. »

Il n'était sûrement pas sérieux. Dans mon état alarmant, l'espace d'un instant, j'ai cru que son expression, « votre jeune fille », désignait Anna et, rien qu'à imaginer sa réaction devant cette appellation, j'ai failli tout lâcher sur le marbre blanc, dans une vidange convulsive. Ensuite, alors qu'un nouveau spasme se résorbait enfin, quelque part au-dessous de mon nombril, j'ai compris qu'il faisait allusion à ma secrétaire. Il devait ignorer que je n'avais pas de secrétaire, rien qu'un téléphone et un écran, un poste de travail à la fois très fixe et très amovible. Fend la Pêche Laffenden en savait quelque chose. Avant même que l'on se serre la main, j'étais en nage.

17.

Les rues tranquilles et sinueuses de Toorak, avec leurs grands murs et leurs portails en fer forgé qui protègent des jardins manucurés et des demeures de style Tudor, espagnol, géorgien, victorien, Arts déco et Space Age, sont l'ennemi de l'intrus voyageur affligé d'épouvantables besoins intestinaux. Pendant le laps de temps qu'il m'a fallu pour garer la voiture et foncer vers les toilettes d'un bistro de Toorak Road, je n'aurais pu être tenu pour responsable de mes actes. Enfin, mes muscles se sont relâchés, les gouttes de sueur qui perlaient à mon front m'ont rafraîchi, je me suis plié en avant, le pantalon autour des chevilles, et j'ai rendu grâce pour la manne que j'étais sur le point de recevoir.

Avec tout ça, j'avais oublié les deux appels sur mon téléphone portable, en plus de celui de ma mère. L'un d'eux émanait d'Anna. Elle me signalait que ma mère avait cherché à me joindre et, elle m'en priait, où que je sois, pouvais-je la rappeler, parce qu'elle avait l'air dans tous ses états. En l'occurrence, ce n'était pas une surprise. L'autre appel, c'était la police. Les policiers voulaient que je les contacte.

De prime abord, j'ai supposé qu'ils souhaitaient vérifier ma version des faits sur un point de la déposition de Simon Heywood, qui avait dû tenter de minimiser l'énormité de son acte. Je ne savais pas et ne voyais pas quoi leur dire qu'Anna n'avait été en mesure de leur communiquer elle-même, mais ensuite, il m'est subitement venu à l'esprit que leur demande n'avait peut-être aucun rapport avec l'affaire. J'ai observé ma main libre, celle qui ne tenait pas le téléphone contre mon oreille. C'était la main de mon père. Et si le photographe avait porté plainte pour coups et blessures ? L'épisode remontait à un peu plus d'une semaine et j'étais resté sans nouvelles, mais il n'y avait pas prescription. Il avait fort bien pu rester hospitalisé jusqu'à ce jour.

Rien qu'à y repenser, je le sentais encore sous moi, sur les dalles de pierre, au bord de la piscine. À dire vrai, ça m'avait plu de le frapper. Imaginer ces photos qu'il avait essayé de prendre de Sam, cela suffisait à me remonter... Qu'est-ce qui l'empêchait de porter plainte ? Dans sa situation, aurais-je porté plainte ? Je l'ignore. Peut-être. Cela ne dépendait pas forcément de lui. Son employeur, le journal, avaient pu être tentés de doper les ventes en montant un coup exclusif autour de la dernière victime du ravisseur d'enfants en série, le ravisseur préféré d'Anna. Cela expliquerait le délai écoulé entre les faits et ces appels de la police. Le photographe s'était accordé un petit congé, le temps de se remettre de la raclée que je lui avais administrée, et ce n'est qu'après son retour que ses collègues de la rédaction, prenant conscience de la gravité de ses blessures, avaient saisi qu'ils tenaient un article encore meilleur si la police s'en mêlait. Collègues de la rédaction ou pas, la police s'en était mêlée.

Il ne faisait aucun doute que j'avais frappé ce type sans retenue. J'avais perdu mon sang-froid. Mais il était coupable de violation de propriété. Il avait essayé de prendre un cliché de la détresse de mon fils. Quelqu'un tentait d'en tirer un bénéfice. Mon fils, que l'on venait d'enlever. Par conséquent, j'avais cogné. Mais je l'avais frappé bien plus longtemps que ne l'aurait fait n'importe quel individu normal, raisonnable, un peu maître de soi. Y avait-il un moyen de plaider non-coupable ?

Puis-je plaider l'évolution de l'espèce ? Si l'agressivité favorise la survie, alors cette agressivité héritée de mon père, que le photographe avait eu à subir ce jour-là, était déterminée par l'évolution de l'espèce. C'est l'argument sur lequel je me serais fondé pour tenter d'expliquer à Sam mon agression contre ce photographe, si Sam n'avait pas été secoué de larmes, s'il n'avait été secoué de convulsions dans les bras d'Anna. Bien sûr, si Sam était plus grand, il pourrait juger que l'évolution ne saurait jamais constituer une défense, à aucun titre.

Mon père répétait sans arrêt qu'il n'avait pas le choix, et il agissait en effet comme s'il n'avait, comme si nous n'avions pas le choix. Les gens comme nous étaient obligés d'empoigner les circonstances à la gorge. C'était à nous de créer nos chances. Il s'était assurément créé la sienne, et il me semble avoir toujours cru qu'il avait aussi fabriqué la nôtre, tout comme il avait fabriqué Roger, à toute vitesse et à retardement, jusqu'à la catastrophe. Mais je suis peut-être trop dur avec lui. À l'époque, les choses étaient sans doute différentes. Maintenant, un individu comme moi a toujours la latitude de transcender ses origines, et en toute légalité. J'ai été invité chez Donald Sheere. Je n'ai pas eu besoin d'entrer chez lui par effraction. Je suis un courtier en Bourse.

La police souhaitait me parler.

Inutile d'imaginer le ton que ma mère avait dû prendre quand elle en avait touché deux mots à Anna. Tout y était, dans le message qu'elle m'avait laissé. Ce ton-là, elle l'adoptait de plus en plus fréquemment. Ou alors c'était moi qui le remarquais davantage. À mon avis, c'était plutôt elle. Maintenant, je le sais.

« Joseph, Joe ? C'est quel téléphone, ça ? C'est toi ? Ça m'enregistre, là ? Je suis incapable de le reprendre, Joe. Plus maintenant. Je suis trop vieille. Je ne peux plus. Tu es là ? »

Là-dessus, j'ai coupé la messagerie. Quand je l'ai rappelée, on aurait cru qu'il ne s'était écoulé aucun laps de temps entre son appel et le mien, c'était comme si elle poursuivait la conversation commencée.

« Je ne peux pas le garder, Joe.

– Maman, de quoi parles-tu ?

– Et je sais bien que toi non plus, tu ne voudras pas le reprendre, mais, Joe...

– Maman, respire profondément, souffle et, ensuite, tu m'expliques de quoi tu veux me parler.

– J'ai entendu dire ça dans une émission où les gens donnent leur avis au téléphone.

– Entendu quoi ?

– Ils considéraient presque tous que ce serait une bonne chose, et l'expert aussi, mais moi je...

– Qu'est-ce que tu as entendu raconter dans cette émission ? »

Comment faire pour la tenir éloignée de la radio ?

« C'était au sujet de Sam ? lui ai-je demandé.

– Pas de Sam... de Roger.

– Et qu'est-ce que tu as entendu raconter dans cette émission au sujet de Roger ?

– Ils estimaient que c'était une bonne chose, ils appelaient ça de la ré... réinsertion, mais je...

– Réinsertion ?

– Ils vont fermer la résidence et il va être forcé d'habiter avec moi, Joe, mais je...

– Maman, de quoi parles-tu ? Ils ne vont jamais fermer cette résidence.

– Mais c'est de ça qu'ils parlaient dans l'émission avec les auditeurs, et ils trouvaient que c'était une bonne chose parce que les gens comme Roger sont incapables de se réinsérer. Mais, Joe, tu connais Roger...

– Du calme, maman. Ils ne vont pas fermer cette résidence et...

– Et pourquoi pas ? Comment le sais-tu ?

– Parce que... parce qu'ils ne vont pas la fermer. Elle est gérée par le gouvernement. Jamais ils ne prendraient une décision pareille.

– Pourquoi non ?

– Parce que ça provoquerait un scandale. Les gens n'apprécieraient pas du tout. Et même s'ils la fermaient, ce qu'ils ne feront jamais, mais s'ils la fermaient quand même, Roger ne serait pas du tout obligé de revenir habiter avec toi.

– Enfin, toi, c'est sûr que tu ne le prendrais pas chez toi. Tu m'as expliqué que Sam avait peur de lui.

– Je n'ai jamais dit ça.

– Mais si.

– Non, maman, j'ai dit que l'endroit, la résidence, c'était un endroit un peu effrayant pour Sam, tant qu'il était petit.

– Sarah non plus ne le prendrait pas chez elle, Joe. Tu le sais bien, et même si elle acceptait, elle habite dans un autre État, et alors là c'est moi qui refuserais qu'il habite si loin. Je ne le verrais plus, tout comme je ne vois plus Sarah. »

Au nom de Sarah, elle s'est interrompue. Cela la faisait tellement souffrir, ne serait-ce que de mentionner Megan, mon autre sœur, et personne n'avait plus de nouvelles de Denise, cela remontait à peu près à la naissance de notre premier fils. Et voilà que, chez ma mère, cette émission de radio ouverte aux auditeurs remettait tout en branle, à l'heure de son thé et de ses sandwiches.

« Maman, cela n'arrivera jamais, mais, même si c'était le cas, je veillerais à ce que Roger puisse habiter dans un endroit agréable. Tout ira bien pour lui.

– Oh, Joe, même dans un endroit agréable, il ne pourrait pas vivre. Il est incapable de se débrouiller tout seul. Qui va lui laver ses vêtements ? Qui va lui préparer son dîner ? Il est incapable d'avoir un couteau, chez lui. Il n'est pas question qu'il touche au gaz ou au feu. Il est trop tard pour tout ça et je ne peux pas... je suis trop vieille, Joe.

– Maman, cela n'arrivera jamais. Maman... maman ? » Elle pleurait. « Maman, tu es là ? Tu veux que je passe te voir ? »

18.

J'ai rapporté à Mitch mon entrevue improvisée avec Donald Sheere, et il a eu l'air impressionné. Cela prêtait une certaine consistance aux choses, on était pour ainsi dire déjà en train d'emporter le morceau. Il s'inquiétait au sujet de Gorman et de la commission de gestion des risques. Il était convaincu qu'à nous deux, on finirait bien par amener Gorman à nous manger dans la main et que, si on avait Gorman avec nous, on aurait aussi la commission de gestion des risques. Mitch estimait qu'il nous fallait un « Kissinger ».

« Qu'est-ce que tu entends par là ?

– La méthode de Kissinger consistait à attirer de puissants adversaires autour de la table de négociations en annonçant à l'adversaire numéro un qu'il avait tout intérêt à être présent, car l'adversaire numéro deux serait là lui aussi, et très impatient de le rencontrer. Ensuite, il expliquait à cet adversaire numéro deux qu'il aurait intérêt à être présent, parce que l'adversaire numéro un y serait aussi, et très impatient de le rencontrer. Par conséquent, nous allons annoncer à Gorman que Donald Sheere est absolument partant, et toi, tu vas expliquer à Sheere que Gorman et la commission de gestion des risques sont absolument partants eux aussi. »

Mitch était un individu complet. Ses lectures touchaient à toutes sortes de sujets, pas seulement à la finance et au marché. Avec un esprit comme le sien, il aurait pu se lancer dans n'importe quoi. Simplement, il n'avait pas le caractère d'un vendeur. Avec son visage impénétrable, Mitch était en fin de compte quelqu'un qu'il fallait apprendre à aimer. Quand on dressait la liste des invités pour un dîner, son nom ne vous venait pas instantanément à l'esprit. Ce n'était pas qu'il soit insipide ou trop réservé. Je savais qu'il était emballé par cette affaire, mais son enthousiasme se voyait davantage dans sa détermination que dans son excitation. Cette détermination que j'ai lue dans son regard lorsque nous parlions de l'autre condition préalable posée par Sheere, un rendez-vous avec le contact de Sid Graeme.

« Là, Joe, c'est à toi de jouer. Il vaut mieux que ce soit toi qui l'organises. »

Invite-t-on ou non Mitch à un dîner ? D'abord, en ce qui concerne sa vie personnelle, il est très discret, à tel point que je ne sais même pas s'il est marié ou divorcé. Ensuite, je ne sais pas si l'on peut compter sur lui pour taire le fond de sa pensée. J'admire sa mécanique mentale, mais c'est un analyste, pas un négociateur, autrement dit, ce qu'il privilégie, c'est d'arriver au but. Dans un dîner, il faut laisser les convives les plus importants avoir raison même quand ils ont tort, et leur donner l'occasion de vous apprendre ce que vous savez déjà. C'est le recours à ces artifices qui détermine le choix des bons invités. Je n'ai jamais eu l'impression que Mitch le comprenne.

Il y a une autre raison pour ne pas l'inviter. Il jugerait mes bavardages et mes manières de me faire bien voir totalement écœurants et, en face de lui, j'aurais honte de ma conversation superficielle. De quoi est-ce que je parlais, dans les dîners ? Je parlais du dollar. Je parlais du mark, de la livre, de l'euro, du yen, des taux d'intérêt, du Dow Jones, du Footsie, du Nikkei et du Hang Sen. Je régalais les gens de bribes d'information glanées dans le journal que j'avais commencé de lire, lecture troublée par l'image de la jeune femme du pressing assise sur moi à califourchon ou par l'intrusion de cette question perpétuelle, jamais résolue – quoi que j'entreprenne : « Suis-je bon à quelque chose ? »

Anna avait l'air de recevoir la défection des Sheere comme un don du Seigneur. Auprès des autres invités, elle a prétexté le choc infligé par l'enlèvement de Sam pour annuler le dîner, et tous se sont montrés très compréhensifs, surtout les épouses. Elle a préféré consacrer ses efforts à l'organisation d'un goûter d'anniversaire pour Sam. Elle allait inviter tous les enfants de sa classe, proposer des jeux et des concours, la totale. Avec Sam, je ne pouvais la prendre en défaut.

Sid Graeme m'a dit qu'il n'en était pas question. Avais-je perdu l'esprit ? En aucun cas son contact n'accepterait de rencontrer Donald Sheere. Il a ajouté que le type ne tolérerait jamais de se laisser identifier. Je lui ai rétorqué que c'était dommage, parce que l'affaire allait capoter.

« Joe, vous ne savez pas à quoi ressemblent ces types.

– Enfin, il n'y a pas moyen de passer outre ?

– Vous voulez que je lui impose de payer la chose au prix fort ?

– Je n'ai pas dit ça, mais j'ai un Donald Sheere très intéressé. L'affaire lui plaît, Sid. Il la sent bien mais, nom de Dieu, il a besoin d'être rassuré. Vous êtes capable de comprendre. Si vous avez envie qu'il y mette l'argent escompté, il est naturel qu'il éprouve le besoin d'être rassuré.

– Joe, mon type n'ouvrira pas le bec. J'ai déjà eu du mal à ce qu'il me glisse un mot une seule fois. Si jamais l'information circule qu'il est allé discuter de la ligne de son parti en matière de santé avec ce putain de Donald Sheere, il est mort. Plus aucun avenir, vous voyez ce que je veux dire ?

– Attendez, une minute, Sid. Vous venez de m'expliquer qu'il vous en a parlé « une seule fois. » Vous voulez dire que, mis à part cette fois-là, vous n'en avez jamais plus reparlé avec lui ?

– Non, ce n'est pas ce que je veux dire.

– Enfin, combien de fois en avez-vous discuté avec lui ?

– Combien de fois ? Quelle importance ?

– Vous voulez que je convainque Sheere de miser l'équivalent d'une chambre forte remplie de son argent personnel dans Health National sur la base d'une phrase lancée à l'emporte-pièce et sujette à une interprétation erronée ?

– Joe, là, vous êtes à un peu côté de la plaque.

– Je suis désolé, Sid. Je n'avais absolument pas l'intention de me montrer grossier, et je pense que vous l'avez compris. Merde, Sid, je ne distribue pas n'importe qui dans n'importe quel rôle, Dieu de Dieu...

– Combien de fois faudra-t-il que je vous le répète, il n'apprécie pas trop de débattre de ce genre de choses avec des gens de notre espèce.

– Des gens de quelle espèce ?

– Des gens comme Sheere et moi.

– Combien de fois avez-vous débattu avec lui de cette volte-face de leur parti ?

– Je n'en sais rien.

– Plus d'une fois ?

– Oui.

– Combien de fois ?

– Je ne sais plus. Un certain nombre. Écoutez, Joe, appelez Sheere, et voyez s'il lui suffit de m'avoir pour interlocuteur.

– Sans vouloir vous offenser, je peux déjà vous affirmer que non.

– Joe, appelez-le. Faites en sorte qu'il cède. Soufflez-lui que ce type doit aussi songer à son propre avenir. Il comprendra.

– Sid, il me priera de vous faire comprendre que c'est à vous de protéger son avenir. De le persuader de considérer le futur non comme un ennemi mais comme une opportunité.

– Joe, je vous en prie, tentez le coup. Appelez-le. Voyez s'il ne lui suffirait pas de s'entretenir avec moi. »

Je me suis bien abstenu de tenter le coup avec Donald Sheere, car je savais d'avance ce qu'il allait me répondre. Et puis, en dépit de ce que j'allais gagner, si je parvenais à convaincre Sheere d'endosser une part substantielle du montage financier de Sid Graeme, je restais son courtier en Bourse, et il n'était décidément pas dans mon intérêt de me l'aliéner. Par conséquent, s'il m'incombait d'intervenir pour amener ces hommes à se rapprocher, il fallait que je fasse pression sur Sid Graeme, et non sur Donald Sheere. J'ai laissé s'écouler un peu plus de dix minutes, et je l'ai rappelé.

« Pas moyen, Sid. Je suis navré d'avoir à vous le répéter, mais je vous avais prévenu, il veut entendre cette information directement de la bouche de votre contact.

– Eh bien, alors... dans ce cas, Joe, je suis baisé. Ce type, c'est... c'est un père de famille... et un bon catholique.

– Moi aussi. Qu'est-ce que ça veut dire, ça, bon sang ? Il suffit de lui expliquer qu'adresser la parole à Donald Sheere, ce n'est pas comme de s'adresser au diable. Il vous parle déjà bien, à vous.

– Non, Joe. Ce que je veux dire, c'est que s'il est appelé à jurer sur la Bible, à témoigner de l'identité de ses interlocuteurs et de la teneur de ses propos, ce type révélera la vérité.

– Un bon point pour lui. Tout à fait admirable. Mais cela n'arrivera jamais. Et si c'était le cas, une telle entrevue, si d'aventure il s'en souvenait... Même les meilleurs catholiques ont des trous de mémoire, Sid... Une entrevue de ce genre, ce n'est jamais qu'une rencontre amicale entre un politique et quelques membres éminents du monde des affaires. Lors de cette rencontre amicale – s'il devait se la remémorer –, on a discuté de quantité de choses : du climat, de football, des pokémons, d'une virée en famille à Sea World, vous savez, le parc d'attractions et, enfin, de certains aspects de la politique de santé de l'opposition. Dites-lui qu'il ne fait rien de mal, que tout cela est bien innocent, sans quoi un Donald Sheere ne serait pas partie prenante du projet.

– Et moi non plus.

– Et vous non plus. Expliquez-lui ça, Sid, et ensuite, demandez-lui s'il aime naviguer.

– Naviguer ? Pourquoi naviguer ?

– Parce que, s'il aime ça, il suffit de lui acheter un bateau, bordel. »

Je ne sais toujours pas si mon bonhomme navigue ou pas. Mais tout le monde a toujours besoin qu'on lui vende quelque chose. J'avais besoin de vendre à Sid Graeme l'histoire qu'il avait besoin de vendre à son contact pour lui faire accepter une rencontre avec Donald Sheere. En lui vendant cette histoire, je fournissais aussi ce qu'il fallait à Sheere pour progresser dans cette affaire Health National. Après un déluge de coups de fil dans les deux sens, l'entrevue a été fixée pour le lendemain en fin d'après-midi. Je humais déjà le million de dollars.

La police m'avait contacté au bureau, mais je n'avais pas pris l'appel. J'étais trop occupé. C'était la vérité. Je n'évitais pas les policiers. Sheere aurait pu en témoigner. Sid Graeme aussi, d'ailleurs. Je me suis efforcé de ne plus y penser et, de manière générale, j'ai trouvé que c'était plutôt facile, en particulier après avoir arrangé cette entrevue entre Sheere et Graeme. Mais, chaque fois que je me remettais à penser à la police, je m'imaginais toujours le pire – qu'ils voulaient m'entretenir de l'incident avec le photographe, et pas de Simon Heywood, et je sentais une boule me peser sur le ventre, un fond d'anxiété qui se diffuserait dans mes veines dès que je me retrouverais en face d'un inspecteur, en plein merdier. Mon père avait l'estomac mieux accroché que moi. Vous ne choisissez pas votre héritage.

Il y a eu un deuxième message plus ou moins délirant de ma mère. À quelle heure allais-je passer la prendre pour la conduire chez nous, à la fête d'anniversaire de Sam ? Et si le mari de Sarah perdait son emploi, pourrais-je lui en dénicher un autre ? Qu'est-ce que ça voulait dire, bon sang ? L'avait-il perdu, son emploi ?

19.

L'entrevue s'est déroulée dans un salon particulier du club privé de Sheere, un édifice impressionnant de style Regency à la façade tapissée de lierre, qui occupait toute l'extrémité de Spring Street, à hauteur de Collins Street. Je suis arrivé le premier, mais je n'ai pas été admis avant que Sheere se présente et m'inscrive au registre des invités. Il était accompagné d'un jeune avocat, Buchanan, qui m'a serré la main avec une force destinée à me signaler qu'abstraction faite de nos positions dans l'affaire en cours, tôt ou tard, l'un de nous deux aurait à se débarrasser de l'autre. Dans l'écurie de Donald Sheere, bourrée de jeunes acolytes en pleine ascension sociale, il n'y avait pas assez de place pour nous deux. En fait, nous nous étions déjà rencontrés. Je voyais bien qu'il ne l'avait pas oublié, mais qu'il ne serait pas le premier à le manifester. Ni moi non plus. Buchanan avait le cheveu plaqué en arrière, il portait une chemise mauve et une cravate plus criarde que toutes celles qu'avait pu arborer Laffenden. Il avait l'allure de ces adolescents tape-à-l'œil que l'on voit affublés d'une boucle d'oreille, le soir, dans les bars et les night-clubs. Mais s'il osait la porter en ces occasions, devant un personnage comme Sid Graeme, il s'abstenait. Sur ce plan, son évaluation de la situation était correcte à cent pour cent. Il m'inspirait des envies de meurtre.

Les avocats chic et toc comme Buchanan étaient généralement issus des bons collèges, ces mêmes écoles qui produisaient la majorité des collaborateurs de notre société. De là, ils entraient dans une faculté de droit où, en compagnie des filles à la peau de miel des amis de leur père, ils se spécialisaient dans la cocaïne, l'ecstasy et le sexe. Enfant, je les croisais sur le tram 69 ; je les voyais frimer devant ces demoiselles plus british que des collégiennes anglaises, qui se nouaient les cheveux en queue-de-cheval, portaient des blouses courtes et fumaient des cigarettes menthol ultra-light. Moi, ce tram, je ne le prenais que pour aller jouer au football. Au terminus, à Kew, il n'y avait que de riches catholiques, mais nous ne les fréquentions pas.

Buchanan avait déjà le statut d'associé au sein du cabinet juridique préféré de Sheere. Celui-ci l'avait emmené avec lui pour passer le dossier au crible, pour le « légaliser », pour vérifier en vitesse d'éventuelles négligences. Étant donné qu'il n'était pas véritablement chargé de boucler le dossier, le seul moyen pour lui de se mettre en avant, c'était de découvrir ce qui clochait.

« Ravi de vous rencontrer », a-t-il fait en retenant ma main un long moment après avoir prononcé sa réplique.

Le choix du lieu, et la présence déplacée de l'avocat blond et bronzé de Sheere, pour ne pas mentionner le scribouillard dont Sid Graeme avait éprouvé le besoin de se faire accompagner, semblaient avoir été prévus pour mettre mal à l'aise notre député de l'opposition. Mitch était là, lui aussi, ce qui n'était pas pour me déplaire. Le député vieillissant était assis dans son fauteuil, figé comme un lapin apeuré. Il avait l'air de ces individus postés devant les isoloirs, qui vous tendent la notice d'instruction civique dont personne ne veut.

Sid Graeme et moi alimentions la conversation du mieux que nous pouvions pour essayer de rasséréner le député effarouché. Ça n'a pas marché. Il buvait son scotch comme un agonisant, en s'accrochant au verre des deux mains. Il mourait d'envie que tout soit déjà fini. Mais quand nous en sommes arrivés à la politique de santé de l'opposition, il a entonné le couplet qu'il fallait. À l'évidence, Graeme lui avait fait répéter son numéro. Mitch et moi sommes restés silencieux, tandis que Sheere posait quelques questions qui n'ont eu aucun autre effet que de l'amener à répéter ce que j'avais déjà moi-même expliqué à Sheere. Le bonhomme y allait de son gentil ronronnement, et j'ai cru qu'on en voyait le bout, quand Buchanan a éprouvé le besoin de nous rappeler qu'il fallait compter avec lui aussi. Il a soumis le lapin à un contre-interrogatoire, et j'ai senti mon cœur se serrer.

« Vous soutenez vraiment qu'il n'existe plus aucune opposition à la gestion des soins intégrée, au sein du groupe parlementaire ?

– Non, je vous ai expliqué qu'il n'existait plus d'opposition effective.

– Pas d'opposition effective ? Qu'est-ce que cela signifie ? a rétorqué Buchanan.

– Le peu d'opposition qui subsiste ne nous empêchera pas de faire passer le projet de loi.

– Pourquoi subsiste-t-il une opposition ?

– Au plan idéologique, le parti a toujours considéré que la santé ne relevait pas du secteur marchand, d'un marché que la gestion intégrée devrait faciliter. Ce n'est que récemment que... eh bien, comment dire ? Le pragmatisme a fini par prévaloir, en faveur de la gestion intégrée. Mais tout le monde n'y est pas favorable.

– Pourquoi cela ? insista Buchanan, d'un ton sec.

– Il s'agit d'un parti politique, monsieur Buchanan, pas d'un conseil d'administration. Nous acceptons la diversité d'opinions et certains de nos adhérents ont été, je le suppose, approchés avec succès par quelques éléments de la profession médicale qui demeurent opposés à la mise en place de cette gestion intégrée.

– Qui sont-ils, ces quelques éléments ? a repris Buchanan.

– Oh ! allons, on n'est pas au tribunal, ai-je lâché avec colère.

– Laissez à notre homme la liberté de répondre », est intervenu Sheere, en prenant la défense de Buchanan.

J'ai cru qu'il ne saurait pas répondre, mais il savait.

« Il y a un psychiatre qui y est violemment opposé, et qui a rédigé un certain nombre de prises de position sur la question. J'imagine volontiers que la majorité des médecins est plus ou moins opposée à la gestion intégrée, mais ce type, lui, est du genre passionné, et il sait se faire entendre.

– Comment s'appelle-t-il ? s'est enquis Buchanan.

– Alex Klima.

– Il est seul ?

– Non, il y en a d'autres qui ont écrit sur le sujet, mais apparemment c'est le...

– Meneur ? a complété Buchanan.

– Eh bien, c'est le plus actif. Nous avons été approchés par lui. Mais, de toute manière, nous allons voter cette loi. Je pense que même le docteur Klima l'a compris.

– Il l'a compris ?

– Il ne le sait pas vraiment, a continué le député, mais, comme je le disais précédemment, il doit avoir saisi que nous étions très peu à juger ce projet aussi mauvais qu'il le prétend. »

Il s'est avéré qu'en dépit de tous les efforts de Buchanan les réponses fournies par le parlementaire ne diminuaient en rien l'attrait du projet aux yeux de Sheere. En tout état de cause, elles ajoutaient à l'urgence de conclure un accord. Si ce psychiatre, cet Alex Klima, se doutait que la loi risquait de passer, plus nous attendions, plus il y avait de chances pour que d'autres personnes finissent par être au courant. Et si les gens savaient, le coût d'acquisition des hôpitaux privés allait grimper sec. On a donc abouti à un accord dès ce soir-là. Le parlementaire a regagné son trou, et Sheere et Graeme ont donné pour instruction à Mitch et moi de faire le nécessaire, aussi vite que possible.

Quand tout le monde a été parti, j'ai raccompagné Mitch à sa voiture avec l'intention de lui demander si, selon lui, nous aurions du mal à convaincre Gorman et la commission de gestion des risques de souscrire à cette émission de titres. Nous les tenions tous, Gorman, le parlementaire, Sheere et Graeme. J'aurais pu l'embrasser. Je me suis retenu. À la place je lui ai demandé s'il avait choisi avec qui partager sa chambre lors du séminaire de l'entreprise.

« Je pensais que tu ne me le demanderais pas, dit-il, mais ce n'est pas... Quand est-ce ?

– Oh, c'est dans deux mois, mais le formulaire d'inscription a déjà tourné, aujourd'hui. On dit que le monde appartient à ceux qui se lèvent tôt...

– Et le monde, c'est moi ?

– Hé, Mitch, pardonne-moi ma balourdise. Je n'ai pas l'habitude de demander à des hommes de coucher avec moi. Alors, qu'en dis-tu ?

– Je pense que je peux me fier à toi.

– On devrait s'offrir un verre, pour fêter cette histoire de Health National.

– J'adorerais, mais il faut que... De fait, il faut qu'on se lève tous les deux super tôt demain matin et, pour être franc, avec toute cette tension, j'accuse le coup. Souviens-toi, c'est toi le négociateur, pas moi. Moi, je suis du genre à rester dans l'arrière-salle. »

Avec Mitch, l'amour, ça se méritait.

20.

Sur le chemin de la maison, au comble de l'allégresse, je ne me suis rendu compte de rien, pas avant d'avoir immobilisé la voiture dans le garage et d'avoir cessé de réfléchir à l'affaire. J'étais en retard. J'étais très en retard, en cette journée où j'avais promis, voilà plusieurs jours, de rentrer à la maison super tôt. J'avais loupé son goûter d'anniversaire. Je savais que l'accord que je venais de faciliter aurait de plus grandes conséquences sur l'avenir de Sam, et même sur celui d'Anna, que ma présence à son septième anniversaire, mais ils n'accepteraient pas de voir la chose sous cet angle. Ma promesse trahie avait dû lui briser le cœur. C'était le genre de choses que les enfants n'oublient jamais. Ils grandissent avec le goût amer de cette déception écrasante que seul un père peut infliger pour l'éternité, de cette amertume qui leur reste sous la langue et qu'au fil de la vieillesse vous sentez dans leur haleine chaque fois qu'ils vous parlent. Le seul moyen de s'en débarrasser, c'est de faire pire encore.

La maison était silencieuse. On avait dressé une longue table de goûter d'enfants tout droit sortie de *Twilight Zone*, mais bizarrement, on n'avait touché à rien, ou presque. Je me suis demandé si je ne m'étais pas trompé de jour. Si oui, je pourrais tout revivre une seconde fois. Mais, en ce cas, Anna n'aurait pas tout sorti vingt-quatre heures à l'avance, y compris les gelées et les pastèques découpées en quartier. Pourquoi aurait-elle tout sorti à l'avance ?

Je montais l'escalier quand l'idée m'est venue pour la première fois. J'ai eu envie de crier. C'était quelque chose qu'il n'oublierait jamais, et qui assombrirait encore mon retard, et on n'y pouvait rien. Anna, sa mère, Sophie, et peut-être même ma mère lui avaient préparé une fête, avaient invité tous les élèves de sa classe ainsi qu'un ours, un personnage sorti d'une émission de télé pour enfants. Ce n'était pas rien. Ça comptait. Une fois arrivé en haut des marches, j'avais les larmes aux yeux. Mes paupières les ont écrasées et elles ont roulé sur mes joues. J'avais compris qu'aucun enfant n'était venu.

Anna l'avait mis dans la baignoire. Quand j'ai ouvert la porte de la salle de bains, elle s'est retournée, et ils ont tous deux levé les yeux sur moi. J'ai su que je ne me trompais pas. Sur une classe de vingt-huit enfants, il s'en était présenté trois. Les vingt-cinq autres n'étaient pas venus. Qu'avaient fait ses parents ? Comme moi, Anna avait pleuré, et je me demandais si elle avait su le cacher. Au rez-de-chaussée, dans le salon, sur la table basse, près de la télévision, les berlingots de ma mère étaient demeurés intacts.

Nous lui avions prévu deux cadeaux, que nous lui avons présentés comme venant de nous deux, assertion démentie par leur dissemblance – une dissemblance qui reflétait à la fois celle de ses parents et le fait qu'ils n'avaient plus rien d'autre en commun que lui. J'avais remué les magasins du sol au plafond pour dénicher le jouet rêvé d'un enfant de sept ans, et je m'étais finalement décidé pour un Capsela 200, un kit de construction scientifique motorisé avec ballast, palmes et soixante-douze pièces à monter. On voyait les rouages tourner, et on pourrait y ajouter d'autres éléments au fur et à mesure que Sam grandirait. Étant gosse, j'aurais adoré qu'on m'offre un truc de ce genre. Le lendemain, nous avons emmené le kit dehors, nous en avons monté une partie et regardé les palmes battre l'eau de la piscine. Pendant plus d'une demi-heure, mon petit garçon s'est efforcé de cacher que ça ne lui plaisait pas vraiment. Même Anna a eu l'air émue par la vaillance qu'il mettait à dissimuler son manque d'intérêt. Elle lui avait trouvé un aquarium exotique. Dans les semaines qui ont suivi, il est resté à le regarder fixement, en silence, comme si on lui avait dérobé toute vie intérieure.

Plus de deux mois avaient passé depuis que Simon Heywood avait enlevé Sam. La nouvelle émission de titres boursiers avait facilement trouvé preneur, après que la nouvelle des achats massifs de Sheere eut transpiré. Tout ce que Sid Graeme avait prévu fonctionnait à merveille. On était un vendredi soir et nous venions de prendre le verre du vendredi soir, traditionnel dans la société. Le lendemain, nous partions en séminaire d'entreprise. Au bureau, Mitch et moi étions les deux fils prodigues, les hommes du moment, l'espace d'une heure. À la maison, j'étais veuf. J'avais encore trop bu, j'étais resté trop tard, j'avais croqué des chips trempées dans de la sauce chili au lieu de rentrer dîner. À la maison, il n'y avait personne.

Anna avait emmené Sam chez ses parents. Elle y allait pour le dîner mais lui passerait la nuit chez sa *nonna* et son *nonno*, enfin, je ne sais plus quel est le terme italien pour grand-père. Je suis monté dans la chambre de mon fils et là, j'ai observé le poisson dans son aquarium. J'étais allongé sur son lit. Comment avions-nous pu le rendre aussi triste ? Anna m'avait expliqué qu'à son goûter d'anniversaire il avait eu peur de l'ours de la télévision. Elle avait dû faire monter le plantigrade dans notre chambre, pour que Sam voie le monsieur en chair et en os caché à l'intérieur du costume. Il y avait un temps où ça n'aurait pu arriver. À une certaine époque, tous ses camarades de classe seraient venus à sa fête. Que leur était-il arrivé, à Simon Heywood et à lui ? Quel genre d'individu faut-il être pour enlever un enfant ?

Simon Heywood. Je ne crois pas l'avoir jamais rencontré, Anna s'est trompée. Le journal l'avait présenté comme un instituteur, un instituteur au chômage, mais il n'était pas encore enseignant quand Anna était avec lui, officiellement avec lui. Elle sera de nouveau avec lui lorsqu'il révélera au jury leur relation. Un portrait de lui dessiné par un artiste paraîtra dans le journal, ainsi que les photographies d'Anna quittant le tribunal. J'ai repensé au photographe.

Il est des soirs où je ne supporte pas d'être seul à ce point. On était un de ces soirs-là. Vous atteignez un certain âge et vous vous rendez compte que vous avez passé vos années les plus actives sous respirateur artificiel, perfusé contre la solitude, à faire semblant d'être en vie. Et, sauf l'habituel photographe de presse à sensation, personne ne vous regarde vraiment monter dans votre voiture, votre fabuleuse voiture, déjà trop soûl pour conduire, et vous roulez jusqu'à un bar où personne ne vous connaît, et là vous tendez l'oreille aux conversations des autres clients qui, eux, n'ont pas à rester seuls. Tout ça peut vous arriver dans votre ville natale. Cela peut arriver à n'importe qui.

Je ne sais pas pourquoi, mais j'ai attrapé le sachet en cellophane des berlingots que ma mère avait achetés pour Sam le lendemain de son enlèvement, et je l'ai fourré dans ma poche. Encore en chemise et en cravate, j'ai renfilé ma veste et je suis monté dans la voiture. Je suis ressorti de l'allée, conscient que l'amant de ma femme, Simon Heywood, était en prison. Maintenant, je tenais une phrase d'ouverture pour engager la conversation dans un bar avec le premier inconnu venu. Mais j'étais content de seulement observer, écouter et boire, en tout cas pendant un petit moment. J'avais déjà bu quelques bières quand mon portable a sonné dans ma poche. J'ai failli ne pas l'entendre et, ensuite, j'ai cru que c'était le téléphone de quelqu'un d'autre. Puis je me suis aperçu que c'était le mien et j'ai failli laisser sonner. Ce ne pouvait être qu'Anna, et qu'aurait-elle à me dire ? Qu'elle ne l'avait jamais revu, que ça faisait bien neuf ou dix ans ?

« Allô, Joe ? »

Une voix d'homme. C'était Sheere.

« Joe, nous avons quelques soucis.

– Donald ? »

Je l'entendais à peine.

« Je viens de recevoir des nouvelles gênantes, Joe. »

J'ai laissé mon verre et je suis sorti, histoire de mieux entendre.

« C'est ce psychiatre, Joe.

– Ce psychiatre ?

– Alex Klima. On vient de m'apprendre qu'il fait paraître une lettre ouverte dans le journal de demain, pour attaquer la gestion de soins intégrée. Il explique... On m'a télécopié le document... il écrit que " la gestion des soins intégrée est un système de santé empreint de cynisme, qui traite la santé comme n'importe quel autre bien de consommation. Ce système prévoit la création de structures administratives à caractère bureaucratique destinées à contrôler la prestation des services médicaux et hospitaliers afin de permettre aux compagnies d'assurances santé et aux hôpitaux privés d'engranger des bénéfices, généralement au détriment de la santé du patient ". Ça vous plaît, ça, comme dragées ?

– Non, pas du tout. Mais je ne m'inquiète pas trop. Ce type, ce Klima, il répète sans arrêt la même chanson. Cela fait des années qu'il s'insurge contre ce projet. Personne ne l'écoute.

– Cette fois, si. Il a vendu la mèche, Joe. Et il insiste en mentionnant l'information qu'il tient d'un sénateur de l'opposition, selon laquelle leur parti a l'intention, lors de leur congrès, et en contradiction flagrante avec la ligne officielle, de soutenir l'adoption du projet de loi sur la gestion de la santé intégrée, devant le Sénat.

– Seigneur Dieu !

– Précisément. Il se manifeste beaucoup d'hostilité à cette gestion de soins intégrée dans les rangs des supporters et des membres du parti de l'opposition, vous le savez. Ils sont pour l'État providence et hostiles au monde de l'entreprise, et ces révélations vont leur fournir l'occasion de contraindre le groupe parlementaire à battre en retraite. Joe, le projet de loi ne va plus passer.

– Vous ne pouvez pas savoir si...

– Écoutez-moi, Joe. Lundi matin, à la première heure, je veux sortir de Health National.

– Allons, attendez une minute. Ne croyez-vous pas que...

– Vendez tout, Joe. C'est terminé. L'opposition ne va plus voter le projet, plus maintenant.

– Vous ne pouvez en être certain.

– Je ne peux pas courir le risque. Débarquez-moi du *Titanic*.

– Mais ce n'est qu'une simple lettre. Qui a entendu parler de cet Alex Klima ? Tout repose sur l'aile droite de la Nouvelle Galles du Sud. Jamais ils ne parviendront à indisposer le marché. Vous le savez. Cette gestion intégrée... c'est inévitable. Ils vont voter le texte.

– Ils finiront probablement par le voter, Joe, mais pas dans le courant de cette session parlementaire. Je ne courrai pas le risque. Vous allez me sortir de cette affaire, lundi à la première heure. Dites à Graeme que je n'ai rien contre lui à titre personnel, Joe... Joe ? Vous êtes là ? Je suis sérieux. C'est un ordre de vente ferme. Vendez le tout, aussi vite que vous pourrez.

– Ce n'est pas si simple. Vous savez que nous ne pouvons pas céder ces avoirs tant que la commission des opérations de bourse ne décide pas d'une cotation pour la nouvelle émission de titres.

– Je me moque de ces détails techniques, Joe. Vendez-les, c'est tout. Appelez une des banques émettrices, empruntez une quantité équivalente de titres Health National, et vendez-les, oui, vendez-les sur le marché, à la première heure lundi. »

Sheere avait raison, évidemment. Le moyen de contourner le problème, c'était d'emprunter une quantité équivalente de titres cotés, et par conséquent vendables, auprès d'une institution financière, par exemple la société fiduciaire d'une banque, et de les vendre. En retour, la banque obtiendrait un nombre équivalent de titres nouvellement émis qui, s'ils n'étaient pas immédiatement négociables, le deviendraient moyennant commission une fois fixé le cours d'émission des actions.

L'ennui, c'était que le marché allait s'apercevoir qu'un grand nombre de titres Health National était en vente, et sous le nom de Sheere. Leur cours allait s'effondrer, et la souscription n'arriverait plus à hauteur de la nouvelle émission de titres. Au bout du compte, notre société de courtage, ainsi que les souscripteurs, allaient devoir endosser une perte considérable. Il fallait que je mette la main sur Mitch. Si nous ne tentions rien, nous étions morts. Nous finirions comme Laffenden.

« Comment avez-vous obtenu cette lettre ouverte, si vous ne voyez pas d'inconvénient à ce que je vous pose la question ? »

Même si j'étais sous le choc, et même si j'avais déjà une petite idée de la réponse, il fallait que je sache.

– J'ai prié quelqu'un de surveiller le déroulement de toute l'affaire, j'avais demandé un suivi, en quelque sorte.

– C'est un journaliste de la rédaction concernée qui vous a appelé ?

– Non, non, non. J'ai reçu un appel de Buchanan. Il vient de me télécopier la lettre, il y a quelques minutes. »

21.

J'ai essayé de joindre Mitch chez lui, mais ça ne répondait pas. Y avait-il une issue pour se sortir de là ? Nous avions jusqu'à lundi matin pour l'amener à changer d'avis. Je n'arrivais pas à réfléchir clairement. C'était un véritable cauchemar qui fonçait sur moi en direct, via un téléphone portable, dans un bar de St-Kilda. J'étais assis là, à simplement contempler le téléphone que je tenais en main. Un gamin est venu vers moi me demander de l'argent.

« Va te dégotter un boulot, merdeux. »

Il avait mal choisi son moment, il n'aurait pu en choisir de pire. C'était un très, très mauvais moment. Le cabinet avait financé l'émission de titres. Il fallait que Sheere change d'avis. Il fallait qu'on le pousse à changer d'avis. Le séminaire de l'entreprise démarrait dès le lendemain. Il fallait qu'on tienne Gorman à l'écart. J'ai réessayé chez Mitch. Toujours pas de réponse. Buchanan. Buchanan était encore pendu à ma main droite. Dans l'une de mes poches, j'ai senti le paquet de berlingots. Je n'arrivais pas à m'en débarrasser. Mes parents subsistaient en moi, en moi et en Roger. Personne n'avait jamais demandé de suivi nous concernant. Ceux qui possédaient véritablement de l'argent nous ignoraient dès lors que nous cessions de travailler pour eux. Et si nous travaillions pour eux, et si nous commettions un faux pas, ils nous lâchaient.

Il y avait une personne qui ne m'ignorait pas, qui avait pris l'habitude de m'écouter, toi, mais cette personne-là m'avait abandonné, elle aussi. Je suis monté dans la voiture, sans trop savoir où j'allais. J'ai pensé à Mitch, mais je n'avais pas son adresse. Le téléphone a sonné alors que j'étais au volant. Je ne savais pas si je devais prendre l'appel ou non.

Ce devait forcément être Anna. Je ne supporterais pas d'entendre son prêche, pas à présent. Là encore, j'ai failli laisser sonner, mais je me suis ravisé. Et si c'était Sheere ? Et s'il avait des remords ?

« Joseph Geraghty ? »

Une autre voix masculine, pas celle de Sheere, essayait de tailler dans le vif de mes pensées emmêlées, de ces pensées troubles et plus ou moins décousues qui me pétaradaient derrière les prunelles au petit malheur la chance, dans l'obscurité de la nuit, dans l'écheveau de mes pensées sanguinolentes et coagulées, de mes idées à peine articulées.

« Joe Geraghty, oui. Qui est à l'appareil ? »

C'était la police.

« Et vous m'appelez à cette heure-là ? Vous choisissez cette heure-là pour m'appeler ?

– Je suis désolé, monsieur Geraghty, mais nous nous sommes dit que vous aimeriez être prévenu le plus vite possible.

– Quoi ?

– On a retrouvé votre mère, totalement désemparée, il y a environ une demi-heure, elle tournait en rond sur un îlot piéton, au milieu de la Nepean Highway.

– Oh merde !

– Mais ça va, elle va mieux.

– Où est-elle, maintenant ?

– Nous l'avons ramenée chez elle. Elle était très perturbée. Nous lui avons demandé s'il fallait appeler quelqu'un, et elle nous a expliqué qu'elle avait deux enfants, à Melbourne, vous et votre frère, Roger. Nous n'avons pas pu joindre votre frère, donc nous avons considéré qu'il valait mieux vous appeler, vous. A-t-elle des antécédents médicaux de sénilité ou de troubles mentaux ? Elle n'arrêtait pas de chanter.

– De chanter ?

– Un chant sur Jésus, je crois. Monsieur Geraghty ? Allô ? C'est en train de couper. »

Quelque chose sur Jésus, croyait la police. Bénis soient les humbles, maman, car ils hériteront de la terre, y compris de la Nepean Highway. Car c'est là ton royaume, et la puissance, et la gloire, pour l'éternité, amen. Quel ami elle a, en Jésus... Je me suis pris à hurler ces mots-là, dans ma voiture. Le conducteur de la voiture arrêtée à côté de la mienne m'a dévisagé. Ma mère avait le don de la foi, un don qui m'avait toujours échappé. Mon papa et moi, nous avions à Son égard des sentiments mitigés. Elle avait souhaité que je devienne prêtre mais, pour moi, même enfant, la seule vérité universelle sur le Christ, c'était qu'il vous restait toujours en travers de la gorge.

Donc, tout bien réfléchi, où est-ce que j'allais me rendre ? Où, sinon là ? Quelle amie j'ai en toi. Les anges sont venus et m'ont prodigué leurs soins, vu ? Tu étais le seul être susceptible de répondre à mes questions. Cela faisait un peu plus de deux mois. Le fils de l'homme n'a nulle part où reposer sa tête. Tu croyais que je ne reviendrais plus te voir ? Le pardon et l'oubli ? Tu me connais certainement mieux que ça, non ? Tu ne pensais pas que j'aurais d'abord envie de creuser le fond des choses ? Combien de fois m'as-tu trahi avant le chant du coq ?

La femme de la réception n'a pas bronché. Comme c'était agréable de me revoir. Je me suis enquis de toi et je lui ai dit que je voulais te retrouver directement dans la chambre. Quand tu es arrivée, j'avais retiré ma chemise, mais j'avais encore mon pantalon et mes souliers, que j'ai gardés. Tu n'étais pas surprise de me voir ? Tu avais peur. Je t'ai vue regarder en direction de la porte. Je t'ai vue regarder vers le téléphone intérieur. Après tout ce temps, tu n'arrivais toujours pas à me faire confiance ?

« Joe ! »

22.

Même apeurée, tu es appétissante. Si rondes sont ta jeunesse, ta bouche, tes joues douces et souples, si ronds tes yeux, tes seins. Rien de bizarre là-dedans, je voulais juste bavarder un peu avec toi, tout en passant à l'action. Je veux te confier ce que l'on ressent quand on ne retrouve plus son fils, quand on tourne en rond dans une cour d'école déserte à hurler son nom. Tu ne savais pas que j'avais déjà perdu un fils. J'ai tant de questions à te poser. Tu l'as revu, récemment ? Tu lui rends visite, en prison ? Dans quelle prison ? Non, toi, retire tout. Moi, je vais garder mon pantalon. C'est de ça que j'ai envie, là, maintenant. Parle-moi de lui et d'Anna. Nous avons eu du mal à communiquer, dernièrement. Ne prends pas cet air. Tu t'es trouvée dans des situations plus saugrenues que celle-là. Oui, j'ai bu, mais toi, tu vas toucher de l'argent. Ça sera en plus des trente deniers qu'il t'a versés. Tu n'aimes pas mon fils ? Je t'ai toujours dit qu'il était mignon. Sur le ventre, s'il te plaît, le cul levé en l'air. Ces derniers temps, je n'ai pas été trop heureux, tu sais. Le visage collé contre l'oreiller, c'est ça, comme ça. Il y a un type que j'ai rencontré, Buchanan. Il te plairait. Baisse un peu le visage. Gentille fille. Buchanan, il a une poignée de main incroyable. Celui-là, il ne vous lâche plus. D'ailleurs, il conserve encore une de mes deux mains dans la sienne. L'autre, celle qui est dans ma poche, devra s'arranger toute seule. Si parfait, si rond. J'avais oublié à quel point il était parfait. N'est-il pas écrit que, lorsque tu fais l'aumône, ta main gauche ne doit pas savoir ce que fait ta main droite ? Voici un petit quelque chose pour ta peine. Remontée, ça conviendra parfaitement. Uniquement ce que je te dois. Les choses sont un peu dures pour tout le monde, à l'heure actuelle. Tu vois, ça te va parfaitement. Surprise ? Je vois ta figure dans le miroir.

Maintenant tu peux imaginer ce que je ressens.

Troisième partie

1.

« Surprise ! C'est moi ! Alors, c'est pas une surprise, ça ? »

Il avait bu. Il était dévêtu jusqu'à la taille et, dès mon entrée dans la pièce, j'ai senti son haleine alcoolisée.

« Je t'ai manqué ? » a-t-il poursuivi.

Je ne savais pas comment jouer le coup. Qui saurait jouer le coup, dans une situation pareille ?

« Tu croyais que je ne reviendrais pas ? Le fils de l'homme ne sait où reposer sa tête. Tu crois que j'allais laisser filer ça comme ça ? Tu me connais, quand même, non ? Combien de fois m'as-tu trahi avant le chant du coq ?

– Salut, bel étranger. Ça fait du bien de te revoir. »

Évidemment, je ne m'attendais pas vraiment à ce qu'il me croie heureuse de le voir. Je ne savais tout simplement pas quoi dire.

« Tout ce que je veux, c'est bavarder. Rien de bizarre. Je veux juste bavarder... pendant qu'on passe à l'action. »

Mais c'était bizarre. Toute cette situation était bizarre. Dès l'instant où j'avais compris que c'était lui, c'était devenu effrayant, irréel. J'ai déjà connu des situations grosses de menaces, mais celle-là ne ressemblait à rien de ce que j'avais déjà affronté ou imaginé. Je n'avais pas réfléchi une minute à ce qui avait traversé la tête de Joe après le retour de Sam. Il savait que Simon, l'homme qui avait enlevé son fils, était l'ancien petit ami de son épouse et l'amant actuel de la femme qu'il fréquentait depuis si longtemps. Comme je ne pensais qu'à Simon, je n'avais pas envisagé ce qui avait pu traverser la tête de Joe nous concernant, lui et moi.

« Je me suis senti l'envie de te tester. Subitement, j'ai eu envie de ça.

– Tu as bu.

– Je me suis senti... je veux que tu sentes... je veux te dire ce que ça fait de ne plus retrouver ton fils, de courir en tous sens dans une cour d'école en hurlant son nom. Tu ne savais pas que j'avais déjà perdu un premier fils. Tu le savais ?

– Joe !

– J'ai tant de questions. Tu lui as rendu visite ?

– À qui ?

– Tu l'as vu, récemment ? Tu lui rends visite, en prison ? D'ailleurs, il est dans laquelle ? Je vais garder mon pantalon, si ça ne t'ennuie pas.

– Joe, est-ce que ça va ?

– Oh ouais ! ça va. Tout est exactement... exactement comme je voulais, maintenant. Parle-moi d'elle.

– De qui ?

– Tu vois qui je veux dire.

– Non, je ne vois pas. »

Son regard s'est emparé de moi. Il n'avait pas l'air bien.

« Parle-moi de ma femme.

– Joe, tu veux bien t'asseoir ? Je ne vois pas de quoi tu parles.

– Parle-moi d'Anna. »

Il avait demandé ça en hurlant.

« Joe, je ne crois pas...

– Parle-moi d'elle. Parle-moi de ma femme. Nous avons eu des difficultés... de communication, ces derniers temps.

– Joe, qu'est-ce que tu veux ? Tu es malheureux. »

J'ai ramassé sa chemise par terre, mais il a secoué la tête.

« Laisse... mais toi... retire tout. »

Nous n'avions jamais été ce que l'on appelle des « amis ». Les filles sont tout le temps en train de s'interroger sur la possibilité qu'un client devienne un ami, un vrai. Si un homme t'adresse gentiment la parole, s'il est doux avec toi, s'il te laisse de gros pourboires, s'il te noie sous un déluge de cadeaux et s'il te donne des conseils boursiers – entre les quatre murs d'un bordel, ça ne peut être qu'en relation avec le sexe pour lequel il te paie. Le sexe est là pour son seul plaisir, et sa bienveillance n'est qu'un fétiche de plus dans le tableau. Qu'une femme séduisante le croie bon le titille. Sa gratitude l'excite. La gratitude a cet effet sur la plupart des messieurs. Certains n'ont pas l'endurance nécessaire pour la mériter à l'extérieur. Pendant une heure, ces hommes-là obtiennent un semblant de gratitude, s'ils paient. J'en ai discuté avec Alex, un de mes amis, un psychiatre. Il n'était pas contre.

De tous les fétiches utilisés, il est celui que nous espérons, et que nous encourageons en exagérant notre gratitude et notre « amitié ». Mais Joe et moi, nous étions presque amis. Je ne le trouvais pas si mauvais bougre. Il réussissait même à me faire rire. La première fois que c'est arrivé, il a arrêté ce qu'il était en train de faire et il m'a regardée, stupéfait. Je suis capable de feindre beaucoup de choses, mais pas le rire. Par la suite, j'ai obtenu l'explication de sa stupéfaction. Pourquoi tant d'étonnement pour un simple rire ? Sa femme, elle, ne riait plus. Voilà pourquoi. Il ne se rappelait même plus la dernière fois qu'il avait fait rire sa femme. Un détail, peut-être, mais Alex, malgré sa formation de psychiatre, m'estime mieux placée que lui pour accéder à l'inconscient d'un homme. Il m'a conseillé de surveiller les petits riens. Les gens vous en disent toujours davantage qu'ils ne pensent. Simon aussi le voulait, que je surveille les petits riens, en tout cas avec Joe, l'homme qui était incapable de faire rire sa femme. La femme décrite par Simon et la femme que Joe ne parvenait pas à faire rire n'étaient pas la même femme, c'était deux personnes différentes, à tous égards, à ceci près qu'elle était bel et bien la femme qui m'avait envoyé ces deux messieurs.

« Tu... tu vas tout enlever.

– Joe.

– Ne me regarde pas comme ça.

– Joe, tu as bu.

– Ivre ou à jeun... je vais te payer. Trente deniers d'argent, je crois que c'est la norme... le tarif du marché pour ce genre de trucs. Ça en fait dix de ma part, dix de sa part à lui et dix de la part d'Anna. Tu ne l'aimes pas, mon fils ? Je t'ai toujours dit qu'il était mignon.

– Joe, si tu veux parler...

– Oh, je veux bien parler... mais pas seulement. Je te veux, toi... sur le ventre, s'il te plaît... le cul en l'air... Oh, ce qu'il est rond, ce cul.

– Joe, je peux tout te dire, je vais te raconter ce qui s'est passé, mais pas ici. Pas comme ça. Tu es hors de toi, ça se voit.

– Tu as raison. Ces derniers temps, je n'ai pas été très heureux. Le visage contre l'oreiller, s'il te plaît. Voilà, comme ça.

– Joe !

– Il y a un type que j'ai rencontré, Buchanan. Il te plairait.

– À mon avis, il faut d'abord qu'on se parle. On a besoin de se parler, Joe.

– Baisse la tête. Bonne fille, ça. Buchanan, il a une poignée de main incroyable. Il ne me lâche plus. À l'heure qu'il est, il garde encore ma main dans la sienne.

– Écoute, Joe, il a dormi quasiment tout le temps. On ne lui a pas fait le moindre mal.

– Si parfait, si rond. J'avais oublié à quel point il était parfait.

– Je peux comprendre que tu sois hors de toi. Je ne savais pas que Simon allait l'enlever, franchement... Je ne savais pas.

– Ce Buchanan, il garde encore une de mes deux mains dans la sienne, mais mon autre main est...

– Joe, qu'est-ce que tu vas faire ? »

Je lui ai demandé ça alors que j'étais à quatre pattes. Je ne l'avais jamais vu dans cet état.

« L'autre est dans ma poche et...

– Joe, il ne m'a pas dit qu'il allait enlever Sam. J'étais là quand il a ramené Sam à la maison, chez lui, mais je te promets que je... Tu veux que...

– Tu es bénie des dieux. D'une rondeur parfaite. Un vrai cadeau, a-t-il soufflé en me caressant les joues.

– Tu veux qu'on commence par ça, Joe ? Et ensuite on pourra se parler. C'est ça que tu veux ?

– Quand tu fais l'aumône, que ta main gauche ignore ce que donne ta main droite.

– Pourquoi tu n'entres pas en moi un petit coup, Joe ? Ça pourrait te détendre. Comme ça, non ?

– Voilà un petit quelque chose pour ta peine.

– Tu ne vas pas faire d'idiotie, hein, Joe ?

– Bien levé en l'air, ça rentre impeccable.

– Seigneur, qu'est-ce que tu fabriques ?

– C'est tout simplement ce que je te dois.

– Joe ! Qu'est-ce que... nom de dieu !

– Ah, la vie est un peu plus dure, en ce moment. Voilà, ça rentre impeccable.

– Seigneur dieu, Joe ! me suis-je écriée, horrifiée, et j'ai extrait le suppositoire de billets, je l'ai vu, là, dans ma main, c'était répugnant.

– Maintenant tu sais ce que j'ai pu éprouver, salope.

– Je pense que tu ferais mieux de t'en aller. »

J'en avais le souffle coupé. J'avais peur. C'est seulement quand ils te connaissent, ne serait-ce qu'un peu, qu'ils parviennent à t'humilier. C'est pour ça que les habitués constituent la vraie menace. Les gens s'imaginent qu'avec les habitués, on est plus en sécurité. Je le croyais, moi aussi. Quelqu'un de nouveau, par définition, on ne le connaît pas. Il est capable de te barrer la sortie. Mais s'il te barre la sortie et si toi tu es au lit, il ne peut plus te toucher. Et s'il laisse tomber la sortie, tu te précipites vers la porte, ou tu te précipites sur lui. Il peut t'agresser, mais ça aussi, tu le vois venir, et tu appelles à l'aide. Et le petit nouveau tout seul tout nu devant toi n'est pas plus prédisposé que les autres à s'offrir une crise psychotique violente dans ce genre de décor.

Le plus dangereux, c'est l'habitué. Il y a plusieurs raisons à cela. Avec lui, ce que tu sais, ce qu'on t'a appris, ton ancienneté dans le métier ne t'aident pas. Tu es plus exposée à baisser la garde. Quand tu es fatiguée ou un peu triste, pourquoi pas, lorsque tu es seule ou quand quelque chose dans ta vie te fait souffrir, un habitué – un habitué malin, intelligent – peut t'amener à lui faire confiance. Tu auras besoin de t'imaginer que vous êtes amis, juste un instant. Et puis un nouveau a généralement trop peur pour se risquer à te gifler ou à te taillader – s'il n'a pas peur, tu le sentiras. Chez eux, la maladie mentale, tu la flaires, sur leur peau, dans leurs cheveux. Et même si tu ne la flaires pas, il est tout de même peu probable qu'il aille trop loin. Tu auras toujours le temps de sortir ou de trouver de l'aide. Mais un habitué, un malin, celui qui se souvient de ton signe astral, celui-là, il sait s'y prendre pour t'humilier. Il est capable de piger ce qui t'arrive, les jours avec et les jours sans, et de te le renvoyer à la gueule, en plein dans l'œil, histoire que personne ne puisse se méprendre sur la nature de son geste. Il peut se débrouiller pour que tu te sentes définitivement idiote de t'être crue autre chose que l'esclave des besoins des hommes, avec le prix de ton esclavage niché bien au chaud dans son portefeuille, à côté de la photo de sa femme et de ses gosses, ou alors au creux de son poing convulsivement crispé sur ses clefs de voiture. Qu'il en ait conscience ou pas, c'est le genre d'humiliation que seul un habitué est capable de t'infliger.

C'était allé assez loin. Je ne savais pas ce qu'il voulait faire d'autre. Je suis arrivée à me redresser, j'ai attrapé au vol l'interphone mural et j'ai appelé la sécurité.

« Hé ! a-t-il fait en levant les mains en l'air, comme s'il obéissait à la menace d'un cambrioleur de dessin animé. Tu n'avais pas besoin d'appeler.

– Je crois que tu ferais mieux de partir. »

J'étais sous le choc.

« Mais il y a tant de choses dont il faut qu'on cause. »

La porte s'est ouverte brutalement. Je me suis couverte, et deux gars du personnel sont entrés et l'ont soulevé en le tenant chacun par un bras.

« Allons, monsieur.

– Qu'est-ce qui se passe ici ? J'ai payé. J'ai payé, bordel. Il y a pas de problème, ici. J'ai payé, putain. »

2.

Si je ne m'étais pas sentie coupable, j'aurais réagi plus vite. À ses yeux, j'avais enfreint un code. Le problème, c'est que je l'ai compris dès que j'ai vu son visage. Il était soûl, en colère, et le sentiment de trahison qu'il éprouvait était authentique, plus authentique

que cette chambre, et en lisant ce sentiment de trahison sur son visage, j'ai compris, pour la première fois, à quel point il devait se sentir trompé. Aveuglée par ma pitié et ma culpabilité, je n'ai pas lu la menace dans ses yeux, dans sa voix et sa manière de se tenir, là, debout, devant moi, nu jusqu'à la taille. Quand il y en a un qui devient mauvais, tu ne dois pas perdre ton temps à t'imaginer que tu es responsable. Tu te tires de là et tu te précipites sur l'interphone. Mais Joe, j'en savais trop sur lui. Je savais qu'il était lié à des gens que j'aimais. Enfin, lié à Simon. J'ai beau savoir où vont les pensées de Simon, je pense tout le temps à lui. Impossible de le voir, maintenant.

J'avais eu l'impression qu'on faisait des progrès, des progrès en tant que couple. C'était vrai. Il y avait davantage de partage. Jamais je n'ai été aussi proche de quelqu'un. J'étais convaincue de l'aider, moi aussi. Et puis le voilà qui devient fou, qui fait un truc fou, tellement fou que maintenant je n'ai plus le droit de le voir. Je n'avais pas saisi que toutes ses questions, ses questions incessantes sur leur existence, étaient destinées à faciliter cet enlèvement. La police n'y croyait pas, et Joe avait encore moins de raisons d'y croire.

Il y a plein d'hommes : le bon coup d'un jour, le fêtard de Noël, l'ado éjaculateur précoce et, bien sûr, le client régulier. Tu peux tous les imaginer te faisant du mal, d'une manière ou d'une autre. Des types au visage grotesque ou simplement stupide, un visage insensé que vous découvrez quand vous vous réveillez en nage ; des types à l'haleine putride qui se fourrent dans votre nombril pendant des heures, des jours ; et leur odeur corporelle vous reste, vous avez beau prendre je ne sais combien de douches, vous avez beau vous frotter, elle reste ; des types qui vous font vomir à sec, même vos viscères – vous les auriez crus hors d'atteinte, vos viscères, et pourtant même vos viscères ont des bleus. Bien sûr, après toutes ces douches, ces savons, ces shampooings, ces conditionneurs, ces crèmes hydratantes et ces déodorants, ces sprays pour le corps ou ces parfums, le substrat physique de leur odeur a disparu. Les molécules porteuses de leur essence ont toutes été emportées par l'écoulement. Mais l'odeur vous reste logée dans la mémoire, le savon et l'eau sont incapables de pénétrer jusque-là, pas dans votre mémoire. Rien n'est aussi évocateur que l'odeur, rien n'est capable de vous ramener quelque part aussi vite et aussi sûrement. Mais Joe n'était pas de ces hommes dont l'odeur était la matière d'un cauchemar. Je n'avais rien contre lui.

Kelly, ma colocataire, m'avait même suggéré de lui soutirer des tuyaux boursiers, si ce n'est pour moi, au moins pour elle. Elle avait envie de jouer sur les marchés, pas juste une ou deux fois, mais sérieusement, régulièrement. Elle pensait que ses compétences en la matière pourraient être son ticket de sortie du métier, et le mien aussi, si je voulais. Mais elle n'aura jamais son ticket de sortie. Quand elle s'en ira, ce sera parce que les marchés l'auront jetée de son lit.

« Pourquoi je ne pourrais pas avoir un courtier en Bourse comme client régulier ? se plaignait-elle. Franchement, tu devrais te servir de lui. Le faire parler. Lui tirer tout ce qu'il sait.

– Seigneur, Kel, voilà que tu parles comme Simon, maintenant. Il me répète la même chose.

– Non, pas du tout. Moi, je veux juste savoir quoi acheter, quoi vendre, les bonnes start-up Internet, ce genre de choses. Lui, ce qu'il veut savoir... Je ne sais pas ce qu'il a envie de savoir. Lui, il a envie de tout savoir sur ce type et sa femme, hein, c'est ça ?

– Enfin, oui, c'est ça.

– Angie, j'espère que ça ne t'ennuie pas que je te raconte ça. Je veux dire, franchement, faut regarder les choses en face, mais... ton fiancé, il est un peu dingue.

– Ouais, c'est vrai. » Je ne pouvais qu'être d'accord. « Et alors ?

– Non, vraiment, mon cœur, je ne veux pas dire... tu sais... juste un peu rêveur. Il est un peu... dérangé, non, avec tout ça... C'est comme s'il espionnait.

– Hé, Kel, c'est mon fiancé ou le tien qui voulait te filmer en vidéo pendant que tu faisais ça avec un chien, bordel, un chien, et après il voulait que cette cassette lui serve à lancer sa carrière dans le porno ?

– Je ne le vois plus.

– Vraiment ?

– Non.

– Depuis quand ?

– Depuis que je lui ai dit que je ne voulais plus le voir.

– Dommage. Il était mignon, ce chien.

– Ouais. C'était même pas le sien.

– Il l'avait volé ?

– Non, emprunté. Remarque, quand il a vu à quel point il me plaisait, il m'a dit que c'était le sien.

– Et menteur, avec ça ?

– Un vrai trou du cul », a-t-elle convenu.

Kelly est un peu plus jeune que moi, mais elle est dans le métier depuis plus longtemps. Je l'aime beaucoup. Quand j'ai commencé, elle m'a prise sous son aile, et on a fini par veiller l'une sur l'autre. Elle est gentille, mais je doute qu'elle ait jamais rien éprouvé de profond pour qui que ce soit. Ni que cela lui arrive jamais. En lui permettant d'évoquer ma relation avec Simon, je l'apprivoise. Elle et moi, nous sommes différentes sur tellement de plans. Et Simon fait partie de ces différences. Si je suis moins enfantine qu'elle, moins infantile et moins enfantine, c'est grâce à Simon. Je n'ai rien de particulier, sauf que je l'ai rencontré. Elle, elle ne rencontrera jamais quelqu'un comme lui.

Mais avant que nous ne soyons intimes, Simon et moi, il m'arrivait de considérer Kelly comme la seule personne à qui je pouvais parler et, rien que pour cela, elle restera chère à mon cœur. À présent, elle est de nouveau la seule à qui je puisse parler, avec Alex, je suppose, mais lui, quand je lui parle, je me sens un peu mal à l'aise. Mal à l'aise ou pas, c'est ce que je suis en train de faire, en ce moment même. Pas parce qu'il est psychiatre, mais parce que c'est le psychiatre de Simon. Enfin, c'était. Peut-être qu'il l'est toujours, s'ils vous autorisent à recevoir la visite de votre psychiatre, en prison. Mais ces deux-là aussi, je m'attends plus ou moins à ce qu'ils se brouillent.

En fait, c'est bien avant que Simon n'enlève ce petit garçon que leur relation est devenue amicale plus que professionnelle. Alex nous retrouvait pour prendre un verre, chez Simon ou à l'Espy. Tous les deux, ils partaient marcher dans Elwood ou St-Kilda. Parfois, je les accompagnais. J'aimais être là, c'est tout. Je me souviens de nous trois marchant le long de la jetée de St-Kilda, un jour. Le ciel était couvert et venteux, et je me sentais comme jamais je m'étais sentie, tellement bien, ça m'a surprise, sans que je sache trop pourquoi. C'était avant ce que j'ai fini par appeler, du moins pour Kelly, mon « désagrément ». Simon dissertait, comme souvent, et j'essayais de ne pas trop l'embêter avec ce que je ressentais, tout ce bien-être.

« Tu as déjà lu un roman dans lequel le héros ou l'antihéros, celui que tu aimes bien, ou simplement celui dont tu suis l'histoire, enfin, bon, le personnage en question commet un crime, disons, un acte violent. À qui va ta sympathie ? Tu devrais plaindre la victime de ce crime, mais tu n'y arrives pas. Pourquoi non ? Dans la vie normale, ta vie, tu condamnes toute forme de violence, et pourtant tu ne condamnes pas cet acte de violence-là, en dépit de sa brutalité. Peut-être la victime te déplaît-elle. Ou alors ce n'est pas qu'elle te déplaise, mais enfin, tu ne débordes pas de tendresse pour elle. Alors, où va ta sympathie ? Qui vas-tu plaindre ?

– Qui ? L'auteur du crime, ai-je répondu.

– En partie. Il dit vivre en subissant les conséquences morales et pratiques de son geste, la culpabilité, le désordre, la peur d'être découvert. Oui, mais qui d'autre ?

– Je ne sais pas. Qui d'autre ?

– Toi, le lecteur, Ange. Le lecteur s'apitoie sur son propre sort.

– Pourquoi ? est intervenu Alex. Parce qu'on l'a piégé, parce qu'on a amené ce lecteur à considérer cette scène violente comme moralement ambiguë, ce qu'en fait, elle n'est pas du tout ?

– Non, parce qu'il s'est identifié à son personnage préféré, l'auteur du crime et, du coup, il partage sa culpabilité et ses craintes.

– Je ne saisis pas », ai-je dit.

Simon s'est expliqué, tout en marchant.

« Le fait est que les lecteurs s'identifient généralement à tel ou tel personnage d'une histoire, ce qui leur permet d'échapper aux problèmes et à l'ennui de leur propre existence. C'est la première raison qui les pousse à lire des romans. Ils ont besoin de s'identifier à un personnage ou à différents personnages, à différentes époques, si c'est une histoire réaliste, pour s'y laisser happer. Et ils ont besoin d'être happés par l'histoire, qu'elle les aspire, parce qu'ils veulent échapper à leur vie l'espace d'un instant. C'est un besoin, un besoin que tout lecteur reconnaît, au moins inconsciemment et...

– Tu ne peux pas reconnaître quelque chose inconsciemment, a relevé Alex.

– Pourquoi pas ? lui ai-je demandé.

– Réfléchis, a repris Alex, toujours bienveillant. Si c'est inconscient, tu ne vas pas reconnaître la chose. Puisque tu n'en as pas conscience.

– Ah, oui, d'accord.

– Simon, a poursuivi Alex, tu viens d'employer deux verbes : " happer " et " aspirer ".

– Oh, Alex, tu ne vas pas me sortir tes interprétations freudiennes à la con, pas à moi. Pour une fois que mon raisonnement est pertinent.

– Enfin, quoi qu'il en soit, je pense que tu te trompes. Tous les romans ne sont pas une forme d'évasion, on ne les lit pas tous uniquement pour se distraire. La fiction, en tout cas certaines fictions peuvent aussi nous mettre en face de vérités qu'autrement nous n'aurions jamais découvertes. La fiction peut nous apporter un recul que nous n'aurions jamais trouvé ailleurs.

– Ouais... j'imagine que tu as raison... Je n'en sais rien. C'est souvent, en ce moment, que je n'en sais rien. »

Je n'avais jamais rencontré de gens qui s'expriment comme cela devant les autres, avec une clarté digne d'un cours de littérature. À l'époque, je ne savais pas ce que c'était qu'un lapsus freudien, pas exactement. Ils se rendaient bien compte que j'avais du mal à suivre une conversation qui, à mon avis, même à ces moments-là, ne devait être pour eux qu'une joute verbale, une succession de propos à l'emporte-pièce qu'ils ne prenaient pas très au sérieux. En revanche, moi, ils me prenaient au sérieux. Ils me prenaient au sérieux comme jamais on ne m'avait prise au sérieux. On s'entendait bien, tous les trois et, à eux deux, ils m'ont aidée à tenir le coup.

« Enfin, il y a peut-être du vrai dans ce que tu dis, Simon », a continué Alex.

Pendant ce temps-là, moi, je ne saisissais que par intermittence, comme quand on capte mal sur un téléphone portable.

« Si, aux yeux du lecteur, l'écrivain est capable de traduire convenablement les forces sociales et psychologiques qui animent un personnage dont le comportement est inacceptable... – et cette faculté n'est-elle pas la marque du bon écrivain ? –, alors le lecteur finira par s'apitoyer sur le personnage en question. Et, dans la mesure où il s'identifie avec lui, c'est finalement sur lui-même qu'il s'apitoiera. Tu conviendras que ça signifie la fin du méchant en littérature ?

– Ah non ! pas du tout, me suis-je écriée avec un aplomb qui n'était fondé sur rien, sauf ma joie d'être là. Le méchant existe toujours. C'est l'auteur, le méchant, parce qu'il pousse le lecteur à s'apitoyer sur lui-même. »

Sur quoi, les deux hommes se sont arrêtés pour échanger un regard avant de rire aux éclats. Et puis Simon m'a prise dans ses bras et m'a serrée si fort que le vent a cessé de souffler. À ce moment-là, on était arrivé au bout de la jetée.

J'ai essayé de revivre cet épisode, de le préserver exactement tel qu'il était. Rien que d'être avec lui, j'avais l'impression d'aller bien, de ne rien faire de mal, de n'avoir jamais rien fait de mal de mon existence, d'être propre et nette. Ce n'était pas seulement son intellect, c'était sa gentillesse et sa compréhension à mon égard. Sa gentillesse n'était pas le produit de je ne sais quel relativisme New Age – la formule est de lui – qui s'interdirait de juger. Il pestait contre ce genre de tendances. Il lui arrivait de se mettre en colère, mais jamais contre moi. Même aujourd'hui, ce n'est pas de la colère, pas vraiment. Et même si nous étions tout le temps en train de rire, il n'a jamais ri de moi. Il ne pensait pas que j'avais gâché ma vie, que j'avais commis quelque chose d'irréversible. Il n'excluait pas que je puisse étudier ou me trouver un boulot dans une de ces nouvelles sociétés Internet. À son avis, j'étais super. Mais maintenant, j'ai tout gâché, même ça.

Un soir, peu de temps après notre première rencontre, il m'a emmenée faire une longue promenade au bord de la Yarra, pas tout près de la ville mais entre Hawthorn et Kew, en passant derrière les maisons de ceux qu'il appelait les riches. J'étais à Melbourne depuis peu ; il m'avait dit que, si j'avais l'intention de gagner ma vie en couchant avec les maris, les pères et les fils des familles aisées, il fallait que je voie où ils vivaient et à quoi ressemblaient leurs maisons. On a marché et parlé pendant un bon moment, sans se toucher. C'était une soirée très tranquille, la lune était pleine, parfaite. J'étais certaine qu'il éprouvait la même chose que moi, qu'entre nous deux, cela n'avait rien d'un rendez-vous avec un client, et tout d'une sortie, comme quand on est très jeune.

On était là, debout au bord de la rivière, un peu gêné aux entournures, il était près de minuit, on se questionnait du regard en silence.

Il avait l'air si vulnérable. Il avait peur, après Anna, peur de s'engager dans une liaison, peur d'avoir mal. Et moi j'étais aux anges. J'avais toujours espéré un jour rencontrer un être avec lequel je me sentirais comme je me sentais en cet instant. Tout le monde espère ça. Mais moi, je l'avais trouvé, et en plus il était au courant de ce que je faisais. Je l'avais trouvé dans la rue. Combien de chances y a-t-il pour que ça se passe ainsi ? Il m'a dit qu'il n'était pas en train de chercher une fille, il marchait, c'est tout. Quand je lui ai adressé la parole, il n'a pas compris que je lui proposais de faire ça pour de l'argent. En tout cas, il me l'a affirmé. Pour moi, notre rencontre a été le début de la fin d'une période terrible.

Il dira que c'est à cause de moi qu'il vit une période terrible, et, d'accord, il vit une période terrible. Mais il aura beau dire, ce n'est pas ma faute. Ce que j'ai fait, je l'ai fait du fond du cœur, parce que j'éprouvais à son égard des sentiments que je n'ai jamais éprouvés pour quelqu'un. Peut-être comprendra-t-il, un jour. Enfin, pour l'instant, j'ai mal. Mon sommeil est pénible et je me réveille en criant. À force de m'agiter, les muscles de mes jambes me font mal. Il faut que je me force à manger. Et quand je crois l'apercevoir dans la rue, ce qui n'est pas rare, il m'arrive de fondre en larmes.

Je crois le voir traverser la rue, mais je sais que ce n'est pas lui, que cela ne peut pas être lui. Et si j'y regarde de plus près, je vois bien que ça ne lui ressemble pas. De plus en plus souvent, il me suffit de vaguement entrevoir au loin la silhouette d'un homme à l'air un peu juvénile pour m'imaginer que c'est lui, et cela m'est douloureux. Je garde encore en mémoire quel luxe c'était pour moi de pouvoir lui dire que je l'avais vu ou cru le voir quelque part. Je ne pourrai plus jamais le lui dire. Ça, il me l'a assuré.

Je suis incapable d'exprimer l'étendue de ma douleur. Même si je parvenais à expliquer tout ce qu'il m'a apporté, la joie, le savoir – même si je pouvais communiquer cela à quelqu'un, ce ne serait que la première étape. Ensuite, il faudrait que je puisse faire comprendre à ce quelqu'un à quoi ça ressemblait d'avoir eu tout ça, même par hasard, et de l'avoir perdu. De toute façon, à l'étape d'après, j'aurais perdu le peu d'individus capables de me suivre jusque-là. Je n'attends pas des autres qu'ils parviennent à se représenter ma douleur quand Simon affirme que tout est ma faute, que je suis responsable de son arrestation, de son incarcération. Quand je lui explique avoir simplement essayé de le protéger contre lui-même, il me répond que je n'avais aucun droit d'intervenir dans son existence. Mais, en vérité, je n'avais pas le droit de ne pas intervenir. Il m'a appris cela. Il me répétait sans arrêt qu'intervenir avec bienveillance relevait d'un impératif moral. Je n'ai fait qu'appliquer ce principe. J'ai appelé la police parce que j'ignorais combien de temps il allait retenir ce petit garçon. Simon n'allait pas vraiment bien ; ça ne datait pas d'hier. Il avait besoin d'aide. Inutile de faire appel à un psychiatre pour s'en apercevoir. Quelqu'un de bien dans sa peau n'aurait pas agi comme il l'a fait. Je me disais qu'il allait revenir à la raison et tomber d'accord avec moi. Plus tôt cela se terminerait, plus facile ça lui serait de s'en rendre compte. Donc j'ai appelé la police, parce qu'on n'en finissait plus. Je n'ai pensé qu'à lui. Je ne lui ai jamais parlé de mon « désagrément ». C'est comme ça que j'appelais la chose, mon « désagrément ».

3.

Quand nous nous sommes rencontrés, je n'étais pas à Melbourne depuis très longtemps. J'avais fui Adelaïde quelques semaines (sûrement moins de deux mois) auparavant et, déjà, ma vie avait pris quelques tournants inattendus, des tournants non organisés par mes parents. Ils savaient que j'étais à Melbourne, mais je ne leur communiquais aucun numéro de téléphone. Je ne voulais pas qu'ils soient au courant de mes fréquents déménagements. Et aussi, je ne supportais pas de les entendre me rabâcher dans quel « scandale », c'était leur terme, leur fille si belle et si privilégiée les avait impliqués. Et aussi, je détestais mon père.

Les scandales de ce genre, ils finissent par sembler bien pâles à côté de ceux de la vraie vie. Mais on n'était pas dans la vraie vie. On était dans la vie de mes parents. Dans le monde des parents des fils et des filles qui fréquentaient les écoles privées d'Adelaïde, le monde des anciens élèves de ces écoles privées, à savoir mon père et les clients réguliers de sa pharmacie. Mon père avait été un héros de l'équipe de football locale et, en une occasion, il avait même représenté l'État. Un honneur qui demeurerait présent à son esprit chaque jour de son existence. Ma mère était une femme trophée. Il avait réussi à graver en elle sa fierté, ses valeurs et sa vision du monde. Et sa volonté.

Côté distribution des trophées génétiques, j'ai hérité des ongles de ma mère, de leur force et de leur galbe magnifique, mis en valeur par les manucures que je dois fréquenter pour décrocher les meilleurs rendez-vous, surtout quand je fais l'escort girl. Les hommes remarquent les ongles des femmes qu'ils paient. Pour des présentations qui ne durent pas plus de quarante secondes, cela suffit. Ma mère prenait soin de ses ongles, ce qui mettait mon père en rage. Il me soutient que je lui ressemble trop, mais, à mon avis, il se trompe.

J'ai hérité du visage et de la silhouette de ma mère, mais tout le reste me vient de lui. Mon père et moi, nous sommes très entêtés, et c'est peut-être pour cela qu'on s'entend si mal. Qu'il ait atteint l'andropause quand j'ai atteint la puberté n'a rien arrangé. Quand j'ai cessé d'être une petite fille pour ressembler à une jeune femme, portrait craché de la jeune femme qu'il avait choisi d'épouser à une époque où il avait eu le choix comme jamais il ne l'a eu depuis. Après quatre enfants (j'ai trois frères), ma mère n'avait plus du tout l'air de cette jeune femme-là. Moi, si. C'est à cette période qu'il a eu l'air de perdre son équilibre.

Lorsque j'étais adolescente, on se disputait sur tout. J'avais beau être une élève au-dessus de la moyenne, membre actif du groupe de discussion et un peu danseuse, je détestais l'établissement que je fréquentais. Mais mon père tenait à ce que j'y reste. Tout ce qui me faisait du mal était censé me faire du bien. Nous habitions juste à côté. C'était une grande école privée, d'architecture et de culture victoriennes. Lourds uniformes, bandeaux kaki dans les cheveux, deux heures de colle pour un sous-vêtement pas correct, sport obligatoire après les cours, hypocrisie sentencieuse du personnel dont la vigilance et la sévérité ne savaient pourtant jamais repérer – sans parler d'empêcher – les cruautés et les humiliations que les filles en vogue faisaient subir aux filles les plus faibles. Et tout cela à deux pas de chez moi. Ça continuait même le week-end, quand les filles venues des autres villes, les pensionnaires, régnaient sans partage. Je voyais tout, j'entendais tout. Ça se passait juste à côté de chez nous, et mon père trouvait que c'était bon pour sa fille.

« Mais enfin, Angela, tu as des amies là-bas. Je le sais. Je les ai vues. »

Il les avait vues, en effet. Tout à l'arrière de notre maison, il y avait deux pièces qui donnaient sur le terrain de l'école. L'une de ces deux pièces était ma chambre, et l'autre une sorte de salle de jeux, où j'avais installé mes oiseaux. J'élevais des oiseaux. Je me souviens qu'un soir, en rentrant de mon cours de danse, vers huit heures, j'avais trouvé quatre filles dans cette salle de jeux, en train de fumer. L'une d'elles m'a expliqué qu'elles étaient là depuis à peu près trois heures et demie de l'après-midi. Je les connaissais mais ce n'était pas des amies. C'était des filles plus âgées, des pensionnaires, pratiquement toutes de la campagne, qui avaient l'habitude de se faufiler dans le jardin derrière la maison pour fumer, échanger des ragots, lire des magazines, seule façon d'échapper au puritanisme borné de l'école. Chaque fois que je les voyais là, elles faisaient semblant, une minute, de s'intéresser à ce que je devenais. Elles faisaient mine d'être mes amies. Mais elles n'ont jamais vraiment été mes amies. Sauf Suramia, la fille du Sri Lanka. Elle, c'était différent.

Ce soir-là, je les ai donc trouvées dans la maison. Elles fumaient mais mon père fermait les yeux, alors que si j'avais fait pareil, il m'aurait tuée. Pourquoi est-ce qu'il ne les réprimandait pas ? Parce qu'elles étaient trop nombreuses ? Parce qu'elles étaient de sacrés numéros, trop menaçantes, trop effrontées, trop voluptueuses pour qu'on ose leur faire des remontrances ? Peut-être aussi trop excitantes ? C'est pour ça, sans doute, qu'il leur a proposé du thé et du café. Autant que je me souvienne, il n'avait jamais fait le thé ou le café de sa vie, pour personne. C'était resté un des devoirs de ma mère.

Cette hospitalité de mon père, cela ne lui ressemblait vraiment pas, en tout cas, je me le suis dit, sur le moment. L'ironie a été que son intérêt particulier pour Suramia, la Sri Lankaise, a indirectement contribué à ma rupture avec lui et à mon départ de la maison. Suramia a réagi avec une gratitude désarmante et pleine d'innocence à mon accueil (ou plutôt celui de mon père), qu'elle trouvait chaleureux. Nous sommes donc devenues amies – une amitié aux débuts très timides, en tout cas de ma part.

Après cette première fois, les visites du week-end sont devenues régulières. Détail à souligner, mon père continuait de traiter les filles avec cette espèce de bonhomie qu'il réservait d'ordinaire à ses vieux copains du foot. Il était surtout très attentif à Suramia. Il est vrai qu'elle faisait de l'effet. Et pourtant, sur l'immigration, il exprimait des opinions que Simon, quand je lui ai rapporté ses propos, a jugé dignes des lois raciales de Nuremberg.

Mon amitié avec Suramia est née en marge de ces incursions. On allait au cinéma et, quand le temps le permettait, on partait marcher sur la plage. Je suis même sortie dîner chez elle. Je dis « même » parce qu'elle n'avait pas trop envie que je découvre son modeste foyer familial. Elle avait honte, m'a-t-elle confié plus tard, non de leur relative pauvreté, mais des sacrifices que ses parents s'imposaient pour lui permettre de fréquenter une école privée, et qu'elle acceptait. Ce n'était pas à cause des frais de scolarité – elle avait obtenu une bourse complète, qui incluait le montant de la pension –, mais des simples dépenses annexes : les uniformes, les excursions dans des États voisins ou les occasions mondaines dont l'école était si fière suffisaient à grever leur budget. Ses parents étaient sans prétention aucune, des gens plutôt effacés, mais pas au point de masquer leur chaleur humaine. Son frère, Romesh, de deux ans plus âgé que Suramia, en licence d'informatique, était réservé mais il possédait un charme subtil. Je l'aimais bien. Sans doute parce qu'il me paraissait plus mûr que les garçons auxquels j'étais habituée. Mon père avait beau être au courant de mon amitié avec Suramia, il n'a jamais fait le moindre commentaire. En tout cas, pas tant qu'elle est restée dans cette école, et que ses amies et elle ont utilisé notre pièce du fond comme refuge occasionnel.

Environ un an plus tard, quand j'ai entamé une licence de lettres, je suis retombée sur Romesh. On s'est beaucoup vu. Il était très bon pianiste, il m'emmenait à des concerts de musique classique, cela me plaisait, et moi je l'emmenais au théâtre. Il faisait semblant d'apprécier mais, à mon avis, il n'aimait pas vraiment.

Dès le début de l'adolescence, j'avais eu des amis garçons et des amoureux. Mon père ne s'en est quasiment jamais aperçu, même pour ceux dont il a fait la connaissance. C'était ses garçons de course à la pharmacie, les fils de ses amis ou, à l'occasion, le fils d'une relation remontant à l'époque glorieuse de son football. Et il y en a eu d'autres. En général, c'est vrai, je me montrais cruelle avec eux – je découvrais tout juste le genre de fille que je devenais ; eux et moi, nous nous rencontrions au mauvais moment. Ce n'était pas notre faute. C'était une ingénuité que nous avions en commun. Ils avaient autre chose en commun : ils ne menaçaient aucun ordre établi, et certainement pas celui de mon père. Mon père réagissait violemment à tout ce que je faisais. Il a donc réagi violemment à mon amitié pour Romesh.

Pas à cause de ses origines sri lankaises, insistait-il. Oh non, mon père n'était pas raciste. Mais il fallait rester entre nous. Et ces gens-là devaient en faire autant. « Tu sais, je ne les traite pas différemment de nous. » Il n'en démordait pas. On se disputait tout le temps.

En partie, je crois, à cause de la solitude de Romesh, et en partie à cause de l'hostilité doctrinaire de mon père à son égard, nous avons fini par avoir une relation physique. Romesh était puceau, c'était évident, moi non. Mes notions de contraception tenaient davantage de la roulette russe et des préceptes du Vatican que des pilules dosées aux œstrogènes et à la progestérone ou des préservatifs. Dès ma première année, au début du deuxième semestre, je me suis aperçue que j'étais enceinte.

Pendant un moment, je me suis exilée dans la dénégation. C'était parfait le temps des vacances, mais pas plus ; au bout de deux mois, je suis revenue dans le monde réel. La première réaction de mon père, quand j'ai enfin réussi à avouer, a été celle que j'attendais. Comment regarder ses amis en face, ses clients, les membres de son club ? Et puis, un enfant illégitime, ce n'était pas du tout dans mon intérêt non plus. Mais il n'a pas insisté pour que je me fasse avorter. Tout au moins pas avant que, sous la pression de ses questions incessantes, une semaine plus tard, je lui confirme ce qu'il soupçonnait, ce qu'il redoutait. Mon père est devenu fou furieux. Un salopard, c'était déjà une mauvaise nouvelle, mais un salopard de couleur, c'était l'atteinte suprême contre ses préjugés les plus chers. Écumant et tempêtant, il a exigé que je me fasse avorter. Il dégueulait un racisme d'autant plus obscène qu'un an ou deux plus tôt ses rencontres si peu fortuites avec Suramia le faisaient saliver sans qu'il s'en cache le moins du monde. Son insistance relevait d'un fanatisme impitoyable. À onze semaines de grossesse, j'ai cessé de résister.

Il y avait six ou sept femmes qui patientaient dans la salle d'attente. Nous étions trois à être seules. En face de moi, une jeune femme était là avec son mari ou son petit ami, et leur fils. Le petit garçon était irrésistiblement attiré par la télévision installée dans un coin de la pièce et, visiblement gênés, ses parents lui répétaient de se tenir tranquille.

« Il s'amuse, il prend ça pour un ordinateur. Il est dingue des ordinateurs », expliquait le père à voix basse.

Romesh n'a jamais su que j'étais enceinte. Je me figurais que, en ne lui disant rien, j'escamotais le fait.

Mon regret et ma honte ont été immédiats, inextinguibles. Ainsi que ma colère contre mon père, qui m'avait poussée à commettre cet acte. Ce soir-là, quand il est entré dans ma chambre, je pleurais dans mon oreiller. Ma mère avait dû m'entendre, et le prier d'aller me voir. Si, au lieu de lui, c'était elle qui avait pris la peine de venir, tout se serait peut-être passé différemment.

« Angela, tu sais à quel point tu m'as contrarié avec cette histoire. Mais cela m'aurait encore plus contrarié si tu avais gardé l'enfant. Tu as agi comme il fallait, c'était la seule chose à faire. »

Nous étions dans le noir. J'étais couchée sur le ventre, je sanglotais. Je n'ai pas prononcé un mot, dans l'espoir de l'entendre me dire au moins une fois que mes propres sentiments comptaient aussi, même s'il ne le pensait pas. S'il m'avait retournée, s'il avait allumé la lampe de chevet, s'il m'avait redressée pour me dire, pour me dire n'importe quoi, il aurait vu que j'avais le visage couvert de vomi. Mais il n'a rien fait. La compassion de mon père n'allait pas au-delà de l'enveloppe charnelle, de cette peau qui le contenait tout entier et, rien que pour ça, je le détestais, à cause de ce nombrilisme démesuré qui excluait l'autre – autant que pour son racisme et son hypocrisie.

J'avais envie de lui échapper, de m'échapper de cet avortement, de cette culpabilité, d'Adelaïde, de tout.

4.

Dès le lendemain, à l'heure où la maison s'ébrouait dans la lumière blafarde du matin, avant que ma mère n'épluche et ne découpe le fruit qu'elle posait sur le bol de céréales de mon père et qu'elle ne mette à bouillir l'eau de son café, avant même qu'elle n'aille ramasser le journal sur le perron, j'étais partie. J'avais fourré dans une valise tout ce dont je pensais avoir besoin, j'avais pris un taxi pour la gare de Keswick et j'étais montée dans un train pour Melbourne. Là-bas, je le savais, personne ne me connaissait, personne, sauf une des filles de la bande de pensionnaires qui avait transformé les pièces périphériques de la maison en foyer annexe.

On m'avait dit qu'elle habitait Melbourne. J'ai trouvé son numéro de téléphone dans l'annuaire et, à ma grande surprise, elle a accepté que je m'installe chez elle, pour un temps. Elle travaillait dans la publicité, pour son petit ami qui était copropriétaire d'un night-club. Par leur intermédiaire, j'ai rencontré un tas de gens branchés, comme on dit, je me suis enfilé pas mal d'ecstasy, j'ai sniffé beaucoup de cocaïne et j'ai couché avec autant d'hommes qu'il m'en fallait pour oublier Adelaïde. J'imagine que j'en avais besoin.

J'avais le sentiment de ne pas grandir assez vite. Je ne payais jamais le moindre verre, et rarement ma drogue. Je bougeais beaucoup, j'habitais chez les gens que je rencontrais, hommes ou femmes, ça durait quelques jours ou parfois deux ou trois mois. Ils vivaient tous dans des endroits géniaux, à Prahan ou à South Yarra. Certains habitaient dans le centre. Tout était nouveau. Si je couchais avec un type plus de dix jours de suite, il devenait mon amoureux, et je m'arrangeais pour que mes amoureux me paient tout. Je rattrapais mon sommeil dans la journée, et je faisais le reste la nuit.

À l'époque où j'ai épuisé les capacités de ma carte de crédit, je couchais avec un garçon qui s'appelait Steve. Steve m'a demandé ce que je prévoyais, côté fric. Il ne me logeait que depuis peu et sa question était peut-être innocente mais je craignais qu'elle trahisse une impatience que je ne voulais pas exacerber. Je lui ai répondu que j'allais sans doute reprendre la danse ou me trouver un boulot de monitrice d'aérobic. Il m'a signalé qu'un de ses amis était tout le temps à la recherche de danseuses et qu'il pouvait m'arranger un rendez-vous. Quand j'ai découvert (j'aurais dû m'en douter) qu'il s'agissait de danser sur les tables, j'ai refusé.

« Essaie.

– Non. Je ne veux pas. Tu me prends pour qui ? »

Je savais pour qui il me prenait. J'étais sans un sou et sans un contact. Les portes de mes ex-nouveaux repaires se fermaient devant moi, et les habitués oubliaient déjà qu'ils m'avaient rencontrée. Ils n'avaient eu aucun mal à me repérer à l'autre bout d'une piste de danse, mais voilà que j'étais devenue transparente. Quand je leur lançais un appel, ils ne m'entendaient pas.

J'ai accepté ce boulot dans le club de l'ami de Steve. J'ai tenu deux soirs. C'était au-dessus de mes forces. J'étais trop gênée. Même maintenant, je ne pourrais pas. Aujourd'hui, je fais bien pis que de me déhancher sur une table, mais ça se passe en privé et mon unique spectateur est nu, lui aussi. Il y a là-dedans une forme d'égalité et, en un sens, j'ai même le dessus. Se trémousser toute nue sur une table, en talons aiguilles, au-dessus d'une bande d'ivrognes lubriques, cela ne vous confère aucun pouvoir. Le deuxième soir, j'ai renversé un verre sur un cochon de paralytique qui essayait de me prendre la jambe au lasso de sa cravate. Il s'est plaint et j'ai été renvoyée par le gérant de l'ami de Steve. Le temps que je me rhabille et que mon taxi arrive chez Steve, il savait déjà que j'avais perdu le super boulot qu'il m'avait déniché.

« Tu es là-bas pour ça. Avec les hommes, c'est comme ça. »

Il était furieux. Il m'a prévenue que, si je me figurais pouvoir vivre sur son dos, je me trompais lourdement. Je n'avais aucune éthique professionnelle. Je le dégoûtais. Il voulait que je parte de chez lui, dès le lendemain. Je l'écœurais. Il allait se mettre au lit. Je n'avais qu'à dormir sur le canapé. Je ne savais pas ce que j'allais faire. Je suis restée allongée pendant plus de deux heures, à me demander comment j'avais pu me fourrer dans cette situation. Je me suis imaginée que, si j'arrivais à raviver son intérêt pour moi, cela me permettrait au moins de gagner un peu de temps. Donc je me suis faufilée dans sa chambre. Il faisait noir, il n'y avait que la lueur du radio-réveil.

« Steve, ai-je chuchoté. Steve. »

J'ai trébuché sur des chaussures et j'ai basculé vers le lit, les bras tendus pour me protéger le visage. Il s'est redressé en sursaut, à l'autre bout du matelas, et je me suis rendu compte que sa main était posée sur une cheville. L'autre personne n'a pas bougé, Steve s'est levé et il m'a traînée dans le salon, jusqu'au canapé. Il m'a giflée plusieurs fois, dans l'obscurité. On s'est cogné dans les meubles. Il m'a dit que j'étais une catastrophe ambulante, une irresponsable, une roulure qui lui avait fait du tort auprès de son ami. Et, là-dessus, il m'a violée.

Steve grognait comme un animal, et il jurait, et il me faisait mal. Visiblement, quelque chose là-dedans l'éclatait. La femme qui était dans son lit a ignoré mes cris, mais après qu'il a eu fini, il est passé dans la salle de bains, elle m'a entendue sangloter et elle est venue me voir. La lampe du buffet s'est allumée. J'ai levé les yeux et j'ai découvert le visage complètement défoncé, ahuri de la fille de l'école qui m'avait hébergée à mon arrivée à Melbourne.

Le lendemain, je suis descendue dans un motel au bout de Carlisle Street. Le moins cher de St-Kilda. J'étais absolument sans un sou. Au coucher du soleil, ce jour-là, je me suis retrouvée dans la rue, à proposer une branlette à des messieurs roulant au pas dans leur voiture, pour quarante dollars. Quand suis-je devenue une prostituée, au juste ? Je l'ignore. Cela devait se situer entre le moment où, au fond de la maison de mes parents, mon père a joué pour la première fois les hôtes très accueillants avec les filles de mon école, et le coin de rue à St-Kilda, ce soir-là. Après ce viol, je me suis dit que, de toute façon, ils obtiendraient toujours ce qu'ils voulaient. Alors autant me faire payer pour.

5.

Depuis que je suis dans la prostitution, j'ai discuté avec beaucoup d'hommes d'affaires. J'ai beaucoup de clients dans les affaires. Ils sont tous différents, physiquement, psychologiquement et dans ce qu'ils attendent de nous, mais il y a une chose qu'ils répètent tous : si tu sais de quoi les gens ont envie, tu ne mourras jamais de faim. J'étais morte de faim, en effet, dans Carlisle Street, au sens où ils l'entendaient. Mais plus depuis. Je sais ce dont la moitié de la population a envie. C'est là que je l'ai compris. Mais je ne saisis toujours pas vraiment pourquoi. J'en ai parlé au docteur Klima – à Alex. Il est psychiatre. Il doit bien savoir, lui, pensais-je.

« Ah ! s'est-il écrié en riant quand je lui ai posé la question. Angel, il n'y a pas de réponse simple à cette question.

– D'accord, alors, faites-moi une réponse compliquée.

– Elle n'est pas du ressort d'une seule discipline.

– C'est-à-dire ?

– Eh bien, les anthropologues, les biologistes, les psychologues, les psychiatres et les neuropsychiatres se chamailleraient autour de cette réponse...

– Vous voulez que je vous dise ce que je crois ?

– Ouais, pourquoi pas, dites-moi ce que vous croyez.

– Je vais vous dire, des hommes, j'en ai fréquenté suffisamment, d'accord ?

– J'imagine que oui.

– Tout à l'heure, vous me parliez du besoin des hommes... que disiez-vous ?

– Leur besoin de se reproduire, de perpétuer l'espèce.

– C'est ça. Je comprends bien ça, mais moi je passe des heures et des heures avec eux, d'accord ?

– Oui.

– Alors laissez-moi vous dire que ceux que je vois, ils ne songent pas du tout à perpétuer l'espèce.

– Eh bien, je ne parlais pas d'un homme en particulier.

– Mais moi, c'est ce que je cherche à comprendre, la raison qui pousse certains hommes en particulier à venir chercher ça, à payer pour, à faire parfois des choses extravagantes pour ça. Pourquoi franchissent-ils notre porte, tous autant qu'ils sont, pas seulement chez nous, mais un peu partout dans cette ville, et certainement dans le monde entier ?

– En effet, pourquoi ? a acquiescé Alex.

– Et ils font ça depuis... je ne sais pas depuis quand. L'aube des temps, non ?

– Je n'en doute pas.

– Je veux dire, rien que pour ça, il y en a qui brisent leur mariage. Et ça les prend même quand ils aiment réellement leur femme. Je vois des hommes qui, à mon avis, aiment sincèrement leur épouse, et cela ne les empêche pas de mettre leur mariage, leurs enfants en danger. Ils risquent l'humiliation. Et en plus, certains de ces hommes tiennent absolument à ce qu'il y ait de l'humiliation à la clef. Alors ils ne font pas ça pour se sentir bien dans leur peau, en tout cas pas ces types-là.

– Donc, votre avis ?

– À mon avis, pour eux, c'est comme une drogue.

– En quel sens ?

– Alex, vous vous exprimez comme si vous n'étiez pas un des leurs.

– Hé, Angelique, laissez-moi en dehors de tout ça, voulez-vous. En quel sens dites-vous que le sexe agit pour les hommes comme une drogue ?

– Il leur permet de s'évader.

– D'accord, là, j'admets.

– Ce n'est pas uniquement à cause de l'orgasme, c'est le tout. L'avant, le pendant, l'après. Mais la vraie drogue, c'est l'orgasme. L'orgasme leur sert à s'évader.

– Leur médicament, c'est l'orgasme ?

– Exactement, il masque leur souffrance. Il agit comme un analgésique naturel ou même comme un tranquillisant. Ils en ont envie à ce point parce que c'est une sorte de tranquillisant naturel. Quand ils jouissent, on sent que ça les soulage de toute leur angoisse. Je le constate tout le temps. Quand ils jouissent, j'essaie de les observer, mais sans qu'ils s'en aperçoivent. Je ne veux pas les effrayer.

« Un truc stupéfiant, et ça se reproduit à chaque fois. Enfin, je crois. Parfois, j'oublie, ça m'échappe. D'autres fois, je ne pourrais pas les regarder, observer leur visage sans me trahir, donc je laisse filer. Mais sinon, je dirais que ça marche à tous les coups. Peu importe ce qu'ils ont traversé dans le courant de la journée ou dans la chambre, dès que c'est terminé, leur angoisse a totalement disparu. J'ai même vécu des situations effrayantes, par exemple avec un type énorme, une vraie montagne, très poli au moment des présentations et toujours en avance au rendez-vous. Et puis tout d'un coup, ça monte, ça monte, c'est presque fini, et il a ce regard de dingue, un regard irrationnel. Il est en sueur, il geint. Vous ne pouvez pas l'arrêter. Vous ne pouvez même plus communiquer avec lui. C'est juste avant l'orgasme, et c'est animal, il rugit, il tremble. Il pourrait me casser en deux, m'écraser la trachée, et je serais à peu près sans défense. Il est dans une espèce de transe effroyable. Ensuite il jouit, et toute la tension se relâche. Instantanément. Il a envie de s'enfouir le visage dans mon cou, il s'endort ou alors il reste étendu sans rien faire, et il souffle. À ce moment-là, il a l'air impuissant. Je pourrais lui faire n'importe quoi.

« Ils finissent tous comme ça, à cet instant, quand ils jouissent, ils sont tellement vulnérables, tous, les vieux, les jeunes, les Noirs, les Blancs, les Asiatiques. Parfois, à cette minute, ils m'attendrissent vraiment. À cette minute, ils me font tous l'effet d'être de petits garçons qui dorment. C'est cela qu'ils veulent, ce qui les plonge dans ce sommeil, ce besoin de dormir. Ils ne s'endorment pas toujours, mais à tous les coups ils sont libérés de leur stress.

« Enfin, je crois que c'est ça. Je sais que ça peut aussi marcher différemment. C'est bon pour leur ego, qu'on les traite comme s'ils étaient séduisants, comme s'ils étaient bons amants, et que ce soit de jolies femmes qui les traitent ainsi. Mais cela ne s'arrête pas là. Pourquoi éprouvent-ils le besoin de payer, même avec des femmes vieilles ou pas du tout attirantes ? Parce que, tant que personne ne les voit faire, peu importe ce qui les excite. Ce qu'ils sont tous en train de mendier... même si, comme les rats, ils n'en savent rien... c'est la promesse fugace de se libérer de toute angoisse, ne serait ce qu'un instant. Qu'en pensez-vous, Alex ?

– Comme des rats ?

– Bien sûr, pourquoi pas ?

– Intéressant.

– Mais vous, qu'en pensez-vous ? Que croyez-vous qu'il y ait derrière tout ça ? Quelle est l'explication scientifique, biologique ? »

Alex réfléchit un instant.

« L'orgasme, la physiologie de l'orgasme... voyons. Ce n'est pas un sujet sur lequel je me suis beaucoup penché, ces derniers temps.

– Alex, je croyais que vous préfériez ne pas placer cette conversation sur un plan personnel.

– Ange, c'est de ma formation ou de mon expérience que vous voulez profiter ? Avant de me répondre, un bon conseil : optez plutôt pour mon expérience. En tout cas au moins sur cette question.

– D'accord, on va jouer au docteur.

– L'excitation, chez un homme... nous parlons bien des hommes, n'est-ce pas ? Bien. L'excitation, l'érection, sont régies par le système nerveux parasympathique. Le rythme cardiaque ralentit et la capacité contractile du myocarde augmente.

– Alex, je vous en prie. En français.

– Pardon. Le muscle cardiaque se contracte, pulse le sang avec moins d'effort. Il ne travaille plus autant que dans la phase précédant l'excitation. Ensuite, à l'intérieur des poumons, les bronchioles, ces voies aériennes extensibles, se compriment. Et il en résulte une diminution de la concentration d'oxygène dans le sang.

– Jusqu'ici, ça va dans le sens de ma théorie ou non ?

– Eh bien, je dirais que ça va dans votre sens. Voyez-vous, dès que la concentration d'oxygène dans le sang diminue, cela met inévitablement un individu, un homme, dans un état de relaxation. Avec un cœur qui bat lentement, aucun des signaux conventionnels d'excitation n'est plus possible. Sauf l'érection, bien sûr. Et, voyez-vous, on pourrait peut-être même avancer que toute nouvelle pensée devient impossible.

– Qu'entendez-vous par “ peut-être ” ?

– En fait, je pense qu'un sang pauvre en oxygène est aussi capable de priver l'individu de toute pensée plaisante excepté celles qu'il juge utiles au maintien de l'excitation. Voyez-vous, en général, quand c'est le système nerveux parasympathique qui prend les commandes, le sang reflue vers les viscères afin d'optimiser les fonctions organiques les plus machinales et les moins conscientes. Je songe ici au péristaltisme, à la salivation et à la miction.

– Et le pénis ?

– Oui, naturellement, il y a aussi le pénis.

– Donc, le type est excité, il est en érection, avec un cœur qui bat lentement, et il est incapable de produire de nouvelles pensées. Et qu'arrive-t-il quand il jouit ?

– Là, avec l'orgasme, nous enregistrons un changement systémique soudain. L'éjaculation est un phénomène régi par le système nerveux sympathique. Le débit cardiaque et la concentration d'oxygène dans le sang sont à leur maximum. Et en plus, si je conserve un souvenir exact de mes cours de neurophysiologie à la fac de médecine, les vaisseaux périphériques et ceux des viscères se contractent, provoquant ainsi un afflux de sang vers le cœur et les muscles principaux. Le péristaltisme et les fonctions de la vessie sont à leur minimum.

– Donc, quand il jouit, il ne peut pas pisser ?

– Disons que non, il ne peut pas. Et simultanément, on constate un pic dans la décomposition et la transformation des lipides et du glycogène permettant de libérer le glucose, ce combustible, dans la circulation sanguine. On peut concevoir, je suppose, que cela correspond à un réveil total, brutal, un moment d'une clarté cristalline, de lucidité sans égale.

– Ouah ! Hé ben !

– Vous savez, le système nerveux sympathique a probablement évolué pour servir à l'humain primitif dans les moments de menace physique. Vous avez entendu parler du " réflexe de défense ou de fuite ", n'est-ce pas ?

– Je crois.

– Bien. Mais si cette menace n'existe pas, s'il n'y a personne contre qui se défendre, et personne à fuir ? Malgré tout, avec l'orgasme sexuel, vous recevez toute cette énergie, toute cette acuité qui vient en une vague soudaine. Pas étonnant que l'orgasme soit inévitablement suivi de la somnolence que vous décriviez.

– Suivi de la quoi ?

– Cette envie de dormir, ce désir de sommeil. Une forme d'épuisement qui survient comme si le sujet venait d'échapper à un formidable ennemi ou de le combattre.

– En général, cet ennemi, c'est une femme, ai-je dit, pour moi plus que pour Alex.

– Non, en réalité, cet ennemi, c'est soi-même, a-t-il rectifié.

– Là, vous parlez d'après votre expérience ou d'après votre formation ? » lui ai-je demandé, et il a souri.

Je n'avais vraiment pas songé à Alex comme à un être sexué. C'était comme si j'avais vu mon propre père sous l'angle du sexe. Enfin, sûrement pas aussi écœurant, mais toujours est-il que mon esprit ne s'était encore jamais aventuré dans cette direction car, à mes yeux, Alex était un peu une figure paternelle. Et Simon peut-être aussi. Ces deux-là sont certainement allés au-delà de la relation hebdomadaire patient-thérapeute. En tout cas, ils étaient déjà deux bons amis. Nous étions trois bons amis mais nous n'abordions jamais la vie personnelle d'Alex. Alors que maintenant, j'y pense. C'est drôle, tout a changé. Tout a changé et j'ai si peur. J'ai peur toute la journée, depuis la minute où je me réveille jusqu'à celle où je m'endors. Personne ne m'avait jamais dit que la profonde tristesse provoque à peu près les mêmes effets que la peur.

« Mais leur cerveau, ai-je insisté, un autre jour. Que pensez-vous de ma théorie selon laquelle, au moment de l'orgasme, il y aurait comme une drogue qui provoquerait cette libération totale de toute angoisse ?

– Vous savez que vous m'avez déjà soumis cette idée ?

– Et vous ne m'avez toujours pas apporté de réponse satisfaisante.

– Eh bien, depuis la dernière fois que vous m'avez posé la question, j'ai cherché.

– Alors là, Alex, merci. Vous êtes allé chercher ces informations rien que pour moi ?

– Oui.

– Et ?

– Ce n'est pas aussi concluant que vous l'auriez sans doute souhaité, mais il se pourrait que vous ayez mis le doigt sur quelque chose. Les schémas neuro-endocrines sont difficiles à mesurer de manière expérimentale et les études, au moins celles sur lesquelles j'ai pu mettre la main, livrent des résultats incohérents. Mais il en existe quelques-unes suggérant, au moins indirectement, que des peptides endogènes, autrement dit des peptides naturels de la catégorie des opiacées, comme les endorphines, joueraient un rôle en procurant au sujet une sensation de plaisir associée à l'orgasme.

– Les endorphines, comme au plus fort de l'exercice physique, c'est ça ?

– Exact.

– Mais, au juste... je veux dire, je connais un peu... Les opiacées, c'est quoi, au juste ? Elles font quoi ?

– Ah, l'opiacée est véritablement la mère de toutes les endorphines. Les opiacées, ce sont toutes les substances dérivées de l'opium, y compris l'héroïne, la morphine, et tout le tremblement.

– Donc, que font-elles ?

– En fait, au niveau moléculaire, elles suscitent des réactions conduisant à la sédation, à l'hallucination et à l'euphorie. Mais plus important encore, sans doute, elles entrent dans la composition de la quasi-totalité des analgésiques puissants.

– Analgésiques ? Vous voulez dire les antidouleurs ?

– Oui, qui suppriment la souffrance.

– Donc, quand un homme jouit, il libérerait un genre d'opiacées... Vous avez parlé de peptides ?

– De peptides, oui.

– ... qui sont capables de conduire à la sédation, à l'euphorie et même à la suppression de la souffrance ?

– Exactement. En fait, je suis tombé sur une étude intéressante démontrant un recul du seuil de la douleur chez les femmes qui ont l'habitude d'atteindre l'orgasme en se masturbant.

– Vous plaisantez. En voilà une étude !

– Mmh... Il y a des gens qui savent obtenir des financements pour à peu près n'importe quoi. Un vrai talent. »

6.

Simon. Quand je l'ai découvert, je n'étais pas à Melbourne depuis très longtemps. J'étais dans ce motel de Carlisle Street, à St-Kilda, depuis deux jours et deux nuits. Pendant ces deux nuits-là, j'ai eu peur. Peur des ados fantomatiques en manque d'héroïne qui font le trottoir comme de vraies putes. Ils sont malades, sous-alimentés et suffisamment désespérés pour accepter de subir les mauvais traitements que leur inflige la procession des prédateurs blasés, ces fils à maman qui circulent dans la voiture de leur mère en quête d'une proie facile. Et j'avais peur aussi des filles, parce qu'elles avaient besoin de drogue encore plus que d'une assiette et d'un toit, alors que moi je n'en étais pas encore là. Et j'avais peur des hommes, même de ceux qui ne se montraient pas injurieux, même de ceux qui voulaient du sexe classique, protégé, non-violent. Je n'en étais pas encore là non plus.

J'ai eu la chance de tomber sur un jeune étranger tellement satisfait de ma façon de le masturber (contre une poubelle, sur un parking de supermarché) qu'il m'a versé un pourboire et, en plus, il m'a acheté un hamburger. Il avait tellement honte qu'il s'efforçait, dans son mauvais anglais, de nous faire croire à lui comme à moi qu'il s'agissait d'un vrai rendez-vous galant, et qu'il venait de faire sa première conquête locale. Mais quand, avec l'air nerveux d'un adolescent qui espère son deuxième rendez-vous, il m'a demandé s'il aurait le droit de me revoir, il a fallu que je crève la bulle. Au dos d'une serviette en papier, je lui ai dessiné un plan rudimentaire des rues autour de Barkly Street et Carlisle Street.

« Tu as le droit de me revoir. Voilà, je serai là », lui ai-je dit, en désignant un carrefour.

Je suis sûre que mon plan était faux.

Dès mon deuxième soir, après m'être fait balader dans toutes sortes de coins par toutes sortes de gens, j'ai vu Simon pour la première fois. Il était seul, ivre et beau. Il portait un sac, un petit baise-en-ville.

« Vous voulez passer un bon moment ? » lui ai-je demandé, façon pute de série B.

Il s'est arrêté et il m'a répondu.

« Un bon moment. Oui, ma jeune dame, je cherche à passer un bon moment, je cherche mon anniversaire, pas l'anniversaire de ma naissance, remarquez, mais le jour de mes origines proprement dit. Je recherche ma jeunesse perdue. Vous pourriez me dire qu'elle se trouve là où toutes les jeunesses finissent par prendre de l'âge, par atteindre leur majorité, là où elles finissent et là où elles vieillissent, et vous auriez raison sur toute la ligne. Mais ce n'est pas n'importe quelle jeunesse perdue que je recherche. Je cherche la mienne. Et vous ? Qu'est-ce que vous fabriquez ici ? »

Il m'avait demandé ça d'une voix douce. Il a pris ma main avec gentillesse et l'a examinée attentivement. Ensuite, il a tourné le poignet pour dévoiler l'intérieur du bras, là où c'est tendre, et il a continué son examen. Je ne comprenais pas ce qu'il faisait, ni ce que je faisais non plus. J'étais fatiguée, et je ne savais qu'une chose : je ne voulais pas qu'il me lâche le bras. J'étais là, debout devant lui, au bord des larmes, et je me demandais s'il s'en était aperçu. Cela paraîtra ridicule puisque je venais à peine de le rencontrer, mais je ne voulais pas qu'il me voie dans cet état. Je ne voulais pas qu'il me voie en train de racoler, et j'ai même songé à m'en excuser. Dès qu'il m'a pris la main, je me suis sentie différente, pas seulement des autres filles de la rue, mais différente de tout ce que j'avais pu éprouver jusque-là dans ma vie. C'était peut-être à cause de sa façon de me parler, de jouer avec les mots comme il le faisait ou de la douceur avec laquelle il m'avait pris la main, puis le bras. C'était peut-être dans sa manière de me demander ce que je fabriquais ici. Il a laissé courir deux doigts sur l'intérieur de mon bras. Comment décrire ce que j'ai ressenti ? C'était un geste doux, absolument pas sexuel. Il n'attendait rien de moi, j'ai fermé les yeux, mes paupières ont chassé mes larmes, qui sont venues baigner mon visage, et il a continué avec cette voix qui était la sienne.

« Vous n'êtes pas une droguée, non ? s'est-il enquis, incrédule, car il connaissait déjà la réponse.

– Non, ai-je fait, embarrassée.

– Oh, je vous en prie, mademoiselle... Je ne vous connais pas... Écoutez, cela ne me regarde pas et j'ai certainement trop bu, mais vous ne devriez pas rester ici, vous ne devriez pas faire ça. Elles... a-il ajouté en pointant le doigt autour de lui, elles s'imaginent qu'elles sont obligées. C'est peut-être vrai. Je n'en sais rien. Mais vous... vous, non. »

Je suis restée là, le bras toujours retourné dans le creux de sa main, et je pleurais.

« Avez-vous mangé, mademoiselle ? »

Nous avons marché jusqu'à Acland Street, où j'ai accepté qu'il m'achète un bol de pâtes. Il m'a demandé si je préférais du vin blanc ou du rouge. J'avais envie de lui fournir toutes les explications possibles et imaginables, mais il n'avait aucune envie de savoir, en tout cas pas au début. Il voulait juste savoir si je lisais.

« Qu'est-ce que... Que lisez-vous ? »

C'était irréel. Je crois bien que personne ne m'avait encore jamais demandé quels livres je lisais. Des professeurs dubitatifs m'avaient demandé si j'avais lu ou fini de lire tel ou tel livre inscrit au programme, mais Simon, lui, voulait savoir si je lisais pour mon plaisir, et quoi. Quand j'ai vu qu'il parlait sérieusement, je lui ai répondu. Je lis pour mon plaisir, et je lisais déjà avant d'être avec Simon, mais j'ai quand même dû réfléchir. Tout en lui parlant, j'avais l'impression que ma poitrine se libérait d'un grand poids et que je respirais plus aisément. C'était à cause de sa façon de me parler, et de ma manière de réagir.

Il m'a emmenée dîner. Nous avons bu du vin, sans doute un peu trop, et nous avons parlé livres. Il a tout payé. Nous avons fait une longue marche, d'une extrémité d'Acland Street à l'autre, en passant devant les pâtisseries, les épiceries fines, les restaurants et les bars, devant Luna Park et tous ces gens, jusqu'à l'Esplanade, avant de longer la plage.

« Qu'est-ce que je lis ? Des tas de choses. J'aime beaucoup la science-fiction, parce que, vous savez, c'est des livres qui sont toujours remplis vraiment remplis d'idées très intelligentes.

– Qui aimez-vous ? a-t-il voulu savoir.

– Isaac Asimov, bien sûr. Il est formidable. Vous avez entendu parler de lui ?

– En fait, oui.

– Qui d'autre est-ce que j'aime lire, dans la science-fiction ? Attendez voir... Vous avez lu *Bruits de pas* ?

– *Bruits de pas* ?

– Ouais.

– Non, c'est de qui ?

– Oh ! c'est super. C'est de Harry Neven et Jerry Pournelle. Ils ont aussi écrit *La poussière dans l'œil de Dieu*. Vous l'avez lu ?

– Non. Ils écrivent à deux ?

– Ils écrivent à deux ou séparément, mais ils sont bien meilleurs ensemble.

– Qui d'autre aimez-vous ?

– Qui d'autre ? Terry Pratchett...

– C'est de la science-fiction ?

– Non, de l'humour, plutôt, de l'humour vraiment très noir, vous voyez ?

– Non.

– Non quoi ?

– Non, je ne vois pas.

– Vous vous moquez de moi ?

– Non, mais j'étais sur le point de vous demander la même chose.

– Que voulez-vous dire ?

– Je n'ai jamais entendu parler de ces gens. Terry Pratchett... vous êtes en train d'inventer.

– Pas du tout. Comment osez-vous me dire ça ? ai-je dit tout en riant.

– Qu'avez-vous lu de Terry Pratchett ?

– Oh, allez ! C'est un test ? ai-je repris avec une bourrade.

– Écoutez, vous ne pouvez pas prétendre qu'un écrivain est votre auteur préféré si vous n'êtes pas capable de mentionner un seul de ses livres. Vous passeriez pour une idiote.

– Je vous demande pardon, monsieur. Qui traitez-vous d'idiote ?

– Personne, pour le moment. Je m'exprimais au conditionnel. Être idiote, ça se mérite.

– Oh ! très bien. J'aime les défis.

– Alors ?

– Alors quoi ?

– Terry Pratchett. Je veux trois titres.

– Sinon je suis une idiote ?

– C'est vous qui l'avez dit, ma petite.

– D'accord. *Mortimer, Le Moissonneur* et...

– La tension monte.

– Fermez-la.

– Vous n'êtes même pas capable d'inventer le troisième titre d'un auteur que vous venez d'inventer ?

– Fermez-la, Simon. Je réfléchis... *La Huitième Couleur*.

– Oh, très forte, très rapide.

– Je suis une idiote ?

– Non, tout individu sachant mentir aussi vite sous une telle pression...

– Hé, il y a plus de gens qui ont entendu parler de mes auteurs préférés que de vos... Frederick Exel et Stephen Swain.

– Frederick Exley et Stefan Zweig.

– Peu importe.

– Oh ! et puisque nous en sommes à rectifier les noms, c'est William Empson, et pas Roy Hampson.

– Qui est Roy Hampson ?

– Il a longtemps animé des émissions de télé merdiques piles faites pour ma mère. Vous n'étiez pas née. Vous n'auriez même jamais dû être au courant de son existence. Là, on est loin de Terry Pratchett, a-t-il ajouté en me pinçant légèrement le bras.

– Simon.

– Ouais.

– Je t'aime bien.

– Là, tu es une idiote. »

Nous avons marché et il m'a tout raconté : ses frères, William et May, ses parents, et leur mariage Il m'a parlé d'Empson, le poète et critique littéraire, et d'Empson le chien. Le chien de Simon. On a parlé de nos écoles, de celle où j'avais été élève et de celle où Simon enseignait. Il m'a demandé si j'avais entendu parler de cette série d'enlèvements d'enfants, à Melbourne, et je lui ai dit que oui. Ensuite, il m'a parlé de Carlo, le petit garçon qu'il avait eu comme élève, un des premiers à se faire kidnapper.

« Carlo était toujours le dernier à venir jouer avec Empson, quand j'amenais le chien à l'école avec moi.

– Pourquoi ? Il avait peur des chiens ?

– Ce n'était pas tellement ça. Seulement, il était timide. Il était petit pour son âge, et très calme, trop calme pour avoir la cote. Je pense qu'avoir la cote, cela exige une certaine dose d'extraversion, tout au moins chez les enfants. Les gamins calmes ne peuvent espérer qu'une chose, se faire oublier. C'est encore ce qui peut leur arriver de mieux. Quand ils ont de la chance, c'est ce qui se passe. S'ils n'ont pas de chance, ils se font repérer. Tu ne crois pas ?

– Je pense qu'adulte, il est possible d'être calme et d'avoir la cote.

– Vraiment ?

– Oui, si un homme est riche ou s'il est bon en sport, il peut avoir la cote, même s'il parle peu.

– Et une femme ?

– Il faut qu'elle soit jolie... ou sexy... enfin, séduisante d'une manière ou d'une autre. Si elle est belle, elle n'a pas besoin non plus d'être l'âme de la fête.

– Je crois que tu as raison.

– Mais pour ce qui est des petits, c'est toi qui as raison.

– Bon, Carlo était très jeune, il était petit, et l'anglais n'était pas la langue maternelle de ses parents. Pour lui, la vie n'allait pas être rose, cela se voyait tout de suite.

– Qu'est-ce que tu as fait ?

– J'ai essayé de l'aider. Tu vois, avec nous, les gamins lisent à haute voix, et même si tu essaies de les prendre un par un, les autres gosses écoutent, enfin, il y en a qui écoutent, et un enfant qui est inquiet...

– Comme Carlo.

– Exact, un petit garçon inquiet comme Carlo avait une conscience très aiguë de l'écoute des autres, du coup il n'était pas facile de dire s'il était lent à la lecture ou s'il avait vraiment du mal à déchiffrer ou si c'était juste parce qu'il était gêné de lire devant les autres. Donc je me suis arrangé pour qu'il reste après la classe, deux fois par semaine, que je puisse lui faire la lecture et qu'à son tour il puisse me lire des pages, tout seul. J'ai dû arranger ça avec sa mère.

– Obtenir son autorisation ?

– Ouais. Il me fallait l'autorisation, mais je ne voulais pas non plus qu'elle imagine un problème grave, parce qu'il n'y en avait pas. Il se situait dans la moyenne. J'estimais juste qu'il avait les moyens de monter un peu plus haut dans la fourchette. Donc je lui faisais la lecture, et il me la faisait à son tour. Parfois même je chantais pour lui. Apparemment, ça marchait. Et du coup, dans la journée, il se montrait de plus en plus confiant avec les autres enfants.

– Tu m'as l'air d'un instituteur de rêve.

– Attends un peu d'entendre la suite, a-t-il lâché dans un soupir. Tu vas regretter que tout cela n'ait pas été un rêve. Nous avions l'une de nos séances habituelles d'après la classe. Tout le monde était parti, l'école était déserte. Nous avions terminé, et nous sommes allés voir Empson, s'il n'avait pas besoin qu'on lui remplisse son écuelle d'eau, ce genre de truc. Pour Carlo, c'était encore plus qu'une récompense. Empson allait très bien, mais, pour ce petit bonhomme, jouer avec le chien sans avoir à le partager avec les autres enfants, c'était comme une sorte de cadeau.

– Vraiment mignon.

– Enfin, ce jour-là, Carlo me dit qu'il a besoin d'aller aux toilettes. Donc le voilà parti, et moi je l'attends. J'ai attendu à peu près... je ne sais pas, dix minutes environ, et il n'était toujours pas revenu. Je lui en ai accordé dix de plus, parce que je me suis dit qu'il avait pu avoir un petit accident dans les toilettes, et qu'il devait être plus ou moins en train de se nettoyer. Il avait cinq ans et demi ou six ans. À l'école, les gamins se chiaient tout le temps dessus. C'était terrible, pour eux et pour nous. On aurait dû toucher une prime de risque. Quoi qu'il en soit, je n'avais pas envie d'aller voir trop tôt, parce que je ne voulais pas le gêner. Je n'avais pas envie qu'il se sente humilié.

« Enfin, bon, au bout d'un moment, il a bien fallu que j'aille voir, parce qu'il ne revenait pas.

– Et ? »

Simon a porté la main à son front et l'a lentement laissée glisser sur ses yeux, sa bouche, son menton.

« Et il avait disparu. Il n'était pas aux toilettes, pas aux vestiaires non plus. Et il n'était pas avec Empson. J'ai couru dans toute la cour en l'appelant par son nom. J'avais la bouche sèche. J'étais absolument pétrifié de terreur. Je me suis repassé la scène des millions de fois dans ma tête. Ça s'est produit exactement ainsi. Je l'ai expliqué à la police. Je crois que ça a été le pire moment de mon existence... et ils ne l'ont toujours pas retrouvé. Depuis ce jour-là, autant que je me souvienne, je ne me suis plus jamais senti bien...

« Je n'arrive pas à croire que je te raconte tout cela. Je n'en avais jamais parlé à personne de cette façon, a ajouté Simon, sidéré.

– Tu t'en veux ?

– Je sais que je ne devrais pas, bien sûr. Mais oui, je m'en veux. Mon arrogance y était pour beaucoup, ma foi interventionniste de libéral de gauche, mon souci de m'impliquer. J'ai cru qu'en m'impliquant dans la vie de ce petit garçon, je pourrais lui faire un peu de bien, comme si je savais quoi que ce soit... moi qui ne sais rien.

– Tu ne crois pas que les gens doivent s'impliquer ?

– C'est justement la question. J'ai toujours cru qu'il fallait s'impliquer dans les problèmes des autres. Les gens ne s'entraident pas suffisamment. C'est le... c'est probablement ce qui m'a tenu lieu de philosophie. Une philosophie pragmatique. Tu le constates tous les jours. La plupart des êtres sont... ils ne sont pas mauvais. Ils sont juste...

– Paresseux ? ai-je suggéré.

– Apathiques.

– Tu es sûr qu'ils ne sont pas mauvais ? ai-je insisté.

– Certains sont absolument mauvais, sans équivoque possible, mais la majorité ne le sont pas. La majorité des gens est apathique, ils n'ont pas conscience des choses, ils ont peur. Pour une bonne part, le mal qui est fait vient de gens qui ne sont pas mauvais du tout. Ce n'est peut-être pas nouveau, mais j'ai l'impression que c'est devenu pire que jamais. L'autre jour, j'ai vu un documentaire sur les années 1960 à la télé. On montrait tous ces gens de vingt ans, de trente ans, qui chantaient *We Shall Overcome*[1] assis en cercle, une bougie à la main. Ils protestaient contre le racisme et la guerre du Vietnam. Et, pourtant, ces gens de vingt ou trente ans n'étaient pas meilleurs ou plus intelligents que ceux qui ont vingt ou trente ans aujourd'hui.

– Alors, quoi ?

– C'est l'époque. L'époque a changé. En ce temps-là, on se disait que les réponses étaient apportées par le vent, comme le chantait Bob Dylan, maintenant ce sont les individus qui sont emportés au gré du vent, le vent du marché. La poursuite effrénée du bilan positif, c'est le chant des sirènes de notre époque actuelle, et cette musique-là est diffusée par les haut-parleurs des banques, des grands magasins et des supermarchés. On te la diffuse quand ton entreprise dégraisse, dès qu'elle peut te remplacer par un immigré payé deux dollars par jour. Et on te la fait entendre chaque fois que tu téléphones quelque part pour demander assistance et qu'on te met en attente parce qu'on a réduit les effectifs pour faire monter le prix de l'action.

---

1. « Nous vaincrons... » Gospel du pasteur méthodiste Albert Tindley, devenu l'hymne de la marche pour les droits civiques conduite par Martin Luther King en 1960. (*N.d.T.*)

– Mais les gens ont toujours été obsédés par leur bilan. En quoi est-ce différent aujourd'hui ? Est-ce que l'argent n'a pas toujours été le chant des sirènes ?

– Ça n'a jamais chanté si fort. Ça n'a jamais été à ce point omniprésent. Ça n'a jamais été aussi récurrent, aussi flagrant, la citoyenneté évincée, oblitérée, et les notions de bien public avec elle, ce qu'on appelait autrefois le bien commun. Ce chant des sirènes n'avait encore jamais aussi bien colonisé l'âme des hommes.

– Sauf la tienne.

– Sauf la mienne. Pas seulement la mienne. Je le sais. Mais tu vois, si tu n'adhères pas à l'esprit du temps, si tu en es une victime ou si tu lui résistes, tu te retrouves franchement isolé. Tu finis par vendre des objets artisanaux sur les marchés, le dimanche.

– Que veux-tu dire ?

– Je veux dire que tu n'as plus ta place nulle part, tu es un marginal. Tu ne comptes pas. Tu vis à la petite semaine, payé à la pièce ou à coups de petits boulots à temps partiel. Ou alors tu dépends de l'aide sociale. Tu vis à l'écart des courants dominants, qui t'ignorent. Dans notre pays, il y a deux sociétés, tu fais partie de la moins heureuse, et l'autre n'a aucune envie de savoir que tu existes.

– Comment ça, deux sociétés ?

– Les riches et les pauvres. C'est en ces termes que Disraeli décrivait l'Angleterre du XIXe siècle.

– Et toi, à quelle société tu appartiens ? À celle qui est marginale ?

– Je crois.

– Depuis qu'on a enlevé Carlo ?

– C'est à ce moment que je me suis fait la réflexion pour la première fois. Et toi ?

– Moi ? Si je suis marginale ?

– Ouais.

– Oh ! non. Moi, je vais gagner de l'argent.

– Dis donc, jusqu'ici, tu t'es drôlement bien débrouillée. »

7.

Je n'avais jamais rencontré quelqu'un comme lui. Il était sincère, passionné, intelligent, et quand même humble. C'était un intellectuel, mais il ne croyait pas que cela le rendait meilleur qu'un autre, tout au contraire. Je n'ai encore jamais rencontré personne qui lui ressemble, de près ou de loin, à l'exception d'Alex, peut-être, mais le psychiatre est plus guindé, en un sens plus européen, moins relax et, de toute façon, il a presque l'âge d'être mon père. Ce que disait Simon, sa manière de s'exprimer, la sonorité de ses mots quand ils étaient modelés par sa voix me donnaient la sensation d'avoir vécu toute mon existence antérieure dans un profond sommeil, interrompu de temps à autre par un cauchemar.

Son honnêteté vis-à-vis de lui-même était à couper le souffle, surtout plus tard, quand il m'a parlé de son chômage, de l'alcool et de ce qu'il appelait son échec en tant qu'être humain, de son incapacité de se rapprocher de l'idée de l'homme qu'il avait en lui. Malgré la boisson, ce type éloquent et doué me paraissait tellement sain. Si juste. Nous marchions et nous nous parlions, et nous étions déjà bras dessus bras dessous, par souci de confort plus que par sensualité. Je m'attendais à ce que tôt ou tard il me prenne de haut, non parce qu'il était condescendant mais parce qu'il avait beaucoup plus réfléchi aux choses que moi. À des choses importantes. Il avait lu tellement plus que moi. Il en savait tellement plus que moi. Je m'y attendais mais ce n'est jamais arrivé. En revanche, d'heure en heure, il se dénigrait de plus en plus. Il me parlait de William, son père, qui l'avait accusé d'être déprimé. Venant de William, il insistait là-dessus, c'était une accusation. Pour son père, être déprimé, cela revenait à se montrer égocentrique, faible, à s'apitoyer sur soi et, plus important encore, c'était un signe de méchanceté. J'écoutais tout ce qu'il me disait et je me demandais quelle bonne action, quel service j'avais bien pu rendre à Dieu, au destin ou à celui qui a la maîtrise du monde, pour avoir poussé Simon à me choisir, moi, à me prendre par le bras, me parler, m'écouter, sans rien en attendre en retour.

« Tu m'as demandé si j'avais envie de passer un bon moment. Cela faisait longtemps que quelqu'un ne m'avait pas proposé de sortir avec lui », m'a-t-il avoué beaucoup plus tard.

Même dans les mauvaises passes, dans les moments de déclin, comme les définissait Alex, quand j'avais dû jeter les couvertures au bas de son lit, le doucher et les promener, Empson et lui, jamais il ne s'est attaqué à moi. Il a toujours été doux avec moi. Invariablement, c'était à lui-même qu'il s'attaquait. Jusqu'à maintenant. Il me soutient que j'en faisais autant. Et j'ai beau être convaincue qu'il se trompe, il n'empêche que Kelly est forcée de me réveiller quand je pleure à chaudes larmes, la nuit dans mon sommeil. Il est vrai que, maintenant, je suis perdue.

Nous étions ensemble depuis des heures, à marcher, à parler ou à rester sans parler, à boire et manger, à juste observer le ciel. J'ignorais comment la nuit allait s'achever. J'espérais qu'elle ne s'achèverait pas. Je craignais de ne pas avoir dit ou fait ce qu'il fallait – ce qu'il fallait pour lui donner envie de me revoir. Je n'avais jamais rien connu de pareil à cette nuit-là – et ce qu'elle avait de différent, ce que notre couple avait de singulier, c'était lui. Une nuit de conte de fées, et je craignais qu'elle ne finisse à la minute où il m'embrasserait pour me transformer à nouveau en putain, la putain qu'il avait rencontrée au coin d'une rue.

Pendant les heures ainsi écoulées, les rues n'avaient pas changé. Il y régnait toujours un bruit fou, le désordre et la bousculade d'une artère commerçante anarchique. Les touristes béats, les marchands de glaces et les bistros bondés, les putes, les jeunes en casquettes de base-ball mises à l'envers, issus de familles fraîchement immigrées du Moyen-Orient ou d'Europe de l'Est, dont les berlines laissaient s'échapper le toum-toum-toum d'une musique afro-américaine écrasant le sol sous leurs roues, rien de tout cela n'avait disparu. La différence, c'était que maintenant je pouvais les observer sans en être.

« Du calme, salope ! » ai-je entendu crier. Mais cela ne s'adressait pas à moi, car j'étais avec Simon et notre gestuelle suggérait le couple, et non une putain déambulant avec un type solitaire. On riait trop souvent pour être une pute et un type solitaire. Le rire nous protégeait contre ce que les autres s'infligeaient. Il nous protégeait de tout, sauf des parents de Simon.

Quand nous les avons croisés, ils sortaient d'un restaurant avec un autre couple, et nous étions en train de rire. Instantanément, j'ai vu Simon se transformer. Il s'est raidi pour essayer de cacher qu'il était soûl. Tout le monde était gêné. Ma tenue n'a rien arrangé. Il y a eu des présentations de pure forme et là, pour la première fois, Angela est devenue Angelique. J'ai inventé ça toute seule, par caprice.

« Angelique, n'est-ce pas ? a répété le monsieur âgé qui n'était pas le père de Simon. Nous venons de faire un dîner délicieux, pour fêter le départ à la retraite de William. Vous avez déjà dîné ici ? Si vous habitez dans le quartier, vous devriez.

– Vous avez absolument raison. La cuisine est excellente. Je viens souvent manger ici. Le propriétaire est un de mes clients, un habitué.

– Henry, allons-y, a fait l'épouse de l'homme, en s'agrippant à son bras.

– Ça va, papa, on file, a lancé Simon depuis le trottoir, où il tentait de héler un taxi.

– Pourquoi te fallait-il absolument un taxi ? lui ai-je demandé, plus tard, une fois de retour dans son appartement.

– Je voulais que nos deux groupes se séparent aussi vite que possible et, sur Fitzroy Street, à cette heure de la soirée, il n'y a pas un seul hélicoptère de libre.

– Tu avais honte d'être vu avec moi, une prostituée ?

– Je ne t'ai pas vraiment prise pour une prostituée.

– Mais tu avais quand même honte d'être vu avec moi.

– Non. J'avais honte bien avant de te rencontrer. »

Son appartement était une mer de livres et de journaux, de magazines, de photos de son passé, de CD et de cassettes vidéo sur lesquelles, m'a-t-il expliqué, il avait enregistré des années de films et de documentaires. C'était une sacrée collection, les archives d'un monde qui m'était encore étranger. Et puis il y avait l'adorable Empson. Le chien avait souvent les yeux tristes de Simon, mais il était plus facile à dérider que son maître. Quand Simon l'a sorti pour le faire pisser, j'ai jeté un œil dans le garde-manger de la cuisine. Il ne contenait que du thé, du café, des céréales, du scotch, de la soupe en boîte, des nouilles (cuisson : deux minutes) et des aliments pour chien. Le frigo était vide, mis à part du lait, de la bière et un ou deux malheureux fruits. Chez lui, je me suis immédiatement sentie à l'aise, comme si c'était chez moi. Il fallait une touche féminine pour égayer l'endroit, mais cela me faisait l'effet d'un sanctuaire. Le temps que Simon revienne avec Empson, j'avais préparé une tasse de thé pour tous les deux. Il était très tard, mais je lui ai tout raconté de ma vie à Adelaïde, la danse, mes frères et mes parents. Je lui ai parlé de notre maison donnant sur la prison pour jeunes filles qui me tenait lieu d'école, de Suramia et des autres, de mon père et de l'université. Je lui ai raconté Romesh, l'avortement et mon arrivée à Melbourne. Je lui ai parlé des habitués des night-clubs de la ville et de Steve. Mais je ne lui ai pas parlé du viol.

Peu après quatre heures du matin, une fois terminée la cassette vidéo, une histoire de révolte à bord d'un cuirassé russe, j'ai trouvé le courage de le questionner au sujet de cette femme, sur les photos. J'espérais, sans trop en être sûre, qu'il me parlerait d'une sœur, d'une cousine ou de je ne sais qui d'autre, mais non, naturellement. C'était Anna, super Anna. Au début, il s'est montré un peu hésitant, plus hésitant que sur toute autre question, mais ensuite il a fini par prendre son sujet à cœur, un peu trop même. Je voyais déjà le tableau. Je comprenais toute l'importance qu'elle avait eue pour lui et, quand il a observé un temps de silence, histoire de respirer ou parce que la gravité du sujet l'exigeait, je me suis penchée vers lui et je l'ai embrassé. Nous avons fait l'amour avec calme et lenteur, sur son canapé. Ensuite, alors que nous sombrions dans le sommeil, il m'a emmenée dans son lit, où nous avons dormi des heures.

Le lendemain matin, ou plutôt en début d'après-midi, je me suis réveillée en sursaut et je me suis rendu compte que ma valise, avec toutes mes affaires, était restée au motel de Carlisle Street et, non seulement j'avais dépassé l'heure de « libérer la chambre », mais je n'avais même pas de quoi payer le prix de la nuit que je venais de passer chez Simon, sans parler des nuits à venir. Il était dans la cuisine, en train de donner à manger à Empson, quand je lui ai exposé mon problème.

« Ce n'est pas un problème, à moins bien sûr que quelqu'un ne t'ait volé ta valise. Bois ton thé et ensuite va les payer. Tu récupéreras ta valise.

– Tu me jettes dehors ?

– Enfin, non, pas du tout, mais... qu'est-ce que tu comptais faire ? m'a-t-il demandé.

– Je ne sais pas, je pensais juste... Tu sais... après tout ce qui est arrivé cette nuit... et de toute façon, je n'ai pas d'argent pour payer la chambre.

– Mais si, tu l'as », a-t-il fait en désignant mon sac à main.

Je ne me souvenais pas de l'avoir posé là. Il avait dû le rapporter du salon.

« Qu'est-ce que tu racontes... qu'est-ce que c'est que ça ? ai-je dit, avec dans la main les deux billets de cinquante dollars qu'il y avait glissés. Qu'est-ce que c'est que ça, bon sang ? ai-je répété.

– C'est de l'argent, Angela. Qu'est-ce que ce serait d'autre, à ton avis ?

– Je le sais que c'est de l'argent, Simon. Pourquoi me donnes-tu cet argent, nom de Dieu ?

– Du calme, tu veux. Je t'ai préparé une tasse de thé.

– J'en veux pas, de ton putain de thé. Je ne veux rien de toi. Écoute, la nuit dernière... je n'étais pas... j'espère que tu... Je n'étais pas ta putain, tu sais.

– Tu veux te calmer ?

– Bon sang, qu'est-ce que tu crois que...

– S'il te plaît ! S'il te plaît, assieds-toi. Laisse-moi t'expliquer.

– Je sais ce que tu penses et...

– Angela, je t'en prie. Voilà ce que je pense, moi. Bien. Je pense que la nuit dernière, c'était merveilleux. Je pense aussi que tu es pratiquement sans un sou et que tous tes biens matériels, ou du moins tout ce que tu possèdes de ce côté-ci de la planète, sont actuellement sous la garde des propriétaires d'un des motels les plus sordides de la ville. Je pense que tu dois de l'argent à ces propriétaires et que tu as de grandes chances de récupérer ta valise si tu les paies dès que possible. Voici le moyen le plus sûr et le plus rapide de la retrouver, a-t-il conclu en me désignant les billets de banque.

– Donc cet argent est un prêt ? lui ai-je demandé, un peu hésitante, en souhaitant plus que tout entendre une réponse positive.

– Non. Ce n'est pas un prêt.

– Pourquoi non ?

– Parce que... je ne veux pas que tu me le rendes.

– Pourquoi donc refuses-tu que je te le rende ?

– Écoute, Angela, Angelique, Ange, je viens de payer mon loyer du mois prochain. Si je voulais changer quoi que ce soit à mon existence, il me faudrait bien plus de cent dollars. Toi, en revanche, ces cent dollars, c'est ce qui préservera le reste de ta vie du vagabondage. Ils ont bien plus de valeur pour toi que pour moi. Il vaut donc mieux qu'ils soient dans ta poche. La nuit dernière, si je ne t'avais pas kidnappée pour une courte apparition remarquée dans la dérive sans bornes de mon existence présente, tu aurais gagné bien davantage. Rien que pour te payer de ton ennui, je te dois bien plus. Considère cela comme tes honoraires, en guise de dédommagement pour le " manque à gagner ". Hier soir, tu avais certains objectifs financiers que j'ai contrariés de bout en bout. Mais, plus tu attends, plus ton thé refroidit, et plus tes chances de récupérer ta valise diminuent.

– Où vais-je aller ?

– Que veux-tu dire ? D'ici, tu ne connais pas le chemin ?

– Simon, où vais-je aller, une fois que j'aurai ma valise ?

– Eh bien, fit-il, je comptais bien que tu reviennes ici. Tu n'es pas obligée, mais je ne pense pas que tu aies autre part où aller. Essaie quand même de ne pas être trop longue. Je dois vraiment une petite balade à Empson. »

Difficile de décrire mon soulagement. J'ai eu l'impression que les choses allaient commencer à s'arranger un peu, rien qu'un petit peu. Ma valise était derrière la réception et, quand j'ai versé ce que je devais, on ne m'a pas posé de questions. L'argent a cet effet. À mon retour, Simon et moi, nous avons pris un petit déjeuner, nous nous sommes douchés et nous avons sorti Empson. C'est au cours de cette promenade que Simon m'a priée, pour la première fois d'une longue série, de ne plus travailler comme prostituée. Je lui ai promis que j'obéirais dès que j'aurais gagné de quoi me stabiliser un peu. Comme de juste, pour ce qui était de me stabiliser un peu, j'ai placé insensiblement la barre de plus en plus haut. Il s'est d'abord agi de posséder une voiture, puis de verser un acompte pour un logement, et enfin de créer ma propre affaire. L'ironie de la chose est que, maintenant, alors que je suis forcée de m'arrêter, c'est lui qui s'en va et qui disparaît de mon existence.

8.

Simon m'a donc priée de ne pas faire le trottoir. Il me rappelait qu'en plus d'être très dangereuse, l'activité était illégale. Dans l'État de Victoria, les bordels et les agences d'escorts sont licites. Je l'ignorais. J'ai consulté les pages jaunes et j'ai appelé quelques endroits qui facturaient trois cents, cinq cents dollars et même mille dollars de l'heure. C'était ce qu'il me fallait. Quitte à faire ce métier, pourquoi ne pas gagner mille dollars de l'heure ? Simon m'a proposé de rester chez lui quelques jours, qui sont devenus presque trois semaines. Au cours de ces trois semaines, j'ai fait la connaissance de Kelly. Simon s'est mis à fréquenter Alex Klima, et moi à vraiment gagner de l'argent.

Le premier endroit que j'ai appelé était une agence d'escorts à mille dollars de l'heure. J'avais sur cette profession un tas d'idées fausses un peu encombrantes, et qui le sont encore aujourd'hui. Je m'attendais à trouver une cabine de bronzage, du personnel pour vous préparer, vous coiffer, vous maquiller, à me rendre à des rendez-vous lucratifs avec des allures de mannequin, mais ce n'était pas du tout cela. Si vous vouliez avoir belle allure, il fallait vous en charger vous-même. Je m'étais attendue à un travail d'équipe. Je me figurais qu'ils respectaient certains critères, qu'ils avaient une réputation à défendre. Ils n'avaient pas grand-chose à défendre.

J'étais assise dans la salle d'attente, et les autres filles allaient et venaient. Beaucoup se connaissaient. Moi, je suis restée assise à ma place. Chaque fois que le téléphone sonnait, j'avais peur. Ce n'était pas que la directrice favorisait les autres filles. C'était qu'on s'arrangeait pour m'envoyer à des rendez-vous à deux cents dollars, alors que moi j'insistais pour des rendez-vous à cinq cents, au moins. Je ne savais vraiment pas si j'allais tenir le coup ou, à supposer que j'arrive à assurer au moins un rendez-vous, si je serais capable de recommencer. Au pis, je voulais terminer la soirée avec deux cent cinquante dollars net, après déduction de la part de l'agence. Je n'avais pas tenu compte de la part de l'agence.

Finalement, après avoir passé quatre heures assise dans la salle d'attente les yeux fixés sur un écran de télévision à tâcher de ne pas trop trahir ma nervosité, j'ai vu la directrice venir vers moi. « On vient de vous trouver un rendez-vous à cinq cents dollars dans un hôtel sur St-Kilda Road. Vous prenez ? »

Elle s'est adressée à moi comme si j'étais une petite princesse un peu trop précieuse et pas vraiment désireuse de travailler. Il n'était plus temps pour moi de faire la fine bouche. Au propre ou au figuré. J'ai répondu que je prenais.

J'avais l'estomac noué. Sur la banquette de la voiture, en chemin, je tremblais un peu. Au fond de moi, je n'arrivais pas à croire que je me jetais à l'eau et j'aurais sûrement eu les jetons s'il n'y avait eu Kelly.

C'était un rendez-vous à deux filles, et nous nous sommes retrouvées à la réception de l'hôtel. Dès que je l'ai vue, ma première pensée a été de me dire qu'elle était plus jolie que moi – comme si ça comptait. Elle était sûrement plus détendue. Nous nous sommes présentées. Sans trop savoir pourquoi, rien que de lui adresser la parole, ça me rendait déjà nerveuse. Elle m'a fait remarquer qu'elle ne m'avait jamais vue, à l'agence. J'ai tiré mentalement à pile ou face pour savoir si je devais lui avouer que je n'avais encore jamais fait cela, quand elle a ajouté :

« Tu es nouvelle, n'est-ce pas ?

– Première fois, ai-je reconnu.

– Première fois ! O.K., avant de monter, on va aller prendre un verre. »

Kelly était super, vraiment réconfortante. Elle n'était pas obligée. C'est un métier où les filles peuvent se révéler venimeuses. Elle m'a emmenée au bar et m'a offert une coupe de champagne. J'étais vêtue d'une robe bleue très classique, pas vraiment l'air d'une pute. C'était normalement le genre de robe que l'on porte pour aller au théâtre, ce genre d'occasion. Plus tard, Kelly m'a avoué que c'était une erreur de ne pas dévoiler mon décolleté et d'avoir caché mes genoux. J'avais l'air timide plus qu'effrontée. Mais cela importait moins que je ne l'aurais cru.

Kelly m'a conseillé de me décontracter, elle veillerait sur moi. Puis elle m'a payé une deuxième coupe de champagne. Tout irait bien, m'a-t-elle assuré, pas de problème. Je lui ai demandé comment elle le savait et elle m'a fait cette réponse :

« Oh ! c'est deux Chinois.

– Et pourquoi c'est si bien ?

– Ils seront propres, polis et ils ne s'exprimeront sans doute pas trop facilement, donc tu n'auras pas à dire grand-chose. Et puis c'est des petits formats.

– Des petits formats ?

– Leur queue. Ça fera pas mal. En général, tu sais, une femme fait quinze centimètres de profondeur. Si un homme est outillé plus gros, et s'il s'en sert mal, ça peut être vraiment douloureux, surtout avec les jeunes baiseurs qui sont fiers de leur équipement. Ces types-là, ces Chinois qui sont dans les affaires, c'est peut-être des timides, en tout cas c'est des gars tranquilles. Une fois qu'ils te sont rentrés dedans, ça baigne. De l'argent facile.

– Des petits formats ? Et les sumos, alors, les vraiment très gros ? lui ai-je demandé.

– Les lutteurs ? C'est des Japonais et, de toute manière, il y a tout de même une partie de leur corps qu'ils sont pas capables de gonfler. Soit les mecs ont ça de naissance, soit ils l'ont pas et, crois-moi, les Asiatiques, eux, ils l'ont pas. Non, fais-moi confiance, mon chou, les Asiatiques, surtout les Chinois, c'est vraiment bien. Ils sont tous pareils, donc il est difficile d'en avoir un monstrueux. Je vais leur faire la conversation, leur expliquer que tu es la nouvelle. Ils vont bien te traiter.

– Pourquoi ?

– Une nouvelle, c'est... c'est presque une vierge, c'est spécial. Ils estimeront qu'ils ont de la chance, comme s'ils fêtaient d'un seul coup le nouvel an chinois de toutes les années de leur vie. Et avec toi, ils vont se montrer plus doux. Les types, on leur raconte souvent que c'est notre première fois. Comme ça, tout le monde est content.

– Je ne saisis pas, ai-je insisté.

– On dirait que ça leur fait un effet particulier d'être tes premiers clients, et ils voudront te faire bonne impression. Sers-t'en.

– Mais c'est vraiment ma première fois.

– Alors, c'est particulier. Et en plus ce sera la vérité, pour la première et dernière fois. »

Elle voyait bien que j'étais encore terrorisée et elle m'a pris la main.

« Mon chou, si tu entres dans cette pièce mais que vraiment ça ne te fait pas envie, tu peux toujours m'appeler. Tiens, voilà mon numéro de portable », m'a-t-elle dit, en me le recopiant et en me le glissant dans mon sac.

Nous sommes montées ensemble. Quand elle a frappé à la porte, je me tenais derrière elle. Quand la porte s'est ouverte, c'est elle qui a engagé la conversation. Sur un ton à la fois amical, ferme et un brin condescendant, elle a expliqué aux deux messieurs style trente-quarante ans que nous étions là pour leur faire passer un bon moment, mais qu'il fallait d'abord régler la question financière. L'homme qui nous avait ouvert a sorti une carte de crédit de son portefeuille. Je suis restée plantée où j'étais, nerveuse, j'essayais de ne pas croiser le regard de celui qui, supposais-je à cet instant, allait être le mien. Côté conversation, nous n'étions ni l'un ni l'autre très à l'aise. C'était notre point commun.

Kelly a pris la carte de crédit et téléphoné les informations à l'agence. En attendant que l'agence achève la transaction, elle m'a regardée ; elle a dû me trouver l'air d'une fillette le jour de la rentrée scolaire. C'était bien ainsi que je me sentais. J'avais envie de passer de son côté de la pièce et de me planter à côté d'elle le temps qu'elle finisse de parler au téléphone. Kelly a perçu mon malaise et l'a retourné à notre avantage en annonçant d'une voix assez forte (car dans sa tête elle associait leur anglais de cuisine à de la surdité) :

« Vous savez, pour elle, c'est la première fois. Alors vous vous arrangez entre vous pour décider lequel de vous deux me veut, moi, et lequel prend la nouvelle. »

Au bout d'une minute ou deux qui m'ont paru durer une éternité, Kelly a signalé que le paiement était accepté. Cette fois, c'était parti pour de bon. J'ai essayé de me dire que j'avais un boulot à accomplir et que j'y étais bien obligée si je voulais rentrer à la maison. Il me suffisait de dire et de faire une ou deux choses, pas beaucoup plus, et de les laisser m'en faire aussi une ou deux. Ma petite voix intérieure me hurlait de ne pas avoir peur. Si je voulais cet argent, il fallait s'y plier. Tel était mon plan. « Vas-y, c'est tout ! » Ces mots ont jailli dans mon crâne, un cri oblitérant toute autre forme de pensée. Comme ils étaient étranges, les fruits de ces enfants qui travaillaient dans les usines d'Asie, a commenté Simon après coup, énigmatique et songeur, quand je lui ai raconté ça.

L'ordre que je m'étais donné m'interdisait de tergiverser davantage. Il n'était plus temps d'avoir l'estomac noué d'appréhension, plus temps pour la sagesse de la raison. Et, au bout du compte, je ne pourrais être tenue pour responsable de ce que j'étais sur le point de faire. J'allais me borner à suivre les ordres.

Kelly est partie avec le porteur de la carte de crédit, et je suis restée seule avec l'autre client. Je me suis assise au bord du lit, il a sorti une bouteille de champagne du minibar, l'a ouverte et m'a servi une coupe. Ensuite, il m'a annoncé qu'il allait prendre une douche. Il avait l'air relativement agréable, en tout cas pas trop désagréable. Se doucher et se sécher lui a demandé trente minutes. Je l'ai chronométré parce que c'était un rendez-vous d'une heure, et je ne comprenais pas que cela dure aussi longtemps. Rétrospectivement, je me dis qu'il s'était peut-être masturbé sous la douche, histoire ensuite de pouvoir prolonger la performance avec moi. Les hommes ont parfois recours à ce genre de trucs. C'est Joe Geraghty qui m'a appris ça Mais je craignais que le type ne discute sur l'horaire.

Il est sorti de la salle de bains, une serviette autour de la taille. Je ne savais que faire, par quoi commencer mais, visiblement, ce n'était pas un novice, loin de là. Il s'est allongé nu, sur le ventre. Pendant un moment, je me suis contentée de le regarder. C'était le premier Chinois que je voyais nu. Ensuite, j'ai commencé un massage et tout s'est arrangé.

Je me suis décontractée. Le massage avait l'air de lui plaire, et je suis passée en mode boyfriend. L'expérience prouve qu'un boyfriend a souvent envie de faire l'amour quand vous n'en avez pas envie. Et c'est vrai même quand ce n'est pas votre boyfriend. Ce peut être un garçon rencontré dans un bar ou lors d'une soirée, territoires des amours d'un soir. Vous avez envie de voir des têtes nouvelles, envie d'être admirée. Au bout de quelques verres, vous vous sentez détendue. Ensuite, vous vous retrouvez tout d'un coup à vous dire « je n'ai plus envie de ça, mais plus du tout », et pourtant c'est tellement plus commode d'aller au bout que de faire marche arrière. Et donc tout ça devient machinal. Vous passez à l'acte du bout des lèvres. Vous n'avez pas besoin d'être une prostituée pour donner là-dedans. La seule différence, c'est que nous, d'entrée de jeu, on se fait payer. Si tout le monde savait combien c'est facile, en tout cas passé les deux premières fois, on gagnerait moins que des serveuses.

Je lui ai enfilé un préservatif et ça lui a pris cinq minutes. Là aussi, je l'ai chronométré. Il s'est retourné et je l'ai gratifié d'un autre massage. Il ne disait presque rien. C'était un joli début. Si seulement ils étaient tous comme lui. Il n'a même pas essayé de m'embrasser ou de négocier des petits suppléments. Par « suppléments », on désigne tout ce qui peut leur traverser la tête. Notre devis, il ne comprend que du sexe de base, du sexe classique. Pour tout ce qui est fétichisme ou bizarrerie, on majore la facture. Et vous ne tardez pas à comprendre que les « bizarreries » sexuelles relèvent largement du mythe ou, plus exactement, l'appellation est impropre. C'est le sexe « normal » qui relève du mythe. La bizarrerie, c'est la norme. Les fétiches, les jeux, les jeux de rôles, les costumes et les accessoires sont tellement courants. Si toutes les femmes savaient cela, on gagnerait certainement moins que des serveuses.

Alex soutient que le fétichisme intervient dans ce moment de stimulation et d'angoisse où, pour une raison obscure, le mâle s'imagine qu'à l'instant où il exprime sa sexualité, il enfreint une règle et sera donc privé d'amour. Alex associe les fétiches à la quête amoureuse. Moi, pas vraiment. Si j'avais été plus disposée à aider les messieurs à passer ces moments d'angoisse et de stimulation, je suis certaine que j'aurais gagné bien plus d'argent mais, j'avais beau avoir envie d'en gagner, je savais que ces « suppléments » peuvent vous jouer des tours. Kelly est plus forte que moi. Simon me croyait forte, plus forte que lui, mais il n'a jamais vraiment appris à connaître Kelly – c'est elle qui est forte. Que je puisse sortir de là en effaçant le rendez-vous de ma mémoire, cela le sidérait. Il n'a pas compris non plus que je puisse renoncer à la sécurité du bordel pour devenir escort. Comme presque tout le monde, il se figurait qu'à force d'aliénation et de dépersonnalisation, le genre de métier que j'exerçais me conduirait tôt ou tard à ce qu'il appelait un sentiment d'« isolement déchirant » et de désespoir. Mais il se trompait, vraiment. C'est l'amour qui m'a conduite à ce sentiment.

Kelly m'a introduite au bordel où elle travaillait le plus. Elle m'a affirmé que la direction prenait soin de ses filles, au-delà même de ses obligations. Elle avait raison. Ils ont bien pris soin de moi. Chaque fois que je le souhaitais, la directrice m'a aidée à obtenir les engagements d'escort les mieux payés, et pourtant elle s'efforçait de décourager les filles « de carrière » de faire l'escort, en leur rappelant que c'était plus dangereux, que ça vous usait et que c'était le refuge de celles qui ne décrochaient pas de rendez-vous avec les hommes qui ont le choix des femmes qu'ils fréquentent. Fran, la directrice, me répétait qu'une fille aussi jolie que moi n'avait pas besoin de courir les risques inhérents au métier d'escort mais que, si je le voulais vraiment, elle m'aiderait à trouver. Kelly était assez jolie pour éviter de faire l'escort, mais comme elle avait l'obsession de l'argent, elle se gardait ça comme à-côté. Elle travaillait en free lance pour l'autre agence, celle que j'avais repérée dans l'annuaire. Elle avait choisi cette solution pour ne pas s'aliéner Fran. En fait, je crois que Fran était au courant.

Ç'a été le début d'une période qu'Alex a baptisée mon « âge d'or ». Pour la première fois, je gagnais bien ma vie. Kelly m'avait prise sous son aile et elle m'enseignait les ficelles. On s'est presque tout de suite entendues. Je sentais que je pouvais me fier à elle et, à l'évidence, c'était réciproque puisqu'elle m'a invitée à vivre avec elle. On s'est trouvé un appartement de deux chambres à louer, avec des portes blindées, de hauts plafonds et des portes-fenêtres qui donnaient sur une petite cour où nous descendions nous installer pour prendre le café. Je me suis offert une petite voiture et un peu d'amour-propre.

Et puis il y avait Simon. Il tenait à me donner de l'argent alors qu'une semaine ou deux après avoir débuté, j'en avais plus que lui. Il n'avait quasiment pas un sou, mais il m'emmenait chez des libraires d'occasion et m'achetait les ouvrages qu'il estimait indispensables à mon éducation. La poésie, surtout, l'emballait. Il disait qu'avec des livres, on ne se sent jamais seul. Mais pendant cette période, cet âge d'or, évidemment, je n'ai jamais été seule. Je lui achetais à manger et je lui préparais des plats. On allait se promener avec Alex et Empson, on sortait prendre le café, boire des verres. Je lisais tous les livres qu'il me procurait et il avait raison. Quand les mots dansent pour vous, à domicile, il est possible de ne plus se sentir seule. Je n'avais pas la prétention de comprendre tous ces mots-là, mais Simon m'a expliqué que, peu importait, de toute façon ils restaient là, à attendre sous leur couverture, qu'on ait besoin d'eux. Je sais qu'il a besoin d'eux, en ce moment, et qu'il s'en sert, car Alex lui apporte des livres. Mais moi, il semble que mes mots les plus forts ont été usés. Ceux qui me restent ne sont pas capables de décrire ce qui m'est arrivé, ce qui nous est arrivé.

9.

Parfois, Simon me parlait d'Anna. À l'occasion, il me montrait des photos d'elle que je n'avais encore jamais vues, les sortait de boîtes rangées dans des placards et des tiroirs. Naturellement, au début, j'étais curieuse mais, par la suite j'ai vu plus de photos d'elle qu'il ne m'en fallait pour satisfaire ma curiosité. Elle est jolie, très jolie. On sent l'Italienne en elle. Un temps, j'ai cru que c'était peut-être cela, cette part d'elle-même, qui faisait tant d'effet à Simon. Comparée à elle, je me sentais très anglo, très blanche. À d'autres moments, rien qu'à sa manière de me parler d'elle, je me sentais stupide ou, si ce n'est stupide au sens d'inintelligente, du moins inculte. Toutes mes lectures et l'essentiel de mes pensées me venaient de Simon. Je régurgitais ce qu'il m'avait appris. Même s'il trouvait importante cette façon d'adhérer au monde, je ne me sentais pas membre à part entière, je n'étais pas vraiment à ma place. Anna, si. Elle n'avait pas eu besoin qu'on lui apprenne. Elle lui était arrivée déjà instruite et déjà raffinée.

Et donc, quand il s'est avéré que le Joe Geraghty que je recevais une fois par semaine était son mari, j'ai jugé la fascination de Simon pour leurs deux existences bien compréhensible. Peut-être même cette fascination était-elle à mon avantage. Voilà que Joe, le mari de la super Anna, celle qui avait rejeté Simon, trompait sa femme avec moi, l'amante de Simon. Le conte de fées du jeune couple fortuné niché dans une vaste propriété près de la plage était une imposture, et j'étais en position de lui livrer nouvelles fraîches et comptes-rendus intimes sur l'étendue de cette imposture. Quel amant éconduit n'y trouverait pas quelque intérêt ?

J'ai vu cet intérêt pour leurs existences, pour Anna, Sam et même Joe, se muer en obsession. Pendant une longue période, je me le suis caché. Quand c'est devenu impossible, je m'en suis sortie en me disant que, si c'était une obsession, du moins exigeait-elle ma participation. Il m'arrivait qu'une réflexion de Simon sur Anna me revienne un jour ou deux plus tard et que j'en aie les larmes aux yeux. J'ai toujours eu envie de demander à Alex si c'était une réaction sympathique ou parasympathique, ou si ce symptôme faisait simplement partie de mon « désagrément ».

J'étais chez moi, à feuilleter la presse. Simon était un lecteur de journaux acharné. « En dépit de tous leurs partis pris, de leur hypocrisie et de leur perpétuel conservatisme, c'est notre monde qu'ils décrivent. Nous avons l'obligation de nous y intéresser, et les journaux télévisés n'apprennent jamais rien », me répétait-il. Kelly me faisait remarquer qu'elle avait connu beaucoup d'hommes mais aucun qui lui ait imposé des devoirs à la maison. Cela m'était égal. Cela m'aidait à comprendre de quoi il me parlait, et cela me faisait du bien qu'il insiste pour que je me tienne au courant. À force de me demander ce que je pensais de tel ou tel événement, il m'a conduite à réfléchir à des sujets auxquels je n'avais jamais réfléchi auparavant, et moi je le poussais à me parler du monde, des réalités qui comptent, et pas uniquement d'Anna.

« Penche-toi attentivement sur la nature des articles qui paraissent dans les journaux, me conseillait-il. Qu'est-ce que ça te révèle sur la presse ou sur les médias en général ?

– Je ne sais pas. Et toi, ça te révèle quoi ?

– Réfléchis. Qu'est-ce qui paraît dans la presse ?

– Je n'en sais rien, des reportages, des infos. Les trucs que les journalistes jugent importants.

– Ou des trucs qui vont faire vendre, pensent-ils. Ou qui, croient-ils, vont faire basculer l'opinion dans une certaine direction. Et qui est derrière les journaux?

– Je ne sais pas, des journalistes, des rédacteurs en chef ?

– Et qui les emploie ?

– Les propriétaires des journaux ?

– Exactement. Mais tu saisis ce que cela signifie ? La sélection, le titrage, le placement et la longueur des articles, leur orientation sont influencés, au bout du compte, par les préoccupations commerciales et politiques de leurs propriétaires, même si cette influence reste parfois indirecte et subtile.

« Dans une certaine mesure, c'est vrai. Mais, bien entendu, ce n'est pas vrai à tout coup. Il subsiste quelques journalistes méfiants qui conservent leur liberté par rapport à la ligne du parti. Ils se retrouvent le plus souvent logés dans la page des chroniques et des tribunes, que la plupart des lecteurs ne lisent pas. Si tu veux une prise de position instantanée, un résumé incisif sur les nouvelles de la une, tiens-t'en aux dessinateurs humoristiques.

– Alors pourquoi consacres-tu tant de temps à lire les journaux ?

– Écoute, rien n'interdit d'y apprendre un tas de choses. C'est possible. Seulement, il faut savoir lire entre les lignes. »

Il faisait très chaud et j'étais en sous-vêtements, en train de lire le journal en buvant une tasse de café. Kelly n'était pas rentrée, pas encore. Elle faisait plus d'heures que moi. Parfois, elle travaillait toute la journée au bordel, s'accordait une heure et demie de pause, avant d'entamer sa nuit d'escort girl. Elle m'expliquait qu'on arrivait très bien à faire l'escort même fatiguée parce que peu importait la mine que l'on avait. Enfin, dans la limite du raisonnable. Le type a attendu que tu frappes à sa porte, donc le risque est maigre qu'il te renvoie sous prétexte que tu as l'air fatigué sous ton maquillage. Ils sont trop polis pour te faire la réflexion – s'ils s'en aperçoivent. Pour distraire l'attention du client de son maquillage, Kelly pratiquait des choses que je n'ai jamais pratiquées.

Je trouvais que ma vue faiblissait. J'avais des lunettes que je ne portais quasiment jamais mais ce jour-là, j'avais du mal à y voir nettement. Je suis allée dans la chambre chercher mes lunettes, histoire de faciliter ma lecture. Il y avait un article en première page : « Pékin envisage d'interdire aux pauvres de vendre leurs propres organes. » L'article prétendait que des annonces paraissaient sur des sites Internet chinois pour proposer des organes : « Cornée d'une personne en excellente santé, avec bonne vue : 1,5 million de yuans – À vendre – Urgent cause pauvreté. » En lisant cela, j'ai plissé les yeux. Je me suis souvenue que, quelques mois auparavant, j'avais eu du mal à lire au lit. J'en avais parlé à un pharmacien. Quand il m'avait demandé quel œil souffrait, je m'étais rendu compte que j'étais incapable de m'en souvenir. Ce n'était pas le but principal de ma visite dans cette pharmacie.

« Bon, c'est que le problème ne doit pas être trop grave, hein ? » en avait conclu le pharmacien.

Je me rappelle que sa réponse m'avait mise en colère. Il s'était adressé à moi sur ce ton condescendant que prennent les messieurs d'un certain âge pour masquer un flirt maladroit ou pour vous punir d'être jeune, inaccessible et plus jolie que les femmes avec lesquelles ils peuvent se permettre d'échanger plus que quelques mots. Vous étiez une jeune femme séduisante. Était-ce un mal ?

Une autre annonce, provenant apparemment de la ville de Yangchen, proposait : « Un rein prélevé sur être humain vivant – deux millions de yuans. » Autrement dit, 500 000 dollars, précisait le journal. La moelle humaine s'échangeait à 10 000 dollars.

Cette sensation de flou ne se dissipait pas. Je suis allée dans la salle de bains et j'ai mis quelques gouttes d'un collyre que le vieux salopard m'avait vendu pour prix de mes péchés. Le collyre me piquait – la date de péremption était passée. En tout cas, cette impression de flou ne ressemblait pas au problème que j'avais déjà connu. Comme dirait Alex Klima, c'était qualitativement différent.

Précédemment, le commerce des organes humains était le monopole du parti communiste chinois. Le système médical chinois avait tiré d'énormes profits de la vente d'organes de prisonniers exécutés à des fonctionnaires du Parti, des individus bien éduqués qui les revendaient à leur tour à des gens de Hong Kong, Taïwan et Singapour. Pour la matière première, il fallait deux mille prisonniers par an. Et voilà que l'État comptait prendre des mesures énergiques contre les petits patrons déjà bien appauvris qui faisaient chuter les prix avec leurs annonces sur Internet.

« Le triomphe de l'e-commerce ! s'était exclamé Simon quand nous en avions discuté, plus tard. Tu vois, Ange, il leur apporte la démocratie. »

Mais je n'ai pas pu finir l'article. La lumière m'éblouissait. J'en étais physiquement incapable. Quand Kelly est rentrée à la maison, j'étais allongée sur le canapé, les yeux fermés. Elle était soucieuse, à cause de sa journée.

« Tu n'as pas envie de savoir la journée que j'ai eue ? » m'a-t-elle demandé.

Elle avait raison. J'étais inquiète à cause de mes yeux, mais elle m'a quand même raconté.

« Tu sais qu'ils refusent toujours de m'accorder un prêt.

– Qui, la banque ?

– Oui. La banque.

– Tu leur as expliqué ce que tu faisais ?

– Non. Pourquoi, je devrais ?

– S'ils n'ont pas la certitude que tu seras capable de les rembourser, ils ne t'accorderont pas de prêt.

– Angelique, j'ai 60 000 dollars d'acompte. Je leur ai expliqué que je voulais souscrire un emprunt immobilier. Rien d'autre. Ce n'est pas pour m'acheter un bateau, bordel de Dieu. Pourquoi faut-il qu'ils me compliquent la vie avec ça ?

– Kelly, tu ne peux pas sérieusement croire qu'ils vont t'accorder un emprunt immobilier si tu ne leur dis pas comment tu gagnes ta vie.

– Et toi, tu ne peux pas croire sérieusement qu'ils vont me l'accorder si je le leur dis. Seigneur, Angelique, parfois tu es tellement...

– Kelly, fais vraiment attention au prochain mot que tu vas prononcer.

– C'est vrai, il ne faut pas perturber la princesse quand elle se repose sur le canapé pour ménager sa beauté.

– Kelly, calme-toi, tu veux. J'ai un truc bizarre dans les yeux.

– Tu lis trop toutes ces conneries de poésie que te refile ton amoureux, un point c'est tout.

– Non, vraiment, Kelly, je suis sérieuse. J'ai un truc qui cloche. Je ne sais pas quoi.

– Tu veux entendre quelque chose qui cloche vraiment ?

– Non, pas vraiment. Pas tout de suite.

– Donc, je suis à la banque, d'accord, et ils me baladent d'un bureau de directeur à l'autre, et ça n'en finit pas. Ça me prend déjà bien plus de temps que je n'avais prévu. Je me tiens bien tranquille, jusqu'à ce que leurs directeurs aient fini de m'expliquer que je ne suis pas une candidate convenable. Tu imagines ? Candidate. C'est une banque, pas un concours de popularité, putain. Tout ce que je veux, c'est être une cliente comme tous leurs fainéants de clients qui pompent la banque un max et qui pour ça paient tranquillement tous les mois, réglés comme une pendule, un tas de commissions cachées, de frais et ces... comment ça s'appelle déjà ? Les droits sur les établissements financiers. Tu as jamais vu ça sur ton relevé ?

– C'est une taxe. »

Elle m'empêchait de retrouver ma sérénité. L'état de mes yeux avait encore empiré.

« Qu'est-ce que tu viens de dire ?

– Les droits sur les établissements financiers... C'est une taxe. Ça vient du gouvernement, pas de la banque.

– Tu ne vas pas te mettre à défendre les banques, non, maintenant ?

– Non, je te dis juste... En fait, j'ai posé la question et...

– Bon, ferme ta gueule et écoute un peu le reste de ma journée. Donc je suis retenue à la banque pendant des plombes et le temps que la dernière de ces têtes de nœud me dise non, me voilà en retard pour Radji...

– Qui est Radji ?

– Tu sais, Radji, un de mes habitués.

– Je le connais pas.

– Oh ! Angelique, ne complique pas tout, tu veux. Radji, Radji Radjadurai, le costaud à la peau foncée, la figure aussi moite que le bout léché d'un cigare.

– C'est quel genre de nom, ça ?

– Je sais pas... qu'est-ce que ça peut foutre ? Indien, sri lankais, afghan, ce n'est pas le sujet.

– Toi, tu es vraiment de mauvais poil.

– Écoute et tu vas comprendre pourquoi. Donc, comme j'étais à la banque, j'arrive en retard pour Radji et personne n'a pensé à lui suggérer de s'asseoir gentiment dans un coin avec un magazine comme un bon petit Indien. Non, personne ne lui dit que je ne vais plus être longue. Personne ne fait jamais attention à nous, pour rien.

– Ils ne savaient peut-être pas quand tu serais de retour.

– Bon, peut-être, mais écoute un peu la suite. La nouvelle...

– Qui, Chantal ?

– Chantal, la nouvelle, elle propose à Radji de s'occuper de lui...

– Kelly, c'est une nouvelle. Peut-être qu'elle ne savait pas...

– Si tu veux bien écouter mon histoire, tu comprendras ce qui me contrarie à ce point.

– O.K., j'écoute. Mais j'ai les yeux bizarres.

– Pour m'écouter, tu n'as pas besoin de tes yeux. Ce qu'il faut que tu saches à propos de Radji, c'est que depuis un an et demi il me court après pour un...

– Ne me le répète pas. Tu me l'as déjà dit. C'est dégoûtant.

– Ouais, il voulait que je lui fasse ça depuis...

– Kelly, je suis vraiment pas capable d'entendre ça, pas pour le moment...

– Tu es obligée. On vit ensemble. Avec lui, j'y vais avec mes talons aiguilles et mes godes.

– Qu'est-ce que tu veux dire ?

– Il est hétéro, mais il aime bien s'enfiler des trucs et il me demande tout le temps de...

– Arrête, tu veux !

– Et c'est encore pis que ça. Il veut que je fasse pareil sur moi, et moi je lui dis tout le temps non.

– Comme la banque.

– Ce n'est pas drôle, Angelique et, de toute façon, à l'inverse de la banque, je me contente pas de lui répondre un non à la con. Je fais monter les tarifs, et lui, il n'arrête pas de me redemander. Je me suis même imaginé que c'était tout ce qu'il désirait, juste le frisson de la négociation. Donc, depuis un an et demi, j'ai fait monter les enchères à 2 500 dollars.

– Tu plaisantes !

– Non, pour 2 500 dollars, plus mon taux horaire habituel, il avait le droit.

– Oh, Kelly, c'est franchement dégoûtant !

– Tu veux m'écouter, oui ? Et c'est encore pis que ça. Donc Chantal, la nouvelle, elle s'aperçoit que je ne suis pas là et elle lui propose de lui faire passer un bon moment. Ils montent et, surprise, surprise, il la branche avec son plan fétichiste.

– Quel dégueulasse.

– Écoute, Angelique, il lui demande... et elle accepte !

– Oh ! mon Dieu, c'est horrible !

– Pour cinquante dollars.

– Quoi ?

– Elle ne lui prend que cinquante dollars de supplément.

– Tu veux rire !

– Je ne ris pas du tout. Dans quel monde on vit... Vraiment, je ne sais pas. Je travaille ce type depuis un an et demi, et voilà cette nouvelle qui... À la banque, on me fait cavaler pour rien et, quand je suis de retour, cette nouvelle me fauche des milliers de dollars. Évidemment, maintenant, il ne va plus jamais revenir me voir. Tu en es convaincue, n'est-ce pas ?

– Ça m'ennuie de te dire ça, mais...

– Tu ne vas quand même pas défendre cette petite pute vénale, non ?

– Non, mais... toute cette histoire est répugnante, Kelly, et il se passe dans le monde des choses bien plus graves qu'une petite nouvelle qui va plus loin que toi dans le dépravé.

– C'est vraiment pas le bon jour pour me faire la leçon.

– Je ne te fais pas la leçon, mais... je viens de lire un article dans le journal, Kelly, sur des gens, en Chine, qui sont si pauvres qu'ils vendent leurs organes pour gagner de quoi survivre.

– Qu'est-ce que tu veux me dire, Angelique ? Ça se passe en Chine.

– L'autre jour, j'ai lu quelque chose dans le journal sur ces réfugiés africains qui vivent dans une ville de tentes depuis dix ans.

– Et donc ? Pourquoi ils ne font rien pour s'en sortir ? La chance, ça se provoque.

– Ils ont fui la guerre, des gouvernements et des armées hostiles, des milices de gamins armés jusqu'aux dents, tout ça pour vivre dans une ville de tentes pendant dix ans.

– Et alors, pourquoi l'ONU ou je ne sais qui d'autre n'intervient pas pour arranger ça ?

– L'article expliquait que l'ONU était justement en train de mener une enquête sur un racket autour d'un trafic d'êtres humains géré par certains de ses fonctionnaires. J'ai lu que, pour réinstaller ces gens ailleurs, les fonctionnaires exigeaient 10 000 dollars par personne.

– 10 000 dollars ? Ça fait une semaine à plein régime avec Radji.

– Kelly, qu'est-ce qui te prend ?

– Qu'est-ce qui me prend ? Tu es allongée sur le canapé en petite tenue, avec un bras pour te cacher les yeux, et tu me serines des nouvelles du tiers monde. C'est ça, le genre de conneries que ton amoureux te force à me raconter ? J'ai passé la moitié de la journée à me faire sermonner par ces têtes de nœud de directeurs de banque qui savaient, qui devaient bien se douter d'où je tire mon fric, mais ils voulaient me forcer à leur dire. Ils voulaient m'humilier, dans les bureaux d'une banque, et c'était le seul moyen que j'avais de leur faire cracher cet argent. Ils voulaient pouvoir rentrer chez eux ce soir et raconter à leur femme qu'aujourd'hui une pute était venue les voir. Je n'ai pas voulu, et eux, ils n'ont pas voulu me donner cet argent.

« Qu'ils aillent se faire foutre ! Je sais ce que je vais faire, je vais prêter l'argent que j'ai au bordel, à dix pour cent. Fran m'a dit qu'ils avaient de gros soucis avec le fisc. Dix pour cent, c'est toujours mieux que ce qu'elle obtiendrait à la banque. Comme ça, la banque peut aller se faire mettre.

« Et ensuite, après toutes ces salades, quand je suis enfin de retour au boulot, j'apprends que je me fais chourer un de mes clients réguliers par cette enfoirée de nouvelle et, personne, aucune de mes estimées collègues n'a rien dit. Personne n'a rien fait pour l'en empêcher et ce n'est que le début. Où ça va s'arrêter ? Un habitué, c'est une vache à lait. Une partie de l'argent que tu vas gagner la semaine prochaine vient du travail que tu as accompli la semaine dernière, ou toutes les semaines précédentes, de toutes les fois où tu lui as fait croire que tu attendais ses visites avec impatience, et rien que ses visites à lui, qu'entre deux rendez-vous il te manquait, que tu pensais à lui et qu'il était le seul avec qui ça te plaisait. C'est essentiellement pour ça qu'ils te paient, pour avoir l'illusion de compter et d'être désirable aux yeux d'une jeune et jolie femme. Et si tu peux arriver à leur faire croire ça, après, dans la chambre, tu n'as plus besoin de grand-chose d'autre. Tu es comme une grande marque. Un minable ira s'acheter un T-shirt avec un logo mode imprimé dessus et même si, en dehors du logo, c'est qu'un vieux T-shirt miteux, quand il le portera, il se sentira mieux. Eh bien, une pute régulière, c'est le logo que ton type porte quand il se retrouve avec toutes les femmes intouchables qui le voient comme il se voit dans le miroir. Pour lui, on est le logo sur le T-shirt. Grâce à nous, il s'accepte mieux lui-même. Tout ça, ce n'est que miroirs et écrans de fumée. C'est du marketing et, une fois que tu as atteint un certain niveau, la marque continue de se vendre toute seule. Avec Radji, j'avais atteint ce niveau, et cette nouvelle me le fauche. Pour quoi ? Pour cinquante dollars. Nul. Je veux dire... c'est même pas mille dollars. En fin de compte, c'est à elle qu'elle fait du mal. Et elle nous fait du mal à toutes, pas seulement à moi. Mais tu crois que quelqu'un lui dirait quelque chose ? Tu crois que quelqu'un lui aurait expliqué ? Non, non, c'est chacun pour soi. Et quand je rentre chez moi, j'ai la princesse des écoles privées d'Adelaïde qui me débite une leçon à la con à cause de tout ce que son amoureux lui a appris sur le tiers monde.

– Kelly, je sais que tu n'auras pas envie de vivre éternellement avec moi, mais pourquoi as-tu un tel besoin de cet argent ?

– Je n'en ai pas tellement besoin. C'est juste... c'est pour le principe. Tu es vraiment livrée à toi-même. Il faut tout le temps défendre ce que tu possèdes, toujours regarder derrière toi. Tu vois, un habitué, c'est comme un avoir. La banque le considérerait en tant que tel s'ils n'étaient pas tous des hypocrites. Et aujourd'hui, je viens de perdre un de mes avoirs... mais je suppose que tu as raison. Je n'ai pas vraiment besoin de cet argent. Si j'ai vraiment besoin d'argent vite gagné, je sais quoi faire.

– Oh, tu veux dire, reprendre du service dans le harem du sultan de Bruneï ?

– Non, cette époque-là est révolue. Ce plan-là, Miss America l'a fait foirer définitivement, et pour nous toutes.

– Que veux-tu dire ?

– Eh bien, quand il l'a fait venir là-bas, elle a fait semblant de ne pas comprendre pourquoi il la payait, et ensuite elle l'a attaqué en justice. C'est dommage, parce qu'ils demandaient sans arrêt des nouvelles filles et on pouvait gagner du superfric. Tu n'avais rien à faire. En Asie et au Moyen-Orient, une blanche se prend toujours pas mal de blé, mais plus encore avec ce bon vieux sultan. Enfin, si tu es vraiment au bout du rouleau, et si tu veux te gagner du super fric super vite, c'est encore possible, et tu sais où il faut aller. Mais moi, c'est vrai que je n'ai jamais été aux abois à ce point.

– Ici, ou à l'étranger ?

– Je voulais dire ici, mais ça marche sûrement à peu près n'importe où, dans n'importe quelle ville du monde, j'imagine.

– Tu parles de drogue, de trafic de drogue, c'est ça ?

– Non, rien à voir avec la drogue.

– Alors, tu vas m'expliquer de quoi tu veux parler ou tu vas juste...

– C'est quoi, ton problème, Angelique ? Tu t'es disputée avec Simon ?

– Non, je suis désolée. C'est juste... mes yeux sont... ils sont bizarres.

– Mon chou, tu as des yeux ravissants.

– Merci, Kelly. Maintenant, comment est-ce que tu fais pour te prendre un paquet de fric en vitesse, à part le trafic de drogue ou servir de cuvette de WC à un pauvre malade ? Quel plan tu as en tête, là ?

– Oh, ce n'est pas mon plan à moi. Moi, jamais je n'irais faire un truc pareil. C'est vraiment trop dangereux. Mais si jamais je change d'avis, je sais où aller.

– J'ai peut-être aucune envie de savoir.

– Ah ! ça non, crois-moi. »

J'ai rapporté les histoires de Kelly à Simon. Tout ce qu'elle avait à dire ou presque le laissait sceptique ou ne l'intéressait pas. Je crois qu'il n'y croyait pas trop. Il avait toujours considéré qu'elle avait des sources d'information douteuses.

« Ta colocataire gâche la réputation de la prostitution », m'a-t-il lâché, un jour.

10.

Je n'ai pas évoqué mes problèmes d'yeux devant Simon et, en y repensant, je comprends pourquoi. J'étais inquiète. Pour tenir le coup, je me suis dit que ce n'était pas grave. Qu'est-ce que cela pouvait bien faire que les contours des lettres imprimées sur une page deviennent parfois un peu flous ? Je n'avais pas envie d'y penser, et en parler à Simon, cela m'imposait d'y penser. Il m'aurait assaillie d'un million de questions, et puis il m'aurait réprimandée parce que je ne faisais pas attention à ma santé. J'avais peut-être aussi une autre raison, même si elle ressemblait fort à un de ces prétextes que citait Alex Klima. Depuis le début, Simon savait que je n'étais pas très cultivée, en tout cas pas comme lui. Et s'il découvrait qu'en plus du reste j'étais une handicapée visuelle, il penserait qu'il était inutile de m'apprendre quoi que ce soit. Je ne pouvais pas me résoudre à lui avouer que la lecture qui, selon lui, était le chemin des étoiles, devenait pour moi physiquement pénible. Enfin, quelles que soient mes raisons, je ne lui ai rien dit.

Ça s'est reproduit à la fin d'un rendez-vous, sous la douche, et ça s'est prolongé un bon moment dans la salle d'attente, avant le rendez-vous suivant. J'essayais de lire un magazine naze quand j'ai remarqué que les stars et les top models se décollaient de la page. Des mariages célèbres pour leur solidité se mettaient à tomber en morceaux sans avertissement. Le fond de la page ressortait davantage que les lettres couchées dessus. Et les lettres découchaient. Je suis allée consulter ce que je croyais être un ophtalmologiste. En fait, c'était un optométriste, distinguo qui à l'époque était pour moi sans importance. Il m'a examiné les yeux et m'a assuré qu'il n'y avait aucun problème. Il a renouvelé l'ordonnance pour mes verres de lunettes et m'a conseillé de les porter plus souvent. Je me suis sentie rassurée.

À peu près vers la même époque, j'ai remarqué que Simon me posait de plus en plus de questions sur mon travail. À la lumière de ce qui s'est passé, il est difficile de comprendre comment j'ai pu me cacher si longtemps le tour obsessionnel que prenait son enquête. Il m'interrogeait au sujet de Joe Geraghty, de sa journée au bureau, du genre d'homme qu'il était, de ce qu'il aimait faire avec moi, de ce qu'il aimait faire avec sa femme, Anna. Il me questionnait beaucoup sur Anna. Que pouvais-je lui raconter sur sa femme ? Comment aurais-je su ce qu'elle faisait ? Stupidement, je me suis dit (ou j'ai préféré me dire) qu'il succombait à un voyeurisme qu'il présentait maladroitement comme une sorte d'inquiétude universellement partagée pour Anna et Sam, son fils, une inquiétude enracinée dans son histoire personnelle..

J'avais fini par connaître tant d'obsessions masculines, tant d'excentricités et de fétichismes qu'il m'était assez facile de passer outre son intérêt pour la vie d'une ex-petite amie, surtout que cet intérêt semblait motivé. Ce que je ne savais pas, ce que Simon ne m'a pas confié avant un bon moment, c'est qu'après avoir entr'aperçu Anna et Sam un après-midi, il s'était mis à les suivre.

En dépit de ça, même si on ne vivait pas ensemble, on se voyait de plus en plus. Nous étions intimes, pas seulement physiquement mais aussi, et de manière exclusive en dehors de mon travail. On échangeait nos pensées les plus secrètes. Il me faisait la lecture, m'expliquait des choses, m'en montrait d'autres, m'apprenait à découvrir les musiques qu'il appréciait. Je me souviens en particulier d'un CD de Billie Holiday qu'il m'a acheté vers cette époque. C'était un de mes préférés. Il me l'avait fait écouter la nuit inoubliable de notre première rencontre. J'avais déjà entendu prononcer ce nom mais je ne savais pas qu'il appartenait à une femme noire et qu'elle était chanteuse. Et je ne savais sûrement pas qu'avant de devenir chanteuse, Billie avait été prostituée. Il a fallu qu'il me le dise.

Nous sortions nous promener ensemble, nous allions prendre des pots, en général à l'Esplanade. Je lui faisais la cuisine et je nourrissais son chien. Je savais tout de lui, de ses parents et de ses frères. Quand ça allait vraiment mal, je parlais à son psychiatre ; Alex estimait, je le savais, que j'avais une influence bénéfique sur Simon. Je le douchais, et il me disait même qu'il m'aimait. Il s'intéressait au petit garçon de son ex-petite amie ? Et alors ?

Donc il s'est trouvé, à cause du subterfuge de Simon, de mon besoin de ne pas tout voir et des soucis d'Alex, que nous avons tous trois laissé son état empirer.

« Tu restes dîner, Ange ?

– Non. J'adorerais, mais pas ce soir.

– Y a-t-il un de ces messieurs que je connaisse ? À moins que je ne les connaisse tous ?

– Il y aura ton client préféré, entre autres. Tu sais, je crois qu'il soupçonne quelque chose.

– Qu'il soupçonne quoi ? s'est enquis Simon, visiblement alarmé.

– À mon avis, il la soupçonne de fréquenter quelqu'un d'autre. »

À ces mots, il s'est levé.

« Qu'est-ce qui te pousse à dire ça ?

– Eh bien, ils ne font quasiment plus l'amour. Et elle ne veut plus avoir d'enfants.

– Comment le sais-tu ?

– Il me l'a avoué. Comment le saurais-je, sinon ?

– Je n'arrive pas à croire qu'il puisse te confier tout ça !

– Ouais, un vrai scandale, non ?

– Enfin, il y a quelque chose de particulièrement choquant dans ses confidences. Ce n'est pas que ce soit intime, enfin... si, c'est le tout qui est intime, mais c'est... enfin, peu importe.

– Peu importe ? » J'ai ri, alors qu'il n'avait pas du tout l'intention d'être drôle. « Comment ça, peu importe ? me suis-je étonnée.

– Comment peut-il te baiser en te causant de sa femme et de son fils ?

– Simon, je te l'ai dit. Tout ça n'a rien à voir avec les conneries qu'on voit dans les films. Je ne me mets pas sur mon trente-et-un, en uniforme, rien à voir avec ce genre de conneries. En tout cas, pas de son côté. Lui, ce n'est jamais qu'un type qui passe ses journées à causer sans arrêt de machins sans intérêt à des gens qu'il n'aime pas ou à des individus dont il a peur. Avec moi, par contre, il sait qu'il peut tout raconter. C'est assez fréquent, avec les clients réguliers. Ça fait partie du truc. »

Concernant mon boulot, Simon était parvenu depuis longtemps à une conclusion. À l'encontre des informations qu'Alex Klima m'avait fournies sur les effets quasi narcotiques de l'orgasme masculin, le point de vue de Simon était terre-à-terre, prosaïque. Les hommes, soutenait-il, ne me payaient pas pour que je les fasse jouir à la demande. La plupart me payaient pour que je les laisse partir à la demande.

Joe n'était pas seulement mon client favori, il devenait aussi le client favori de Simon. Petit à petit, il était devenu le seul dont Simon souhaitait m'entendre parler. Un jour, j'ai obtenu deux rendez-vous à la suite après des présentations qui avaient duré chaque fois vingt secondes simplement parce que j'ai l'air plus jeune que mon âge. C'était le genre de choses que j'avais pris l'habitude de lui raconter, comme pour faire un rapport, si j'ose dire. Cela nous aidait de discuter de mes rendez-vous sur une espèce de mode théorique, à la manière de deux anthropologues. Nous analysions mes rendez-vous et mes réactions.

Quand le premier de ces clients m'a fait monter seule au premier, il m'a priée, un peu embarrassé, de m'habiller en écolière. Donc, après m'être procuré l'uniforme nécessaire auprès d'une autre fille, je suis remontée dans la chambre pour endosser le rôle d'une collégienne de dix-sept ans, une roulure récalcitrante au langage châtié. Mais je n'ai jamais été grande actrice, si bien qu'en cinq minutes je me suis retrouvée en pleine régression – j'avais pas plus de dix ans, je lui faisais les yeux de biche, j'étais docile et soumise. Ça n'allait pas. Ce qu'il voulait, c'était la jolie fille vulgaire qui parle fort, cruelle, insolente et dépravée, celle qu'il n'était jamais arrivé à lever, au lycée. Quand, à la place, il s'est retrouvé seul et nu avec une petite fille effarouchée, il a été incapable de garder son érection. Il se sentait comme un pédophile et il est parti paniqué.

J'ai voulu parler de cet homme à Simon. Et du type d'après, qui était aussi en chasse d'une fille très jeune. Il aurait pu être mon grand-père. Il a passé pas mal de temps à me caresser le visage du dos de la main en commentant la douceur de ma peau. Moi, j'étais simplement assise sur le lit, je le laissais faire, pendant que les minutes s'écoulaient, les minutes qu'il s'était achetées. Nous étions tous les deux nus, moi et ce vieux bonhomme qui voulait s'offrir ça pour sa retraite. Nous avons gardé le silence, jusqu'à ce qu'il s'écrie, sans avertissement : « Tu es tellement jeune que tu pourrais être ma fille », comme si cela venait de lui traverser l'esprit. La comparaison ne l'a pas empêché de retirer sa main de mon visage pour me la poser sur la poitrine et de me repousser en arrière, jusqu'à ce que je sois allongée sur le dos. Ensuite il est entré en moi. Lui, il ne voulait pas me voir en uniforme scolaire, mais il est resté et il est allé jusqu'au bout, après m'avoir comparé à sa fille. C'était pas vicieux, ça ?

Il y avait eu un temps où Simon aurait discuté de tout cela avec moi, mais ce temps-là était révolu. Tout ce dont il voulait parler, quand on évoquait mon travail, c'était de Joe ou de ce que Joe disait à propos d'Anna et Sam.

« Un fils unique... solitaire, a-t-il remarqué en se versant un autre verre.

– Qui ?

– Sam.

– Oui, un enfant unique dans un foyer brisé.

– Un foyer brisé... c'est quoi, ça, Ange ? Un cliché. Un terme qui désigne traditionnellement des gens mal assortis qui restent ensemble sous prétexte que la seule chose dont leurs enfants ont besoin pour être heureux, c'est de macérer dans la misère de leurs parents jusqu'à ce qu'ils aient l'âge de s'enfuir.

– Qu'est-ce qu'il y a de mal à ce que des parents restent ensemble ?

– Le plus souvent, rien du tout. Mais tu ne peux pas partir du principe qu'il n'y a pas de mal à ça, et formuler ensuite un jugement de valeur sur deux personnes qui réagissent à une situation sans prévoir si elle sera ou non bénéfique à leurs enfants.

– Je ne savais pas que tu étais si sensible à tout cela, toi aussi.

– Il faut que tu fasses attention à ces clichés parce que, quand le vin est tiré il faut le boire et l'herbe est toujours plus verte ailleurs, alors une de perdue dix de retrouvées.

– Quoi ?

– Je plaisante mais, franchement, beaucoup de gens commettent l'erreur de penser que, tant que les noms des deux parents figurent sur les formulaires de l'école, un enfant n'a besoin de rien.

– Et de quoi un enfant a-t-il besoin ?

– De tout ce dont nous avons besoin.

– C'est-à-dire ?

– D'amour, d'identification. C'est ce que nous recevons de la part de la personne qui... si tu as la chance de rencontrer cette personne.

– Qu'est-ce que tu veux dire par identification ? lui ai-je demandé.

– Si tu as vraiment envie d'aider un enfant à se débrouiller dans la vie, il faut lui donner davantage que de l'amour. Il faut s'identifier aux enfants. Il faut essayer de comprendre leurs angoisses, leurs terreurs, leur solitude, il faut te mettre dans cette position.

« La mère d'une petite fille à qui j'enseignais est venue me voir, un jour. Avec un mélange d'anxiété et d'exaspération, elle m'a parlé du comportement déraisonnable de sa fille. Peu de temps auparavant, un jour qu'elles marchaient toutes les deux dans une rue noire de monde, la petite fille, qui avait environ six ans, s'était subitement mise à crier comme une hystérique. Elle refusait de traverser la rue, même en tenant la main de sa mère. Cela retardait sa mère et la mettait mal à l'aise, cette crise en public. Elle m'a expliqué qu'elle avait fait de son mieux pour comprendre ce qui avait perturbé sa fille à ce point. Elle lui parlait tour à tour doucement et brutalement. Elle essayait de l'amadouer.

– Et qu'est-il arrivé ?

– Elle a fini par la traîner derrière elle pour qu'elle traverse ; la fillette lui flanquait littéralement des coups de pied, et elle hurlait.

– Qu'est-ce que la mère aurait dû faire ?

– Enfin, voyons, et je ne prétends pas que c'est toujours facile, mais elle aurait dû essayer de se représenter la terreur de l'enfant, pas nécessairement ce qui l'avait provoquée, chose peut-être impossible, mais de comprendre ce que ce serait d'éprouver la même peur. Elle aurait dû s'identifier à elle.

– La comprendre ?

– Non, s'identifier, ça marche toujours mieux. La compréhension, c'est la capacité d'être affecté par la douleur de l'autre. L'identification exige de se rapprocher de l'expérience de la douleur. Elle exige que tu te projettes toi-même dans la situation, et que tu fasses ton introspection, pour comprendre ce que tu ressens. La mère doit pouvoir s'imaginer ce qui se passerait si elle était aussi terrorisée que l'est sa fille. Si elle y parvient, elle n'aura plus envie de la frapper.

– Elle l'a tapée ?

– Je pense que oui. Elle m'a avoué qu'elle avait failli.

– Pourquoi tu ne la crois pas ?

– Parce que j'ai été enfant. Cela m'est venu naturellement. J'ai été adulte moi aussi, pendant un temps. Cela m'est venu naturellement.

– Est-ce que tes parents t'ont frappé, enfant ?

– Mon père, ça lui plairait sûrement, aujourd'hui. Je n'étais pas enfant unique, et mon foyer n'était pas du tout brisé, enfin, pas le genre de foyer brisé qui serait apparu lors d'un recensement. Il existe un nombre infini de moyens de porter atteinte à un enfant, de traumatismes que l'on pourrait désigner par cette formule du « foyer brisé »

Une maisonnée complète, avec tes deux parents, peut te priver de tout réconfort, de toute stabilité et de tout amour-propre, aussi vite et aussi sûrement que la foule peut te priver de toute compagnie. En tout cas, Anna ne le quittera jamais. Elle sait tenir un filon quand elle en a repéré un.

– Il ne croit pas qu'elle s'en rende compte. Il pense qu'elle a une liaison. »

Simon m'a regardée comme si je venais de le gifler. Quand il a repris la parole, ce n'était pas sans colère.

« Bon sang, qu'est-ce que vous fabriquez, tous les deux... quand vous vous déshabillez, c'est si lent que ça, pour qu'il ait le temps de spéculer sur sa fidélité à elle ? J'espère que tu lui factures un supplément pour la psychanalyse. »

Parfois, je détestais Anna, pour ces mêmes raisons qui peuvent conduire l'épouse d'un veuf à détester la femme décédée, pour le temps qu'ils ont vécu ensemble, pour la sainteté rétrospective que la mort a conférée à l'absente. Mais la nouvelle compagne d'un veuf peut au moins se consoler en disant qu'il subsiste quelques domaines, dans l'existence de son mari, où un fantôme ne serait bon à rien. Dans mon cas, le fantôme avait un fils et un mari. Elle avait aussi un avenir, ainsi qu'un passé, et elle n'en était que plus menaçante. Au moins, ça me permettait de me sentir moins coupable de la haïr. Et c'est la haine qui a formé les mots que j'ai employés quand je me suis levée pour parler à Simon d'une peur que Joe partageait avec lui. Sur le moment (ce ne serait pas la dernière fois), ivre de cette sensation, j'ai parlé sans réfléchir et j'ai commis une de mes plus belles erreurs, une erreur qui, rétrospectivement, me paraît être à l'origine de ma situation actuelle autant que mon appel à la police.

« Tu sais, il m'a dit qu'à son avis, il y a quelqu'un d'autre. »

Maintenant, il serait réconfortant de prétendre que je ne savais pas pourquoi je lui répétais cela. Mais je le savais. Je croyais que le soupçon d'infidélité viendrait ternir son image, son aura, assez pour nous permettre de continuer nos existences sans elle. Je me trompais complètement. Il n'a fait qu'alimenter la maladie de Simon. Après cela, il voulait que je prenne en note à peu près tout ce que Joe me racontait. Et moi, sans comprendre l'effet que cela produisait sur Simon, j'ai fait de mon mieux pour m'exécuter. Une fois seulement, j'ai gardé une information pour moi. Parce que cela en disait plus long sur moi que sur lui, trop long pour Simon, à mon avis.

11.

Joe et moi, nous parlions de voitures, des nouveaux modèles et du meilleur rapport qualité-prix, de ce qu'il fallait rechercher. Joe était de bonne humeur, il me parlait de la sienne. Il était très fier de sa voiture. Nous évoquions sans y croire la possibilité qu'il m'emmène faire un tour, on riait de soulagement, sachant l'un et l'autre que cela n'arriverait jamais. Quand il me l'a demandé, je me suis mise sur lui. C'était une position qu'il aimait bien. Il venait de mettre sa voiture en révision, et il a cessé de plaisanter pour me demander de faire en sorte de lui sortir la facture du mécanicien de l'esprit. Il n'était pas certain de pouvoir se fier à ce mécanicien, me confiait-il tandis que je le guidais en moi et que je commençais à remuer. Peu à peu, je passais du rire à la concentration, je me montrais appliquée, docile et excitée. Je commençais à avoir chaud, à force de le travailler, quand j'ai de nouveau ressenti ce problème aux yeux. J'avais du mal à y voir clair. Devant moi, tout tremblotait. Joe a dû remarquer que j'étais un peu perturbée, parce qu'il m'a demandé si tout allait bien.

« Tu abats un sacré boulot, là, Angel. Ne crois pas que je n'y sois pas sensible, mais...

– Quoi ? Non, je vais bien. Je suis très contente, pas toi ?

– Si tu veux, tu peux faire une pause, et on reprendra plus tard. Tu t'es couchée tard, ces derniers jours ?

– Ouais, ça doit être ça », dis-je, peu convaincante, en le faisant glisser hors de moi.

C'est là que ça m'est arrivé, et c'était sans équivoque. J'étais encore sur lui, mais nous nous étions disjoints. Il était allongé sur le dos, il me faisait la conversation, et il passait des sensations que j'avais éveillées en lui aux sentiments que son mécanicien lui avait inspirés précédemment.

« Certaines personnes, je sais pas... avec elles, tu peux être relax. Et puis il y en a d'autres, tu sens instinctivement que tu ne peux pas t'y fier. Tu vois ce que je veux dire ? Hé ! Bon Dieu ! C'est... qu'est-ce que c'est que ça ? Une nouveauté ! »

Le plus effrayant, c'est que je n'avais pas du tout senti que ça venait. Je n'avais encore jamais fait ça, alors qu'on m'avait proposé de l'argent pour accepter, non, là, c'était involontaire. Pas très abondant, mais pas moyen de s'y tromper. Sans en avoir conscience, je lui avais pissé dessus. Il riait, un peu surpris, mais ça n'a pas eu l'air de l'embêter. Il a été gentil, mais moi, j'étais sous le choc. J'avais perdu le contrôle de mon corps et ça m'effrayait.

J'ai pris rendez-vous avec ma généraliste et je lui ai parlé de mes « problèmes de vessie », comme j'ai dit. Ça lui évoquait une infection du canal urinaire, m'a-t-elle expliqué, et elle m'a prélevé un échantillon d'urine avant de me prescrire un court traitement antibiotique. Elle m'a demandé si j'avais eu des rapports sexuels, à quoi j'ai répondu « juste un peu ». Elle avait envie de me prescrire un dépistage de maladies sexuellement transmissibles mais je lui ai assuré que j'avais fait un test quelques semaines auparavant. Évidemment, je ne lui ai pas précisé que mon métier m'imposait d'en subir un tous les mois. Elle a souri, un sourire curieux, en ajoutant qu'elle était contente de l'apprendre, et qu'il valait mieux prévenir que guérir. Mais elle n'a pas évoqué ce qui pouvait être pire qu'être prévenue et guérie. Elle m'a assuré que les antibiotiques devaient arranger ça... Mais non. Quand je l'ai rappelée pour lui signaler qu'en fait, j'étais à présent incapable de maîtriser mes envies d'uriner, elle m'a dit qu'elle allait m'envoyer une lettre pour un urologue. Je lui ai indiqué qu'en plus de mes problèmes de vessie, ma vision était par instants tremblotante. Elle m'a recommandé un ophtalmologiste en qui elle avait la plus totale confiance.

« Mais j'ai déjà vu un ophtalmologiste.

– Vraiment ? Quand cela ?

– Je ne sais pas, il y a un petit moment.

– Et qu'est-ce que cela a donné ?

– Il a examiné mes yeux et m'a prescrit des verres plus puissants.

– Vous êtes sûre que ce n'était pas un optométriste ?

– Non, je n'en suis pas sûre.

– Vous avez eu besoin d'une ordonnance pour le voir ?

– Non.

– Je pense que vous avez consulté un optométriste. Je vais vous adresser à un ophtalmologiste. »

Je me suis fait la réflexion que j'étais vraiment très adulte et très responsable de continuer à travailler, à payer mes factures, à rendre visite à Simon, à lui préparer la cuisine, à aller faire les courses avec lui, à lire les livres qu'il voulait que je lise sans jamais mentionner à Kelly ni à Alex, à personne, la peur irrépressible qui grandissait en moi, une peur qui ressemblait à un imbécile incapable de parler de lui-même, bref, une abomination. Cette peur suintait de moi, se déversait sur le monde extérieur chaque fois que la lumière vacillait dans mes yeux à moi, chaque fois que, les mauvais jours, je me découvrais incapable de reconnaître un visage s'il ne s'approchait pas assez près pour que je le reconnaisse à l'odeur. Cette peur-là n'arrive pas à la cheville de la peur que j'éprouve maintenant. Simon, je l'ai complètement perdu, maintenant. À l'époque, il n'avait pas encore enlevé Sam.

J'ai expliqué mes symptômes à l'ophtalmologiste. Il m'a demandé comment je gagnais ma vie, et cela m'a surprise. J'ai failli lui répondre que j'étais danseuse, mais à la place, je lui ai raconté que j'étais étudiante. Qu'est-ce que j'étudiais ? J'étudiais les livres qu'un homme plus intelligent et plus cultivé que moi me conseillait de lire. Ma réponse a fait gentiment sourire l'ophtalmologiste. Il percevait ma tentative d'être aussi sincère que possible à son égard comme de l'ironie. Il m'a demandé si ce flou, ce tremblotement était plus fort avec un œil qu'avec l'autre. Après un long, trop long temps de silence, j'ai été gênée de lui répondre que je n'arrivais pas à m'en souvenir, et puis j'ai eu peur que cela ne me fasse passer pour malhonnête ou idiote.

« Vous savez, quand vous allez au garage parce que vous avez entendu un cliquetis dans votre voiture et que, justement, là, vous n'entendez plus rien ? »

À peine avais-je terminé ma phrase que je me suis rendu compte à quel point l'analogie était imparfaite, puisqu'il ne m'avait pas demandé de reproduire ce flou, uniquement de me le remémorer et de le lui décrire. Le défaut, c'était ma mémoire et pas le cliquetis ou, dans mon cas, pas la maladie, le problème qui m'avait poussée à venir m'asseoir dans ce cabinet, aussi nerveuse qu'une accusée au tribunal. Mais l'ophtalmologiste n'a pas commenté l'analogie, préférant attraper un petit ustensile noir qu'il m'a présenté comme étant un ophtalmoscope. Il a coupé l'éclairage de la pièce, m'a priée de fixer un point sur le mur et m'a examiné chaque œil. Mes deux yeux fonctionnaient suffisamment bien pour discerner la lueur d'inquiétude dans les siens lorsqu'il a reposé l'ophtalmoscope.

« Vous disiez que c'était pire après l'effort, après un exercice physique ?

– Oui, je crois.

– Mais vous ne vous souvenez pas vraiment si c'est pire avec un œil ?

– Non, pas vraiment. Mais peut-être que oui.

– Et quand vous avez chaud ? Est-ce que la chaleur aggrave le problème ?

– Euh... Je suis désolée, je ne me suis pas très souvent penchée sur la question et je... »

Je n'ai pu me résoudre à lui raconter le contexte du problème, en espérant que cela n'avait aucune importance.

– Bon, dit-il. J'aimerais que vous fassiez quelque chose pour moi. De prime abord, ça va vous paraître un peu curieux.

– Oh, non !

– Rassurez-vous, ce n'est pas si terrible, a-t-il repris avec un sourire. J'aimerais que vous sortiez dans la rue. Ensuite, j'aimerais que vous fassiez deux fois le tour du pâté de maisons en courant.

– Tout de suite ?

– Absolument. Aussi vite que vous pourrez sans rentrer dans quelqu'un. Ensuite, je veux que vous reveniez ici.

– Le tour du pâté de maisons ?

– Oui, aussi vite que vous le pourrez. »

Je suis sortie dans la rue et je suis restée plantée là un petit moment à suivre du regard tous ces gens qui vaquaient à leurs occupations. Je me sentais ridicule de me mettre à courir autour du pâté de maisons, en pleine ville. Je me sentais ridicule et terrorisée. À l'évidence, l'ophtalmologiste avait une idée en tête, et je n'étais pas du tout certaine d'avoir envie de l'aider à savoir s'il avait ou non raison. À une époque, je m'étais imaginé pouvoir devenir danseuse. Avant cela, j'élevais des oiseaux. Maintenant j'avais un problème d'yeux et j'avais beau très bien savoir ce qui l'aggravait, je ne pouvais me résoudre à le lui dire, parce que je ne voulais pas lire son regard quand je le lui révélerais. Je ne voulais pas voir changer le regard qu'il porterait sur moi.

Dehors, il faisait chaud. J'ai couru autour du pâté de maisons et, à chaque foulée, j'avais de plus en plus chaud, malgré la terreur glacée que m'inspirait ce qui n'avait pas encore de nom et n'en aurait qu'après mon retour au quinzième étage. J'ai couru aussi vite que j'ai pu, en me faufilant dans la foule, filant devant ces gens qui, eux, en cas de besoin, auraient très bien pu expliquer à l'ophtalmologiste comment ils gagnaient leur vie et ce qu'ils avaient fait pour avoir des paillettes, de la brume, du flou, devant les yeux. Et qui, une fois identifié leur problème, auraient probablement pu se confier à leur amoureux ou à leur époux sans craindre de le perdre. Tandis que je bouclais mes deux tours, les larmes aux yeux, en louvoyant entre les gens, en me cognant à une bouche d'incendie, il m'est venu l'idée que la double vie que j'avais menée n'était pas une simple aventure. Ce n'était pas comme de partir sac au dos pour Paris ou pour le Népal. J'ignorais ce qui n'allait pas chez moi, mais cela m'a amenée à me demander si je pourrais jamais confier la vérité aux autres à mon sujet. Il arrive qu'on franchisse des limites grosses de conséquences. La gestation de la limite que j'avais franchie venait à terme.

Il m'a de nouveau regardée droit dans les yeux, cette fois pas avec l'ophtalmoscope mais avec un crayon lumineux braqué dans chaque pupille. Il parlait lentement.

« Est-ce que ça se produit, là ?

– Oui... Je crois que c'est pire du côté gauche, dis-je, après avoir fermé chaque œil alternativement.

– C'est ce que je pensais. Avez-vous eu d'autres problèmes de santé, récemment ?

– Comme quoi ?

– Avez-vous ressenti des engourdissements ou des sensations de picotement, de faiblesse musculaire ?

– Non, je ne crois pas. J'ai eu un problème de vessie, et j'ai suivi un traitement antibiotique pour m'en débarrasser.

– Que voulez-vous dire par problème de vessie ?

– Je ne sais pas... j'ai eu... des petites... fuites.

– Est-ce que les antibiotiques ont réglé le problème ? m'a-t-il demandé, les yeux baissés sur les notes qu'il était en train de prendre.

– Non, pas vraiment.

– A-t-on prélevé un échantillon d'urine ?

– Oui.

– Et quel a été le résultat ?

– Apparemment, je n'avais pas d'infection. »

Il a continué de noter toutes ces informations et n'a plus reparlé avant d'avoir terminé.

« Je pense qu'il serait judicieux de prendre un rendez-vous avec un neurologue.

– Un neurologue ? Pourquoi ?

– Je pense que vous pourriez avoir une petite lésion au nerf optique. Vous devriez vraiment passer une IRM.

– Je ne comprends pas.

– Chez les femmes de votre âge, avec des symptômes comme les vôtres, il faut pouvoir éliminer la possibilité d'une démyélinisation. Ce que je veux dire, c'est qu'il faut éliminer l'éventualité d'une sclérose en plaques.

– Vous pensez que j'ai une sclérose en plaques ?

– Je ne sais pas. Je pense que c'est une éventualité. »

Il a fallu à peine deux semaines au neurologue pour confirmer l'hypothèse de l'ophtalmologiste. Maintenant, mon « dérangement » de la vessie avait un nom. La sclérose en plaques expliquait les symptômes visuels et l'incontinence. Il m'a remis une brochure sur cette maladie et m'a soutenu que ce n'était pas aussi méchant que cela en avait l'air. Il voulait que je subisse une IRM du cerveau tous les six mois. J'allais devoir le revoir régulièrement. Si mes problèmes visuels empiraient, il faudrait que j'entame un traitement stéroïdien par intraveineuse.

« Il y a certainement un tas d'étudiants que vous croisez tous les jours à l'université, qui étudient, qui prennent part à toutes sortes d'activités d'étudiants et qui souffrent de sclérose en plaques, mais vous n'en savez rien. »

Je lui avais raconté que j'étais étudiante. Je ne l'ai pas détrompé. Quand il m'a demandé si je voulais qu'il en touche un mot à mes parents, je lui ai laissé croire que j'étais la fille de quelqu'un.

« Merci, mais non. »

Je lui ai laissé croire que j'allais en parler à mon petit ami. Je lui ai laissé croire que je ne savais pas grand-chose de cette maladie. Mais je savais. Je savais, par mes clients qui m'avaient expliqué ce qui était arrivé à leur femme, leur jeune épouse qui souffrait de sclérose en plaques. Pâle et muette, je suis rentrée à la maison.

12.

Je me demanderai toujours si ce n'est pas ma propre maladie qui m'a empêchée de pleinement mesurer l'ampleur de la maladie de Simon. Y avait-il des indices, dans son comportement, qui auraient dû m'alerter sur ce qu'il allait faire ? Il devait en exister, mais vers la fin, je n'étais pas capable de lui accorder l'attention que je lui avais prêtée jusque-là. Simon me parlait de William Empson et de sa contribution à la notion d'ambiguïté, de l'Histoire qui était jonchée de bonnes idées gâchées parce que poussées aux extrêmes, et je me demandais si je devais ou non lui parler de ma maladie, s'il me quitterait si je lui en parlais, s'il me quitterait quand il saurait, par exemple, qu'un malade de la sclérose en plaques sur deux a besoin qu'on l'aide à marcher dans les quinze années qui suivent la déclaration des premiers symptômes. Je me demandais comment j'allais subvenir à mes besoins, et comment j'allais m'y prendre pour compter plus à ses yeux qu'Anna alors que je ne réussissais déjà pas à la déloger de son hagiographie en étant bien portante.

Du coup, vers la fin, nous avons bu de plus en plus – l'alcool et nos voix intérieures respectives ont refoulé le reste. Répugnant à intervenir dans le problème, Alex Klima se joignait à nous de temps à autre pour boire plus que de raison, ce qui, je l'apprendrais plus tard, l'aidait à surmonter la mort de son mariage et la séparation d'avec ses enfants. Mais surtout, à cette époque, Simon et moi nous apprenions à exister chacun de notre côté, répétant ce nouveau rôle ensemble, dans la même pièce et souvent dans la même conversation.

« Donc, imagine un peu, Angel, me disait-il avant d'avaler une gorgée de scotch, histoire d'apaiser son désarroi, il a vingt-trois ans, il est étudiant en licence, et il lit à son professeur principal un mémoire qu'il a écrit sur l'ambiguïté dans Shakespeare. Il a vingt-trois ans et le professeur, qui n'a jamais rien entendu de tel, s'abstient de le démolir, ne le force pas à se sentir idiot. En fait, il l'encourage à écrire encore. Tu arrives à y croire ? Au bout, il n'y a pas forcément un boulot assuré, rien que l'excellence intellectuelle.

« Donc Empson s'en retourne, il continue d'écrire, une cinquantaine de pages supplémentaires. Il obtient une mention Très bien en anglais, et une bourse de recherche. Et ensuite, qu'arrive-t-il ? Peu de temps après, on le dénonce, on le remet aux mains des autorités universitaires parce qu'une femme de service a retrouvé un paquet de préservatifs dans sa chambre. Et on le renvoie. On le bannit pour toujours, à cause de ces préservatifs !

– Les préservatifs, aujourd'hui, c'est obligatoire, ai-je observé, lui proposant ma compétence en la matière.

– Oui, s'il y avait un commentaire à faire sur le sujet, c'était ça : applaudir à l'usage des préservatifs. Mais on était à une époque où les jeunes gens célibataires pratiquaient la chasteté de préférence au sexe protégé.

– Donc on l'a mis dehors ?

– Oui, on l'a mis dehors. Il est rentré chez lui et il a poursuivi son œuvre cardinale, qui est devenue *Sept Sortes d'ambiguïtés*.

–Tu m'en as déjà parlé. Il essaie de comprendre ce qui fait la beauté de telle ou telle poésie, c'est ça ?

– Oui, il essaie, et c'est l'entreprise en soi qui mérite la louange. Il forme l'hypothèse, au début non sans une certaine hésitation, que la présence de l'ambiguïté dans un poème ou dans un vers rend ou non ce poème " poétique " à nos yeux.

– O.K., ne ris pas, mais c'est quoi, au juste, l'ambiguïté ? Je veux dire... ce n'est pas ce que tout le monde croit ?

– Un dictionnaire t'apprendra qu'une ambiguïté, c'est une expression susceptible de comporter plus d'une signification.

– Et Empson, qu'est-ce qu'il en dit, lui ?

– Eh bien, il élargit un peu la définition pour y inclure le plus petit signe verbal, la moindre nuance d'expression qui autorise des réactions alternatives.

– Que veux-tu dire par réactions ?

– Des réactions cognitives ou émotionnelles aux mots de l'auteur. Il explique que la plupart des bons poèmes contiennent une ambiguïté. Le poème autorise des réactions alternatives, qui vont au-delà d'une seule interprétation. Ensuite, il classe cette ambiguïté en sept espèces. J'ai essayé d'expliquer ça à Alex, mais il n'a guère eu l'air impressionné. Il pense qu'il existe des sortes d'ambiguïtés bien plus significatives que les formes linguistiques prises en compte par Empson. Celle dont il me parle tout le temps, c'est celle qu'il appelle l'ambiguïté des rapports humains. Il estime que, tout comme une expression verbale, une relation entre deux personnes est ambiguë dès qu'elle se prête à des interprétations différentes, mais qu'à l'inverse des mots, la plupart des relations sont véritablement ambiguës. Et il soutient que si deux personnes ont des opinions différentes pas seulement sur l'état de leur relation mais sur sa nature même, cela peut affecter tout le cours de leurs existences. C'est drôle, il m'en parle souvent. Ça m'a l'air d'être une idée fixe, chez lui. »

Pour moi, ces réflexions d'Alex sur les rapports humains n'étaient pas nouvelles. Et ce n'était pas non plus le genre de sujet que j'avais envie d'aborder à la minute présente.

« Donc, pour que la poésie serve à quelque chose, il faut que même les gens intelligents, les gens instruits ne soient pas tout à fait sûrs de ce qu'elle veut dire ? » me suis-je étonnée.

Je n'avais pas encore renoncé à faire semblant de m'y intéresser. Si j'y renonçais, il me verrait peut-être telle que j'étais. Il y avait eu des périodes où je m'intéressais réellement, où je faisais des efforts pour suivre. Mais c'était un luxe que je ne me payais plus. Je n'en avais pas les moyens.

« Il nous dit, je crois, que le poème ne doit pas renfermer un seul sens. Et s'il est bon, nous saurons en déceler les diverses significations. Écoute ce vers de Swinburne, un poète très sous-estimé. Je t'en ai déjà parlé ?

– Trop souvent pour que je me souvienne de tout.

– Très bien, Ange. C'est un poème tout à fait susceptible de renfermer plusieurs sens. Je ne te demanderai pas quel est le sens que tu préfères. Donc, Swinburne, d'accord ? Il y a un vers dans un poème qui s'appelle « *Dans le verger* ». Très sensuel. Cela te plairait. Ça donne à peu près cela...

Viens plus près, pose ta tête contre moi,
Sens la rosée qui n'a pas encore séché,
Écoute les battements du sang qui presque défaillent ;
Le plaisir vit là où le sens s'est éteint
Ah Dieu, ah Dieu, ce jour devrait être proche.

Le premier élément que tu dois remarquer, ce qu'il y a de très prenant, c'est la musique qu'il obtient sans une seule note, rien qu'avec le rythme et la sonorité des mots. Écoute ce vers : « Le plaisir vit là où le sens s'est éteint. » Il y a une mélodie dans ce vers, et nous l'entendons avant même d'aller en rechercher la signification. « Vit là où le sens s'est éteint. » Veut-il dire « la sensation » ou « le sens », celui du bon sens et de la raison ? On peut même considérer que la sensation et la raison sont deux contraires. À mon avis, c'est un exemple du septième type d'ambiguïté selon Empson, celui qui autorise des significations alternatives et contradictoires.

– Est-ce qu'il cite cet exemple, dans son livre ?

– Le vers de Swinburne est un bon exemple, mais non, je ne crois pas qu'Empson traite de ce poème en particulier.

– Donc tu as aussi appliqué tout ce raisonnement à ta propre lecture de la poésie ?

– Enfin, j'ai essayé.

– Tu n'as pas perdu ton temps, non ? »

Ces mots m'avaient échappé et, brièvement, le plaisir a vécu là où le sens était mort. Je les avais dits un peu trop vite, je les ai regrettés encore plus vite.

« Simon, je suis désolée. Je suis sur la défensive. Pour moi, tout ça, c'est assez dur, tu sais. Je ne voudrais pas que tu... Je ne veux pas que tu me trouves bête, jamais.

– Mais toi, tu me trouves stupide parce que je consacre mes réflexions à des choses qui ne me rapporteront jamais un sou. Mon père serait d'accord avec toi.

– Simon.

– Mais aucun de vous deux ne sait à quel point il est important de saisir le sens, le véritable sens des choses, la vérité derrière les galaxies de l'obscurantisme... et de la connerie...

– Simon, je ne suis pas comme ton père.

– Tu vois beaucoup de choses de la même manière que lui. Tu me vois de la même manière que lui.

– Non, Simon, comment oses-tu dire ça ? Je vois presque tout à travers ton regard.

– Toi, mon père, Joe Geraghty... Ce n'est peut-être pas entièrement de ta faute. Les bonnes idées qu'a pu produire l'humanité sont loin d'être aussi répandues que les excès pathologiques qu'elles ont engendrés.

– Je ne comprends pas ce que tu entends par là. Je ne comprends pas de quoi tu parles.

– Notre capacité à sortir de grandes idées n'est dépassée que par notre capacité à les gâcher, à détruire ce qu'il y a de bon en elles, à les corrompre, à les pousser à l'extrême. Prends la critique littéraire, prends Empson. La poésie représente l'usage le plus sophistiqué possible de la langue. Elle peut à la fois nous guider et, à travers la musicalité qui lui est inhérente, nous émouvoir. La langue est ce qui nous distingue des autres animaux. En tout cas, ce n'est certainement pas notre comportement qui nous distingue d'eux. Empson est le pionnier d'une forme d'analyse de cet emploi particulier de la langue. J'admire cela. À mes moments perdus, je m'en sers en secret, je la teste, mais comme je ne dispose d'aucun moyen simple me permettant de transformer cette analyse en source de revenu, la plupart des gens me rient au nez. Mais ça, c'est une autre histoire. En fait, la plupart des gens dont les mots sont le métier, qui gagnent leur vie en étudiant les mots, ont repris l'ambiguïté des mots de la poésie et, en étendant leur portée à tout le langage, à toutes les disciplines, ils ont inventé une nouvelle forme de vandalisme. Cela s'appelle le déconstructionnisme. Vois-tu, selon les déconstructionnistes, quel que soit le domaine, par exemple dans le discours de tous les jours, les mots ne possèdent pas de significations relativement fixées, largement reconnues. Chez eux, aucune interprétation d'aucun « texte » – c'est le mot qu'ils adorent employer pour désigner tout ce qui se dit, tout ce qui s'écrit – n'est à privilégier. S'ils avaient raison, nous ne pourrions pas nous comprendre les uns les autres. Comment un raisonnement d'une absurdité aussi flagrante a-t-il pu prendre de la sorte, cela défie l'imagination. Mais il a bel et bien pris. Le déconstructionnisme se dénie même toute signification à lui-même. Enfin, ça, au moins, ce n'est pas un problème. Mais le problème, c'est qu'il nie aussi toute légitimité à toute forme de communication et de pensée humaine, toute légitimité à ce qui nous distingue des animaux.

– Simon, mon cœur, tu es saoul. Je ne comprends pas un traître mot de ce que tu me racontes. »

Mon amant tourmenté était ivre et il pestait contre le monde entier. Je ne voulais pas le contrarier, sa colère dépassait mon entendement, mais tant qu'elle n'était pas uniquement dirigée contre moi, j'estimais pouvoir y survivre, anesthésiée que j'étais par mes propres problèmes. Pourtant, j'aurais dû comprendre que les rengaines de Simon, ce qu'Alex Klima appelait sa lutte de plus en plus véhémente contre les moulins à vent, trahissaient une moindre emprise sur la réalité.

« Et les voilà donc, continuait-il, qui transforment les départements de littérature en départements d'études culturelles, où l'on ne peut plus enseigner Shakespeare à moins qu'il ne soit pris en sandwich entre deux tranches de camelote à la Jacques Derrida ou à la Wes Craven. O.K., d'accord, la plupart des gens considèrent que ça n'a aucune importance. Mon père n'y verrait rien d'important. Il trouverait qu'on peut fort bien s'en sortir sans Shakespeare, alors que personne ne nous éclaire davantage sur nous-mêmes que Shakespeare. Mais il est vrai que tout le monde ou presque a peur d'en savoir plus sur lui-même. Les gens supportent à peine de se voir trop longtemps dans le miroir.

– Simon !

– O.K., d'accord, oublions Shakespeare, lui qui savait voir à l'intérieur de nous-mêmes. Parlons un peu de l'extérieur, de notre extérieur collectif ? Dans le courant du XIXe siècle, il était admis par certains penseurs que l'État devait davantage se charger du bien-être individuel de ses citoyens. C'était pour eux le corollaire du contrat social implicite qui, pour leur profit à tous, réunissait les gens au sein d'une société. Bonne idée ! Mais qu'est-ce qui se passe ? Cette idée est poussée à l'extrême. On extrapole, et la responsabilité accrue de l'État se transforme en responsabilité totale, et maîtrise totale de toute l'activité économique. Cette extrapolation est mise en œuvre en Russie et en Chine, où des millions de gens sont emprisonnés et meurent en son nom. Pendant le siècle qui va suivre, elle finira par tyranniser la moitié de la planète. Ses adversaires se font tuer, se font mettre en prison ou alors on les déclare fous. Et dès qu'elle est enfin discréditée, au point d'être abandonnée par ses propres partisans, on constate que son exact opposé triomphe aveuglément, et c'est l'émergence d'une tyrannie différente. La responsabilité totale de l'État vis-à-vis du bien-être économique des individus est ramenée non pas à une responsabilité partielle, mais à une responsabilité zéro. On passe d'un extrême à l'autre, à une nouvelle folie. Cela s'appelle le néolibéralisme économique ou, par euphémisme, la mondialisation. On défend l'idée que l'État ne doit plus interférer dans le chacun pour soi du marché. Et toute défense du bien commun est perçue comme intellectuellement suspecte, comme le produit d'esprits dérangés. »

Ce qui s'était limité jusque-là à quelques remarques formulées de temps à autre pour mon édification personnelle se transformait en véritable harangue.

« Simon, je ne comprends toujours pas de quoi tu me parles, si ce n'est que ça n'a aucun rapport avec nous deux.

– Mais pas du tout, c'est complètement en rapport avec nous deux. J'ai enseigné à des petits enfants et j'étais plutôt bon. Maintenant, le gouvernement écoute le premier acteur de la finance venu qui lui annonce que, s'il veut décrocher une notation financière " triple A " quand il emprunte de l'argent sur le marché, il faut qu'il dépense moins dans l'éducation et tout le tremblement. Et les voilà qui retirent l'éducation de la bouche des enfants et qui me retirent mon métier. Les enfants sont ce que nous avons de plus important, et les gouvernements nous les volent parce qu'ils veulent collecter moins d'impôts pour gagner les élections et attirer les investisseurs. Les investisseurs dans quoi ? Il n'y a rien de plus précieux que l'enfant, pour investir. On te force à te sentir totalement isolé, comme si tu ne pouvais rien y faire. Ange, si tu penses qu'il y a des choses plus importantes dans cette société que de dégager un excédent budgétaire annuel, alors tu seras réduite à être un de ces givrés qui errent dans les rues, victimes d'une bonne et saine gestion économique. Le ciel t'interdit de consacrer une minute à lire de la poésie, alors qu'il t'autorise à lever le cul en l'air pour gagner ta vie en essayant de te persuader que c'est... une existence...

– Va te faire foutre, Simon.

– Eh bien regarde, quand tu as découvert que j'avais perdu mon temps à essayer d'étudier Swinburne à travers le regard d'Empson, qu'est-ce que tu as dit ? Tu m'as gratifié d'une remarque à la con selon laquelle c'était futile parce que ça ne rapportait pas un sou.

– Je n'ai pas parlé d'argent !

– C'était implicite et sans ambiguïté.

– Écoute, on peut pas être tous poètes, merde, quoi ! Et Anna, alors, elle va te les faire, tes courses ? Elle va te préparer à bouffer ou elle va se contenter de payer quelqu'un pour s'occuper de toi ? Oh, et ce quelqu'un, ce serait moi, hein ? Elle pourrait me payer pour que je fasse le ménage chez toi pendant que vous vous envoyez en l'air avec ton Swinburne et ton Empson et je ne sais qui encore. »

Et comme si tout n'était pas déjà fini, comme si nous n'étions pas déjà sortis de notre orbite pour plonger dans le cauchemar, j'ai repris mon souffle et j'ai rendu les choses irréversibles. En y repensant aujourd'hui, je m'en rends compte.

« Tu sais, il m'a confié qu'à son avis elle avait quelqu'un d'autre. Elle part à des conférences ou à des congrès, je ne sais quoi, ai-je ajouté.

– Oh, ce type est dingue, un paranoïaque. Il est vraiment givré. Vous êtes tous les deux givrés. Des gens qui partent en congrès, il y en a tous les jours. Même les enseignants, maintenant, ça leur arrive, enfin, ça leur arrivait. Il essaie juste de se soulager de sa culpabilité ou alors ça l'excite de t'en parler.

– Simon, tu vas te calmer, oui ? Et alors, et si elle part avec un autre ? C'est son problème, pas le tien.

– Ça fait juste partie de la merde qu'il te refile, Ange. Tu ne crois pas ? »

Je ne voulais pas pleurer, mais les larmes ont coulé sur mon visage, l'une après l'autre, trop vite pour que je les sèche. J'étais en colère. J'étais blessée. Et maintenant, j'essaie de me convaincre que ce ne sont pas mes quelques mots qui l'ont envoyé en prison, que ma sentence n'a pas été sa sentence, et donc pas la mienne non plus.

Cette sentence, je l'ai regrettée avant même de la prononcer, mais je l'ai quand même dite. Comme une idiote, déterminée à flanquer tout par terre.

« Il m'a assuré que, si elle voyait quelqu'un d'autre, il la quitterait. »

Quand j'ai revu Simon, la fois suivante, c'était fait. Il avait enlevé le petit garçon, et voilà. Un adorable petit garçon, dont je connaissais trop bien la mère en photo, et dont je connaissais encore mieux le père. J'ai regardé ce petit garçon et je me suis sentie honteuse pour nous tous – pour moi, pour Simon, pour Joe et même pour Anna, que je n'avais jamais rencontrée. Les enfants peuvent vous faire cet effet. Ils peuvent vous inspirer la honte de vous-même. Je ne sais pas pourquoi. Peut-être parce qu'ils vous rappellent aussitôt qui vous étiez quand vous étiez encore innocent, et parce qu'ils vous forcent à voir en face toutes les erreurs que vous avez commises depuis.

J'ai été ébahie de le trouver là, et quand Simon m'a chuchoté « C'est lui, c'est Sam », il m'a fallu un moment pour établir le lien entre cet écolier endormi dans le salon et le fils de Joe Geraghty. Ça reste pour moi un choc du genre de ceux qu'on reçoit à la mort d'un proche. Vous allez vous mettre au lit, épuisée par ce qui vient d'arriver, et le lendemain matin, quand vous vous réveillez, tout ça vous revient, cela se répète. Personne n'était mort, mais j'éprouvais la sensation d'une perte infinie à laquelle je n'étais pas préparée. Simon était allé enlever leur fils à l'école et, par cet acte, il m'avait dérobé l'homme qu'il était auparavant, le plus sage, le plus sain que j'aie jamais rencontré. Il avait entrepris de me former à l'existence, mais il s'était arrêté avant de m'avoir appris comment le protéger contre lui-même. Alex et moi, nous ne pouvions plus faire semblant de ne pas entendre les signaux d'alarme qu'il lançait. C'était peut-être ce qu'il voulait. C'est une explication comme une autre.

Simon avait beau être calme, le petit garçon avait beau dormir, et j'avais beau savoir que Simon ne le toucherait pas, cette scène me rendait malade. Au début, je ne savais pas quel parti prendre, donc pendant un moment, je suis entrée dans son jeu en tâchant de dissimuler mon horreur. Dans le congélateur, j'ai trouvé un paquet de bâtonnets glacés en forme de personnages de Walt Disney que Simon avait dû acheter la veille. Il avait planifié ce kidnapping. Ce n'était pas une idée née d'une impulsion. Elle s'était cristallisée dans son esprit quand je lui avais répété ce que Joe m'avait confié, qu'il quitterait sa femme si elle voyait quelqu'un d'autre.

Quand ai-je compris que, si Joe quittait Anna, alors Simon pourrait me quitter? Je ne sais vraiment pas. Je me souviens juste que j'étais atterrée par ce qu'il avait fait et que je le trouvais dingue. Je savais qu'il n'infligerait aucun mal à Sam mais, à part Alex, personne d'autre ne le savait. Plus vite Sam serait rendu à ses parents, plus les choses se simplifieraient pour Simon, pour tout le monde. J'ai décidé d'appeler la police et de lui révéler que Sam était là.

J'ai profité d'une de mes visites fréquentes et imprévisibles aux toilettes pour téléphoner depuis mon portable. Je chuchotais, j'avais peur. Ensuite, j'ai préparé un lait chocolaté pour nous deux et un verre de lait chocolaté pour Sam. Simon et moi, nous étions comme deux gosses qui se déguisent pour singer les parents. Il était le père de Sam, et moi sa mère. Il était calme et moi nerveuse. Je savais qu'il n'allait pas tarder à comprendre ce que j'avais fait. Je savais que tout avait changé.

La police allait arriver d'une minute à l'autre et c'était apparemment ma dernière chance de lui expliquer qu'il avait commis une folie. Cela ne changerait rien, mais il fallait que je lui dise. Et c'était ma dernière chance de le remercier, selon la formule d'Alex, de l'âge d'or qui, pour moi, allait prendre fin d'un moment à l'autre. Il fallait que je lui confie cela aussi. Les mots ont jailli dans une frénésie compulsive. Avec tout ce qui lui est arrivé depuis, je suis certaine qu'il ne se souvient pas de ce que j'ai dit, et de ce qu'il a pu dire non plus, en tout cas pas comme je m'en souviens.

Mais pour moi, ces mots ont la valeur des dernières paroles crachées à la hâte, le souffle court, sans préméditation aucune, un feu roulant qui remplit les dernières secondes avant une exécution, notre exécution. Et s'il s'en souvient, ils ne doivent rien signifier à ses yeux.

« Je veux que tu saches... » Qu'est-ce que je voulais qu'il sache ? « Je t'aime, Simon. Je sais tout ce que tu m'as dit. Je sais que j'ai été... prévenue, comme tu dis, mais s'il te plaît, sache-le... retiens-le, quoi qu'il arrive... je t'aime, même si... Je sais que c'est fou. Tu es l'homme le plus doux que j'aie jamais rencontré. Trop doux. Il est plus futé que toi, ai-je ajouté, en désignant du doigt Sam endormi.

– Il peut fort bien se révéler plus futé que moi. Il est déjà beaucoup plus sage.

– Ici, ils vont le trouver. Tu sais qu'ils vont le trouver. Ils vont se douter, dis-je.

– S'ils le trouvent, ils vont constater qu'il est heureux et en sécurité, avec sa moustache de chocolat.

– Comment ça, “ si ” ? Mais ils vont le trouver, ce n'est qu'une question de temps. Ils sont sûrement dans tous leurs états, l'un comme l'autre. Ils ne seront pas longs.

– Même s'ils arrivent ici en un rien de temps, ça aura duré suffisamment longtemps pour me permettre de le sauver. J'ai fait ça pour lui.

– Tu as fait ça pour lui ? Simon, est-ce que tu es complètement fou ? Qu'est-ce que tu racontes ? Kidnapper un petit garçon à la sortie de l'école, ça va lui rapporter quoi, à part lui flanquer une frousse bleue ?

– Écoute-moi, Ange, a-t-il repris. Ça empêchera sa mère d'avoir une liaison.

– Mon pauvre Simon, et je m'adressais autant à lui qu'à moi-même. Tu es encore plus dingue que je ne pensais. »

Je me suis levée et je l'ai rejoint par terre. Il m'a prise dans ses bras et nous avons regardé le fils d'Anna qui respirait doucement, la tête à moitié enfouie dans l'oreiller.

« Quand vont-ils le dénicher ? Ils ne seront pas si rapides que ça, a-t-il protesté à voix basse. Les émotions ne sont pas si bonnes ouvrières. »

Après un instant de réflexion, je me suis répété cette phrase. Étais-je censée la connaître, cette phrase ?

« C'est de T.S. Eliot ? » lui ai-je demandé.

Il a secoué la tête. Ils venaient le chercher. Ils étaient en route « Dylan Thomas ? Non. Yeats, hein, c'est ça ? »

Il fallait juste le faire parler.

« Non, m'a-t-il répondu, en laissant pour la première fois courir ses doigts dans ma chevelure.

– Qui a écrit " Les émotions ne sont pas si bonnes ouvrières " ? »

J'ai posé la tête sur ses genoux. Je leur avais peut-être donné une mauvaise adresse. Ils n'allaient peut-être pas venir.

« C'est toute une histoire, Ange. La formule est belle, non ? Attribuée à un homme qui ne l'a jamais prononcée, par deux hommes qui l'ont écrite pour ensuite se faire passer pour un troisième personnage qui n'a jamais existé.

– Attends une minute. Répète-moi ça. Lentement. Raconte-moi une histoire. »

J'ai fermé les yeux et j'ai répété doucement : « Les émotions ne sont pas si bonnes ouvrières. » J'avais envie qu'il me raconte une histoire qui interrompe celle que j'étais en train de vivre, celle de l'instituteur au chômage qui buvait trop, qui pensait trop et qui sentait trop pour que cela ne lui joue pas des tours.

13.

Quand j'étais enfant, j'avais une veilleuse, la nuit. C'était un petit cube de douce lumière orangée branché dans la prise murale, au niveau du sol. Je ne me rappelle pas quand on me l'avait offerte. Elle a toujours été là, c'est tout. Et puis un jour, sans avertissement, sans explication, mon père me l'a retirée. Je me souviens que j'étais allongée dans mon lit, ce soir-là, à me repasser les événements de la journée pour essayer de comprendre ce que j'avais fait pour qu'on me la retire. Comme rien ne m'est venu, j'ai élargi ma recherche au-delà de cette journée, à la veille et aux jours précédents. Plus loin je remontais, plus les jours se brouillaient et moins je parvenais à me souvenir. Tout ce que je savais, c'était que la lampe avait disparu et que, lorsque je me suis réveillée, tout était plongé dans le noir. Et que, d'une manière ou d'une autre, j'en étais la cause.

Il y avait deux voitures de police. Simon et moi, nous sommes descendus avec deux policiers qui nous ont installés à l'arrière d'une des voitures pendant qu'une policière faisait monter Sam dans l'autre. Nous étions les suspects parfaits, pris la main dans le sac, coopératifs, qui parlaient uniquement quand on leur adressait la parole. J'étais assise à l'arrière, à côté de lui ; je me demandais s'il avait déjà saisi que c'était moi qui avais renseigné la police, que c'était à cause de moi qu'ils avaient si vite repéré le garçon endormi dans son appartement encombré. Il ne lui faudrait pas longtemps pour s'en apercevoir, mais je ne lui dirais rien, car l'instant où il comprendrait serait celui où la veilleuse serait arrachée du mur, où tout serait plongé dans le noir.

Comme la police nous a réservé le même traitement, alors que je l'avais appelée, j'étais de la balade. Soulagée de me raccrocher encore un petit moment à la fiction que Simon et moi étions dans le même bain, je me suis assise à côté de lui sur la banquette arrière en serrant sa main dans la mienne. Je regardais par la fenêtre ou droit devant moi, au-delà des policiers assis à l'avant, et je fixais du regard ce qui nous attendait. De temps en temps, je l'observais du coin de l'œil et je me demandais quand viendrait la dernière fois que j'aurais le droit de lui serrer la main. La radio n'arrêtait pas de crépiter. Extérieurement, il conservait un calme remarquable. C'est seulement au poste de police, quand ils nous ont conduits vers deux salles d'interrogatoire différentes, qu'en me retournant vers lui, j'ai vu dans ses yeux qu'il savait. J'ai entendu la porte se refermer derrière lui.

L'un des policiers en tenue qui étaient venus nous chercher m'a accompagnée dans la salle et m'a priée de m'asseoir. Il m'a dit qu'un inspecteur allait venir me poser quelques questions. Il n'allait pas tarder. Croyant que je ne le voyais pas, le policier me regardait par en dessous mais comme la pièce était petite, sans fenêtre et que nous étions seuls, il lui était difficile de ne pas me dévisager carrément. La gravité du délit et le solennel de la situation ne pesaient pas lourd à côté de sa curiosité masculine.

« Comment une jeune fille charmante comme vous peut-elle se retrouver mêlée à cette affaire ? » m'a-t-il demandé, mais avant que j'aie l'occasion de lui répondre, la porte s'est ouverte et l'inspecteur en civil est entré.

Il m'a serré la main et s'est assis en face de moi. Il a commencé par fixer une feuille à son support à pince puis il a signalé à l'homme en uniforme qu'il attendrait seul avec moi l'arrivée d'un autre inspecteur, qui devait le rejoindre. L'homme en uniforme a quitté la pièce sans croiser mon regard. J'ai eu l'impression que l'arrivant, un personnage massif, des yeux trop petits par rapport à son visage, m'observait lui aussi à la dérobée.

« Pourrais-je avoir votre nom complet, je vous prie ? » m'a-t-il demandé sur un ton détaché, tandis que la porte se refermait dans son dos.

Il n'avait pas l'air de savoir que c'était moi qui les avais appelés. Il avait un visage plat, le teint terreux, l'œil terne et bovin. J'avais déjà vu des hommes comme lui, nus devant moi, en plein milieu d'une journée de travail où ils étaient censés s'occuper de gagner leur vie. C'était ceux-là qui voulaient te voir agenouillée, la bouche ouverte, pendant qu'ils restaient debout. Je ne ferais pas ça pour tout l'or du monde. Kelly m'avait parlé d'un type qui était devenu un de ses habitués. Dès la toute première séance avec elle, il l'avait forcée à s'agenouiller pendant qu'il restait debout. Il lui avait entortillé les doigts dans les cheveux, derrière la nuque et ensuite il l'avait amenée à lui pour qu'elle le suce, si profondément et si soudainement qu'elle en avait vomi. C'était ce qu'il attendait. Il l'avait déjà fait. Il le voulait comme ça. Et il l'a voulu toutes les semaines ; elle s'y pliait, et elle lui facturait plus. Même quand nous étions occupées, trop occupées pour voir filer la journée, avec juste le temps de nous croiser en vitesse dans la salle d'attente, tout le monde savait quand cet habitué de Kelly devait venir. On la voyait engloutir à la hâte une demi-bouteille de yaourt à boire. C'était le plus facile à dégobiller. Voilà ce que me rappelait le visage de cet inspecteur. J'ignore pourquoi. Je crois que je serais incapable de reconnaître un habitué de Kelly, même dans une rangée de suspects lors d'une séance d'identification. Mais quelque chose dans la figure de cet inspecteur me faisait penser à ma colocataire, quand elle jetait un œil à la pendule murale avant d'avaler son yaourt. Son visage avait la consistance du lait caillé.

Un autre inspecteur est entré dans la pièce, m'a adressé un signe de tête en s'asseyant à côté de son collègue à face de lait et s'est présenté. Ils étaient assis devant moi et j'ai tendu la main pour serrer celle du deuxième inspecteur, ce qui a eu l'air de les amuser tous les deux. Le deuxième inspecteur a pris la parole.

« Donc... Angela. Quel lien avez-vous avec Simon Heywood ?

– C'est mon compagnon. »

Le deuxième inspecteur a lancé un regard en coin à son collègue à face de lait.

« Votre compagnon ?

– Oui. »

D'un geste, le deuxième inspecteur a signifié au premier qu'il voulait le consulter, à l'extérieur de la pièce.

« Cela ne vous ennuie pas d'attendre ici, Angela ? » m'a-t-il dit, et les deux hommes se sont levés et sont sortis.

À leur retour, à peine deux minutes plus tard, le deuxième inspecteur, dont je retiendrais finalement le nom, Threlfall je crois, s'est mis à me poser des questions avant même d'avoir repris place à la table.

« Donc, Angela, vous prétendez que c'est vous qui nous avez appelés ?

– Je ne prétends pas que c'est moi. C'est moi.

– Et Simon Heywood... vous venez de nous dire que Simon Heywood était votre compagnon, a souligné l'autre, à la face de lait caillé.

– Exact. »

De nouveau, ils ont échangé un regard codé. Le flic à la face de lait a éloigné sa chaise de la table.

« Et le petit garçon... ?

– Son nom est Sam.

– Vous dites que c'est votre fils ?

– Non, bien sûr que non.

– Est-ce le fils de votre compagnon ?

– Non.

– Le connaissez-vous ?

– Non, pas vraiment. Non, je ne le connais pas.

– Mais vous le connaissez bien un peu ?

– Non. Je veux dire... j'ai entendu parler de lui.

– Par qui avez-vous entendu parler de lui ?

– Simon et...

– Et ?

– Simon.

– Vous venez de dire Simon *et*...

– Ouais, mais en réfléchissant je me suis aperçue qu'en fait il n'y a que Simon qui m'ait parlé de lui.

– Qui d'autre aurait pu vous parler de lui ?

– Je n'en sais rien. Tous les gens qu'on connaît vous parlent de leurs gamins, ce qu'ils sont mignons et ce qu'ils sont intelligents. Enfin, en tout cas, avec les femmes, ils en parlent. Au bout d'un moment, vous oubliez quelle jolie anecdote se rapporte à tel ou tel môme d'un ami.

– Mais vous avez précisé que ce n'était pas le fils de Simon.

– Non, ce n'est pas le fils de Simon.

– Qui est-ce, Angela ?

– C'est un petit garçon. C'est le fils d'une vieille amie de Simon.

– Quel est le nom de cette amie ?

– Anna. Anna Geraghty.

– Elle est votre amie aussi ?

– Non.

– Vous m'avez l'air d'en être bien certaine.

– Eh bien, je sais qui sont mes amis.

– Est-elle votre ennemie, Angela ?

– Ne soyez pas ridicule ! Je n'ai jamais rencontré cette femme. C'est une vieille amie de Simon. Je ne la connais pas.

– Est-ce que Simon vous parle beaucoup de Sam ?

– Non, pas franchement.

– Est-ce qu'il veut des enfants ?

– Peut-être, dans le futur. On n'en a pas vraiment parlé. Vous devriez le lui demander. Il faut que je reste ici ?

– Que vous dit Simon à propos de Sam, quand il vous parle de lui ?

– Je ne sais pas. En réalité, rien.

– Que retenez-vous de ce que Simon vous en a dit ?

– Je ne me souviens pas qu'il m'en ait dit grand-chose.

– Mais vous expliquiez qu'il vous avait parlé de lui. Que vous a-t-il dit ?

– Je ne me souviens vraiment pas. C'est un petit garçon futé... Je ne sais pas... une fois il est tombé dans une piscine.

– Que s'est-il passé ?

– Je n'étais pas là.

– Que s'est-il passé, d'après Simon ?

– Je ne sais pas. Il est tombé dans une piscine tout habillé, dans ses vêtements de l'école. Simon a dû... ils ont dû le sortir de l'eau et le ranimer, quelque chose comme ça, il me semble.

– C'est Simon qui l'a ranimé ?

– Je ne sais pas. Je vous l'ai dit, je n'étais pas présente.

– Et Simon y était, lui ?

– Je ne sais pas. Je peux partir ?

– Pourquoi avez-vous appelé la police pour signaler où était Sam ?

– Je pensais que ses parents risquaient de s'inquiéter.

– Pourquoi se seraient-ils inquiétés pour lui ?

– Je ne sais pas.

– Ils avaient une raison de s'inquiéter ?

– Non.

– Vous vous inquiétiez pour lui ?

– Non.

– Est-ce que vous craigniez que Simon lui fasse quelque chose ?

– Non. Simon adore les enfants. Il ne ferait de mal à personne.

– De quelle manière Simon aime-t-il les enfants ?

– Non, pas ça. C'est trop glauque. Il n'irait pas leur faire de mal, pas du tout.

– Comment le savez-vous ?

– Parce que je connais très bien Simon. C'est l'homme le plus doux, le plus gentil de la terre. Ce serait un père parfait.

– Mais il n'a pas d'enfants à lui, n'est-ce pas ?

– Non.

– Et vous n'aviez pas de projets immédiats pour fonder une famille, n'est-ce pas ?

– Nous formions déjà une petite famille, en quelque sorte. Nous prenions soin l'un de l'autre. Et nous avions le chien.

– Vous n'êtes pas mariés, n'est-ce pas, Angela ?

– Non, mais...

– Vous aviez des projets de mariage ?

– Disons... pas à court terme. Qu'est-ce que toutes ces questions viennent faire là-dedans ?

– Pourquoi les parents de Sam auraient-il dû s'inquiéter de ce que leur fils soit avec un de leurs amis ?

– Ils n'avaient pas à s'en inquiéter.

– Mais vous pensiez qu'ils auraient pu ?

– Les parents se font forcément du souci pour leurs gamins.

– Angela, vous n'êtes pas complètement franche avec nous, n'est-ce pas ?

– Que voulez-vous dire ?

– Vous gardez des choses pour vous et vous essayez de protéger votre ami.

– Pour ça, c'est un peu tard, non ?

– Qu'est-ce qui vous a poussée à appeler la police ?

– Je n'en sais vraiment rien. J'ai peut-être réagi de façon excessive. Je me suis juste figuré qu'ils risquaient de se faire du souci pour lui.

– Il n'était pas prévu que Simon le prenne avec lui ?

– Je ne sais pas. J'imagine que c'était prévu... ou que Simon l'a cru.

– Vous n'en êtes pas sûre ?

– Je pense que si, mais...

– Mais quoi ?

– Écoutez... Simon, il lui arrive d'oublier des choses.

– Quel genre de choses ?

– Toutes sortes de choses, des dispositions qui ont été prises. Parfois il prend certaines dispositions et il oublie, ou alors il comprend de travers.

– Pourquoi ça ?

– Je ne sais pas, il ne dort pas bien. Il est insomniaque.

– Il prend de la drogue ?

– Non.

– Est-ce qu'il boit ?

– Tout le monde boit. C'est un crime ?

– Est-ce qu'il boit trop ?

– Parfois, oui.

– Aujourd'hui, est-ce qu'il a trop bu ?

– Vous voulez dire, est-ce qu'il était saoul quand il est allé chercher Sam ? Non, je ne pense pas.

– Vous étiez là quand il est allé le chercher à l'école ?

– Non.

– Où étiez-vous ?

– Je ne sais pas exactement à quelle heure il est allé le chercher. J'étais probablement chez moi.

– Vous pouvez le vérifier ?

– Je ne suis pas suspecte. C'est moi qui ai téléphoné, qui vous ai appelés.

– Pourquoi avez-vous appelé la police ?

– Je n'avais pas le numéro des parents.

– Mais vous disiez que Simon était un vieil ami de la famille. Il devait sûrement disposer d'un numéro pour les contacter ?

– J'en suis persuadée.

– Alors pourquoi ne le lui avez-vous pas demandé ?

– O.K. J'avais peur que... Simon ne dort pas et il boit un peu trop à mon goût. Il est au chômage et...

– Quel était son dernier emploi ?

– Il était instituteur. »

Ils ont échangé de nouveau un regard, brièvement.

« Écoutez, je me suis dit qu'il avait peut-être déconné dans l'arrangement qu'il avait pris avec les parents de Sam, et qu'ils allaient s'inquiéter, alors j'ai appelé la police. Je ne voulais pas le mettre mal à l'aise, je ne voulais pas l'humilier en anticipant ce qu'il allait faire au juste parce que des parents angoissés, eux, allaient appeler la police... Je ne voulais pas que les policiers déboulent sur Simon et ce petit garçon. Il n'y avait rien de dangereux ou... rien de mal dans tout ça, sauf peut-être à cause de la mauvaise mémoire de Simon. Je me suis dit que, si j'indiquais à la police où était Sam, vous vous chargeriez de rassurer ses parents et ensuite ils pourraient venir le chercher chez Simon, ou alors Simon pourrait le ramener chez lui. Je voulais le protéger.

– Le protéger de quoi ?

– De tout ce qui est arrivé. De tout ça, en fait. Et j'ai échoué.

– Qui vouliez-vous protéger ?

– Simon.

– Vous avez appelé la police parce que vous vouliez protéger Simon ?

– Oui. Ça peut paraître idiot, maintenant, à la lumière de tout ceci, je sais.

– À la lumière de quoi ?

– À la lumière de la porte d'entrée de son appartement qu'on a enfoncée et de nous qu'on a traînés ici comme ça.

– C'était vraiment Simon que vous vouliez protéger ?

– Oui. Que voulez-vous insinuer ?

– N'était-ce pas Sam que vous vouliez protéger quand vous avez appelé la police ?

– Sam n'avait pas besoin d'être protégé de quoi que ce soit. Écoutez, je n'ai plus à répondre à vos questions. Je vous ai appelés, les gars. Je vous ai parlé. Je ne suis pas en état d'arrestation, non ? »

Pour la première fois depuis qu'ils m'avaient amenée au poste, je me suis levée.

« Maintenant, je voudrais partir. »

Tâchant de dissimuler ma nervosité, je suis passée derrière eux en faisant le tour, à quelques pas à peine de la porte. J'ai entendu l'un des deux reculer sa chaise alors que j'atteignais cette porte, et le flic à face de lait m'a adressé la parole, pour la première fois depuis un bon moment. La pièce était étouffante, il faisait chaud.

« Où travaillez-vous, Angela ? »

Je me suis figée.

« Pourquoi voulez-vous savoir ça ?

– Nous voulons être en mesure de vous contacter si besoin est.

– Je ne peux pas vous donner mon numéro chez moi ?

– Nous aimerions avoir tous les renseignements nécessaires pour vous contacter, je vous prie. Vous travaillez ?

– Je suis étudiante.

– Comment subvenez-vous à vos besoins ? » a insisté le flic à face de lait caillé, en me regardant droit dans les yeux avec un début de sourire dans les siens.

J'avais du mal à y voir nettement. Tout s'est mis à trembloter.

« Je suis danseuse. »

14.

À la maison, j'ai essayé de me souvenir de ce que je leur avais dit, mais je n'ai pas pu. J'étais en retard pour aller travailler et j'ai même envisagé d'appeler pour signaler que j'étais souffrante, mais ensuite je me suis souvenue que j'étais malade et qu'il fallait donc que je travaille autant que possible avant que la maladie ne m'oblige à arrêter. L'horizon était nuageux, les nuages se rapprochaient, et j'avais intérêt à mettre de côté de quoi m'abriter. J'ai essayé de joindre Alex, tout en songeant qu'il était peut-être parti pour la journée. Il n'était pas parti, mais sa ligne était occupée. J'ai réessayé plusieurs fois, mais c'était constamment occupé. L'idée m'a traversé l'esprit que Simon était peut-être en train de parler avec lui. Ça été un instant de soulagement, vite supplanté par le regret que ce ne soit pas moi qu'il ait appelée. Peut-être avait-il essayé de me joindre pendant que j'appelais Alex ? Je savais que non.

Au travail, personne n'a exigé de remboursement. Pourtant on aurait été en droit de demander au moins une ristourne. Je réussissais tout juste à parler. Je pensais à l'inspecteur à face de lait caillé, je me demandais où était Simon et de quoi on l'avait inculpé exactement. Je n'étais pas certaine d'avoir bien agi en appelant la police. Puisque Simon ne lui aurait fait aucun mal – je savais que, quel que soit son état, il en était incapable –, pourquoi avais-je eu besoin de les appeler ? Pourquoi n'avais-je pas attendu un peu plus longtemps ? Je ne savais même pas pourquoi il l'avait enlevé. Je réfléchissais à tout cela pendant que les épaves d'un vendredi soir normal retiraient leurs vêtements, me touchaient, jouaient avec ma peau et se fourraient des bouts de mon corps dans la bouche. Ce n'a été que tard dans la soirée, lorsque je me suis fugitivement aperçue dans un des miroirs avec un homme on ne peut plus banal, que je me suis mise à pleurer. Des larmes convulsives, des larmes d'hystérique. Je pleurais pour la fille dans le miroir, pour la fille d'Adelaïde, pour cet idiot de type, et pour Simon, où qu'il soit.

Je suis rentrée à la maison et j'ai encore pris une douche avant de me mettre au lit. Je ne suis pas arrivée à dormir. Vers cinq heures et demie, en entendant Kelly tourner la clef, je me suis levée. Elle refermait la porte quand j'ai allumé, ce qui l'a fait sursauter.

« Oh, mon Dieu ! Tu m'as fichu une de ces peurs. Qu'est-ce qui ne va pas ? Tu as un air épouvantable.

– Quel est le nom du type pour qui tu bois du lait ?

– Quoi ?

– Yaourt. Le type pour qui tu bois du yaourt à chaque fois, avant votre rendez-vous. Le type des pipes ?

– Ah ouais !

– C'est quoi, son nom ?

– Le laitier, là ? Je ne sais pas. Pourquoi ? Ce soir, je l'ai pas eu. Qu'est-ce qui ne va pas ? Tu l'as eu, toi ? Qu'est-ce qui ne va pas, Ange ? Tu as un air épouvantable. Il t'a fait du mal ?

– Il est dans la police ?

– Je ne sais pas. Possible. Difficile de lui demander quoi que ce soit. On ne se parle pas beaucoup. Pourquoi ?

– Simon a été arrêté. »

Vers six heures et demie, je suis allée me recoucher, avant d'être réveillée par le téléphone à dix heures moins le quart. C'était le deuxième inspecteur. Il voulait que je repasse au commissariat dès que possible. Ils avaient encore d'autres questions. Cela ne pouvait pas attendre, il fallait que ce soit ce matin. Il a ajouté qu'ils allaient venir me chercher chez moi. Ça sentait mauvais.

« Ce ne sera pas nécessaire. J'ai une voiture.
– D'ici combien de temps pouvez-vous vous présenter au poste ?
– Vous venez de me réveiller. J'aimerais bien d'abord me doucher et prendre quelque chose pour le petit déjeuner.
– Vous pouvez prendre un café ici.
– C'est très gentil. Qu'est-ce qu'il y a de si urgent ?
– Nous avons besoin de vous pour clarifier quelques points. »

Je me moquais bien d'avaler un petit déjeuner, mais je voulais m'accorder le temps de réfléchir, d'essayer de saisir pourquoi ils voulaient me reparler, et si urgemment. J'ai pris une douche brûlante et mes yeux se sont brouillés. J'ai essayé de rappeler Alex, mais le seul numéro que j'avais pour le joindre était celui de son bureau. Je ne m'attendais pas à l'y trouver. Nous étions samedi matin. J'ai appelé comme pour un rituel, histoire de me dire que j'avais tout tenté. J'avais besoin d'aide. Je n'étais pas assez intelligente pour surmonter ça sans quasiment dormir, et seule. Inutile de l'appeler au travail, mais je l'ai appelé quand même ; la ligne était occupée.

J'ai mis un peu d'eau à bouillir pour le café, avant de m'apercevoir que nous n'avions plus de lait. Kelly n'avait pour les produits laitiers qu'un intérêt strictement professionnel. C'était moi qui me chargeais de ce genre de choses. Elle trouvait son carburant ailleurs. Je n'ai jamais réellement compris comment elle survivait. Parfois, il lui arrivait de terminer en une fois le lait et les céréales que je venais d'acheter. D'autre fois, il pouvait s'écouler des jours sans que je la voie avaler quoi que ce soit.

Les cheveux encore humides, je suis descendue au coin de la rue pour m'acheter du lait et je me suis aperçue que mon cauchemar avait déteint. Il avait gagné la rue. C'était irréel. Je baignais dans le flou. Sous le gros titre « Encore un Enlèvement d'Enfant », il y avait une photographie de Simon. Faite par moi. La police avait dû retourner à son appartement. C'était une vieille photo que j'avais prise un très bon jour. Un portrait à deux têtes, Simon et Empson, à part égale. Les journaux avaient coupé Empson. Il y avait de ça un certain temps, j'avais décidé de prendre des photos de nous les bons jours, pour que Simon les regarde les mauvais jours, quand je ne pourrais être là. Je priais des inconnus de prendre des photos de Simon et moi, ce qui le gênait. Parfois je demandais à Alex, mais se faire photographier par lui mettait Simon mal à l'aise, semblait-il. J'avais confié à Alex que ces photos pourraient éventuellement servir, et il n'était pas contre. Je voulais que nos images dépassent en nombre celles d'Anna. Elles n'étaient pas destinées à la presse populaire.

J'ai couru jusqu'à la maison, toujours dans le flou, et j'ai réessayé le docteur Klima. Une femme m'a répondu. J'ai eu l'impression de la tirer de son sommeil ; elle a fini par se réveiller, juste ce qu'il fallait pour me signaler que j'avais composé un mauvais numéro. J'ai réessayé, en faisant attention aux touches que mes doigts frappaient. La ligne n'était plus occupée, mais il n'y avait pas de réponse.

« Est-ce qu'il me faut un avocat ?

– Nous voulons juste vous poser quelques questions, m'a précisé Threlfall.

– Vous m'en avez posé hier. Où est Simon, maintenant ?

– Cette fois, nous voudrions enregistrer vos réponses.

– Pourquoi ?

– On ne voudrait pas vous tirer à chaque fois du lit, a ajouté le laitier, en détournant le regard, incapable qu'il était de me sortir ça en face.

– Il me faut un avocat ?

– Angela, nous sommes samedi matin. Avez-vous un avocat ?

– Euh... non.

– On veut juste vous poser quelques questions, à peu près les mêmes qu'hier, mais avec un magnétophone allumé.

– Pouvez-vous me dire où est Simon, s'il vous plaît ? Il ne vaudrait pas mieux que je prenne un avocat ?

– Angela, c'est le genre de choses qu'on fait très régulièrement. Si vous perdez du temps à essayer de trouver un avocat, s'il faut ensuite qu'on attende qu'il vienne ici, on va tous poireauter des heures. Si vous y tenez, on peut vous trouver un avocat lundi et, comme tout ce qu'on va se raconter maintenant sera enregistré sur cassette, il n'aura rien manqué. C'est juste quelques questions, et ensuite tout le monde rentre chez soi. Donc, Angela, vous êtes d'accord... il est maintenant onze heures cinq, samedi matin ?

– Oui.

– Je voudrais vous parler de votre lien avec le possible kidnapping de Samuel Geraghty. Vous admettez que vous connaissez Simon Heywood ?

– Oui, vous le savez.

– Quelle est la nature de vos relations avec lui ?

– C'est mon compagnon.

– Depuis combien de temps est-il votre compagnon ?

– Oh... à peu près deux ans.

– Confirmez-vous avoir eu avec nous une conversation, hier, dans cette pièce, vers dix-huit heures trente ?

– Oui, sauf que... je veux dire, je ne sais pas exactement quelle heure il était.

– Angela, vous souvenez-vous de nous avoir expliqué, hier, de nous avoir affirmé que vous étiez étudiante ? »

Il faisait chaud et j'avais la bouche sèche. La pièce était étouffante.

« Vous souvenez-vous de nous avoir affirmé que vous étiez étudiante ?

– Oui.

– Êtes-vous étudiante, Angela ?

– Quel rapport avec tout ça ? Vous m'avez réveillée et vous m'avez obligée à me lever pour venir jusqu'ici rien que pour me demander ça ?

– Vous refusez de répondre à cette question ?

– Je vous réponds.

– Êtes-vous étudiante.

– Oui... enfin, une sorte.

– Qu'est-ce que vous étudiez ?

– Littérature, sciences politiques, sociologie... des tas de trucs.

– Et où étudiez-vous la littérature, les sciences politiques et la sociologie ?

– Chez moi... surtout.

– Êtes-vous inscrite dans un établissement scolaire ?

– J'étais.

– Quand ?

– Il y a deux ans, environ.

– Et actuellement, êtes-vous inscrite dans un établissement scolaire ?

– Pas vraiment.

– Êtes-vous inscrite quelque part ?

– Non, je ne suis inscrite nulle part. On n'a pas besoin d'être inscrite quelque part pour apprendre des choses.

– Angela, êtes-vous vraiment en train de nous aider dans cette enquête ?

– Euh... Oui, mais... je ne vois pas pourquoi vous me posez ces questions sur mes études.

– Voyez-vous, Angela, hier, vous nous avez soutenu que vous étiez étudiante, mais aujourd'hui, vous nous annoncez le contraire.

– Mais je suis étudiante... en un sens.

– Qui vous enseigne ce... euh... la littérature et... qu'est-ce qu'il y avait d'autre... les sciences politiques ?

– Simon.

– Vous dites que Simon Heywood vous enseigne la littérature et les sciences politiques ?

– Oui, en effet. C'est un enseignant. Je ne comprends pas à quoi ça sert, tout ça. Je peux avoir un verre d'eau ?

– On va vous en apporter un dans un instant, Angela. Confirmez-vous qu'hier, quand nous vous avons parlé vers... dix-huit heures trente, vous nous avez dit que vous gagniez votre vie comme danseuse ?

– Écoutez, je ne comprends pas le rapport avec Simon ou quoi que ce soit d'autre. C'est un grand lecteur, un énorme lecteur, et un pédagogue né. Il ne peut pas s'empêcher d'enseigner aux gens, de leur transmettre... des idées... C'est son truc. Dès que vous passez un certain temps avec lui...

– Est-ce que Simon Heywood possédait un emploi, à l'époque où vous étiez avec lui ?

– Non.

– Est-ce que vous savez quel était son emploi, la dernière fois qu'il a travaillé ?

– Il était enseignant.

– Êtes-vous en mesure de nous préciser quel genre d'enseignant ?

– Il était... il était très bon.

– Angela, êtes-vous vraiment en train de nous aider dans cette enquête ?

– Vous l'avez enfermé quelque part. Je ne vois pas pourquoi vous me posez ces questions stupides.

– Êtes-vous en mesure de nous préciser quel genre d'enseignant il était ?

– Il enseignait dans le primaire. À des petits gamins. Vous devriez le savoir. C'est dans les journaux. Vous les avez renseignés.

– Confirmez-vous, Angela, qu'hier vous nous aviez répondu que vous gagniez votre vie comme danseuse ?

– Oui.

– Quel genre de danseuse ?

– Je ne pense pas l'avoir précisé.

– Voudriez-vous nous le préciser, à présent ?

– Je ne pense pas. Pour le moment, je voudrais un verre d'eau et j'aimerais que vous m'expliquiez pourquoi je dois répondre à ces... Ce sont des questions stupides... sans rapport... Vous allez m'apporter un verre d'eau ?

– Nous avons juste encore quelques questions, Angela. Maintenez-vous que vous êtes danseuse ?

– Je peux gagner pas mal d'argent comme danseuse, oui. J'ai déjà gagné pas mal d'argent comme danseuse professionnelle.

– Est-ce comme cela que vous gagnez votre vie, à l'heure actuelle ?

– Pas pour l'instant, non.

– Quand avez-vous travaillé comme danseuse professionnelle pour la dernière fois ?

– Ça fait un bout de temps.

– Angela, estimez-vous avoir une attitude coopérative, en ce moment ?

– Je viens ici de mon plein gré, à la première heure, pour la deuxième fois en vingt-quatre heures, pour répondre à des questions idiotes, alors que vous avez déjà enfermé mon ami quelque part. Vous ne m'avez pas permis de le voir. Vous ne m'apportez pas de verre d'eau. Je n'ai pas dormi de la nuit. Vous refusez même de m'indiquer où est mon ami. J'espère que la cassette enregistre tout. Ils ne veulent même pas me dire où est mon ami...

– Angela, vous gagnez votre vie comme prostituée, n'est-ce pas ? »

C'est le laitier qui me demande cela. Il me regarde dans les yeux pour la première fois.

« Je peux avoir un verre d'eau, s'il vous plaît ?

– Angela, vous gagnez votre vie comme prostituée, n'est-ce pas ? a-t-il répété lentement.

– Ce n'est pas illégal. Pas dans cet État.

– Êtes-vous en train de nous confirmer que vous gagnez votre vie comme prostituée ?

– Quel rapport avec tout ça ?

– Angela, refusez-vous de répondre à cette question ? est intervenu Threlfall.

– Il connaît la réponse.

– C'est l'inspecteur Staszic que vous pointez du doigt ?

– Je l'ai vu, là-bas. Je sais même ce qu'il aime, pourquoi il paie. Vous devriez lui poser quelques questions. C'est lui, le dégoûtant, pas moi.

– Angela, ce n'est pas d'être prostituée qui vous vaudra des ennuis.

– Ah bon, parce que j'ai des ennuis ?

– Le délit, c'est d'entraver le cours d'une enquête policière.

– En quoi ai-je entravé votre enquête ? Je réponds à vos questions. J'ai des ennuis ?

– Pas si vous coopérez, Angela. Vous avez toujours envie de ce verre d'eau ? »

D'un regard en coin, Threlfall a prié Staszic de m'apporter un peu d'eau. Threlfall avait l'air d'être le chef, mais pas en raison d'une différence de grade. Peut-être savait-il sur Staszic quelque chose qui poussait ce dernier à accepter l'autorité de son collègue. Il n'en faisait pas étalage. En réalité, c'était à peine perceptible. Mais réel. Staszic est revenu avec ce verre d'eau. Il me l'a tendu, et ça n'avait pas l'air de lui plaire. Threlfall a continué.

« Angela, vous nous dites que Simon Heywood est votre ami ?

– Oui.

– Vous vivez avec lui ?
– Pas à temps plein.
– Que voulez-vous dire, pas à temps plein ?
– J'y suis souvent... chez lui. J'y passe souvent la nuit. On traîne pas mal chez lui, mais j'ai mon endroit à moi.
– Vous aviez l'intention de vous installer avec lui ?
– Je ne sais pas... à un moment, oui.
– Vous aviez des projets de mariage ?
– Quel rapport entre ces questions et toute cette histoire ?
– Nous voulons comprendre la nature de votre relation, a fait Staszic le laitier.
– Avez-vous un compte bancaire joint ? a demandé Threlfall.
– Non.
– Subvenait-il à vos besoins financiers ?
– Non, pas franchement.
– Que voulez-vous dire, pas franchement ?
– Eh bien, au début, il a essayé de m'aider mais... vous savez... il était au chômage. Il voulait me donner de l'argent, il voulait vraiment. Il a essayé de me forcer, mais en fait, ce qui était assez clair, c'est que j'en avais plus que lui.
– Vous l'avez soutenu financièrement ?
– J'ai essayé.
– Que voulez-vous dire par là ?
– Sur ce plan, il était comme presque tous les hommes, je suppose. Accepter de l'argent de ma part, ça le mettait mal à l'aise, et il aurait préféré que ce soit lui qui m'entretienne.
– Mais vous l'entreteniez ?
– Je travaillais. J'avais de l'argent, et lui, non.
– Et vous lui en donniez ?
– Parfois, pas beaucoup. En général, je me contentais de lui acheter des trucs.
– Quel genre de trucs ?
– Je ne sais pas, n'importe quoi, de quoi manger, des vêtements, de la nourriture pour son chien. Quelquefois, je l'aidais pour le loyer. Il recevait de temps en temps un peu d'argent de son père, mais il n'aimait pas trop en parler. Mais quel est le rapport, à la fin ?
– Est-ce que Simon savait que vous étiez une prostituée ? a voulu savoir Staszic.
– Ouais, il savait. Il ne me jugeait pas.
– Vous disiez que vous ne connaissiez pas Anna Geraghty ?
– Non, je ne la connais pas.
– Connaissez-vous Joseph Geraghty ?
– Joseph Geraghty ?
– Oui, le connaissez-vous ?

– Je pourrais avoir de l'eau, s'il vous plaît ?

– Voudriez-vous répondre à cette question, Angela ? Connaissez-vous Joseph Geraghty, Joe Geraghty ?

– C'est le père du petit garçon, n'est-ce pas ?

– Répondez à la question, je vous prie. Vous aurez à répondre à ces questions au tribunal, donc vous avez intérêt à vous entraîner dès maintenant, a ironisé Staszic.

– Je n'irai pas au tribunal.

– Il faudra bien, Angela. La question est de savoir si vous irez en qualité de témoin ou de complice.

– De complice ? Je ne savais pas qu'il allait... Complice de quoi...

– Kidnapping, enlèvement d'enfant... »

Staszic commençait à s'échauffer.

« Angela, c'est vraiment votre intérêt d'accepter de coopérer.

– C'est ce que je fais. Que voulez-vous que je vous raconte ?

– Connaissez-vous Joe Geraghty ?

– Oui, je le connais.

– Comment le connaissez-vous ?

– C'est... c'est un ami.

– Est-ce un ami de Simon également ?

– Non.

– Simon le connaît-il ?

– Non.

– Donc, aidez-moi à comprendre la situation. Simon Heywood et vous, vous aviez une relation depuis environ deux ans.

– Oui.

– Il est l'ami d'Anna Geraghty.

– Oui.

– Mais vous ne l'avez jamais rencontrée.

– Non.

– Et vous êtes l'amie de Joe Geraghty.

– Oui.

– Et Simon ne l'a jamais rencontré.

– Non.

– Angela, il est vraiment dans votre intérêt de nous dire la vérité.

– Je sais. C'est ce que je fais.

– Comment connaissez-vous Joe Geraghty ? a continué Staszic.

– Je crois que je vais devoir...

– Comment connaissez-vous Joe Geraghty ?

– Est-ce que je peux aller aux... ?

– Angela, je vous en prie, montrez-vous coopérative. Nous essayons de vous aider. Vous n'avez aucune envie de vous retrouver inculpée.

– Il faut vraiment que j'aille aux toilettes.

– Est-ce qu'il vous paie pour avoir des rapports sexuels avec vous ? a insisté Staszic.

– Je parle sérieusement. Il faut vraiment que j'y aille.

– Angela, est-ce que Joe Geraghty... ?

– Écoutez, je ne me sens pas bien...

– Est-ce que Joe Geraghty... ?

– Vous le savez déjà, merde. J'ai besoin de pisser. Je parle sérieusement. Je ne me sens pas bien.

– Angela, il suffit que vous répondiez à cette question...

– Oh ! Bordel de merde ! » a hurlé Staszic.

Il s'est levé, très en colère, et sa chaise a basculé. Threlfall a coupé le magnétophone.

« Espèce de sale petite salope. Charlie, elle a pissé par terre.

– Je suis désolée. » Je pleurais. « Je ne vais pas bien. J'ai une sclérose en plaques. Je ne peux pas savoir quand ça me prend.

– C'est plutôt commode, hein ? » a fait Staszic d'un ton cassant.

J'avais le visage écarlate et brûlant. Je pleurais, j'avais perdu toute dignité, sans recours possible.

« Vous croyez que je l'ai fait exprès ? Vous croyez que je choisis de me pisser dessus ? Espèce de merde, connard de merde.

– O.K., a coupé Threlfall. On va tous s'accorder une pause. Si vous alliez vous nettoyer, Angela ?

15.

Je me suis rendue aux toilettes pour dames et je me suis regardée dans le miroir. Je suis entrée dans un box, j'ai retiré mon slip trempé. Ne sachant pas quoi en faire, je l'ai enveloppé dans une serviette en papier et je l'ai jeté dans la poubelle. Je ne pouvais pas répondre à leurs questions, pas comme ça, pas sans avoir recouvré mes esprits. Je devais faire attention à ne rien leur communiquer qui risque de nuire à Simon. Je ne pouvais pas me limiter à leur révéler la vérité. L'idée m'est venue qu'il se trouvait peut-être dans une cellule à l'autre bout du poste. Si c'était là qu'il était, je me demandais s'ils m'autoriseraient à le voir. Ils voulaient que je regagne la salle d'interrogatoire. Une fois de retour là-bas, ils sauraient : soit j'étais nue sous ma jupe soit je baignais dans mes déjections. J'ai appelé chez moi, dans l'espoir que Kelly pourrait venir en voiture m'apporter un slip propre, mais ça ne répondait pas. Elle était sortie ou, plus vraisemblablement, la sonnerie ne l'avait pas réveillée. Simon m'avait dit un jour qu'au Moyen Âge, dans certaines régions d'Europe, on accordait une responsabilité tant morale que sociale aux prostituées parce qu'elles contribuaient à la défense de l'ordre établi. Leur témoignage était fort prisé, elles avaient vu tellement de choses de la vie, et leur lieu de travail, le bordel, était parfois rebaptisé la « maison de ville ». Environ sept cents ans plus tard, j'étais assise dans une maison de ville d'une autre espèce, misérable et humiliée.

J'étais à court d'excuses, il fallait que je retourne auprès de Threlfall et Staszic. J'ai jeté un coup d'œil sur mes pieds. On aurait dit que quelqu'un avait fait un petit effort pour les nettoyer, avec les mêmes serviettes en papier que celles employées pour me défaire de la pièce à conviction, un petit effort juste pour la forme. Simon ne savait même pas que quelque chose clochait chez moi.

« O.K., commença Threlfall. Si vous vous sentez mieux, je vais relancer la cassette.

– Je ne dois pas appeler un avocat ?

– Confirmez-vous, Angela, qu'il est maintenant... ? »

J'ai fait oui de la tête. Sans même regarder dans sa direction, je savais que Staszic, désormais installé en face de moi, me scrutait. Je sentais le coton de ma jupe contre ma peau. Coton.

« Combien l'as-tu payée, cette jupe ? m'avait demandé Simon, un jour. Tu sais qu'elle a été fabriquée en pleine nuit par des enfants, pour le quinzième de ce qu'elle t'a coûté ?

– Mais est-ce qu'elle te plaît ? Elle me va bien ? » lui avais-je répliqué en mettant un morceau de Billie Holiday.

Et elle m'allait bien. Ce jour-là était passé. Maintenant, il y avait une fine barrière de coton entre Staszic et moi.

« Avez-vous eu des rapports sexuels avec Joe Geraghty, m'a lancé ce dernier.

– Mais nom de Dieu, je n'ai pas à répondre à ça.

– Avez-vous eu une liaison avec Joe Geraghty ?

– Non.

– Vous n'avez jamais couché avec lui ?

– Cela ne vous regarde pas.

– Si, j'en ai bien peur. Avez-vous accepté de l'argent de sa part ?

– De la part de Joe Geraghty ?

– Vous disiez que vous étiez amis.

– Oui.

– Parfois, il arrive que les amis s'entraident.

– Qu'entendez-vous par là ?

– Vous a-t-il déjà donné de l'argent ?

– Je ne sais pas.

– Vous ne savez pas ? Angela, c'est le moment de vous en souvenir.

– Il... il a pu, oui. Qu'est-ce que ça peut faire ?

– Vous a-t-il payée pour faire l'amour avec vous ?

– Je vous l'ai dit, c'est un ami.

– Est-ce qu'il vous arrive de coucher avec des gens qui ne vous plaisent pas ? s'est enquis Staszic.

– Angela, vos réponses sont très importantes. Cela pourrait vous aider de nous confier la vérité. On ne peut pas procéder autrement, a expliqué Threlfall.

– Écoutez, je ne veux pas causer d'embêtements à ce type.

– Vous ne voulez causer d'embêtements à personne, n'est-ce pas, Angela ?

– Non.

– Mais si vous n'êtes pas franche avec nous, c'est vous qui risquez fort d'en avoir.

– Joe Geraghty est un client. Et puis après ?

– Pourquoi ne vouliez-vous pas nous le dire ?

– Je ne sais pas... ce n'est pas le pire des bonshommes, et je ne souhaitais pas que sa femme soit au courant.

– Vous n'appréciez pas beaucoup Anna Geraghty, n'est-ce pas ?

– Je ne la connais pas.

– Mais Simon, lui, la connaît, n'est-ce pas ?

– Oui... et alors ?

– Simon avait une liaison avec elle.

– Non, pas du tout.

– En êtes-vous sûre, Angela ?

– Qu'est-ce que vous me chantez là ? Mais oui, j'en suis sûre. C'est moi, sa copine. Il a eu une liaison avec elle, mais il y a presque dix ans.

– Et quand il a renoué, vous n'étiez pas trop ravie.

– N'importe quoi.

– Vous n'étiez pas trop ravie et Joe, son mari, non plus.

– Vous êtes en train de tout inventer, là.

– Vous avez parlé à Joe de cette liaison, n'est-ce pas ?

– Il n'y avait pas de liaison.

– Quand vous lui en avez parlé, il vous a proposé de l'argent.

– Qu'est-ce que vous racontez ? De l'argent pour quoi ?

– Il vous a proposé de l'argent pour appeler la police quand le petit garçon serait avec Simon, pour prévenir la police qu'il l'avait kidnappé.

– Je ne vois pas pourquoi vous racontez ça.

– Il voulait que vous l'aidiez à mettre un terme à la liaison de sa femme et vous lui avez bien volontiers rendu ce service.

– C'est ce que Simon vous a raconté ?
– C'est la vérité, n'est-ce pas, Angela ?
– Jamais il n'aurait dit une chose pareille.
– Ce n'est pas ce qui s'est produit.
– Non.
– Vous êtes amoureuse de lui, mais lui, il est amoureux d'une autre. Il est amoureux d'Anna Geraghty, n'est-ce pas ?
– Non. Pas du tout.
– Cela ne vous plaisait pas, donc vous avez décidé d'y mettre fin et de ramasser un peu d'argent au passage.
– Ce n'est pas du tout ce qui s'est passé.
– Alors, pourquoi ne pas nous expliquer ce qui s'est passé. Ne croyez-vous pas qu'il est temps ? »

J'avais la tête qui tournait. Je ne cessais de me répéter qu'ils n'allaient pas m'inculper, parce qu'ils devaient bien savoir que je n'avais rien fait de mal. Ils étaient en train d'inventer toute cette histoire. Forcément. Ils ne tenaient sûrement pas ça de Simon. J'ai tenu bon, et j'ai finalement été autorisée à partir sans être inculpée. Ils auraient à me parler encore. Je suis retournée dans ma voiture, j'ai croisé les bras sur le volant et j'y ai enfoui la tête. Au bout d'une minute ou deux, j'ai appelé Alex Klima mais, bien entendu, pas de réponse. Threlfall et Staszic avaient refusé de me laisser revoir Simon. Ils ne m'avaient même pas confirmé qu'il était là. J'ai enfoncé la clef dans le démarreur et j'ai vu que j'avais une contravention.

Simon et Sam s'étaient taillé une belle place dans la presse populaire dominicale. On avait arrêté un enseignant lié au dernier enlèvement d'enfant. L'homme était ce même enseignant qui avait eu sous sa responsabilité un petit garçon disparu alors qu'il était resté après la classe pour prendre des cours de soutien en lecture, il y avait de cela quelques années. Peu de temps après, l'enseignant avait perdu son poste et il était resté longtemps au chômage. Un chômeur de longue durée. Il y avait des photographies des autres enfants disparus. Les journaux en tenaient la comptabilité.

Kelly travaillait presque tout le week-end. Je ne pouvais me résoudre à subir les questions des autres filles sur Simon et Sam, peut-être même sur Staszic le laitier. Et je ne supporterais certainement pas qu'on me touche, personne. J'ai continué d'appeler Alex à son bureau, pour entendre à chaque fois la voix de son annonce, encore et encore. Son répondeur ne prenait plus de messages. Sa voix et ces quelques mots prononcés avec son accent d'Europe centrale restaient le seul lien qui me rattachait encore aux moments sereins de la meilleure partie de ma vie. Quand il m'a répondu enfin, tôt le dimanche soir, je ne savais par où commencer.

« Seigneur, Alex ! Vous m'avez fait sursauter.

– Allô ?

– Même à cette heure-ci, je ne m'attendais pas à vous trouver.

– Qui est-ce ?

– Alex, c'est moi, Ange !

– Oh, oui, je suis désolé. Vous tenez le coup ?

– Je suis dans un sale état. Que se passe-t-il ?

– Ils l'ont inculpé de kidnapping. Il se pourrait qu'ils l'accusent d'autres choses aussi. Je ne sais pas. Ils n'ont encore rien décidé.

– Alex, c'est moi qui les ai appelés. C'est moi qui ai appelé la police.

– Je sais. Je m'en suis douté.

– Je peux vous voir ?

– Quoi, maintenant ?

– Qu'est-ce que vous faites, là ? Vous travaillez ?

– Non, je suis... tous ces derniers temps, je passe plus de temps ici que mon travail ne l'exige, en réalité.

– Alex, on peut se retrouver pour boire un verre ?

– Je ne crois pas, Ange, pas tout de suite.

– Où est-il ?

– Il... il ne veut pas vous voir, Ange. Pas pour le moment.

– C'est bien ce que je pensais. C'est pour ça que je voulais vous parler. Je ne supporte pas qu'il s'imagine que j'ai informé la police pour de l'argent. C'est ce que racontent les policiers. Ils racontent que Joe Geraghty, le mari d'Anna, a découvert une liaison entre elle et Simon, et qu'il m'a payée pour que j'appelle la police, pour leur annoncer qu'il avait enlevé leur fils. Alex, je ne savais pas qu'il emmènerait le gamin chez lui. Je suis passée là-bas vendredi après-midi et je suis tombée sur eux deux. J'ai appelé la police parce que j'avais peur. J'avais peur pour Simon. Qu'est-ce qu'il fabriquait avec ce petit garçon, Alex ?

– Nous ne devrions pas parler de tout cela au téléphone, Ange.

– C'est pour ça qu'il faut que je vous voie.

– Pour le moment, je ne peux vraiment pas.

– Est-ce que vous l'aidez, Alex ?

– Du mieux que je peux. J'ai passé tout le week-end à essayer de l'aider. J'ai parlé à la police. Je l'ai examiné.

– Il va bien ?

– Vu les circonstances, oui. Je me suis entretenu avec son père à plusieurs reprises.

– À quel sujet ?

– Des tas de choses. Je voulais savoir s'il couvrirait les frais de justice.

– Et alors ?

– Pour aujourd'hui, la réponse est non, mais il n'est pas impossible qu'il change d'avis.
– Alex, vous n'êtes pas en colère contre moi, n'est-ce pas ?
– Non, pas du tout.
– Je peux faire quelque chose ?
– Non, vous ne pouvez rien faire. J'ai tenté tout ce qui me venait à l'esprit, tout ce qu'il m'a demandé. J'ai même parlé à Anna.
– Oh mon Dieu ! Vraiment ? Pourquoi ? Que lui avez-vous dit ?
– Nous ne devrions pas en parler au téléphone.
– Alex, vous ne croyez pas qu'ils auraient... ?
– Ange, je sais que vous êtes bouleversée, mais je ne peux vraiment pas vous parler maintenant.
– Je vous en prie, dites-moi où il est.
– Ange, il ne veut pas vous voir, pas pour le moment.
– C'est ce qu'il a dit ? Il l'a dit explicitement ?
– Ange...
– Oui ou non ?
– Oui.
– Oh, Alex.
– Accordez-lui un peu de temps.
– Quand puis-je vous voir ?
– Je... je ne sais pas. Vous pouvez m'appeler demain ?
– Je peux vous appeler n'importe quand, quand vous voulez. »

16.

Simon avait donné des instructions à Alex, une liste de gens à appeler. Il lui avait demandé d'appeler Anna, après toutes ces années, et de ne pas me révéler où il était. J'ai retrouvé Alex le surlendemain soir, à l'Esplanade. Il était dans un état épouvantable. C'est là qu'il m'a appris le plan de Simon : il voulait qu'Anna soutienne qu'ils étaient amants et qu'elle lui avait accordé la permission d'aller chercher Sam à l'école et de l'amener chez lui.

Alex était assis là, immobile, son verre à la main, pendant que moi, je lui rapportais ce que j'avais soutenu à la police, qu'il n'y avait pas de liaison entre Anna et Simon, plus depuis des années.

« Mais pourquoi l'a-t-il enlevé, Alex ? Vous avait-il confié qu'il allait l'enlever ?
– Non, je l'ignorais.
– Vous pouvez imaginer ce que j'ai ressenti quand je les ai vus là-bas tous les deux, et quand Simon m'a appris qui était ce petit gar-

çon. J'avais vraiment peur qu'il ait franchement perdu la tête. Il n'a pas expliqué à la police que je l'avais dénoncé, non ?

– Mais vous l'avez dénoncé.

– Je les ai appelés, oui, bien sûr, mais je n'ai pas été payée par Joe Geraghty. Comment aurais-je pu ? Je ne savais pas que Simon allait emmener ce petit garçon. Comment l'aurais-je su ?

– Vous ne pouviez pas le savoir.

– Il leur a vraiment raconté ça... à propos de Joe Geraghty et moi ?

– Je ne sais pas.

– Mais enfin, pourquoi l'a-t-il enlevé, Alex ? Qu'est-ce qu'il avait dans la tête ?

– Je ne sais pas. Il ne va pas bien, Ange.

– Je vous en prie, dites-moi où il est.

– Il est mal parti, Ange. La police veut le garder. Ils essaient de lui imputer les autres disparitions d'enfants.

– Débile. C'est ma faute, Alex ? C'est moi qui ai provoqué tout ça ?

– Non, ça avait commencé bien avant vous. Seulement, on n'a rien empêché. »

J'ai appelé Alex tous les deux ou trois jours pour avoir des nouvelles de la santé de Simon. Il ne voulait rien me communiquer sur la procédure par téléphone. Simon n'a pas obtenu de liberté sous caution. C'était dans les journaux. Les journaux disaient aussi qu'on l'avait sorti du quartier des droits communs pour le placer dans le quartier de haute sécurité, à Laverton.

« Pourquoi l'ont-ils mis là-bas ? ai-je demandé à Alex.

– Ils ont expliqué que c'était pour sa propre sécurité.

– C'est vrai ? Il est en danger ?

– En prison, tout le monde est en danger. Mais il est plus en danger que le prisonnier de base.

– Pourquoi, parce qu'il ne sait pas se battre ?

– Non, à cause de ce dont il est inculpé.

– Que voulez-vous dire ?

– Apparemment, il existe une hiérarchie des délits, en tout cas parmi les prisonniers.

– Le kidnapping n'est pas le pire de tous les actes que l'on puisse commettre.

– Il est inculpé d'un enlèvement d'enfant. Tout ce qui a trait aux enfants vous place en bas de l'ordre hiérarchique de la communauté carcérale. Cela fait de vous le dernier des derniers, que vous sachiez vous défendre ou non. Dans leur langage, Simon est ce qu'ils appellent un “ cloporte ”. Ne me demandez pas pourquoi ils ont choisi cet insecte-là.

– Il n'a même pas encore été jugé.

– Je sais, mais là-bas, il est déjà condamné. Donc ils l'ont déplacé dans un quartier de haute sécurité, pour sa propre protection. »

Je me suis rendue à la prison de Laverton en voiture. J'étais inquiète de l'allure qu'il aurait, et de l'accueil qu'il me réserverait, mais j'avais besoin qu'il me pardonne. Il fallait qu'il sache que je vivais encore chaque instant de mon existence pour lui, rien que pour lui. Je n'étais encore jamais entrée dans une prison. Le parking était aussi chargé que celui d'un centre commercial. Des familles arrivaient, d'autres repartaient. De petits enfants s'agrippaient aux jambes d'autres enfants à peine plus grands. J'ai dû placer mon sac et mes clefs dans un casier fermé à clef, inscrire mon nom dans un registre, placer la main, paume tournée vers le haut, sous le faisceau d'une lampe bleue qui devait la « lire », ou en mesurer la densité osseuse, puis me soumettre à deux fouilles successives avant de m'entendre annoncer, à peu près quarante minutes plus tard, que Simon refusait de me voir.

« Vous êtes sa fiancée ?

– Oui.

– Il a du succès avec les femmes, hein ? »

Je ne comprenais pas ce que cela signifiait. L'avocat qu'Alex lui avait trouvé était une femme, une Gina quelque chose. Elle le verrait souvent, elle. C'était peut-être cela, le truc. J'y suis donc retournée trois fois avant qu'il finisse par comprendre que je ne renoncerais pas, en tout cas pas avant de l'avoir vu. À ma quatrième visite, il a accepté de me voir.

Une fois à l'intérieur, un homme en uniforme m'a conduite, nous sommes passés devant des rangées de baraquements identiques, chacun entouré de fils de fer barbelés, et l'ensemble se trouvait dans une enceinte fermée par un énorme mur de pierre également surmonté de barbelés. Quand on marchait, on n'entendait que le craquement du gravier sous nos pas. Après m'avoir priée de le suivre, le gardien, qui avait l'air un peu agacé d'avoir à effectuer tout ce trajet pour une seule visiteuse, n'a plus ajouté un mot. À chaque angle de l'enceinte, il y avait un mirador surmonté d'un projecteur, où étaient postés d'autres gardiens. Le soleil cognait et tout était immobile. À l'intérieur, j'imaginais un océan de misère suintant par les bouches d'aération. J'ai songé aux nuits dans cet endroit.

On m'a escortée vers l'aile de haute sécurité qui abritait les prisonniers les plus violents et les plus craints de l'État. C'est là qu'on avait enfermé Simon pour sa propre protection, à ce que m'avait dit Alex. À l'accueil des visites, j'ai encore signé de mon nom dans un autre registre, on m'a désigné un siège, et j'ai attendu. La salle était un vaste hall à peu près de la taille d'un gymnase. À l'autre bout, il y avait de petits boxes avec des tables et des chaises en plastique. Tous ces boxes étaient occupés, sans doute parce qu'ils procuraient un semblant d'intimité, malgré les portes vitrées. Le reste de la salle était rempli de prisonniers vêtus de drôles de blouses en tissu synthétique bleu layette nouées dans le dos comme les camisoles d'hôpital. Ils étaient assis sur des chaises en plastique et ils essayaient de retenir, de toucher les gens qui étaient venus leur rendre visite. Ils priaient leurs petits de se taire ou les faisaient sauter sur leurs genoux, comme tous les parents. Les enfants plus âgés étaient massés autour des distributeurs automatiques pour s'acheter des glaces ou des sodas. Cela laissait aux adultes le temps de s'embrasser et de s'enlacer, tous ces gestes interdits par la prison et par les regards fixes des autres personnes présentes, surtout de leurs enfants. Mais il y avait de brefs instants où les adultes réussissaient à se cacher – quelques secondes à peine –, à rester seuls ensemble, des instants qu'ils fixaient dans leur mémoire en prévision du temps où ils se retrouveraient seuls chacun de leur côté. J'ai observé un couple qui tentait de voler une caresse, croyant que personne ne regardait. Ils s'étreignaient aussi fort que possible, comme s'ils savaient que ça devait durer à la fois très peu et toujours, en tout cas plus longtemps qu'aucun humain ne peut garder l'empreinte de l'autre sur sa peau, si fort qu'en soit le besoin.

Avant même de voir Simon, j'avais les larmes aux yeux. Et puis je l'ai découvert. Il avait une mine épouvantable. Les cernes sous les yeux étaient plus creusés et plus sombres que jamais. Quand il est venu à moi, je l'ai agrippé tant que j'ai pu et les larmes ont surgi, sans retenue, du plus profond de moi-même. Il m'a gardée un moment contre lui puis il s'est assis. C'est la force qui se dégageait de ses bras qui me fait mal, encore maintenant.

« Simon, mon amour. » Je lui ai pris la main et je l'ai serrée. « Je t'aime. Je ne savais pas ce qui allait se passer. Je t'en prie, crois-moi. »

Il a laissé sa main dans la mienne, mais sans la serrer. J'ai attendu qu'il parle, et j'ai vu qu'il était au bord des larmes.

« Ange, m'a-t-il lancé, que croyais-tu qu'il arriverait, quand tu as appelé la police ? »

Il était plus triste qu'en colère.

« Je ne sais pas, mais pas ça. Tu as toujours été ce que j'avais de plus important au monde. Tu le sais. Et tu l'es encore.

– Mais tu as appelé la police.

– Mon amour, je me faisais du souci pour toi. J'avais peur pour toi. Tu n'allais pas bien. J'ai eu un tel choc, en voyant ce petit garçon avec toi, chez toi. Je ne savais pas quoi décider. Je ne comprends toujours pas pourquoi tu l'as enlevé. Je voulais... J'ai toujours désiré une seule chose, prendre soin de toi, t'aider. Si je viens te rendre visite, ne refuse pas de me voir. Je t'en prie, non. Tu n'étais pas bien. Je voulais t'aider à remettre ta vie sur la bonne voie. »

Une larme a brillé sur sa pommette. Nous étions en enfer, il a retiré sa main de la mienne et ce qu'il m'a dit m'a coupé le souffle.

« Qu'est-ce qui te prend, de vouloir distribuer des conseils de ce genre ? Cette idée de remettre une vie sur la bonne voie, cela se résume à se donner les moyens d'aller en Mitsubishi Magna Executive à un rendez-vous avec un type de l'âge de ton père.

– Simon, ne parle pas comme ça. Tu m'as aimée. Tu...

– Je ne te l'ai jamais dit.

– C'est bon. Tu peux raconter tout ce que tu veux. J'imagine ce que tu traverses...

– Tu n'as aucune idée de ce que je traverse.

– Dis-moi, dis-moi n'importe quoi. Explique-moi comment je peux arranger les choses. Qu'est-ce que je peux faire ?

– Tu as fait tout ce que tu pouvais.

– Tu veux que j'aille expliquer à la police que tu avais une liaison avec Anna ? Je vais le leur dire. Je vais leur raconter tout ce qu'il faut pour t'aider. Alex m'a prévenue que...

– Je n'ai pas envie d'en parler.

– Tu ne crois pas sérieusement que j'ai reçu de l'argent de Joe Geraghty, non ?

– Mais tu en as touché.

– Pour le sexe. C'était un client. On n'a jamais parlé de toi. Tu ne crois pas que j'aurais accepté son argent pour appeler la police ? Réfléchis, Simon. Jamais je n'aurais pu faire une chose pareille. Je ne savais pas que tu allais l'enlever.

– Tu as pu le deviner, quand tu as vu Sam.

– Qu'est-ce que ça signifie ? Tu laisses entendre que j'aurais appelé la police après avoir découvert Sam en ta compagnie dans l'espoir de me faire ensuite payer par Joe ? C'est ce que tu veux insinuer ? » Il n'a rien répondu. « C'est ce qu'ils t'ont raconté, Simon ? Regarde-moi, mon cœur. C'est ce que t'a raconté la police ? Ils essaient de nous monter l'un contre l'autre. Tu ne peux pas les croire. Tu connais notre vérité à tous les deux. Ne les laisse pas...

– Ils m'ont dit que tu étais jalouse.

– Mais je n'aurais jamais rien fait...

– Ils m'ont dit...

– Quoi ? Simon, qu'est-ce qu'ils ont dit ?

– Ils m'ont dit que je devais bien savoir que tu... ferais n'importe quoi pour de l'argent.

– Tu ne les as pas crus. Mon cœur, tu ne peux pas les croire. Je ne suis rien sans toi. Je n'étais rien avant toi...

– Tu leur as parlé, n'est-ce pas ?

– J'ai dû.

– Ils t'ont arrêtée, toi aussi ?

– Non, mais... » Il s'est pris la tête entre les mains. « Simon, je ne suis pas capable de commettre une chose pareille. J'en serais incapable, avec personne. Tu le sais. Tu me connais. Nous avons été amoureux pendant deux ans. J'ai pris soin de toi. Ne secoue pas la tête. Tu peux leur dire que tu l'aimes. Je m'en moque. Je connais la vérité. Comment puis-je t'aider ? Explique-moi ce qu'il faut dire, ce qu'il faut faire pour tout arranger. Je me sens tellement seule sans toi.

– Seule ? Ange, tu peux me croire, tu es seule. La plupart des gens sont seuls. Pour ne pas être seule, il faut établir un lien avec l'autre, et l'autre doit établir un lien avec toi. J'insiste, vraiment se lier l'un à l'autre. Ce que j'entends par là, c'est que quelqu'un doit accomplir l'effort émotionnel et intellectuel de t'accompagner quand tu affrontes les vagues inlassables de la crainte et de l'espoir, de la douleur et du plaisir, du doute et de la certitude qui emplissent l'océan de l'expérience humaine.

« Et tu dois retourner le compliment. Tu dois te projeter dans la douleur de l'autre et, en l'absorbant, l'amoindrir. Écoute-moi, Ange. J'étais déterminé à ne pas sortir dans le monde entièrement seul. Je ne peux rien tenter pour amener l'autre à affronter ces vagues avec moi. Je le sais. Mais me projeter dans la douleur de l'autre, cela ne tient qu'à moi. C'est pour cela que je l'ai enlevé. C'est pour cela que j'ai enlevé Sam. Je percevais sa douleur imminente, et c'est cette douleur que j'ai tenté d'anticiper, de contrecarrer, en agissant ainsi. Tu ne comprends rien, n'est-ce pas ? Personne n'a jamais affronté ces vagues-là avec toi. Et puis, compte tenu de ton emploi du temps chargé, à force de te coucher sur le dos, de manger et de dormir, de regarder la télévision, tu n'as jamais trouvé une minute pour t'employer à ressentir la souffrance de l'autre. Ange, tu as raison. Tu es seule.

– Je ne comprends rien à ce que tu racontes.

– Souviens-toi de que j'ai dit. C'est tout.

– Tu me reparles de m'identifier ?

– J'essaie.

– Simon, ce que tu dis n'est pas vrai. J'ai survécu grâce à ton histoire d'identification. Et j'ai sûrement fini par m'identifier à toi. Je suis la seule à t'avoir vraiment écouté. Personne ne retient mieux ce que tu dis que moi.

– Ange, je t'ai aimée. Mais j'étais amoureux d'elle. »

Qui de nous deux était le plus désespéré ? Quand par la suite, j'ai répété à Alex ce que j'avais retenu de cette conversation, il m'a regardée avec un sourire.

« Il n'arrive pas à savoir s'il est Bettelheim ou Hamlet », m'a-t-il lâché.

Je ne comprenais pas. Mais je n'ai pas tardé à m'apercevoir que, si j'étais désespérée, Simon l'était encore plus que moi. C'était encore pis que sa conviction d'être amoureux d'Anna et que sa manière de défendre l'enlèvement de Sam. Il était en danger.

« Regarde par là, sans qu'ils te voient. Sur ta droite », m'a chuchoté Simon.

Sur ma droite, j'ai vu un homme au visage creusé, un détenu, le bras à une quinzaine de centimètres de sa poitrine, qui traçait perpétuellement une forme de S. Il basculait d'avant en arrière sur sa chaise, tandis qu'un autre, plus âgé, à côté de lui, essuyait avec un mouchoir blanc les traces de glace qu'il conservait autour de la bouche. Quand le mouchoir a été retiré, on a vu un trou triangulaire bordé par les lèvres de l'homme, qui tremblaient légèrement, en quête d'un peu d'air.

« Il n'a pas toujours été dans cet état. Il n'est pas arrivé ici dans cet état. Il y a trois semaines, il n'était pas comme ça.

– Que s'est-il passé ?

– Officiellement, il a trébuché dans la douche et il s'est cogné la tête. Mais en réalité, tout le monde sait ce qui s'est produit. C'est une mascarade. Mascarade : la seule sphère d'activité dans laquelle les gens se tiennent les coudes, par ici.

– Que lui est-il arrivé ?

– Un autre prisonnier l'a agressé, l'a frappé à la tête à coups de pied, a chuchoté Simon.

– Tu ne parles pas sérieusement ?

– Bien sûr que si. On est dans le quartier de haute sécurité, ici. Il y a des types qui tirent seize ans, vingt-cinq ans. On a un pédophile qui purge une peine de trente ans. Il y a des meurtriers, des violeurs, des voleurs à main armée et des dealers de drogue. Ici, rien ne doit te surprendre. Il n'y a nulle part où aller. Où déposer leur colère, leurs psychoses ?

– Mais tu n'as encore été jugé pour rien. Pourquoi es-tu ici ?

– Dans le quartier des droit-commun, je me suis fait démonter la tête.

– Que s'est-il passé ?

– Cela aurait pu être pire.

– Pourquoi ?

– Dans une prison, celui qui est inculpé à cause d'une histoire d'enfant est une proie. Tu te transformes en cible légitime. En cas d'agression sur un cloporte, les gardiens ferment les yeux plus encore que d'habitude. Aux yeux de ces types, a-t-il continué en les désignant d'un geste circulaire, je suis un pédophile, et pas seulement à cause de Sam. Je suis responsable de ce qui est arrivé à tous les enfants qui ont disparu ces dix dernières années.

– Pourquoi ?

– À cause des journaux, de la presse populaire, qui impriment mon nom et ma photo à côté des portraits des enfants. Parce que le public a le droit de savoir.

– Tu es plus en sécurité ici qu'en détention provisoire ?

– En théorie, oui. Ça permet d'éviter les corrections. Mais regarde-le, celui-là. Il te donne l'impression d'être en sécurité ? »

J'ai observé l'homme et je me suis senti subitement comme une envie urgente de pisser. J'ai remué sur ma chaise.

« On sait qui a fait ça ?

– On sait, oui. Tout le monde le sait.

– Pourquoi lui ?

– Il était faible, il n'avait pas conclu d'alliances et il devait de l'argent à l'autre type. Il offrait une cible de premier choix pour une tentative d'extorsion. Mais moi je suis une cible encore meilleure. Je suis un cloporte. Je suis le prochain sur la liste.

– Qu'est-ce que tu racontes ?

– J'ai jusqu'à la fin du mois pour refiler 30 000 dollars à un certain prisonnier, sinon je finirai comme ce type, là-bas.

– Et si tu verses l'argent ?

– Je ne peux pas.

– Mais si tu pouvais ?

– Si je pouvais, il devrait me laisser tranquille.

– Tu peux te fier à lui ?

– Je lui fais surtout confiance pour qu'il me défonce le crâne au cas où je ne lui dénicherais pas cet argent.

– Mais tu pourrais aussi le lui verser, et après il t'en réclamerait encore.

– Il pourrait mais, de toute manière, je n'ai pas les moyens de le payer. Donc je n'ai pas à me soucier de la validité de sa parole.

– Pourquoi tu ne dis rien à la direction de la prison ?

– Pour être en mesure de raconter quoi que ce soit à quelqu'un, il faudrait déjà que je franchisse le barrage de ce type là-bas et d'autres comme lui qui me fouillent tous les jours... la bouche, mon slip, les manches... qui me surveillent et se moquent de moi, qui s'amusent de ma peur de vivre. Même si on me conduisait vraiment devant le directeur général des services pénitentiaires, ils ne pourraient pas vraiment me protéger, même s'ils le souhaitaient. Il y a toujours quelqu'un de plus fort ou de plus apte à soudoyer, à menacer ou à faire chanter. Tôt ou tard... » Il lâcha un soupir. « Ça finira comme ça.

– Oh non ! Mon chéri... Simon. À la banque, je n'ai presque rien. Ces derniers temps, je n'ai rien pu économiser. Que puis-je faire ? »

Il m'a regardée.

« Tu as appelé la police. »

17.

Le plaisir vit là où le sens s'est éteint,
Ah Dieu, ah Dieu, ce jour devrait être proche.

Rendez-le-moi, ce jour... Je suis la pute qui a appelé la police, pour qu'elle vienne lui enlever son amant. Tout cela n'a aucun sens. Le sens s'est éteint.

Je me suis arrangée pour voir Alex dès que possible. Bien sûr, il était déjà au courant de cette menace d'extorsion. Il en avait discuté avec l'avocate de Simon. Apparemment, la justice était incapable d'empêcher un crime de se commettre, même en prison. À supposer que l'avocate sache de quoi elle parlait. Alex se fiait à elle sur ce point. L'analyse que Simon m'avait livrée de la situation semblait reposer sur les propos de la juriste.

« Alors il faut qu'on trouve cet argent, me suis-je écriée. Vous ne l'avez pas, non, Alex, cet argent ?

– Ange, pour le moment, je vis entièrement de mon métier.

– Et le père de Simon ? À mon avis, c'est notre dernier espoir.

– C'est à la fois le dernier et le meilleur.

– Mais même s'il n'a pas cet argent, il pourrait facilement l'emprunter. Il a été directeur de banque, bon sang.

– William ne lui a même pas rendu visite. Je l'ai eu, pour le convaincre de mettre un peu d'argent dans la défense de son fils, mais je suis probablement la personne la moins bien placée pour l'approcher sur le terrain de l'argent. Il estime en avoir déjà gâché assez en acquittant mes honoraires pendant deux ans.

– Pourquoi gâché ?

– Ange, allons. Quand il a commencé avec moi, Simon buvait un peu trop et flirtait avec la dépression. Maintenant, il est enfermé dans un quartier de haute sécurité, inculpé d'avoir kidnappé le fils de son ex-petite amie. C'est ce que William doit appeler un mauvais retour sur investissement. De plus, il trouve que j'ai consacré un peu trop de temps à envoyer des lettres aux journaux pour dénoncer la gestion des soins intégrée, et pas assez à réfléchir au cas de son fils.

– Alex, il m'a l'air dans un état épouvantable. Pourquoi son père refuse-t-il de lui rendre visite ? Quel genre de père irait abandonner son fils, dans des circonstances pareilles ? Et où est sa mère ? Avec des parents de ce genre, il s'est élevé tout seul ou quoi ?

– À peu près.
– Merde, mais qu'est-ce qu'ils ont, ces gens ?
– Ce sont des gens ordinaires, des gens comme tout le monde. Ils ont honte. Ils ont dû subir la presse. Sa mère, May, elle n'en dort plus. Les enfants de son frère, on s'est moqué d'eux, à l'école.
– Oh ! Alex, c'est tragique.
– Ange, je ne suis que le messager. Simon se sent terrorisé, menacé et très seul. Il a raison. Nous l'avons tous laissé tomber.
– Et il s'imagine que je l'ai trahi. Il se figure que je suis la cause de tout ça. »

Je dormais à peine, je mangeais à peine. Je suis retournée à la prison, mais il a refusé de me voir. Je suis devenue cassante avec les clients, et je n'ai pas tardé à comprendre que c'était pire que de leur pisser dessus. Après chaque rendez-vous, j'allais aux toilettes, parfois j'arrivais à uriner, parfois non. Même de m'appuyer sur l'abdomen, cela ne suffisait pas à me garantir que je serais tranquille vingt minutes plus tard. Kelly tâchait de ne pas se mettre en travers de mon chemin, mais les plus petits détails me rendaient folle, des détails que je n'aurais sans doute jamais remarqués auparavant. Sa façon à elle de m'aider, c'était de se tenir à l'écart. Si je trouvais par terre dans le salon un T-shirt que je lui avais dit de ramasser deux jours plus tôt, je le déchirais de rage. Deux de mes clients réguliers se sont mis à fréquenter d'autres filles. Je craquais.

J'étais dans cet état d'esprit quand un soir, au boulot, alors que je me trouvais sur la lunette des toilettes à me pétrir le bas-ventre – une technique prophylactique que le docteur m'avait conseillée pour prévenir une éventuelle crise d'incontinence –, une des filles a frappé à la porte.

« Angelique. Angelique, tu es là ? »

Un de mes habitués m'attendait en bas. Joe Geraghty.

« Surprise ! » s'est-il écrié.

Si notre relation avait été ce qu'elle était deux mois plus tôt, j'aurais été tentée de lui raconter un peu ma vie, du moins ce que m'infligeaient les circonstances. Il m'aurait peut-être proposé davantage que mes honoraires et mon pourboire habituels. Nous nous serions comportés comme deux vieux amis qui s'appréciaient, car avec son aide et celle de gens comme lui, j'avais appris à simuler le plaisir sexuel quand les sens s'étaient éteints. Et après qu'il aurait fini, après qu'il aurait libéré ses endorphines, j'aurais été tentée de pleurer. J'aurais été tentée de lui annoncer que je n'allais pas bien, que j'irais de moins en moins bien. J'aurais pu lui demander ce qu'il savait des activités de son épouse, parce que mon amant s'était bien moqué d'eux. Je n'aurais pas ajouté que, chaque fois que je croyais avoir prise sur ses obsessions, je ne faisais qu'aggraver les choses.

J'aurais pu lui confier que j'avais perdu le seul être qui m'ait jamais véritablement écoutée, la seule personne dont la conversation valait la peine d'être suivie, la seule qui ait jamais cru que j'arriverais à quelque chose. J'avais perdu tout contact avec mes parents, d'ailleurs nous n'avions jamais été très proches. Mes frères aussi étaient comme des étrangers. Depuis que je m'étais mise à danser, ils ne me connaissaient plus. J'allais devenir danseuse. J'avais commencé par élever des oiseaux. J'avais le projet de m'y remettre un jour ou l'autre : des perroquets, des canaris, des pinsons, des tourterelles, des colombes, des moineaux. J'ai lu au moins une quarantaine d'ouvrages sur le sujet. J'en savais vraiment beaucoup. J'allais élever des oiseaux de compagnie, les vendre par paires. Maintenant, j'avais besoin d'un peu d'argent, cela pressait, d'ici la fin du mois, plus d'argent que Joe Geraghty n'a pu m'en fourrer là où je pense avant que je n'appelle la sécurité.

18.

« Allô ? » a fait la voix de la femme à l'autre bout du fil.

Je l'ai entendue, mais je n'ai pu prononcer un mot, et j'ai raccroché. Au début, je voulais juste entendre sa voix. Il fallait qu'elle endosse sa part de responsabilité. Je l'ai rappelée plus tard dans la journée, et là encore je me suis bornée à écouter.

« Allô, a-t-elle fait. Allô ? Qui est à l'appareil ? »

Ensuite elle a raccroché. C'était une voix fluette. Je ne sais pourquoi ce côté fluet, aigu m'a surprise à ce point. C'est simplement qu'avec cette voix-là, elle aurait dû être plus faible, moins hostile, surtout s'agissant d'une mère. Ce soir-là, je l'ai rappelée encore avant d'aller travailler, et je l'ai eue. J'ai raccroché.

Le lendemain, je me suis versé un verre avant de la rappeler. Kelly était sortie. C'était la fin de la matinée ; on a décroché.

« Allô. Allô ? Qui est là ? Allô ? Je vais appeler la police.

– Madame Heywood ?

– Oui. Qui est-ce ? »

Toutes mes séances de répétition ont été réduites à néant.

« Madame Heywood, vous ne me connaissez pas, pas précisément.

– Qui est là ? »

Elle avait l'air effrayé.

« Madame Heywood, je m'appelle Angela. Vous ne me connaissez pas mais...

– Je sais qui vous êtes, a-t-elle lâché sur un ton soupçonneux.

– Je suis l'amie de Simon, lui ai-je dit, après un temps de silence. Vous avez un moment à m'accorder ? Je voudrais vous parler.

– Vous n'êtes pas son amie.

– Si, mais si.

– Non, son amie, c'est Anna. Vous, vous êtes... la putain.

– Madame Heywood, je suis une prostituée et je suis l'amie de Simon.

– Non, c'est Anna...

– Madame Heywood, Anna est la femme de l'homme dont il a enlevé l'enfant.

– Que voulez-vous ? Je n'ai rien à vous dire.

– Simon est en grand danger.

– Je... je ne peux pas vous parler.

– Écoutez-moi jusqu'au bout, madame Heywood. Si vous aimez Simon...

– Bien sûr que je l'aime. C'est mon fils. Je les aime, mes enfants, quoi qu'ils fassent.

– Il y a quelqu'un... dans cette prison... un prisonnier dans le même quartier de détention que lui, qui menace de le battre à mort s'il ne lui verse pas une certaine somme d'argent d'ici la fin du mois. Cet homme est un délinquant très violent. Il a déjà infligé le même traitement à un autre détenu. J'ai vu l'une de ses victimes, madame Heywood. Elle souffre de lésions cérébrales.

– Combien veut-il ?

– 30 000 dollars.

– Je ne dispose pas de cette somme.

– Votre mari ne peut pas... ?

– C'est un piège, n'est-ce pas ? Cet argent est pour vous, c'est ça ?

– Madame Heywood, si vous rendiez visite à Simon, vous pourriez lui poser la question vous-même. Vous pourriez voir ce détenu, celui qui a des lésions cérébrales. Il est assis là, la bouche ouverte Impossible de le manquer. »

Elle réfléchissait.

« C'est mon mari qui gère l'argent.

– Mais au nom du ciel, allez-vous intervenir pour votre fils avant qu'il ne soit trop tard ? »

On aurait dit qu'elle plaçait la main sur le combiné. Sa voix semblait plus étouffée.

« Personne, chéri, s'est-elle écriée. Personne. C'était une erreur. »

Puis elle a raccroché. Simon était orphelin.

Kelly avait laissé le T-shirt déchiré drapé sur un abat-jour du salon. Ce geste, a-t-elle dû penser, j'en suis certaine, était le moyen le plus efficace de se venger de moi. Elle n'était jamais fatiguée. Elle dormait mais, à part cela, elle faisait tout le temps le nécessaire pour remettre à plus tard toute réflexion sur ses actes, sur les raisons de ses actes. Je la voyais de moins en moins, pas seulement chez nous, mais aussi au travail, où j'opérais moins à demeure et davantage en tant qu'escort. Personne n'a rien dit. Depuis l'arrestation de Simon, ils me trouvaient un peu étrange. Je n'étais pas bien. Et puis Staszic m'a fait venir.

« Confirmez-vous, Angela, qu'il est bien onze heures vingt ?

– Confirmez-vous, inspecteur, que je vous ai déjà parlé deux fois, à tous les deux, et à votre demande ? Cette fois, j'ai un avocat qui doit nous rejoindre, et cet avocat m'a conseillé de ne rien dire avant son arrivée. »

Ils se sont consultés du regard.

« Oui mais, par politesse, Angela, nous souhaitions avoir vos commentaires dès que possible au sujet de certaines informations qui nous sont parvenues.

– De quoi parlez-vous ?

– Confirmez-vous qu'il est bien onze heures vingt ?

– Oui, oui.

– Il nous a été indiqué que vous avez agi de concert avec Simon Heywood dans l'enlèvement de Sam Geraghty.

– Des conneries.

– Niez-vous toute implication dans l'enlèvement de...

– Absolument, je nie toute implication.

– Niez-vous aussi avoir fourni des informations à Simon Heywood concernant les coordonnées, les activités et les habitudes de Samuel Geraghty, de Joseph Geraghty et d'Anna Geraghty...

– C'est n'importe quoi.

– ... ce qui a aidé Simon Heywood à suivre une ou plusieurs de ces personnes ?

– Joe Geraghty est un de mes clients, un habitué. Vous ne pouvez pas le croire sur parole.

– Angela, pour votre propre bien, plus vite vous coopérerez, plus ce sera facile pour vous. Nous ne saurions le souligner avec plus de vigueur.

– Est-ce que Joe Geraghty est venu vous voir ici ?

– Angela, comprenez-vous ce que l'on désigne par le terme de " complice " ?

– Pourquoi vous adressez-vous à moi avec cette condescendance ? Est-ce que la cassette tourne encore ? Est-ce qu'on est enregistrés ?

– Une personne qui commet un acte destiné à gêner l'arrestation, la mise en accusation, l'inculpation ou le châtiment...

– Enfin, qui va l'écouter, cette cassette ?

– Les personnes qui dissimulent un délit à leur propre avantage se rendent à leur tour coupables d'un délit en soi.

– Avantage ? La dernière fois, vous m'avez raconté que j'étais complice de Joe. Maintenant je suis complice de Simon. Pour ceux qui vont écouter cela...

– Angela, il faut que vous soyez informée des dispositions de l'article 323 du code pénal. J'en ai un exemplaire ici.

– Je suis contente que ceci soit enregistré. Personne n'y croira. Vous essayez de m'intimider.

– Le texte stipule qu'" une personne qui aide, se rend complice, conseille ou commandite un délit pourra être traduite en justice, inculpée et punie comme coupable au premier chef ".

– Est-ce que votre patron écoute ça ? Et le juge ?

– Angela, vous pourriez être jugée coupable au premier chef, comme si vous étiez vous-même l'auteur de ce délit. Nous savons que vous n'en êtes pas coupable. Vous feriez mieux de nous dire ce que vous savez.

– Vous dire ce que je sais ?

– Exact.

– C'est allumé, vous enregistrez ?

– Oui, videz votre sac. Vous vous sentirez mieux. Allez-y.

– Vous savez, mesdames et messieurs les membres du jury, cet homme, l'inspecteur Staszic, il paie des prostituées pour qu'elles vomissent pendant l'acte sexuel. Voilà ce que je sais. »

19.

L'insomnie prolongeait chaque nuit, l'étirait, l'étendait à l'infini, et l'aigreur accumulée de chaque instant se ménageait un foyer en moi – dans ma bouche, dans les crevasses de ma langue. Le cauchemar continuait dans la journée, pendant que les gens, tous les autres, étaient au travail ou dans les supermarchés, ou chez le coiffeur, attrapant au passage le quotidien populaire du jour, sans réfléchir, un geste de routine. Dans les pages intérieures, un compte-rendu les attendait, une version à sensation et à peine intelligible de nos erreurs, à Simon et moi. Au travail, tout le monde en parlait, en s'imaginant que je ne les entendais pas. J'entendais, mais j'étais engourdie.

J'ai commencé de saisir l'ampleur des ennuis qui m'attendaient lorsque la police m'a rappelée une nouvelle fois. Quand Staszic en personne appelait, ce n'était jamais bon signe. Ils allaient peut-être m'arrêter pour de bon ? Cette fois, vraiment, je n'irais pas les voir sans la présence d'un avocat. Ils étaient très pressés de me voir creuser ma propre tombe, surtout Staszic le laitier. Je l'entendais à sa voix. Il avait des nouvelles, une information qu'à son avis j'aimerais connaître. On ne pouvait pas en discuter au téléphone. Je l'ai informé que je ne retournerais pas les voir sans mon avocat. Non, c'était confidentiel, officieux, pas question d'avocats. Me prenait-il pour une idiote ? Il a prétendu qu'il essayait de m'aider. Il n'enregistrerait pas la conversation. Il me le promettait. Cela ne devait même pas obligatoirement se dérouler au poste de police. J'avais le choix du lieu.

Nous nous sommes donc retrouvés à l'hôtel Esplanade. À mon arrivée, il y était déjà, devant une bière. Cela m'aurait fait un effet étrange de me retrouver à cet endroit-là en l'absence de Simon, si tout le reste ne me paraissait pas encore plus étrange.

« Où est votre collègue ? lui ai-je demandé, en m'asseyant. J'étais nerveuse.

– Il n'est pas là. On s'est dit que vous seriez plus détendue, plus disposée à coopérer si vous vous retrouviez seulement avec l'un de nous deux... une sorte de tête-à-tête.

– Donc il est au courant de cette rencontre ?

– Angela, de nous deux, c'est moi le supérieur. Mais je vous remercie de votre confiance...

– Vous voulez rire, ai-je fait, pas tout à fait en aparté.

– Écoutez, Angela, je pensais sérieusement ce que je vous ai dit au téléphone.

– Qu'est-ce que vous m'avez raconté au téléphone ? Vous avez de bonnes nouvelles pour moi ?

– Vous êtes embarquée dans cette affaire, ça, vous l'avez compris ?

– Que voulez-vous dire ?

– Chacun de ces deux hommes vous accuse de soutenir l'autre.

– De quoi parlez-vous ?

– Joe Geraghty explique que Simon et vous l'avez piégé. Et Simon raconte que Joe Geraghty vous a payée pour le piéger.

– Simon n'a jamais dit ça.

– Vous ne pouvez être coupables des deux délits à la fois. Le problème, c'est qu'il suffit que le jury croie à l'un des deux pour que vous ayez de gros ennuis.

– J'aurais dû faire venir mon avocat. Je ne vous dirai rien...

– Non, attendez une minute, Angela. Il y a peut-être un moyen de se sortir de toute cette histoire. Il faut bien qu'une jeune femme de votre... talent... ait quelques avantages attachés à son... statut.

– Qu'est-ce que vous me chantez là ?

– Je pourrais veiller à ce que vous ne soyez inculpée de rien, mais il faudrait que je reçoive quelque chose en échange, vous voyez.

– Je vous ai dit tout ce que...

– Ce n'est pas tellement ce que vous pourriez me dire. Accordez-moi un week-end.

– Quoi ?

– Si vous m'accordiez un week-end entier seul avec vous, service complet, la totale, à mon avis, vous comprendriez que vous n'avez plus besoin d'avocat. On se contenterait d'expliquer que les charges retenues contre vous n'étaient pas suffisamment lourdes, qu'elles entraient en conflit avec d'autres preuves, ce qui est la réalité. Vous ne seriez inculpée de rien.

– Rien que pour ça, je pourrais vous dénoncer.

– Ce serait votre parole contre la mienne. Qui croiraient-ils, à votre avis ? Angela, soyez raisonnable. Vous êtes mouillée dans cette affaire jusqu'au cou et moi, je vous propose un moyen de vous en tirer. Ne me sortez pas votre numéro de fille outragée. C'est juste un week-end, nom de Dieu, un minable petit week-end en échange de présomptions qui pèsent lourd dans une affaire très publique, très... comment dire ?... très chargée au plan émotionnel. Je vais me mouiller pour vous et vous... vous allez faire pareil pour moi. Jamais vous ne pourrez vous offrir un avocat susceptible de vous proposer un marché aussi intéressant. Un de mes amis possède une maison dans la montagne. Un coin très tranquille, très vert. Vous aimez les pancakes ?

– Allez vous faire foutre. »

Dans la voiture, j'en tremblais encore. Je n'aurais pas dû prendre le volant. Mes yeux recommençaient à me jouer des tours, et je me suis dit que jamais plus je ne saurais ce que c'est que de passer une nuit complète sans me réveiller plusieurs fois sous le coup de la terreur. Après la terreur viendrait la panique.

Vous ne pouvez jamais prédire où votre esprit va s'aventurer, au milieu de la nuit, quand il est affamé de calme et repu de frayeur. Une fois que c'en est là, vous n'êtes plus qu'à quelques minutes de poser la main sur l'annuaire. Trouver le bon nom et la bonne adresse peut se présenter comme un signe, un présage, pour peu que cela se passe sous une petite lampe, dans l'obscurité. Vous entendez le ronronnement du réfrigérateur et le tic-tac d'une pendule dans une pièce voisine, et rien d'autre ne vient concurrencer le bruit des conseils que vous susurre votre voix intérieure Je vais essayer d'aller voir Joe, de lui parler. Ne sachant pas où il travaille, mais seulement où il habite, ne sachant pas au juste quand il serait chez lui, j'ai décidé de camper devant son domicile, vers la fin de l'après-midi ou en début de soirée, et de l'attendre.

Je n'avais jamais vraiment réfléchi à l'endroit où ils dormaient ensemble, ces deux-là. Je n'avais jamais songé à leur mobilier, aux bibelots sur le manteau de la cheminée, aux œuvres d'art sur les murs, ni aux photos de famille – ces images chargées de persuader les amis, les parents en visite ou eux-mêmes qu'elles étaient, non une collection d'instantanés incapables de restituer le souvenir du temps où s'apparier avait paru une bonne idée, mais une illustration de ce que Simon appelait amèrement la meilleure micro-unité que l'humanité ait jamais été capable de produire en des millénaires de tentatives pour vivre ensemble. Une impression que Joe, en tout cas, essayait encore de transmettre. Même quand il venait me voir, semaine après semaine, histoire de doper ses endorphines analgésiques, c'était pour pouvoir retourner là-bas, se remettre en selle, tenir le coup. Il fallait qu'il continue d'être un mari et un père, sans quoi il finirait comme Simon.

Quelque part au fond de lui-même, il en avait conscience. Il était déterminé à continuer de lutter pour sa famille, et moi, je l'avais aidé. C'était mon boulot et je me débrouillais bien. Et s'il en avait conscience, il subsistait un espoir, si mince soit-il, si terrible soit-il, qu'il veuille bien me venir en aide. J'avais besoin de cette occasion de leur expliquer les choses lentement, convenablement. Après tout, quel tort durable leur avait-on causé, à lui ou à sa famille, Simon ou moi ? En vérité, Simon n'avait pas de liaison avec sa femme. Ce qui s'était passé entre eux était terminé depuis longtemps. La vérité, c'était que son fils, loin d'avoir couru le moindre danger, avait été pendant quatre heures sous la garde d'un enseignant très dévoué qui lui avait prodigué une attention extrême. Si Simon avait une responsabilité, c'était d'avoir attiré l'attention sur les failles de la surveillance de leur fils. Avec quelle facilité l'impensable aurait pu arriver à ce petit garçon si quelqu'un d'autre l'avait enlevé, quelqu'un d'atteint d'une autre sorte de folie ! À cause de cela, Simon avait atterri dans un quartier de haute sécurité, pour se retrouver taxé de 30 000 dollars et à quelques semaines d'une lésion définitive au cerveau. Joe irait-il jusqu'à envisager cela comme un prêt ? Je pourrais le rembourser, et avec intérêts s'il le souhaitait. Il disposait sûrement d'un accès instantané à ce genre de somme. Il ne s'en apercevrait même pas. La voilà, la vérité.

J'étais assise dans la voiture, garée en face de leur maison, à surveiller en ce début de soirée les lumières qui s'allumaient et qui s'éteignaient au gré de leurs allées et venues, et tout cela me semblait une assez bonne idée. Je me demandais si je pouvais vraiment lui tenir ce genre de raisonnement, enfin, ne serait-ce qu'en partie, quand je me suis rendu compte que c'était elle qui se trouvait là, chez eux, et pas lui. Si je me présentais à sa porte, se montrerait-elle si inamicale que cela ? Et si elle renonçait à toute hostilité ?

Comme celles du voisinage, leur demeure était imposante, avec ses deux niveaux. Les grands arbres du jardin en masquaient la façade. Malgré les vastes garages aménagés dans chaque propriété, il y avait toute une file de voitures de marques européennes garées dans la rue, broutant les feuilles mortes. Autour de moi, des gens rentraient chez eux. Quand allait-il arriver ?

Un homme qui promenait un grand doberman a ralenti pour jeter un œil dans ma voiture en passant. L'homme et le chien avaient dû sentir qu'il y avait un être vivant à l'intérieur. La rue était silencieuse, la soirée plutôt tranquille, et un être vivant, au moins un, sentait ma présence, venait me renifler à travers la portière, moi et mon ventre noué, ma main crispée sur la poignée, à un million de kilomètres d'eux. Que ferait cet homme si une personne aimée se retrouvait dans la situation de Simon ? Le chien s'est soulagé contre ma voiture, sans avertissement. J'allais peut-être devoir en faire autant d'ici peu. Ils ont poursuivi leur chemin, et l'homme s'est retourné, sans raison apparente. C'est alors que je l'ai vu rentrer chez lui.

Je l'ai vu dans la voiture dont il m'avait parlé, une voiture que je m'étais toujours bornée à imaginer. J'avais peur. J'ai tourné la clef pour l'extraire du démarreur et j'ai ouvert la portière. Il avait déclenché la porte automatique de son garage. J'ai glissé la jambe au-dehors. Je pouvais distinguer l'intérieur du local. Il avait l'air de prendre son temps. J'avais besoin qu'il prenne son temps. Il manipulait un tuyau d'arrosage ou je ne sais quoi. À l'instant précis où je refermais la portière derrière moi, Sam a jailli de l'intérieur de la forteresse pour courir vers lui. Joe l'a serré contre lui et l'a embrassé, le bras passé autour de ses jambes. Ensuite, la porte automatique s'est lentement rabattue, et le garage a avalé Joe, sa voiture et son fils. Je suis promptement remontée dans la mienne et j'ai redémarré. L'homme au grand doberman n'était pas très loin.

20.

J'avais oublié comment on dort. À toute heure du jour et de la nuit, j'entendais la voix de Simon et je pleurais. On était en plein milieu de la nuit quand j'ai entendu Kelly rentrer et fermer la porte de l'appartement derrière elle. Elle ne faisait aucun effort pour rester silencieuse. J'ai regardé mon réveil, il était presque quatre heures. Je me suis levée et je suis arrivée dans le salon juste au moment où elle allumait la lampe. Le T-shirt déchiré était encore sur l'abat-jour et elle chantonnait.

« Eh bien, mais regardez-moi qui est là, fit-elle en riant. Elle était défoncée.

– Tu sais l'heure qu'il est ?

– L'heure pour toi d'être au lit, Angelique.

– Qu'est-ce que tu viens de dire ?

– Je ne sais pas. Qu'est-ce que j'ai dit ? L'heure pour toi d'être au lit, Angelique. »

Lorsqu'elle a répété sa phrase, avec cette façon de s'adresser à moi, je l'ai soudain vue autrement. Je l'ai vue comme ils la voyaient, eux. Elle était en robe moulante rouge satiné, une tenue dans laquelle elle était prête à ne rien refuser à personne. Il était cinq heures du matin et subitement j'étais à moitié hystérique, furieuse du son de la voix de cette pute défoncée avec qui je vivais, qui m'appelait par le nom que je m'étais choisi.

« C'est pas Angelique, ai-je hurlé.

– Quoi ?

– C'est quoi, mon nom ?

– De quoi tu parles ?

– Tu connais même pas mon vrai nom, hein ?

– Tu veux te calmer ? Il faut que tu prennes quelque chose pour te calmer. Depuis que ton poète s'est fait choper à jouer avec des petits garçons...

– C'est quoi, mon nom ? ai-je hurlé de nouveau.

– Angelique.

– C'est pas mon nom, espèce de pute de merde. »

Je lui ai hurlé dessus et j'ai fondu en larmes. L'une de nous deux a renversé la lampe. Elle s'est mise à pleurer et, au milieu de tout ça, les voisins ont cogné sur les murs, pour nous faire taire.

Je lui ai demandé d'où elle tenait cette dureté. Elle a fait semblant de ne pas comprendre. Peut-être qu'au début elle ne comprenait pas ou alors elle avait oublié que, pour accepter tout ce qu'elle acceptait, pour accepter tout ce qu'on lui infligeait, il fallait une immense dureté, plus grande en tout cas que la plupart des gens n'en ont. Elle m'a répondu qu'il suffisait de travailler sur soi jusqu'à ce qu'on ne ressente plus ce qu'ils voulaient qu'on ressente, jusqu'à ne plus rien éprouver du tout. À sept heures du matin, elle est tombée de sommeil dans mes bras après m'avoir avoué qu'elle m'aimait et qu'elle savait que je vivais un enfer. Elle respirait comme une fillette.

Elle dormait et je la tenais contre moi. Si elle ne s'était pas assoupie, elle aurait eu un aperçu de sa solitude véritable, à condition que ce qu'elle avait fait pendant si longtemps ne lui ait pas émoussé définitivement les sens. J'ai découvert l'enfer parce que je ne suis pas capable d'émousser les sensations de mes actes. L'enfer, c'est la souffrance singulière qui réside dans cette perte que vous vous êtes infligée à vous-même. Épuisée, je me suis endormie et, quand je me suis réveillée, tout m'a paru plus clair. Tout me semblait si simple. La solution était évidente et je me demandais à présent comment elle avait pu m'échapper. Tout allait bien se passer. En sauvant Simon, j'allais m'acheter une seconde chance.

Kelly avait raison. Le truc, c'était de continuer de travailler sur soi jusqu'à ne plus ressentir ce qu'ils voulaient qu'on ressente. Pas de chichis. Je me sens étrangement calme, maintenant.

Je regarde par la fenêtre. Il fait un peu froid, par ici, mais c'est très joli, tous ces oiseaux. Il écoute mon CD de Billie Holiday. Je l'ai apporté avec moi. Je n'ai plus à me soucier du moyen de me procurer ces 30 000 dollars. Simon devrait sortir d'ici lundi, mercredi au plus tard. J'ai cru comprendre qu'il restait certains documents à enregistrer. Les pancakes, ce n'est pas si mauvais. Il a même apporté son yaourt, exprès.

Quatrième partie

1.

« Représentez-vous un champ gris et plat, quelque part en pleine nature. Là où jadis il y avait de la végétation, on a attaché des toiles de couleur vive à des piquets en bois, dans le sens vertical et dans le sens horizontal, pour dresser des abris rudimentaires dont les pans claquent au vent. Parmi les gens qui survivent tant bien que mal dans le coin, certains ont entendu parler de ces tentes multicolores dressées dans le champ ; elles en touchent un mot à d'autres et, assez vite, tout le monde vient voir ce qui a poussé de manière inexplicable sur cette terre qui produit à peine de quoi les nourrir. Le vent hulule, les portes des tentes dansent en tous sens, comme une invite à venir s'abriter de la poussière qui souffle à la figure et à s'y amuser tout son soûl.

« Deux hommes, A et B, sont autorisés, moyennant une petite somme, à se défier au jeu de balle. Ils doivent chacun leur tour fourrer la balle dans un trou. Le premier à réussir six trous gagne. Appelons ça la *palla*...

– Pourquoi la *palla* ?

– C'est le mot italien pour balle.

– Ce sont des Italiens ? Pourquoi parlent-ils italien ?

– J'y viens. Je croyais que vous étiez censé ne pas m'interrompre.

– Je suis désolé. Continuez, je vous en prie.

– Le premier à réussir six trous remporte la partie et le prix. Mais la partie est arrêtée prématurément. La récolte d'un paysan est en flammes ; A et B sont requis pour aider à éteindre l'incendie. Le temps qu'ils reviennent sur les lieux de la foire, on a démonté les tentes. La foire se transporte dans la ville voisine. Au moment de l'interruption du jeu, A avait réussi cinq trous et B, trois.

« Ils veulent continuer la partie, mais le forain refuse. Il faut qu'il emballe et qu'il avance. S'il est retardé, il sera exclu de la foire.

Lui, il ne possède que quelques piquets, du tissu de couleur et des balles. Mais A et B, et même les spectateurs du tournoi qui les regardaient jouer sous la tente, avant l'incendie, sont hors d'eux. Ils se sentent floués.

« Donc, en bon forain qu'il est, cet homme voit où tout ça va le mener. Pour s'en sortir, préserver sa vie, sa liberté, ses piquets, ses toiles multicolores qui battent au vent et ses balles, il leur remet à tous les deux l'argent du prix auquel aurait eu droit le premier ayant réussi six trous si la joute s'était poursuivie sans interruption.

« Ils comptent la somme et se plaignent auprès du forain. " Ça, c'est le prix pour un seul joueur. " Là-dessus, le forain leur réplique qu'ils ont déjà bien de la chance de toucher cette somme, et on pourrait estimer qu'il a raison. Souvenez-vous qu'en réalité, aucun des deux n'a gagné. S'ils n'avaient pas exercé un semblant de menace, ils n'auraient rien eu. " À qui la faute, hein, d'ailleurs, s'il y a eu un incendie ? " s'est écrié le forain.

« En fait, venant de sa part, ce rappel était une erreur car il a conduit les paysans rassemblés à se demander pour la première fois qui, en effet, était responsable de l'incendie. Ils se sont dit que ces étrangers avaient cherché à les distraire de leur travail, ces étrangers venus de très loin pour leur soutirer de l'argent et qu'ils voyaient maintenant se dépêcher de tout remballer pour décamper, à peine l'incendie éteint. " Voilà votre argent, avait lancé le forain. Vous vous le partagez entre vous deux. Tâchez que le partage soit équitable, en tenant compte de l'issue, du vainqueur probable. N'allez pas vous disputer. " Sur quoi, le voilà parti, et il les laisse décider du partage des gains.

– Pourquoi avez-vous donné un nom italien à ce jeu ?

– Parce que la question du partage des mises dans une partie inachevée – tout le problème de la quantification des probabilités –, a été prise en compte pour la première fois de l'Histoire par un Italien. Au XVe siècle, le moine franciscain et mathématicien Luca Paccioli a posé le problème : quel est le résultat d'une partie de balle jouée par A et B, où la victoire doit revenir au premier qui marque six points, lorsque la partie est interrompue prématurément, et dans l'hypothèse où A aurait déjà remporté cinq points et B déjà trois points ? Paccioli était un ami et un contemporain de Léonard de Vinci. Certains estiment qu'il a aidé Léonard à résoudre la question de la perspective. Côté perspective, on a tous besoin d'un peu d'aide de temps à autre, non ? C'est ce que vous alliez me faire observer ?

– Non, j'allais vous demander si Paccioli avait été en mesure de résoudre le problème qu'il avait posé.

– Non, même Cardano n'y est pas parvenu.

– Qui était Cardano ?

– Un autre mathématicien italien, plus tardif, du XVIe siècle. Son *Ars magna* est un classique des mathématiques de la Renaissance.

– Qu'est-ce qui vous intéresse tant, chez ces gens ?

– Quand j'avais à peu près quinze ans, un professeur nous a évoqué ces grandes figures. C'est lui qui est à la source de mon intérêt pour les probabilités. Il avait pour habitude de nous rendre les mathématiques plus humaines. Je n'avais plus repensé à lui depuis des années. Il est mort avant que je n'achève mes études. Quoi qu'il en soit, Cardano s'est lancé dans ce qui fut probablement la première étude systématique de la probabilité. C'était un joueur. Un joueur dans l'âme. Il jouait tous les jours – aux dés, aux cartes, aux échecs, à tout. Il recommandait le jeu comme remède à l'anxiété et au chagrin et pourtant, conclusion un peu paradoxale, il estimait que le plus grand avantage qu'on retire du jeu survient quand on ne joue pas.

– C'est pour cela que vous êtes venu me voir ? À cause de votre goût du jeu ?

– Je suis venu vous voir... pour quantité de raisons...

– Vous aviez besoin de quelqu'un avec qui parler ?

– Oui, c'est vrai, sans aucun doute, et on vous a recommandé à moi. Une femme vous a recommandé. Je ne l'aurais probablement pas écoutée, je n'aurais pas nécessairement suivi son conseil sur un sujet comme la santé mentale, mais c'est aussi que...

– C'est aussi que ?

– ... Je me suis rappelé où j'avais entendu parler de vous. Je me suis rappelé que le psychiatre qu'elle me recommandait était celui qui avait mené une campagne si vigoureuse et si publique contre la gestion des soins intégrée et je me suis dit : dans tout ça, quelle est la part du hasard, quelles étaient les probabilités ? »

2.

« Pourquoi êtes-vous là, disiez-vous ? Dennis... Dennis ? Pourquoi êtes-vous venu me voir, selon vous ?

– Vous voulez savoir pourquoi je suis venu vous voir ou pourquoi je suis venu consulter un psychiatre à ce moment de mon existence ?

– Eh bien, votre réponse à ces deux questions m'intéresserait, mais commençons par le général avant d'aborder le particulier.

– J'apprécie qu'on m'appelle Dennis.

– Qu'entendez-vous par là ? C'est votre prénom, n'est-ce pas ? Sur le message que vous m'avez laissé, vous vous êtes présenté comme Dennis Mitchell.

– Non, enfin, vous avez raison. C'est mon nom, mais...

– Oui ?

– Je ne l'entends pas souvent prononcer. Je ne l'avais plus entendu répéter dans une conversation normale depuis très longtemps. Au bureau... En réalité, c'était déjà comme ça à l'école, et même mon épouse...

– Vous êtes marié ?

– ... les gens qui ne me connaissent pas vraiment... mais qui veulent donner l'impression de bien me connaître... Je réfléchis juste à haute voix, je réfléchis en marchant.

– C'est un bon début.

– Je vous en prie, docteur Klima, ne me prenez pas de haut.

– Ce n'était pas mon intention, et vous pouvez m'appeler Alex, si vous préférez.

– Parfait... Alex. Vous pouvez m'appeler Dennis.

– Comment vous appelait-on, à l'école ? Et par la suite, dans votre profession ? Comment vous appelaient les gens qui voulaient donner l'impression de bien vous connaître ?

– Et pourtant, je n'ai jamais proposé à personne de m'appeler comme ça, enfin, pas que je me souvienne...

– À vous appeler comment ?

– Mitch. Les gens m'ont toujours appelé Mitch.

– Mitchell en version raccourcie.

– Oui, et ce faisant, ils donnent à l'observateur objectif l'impression d'une véritable intimité.

– Et selon vous, voilà fort longtemps que cette intimité ne s'est plus exprimée, en tout cas pas de manière authentique ?

– Oui. Selon moi. Et cela fait longtemps qu'il n'y a plus eu d'observateur objectif.

– C'est pour cela que vous êtes là, devant moi ? C'est pour cela que vous venez consulter un psychiatre ?

– Je suis là, devant vous, Alex... Je suis là, je pense, parce que j'ai pleuré. Récemment, j'ai pleuré avec une intensité et une fréquence peu convenables pour un adulte de sexe masculin, surtout s'il se veut un minimum efficace.

– Et qu'est-ce qui vous a permis de juger de la quantité de larmes que peut s'autoriser un adulte de sexe masculin un minimum efficace ?

– Alex, je ne suis vraiment pas ici pour savoir si vous me trouvez intelligent ou non. Vous êtes peut-être capable de m'aider, peut-être pas. Il se peut que j'aie commis une grave erreur en écoutant son conseil. Je l'admets, je lui ai posé la question. Elle est un des rares aspects de ma vie qui ne me mettent pas mal à l'aise. De toute façon, il n'y a jamais rien eu entre nous.

– Cela ne me regarde pas.

– N'est-ce pas à moi qu'il revient de décider ce qui vous regarde ou non ?

– Je voulais dire, Dennis, que je ne suis pas là pour prononcer des jugements moraux.

– Vraiment ?

– Vraiment.

– Et si vous saviez que j'étais sur le point de commettre un crime ?

– Alors j'aurais à contacter la police, mais pour des raisons juridiques, pas pour des raisons morales.

– À moins que vous ne vous absteniez de me juger parce que vous-même comptez parmi les clients de cette femme ? Non, attendez, vous allez vous en tirer par une pirouette en me laissant entendre qu'elle est une de vos patientes, et ensuite vous vous refuserez à confirmer ou à démentir.

– Je pourrais vous retourner ma réponse, Dennis : cela ne vous regarde pas.

– Réponse brillante. Dans votre situation, c'est aussi ce que je répondrais. Mais moi, dans votre situation, je ne saurais pas résister à la tentation des jugements moraux.

– Donc, il va falloir me faire confiance.

– Vous faire confiance ?

– Dans une certaine mesure.

– Alex, je ne me sens pas d'humeur très confiante, ces temps-ci. Vous me pardonnerez.

– C'est pour cela que vous êtes ici ? Vous cherchez quelqu'un qui veuille vous pardonner ?

– À combien d'êtres faudrait-il que j'aie fait du mal avant que vous... avant que vous ne puissiez vous empêcher de me juger ?

– Êtes-vous sur le point d'avouer un crime, Dennis ? Coucher avec une prostituée, ce n'est pas un crime.

– Je vous l'ai dit, au bout du compte, avec elle, je n'ai rien fait.

– Pourquoi pensez-vous que ça me regarde ?

– Docteur Klima, avez-vous la moindre idée de qui je suis ?

– À peine. Jusqu'ici, vous m'avez l'air d'en savoir plus que moi.

– Êtes-vous en contact avec elle ?

– Je n'ai pas vraiment la latitude de m'entretenir à son sujet.

– Vous avez écrit ces lettres, vous avez mené cette campagne pour avertir l'opinion des dangers de la gestion intégrée.

– Oui. C'est pour cela que vous êtes ici ?

– J'ai travaillé à promouvoir ce système de soins. Cela faisait partie de mon travail. J'ai tâché de promouvoir mes propres intérêts à travers un schéma compliqué qui nécessitait la mise en œuvre à grande échelle de cette gestion intégrée.

– Je vois.

– Voulez-vous toujours me traiter? Êtes-vous capable de me traiter, et sans passion?

– Pourquoi pas? J'ai tout à fait la possibilité de vous traiter. Il suffit pour cela que vous soyez un être humain.

– Je vous en prie, Alex... docteur Klima. Je suis sérieux.

– Moi aussi. Pour les gens qui ne peuvent pas s'empêcher de juger avant de comprendre, il existe toutes sortes de religions et d'idéologies politiques. La psychiatrie n'est ni une religion, ni une idéologie. »

3.

« Dennis, êtes-vous catholique?

– J'ai été élevé dans une famille catholique, mais je ne suis pas catholique pratiquant, non. Pourquoi? De votre part, c'est une espèce d'enquête policière fantaisiste ou vous avez un problème avec les catholiques? Vous, qu'est-ce que vous êtes? Quel genre de nom est-ce, Klima?

– Je suis juif tchèque. Cela vous chiffonne?

– Non. Je n'ai aucun problème avec les juifs.

– Vous m'affirmez que vous n'avez aucun problème avec les juifs, mais vous ne me dites rien des Tchèques.

– Je n'ai de problème ni avec les juifs ni avec les Tchèques.

– Ce que je veux dire, c'est que je vous signale que je suis juif tchèque et vous vous focalisez sur le côté juif et vous ignorez le côté tchèque.

– Ça va être tout le temps comme ça? Des minauderies sémantiques habillées en thérapie? Vous vous présentez comme juif tchèque, pas comme juif tchécoslovaque. Comme tchèque mâtiné de juif, et pas l'inverse. Ce sont les termes que vous avez choisis.

– Très bonne réponse. C'est intelligent et cela renvoie toute la responsabilité dans mon camp.

– La responsabilité de quoi? Pourquoi faire entrer ma réponse dans une catégorie?

– La responsabilité de votre colère.

– Ma colère?

– La colère que vous dirigez vers moi. Vous m'avez dit que vous vouliez parler à quelqu'un et je pense que c'est justifié. Mais vous voulez aussi vous confesser.

– C'est pour cela que vous me demandez si je suis catholique ?

– Ce n'est pas la seule raison pour laquelle je vous le demande.

– Vous avez entendu parler de Vatican II ? Nous n'avons plus aucun problème avec les juifs.

– Le pape, non.

– Oh, et moi, si ?

– Vous avez un problème avec le juif que je suis, mais je ne prétends pas que ce soit parce que je suis juif.

– Alors pourquoi aurais-je un problème avec vous ?

– Je ne le sais pas encore, Dennis.

– Qu'est-ce qui vous fait croire que j'aurais un problème ?

– Parce que vous êtes en colère contre moi, alors que je n'ai rien fait pour le mériter, pas pour le moment.

– Pas pour le moment ?

– Nous en sommes encore au premier stade de votre cure. Me confier votre vulnérabilité a l'air de vous mettre mal à l'aise, mais vous insistez. Quelque chose vous pousse à enfoncer le clou. Vous éprouvez le besoin d'une sorte d'absolution, mais pas pour pleurnicher comme un enfant. C'est simplement votre ticket d'entrée, votre ticket pour cette cure. Peut-être parce que vous fréquentez une prostituée ?

– Mais enfin, on n'a rien fait, bon sang ! Votre attitude est une espèce de vengeance de gauche contre mon implication dans le lancement de la gestion de soins intégrée ou contre mon statut d'opérateur de marché ? Si vous vouliez bien m'accorder l'occasion de m'exprimer et arrêter une minute de m'imposer votre étalage permanent de sophismes, vous auriez une chance d'apprendre quelque chose. Vous n'avez pas besoin de me punir pour cette histoire de gestion intégrée. Ma punition, je l'ai déjà reçue. On s'en est chargé.

– Vous êtes en colère contre moi, Dennis ?

– Oui, je suis en colère. Je voulais parler à quelqu'un parce que j'ai cru que ça m'aiderait, mais votre façon de m'aider... d'ailleurs, ce n'est peut-être jamais rien d'autre que ça, la psychologie... éplucher le choix des mots que je prononce au hasard et, suivant une méthode simpliste et lamentable, me faire entrer dans une catégorie, moi ou mes sentiments, et m'imposer vos clichés. Je ne savais pas que vous étiez juif et je m'en fichais. Je ne suis pas un accro du sexe. Mais je suis extrêmement sceptique quant à la valeur de la psychiatrie, en tout cas pour sa partie verbale. C'est une supercherie, pas une science. Vous pourriez peut-être vous borner à me prescrire quelque chose.

– Pour soigner quoi, au juste ?

– Mes larmes, espèce de salopard. Vous avez besoin que je vous le répète. Je n'ai pas toujours été dans cet état.

– Tout va bien, Dennis.

– Seigneur ! Je... je suis tellement gêné. J'ai quarante-quatre ans. Je n'avais plus pleuré devant quelqu'un, devant un autre homme, depuis tout gamin.

– Parlez-moi de votre enfance. Vous êtes né à Melbourne ?

– Oui, et j'ai accompli toute ma scolarité ici. Quand mon père a été licencié, mes parents sont allés s'installer à Mildura. Je ne les ai pas accompagnés. Je suis resté à Melbourne, où je suis entré à l'université.

– Comment votre père gagnait-il sa vie ?

– Il était peintre. Je viens de vous dire qu'il avait été licencié. Ce n'est pas tout à fait exact. Il avait des contrats de prestation exclusifs pour Carlton and United Breweries, les brasseries. Il peignait leurs pubs. Il a pris de l'âge, il travaillait plus lentement et ils ont embauché quelqu'un d'autre, de plus jeune.

– Est-ce que votre mère travaillait ?

– Non.

– Pourquoi cela vous fait-il sourire ?

– Quand mon père peignait, elle ne travaillait pas. Mais quand on l'a laissé tomber, quand mes parents ont déménagé de Melbourne à Mildura, c'est ma mère qui leur a trouvé du travail à tous les deux.

– Qu'est-ce qu'elle a trouvé comme travail ?

– Ils sont devenus gérants d'un camp de caravanes.

– Vous disiez que vous étiez entré à l'université ici, à Melbourne ?

– Oui.

– Qu'avez-vous étudié ?

– J'ai fait une licence de sciences et ensuite j'ai continué avec un doctorat de physique théorique. L'élégance de la physique me séduisait à cause de son caractère général et du côté économe de ses hypothèses. Bêtement, je me suis aussi imaginé que cela me faciliterait l'accès à un emploi.

– Quel était le sujet de votre thèse de doctorat ?

– La fission des photons dans le champ électrique d'un noyau atomique lourd.

– Très impressionnant.

– Non, pas très. L'électrodynamique quantique vous permet de calculer dans quelle mesure la lumière se diffuse, autrement dit en quoi les photons peuvent diffuser les photons et, à partir de là, la capacité pour un champ électrique de provoquer la scission ou la fusion des photons. Enfin, quoi qu'il en soit, ce genre de calcul, dans le cadre d'un doctorat de physique théorique, c'est le tout venant.

– Et après, qu'avez-vous décidé ?

– J'ai cherché un poste universitaire de physicien. J'ai cherché pendant plus d'un an. À Melbourne, dans d'autres régions d'Australie, à l'étranger. Je n'ai rien pu trouver. Le monde était en récession et on n'avait besoin nulle part de spécialistes de la physique théorique. Je me suis senti totalement abattu et je suis allé habiter un temps chez mes parents.

« J'étais le premier membre de la famille à fréquenter l'université sans parler de décrocher un doctorat, et où cela m'a-t-il mené ? À aider mes parents à gérer un camp de caravanes. Malgré tout ce qui m'est arrivé depuis, je me souviens encore du mal que j'avais à garder la tête haute, à l'époque. L'éducation, l'intellect n'avaient aucune valeur et, comme j'étais incapable de peindre une maison aussi bien que mon père, je ne pouvais même pas me joindre aux types qui l'avaient remplacé. J'étais un inutile.

« Tout cela était un peu irréel. Il faisait beau et chaud, tout le monde se baladait en short et en T-shirt. C'était comme des vacances d'été, sauf que ces vacances-là, j'en étais spectateur, je n'y prenais pas part. Je travaillais, mais ce n'était pas vraiment ma vie. J'avais presque tout le temps l'esprit ailleurs, et mes parents ont fini par s'en apercevoir. Il a quand même fallu une grosse dispute, une dispute où, d'une manchette, j'ai détruit la table de la cuisine. Tout est allé se fracasser par terre en morceaux. Mes parents s'étaient mis à me présenter aux gens de la ville comme le docteur Mitchell, mon père m'appelait même “ doc ”. Quand je leur avais demandé d'arrêter de m'appeler comme ça, de ne même jamais mentionner à personne mon doctorat, de l'oublier, ils n'avaient pas compris que je parlais sérieusement. Ils ne voulaient qu'une chose, agir en bons parents, être aussi fiers que des parents peuvent l'être. Mais moi, ce titre universitaire m'embarrassait et me mettait en colère. Il m'embarrassait parce que jamais aucun docteur ne s'occupe d'un camp de caravanes, et il me mettait en colère parce qu'apprendre, devenir chercheur ne me rapporterait même pas de quoi meubler une chambre. Seul le marché le permet, et pas n'importe quel marché, non, uniquement le marché boursier. Je sais ce que vous allez me dire du marché boursier – que vous êtes atterré par ce que vous prenez pour des mouvements erratiques, et par son immoralité fondamentale. Pour vous, ce n'est qu'un casino géant. Mais concernant le marché, il y a une chose que vous ne pouvez nier. S'il vous semble insensé que cette activité erratique soit justement celle qui détermine l'économie, en revanche, se dénicher un boulot de croupier dans ce casino-là n'a rien d'insensé. En fait, on pourrait même soutenir le contraire, le plus insensé, ce serait ne pas essayer de s'y trouver un boulot.

« Je me suis mis à prendre la camionnette de mes parents pour me rendre au Club des Travailleurs me soûler. Je dessoûlais en pionçant sur le volant, et je rentrais à la maison à l'aube. Je recommençais ce cirque deux fois par semaine, et puis j'ai rencontré Patricia, la femme que j'ai épousée.

« Elle était allemande, une touriste qui faisait le tour de l'Australie sac au dos avec sa cousine, un tandem de filles de ferme bavaroises qui retardaient leur entrée dans l'existence. Elle était jolie. J'avais besoin de quelqu'un de joli et elle, elle avait besoin d'un peu de couleur locale pour agrémenter les lettres qu'elle envoyait à ses parents. À l'époque, nous n'avions aucune idée des vrais besoins de l'autre. Elle venait d'obtenir un diplôme d'éducation physique et, avant de se trouver un poste d'enseignante, elle était partie avec sa cousine à peine moins attirante qu'elle, histoire de voir le monde. Ses parents, enfin sa mère surtout, avaient gagné pas mal d'argent dans une chaîne de boutiques de crèmes glacées. Son père était inspecteur dans l'enseignement, au ministère de l'Éducation, en Allemagne.

« À cause de moi, Patricia et sa cousine sont restées à Mildura et elles ont dégoté un boulot dans la cueillette des oranges. Au bout d'un moment, la cousine s'est ennuyée et elle est repartie chez elle. Patricia est restée dans le camp de caravanes, maquée avec le fils du gérant. Quand elle a fini par écrire à sa mère, ce n'est pas ainsi qu'elle leur a présenté les choses. Pour faire forte impression, pour lui damer le pion dans leur guéguerre permanente à toutes les deux, elle a raconté qu'elle avait une liaison avec un physicien, titulaire d'un doctorat, dont les parents étaient dans l'industrie hôtelière. Et, dans sa lettre suivante, elle leur annonçait qu'elle était enceinte.

« Dans la chaleur de l'été, avec tout le monde qui répétait qu'elle était jolie, sans aucun projet à moi, sans aucun réel amour-propre sur lequel fonder un quelconque projet, et avec Patricia qui mourait d'envie d'avoir cet enfant histoire de prouver quelque chose à sa mère, on s'est dépêchés de se marier avant la naissance du bébé. Je n'ai jamais été catholique pratiquant, mais mes parents, si, et comme ils craignaient la réprobation des gens de cette petite ville, ça suffisait à justifier que je l'épouse. Je voudrais que vous compreniez bien ça.

« Le mariage m'a mis dans l'impossibilité de conserver une emprise sur mon existence. Je me suis retrouvé comme ça, avec une revanche à prendre, marié à une touriste allemande bourrée de besoins divers qu'elle savait à peine formuler. Si vous avez envie de me dire que je suis un idiot, c'est le moment.

– Dennis, j'ai entendu parler de gens qui ont fait des choses bien plus autodestructrices que d'épouser quelqu'un sur un coup de tête parce qu'ils s'y sentaient obligés, et peut-être à cause d'un besoin de se sentir estimés.

– Qu'est-ce que vous voulez dire par un besoin de se sentir estimé ?

– Vous disiez que Patricia était très jolie ?

– Oui.

– En bien, outre votre attirance pour elle, je suppose que son attirance pour vous confortait votre amour-propre, en particulier parce qu'elle avait l'embarras du choix.

– Oui.

– Cela devait aussi vous faire du bien que vos parents et tout le monde autour de vous voient à quel point vous vous étiez bien débrouillé, vous le héros, le conquérant, enfin, dans un domaine au moins. Cela vous plaisait de baigner dans le reflet de sa séduction, quand vous sortiez quelque part avec elle ?

– Oui. Oui, c'est vrai... au début. J'avais presque oublié cet aspect.

– Voyez-vous, vous aurez beau m'exposer quelle erreur c'était de l'épouser, quels que soient les jugements rétrospectifs qui vous conduisent à penser que vous n'aviez pas réfléchi à fond, chose inhabituelle chez vous, à la situation dans laquelle vous alliez vous mettre, je veux souligner à quel point ce choix était compréhensible.

– J'ignorais que ne pas réfléchir à fond était chez moi une chose inhabituelle, Alex.

– Allons, Dennis. Vous êtes titulaire d'un doctorat en physique. Vous devez posséder une excellente capacité de réflexion. Il vous faut l'admettre.

– Ça m'a été très bénéfique.

– On s'en tiendra là. Vous voyez, quand même, à quel point tous les chemins que vous empruntez vous ramènent à vous accuser, à vous culpabiliser ?

– Ah ouais, vraiment ? Qu'êtes-vous en train d'essayer de me dire ? Vous essayez de m'expliquer que je suis déprimé ?

– Eh bien, il faut prendre en compte toute la batterie des critères, et je ne sais pas encore s'ils s'appliquent à votre cas, mais...

– Mais c'est ce que vous pensez, n'est-ce pas ?

– Dennis, laissez-moi vous formuler la chose de la manière suivante. La dépression est la maladie la plus sous-diagnostiquée du monde occidental.

– Comment savez-vous qu'elle est sous-diagnostiquée ?

– Et vous doutez de la vivacité de votre intelligence ?

– Vous n'avez pas répondu à ma question.

– Comment je sais que la dépression est la maladie la plus sous-diagnostiquée du monde occidental ? Il m'arrive de prendre les transports en commun... Toute personne sensée ayant emprunté un jour la ligne Glen-Waverley ne peut qu'être en accord avec moi. Mais c'est à vous que je voudrais revenir. Il ne faut pas avoir peur de se voir diagnostiquer une dépression en cours ou passée. Si vous avez honte ou peur de cette étiquette, il va falloir casser honte ou peur dès que possible, parce que l'une et l'autre vous interdisent toute délivrance, comme, d'ailleurs, le fait d'ignorer les circonstances atténuantes de votre décision apparemment erronée d'épouser Patricia.

– C'est votre intérêt de me raconter que tout le monde est déprimé, et c'est aussi votre intérêt de me trouver des excuses pour avoir épousé quelqu'un que je ne connaissais pas vraiment. On ne devrait jamais épouser quelqu'un qu'on ne connaît pas. C'est aussi simple que ça.

– Oui, on ne devrait pas épouser quelqu'un qu'on ne connaît pas, je vous l'accorde mais, à mon tour, je vous demande, au moins dans votre cas tel que vous me l'avez décrit, de suspendre ce jugement comme quoi ce serait " aussi simple que ça ". Dennis, vous utilisez toute la puissance d'un intellect remarquable à nous attaquer tous deux. Quand vous vous référez à mes " intérêts ", vous faites allusion à mes intérêts économiques. Vous ne le pensez pas vraiment. Vous m'avez confié que vous pleurnichiez comme un enfant. Peut-être puis-je vous aider. Je crois que je le peux. Peut-être en suis-je incapable. Mais dans un cas comme dans l'autre, vous devez savoir que votre souffrance ne constitue pas pour moi un investissement. Je n'ai aucune chance de vous aider si vous me soupçonnez de vous tromper.

– Je suis désolé.

– Ça va. Revenons à votre mariage. Je considère que vous êtes trop dur avec vous-même. Vous ne devriez pas trop vous en vouloir d'avoir épousé Patricia, vu les circonstances, à l'époque. Votre raison était submergée par l'émotion. Ça nous arrive à tous, en certaines occasions. Permettez-moi de formuler une réflexion qui, en dépit de son évidence, pourrait vous aider à percevoir votre décision de l'épouser sous un éclairage plus clément.

« Les gens ont tendance à considérer qu'il existe une dichotomie entre l'émotion et l'intellect. En réalité, c'est plus un continuum, avec l'émotion à une extrémité et l'intellect à l'autre.

« Quand nous nous déplaçons sur ce continuum de la conscience, dès que nous nous éloignons des émotions, nous nous rapprochons du moi. Le moi est fortement personnalisé, fortement individualisé. Il est composé d'un monde intérieur, de pensées, de souvenirs, d'interprétations de souvenirs, d'appréciations portées sur des événements passés et sur des êtres rencontrés. Il est composé de toutes les informations que vous êtes parvenu à conserver. Il comprend les extrapolations du passé que vous utilisez pour prédire les événements à venir et les résultats de vos échanges avec le monde. Plus nous progressons loin dans ce continuum, moins notre conscience a de points communs avec celle des autres. C'est pourquoi deux individus ne peuvent posséder un esprit identique.

« Il subsiste toutefois une composante émotionnelle irréductible, même à l'extrémité cognitive de ce continuum. Au bout du compte, ces structures façonnées par des années d'expérience, de contemplation et d'introspection seront toujours imprégnées d'un peu d'émotion.

– Pourquoi vous me racontez tout ça, putain !

– Montrez-vous donc un peu indulgent avec moi, je vous en prie. Cela pourrait aider. S'il subsiste une composante émotionnelle à l'extrémité cognitive du continuum, il n'existe guère de composante rationnelle à l'extrémité émotionnelle. Quand vous êtes saisi de panique, quand vous êtes transporté de joie, quand vous êtes au volant et que subitement quelqu'un vous coupe la route, vous êtes submergé par l'émotion. Les rouages les plus raffinés de votre mental en sont noyés, tant et si bien que l'on pourrait croire que vous avez perdu l'esprit, l'espace d'un instant.

– Êtes-vous en train de m'expliquer que j'avais perdu l'esprit quand je l'ai épousée ?

– Pas tout à fait. Ce serait excessif. Tout ce que je veux dire, c'est que votre capacité de raisonner était certainement entravée par l'émotion.

– Combien d'années d'études faut-il pour acquérir ce genre de savoir ?

– Dennis, vous aviez décroché un doctorat, vous aviez découvert que vous ne trouveriez pas d'emploi comme physicien, et vous étiez anéanti. Vous aviez perdu tout amour-propre. Et vous aviez peur. Vous aviez peur pour l'avenir, votre avenir économique et professionnel. La peur reste la peur, même quand c'est une peur de l'humiliation et de l'appauvrissement. Il n'est pas nécessaire que ce soit la peur d'être dévoré par un animal sauvage.

« Là-dessus arrive Patricia. Plus jolie que les autres, elle vous flatte. Elle excite bien des choses en vous – le désir charnel, l'espoir d'un avenir meilleur. Son existence vous excite, vous éloigne de votre esprit cognitif. Quand elle vous annonce qu'elle est enceinte, la seule part de réflexion fonctionnelle ou rationnelle qui subsiste en vous est votre sentiment d'obligation envers une jeune femme vulnérable, loin de chez elle, et que vous avez mise enceinte.

– Vous perdez votre temps. Votre histoire de continuum vous permet d'excuser le comportement de n'importe qui, d'excuser mais non de prédire. Ce que vous avez construit là est une fiction simpliste et pas très utile, en plus.

– Dennis, je suis vraiment en train d'essayer de vous aider. Que ce concept de continuum soit utile ou non, c'est une chose. Mais que ce soit une fiction, et après ? Il n'est probablement pas plus une fiction que ne le sont vos concepts en physique.

– Hé, une minute. Ce n'est pas vrai. Les concepts physiques, les concepts fondamentaux comme la longueur, le temps, la masse, la charge et ainsi de suite, sont tous définis par des opérations et des mesures.

– O.K. Donnez-moi un exemple. Comment ça marche ? Comment définissez-vous, disons, la masse ?

– La masse ? Eh bien, il existe une définition opérationnelle de la masse par Mach, le physicien. Enfin, c'est assez compliqué. Vous voulez vraiment que j'essaie de... ?

– Non, pas vraiment, mais vous me présentez cela comme une abstraction complexe, et non comme un objet que vous pourriez désigner du doigt ou même toucher.

– Enfin, bon, en un sens, oui.

– Et les particules élémentaires, les électrons et tout le reste ?

– Alex, ça va nous prendre une éternité.

– Je veux uniquement me constituer une vague idée.

– D'accord, voyons un peu... Je crois qu'en fin de compte ce sont des dérivés des champs quantiques.

– O.K., et que sont donc les champs quantiques, au juste ?

– Ce sont des concepts mathématiques très abstraits qui... Vous voulez vraiment que j'entre dans les détails ?

– Non, ça ira. Mais Dennis, n'êtes-vous pas en train de m'expliquer que les composants ultimes de la réalité ou supposés tels ne sont que des fictions extrêmement élaborées ?

– Je ne dis pas ça du tout.

– Écoutez, peu importe. Mon argument est que la plupart des sciences complexes ont recours à des concepts qui, pour l'essentiel, ne sont que des fictions élaborées. Ce qui ne soulève pas de problème particulier. Cela ne nous interdit nullement d'utiliser ces théories pour l'explication ou la prévision. Au contraire, c'est à travers les opérations et les mesures qui définissent ces concepts ou ces fictions que les théories se rattachent au monde réel.

« Le problème, dans la psychologie, n'est pas que les concepts dont nous disposons soient des fictions, mais qu'ils ne sont pas réellement mesurables et que, par conséquent, vous ne pouvez établir de rapports empiriques entre eux. Et je dois avouer, ce n'est pas faute d'essayer.

« Malheureusement, Dennis, la psychologie est encore pré-newtonienne. Pour sa défense, quand même, vous admettrez que le comportement d'une personne est beaucoup plus difficile à prévoir que le comportement d'un rocher dans l'espace.

– O.K., O.K. Vous voulez bien vous arrêter ? Je m'excuse pour la fiction, c'était une moquerie inutile. Même sans parler de la prédiction, votre continuum, avec les émotions à un bout et le moi cognitif à l'autre, connaît un sérieux problème. Comme je l'ai déjà dit, cela vous permet d'excuser n'importe quel comportement.

– Je le répète, je suis psychiatre, ni juge, ni théologien. Accuser ne m'intéresse pas. Dennis... pourquoi... pourquoi pleurez-vous? Dennis, pourquoi... Savez-vous pourquoi ? Cela ne vous soulagerait pas un peu de vous libérer de toute accusation, ne serait-ce qu'un instant ? Vous accusez-vous toujours ainsi de tout ce qui vous arrive ?

– Vous n'en avez même pas entendu la moitié. »

4.

« Alors, dites-moi ce qui s'est produit. Après votre mariage avec Patricia, que s'est-il passé ?

– Nous sommes revenus nous installer à Melbourne et elle a accouché de notre fils, James. Confronté à l'urgence, j'ai déposé ma candidature en dehors du domaine de la physique – n'importe quoi pourvu que ça paie bien. Ne pas faire état de mon doctorat s'est révélé une décision judicieuse, et j'ai vite déniché un poste de stagiaire dans le secteur financier du marché monétaire. La situation avait l'air de vouloir s'améliorer.

– Un stagiaire sur le marché monétaire, qu'est-ce que c'est, exactement ?

– On m'a formé pour que je devienne courtier sur le marché monétaire à court terme.

– C'est un métier de la banque ? On vous a formé pour devenir banquier ?

– Oui, en un sens. J'étais un intermédiaire qui achetait et vendait des liquidités, des obligations, des effets de commerce, ce genre de trucs. Qu'est-ce qui ne va pas ? Vous avez l'air perdu ?

– Je ne suis pas vraiment un investisseur, Dennis.

– C'est très simple. Certaines entreprises disposent, à la fin de chaque journée de transactions, de fonds excédentaires, de l'argent dont elles n'ont aucun besoin pour leurs transactions immédiates. Et d'autres entreprises, par contre, peuvent se trouver très endettées. Elles peuvent avoir un besoin de fonds urgent pour couvrir une provision, une dette arrivée à échéance. Nous, nous intervenions au milieu, en empruntant à des entreprises leur surplus monétaire à un certain taux pour le prêter aux autres à un autre taux plus élevé. La marge, la différence entre le taux d'emprunt que nous acquittions et le taux de prêt que nous obtenions, c'était avec cela que nous vivions. Les prêteurs ne savaient pas où allait leur argent et les emprunteurs ignoraient d'où il venait. Le prêt pouvait avoir une durée de vingt-quatre heures et le taux pouvait changer dans le courant de la journée. On ne traitait pas seulement avec des entreprises. Bien souvent, c'était avec les autres sociétés de courtage qu'on réalisait les meilleurs profits.

– Comment cela fonctionne-t-il ?

– La dernière chance de négocier un contrat survenait à trois heures de l'après-midi. C'est l'heure à laquelle les contrats doivent se boucler. Il est trois heures moins dix et vous avez emprunté trop. Vous disposez d'un surplus de liquidités que vous n'avez pu prêter. Un autre courtier d'une autre maison vous appelle, paniqué. Il est acculé. Il a un client qui a des besoins de fonds urgents. Il a appelé partout, mais il ne trouve personne qui ait des fonds disponibles. Vous lui répondez que vous avez emprunté à dix-huit pour cent et donc vous allez lui appliquer un taux de dix-neuf ou vingt pour cent, alors qu'en réalité vous avez emprunté à quinze. Maintenant, quand vous allez rembourser le prêteur auquel vous avez emprunté à quinze pour cent, non seulement vous allez cesser de perdre de l'argent, mais par-dessus le marché vous allez vous en tirer avec quatre ou cinq pour cent d'intérêt créditeur. Et quand on concluait encore plus près du seuil de trois heures, et si votre interlocuteur était encore plus aux abois, vous en obteniez encore davantage. Le truc, dans cette situation, c'était de faire croire à l'autre courtier que vous aviez emprunté à dix-huit pour cent.

– Il ne pouvait pas vérifier ?

– Il n'avait pas le temps d'appeler à droite à gauche d'autres courtiers. Il fallait le convaincre, l'amener à vous croire.

– Donc vous mentiez ?

– Oui, on mentait tous les jours. Et mieux vous mentiez, plus vous réussissiez. C'est comme cela que ça marche. Bien sûr, tout le monde ne mentait pas tout le temps. Beaucoup de courtiers étaient honnêtes, et si vous étiez vous-même honnête, c'était ceux-là que vous commenciez par appeler quand vous aviez de vrais embêtements. Évidemment, les courtiers honnêtes ne restaient pas, ils ne duraient pas.

– Pourquoi ?

– Le marché ne les tolérait pas.

– Et vous, il vous tolérait ?

– Non, j'étais honnête. Il n'y avait jamais de désastres, je me débrouillais bien, mais je n'avais pas le cœur d'arnaquer. Je n'arrivais pas à raconter des salades, pas avec l'assurance nécessaire. Mes collègues les plus efficaces vivent sur les nerfs. Ils boivent trop. Quatre-vingt-dix pour cent de leurs mariages sont des échecs. Mon mariage a été un échec aussi, mais pas à cause de ce que je faisais pour gagner ma vie. À cause de la femme que j'avais choisi d'épouser.

– C'est à ce moment-là que vous vous êtes mis à jouer ?

– Non, je m'étais déjà mis à jouer avant mon mariage. Qu'est-ce qui vous fait croire cela ?

– Eh bien, vous parliez de vivre sur les nerfs. J'aurais cru que le jeu, le vrai, vous imposait de vivre sur les nerfs.

– Non, sur beaucoup de plans, c'est totalement différent. Si vous êtes courtier sur le marché monétaire à court terme, vous êtes encore un employé. Ce qui distingue un employé d'un courtier solitaire, – et un courtier, n'est rien d'autre qu'un joueur –, c'est la faculté de se faire liquider non par le seul marché mais par le caprice d'un autre être humain. C'est une sorte d'humiliation très particulière, qui dépasse une perte d'argent. En tout cas, moi, j'étais une autre espèce de joueur. Je vous ai parlé de cet enseignant qui a éveillé mon intérêt pour le jeu ?

– Oui.

– Plus tard, quand j'étais à l'université, j'ai lu un article sur ces types, des physiciens de Californie, qui ont essayé d'utiliser la physique dans les casinos de Las Vegas pour prévoir dans quelle case la bille de la roulette allait s'immobiliser.

– Vraiment ?

– Ouais, ils s'associaient à deux, ils jouaient en équipe. Seul l'un des deux jouait vraiment. L'autre était là pour réunir les données indispensables. Ils étaient équipés de minuscules ordinateurs logés dans leurs chaussures. Ils étaient programmés pour calculer la position finale de la bille à partir de sa position initiale, de sa vitesse de démarrage et de la vitesse de départ du plateau. Le type, l'observateur, entrait ces valeurs initiales dans son ordinateur en appuyant sur des touches avec ses orteils. Par exemple, il entrait la vitesse initiale du plateau en appuyant sur un bouton à chaque passage successif sur le zéro. Son ordinateur calculait la position finale de la bille et la transmettait par radio à l'ordinateur logé dans le soulier du joueur. Ensuite, son ordinateur transmettait un certain nombre d'impulsions à l'orteil du joueur pour le renseigner sur la position qu'il fallait jouer, tout cela pendant que la roulette tournait.

– Remarquable !

– Ce qui m'a tant attiré, c'était qu'en fait, ils ne jouaient pas. Voilà la partie de l'histoire qui m'a séduit, savoir être plus malin que les autres et réduire la part du hasard jusqu'à ce que le pari soit quasiment de l'ordre de la certitude.

– C'est votre jeu, la roulette ?

– Non. Au début, quand j'ai commencé, j'ai joué un peu à tout. Mais pas à la roulette, pas aux machines à sous et pas à la loterie, qui sont mathématiquement configurées contre le joueur.

– Ce n'est pas le cas de tous les jeux ?

– Non, il existe un jeu où il est possible, pour un joueur, d'avoir l'avantage sur le casino : le black-jack.

– Autrement appelé le vingt-et-un ?

– Bravo, Alex.

– C'est le jeu qui a... qui exprimait le mieux votre problème avec le jeu ?

– Je ne crois pas avoir de problème de jeu.

– Ne disiez-vous pas... ? Une des premières choses que vous m'avez confiées, c'était que le jeu vous avait causé des ennuis. Est-ce que vous vous rappelez avoir tenu un propos de cet ordre ?

– Alex, vous ne comprenez vraiment pas qui je suis, n'est-ce pas ?

– Je ne sais que ce que vous m'avez confié.

– Vous n'êtes plus du tout en contact avec elle ? Oh si, j'oubliais. Excusez-moi. Vous ne pouvez pas répondre à cette question. C'est trop personnel. Elle fait partie de votre vie privée et vous n'allez rien me révéler de votre vie privée.

– Pensez-vous qu'elle joue un rôle dans votre malheur ?

– Vous m'expliquiez que j'étais déprimé, maintenant vous ajoutez que je suis malheureux.

– Je vous ai expliqué qu'à mon avis vous étiez déprimé. Vous n'allez pas refuser qu'on vous définisse comme “ malheureux ” ?

– Non, je n'en ai pas les moyens.

– Dennis, que s'est-il passé après que vous avez cessé de travailler comme courtier sur le marché monétaire ?

– Eh bien, comme je vous l'ai dit, à l'époque, je ne me débrouillais pas si mal. Mais je voyais bien ce qui m'attendait. Je savais que je n'étais pas vraiment un vendeur et j'ai pensé que je ferais mieux de prendre des mesures avant qu'on s'en rende compte.

– Qu'avez-vous fait ?

– J'ai pris rendez-vous avec le seul directeur qui, à mon avis, me comprenait un peu. Je lui ai dit que je ne pensais pas être taillé pour devenir un grand courtier, et que j'estimais être mieux à même de servir l'entreprise si l'on me transférait dans un autre service, où je savais qu'il y avait des difficultés.

– Qu'a-t-il répondu ?

– Il a eu l'air un peu interloqué. Premièrement, personne, que ce soit un courtier ou n'importe qui d'autre, n'était jamais allé le voir pour lui faire part de ses lacunes. Deuxièmement, je mettais dans le mille concernant les problèmes qu'ils rencontraient avec leur département SICAV. En fait, le conseil d'administration venait justement d'aborder le sujet la veille et, semblait-il, avait pris le genre de résolution qu'adopte un conseil d'administration qui cherche à dissimuler l'absence de solution à un problème donné.

« Il m'a donc déclaré qu'il pourrait probablement obtenir mon transfert dans le cadre du prochain conseil. Puis il m'a prévenu, un peu chagriné, que, dans ce cabinet financier, on pratiquait la culture de l'excellence ou du licenciement, et que par conséquent mon aveu d'incompétence, et même ma franchise, figurez-vous, seraient retenus contre moi lors de l'évaluation annuelle de nos performances respectives.

« Sa réaction m'a énervé. Elle n'aurait pas dû car il ne m'avait rien révélé que je ne sache déjà, mais ça m'a énervé quand même. Leur politique du “ ça passe ou ça casse ” consistait à vider quinze pour cent de leurs employés après chaque évaluation annuelle. Comme j'étais absolument désireux de le convaincre de ma valeur pour l'entreprise, je lui ai annoncé que j'étais titulaire d'un doctorat. Je n'en avais jamais parlé à personne, je ne voulais pas qu'ils s'imaginent que je...

– Qu'ils s'imaginent que vous étiez quoi ?

– Je ne sais pas... surdiplômé pour le poste. J'avais beau savoir le peu de valeur que le marché accordait aux études et à la science, ils auraient quand même pu estimer que j'avais gâché mon... capital humain personnel.

– Dennis... Dennis, pourquoi pleurez-vous, là, à votre avis ?

– Je ne sais pas... je ne sais vraiment pas.

– Que ressentez-vous, lorsque vous me rapportez tout cela ?

– Je ne sais pas... de la frustration, de la colère.

– Et ensuite, racontez-moi ce qui s'est passé.

– Eh bien, quand je lui ai parlé de mon doctorat, il a eu l'air de dresser l'oreille. Je pense qu'il m'appréciait. “ Donc, nous pouvons en déduire que vous êtes très à l'aise avec les chiffres, beaucoup plus que la moyenne de nos employés ? ” m'a-t-il demandé. Je lui ai répondu que c'était une hypothèse recevable et il a ajouté qu'il me fallait lui accorder deux jours, après quoi il me referait signe.

– Il vous referait signe à quel titre ?

– Il m'a refait signe en me proposant ce qu'il semblait considérer comme une espèce de jugement de Salomon, un compromis. Implicitement, cela signifiait que je perdais mon poste chez eux. Il avait appelé une société de Bourse qui lui devait un service, et il m'avait obtenu un poste d'analyste.

– Une société de Bourse, c'est-à-dire une société de courtage de titres ?

– Oui.

– Et un poste d'analyste ?

– Un analyste effectue des recherches sur le marché et fournit les recommandations sur lesquelles les courtiers construisent leur battage publicitaire.

– C'est comme un actuaire ?

– Pas du tout.

– Mais il faut posséder des facilités côté chiffres ?

– Cela aide un peu, mais vous n'avez vraiment pas besoin d'être mathématicien. En fait, vous devez savoir incarner un personnage qui possède la faculté de vendre des spéculations, des intuitions financières mal fondées à des opérateurs boursiers qui ont la gâchette facile, des gorilles déguisés en hommes.

– À mon avis, vous n'aimez guère les opérateurs boursiers.

– Ce sont les opérateurs boursiers qui se font le plus de fric sur le dos des analystes.

– Oui, c'est une raison suffisante.

– Joe Geraghty était un des opérateurs avec qui je travaillais.

– Joe Geraghty, pourquoi avez-vous mentionné... ce nom-là, en particulier ?

– C'était lui, l'opérateur qui défendait la gestion de soins intégrée. Si vous pensez que je suis le mal incarné...

– Dennis, je ne pense pas que vous soyez le mal incarné. Ce n'est pas parce que je suis opposé à cette gestion intégrée que je...

– Joe est certainement beaucoup plus stupide que moi. Vous m'avez mal compris quand j'ai dit que je ne serais pas ici s'il n'y avait pas eu le jeu. Je ne serais pas ici s'il n'y avait pas eu Joe Geraghty. C'est un homme ordinaire et je ne dis pas ça pour séduire un individu dans votre genre.

– Que voulez-vous dire, un individu dans mon genre ?

– Quelqu'un qui a vos... tendances socialistes.

– Dennis... et je ne vous dis pas ça parce que c'est important pour moi, mais parce que cela pourrait être important pour vous... Je ne suis pas socialiste. Souvenez-vous, j'ai vu, de mes yeux vu, ce que le socialisme signifie réellement, en tout cas une forme de socialisme. Mais quel rapport entre cela et Joe Geraghty ?

– Ce n'est pas un homme aux goûts simples, en ce sens-là, ce n'est pas un homme ordinaire. Il est ordinaire dans le sens où il vous serait plus facile de comprendre un type comme lui qu'un type comme moi.

– Encore vos salades, “ un type comme moi ”. Êtes-vous en train de me dire qu'un psychiatre vous trouverait difficile à comprendre ?

– Je suppose.

– Cela me rappelle la formule latine : *Homo sum ; humani nihil a me alienum.*

– Me revoilà foutrement impressionné. Qu'est-ce que ça veut dire ?

– Je suis humain, rien d'humain ne m'est étranger.

– Accordez-moi une chance, Alex. J'en suis juste au stade des échauffements. Vous croyez me comprendre, avoir une certaine perception de ce que je suis : homme d'âge mûr, déprimé, dites-vous, perturbé, incapable de séduire les femmes sans les payer...

– Dennis, ce sont là vos propres termes. Vous savez, vous mettre en colère contre moi ne vous apportera qu'un soulagement temporaire. Vous allez trop vite en besogne en me prêtant des conclusions hâtives. J'aimerais que ce soit aussi facile.

– Je suis le premier membre de ma famille à être entré à l'université, et le premier à consulter un psychiatre.

– Je ne saisis pas. Vous liez les deux ? Comparez-vous les deux ? C'est cela ?

– Personne n'a jamais agrémenté aucune conversation avec mon père ou ma mère d'un précepte latin.

– Oh ! Dennis, je suis sûr que si. Et souvent, même. Disons, au moins une fois par semaine, le dimanche matin, non ? Que s'est-il passé, Dennis ? Vous avez accepté ce poste d'analyste. Et ensuite, que s'est-il passé ?

– Avant de débuter, j'ai eu un entretien avec le directeur général de cette société de Bourse, un survivant immaculé, un vétéran, un courtier bien introduit qui s'appelle Gorman. Je ne sais pas au juste ce qu'ils lui ont raconté à mon sujet, car même si j'avais besoin de ce boulot, avec une femme et un enfant à nourrir, je ne voulais pas qu'il se figure que je possédais la moindre expérience d'analyste. Je me suis arrangé pour l'en informer, mais apparemment cela lui était égal. Le salaire de départ était bas, mais si je faisais mes preuves, on m'augmenterait.

« Gorman était un type sans détour qui me traitait néanmoins avec une certaine déférence. À mon avis, on l'avait mis au courant de mon doctorat.

– Qu'est-ce qui vous fait penser cela ?

– Je ne sais pas au juste. Quelque chose qu'il a dû me dire, peut-être. Mais il devait être comme ça avec un peu tout le monde. Vous connaissez ce genre de personnage – si haut placé qu'il peut se permettre de se montrer courtois avec quelqu'un de mon niveau.

– Regardez ce raisonnement, Dennis. Quelqu'un qui est votre supérieur se montre respectueux envers vous, et vous, vous dépréciez son attitude et vous l'attribuez à votre relatif manque d'importance. C'était peut-être un honnête homme, à qui l'on avait dit du bien de vous.

– Ce n'est pas un honnête homme. Il rendait service à quelqu'un. Vous allez comprendre... Ce n'est pas un honnête homme. J'apprécierais que, lors de vos séances avec moi, vous vous reteniez d'accorder aux gens le bénéfice du doute.

– Même à vous ?

– Vous ne pouvez pas vous en empêcher, hein ?

– Je vous en prie, continuez.

– Entre mon départ et mes débuts chez Gorman, j'ai eu une semaine de congé. À l'époque, Patricia travaillait à temps partiel comme réceptionniste dans un gymnase. J'ai eu l'idée de conduire mon fils à Mildura. Voir mes parents. Pour eux, c'était un cadeau inattendu.

– Ce nouvel emploi ?

– Non, la semaine avec leur petit-fils. Je leur avais parlé de ce poste, mais pour eux, tous mes boulots se ressemblaient. À partir du moment où j'étais entré à l'université, mes parents n'ont plus essayé de comprendre ce que je faisais. En réalité, je pense que mon père était un peu déçu que je ne fabrique pas des objets que l'on puisse tenir dans la main, qui satisfassent un besoin, mais il faisait toujours semblant d'être fier de mes diplômes. Je crois que, tant que j'avais un boulot et une famille, mes parents étaient contents. Et mon père, tant qu'il avait un petit-fils, il pouvait l'emmener pêcher.

– Vous pêchez ?

– Un peu. Pas autant que mon père, qui habite sur la Murray. Il était ravi de cette occasion pour le moins inattendue de sortir pêcher avec son fils et son petit-fils. C'était vraiment gentil à voir. Mais il a plu et il a eu du mal à cacher sa déception.

– Il pleuvait, à Mildura ?

– Ouais, on s'est fait saucer. Quelles étaient les probabilités pour que les choses s'enchaînent de la sorte ? On est rentrés à la maison un jour plus tôt que prévu. Patricia n'était pas là et la maison était un vrai foutoir. Il y avait plein de papiers autour du téléphone, avec des dates et des heures griffonnées dessus. Je suis allé poser mon sac dans la chambre, qui était dévastée, comme si une bombe était tombée dessus. Les draps étaient par terre. Une bouteille de cognac était sortie, avec un verre sur chaque table de nuit. J'ai eu l'impression qu'on me lâchait une enclume sur la poitrine, car j'ai tout compris. Peu après, j'ai entendu Patricia garer la voiture. Elle avait dû voir la mienne. Quand elle est entrée, j'étais en train de ranger le cognac. " Tu as un jour d'avance. " C'est la première phrase qu'elle m'a lancée. On était un vendredi. Je commençais dans mon nouveau poste le lundi suivant.

" Patricia fréquentait un de ses clients au gymnase. Peu importait son nom ou depuis combien de temps elle le voyait. Ce qui importait, m'a-t-elle annoncé, c'était qu'elle n'avait jamais été aussi heureuse. Je lui ai demandé ce qu'elle voulait faire et elle m'a répliqué que ma découverte était une bonne chose. Je me souviens qu'elle était en train de faire le lit quand elle a ajouté : " Je m'en vais. " Et elle est partie. Elle a bouclé deux valises et elle est partie. Elle nous a quittés, mon fils et moi.

– Quel âge avait votre fils ?
– Presque huit ans.
– Qu'avez-vous éprouvé ?
– À votre avis ? Je me suis senti comme si on venait de me vider l'air des poumons.
– Vous l'aimiez ?
– Je croyais l'aimer.
– Donc, maintenant, vous n'en êtes plus certain ?
– Non, je suis sûr que c'était de l'amour. Seulement, je ne sais pas à qui il était destiné. J'étais sûrement amoureux de l'idée d'aimer. J'avais besoin d'être amoureux.
– Qu'est-ce qui vous fait dire cela ?
– C'est que, même à l'époque, je ne la connaissais pas vraiment. Je ne savais pas ce qui la contrariait. Quand nous avons acheté cette maison, elle était enceinte. On habitait dans un nouveau quartier. Vu les circonstances, je me suis dit qu'il fallait qu'elle trouve un médecin qu'elle aime bien, un généraliste. Pour qu'il devienne notre médecin de famille, un praticien à qui elle puisse se fier. Elle a choisi quelqu'un. Je l'ai même vu deux fois.
– Qu'est-ce qui n'allait pas, chez vous ?
– Rien, en fait. À l'époque, rien. Je travaillais dur, j'étais toujours fatigué, mais j'avais du mal à trouver le sommeil. Il m'a prescrit des comprimés et il m'a dit que je travaillais trop. Elle lui taillait des pipes.
– Quoi ?
– Elle avait une aventure avec lui, un flirt, avec le généraliste. Elle me l'a raconté beaucoup plus tard, en me rassurant : ce n'était pas sérieux, ça n'avait pas duré longtemps. Elle m'a expliqué qu'ils ne faisaient même pas vraiment l'amour. Ils avaient l'habitude de se retrouver en milieu de journée. Elle m'a décrit comment elle s'y prenait. Je l'avais mise enceinte, je l'avais épousée, mais je n'avais pas compris qui elle était.
– Donc elle est partie le week-end précédant votre nouvelle prise de fonction ?
– Oui. J'ai dû faire face à tout, apprendre ce boulot, préparer mon fils le matin, le déposer à l'école et m'organiser pour qu'un voisin le ramène à la maison, avec un garçon de sa classe. J'étais hébété. Je voulais juste que mon petit garçon aille bien. Et il n'allait pas bien. Il pleurait beaucoup, il me demandait où elle était. Pour lui, le temps s'écoulait lentement mais, pour moi, les semaines déboulaient comme si le temps cherchait à me filer le plus vite possible entre les doigts. Au bureau, je marchais au radar, j'étais inconscient, désensibilisé. À la fin de la journée, j'étais épuisé. Endosser le rôle de quelqu'un qui possède un certain amour-propre, cela peut être très débilitant.

« Environ six semaines plus tard, ma femme est arrivée à la maison, en larmes. L'homme pour lequel elle nous avait quittés était marié. Son épouse était juste partie à l'étranger pour des vacances. Patricia ignorait qu'il était marié.

– Vous l'avez reprise avec vous ?

– Je croyais l'aimer. Elle reconnaissait avoir fait une erreur, mais elle pensait que j'y avais contribué en la négligeant, en travaillant trop. Écoutez, bien sûr, maintenant, cela peut paraître une connerie mais, à l'époque, je ne savais pas tout ce que je sais maintenant. Toutes les nuits, mon fils pleurait. Je venais à peine de commencer ce nouveau boulot, un boulot qui ne m'était pas familier. Et elle était encore sa mère.

– Je ne vous critique pas. J'essaie simplement de vous comprendre.

– Détail intéressant, quelques semaines après, j'ai lu dans le journal que l'un des directeurs de la banque d'affaires que j'avais quittée, celui qui m'avait aidé, avait démissionné. Une rumeur circulait, on l'y aurait poussé.

– Vous savez pourquoi ?

– Non, je l'ignore. Aucun des autres membres du conseil d'administration n'était disposé à commenter. Ils se tiennent les coudes, ces types-là, peut-être même encore plus que vous autres.

– Qu'est-ce qui vous fait penser que les psychiatres tchèques se tiennent les coudes ? »

5.

« En somme... pendant toutes ces dernières années, Dieu sait de combien de temps ça date... mon boulot a consisté à sortir rencontrer des gens d'entreprises diverses, des responsables, des directeurs généraux, des gens dont la mission était d'expliquer à des analystes comme moi ce que leur entreprise souhaitait que le marché pense de leurs activités ou du cours de leur titre en Bourse. J'allais voir ces gens, je leur parlais au téléphone, je lisais la presse, les rapports d'activité, les rapports financiers, je formulais des questions et j'essayais d'obtenir des réponses. Je m'efforçais d'éliminer les ambiguïtés délibérées et les mensonges sans équivoque, et ensuite, je formulais des recommandations aux courtiers. Ce pouvait être une recommandation à l'achat, à la vente ou celle de conserver. Quand un client conserve sa position, les courtiers ne touchent pas de commissions. Les courtiers ont besoin de revirements. Il ne faut pas l'oublier

C'est une simple question de logique, il existe un conflit d'intérêts permanent, inévitable entre le courtier et le client.

– Et entre le courtier et l'analyste, j'imagine.

– Oh ! je vais y venir, ne vous en faites pas. Les courtiers constituent l'interface entre la réalité du marché et l'homme de la rue, qui voit la chose comme une machine quasi magique permettant une création rapide de richesse, une richesse qui vous change la vie. L'homme de la rue écoute la radio, regarde la télévision, lit les journaux, les informations sur les titres qu'on lui injecte dans la conscience vingt-quatre heures sur vingt-quatre, tous les jours. Il entend des noms, pour la plupart des noms peu connus, ces noms renvoient à des sociétés qui commercialisent des produits dont il ne sait souvent rien ou qu'il ne comprend pas. Et ces noms sont reliés à leur tour à des valeurs en dollars, des valeurs qui montent, qui montent très haut, à ce qu'entend dire cet homme de la rue. Il a entendu parler d'hommes qui ont pris position sur ces titres avant lui, et qui n'ont plus de soucis. Ils respirent tranquilles, eux. Ils ont achevé de payer leur maison, eux. Ils se sont même acheté de nouvelles maisons, de nouvelles voitures. Ces types-là ont laissé notre homme de la rue en plan.

« À bout de souffle, l'homme de la rue, qui généralement ne sait rien de ces types-là, qui ne les a jamais rencontrés et ne les rencontrera jamais, décroche son téléphone et appelle une société de courtage. Peu importent les termes qu'il choisit, peu importe sa façon d'entamer la conversation, peu importe qu'il soit poli ou non, il crie une chose, une seule : " Réservez-moi une place ! "

« Et sur qui tombe-t-il ? Qui est à l'autre bout du fil, quand l'homme de la rue veut sortir de la rue et pénétrer dans une stratosphère qu'il parvient à peine à s'imaginer ? Il croit avoir un économiste au bout du fil, un expert financier, un homme calme et réfléchi, un premier de la classe aux réflexes rapides qui parle le langage impénétrable du marché, qui sait simultanément le lire, le traduire et, plus important, prévoir où il va, ce marché. Est-ce à tout cela qu'accède l'homme de la rue, quand il appelle une maison de courtage ? Non, pas du tout. Il accède à un personnage comme Joe Geraghty. Je vous ai déjà évoqué Joe Geraghty ?

– Vous me l'avez évoqué.

– Joe Geraghty, c'est la raison qui me pousse à venir vous voir. Oubliez le jeu, oubliez mon épouse.

– Parlez-moi de lui.

– Joe Geraghty est un courtier avec lequel j'ai travaillé sur cet accord de gestion des soins intégrée, et j'ai été assez imbécile pour accepter d'avoir affaire à lui. Par où dois-je commencer ? Un grand type, un costaud, il fait de l'exercice, une tendance à l'arrogance, prétentieux, creux, et d'une... stupidité volcanique.

– Que voulez-vous dire par “ volcanique ” ?

– D’une stupidité habituellement dormante mais qui, sous la pression, explose. C’est le genre d’homme qui veut vous faire croire, quand vous l’avez au bout du fil, qu’il a des gens en attente sur six autres lignes. Il veut vous faire croire qu’il est entouré d’écrans, qu’il reçoit des informations d’un peu partout dans le pays, de partout dans le monde, et qu’il les transmet à des clients, qu’il tape sur son clavier avec la frénésie du percussionniste, ou encore qu’il a des conversations à jet continu dans un micro avec casque intégré, comme un aiguilleur du ciel qui guiderait l’argent jusqu’au sol, le genre de personnage qui vous fait gagner de l’argent rien qu’en respirant. Il porte des costumes coûteux, ostentatoires, et il met trop d’après-rasage. Il roule dans des voitures de marque étrangère à la con et il en parle. Il est fier de sa voiture. Il ne comprend pas l’inanité de cette fierté-là. Il croit être apprécié des femmes et, comme il en est absolument convaincu, il y en a toujours deux ou trois pour tomber dans le panneau.

– Quelles femmes ?

– Oh ! je ne sais pas, les femmes du bureau. J’ai entendu dire que la sienne était belle, de la classe. En principe, ce devrait plutôt être une minette artificielle. Je ne l’ai jamais rencontrée, donc je ne peux rien en dire. Mais, voyez-vous, tout le monde l’apprécie et il le sait, ce qui ne fait qu’aggraver les choses.

– Pensez-vous être un peu jaloux de lui ?

– Jaloux ? C’est un bouffon ! Je n’ai aucune envie de lui ressembler. Écoutez, Alex, il fait partie de ces gens qui gagnent des sommes d’argent énormes sur le dos des autres.

– Sur le dos des autres ?

– Vous n’avez pas honte de facturer des honoraires pour une analyse aussi facile ?

– Dennis, arrêtez-moi si je résume mal : les analystes qui effectuent les recherches perçoivent un salaire fixe alors que les courtiers, qui vendent les résultats de ces recherches aux investisseurs, touchent un salaire plus une commission.

– Oui.

– Mais quand vous avez débuté, vous saviez que cela fonctionnait de la sorte. Les courtiers gagnent plus d’argent que les analystes. Malgré cela, vous n’avez pas eu envie de devenir courtier.

– Non, je n’ai pas eu envie.

– Alors pourquoi haïssez-vous les courtiers ?

– Je ne les hais pas. Je le hais, lui. Je sais que vous trouverez le mot “ haine ” un peu idiot.

– Vous pensez que le mot est idiot ou vous vous attendez à ce que je vous dise qu’il est idiot ?

– Je pense que vos questions sont idiotes. Je ne comprends pas comment une personne un tant soit peu intelligente arrive à s'imaginer que des questions de ce genre bénéficient à la santé mentale de son client, et je déteste que vous me les posiez, bordel. Et en plus vous faites payer pour ça. Incroyable.

– Parlez-moi de Joe Geraghty. Que s'est-il passé ?

– Joe Geraghty vendait certains produits, enfin, il vendait surtout sa propre personne. C'était un courtier. Son boulot consistait à vendre ce que nous lui recommandions de vendre et il se débrouillait plutôt bien, je dois l'admettre. Ses chiffres étaient bons, parfois très bons. Il gravissait les échelons, tout comme moi, j'imagine, mais nos méthodes étaient différentes, nos *modus operandi*... c'est quoi le pluriel de *modus operandi*, vous qui êtes latiniste ?

– Je ne sais pas. Vous disiez que vous procédiez de façon différente.

– Dès qu'il s'agit d'investir, la plupart des gens sont optimistes. Joe Geraghty s'est forgé un nom rien qu'en jouant là-dessus. Il enjolivait tout, avec une énergie contagieuse, et il amenait un tas de clients à acheter sans cesse davantage, et de plus en plus souvent. À ce jeu-là, il était meilleur que la quasi-totalité de ses rivaux, tant à l'intérieur de la société qu'à l'extérieur.

« Voyez-vous, les individus, les investisseurs sur le marché, consacrent quatre-vingt-dix pour cent de leur énergie mentale à accroître leur portefeuille en achetant. Réfléchir au côté vente, c'est contre nature. Quoi vendre, quand vendre, combien – cela n'a rien de séduisant. Et pour le courtier, il est plus facile de convaincre d'acheter que de vendre. Pour commencer, il faut que l'investisseur possède déjà le titre. En plus, si le courtier répugne à pousser son client à vendre, c'est que celui-ci aura l'impression qu'on lui dit : “ Vous avez commis une erreur. Vous avez mal agi.” On n'aime pas dire cela à la main qui nous nourrit, surtout quand, à la vérité, on sait que dalle, puisque l'on se contente de répéter le conseil de quelqu'un qui ne nous inspire pas non plus une totale confiance – on sait, on sent, quelque part entre son cœur et son hypothalamus, que l'entreprise est toujours et partout essentiellement spéculative. C'est du jeu. Et si le courtier se mouille un peu et convainc l'investisseur de vendre le titre, il subsiste un risque que l'investisseur aille prendre un deuxième avis.

– C'est une mauvaise chose ?

– Bien sûr. Même si un deuxième courtier confirme la recommandation du premier, l'investisseur ira très certainement vendre chez ce deuxième courtier. Le premier courtier perdra la commission et l'investisseur oubliera tout de son courtier sauf ceci : il a refilé un titre qui n'a pas monté.

– Qu'est-ce que cela a à voir avec vous et Joe Geraghty ?

– Comme nous étions à l'opposé l'un de l'autre, nous formions une bonne équipe. De facto, il fallait qu'on agisse comme une sorte d'équipe. Il avait pris l'habitude de m'écouter, même quand je recommandais de conserver ou de vendre. À cause de moi, il recommandait fréquemment de conserver, de vendre ou de ne pas acheter. Si cela tournait en faveur du client, il passait pour particulièrement bon, sage et bien informé. Du coup, quand il leur conseillait un achat, ses clients l'écoutaient vraiment. Il finissait par persuader les gens de déverser des tombereaux d'argent sur un titre uniquement parce qu'il refusait de s'emballer sur la première valeur boursière venue.

– Vous disiez que vous étiez à l'opposé de lui. En quel sens ?

– Dans pratiquement tous les sens. Il parlait tout le temps, il essayait d'assurer sa promotion en transmettant aux autres tout ce qu'il savait ou croyait savoir. Moi, j'ai essayé de survivre en lui donnant le moins d'informations possible, parce qu'on peut tomber juste pour de mauvaises raisons, vous savez. Dans une certaine mesure, en tant qu'analyste, surtout au début, il faut improviser. C'est la pire des attitudes à prendre, mais parfois, il faut être franc, vous y êtes obligé. Vous subissez tellement de pressions, vous êtes tellement forcé de produire des idées. Et ça continue, même après vos débuts.

« Au commencement, vous êtes à bout de souffle parce que vous déployez une énergie folle pour qu'ils ne réalisent pas combien vos connaissances sont superficielles. À votre avis, combien de titres peut-on couvrir correctement ?

– Je n'en sais rien.

– Devinez.

– Je n'en ai aucune idée.

– Allons, citez-moi un chiffre.

– Dennis, ce n'est pas mon domaine. Ce serait de la pure devinette.

– Je vous demande de deviner.

– Je ne sais pas... cinquante, une centaine ?

– Une centaine ! Vous avez perdu la tête ? Je parle de connaître une entreprise à fond. Pour en connaître dix, douze au maximum, il faut travailler dur, et longtemps. J'ai vu des gamins tout droit sortis d'une école de commerce, l'encre de leur diplôme de MBA encore fraîche. Ils mettent tout leur savoir dans des cases, font tout rentrer dans un modèle prédictif Porter et se pavanent autour de leur poste de travail en se prenant pour des gourous.

– Si je ne sais pas ce qu'est un modèle prédictif, c'est gênant ?

– Pas le moins du monde. Porter est un professeur de gestion commerciale à la Harvard Business School... et ce n'est que le commencement. Tôt ou tard, si vous avez encore votre place, vous vous apercevez qu'il vous faut une notation, parce que si vous n'avez pas de notation, votre position reste précaire et votre salaire misérable. Il faut faire beaucoup d'argent. Donc vous ouvrez l'œil sur les choix de vos concurrents, vous lisez leurs études, si c'est à votre portée, vous suivez les enquêtes. Vous ne fermez pas l'œil de la nuit et quand vous êtes en congé ou cloué au lit avec une grippe, vous craignez que les autres analystes ne mettent la main sur vos contacts.

– Mais vous expliquiez qu'il fallait beaucoup de temps et de travail pour simplement connaître dix ou douze actions.

– Oui, et je vous ai dit aussi que vous pouvez tomber juste pour de mauvaises raisons. Sans rien savoir, un type peut avoir de la chance, et tout ça dans votre dos. Et là, on vous oublie. Quand vous n'avez pas de notation, vous allez aux réunions, et vous levez le nez sur les analystes certifiés par une notation qui se situent au-dessus de vous. Vous ne comprenez pas comment ils se débrouillent. Le directeur général les appelle par leur prénom, alors qu'il n'a même pas retenu votre nom de famille. Vous réalisez qu'il faut se créer des contacts et obtenir une notation.

« Ensuite, quand vous l'avez obtenue, vous travaillez à l'améliorer ou simplement à préserver votre niveau. Vous perdez le sommeil. Vous vous habituez à ne plus dormir. Quand vous participez aux réunions en qualité d'analyste certifié, tout le monde se tourne vers vous, attend vos réponses, vos recommandations. Maintenant, le directeur général vous connaît par votre prénom et les autres, les anonymes privés de notation, le regardent bavarder avec vous à bâtons rompus, avant la réunion. Ils tendent l'oreille. Ils essaient de ramasser les miettes tombées de votre assiette. Ils convoitent votre notation. Vous voyez leurs tempes se crisper, ça leur tire sur les yeux, ça les fait sourire, un sourire qui vous rappelle, à vous comme à eux, qu'on ne peut jamais se relaxer, personne.

– Cela doit retentir sur vos relations, sur votre vie personnelle ?

– Si vous faites allusion à mon mariage, c'est sûr, je partais tôt et je rentrais tard, mais Patricia... elle n'aurait pas été fidèle, quel qu'ait été mon mode de vie. Ce n'était pas une question de sexe... enfin, pas seulement. Il lui faut ce qu'elle perçoit à tort comme une manière de se rassurer, de doper son amour-propre, tout ce qui va de pair avec chaque nouvelle conquête. Elle a besoin de ça, à l'exemple de tant d'hommes, d'ailleurs. Je crois que le plaisir que lui procure un étranger ne la guérira jamais de sa peur d'être rejetée, que tous les hommes du monde ne suffiront jamais à effacer ce sentiment de n'être pas aimée de ses parents, en particulier de sa mère, et elle le sait. Mais à chaque fois, cela lui permet d'oublier, juste assez longtemps pour mordre à l'hameçon.

– Vous en parlez comme si vous lui aviez pardonné.

– Vous trouvez ? Je suis loin d'en avoir fini avec elle.

– Et Joe Geraghty ?

– Oh ! ça, c'est futé, Alex. Touché. Qu'est-ce que voulez insinuer, nom de Dieu ?

– Je n'insinuais rien. Je pose simplement des questions...

– Écoutez, ce qu'ils ont en commun, ce qu'ils ont tous en commun, c'est la trahison, c'est de m'avoir trahi.

– J'ai entendu dire que la trahison et la confiance puisaient à la même source. La question est de savoir ce qui prime. Qu'en pensez-vous ?

– Eh, c'est quoi ces conneries ?

– Eh bien, pour se sentir trahi, il faut d'abord avoir eu confiance, tout au moins avoir compté sur l'auteur de la trahison.

– Docteur, si vous me prescrivez maintenant ces antidépresseurs, je m'en vais et vous pourrez vous masturber pendant le reste de la séance sans avoir à subir ma présence.

– Dennis, que s'est-il passé entre vous et Joe Geraghty ?

– Nous avions besoin l'un de l'autre... en tout cas, c'est ce qu'on croyait. Je vous l'ai dit, il misait souvent sur ce qui n'était qu'une recommandation puisée dans les profondeurs de mes incertitudes. Sur la base de ce que je lui racontais, il amenait ses clients à prendre des décisions qui, au moins à court terme, ne servaient pas au mieux ses intérêts. Par exemple, il les poussait à conserver, et ne touchait donc aucune commission. Quand cela payait, ses clients le prenaient pour Dieu et il a fini par me considérer non plus comme un analyste bien noté mais comme un analyste chanceux.

– Qu'est-ce qui le poussait à retenir votre conseil, même quand cela n'allait pas dans le sens de ses intérêts à court terme ? Avait-il compris que cela pouvait payer à long terme ?

– Je ne sais pas.

– À votre avis, pourquoi ?

– Je ne sais vraiment pas. Je pense... je pense qu'il devait... se fier à moi, tout simplement.

– Vous disiez précédemment que vous aviez besoin l'un de l'autre.

– Nos talents se complétaient, ou du moins nous le pensions. Et pendant une brève période très radieuse, nos contacts également sont devenus complémentaires. Nos contacts respectifs avaient besoin les uns des autres. C'était l'accord parfait. Tout le monde allait en tirer de gros bénéfices. Au fait, tout ce que je vous dis là est confidentiel, d'accord ?

– Bien entendu.

– De toute manière, il n'y a rien là-dedans que les intéressés ne sachent déjà, enfin, je suppose... Joe Geraghty était le courtier privilégié d'un des hommes les plus riches du pays tandis que moi, après des années passées à écouter et à conseiller un certain chef d'entreprise, je me retrouvais dans la situation unique de pouvoir seconder ce personnage. La valeur que je représentais à ses yeux dépendait de ma relation avec Joe Geraghty. Voilà comment c'était censé fonctionner... Je peux tout aussi bien mentionner leurs noms. De toute façon, vous finiriez par les découvrir.

– Dennis, vous seriez surpris de constater le peu que je sais sur le monde boursier. Quoi qu'il en soit, ici, vous pouvez me confier tout ce que vous voulez. Je suis tenu de ne pas le répéter, même si j'avais les moyens de comprendre.

– Oh, vous allez comprendre, et beaucoup trop bien à mon goût... L'information était largement répandue chez ceux qui s'intéressaient à la question. Le gouvernement voulait introduire une législation permettant de rendre applicables des protocoles de gestion de soins intégrée à l'américaine. Vous comprenez de quoi je veux parler, j'en suis sûr.

– Mieux que bien des gens, en effet.

– Donc, à cette période, vous devez également le savoir, l'intention déclarée de l'opposition, qui était hostile à ce projet pour des raisons idéologiques, consistait à faire barrage à cette loi au Sénat. Mon contact, ce dirigeant d'entreprise dont j'étais proche, était Sid Graeme. Ne prenez pas cet air étonné. Je sais que ça ne vous surprend pas. Sid est notamment président et actionnaire majoritaire de Health National, la mutuelle de santé privée. À l'époque, il possédait aussi plusieurs hôpitaux privés.

« Un membre de l'opposition avait informé Sid, en toute confidentialité, qu'en dépit de la politique déclarée du parti, il se dégageait en fait une majorité, au sein du groupe parlementaire de l'opposition, soutenant le texte de la proposition de loi sur la gestion intégrée. Sachant que, dans le cadre de cette gestion intégrée, les hôpitaux privés qui ne marchaient pas trop bien deviendraient extrêmement rentables, Sid voulait que Health National rachète autant d'établissements privés que possible. Pour financer cet achat, il prévoyait une forte émission de titres Health National.

« Le problème de Sid, c'est qu'il ne pouvait pas rendre publique l'intention de Health National de racheter ces hôpitaux...

– Pourquoi ?

– Parce que cela aurait fait immédiatement grimper la valeur de rachat de ces établissements.

– Oui, évidemment.

– Et il ne voulait pas non plus rendre public ce reniement imminent du groupe parlementaire de l'opposition, et alerter ainsi la grande majorité des membres du parti qui, en dehors du groupe parlementaire, étaient hostiles à la gestion intégrée, ce qui leur aurait permis d'empêcher cette volte-face. En réalité, ce qu'il lui fallait, c'était un personnage vraiment important, quelqu'un de réputé pour sa sagacité financière et son immense fortune, qui investisse fortement dans l'émission de titres. C'est là que Joe est entré en jeu. Vous devinez sans doute qui était son contact. Il était le courtier privilégié de Donald Sheere. S'il parvenait à convaincre Sheere de prendre une part importante des titres émis, leur prix allait monter en flèche et tous ces types allaient en vouloir, de ces actions, même leur chien allait en acheter.

– Hum, je veux bien le croire. Décidément, il est évident que je ne saurais pas jouer sur les marchés.

– Beaucoup de psychiatres y jouent, Alex. J'en ai rencontré.

– Et pourtant, c'est moi que vous choisissez de venir consulter.

– Une idée à elle. Elle disait grand bien de vous.

– Vous dites cela comme si vous conserviez beaucoup d'égards pour elle ou, en tout cas, pour son opinion.

– Ne spéculez pas sur elle et moi. Je ne sais pas. Je suppose que c'est cette histoire de gestion intégrée, la coïncidence avec l'affaire. Pour reprendre ma formule, quelles étaient les probabilités ?

– Mais vous me souteniez aussi que cela n'avait rien à voir avec le jeu. Que ce n'est pas pour cela que vous êtes ici.

– Vous êtes déterminé, hein, Alex ? Déterminé à me voir en catholique sexuellement frustré avec un problème du côté du jeu et un furieux besoin de se confesser ?

– Qu'est-ce qui a mal tourné, dans cette affaire ? L'opposition a laissé passer cette législation. À l'heure actuelle, nous avons bel et bien une gestion des soins intégrée. Vous n'êtes pas parvenu à convaincre Sheere d'investir ?

– Le convaincre ne dépendait pas de moi. C'était le boulot de Joe.

– Et il vous a laissé choir. C'est cela, sa trahison ?

– Cela vous démange, hein, Alex ? Vous avez du mal à demeurer objectif, n'est-ce pas ?

– Non, je ne crois pas. Pourquoi dites-vous ça ?

– Parce que toute cette histoire a l'air de vous rendre assez... chatouilleux. Vous êtes pressé de m'interrompre. Comme si vous vouliez que je me dépêche, comme si vous souhaitiez qu'on en finisse avec cette question.

– Si je vous ai donné cette impression, j'en suis désolé. Sentez-vous libre d'aborder tous les sujets que vous avez envie d'aborder. Allez-y. »

6.

« Joe et moi, nous avons obtenu de notre société de Bourse qu'elle souscrive à l'émission de titres. En fait, c'est moi qui les ai convaincus.

– Qu'est-ce que cela signifie ? C'est comme une police d'assurance ?

– Oui, vous pouvez voir ça ainsi. Cela signifie que, dans l'éventualité où l'émission de titres serait insuffisamment souscrite, la société de Bourse comble la différence.

– Cela paraît très risqué.

– Eh bien, il n'y avait aucune raison que ce le soit. Après avoir un peu balisé le terrain, Joe a fini par vendre l'idée de Sid Graeme à Sheere, qui a correctement investi, et tout le monde était content.

– Je crois entrevoir la chute...

– Oh, c'est ce que vous vous figurez, mais vous n'entrevoyez que les prémices. Sheere a eu vent de votre lettre ouverte à la presse qui révélait la volte-face de l'opposition sur la gestion intégrée.

– Que voulez-vous dire par " Sheere a eu vent de " ? Vous voulez dire qu'il l'a lue dans le journal ?

– Je suis certain qu'il l'a lue dans le quotidien du samedi matin, mais il était déjà au courant dès le vendredi soir.

– Vraiment ?

– Oui, vraiment. Il a été prévenu à l'avance et il a appelé Joe tard dans la soirée pour lui ordonner de solder la position sur Health National, en totalité. Il lui a demandé de vendre tous ses titres dès le lundi matin.

– À cause de ma lettre ouverte ? Je ne saisis pas.

– Il a évalué le risque, un risque élevé, que cette révélation ne provoque une vague de colère dans les rangs de l'opposition, ce qui contraindrait le groupe parlementaire à revenir sur ses intentions.

– Mais ils l'ont fait passer, cette législation. Ma lettre ouverte, toutes les lettres, toutes les protestations ont été... vaines. Comment s'appelle le médecin qui nous soigne, désormais ? Il s'appelle " système de soins intégré ".

– Ils ont fait passer la loi, mais pas à cette période-là. Ils ont dû attendre que le remue-ménage se calme, que les colporteurs médiatiques trouvent autre chose à se mettre sous la dent. L'immigration clandestine, je crois bien, ou autre chose. Qui s'en souvient encore ? En tout cas, quand Sheere a appelé Joe le vendredi soir pour lui donner ses instructions, son coup de téléphone sonnait notre glas. La société de Bourse allait devoir rembourser la différence et nous en porterions le poids. Dans la semaine, on serait mis à la porte.

– Mais votre dossier professionnel ?

– De l'histoire ancienne, un détail anecdotique que les gens se raconteraient au déjeuner, à supposer même qu'ils s'en souviennent. " Contrôle + Alt + Suppr ".

– Pardon ?

– C'est leur formule quand vous êtes grillé, quand vous êtes fini. Tapez " Contrôle " plus " Alt " plus " Suppr ", comme sur un clavier d'ordinateur.

– Ah oui ! je vois.

– Et à partir de là, c'est vraiment drôle. Sheere a appelé Joe le vendredi...

– Dennis, je ne sais pas trop comment formuler cela. Je n'ai jamais eu à formuler ce genre de remarque à un patient, mais...

– Quel genre de remarque ?

– Eh bien... dans le cadre de votre traitement, je dois me borner à jouer un rôle, un seul, le rôle du psychiatre, votre psychiatre. Je ne peux pas me permettre d'être aussi un protagoniste ou pire, un antagoniste de votre existence.

– Écoutez, Alex, je suis désolé si j'ai été...

– Non, Dennis, ce n'est pas à cause de votre comportement. Pour un patient, ce n'est pas une situation saine de constater qu'un acte de son thérapeute, en particulier si cet acte n'a aucun rapport avec la relation médecin-patient, est en partie responsable de certaines difficultés rencontrées.

– Vous parlez de la lettre ouverte.

– Oui.

– Alex, mon métier consistait à être la petite main de gens dont le métier consistait à vendre des titres de certaines entreprises. On se moquait de ce que ces entreprises fabriquaient. Elles pouvaient extraire de l'uranium, polluer des rivières ou s'assurer que d'autres entreprises soient poursuivies pour toutes ces activités. On s'en moquait. Savoir ce qu'elles fabriquaient, en réalité, n'était pas notre affaire. Mon boulot, c'était de les aider à gagner de l'argent et, ce faisant, de conserver mon poste pour que ma femme puisse continuer d'aller s'acheter je ne sais trop quoi, et que je puisse continuer de rembourser notre emprunt immobilier.

– Vous m'avez mal compris. Je sais que, dans cette bataille pour la gestion des soins intégrée, vous êtes un mercenaire et pas du tout un militant. D'ailleurs, à bien y réfléchir, tout le monde s'est comporté en mercenaire. Je crois qu'il vous était suprêmement indifférent que l'émission de titres dont vous assuriez la promotion requière l'adoption ou le rejet de la loi sur la gestion intégrée.

– Attendez une minute. Je n'avais pas terminé. Il est vrai que, quand je vendais cette émission de titres, je n'avais aucune opinion sur la gestion intégrée, ni dans un sens ni dans un autre. Mais aujourd'hui, ce n'est plus vrai. Au contraire, je suis devenu très favorable à votre position sur le sujet... pour des raisons évidentes. À l'époque, au bureau, personne n'évoquait jamais les conséquences humaines de la législation dont nous dépendions. Les gens n'expriment plus d'opinions politiques ou morales dans les conversations.

– Non, vous vous trompez, Dennis. Ils en expriment. Mais c'est la même opinion chaque fois, donc vous ne la remarquez plus. Le problème que j'ai avec vous, en tant que thérapeute, n'a aucun rapport avec une divergence éventuelle sur la gestion des soins. Non, comme je vous l'ai indiqué, ce problème vient de ce que vous me voyez comme l'auteur des problèmes que vous me demandez de vous aider à résoudre.

– En ce cas, Alex, laissez-moi vous tranquilliser l'esprit, je ne vous accuserai de rien. Mes difficultés personnelles et conjugales sont antérieures à votre lettre ouverte, et de plusieurs années. Quant à mon boulot, si l'accord Health National n'était pas tombé à l'eau, tôt ou tard, et très probablement assez tôt, une autre affaire aurait échoué. Dans l'industrie de l'investissement, l'échec est systémique. Je ne vous ai jamais considéré un seul instant comme le responsable du problème pour lequel je viens vous consulter.

– Très bien, je vais accepter votre réponse, la tenir pour vraie, au moins au niveau conscient. Maintenant, racontez-moi ce qui s'est passé après le coup de fil de Sheere à Joe. En fait, quand vous a-t-on congédié ?

– Dans la semaine. Peut-être même plus tôt. Nous avons eu le week-end pour que Joe convainque Sheere de changer d'avis. C'est ainsi qu'il me l'a présenté, tôt le samedi matin.

– Il vous a appelé ?

– Apparemment, il a essayé de m'appeler, mais j'étais déjà parti pour notre séminaire d'entreprise. Enfin, à cette époque, et je crois que c'est toujours le cas aujourd'hui, il existait une réglementation, à l'échelon gouvernemental, imposant aux entreprises dépassant un certain chiffre d'affaires de consacrer un minimum d'un pour cent de leur revenu brut à ce qu'on les priait d'appeler “ la formation du personnel ”, sous peine d'une hausse de leur impôt. Avant la fin de chaque année fiscale, il leur fallait dépenser des millions de dollars. Et c'est ainsi qu'une toute nouvelle profession de courtiers formateurs s'est retrouvée affectée au respect de cette obligation légale. Et là, entrée en scène du Dr Terry Brabet.

– Docteur ? Il était docteur en quoi ?

– Je ne le sais toujours pas. Il n'était pas docteur en médecine. Je ne l'imagine guère détenteur du moindre doctorat. Ce qu'il possédait, c'était une capacité d'escamoteur à la Houdini de convaincre les entreprises rentables de verser leur argent à un charlatan plutôt qu'au fisc.

« Gorman, le directeur général, nous avait envoyés, Joe, moi et dix-huit autres collaborateurs, hommes et femmes, certains d'entre eux venant des succursales d'autres États, participer à ce que le Dr Terry Brabet lui avait vendu sous l'intitulé : " Programme d'Efficacité Personnelle ". Nous étions censés être flattés d'avoir été choisis. Cela signifiait, disait-on, que nous faisions partie de l'avenir de l'entreprise. Cela coûtait 8 000 dollars par personne pour quatre jours, donc pour vingt personnes, la société déboursait 160 000 dollars en quatre jours. Même en déduisant les frais généraux plutôt spartiates du Dr Terry Brabet et les émoluments d'Helen, sa triste assistante aux yeux de veau, il devait dégager au moins 100 000 dollars en quatre jours de nullités complètes. " C'est un talent ", m'a lâché Joe, entre deux moments de panique.

– De panique ?

– Bien sûr. La première fois qu'il m'a revu, après que Sheere lui a demandé de vendre, c'était dans le hall de cette pension où l'on nous avait réservé nos chambres. À deux heures et demie de la ville, au pied des montagnes. On devait s'y présenter à neuf heures du matin, le samedi. Terry Brabet ne pouvait attendre, il fallait qu'il entame son travail sur nous, son travail de sape. Pour arriver à l'heure, je me suis levé à cinq heures et demie. À mon arrivée, j'étais tout disposé à rejoindre le lit qu'on m'avait attribué pour y dormir pendant la totalité de ces quatre journées. Comme j'aurais aimé...

« Mais Terry Brabet ne nous avait pas fait monter là-bas pour dormir. Comme il nous l'a annoncé lors de la séance introductive, si nous voulions bien le laisser agir, il allait nous aider à découvrir notre moi, même si cela devait nous extraire de nos " zones de confort " habituelles. Je savais que c'était des conneries, mais je les ai prises comme une occasion de m'accorder quelques jours de congé, que je me suis préparé à traverser dans un demi-sommeil. Je suis arrivé somnolent. Mais Joe Geraghty, lui, avait les yeux rouges et le visage terreux. Il avait l'air de quelqu'un qui n'a pas dormi du tout. »

7.

« " Qu'est-ce qui ne va pas ? Tu as une mine épouvantable ", lui ai-je fait quand on nous a remis nos badges, après l'inscription. Pour la première fois d'une longue série, les haut-parleurs omniprésents ont braillé la chanson " Célébration ", histoire de vous empêcher de reprendre votre souffle ou de vous perdre dans vos pensées. À cet égard, c'était un véritable camp de rééducation maoïste. Partout, des miradors surmontant des haut-parleurs, et partout on entendait cette espèce de mantra d'entreprise totalement crétin : “ Cé-lé-brez – Les bons moments – Allez ! ”

« Mais, depuis douze heures au moins, Joe savait que nous n'avions rien à célébrer. – “ Sheere m'a appelé hier soir. Tu as lu le journal d'aujourd'hui ? ” – “ Tu veux rire. J'ai passé les deux dernières heures et demie à dormir au volant pour tâcher d'arriver à l'heure. Qu'est-ce qui se passe ? ” lui ai-je demandé.

« J'avais baissé la garde. Je m'étais relâché, or on ne peut jamais se relâcher, pas dans le métier qui était le nôtre. Certes, on ne s'attend pas, un samedi matin à l'aube au moment de s'inscrire à un séminaire d'entreprise au pied des montagnes où l'on vous a envoyé avec une tape dans le dos, à entendre une histoire qui risque de vous priver de boulot en quelques jours. Donc, quand il m'a parlé de votre lettre ouverte et de Sheere qui en avait eu vent et qui avait décidé de se retirer de l'affaire, l'espace d'un instant, j'ai cru que Joe plaisantait. C'était trop irréel. Mais Joe n'était pas assez bon acteur pour réussir à afficher cette allure qu'il avait en délivrant son flash d'infos sur l'état de nos carrières. Il était au bord des larmes. Ce n'était pas une plaisanterie.

« La musique braillait, et, au-dessus de la musique, on nous appelait par nos noms. L'appel, véritablement, le premier. J'ai d'abord contesté la logique de la décision de Sheere pour exposer à Joe que votre lettre ouverte sur la volte-face de l'opposition ne se fondait sur aucune source digne de foi, ce n'était qu'une rumeur ; de toute manière, tôt ou tard, cette loi serait adoptée – et elle l'a été. Mais Joe avait déjà exposé tous ces arguments à Sheere, sans succès. Puis, avant que l'on puisse continuer, on nous a séparés et le Dr Terry Brabet nous a signalé que chacun de nous avait un siège attitré, que ce siège relevait de notre responsabilité personnelle.

« Quand la musique s'est arrêtée, Terry Brabet s'est présenté, lui et son “ Programme d'Efficacité Personnelle ”. J'aurais dû lui flanquer mon poing à la figure, là, dès cette minute. Il nous a priés de nous lever, il nous a imposé une séance collective d'étirements, tous en rang, côte à côte. Il nous tournait autour, en réglant de temps à autre le mouvement de tel ou tel ou en chuchotant un “ bien ”. Il a fait une ou deux fois le tour complet du groupe, décernant au passage sa mention “ bien ” à tel ou tel ou à un peu tout le monde en général. J'essayais de croiser le regard de Joe.

« Quand nous avons fini les étirements, Brabet nous a invités à nous asseoir. Ensuite, il nous a expliqué qu'en quatre jours, il allait nous ouvrir au-delà de nos propres limites et qu'au bout du compte, quand nous retrouverions notre lieu de travail, notre foyer, nos êtres chers, nous serions des individus plus efficaces. Il allait donc nous pousser à nous ouvrir. Nous allions parler de nous-mêmes, découvrir quelques vérités intimes et nous en entretenir mutuellement. Nous allions nous impliquer, au plan émotionnel et physique. Il nous a rapporté des histoires au sujet d'autres participants qui étaient sortis de séances précédentes en larmes, et ne s'en étaient trouvés que mieux. Ce qui a eu l'air de mettre plusieurs d'entre nous un peu mal à l'aise. Certains ont échangé des coups d'œil, d'autres ont regardé par terre. Moi, je surveillais Joe. Il était assis, c'était bien lui, mais en version pétrifiée.

« Ensuite, Terry a ajouté qu'il lui fallait parler un peu de lui, ce n'était que justice. Avec un rire rodé, il nous a expliqué que, dans sa vie haute en couleur, il avait été charpentier, démarcheur en assurances, joueur de rugby et physiothérapeute. Il ne nous a pas précisé de quoi il était docteur. – " Et je vais vous révéler autre chose, a-t-il ajouté d'un air entendu, sur un ton de confession mêlée de vantardise, je suis divorcé et je suis en train de me guérir de mon alcoolisme. "

« Les coups de téléphone étaient prohibés, pas de journaux, pas de télévision ni de radio. Quand les gens se sont plaints parce qu'ils avaient besoin de rester en contact avec leur bureau pour des motifs professionnels, Terry Brabet nous a informés que notre travail, c'était les séances qui allaient suivre, et rien d'autre. Là-dessus, il a prié Helen, son assistante, de passer parmi nous avec un panier en osier dans lequel nous étions priés de déposer notre téléphone portable. " Voyez si vous allez pouvoir vivre sans, pendant quatre jours. Vous les récupérerez à la fin du programme ", nous a-t-il assuré. Helen se déplaçait lentement, sans autre bruit que celui de ses semelles qu'elle décollait à peine du sol. C'était une jeune femme plutôt forte, aux seins lourds, aux cheveux noirs qu'elle portait noués dans le dos. Elle souriait, un sourire triste, le sourire d'une femme qui avait joué à cache-cache avec son problème de poids pendant de trop nombreuses années, qui parvenait tout juste à tenir son obésité en respect, une femme dont la tâche consistait à recevoir ses ordres d'un charlatan possédant ce qu'elle prenait pour du charisme. Les instructions très terre-à-terre de Terry Brabet, ajoutées aux yeux et au sourire triste d'Helen, au parfum de son cou tendu au-dessus de la corbeille en rotin, ont eu pour effet de nous convaincre d'abandonner nos téléphones portables, tous sans exception, et sans la moindre protestation.

« Je devais être cinglé, de me plier ainsi à ses ordres. Et je n'avais même pas l'excuse d'ignorer que les chambres étaient dépourvues de téléphone, car à la vérité je n'y avais même pas songé. Il y avait bien un téléphone à pièces à la réception, mais celui-là non plus je ne l'avais pas encore repéré. J'ai honte de le reconnaître...

– De quoi avez-vous honte ?

– Eh bien, nous n'étions pas là depuis une heure, je savais que mon boulot dépendait du coup de fil que Joe Geraghty devait passer à Donald Sheere pour tenter de le faire changer d'avis avant lundi matin, et je... je... venais de rendre mon téléphone. Tout le monde en avait fait autant. Joe aussi. L'imbécile ! Il savait dans quelle panade on était. Il savait ce qu'il avait à faire. Mais il avait quand même rendu son téléphone, lui aussi. Je me souviens, quand cette Helen est arrivée devant moi. Tout le monde me regardait. J'ai observé son visage, je l'ai regardée dans les yeux. Je la revois encore. Je sais que ça va paraître ridicule, absolument ridicule. Je pouvais sentir son parfum et je ne voulais pas... vous savez... me faire tout de suite remarquer comme le type qui crée des problèmes. J'ai hésité un instant. J'ai vraiment hésité. Je réfléchissais, je me disais, je ne suis pas certain de devoir obéir, mais elle s'est approchée d'un pas, et elle sentait si bon, c'était tellement surprenant et, comme je vous l'ai dit, tout le monde nous regardait. Je l'ai sorti de ma poche, lentement, comme un gosse à l'école qui tend un paquet de cigarettes, et je le lui ai remis. Comme ça.

« Terry Brabet nous a expliqué qu'il fallait nous préparer à accomplir un exercice physique tous les matins à six heures. Ensuite, nous pourrions nous doucher, prendre notre petit déjeuner et nous apprêter pour notre première séance. On attendait de nous que nous accomplissions tous les exercices. C'était un vrai travail. Notre société avait payé pour. Une fois la séance préliminaire terminée, on nous a accordé une quinzaine de minutes pour trouver nos chambres, qui étaient en réalité des espèces de cabanes, et comme je partageais celle de Joe, j'ai eu l'occasion d'échanger quelques mots avec lui. J'ai aussitôt insisté : “ Il faut que tu le fasses changer d'avis.

– J'ai essayé. Crois-moi, a-t-il protesté.

– Eh bien, il faut que tu essaies encore. S'il vend, tu sais ce qui va nous arriver.

– Mitch, qu'est-ce que je peux faire ? J'ignorais qu'une lettre ouverte publiée dans le journal suffirait à lui flanquer la frousse. Comment aurais-je pu le savoir ? Ce n'est pas ma faute, a-t-il ajouté en fermant la porte de notre chambre.

– Ne me raconte pas que ce n'est pas ta faute. Arrange le coup, putain. Retourne-le.

– Qu'est-ce qu'il faut lui dire ?

– Joe, c'est toi le vendeur. C'est toi qui as un super relationnel. Dis-lui que sur ce coup-là, il peut se fier à toi. Dis-lui que la loi va passer, que ça reste une super affaire...

– Mitch, il n'est pas stupide.

– Mais Joe, c'est réellement une bonne affaire. Rien n'a changé. Pourquoi est-il craintif ?

– Il n'est pas craintif, Mitch. Considère la situation sous un autre angle. Il sait qu'il peut se porter acheteur plus tard, de toute façon. S'il vend, c'est la société de Bourse qui endosse le manque à gagner à la place ; Health National finira par acheter tous les hôpitaux que convoite Sid Graeme pour une bouchée de pain. Ensuite, une fois que la loi est adoptée, Sheere peut racheter toutes les parts National Health qu'il veut, si le prix est assez bas. Il sait qu'en sortant maintenant, il ne peut pas perdre.

– Non, mais nous, si.

– Et ça lui causera de graves remords, tu crois ?

– Et sa relation avec Gorman ? La société de Bourse va endosser la perte. Et ça, il s'en moque aussi ?

– Qu'est-ce que tu en penses, toi ?

– Eh bien, il faut que tu le fasses changer d'avis, bordel, Joe. Il faut que tu tentes le coup une dernière fois. Comment une chose pareille peut-elle arriver, nom de Dieu ? ai-je ajouté en vidant ma valise.

– Il a bien dit qu'on en avait pour quatre jours ? Je croyais que ça se limitait au week-end. Je n'ai pas apporté assez de vêtements. Tu le savais, toi, qu'il y en avait pour quatre jours ?

– Oui.

– Comment le savais-tu ?

– C'était inscrit sur la note de service.

– Merde, j'ai dû la lire de travers. J'ai apporté des vêtements pour deux jours. Qu'est-ce que je vais faire ?

– Nom de Dieu de merde, Joe. On a des problèmes plus graves.

– Mitch, ne te fous pas en rogne contre moi. On est dans le même bateau. Tu lui as donné ton portable ?

– Oui. Je ne comprends pas ce qui m'a pris.

– Je sais. Je lui ai donné le mien, moi aussi. " »

8.

« C'était encore une bonne affaire. Votre lettre ouverte n'avait fait qu'introduire un degré supplémentaire d'incertitude. La certitude, ça coûte de l'argent. Sur l'incertitude, on consent des remises. Joe avait raison. Pourquoi Sheere aurait-il pris le risque, si faible soit-il, de voir le groupe de l'opposition réintégrer la ligne officielle sous la pression de son parti alerté par votre révélation ? Il n'en avait tout simplement pas besoin. À ce moment-là, comme notre société de Bourse avait souscrit à l'émission de titres, Sid Graeme n'en avait pas besoin non plus. Il m'est venu à l'esprit qu'on s'était peut-être fait mener en bateau, que Sheere et Graeme étaient de mèche. Mais étant donné le timing de l'affaire, cela restait improbable et, de toute manière, en vertu du principe du " rasoir d'Occam " selon lequel il est inutile de s'attarder sur toutes les causes d'un fait quand une seule suffit à l'expliquer, ça ne servait à rien d'y penser. La situation demeurait bien celle-là : si Joe ne parvenait pas à convaincre Sheere de changer d'avis d'ici le lundi matin, la société de courtage allait endosser la perte. Et comme c'était Joe et moi qui avions convaincu le comité de gestion des risques que toute cette affaire était saine, lui et moi, nous serions finis.

« Joe est allé à la réception, et il a essayé de joindre Sheere en l'appelant du téléphone à pièces. Les propriétaires de l'hôtel, le mari et la femme, avaient une discussion animée, ils se disputaient et, pour évacuer leurs éclats de voix, Joe devait se boucher son oreille libre avec le doigt. Quand je suis arrivé, il dictait péniblement son nom à la personne à l'autre bout du fil. " Geraghty, Joe Geraghty... pour M. Sheere. " C'est seulement après que la bonne a eu saisi le nom, à leur satisfaction respective, qu'elle lui a appris que M. Sheere n'était pas là. Ni Mme Sheere. Où pouvaient-ils être, si tôt un samedi matin ? J'ai vu Joe inspecter le téléphone à pièces sur toutes les coutures pour y dénicher un numéro d'appel mais, après avoir lancé un coup d'œil en direction des propriétaires, toujours en train de se disputer, puis vers moi, il a dit à la bonne des Sheere qu'il n'avait pas de message et qu'il rappellerait. Il a raccroché d'un geste lourd, suffisamment lourd pour interrompre la guerre des deux hôteliers et pousser la femme à lui demander sur un ton accusateur si quelque chose n'allait pas. – " C'est juste qu'il est impossible d'avoir une conversation téléphonique normale quand vous vous faites un match en quinze rounds derrière votre petit comptoir, là."

« À ce moment-là, la chanson " Célébration " a repris, et j'ai emmené Joe rejoindre le Dr Terry Brabet et les autres, en m'excusant auprès du couple pour la grossièreté de mon collègue. – " Oh ! qu'ils aillent se faire foutre, Mitch. Qu'est-ce qu'ils vont faire, cracher dans mon assiette ? Ils ne se rappelleront même pas qui je suis, dans cette foule."

« Je suis arrivé à calmer Joe en lui expliquant que j'allais tout bonnement réclamer à la fin de la séance qu'on me rende mon téléphone. Cela nous a valu une relative tranquillité d'esprit, juste de quoi nous retenir de réduire l'hôtel en miettes. Il y avait de grands écriteaux manuscrits au Stabilo de couleur ou au crayon gras placardés partout sur les murs et sur le moindre espace disponible de ce qu'on appelait la salle de jeux. Il était inscrit : " Agis, c'est tout ", " Je ne peux pas ne pas y arriver ", " Choisis une attitude ", " Vis en tenant parole ", " Va au-delà de ton confort individuel ", " Il n'y a rien de tel que l'échec, c'est la seule leçon de l'existence ", " Nous ne pouvons pas ne pas participer ", " Gagne / Gagne – Fonce ", " Si ça doit avoir lieu, ça ne dépend que de moi " et " Tout le monde est fantastique ". C'était comme cela qu'Helen, la triste et jeune Helen, payait son loyer, en confectionnant pour Terry Brabet des affichettes dignes du jardin d'enfants et en les collant aux murs. J'aurais dû lui arracher la tête, mais si je voulais le convaincre de me restituer mon téléphone, il fallait faire profil bas.

« La première séance, nous a expliqué Terry, était destinée à illustrer l'objectif. Il nous a répartis en couples de même sexe, puis il a demandé à un membre de chaque couple de poser la main sur l'épaule de son partenaire. Sur un signal de sa part, le partenaire devait peser sur ce bras tendu, tenter de le retirer de force. Il a essayé avec tous les couples et, chaque fois, le partenaire réussissait à se débarrasser de l'emprise de ce bras tendu. Quand tous les couples se furent livrés à ce manège, il nous a tous renvoyés nous asseoir à nos places et nous a priés de l'observer attentivement. Nous l'avons regardé attraper un sac en papier kraft et en sortir une orange, qu'il a ensuite placée sur le rebord du mur. Il a invité le premier couple à venir reproduire l'exercice précédent devant tout le monde, sauf que cette fois, il a donné pour instruction préalable à la personne qui tenait son bras fermement posé sur l'épaule de l'autre, une femme du bureau de Brisbane qui s'appelait Pamela, de concentrer son attention sur l'orange. Il a demandé à cette femme, Pamela, de puiser toute l'énergie qu'elle avait dans le ventre, et de se concentrer sur cette orange. La femme a obéi aux instructions. Elle n'a pas détaché une seconde les yeux de l'orange posée sur le rebord du mur et, bien sûr, sa partenaire a été incapable de retirer le bras de Pamela. Elle et sa partenaire se regardaient avec une expression assez proche de la crainte, une crainte mêlée d'admiration. Quand elles se sont tournées vers le reste du groupe, elles arboraient toutes deux un sourire radieux, comme de petits enfants qui viennent de nouer le lacet de leurs souliers pour la première fois.

« Là-dessus, Terry Brabet a invité tous les couples, l'un après l'autre, à essayer. La personne au bras tendu devait concentrer son attention non pas sur la force de la main de l'autre mais, comme Pamela, sur l'orange située à quelque distance de là. Le résultat a été identique, même pour Joe et moi. Le bras posé sur l'épaule de l'autre était devenu inamovible. Mais le plus sidérant, c'était la réaction du groupe à cet exercice, son hilarité, son euphorie, auxquelles Brabet contribuait depuis la ligne de touche, en nous exhortant avec ses slogans, les mêmes que ceux qui étaient affichés aux murs. – “ Bien, Pamela, bien. Va au-delà de ton confort individuel. ”

« En conclusion de cette séance, on nous a accordé une pause d'un quart d'heure. J'ai approché Brabet. J'ai commencé par lui passer de la pommade en lui racontant combien j'avais trouvé cette dernière séance captivante. Il m'a répondu qu'aucune remarque ne saurait lui faire plus plaisir. Il a ajouté qu'il n'était question que de cela, donner le pouvoir aux gens, les aider à être eux-mêmes. Il avait l'air de croire à son propre boniment. Il marchait vers la porte, une main posée sur mon épaule, et il n'était pas difficile de le croire sincèrement enchanté de cette louange décernée par un client dès la première heure d'un séminaire qui lui rapportait plus de 100 000 dollars en quatre jours. Mais ensuite, je lui ai expliqué que j'étais impliqué dans une affaire professionnelle très délicate, et que j'aurais besoin de récupérer mon téléphone portable. Nous comprenions l'un et l'autre que c'était une requête, mais j'ai tenté de l'habiller en simple constat. Là, ses yeux ont très brièvement changé de forme; il les a plongés dans les miens, et il s'est mis à soliloquer en mode commercial. Il avait le sourire de la nouvelle économie, cette économie où le client est considéré comme un énervé. S'il avait pu, il m'aurait placé en attente pour qu'Helen se charge de m'éconduire, non sans qu'une voix désincarnée m'ait préalablement soufflé que ma requête était enregistrée, que l'entreprise comprenait à quel point mon temps était précieux et mon coup de fil important pour elle. Mais il était face à une “ situation de vie particulière ”, et il lui fallait donc la gérer lui-même. Il a dit qu'il était désolé, que je connaissais les règles. ” – “ Oui, mais c'est une affaire extrêmement importante, qui vient de se présenter. Une affaire de très grande portée commerciale pour l'entreprise. – Votre efficacité personnelle est aussi d'une grande portée pour l'entreprise... Désolé, je ne peux rien y faire, Dennis. ” »

« Le temps de faire signe à Joe que j'avais échoué, j'avais déjà décidé que, si nous n'avions pas récupéré un téléphone d'ici la fin de la journée, je quitterais le stalag de Brabet pour m'en procurer un, peu importait le moyen. Une fois la décision prise, je suis arrivé à maintenir une tension artérielle suffisamment basse pour survivre à la séance suivante.

« Voyez-vous, on savait qu'on pouvait partir si nécessaire – Joe lui-même l'avait compris –, mais avant chaque séance, Brabet faisait pointer par Helen les noms figurant sur la liste, donc partir était le dernier recours. Entre demander ce téléphone à Brabet et faire le mur, nous pensions qu'il existait d'autres stratagèmes à notre portée. Durant la pause, Joe a voulu réessayer le téléphone à pièces de la réception, mais il s'est aperçu qu'il ne lui restait plus assez de monnaie. Vous souriez, Alex. Cela tient à des petits riens, non ? En effet, les petits riens peuvent suffire à vous perdre. En tout cas, il faut que vous écoutiez tout, car c'est finalement ce qui m'a amené ici, à votre porte, chez vous. Enfin, à travers elle.

« Dans l'ascension de Brabet vers le nirvana de l'inanité, la séance suivante était consacrée à nous apprendre à jongler. Oui, je suis sérieux, à jongler. Le but, si tant est que j'en aie discerné un, était de démontrer que les problèmes difficiles de l'existence pouvaient être décomposés jusqu'à apparaître moins difficiles, quelque chose de cet ordre. Après avoir jonglé devant nous, histoire de nous en mettre plein la vue, Brabet nous a conviés, chacun son tour, à jongler devant le reste du groupe avec trois balles en plastique rouge. Un seul y est arrivé. Un type de Sydney, et il était bien plus fort que le Dr Brabet. Il a vite été prié d'aller se rasseoir.

– Comment vous y preniez-vous ?

– Vous commencez par deux balles dans une main et la troisième dans l'autre. Vous lancez les deux balles en l'air, et la balle isolée doit passer de la deuxième main dans la première, celle qui tenait les deux autres balles. Au bout d'un petit moment, ils ont été plusieurs à réussir l'exercice, lentement, ça marchait peut-être une fois toutes les cinq minutes mais, selon Brabet, ce petit niveau de réussite démontrait que des gestes reposant sur un équilibre foncièrement précaire étaient décomposables en plusieurs étapes qui, une fois enchaînées par quelqu'un d'entraîné, devenaient quasi invisibles.

La séance a continué pendant des heures et, dans la cacophonie des rires, des jurons, et des courses-poursuites après les balles, Joe et moi, on a eu l'occasion de se concerter. Il avait un plan simple, que j'aurais eu du mal à critiquer. À l'heure choisie, qui ne se présenterait sans doute pas avant la fin de la dernière séance de la journée, on essaierait de soudoyer Helen, l'assistante de Brabet, pour qu'elle rende un portable. Joe m'a dit qu'il allait s'en occuper. Il allait la baratiner. C'était lui, le vendeur. Entre deux lancers et deux courses-poursuites, on a calculé qu'à nous deux, on ne devait pas avoir plus de 220 dollars de liquide. Nous avions des cartes de crédit, bien sûr, mais ni lui ni moi n'avions prévu que nous aurions besoin de liquide pendant un séminaire d'entreprise, et encore moins pour verser un pot-de-vin. On espérait que ces 220 dollars suffiraient.

« Je lui ai expliqué que si ça ne marchait pas, le lendemain, je filerais et je lui rapporterais un téléphone. Cet idiot a admiré mon audace. Vous y croyez, vous ? Il savait aussi bien que moi quelles seraient pour nous les conséquences si Sheere ne changeait pas d'avis mais, d'une certaine manière, il était intimidé par la discipline scolaire instaurée par Brabet. Et il n'était pas le seul, loin de là. On sentait que les gens s'empêchaient de contester ces heures de jonglerie, on les voyait quêter l'approbation de Brabet. Leur individualisme forcené, leur entreprise, tout s'était envolé. Brabet avait obtenu d'eux qu'ils identifient leur participation et son approbation à l'avancement de leur carrière et à la sécurité de leur emploi. C'est pourquoi l'appel était si important. Tout le monde avait beau voir qui était là, en vérifiant chaque fois nos noms sur une liste, Brabet faisait germer toutes sortes de questions muettes dans notre esprit. Quelles seraient les conséquences d'une séance manquée ? Qui lirait ces listes d'appel ? Qu'est-ce qu'il notait d'autre à notre sujet ?

« Pendant le reste de la journée et une bonne partie de la soirée, Joe a veillé à se gagner les bonnes grâces de l'assistante de Brabet. Il l'a d'abord aidée à ramasser les balles. Quand elle a fait l'appel, après le déjeuner, il s'est lancé dans un bavardage qui fleurait l'autodénigrement, dont je n'ai pu saisir la substance mais dont le ton était suffisamment audible pour me flanquer la nausée.

« Dans la soirée, il y avait deux séances. Dès le début de la première, les participants se sont montrés fatigués. Là encore, on nous a organisés par couples, pas forcément du même sexe, et cette fois pas forcément non plus avec notre camarade de chambre. Helen a veillé à ce que les lumières soient éteintes et, pendant que Brabet s'exprimait doucement, d'une voix qui se voulait calme et réconfortante, elle a allumé de petites bougies dans des verres disposés à des emplacements stratégiques de la salle. L'atmosphère devenait irréelle. Cette fois, il n'y a pas eu de “ Célébration ” tonitruante mais le tintement d'un triangle. Ils nous avaient déjà fait le coup.

« Lors de la première séance, un membre de chaque couple devait s'allonger sur le dos et l'autre devait lui masser les tempes.

– Un peu intrusif, non, comme procédé ?

– Attendez, Alex, ce n'est pas le pire. Ensuite, il nous a demandé de faire quelque chose aux oreilles du partenaire... c'est vraiment trop bête pour que je vous dise quoi.

– À vous de voir, Dennis.

– Enfin, l'important, c'est qu'au début de la deuxième séance, également éclairée aux bougies, également ouverte par un tintement de triangle, les gens étaient si détendus qu'ils s'étaient plus ou moins endormis. Cette fois, Brabet nous a invités à nous asseoir sur des tapis de sol par groupes de trois ou quatre. Les gens étaient trop fatigués pour contester le fait qu'on nous avait enlevé nos sièges qui relevaient pourtant de notre responsabilité personnelle. Autrement dit, en l'espace de douze heures, des mains expertes avaient fait retomber en enfance vingt adultes qui s'étaient jusque-là hissés au-dessus des autres.

« À la lumière de la chandelle, Terry nous a fait agenouiller et nous pencher en avant, jusqu'à ce que nos fronts se touchent. Ensuite, il a circulé au milieu de nous et, en chuchotant, a assigné à chaque groupe un thème de discussion, en désignant la personne qui devait lancer la discussion. Je l'ai entendu formuler certains de ces thèmes : votre enfance, votre premier baiser, la perte de votre virginité. Comme s'il anticipait notre répugnance à nous plonger dans ces sujets-là, il passait de groupe en groupe pour encourager les uns et les autres. Peu à peu, tous se sont mis à parler, et certains se sont tellement échauffés qu'on ne pouvait plus les arrêter. Une femme de notre groupe – en fait, c'était Pamela – avait été victime d'un abus sexuel dans son enfance. Elle a raconté l'épisode, et n'a pas tardé à fondre en larmes. Les groupes voisins se sont tus pour l'écouter. Nous étions gênés. Nos têtes se touchaient presque.

« Un homme d'un autre groupe, un type chauve et trapu, a expliqué comment, gamin, il était le souffre-douleur de ses parents. Lui aussi, il s'est mis à pleurer.

– Et vous, qu'avez-vous fait ?

– Moi ? Pas question de rien raconter à ces gens. Il y avait une femme, dans un autre groupe, assez ordinaire, pas le genre vraiment séduisant... vous savez... elle n'était pas maquillée, elle avait les cheveux un peu dans tous les sens. Je la connaissais vaguement. Enfin, bon, elle nous a raconté son incapacité de vivre des relations durables. Nous l'écoutions et, simultanément, on entendait les soupirs de Pamela s'étirer en longueur, et s'espacer. L'autre parlait de sa tendance à l'échec sur le plan amoureux, mais nous le raconter n'avait pas l'air de la perturber. C'est-à-dire, jusqu'à ce que Terry s'arrête à sa hauteur et la pousse dans ses retranchements : “ Pourquoi ces relations échouent-elles sans arrêt ? Quels points communs ces histoires ont-elles entre elles ? ” Nom de Dieu, le point commun, c'était elle, bon sang. Enfin, au bout d'un moment, elle s'est retrouvée en pleurs, elle aussi. De mon côté, pas question de laisser Brabet s'approcher de ma personne, de mon moi véritable.

– Que ressentiez-vous, quand les autres pleuraient ?

– J'étais en colère.

– En colère ?

– Un peu, que j'étais en colère. J'en voulais à Brabet d'infliger ce traitement à ces gens. Avant tout, j'étais en colère contre moi-même, d'être là. J'étais en colère contre Joe qui faisait semblant d'adhérer à toute cette salade, qui m'avait embarqué dans ce merdier avec Donald Sheere. Et même contre ces abrutis qui se répandaient de la sorte. C'était embarrassant. En fait, j'étais mal à l'aise pour tout le monde.

– Vous avez songé à intervenir ?

– Oui, et je l'ai fait.

– Qu'avez-vous fait ?

– J'ai essayé de réconforter Pamela. Joe et moi, on a essayé.

– Que lui avez-vous dit ?

– Je lui ai conseillé d'arrêter de parler de ce qu'elle avait vécu. Je lui ai dit qu'elle n'avait pas à nous raconter ça si elle n'en avait pas envie.

– Et comment a-t-elle réagi à ces conseils ? Dennis ?... Dennis ? Pourquoi ce récit vous affecte-t-il tant ? Pourquoi pleurez-vous, à votre avis ?... Vos têtes se touchaient-elles ?

– Oui. Oui, il le fallait bien.

– Pourquoi ?

– Brabet nous l'avait demandé. Il fallait se pencher en avant, jusqu'à ce que nos fronts se touchent. Je vous l'ai déjà dit.

– Quand Pamela a éclaté en sanglots, vos fronts se touchaient ?

– Nos fronts...

– Et à part vos fronts ?

– Rien.

– Vous n'avez pas eu un geste de la main ou... ?

– Non.

– Vous ne l'avez pas prise par l'épaule ?

– Non. C'est quoi votre putain de problème, Alex ? Où voulez-vous en venir ?

– Je ne veux en venir nulle part.

– Alors, si vous ne voulez en venir nulle part, pourquoi me poser ces questions idiotes ?

– Pourquoi pleurez-vous, Dennis ?

– Je... je lui ai dit de se taire.

– Pourquoi lui avoir dit cela ?

– Parce que je ne supportais plus qu'elle parle. Je ne supportais plus d'entendre ce qu'on lui avait infligé. Je ne supportais pas sa façon de déblatérer devant des inconnus. Non seulement elle n'avait pas honte, mais elle perdait tout sens commun. L'histoire allait transpirer. Elle serait répétée dans les bureaux de toutes les succursales du pays. Cette femme était en train de commettre un suicide professionnel.

– Un suicide professionnel ?

– Bien sûr. Absolument. Après cela, les gens la considéreraient autrement. Sachant ce qui lui était arrivé, ils ne lui accorderaient plus aucune promotion. Ils feraient un détour, sur la pointe des pieds. S'ils pouvaient, ils l'ignoreraient. Ils la percevraient comme une bombe prête à éclater à tout moment.

– Cela me paraît d'une injustice flagrante.

– Bien sûr que c'est injuste, mais la justice n'entre pas en ligne de compte et elle aurait dû le savoir. Quelques semaines après le séminaire, elle leur a remis sa démission. Je ne sais pas où elle est allée.

– C'est réellement ainsi que vous percevez votre environnement de travail ?

– Alex, vous avez dormi ou quoi ? Je suis en train de vous décrire par le menu ma façon de percevoir mon environnement de travail... dont une composante est la possibilité donnée au Dr Terry Brabet de mettre ces gens en larmes un samedi soir dans une salle de jeux plongée dans la pénombre, au pied des montagnes. Et je vous explique que moi, je ne voulais pas le laisser m'avoir.

– O. K., continuez.

– La séance s'est terminée à minuit passé. On était épuisé. Le petit contingent des sympathisants de Brabet est resté groupé autour de lui. Du coup, Joe a pu obtenir un moment seul à seul avec Helen. Il lui a raconté que l'événement l'avait vraiment secoué. Elle lui a répondu que cette séance-là affectait toujours particulièrement les participants. Moi, j'écoutais Joe. Il était mielleux. Il s'est mis à lui parler de son fils kidnappé quelques mois plus tôt, et des conséquences pour sa famille. C'était vrai. On avait réellement enlevé son fils.

« Enfin bref, cela a éveillé l'intérêt d'Helen. Apparemment, elle avait lu des articles sur l'affaire, et elle compatissait. Elle lui a demandé s'il voulait soulever la question lors de la séance du lendemain. Elle pourrait l'évoquer d'abord en privé avec Terry. Et là, il s'est montré particulièrement brillant. Il lui a répondu qu'il ne savait pas s'il était prêt à dévoiler ça en public, mais... et là-dessus il s'est mis à bredouiller, comme s'il était un peu gêné, un peu tendu. Il l'a regardée, puis il a détourné les yeux, avant de revenir à elle et de reprendre la parole : “ Je ne suis pas trop sûr de ce que je leur dirais. Je n'ai pas envie de craquer devant tout le monde et ... je ne sais pas si je serais en mesure de me maîtriser. Écoutez, j'espère que vous n'allez pas le prendre mal, mais... je ne sais pas exactement pourquoi, mais à vous, j'ai l'impression que je peux parler. Depuis que c'est arrivé, les choses ont été très compliquées pour moi. J'ai... je ne sais pas si c'est permis, mais j'ai apporté un peu de cognac avec moi. Chez moi, j'aime bien, ça m'aide à me détendre quand je n'ai pas le temps de faire tous les étirements que je devrais. C'est seulement que je n'ai pas vraiment... Si étrange que cela paraisse... il n'y a vraiment personne par ici avec qui je me sente assez à l'aise pour rendre compte de tout ça et...

– Et votre femme ?

– Euh, vous voyez... malheureusement, cela fait partie du problème. Voyez-vous, c'est son amant qui a enlevé mon fils.

– Vous plaisantez ? Son amant a kidnappé votre fils ?

– Eh oui. Ça m'en a tout l'air.

– C'est incroyable. Je crois avoir lu quelque chose à ce sujet dans le journal, mais...

– Helen, on peut aller parler de ça ailleurs ? Je n'ai pas trop envie que les autres soient au courant. Je ne suis même pas certain d'avoir envie que Terry soit au courant, et c'est justement de ça, entre autres, que je pensais pouvoir parler avec vous. Vous aimez le cognac ? " »

9.

« Joe est un grand vendeur, il n'y a aucun doute. C'est un don, je n'aurais jamais su en faire autant. Voilà pourquoi il n'était pas complètement impossible, si on lui en laissait l'occasion – pour être précis, si on lui mettait entre les mains un téléphone susceptible de recevoir des appels autant que d'en donner –, qu'il sache amener Sheere à changer d'avis. Naturellement, Sheere n'avait rien à voir avec la petite secrétaire triste, parfum sucré et silhouette à la Rubens, mais Joe avait le chic pour vous dégoter l'instrument taillé sur mesure pour arriver à mettre le pied dans la porte.

« Helen lui a demandé où était son colocataire et Joe lui a répondu que j'aimais bien sortir pour de longues promenades avant de me reposer. Vous y croyez, vous ? Il lui a raconté ça et elle y a cru suffisamment longtemps pour accepter de siroter un brandy dans notre chambre.

– Qu'avez-vous fait ?

– Eh bien, il m'a lancé un manteau par la porte de notre bungalow et je me suis assis dehors, par terre, sous une fenêtre ouverte, à écouter Joe qui essayait de lui soutirer en douceur un téléphone. Plus vite il y parviendrait, plus vite je pourrais aller au lit. Ils buvaient dans des gobelets en plastique. C'était tout ce que nous avions. Je l'ai entendu verser le cognac. Il s'exprimait avec une telle fluidité, on aurait pu croire ce qu'il racontait.

" Au bureau, disait-il, on a été incroyablement sous pression, et ce n'est pas fini. C'est peut-être pour ça que je n'ai pas pigé leur histoire. Je ne savais absolument pas qu'elle le fréquentait encore.

– " Encore " ? répéta Helen, incrédule.

– Eh bien, c'est son ancien petit ami. Ils étaient sortis ensemble, il y a des années, avant notre mariage. Je croyais qu'elle ne l'avait plus revu depuis. Ce qui est sûr, on ne parlait jamais de lui. Elle ne le mentionnait jamais. Rétrospectivement, c'était peut-être suspect, en soi.

– Oh, mon pauvre. Il n'y a pas plus cauchemardesque.

– Oui, j'imagine. Mon mariage est mort, exception faite des crises de hurlements. Je m'en veux tellement de n'avoir rien vu venir.

– Apparemment, vous n'avez aucune raison.

– C'est gentil de votre part de me dire ça, mais je pense que ça ne lui a pas suffi que je lui offre la maison de ses rêves, près de la plage, et tout, et tout.

– Comme c'est charmant.

– Voyez-vous, au bureau, il se passait des choses... et encore maintenant... Je suis en plein dans une très, très grosse affaire. Si ça aboutit, on va probablement me nommer directeur. Encore un verre ?

– Vraiment, directeur ? Alors vous allez devenir le patron.

– Enfin, un des patrons.

– Que faites-vous, au juste ?

– Je suis courtier.

– Comme un courtier en Bourse ?

– Exactement. En réalité, il faut vraiment que je passe quelques coups de fil dès demain matin, et que je sois joignable pour en recevoir. Je me suis laissé prendre au dépourvu, et, pour être franc, quand vous vous êtes approchée, ce matin, je me suis aussi laissé subjuguer par votre parfum, et voilà, je vous ai remis mon téléphone portable, et je n'aurais pas dû. J'ai absolument besoin de le récupérer, sinon cette affaire pourrait bien échouer.

– Désolée, Joe. En ce qui concerne tous les contacts extérieurs, Terry est absolument catégorique. Il tient vraiment...

– Helen, si c'est une question d'argent, je pourrais...

– Non, non. Joe, vous êtes un garçon extrêmement délicieux et j'aimerais vraiment vous aider, mais je pourrais perdre mon poste.

– Vous aimez votre travail ?

– Oui. Je suppose.

– Vous supposez ?

– Il me plaisait plus, avant...

– Ah bon ? Et pourquoi ne vous plaît-il plus tant que ça ?

– C'est un travail qui devient un peu trop prévisible. Je sais ce qui va suivre et Terry...

– Quoi, Terry ?

– Il ne me traite plus... comme avant.

– Il a de la chance de vous avoir.

– Parfois, c'est ce que je pense, moi aussi. Je n'ai pas envie de continuer toute ma vie.

– Ecoutez, Helen. Je ne veux pas biaiser, j'ai réellement besoin de récupérer mon téléphone. Si je le récupère, je peux mener cette affaire à bien et si j'y arrive...

– Vous devenez directeur.

– Presque à coup sûr. Ensuite, je peux engager des gens. Vous voyez ce que je veux dire. Une jeune femme séduisante et intelligente comme vous devrait se voir offrir la possibilité de prendre l'avenir à bras-le-corps. Vous savez, l'avenir n'est pas nécessairement un ennemi qui vous traque. Il est une opportunité, ici même, dans ce bungalow. Encore un verre ?

– Vous êtes sérieux ? Quel genre de job ce serait ?

– Qu'est-ce que vous aimeriez faire ? Qu'est-ce qui vous attire ? Aimeriez-vous gagner de l'argent, vraiment ? C'est toujours intéressant. Vous pourriez débuter comme courtier stagiaire.

– Vraiment ?

– Pourquoi pas ? Vous vous formez à ce poste. Salaire de base fixe, plus une commission avec une allocation de prise de fonctions. Ça vous conviendrait ?

– Qu'est-ce que c'est, une allocation de prise de fonctions ?

– Une petite prime à la signature pour vos dépenses de vêtements, vos souliers, vos frais professionnels de coiffure et de présentation et, bien sûr, une ligne de téléphone portable. "

« Joe Geraghty savait s'y prendre pour boucler un accord. Chez lui, c'était de l'ordre de l'instinct, il savait planter, bichonner, cultiver et ensuite récolter. Elle a attendu que tout soit paisible et ensuite je l'ai entendue, elle sortait chercher le téléphone de Joe. C'était de la séduction parfaite, absolue. J'ai pointé la tête pour lui souffler que j'avais tout suivi, le féliciter d'avoir su réfléchir aussi vite. Il avait usé de sa renommée de père d'un petit garçon victime d'un kidnapping comme d'un appât, il avait inventé son histoire de mariage perturbé pour la prendre à l'hameçon et il lui avait offert une promotion soumise à la récupération de ce téléphone, après quoi il lui offrirait un boulot de courtier pour achever de la ferrer. Brillant ! En l'entendant revenir, je suis retourné me cacher.

« " Débarrasse-toi d'elle en vitesse, tu veux ? Je gèle, là dehors, lui ai-je chuchoté. " Et lui il m'a simplement répondu :

" C'est vrai, Mitch.

– Quoi ? me suis-je enquis par la fenêtre ouverte. Qu'est-ce qui est vrai ?

– Je n'ai pas...

– Je crois que personne ne m'a vue ", s'est écriée Helen, en ouvrant la porte sans frapper. Le cognac avait dû l'enhardir. " Vous m'avez bien dit Motorola, hein, et il n'y en avait que trois. Alors j'ai apporté les trois, a-t-elle fait en riant. Joe l'a invitée immédiatement à se taire et, subitement, tout est devenu très silencieux. Ils ne parlaient plus, ni l'un ni l'autre, et je n'entendais plus rien. Il m'a fallu un moment pour saisir que ce salopard était probablement en train de l'embrasser.

« Pourquoi, qu'est-ce qui lui prenait ? Il avait le téléphone. Il n'avait plus besoin d'elle, plus besoin de rien. Pourquoi ne pas simplement la remercier et lui promettre de se servir du téléphone discrètement, avant de lui souhaiter une bonne nuit ? Il aurait éventuellement pu lui réitérer sa promesse de lui trouver un boulot, une formule polie, juste pour la faire sortir de la pièce. Après tout, moi, j'étais en train de me geler dehors. D'accord, donc, en guise de premier acompte sur son allocation de prise de fonctions, il l'a embrassée. Un baiser, un échange de dupes, et hop, la voilà qui sort. Mais non, le silence a laissé place à une respiration âpre, et moi, je me mets en colère. Il aurait pu se servir de moi comme excuse pour la pousser à partir. Mais enfin, nom de Dieu, j'étais censé marcher jusqu'en Mongolie ? Il m'avait oublié.

« Je ne savais pas quoi faire. J'avais l'impression que ça n'en finissait pas et, à chaque seconde qui s'écoulait, j'étais de plus en plus en colère, et j'avais de plus en plus froid. Je me suis levé, lentement, et j'ai risqué un œil à travers la fenêtre. Elle avait retiré son haut, et les mains de Joe lui pétrissaient les seins comme une trayeuse en surrégime, méthodiquement, jusqu'à ce qu'elle finisse par enlever son soutien-gorge. Je n'arrivais pas à y croire. Et ensuite il a continué en se frictionnant le visage contre ses seins, comme un furieux, comme un maniaque. Et moi, il s'imaginait que je faisais quoi ? Il s'en moquait. Il continuait de caresser et d'embrasser cette poitrine énorme, comme un possédé.

« Elle ne lui opposait aucune résistance. En fait, elle avait l'air tout aussi excitée que lui, alors qu'il se montrait plutôt brutal. Elle aurait dû avoir un peu peur. Elle ne connaissait pas du tout cet homme. Elle venait simplement de voler et de risquer son poste pour lui. Maintenant, il l'empoignait de toutes ses forces et elle le laissait faire. Toujours debout, il la repoussa fermement contre le mur, en face de la fenêtre par laquelle je les observais. Les occupants des autres bungalows auraient pu entendre les avant-bras d'Helen gifler le mur pour éviter que sa tête ne s'y fracasse. D'une main, il l'a soulevée et elle l'a laissé faire. Ensuite, il s'est mis à la culbuter comme un animal. Il se moquait du bruit qu'ils faisaient et des trois téléphones portables bien en vue sur mon lit. Il se donnait à fond, avec cette petite grosse, sans aucune raison, uniquement parce qu'il en avait le pouvoir, et il m'avait complètement oublié. Il risquait le tout pour le tout et moi, je ne pouvais rien faire d'autre que regarder cette prise de risque absurde, charnelle, débridée.

« Bon sang, ce n'était pourtant pas le genre à manquer d'occasions de lever une fille.

– Qu'est-ce qui vous fait dire ça, Dennis ?

– Il m'en parlait tout le temps, comme un écolier, de ça et de sa voiture. On aurait cru qu'il n'avait jamais grandi. Apparemment, il avait un top model en guise d'épouse et pourtant il avait besoin de coucher à droite à gauche. C'est lui qui m'a emmené dans mon premier bordel, vous savez. Ma femme baisait tout ce qui bougeait. Elle m'avait déjà plaqué une fois et pourtant, c'était moi qui frissonnais dehors pendant qu'il tronchait cette grosse fille gratuitement. C'est quel genre de justice, ça ?

– Qu'avez-vous fait ?

– J'ai contourné le bungalow jusqu'à la porte d'entrée, en marchant aussi bruyamment que possible, et puis j'ai frappé à cette porte. J'ai frappé, je n'ai pas tapoté du bout des doigts ou je ne sais quoi. Il était trop tard pour se soucier du bruit. Il a chuchoté très fort : " Une minute ! ", un peu essoufflé, et puis il y a eu encore des chuchotis étouffés à l'intérieur de la chambre, avant qu'il ne glisse la tête par la porte d'entrée.

" Juste une minute, a-t-il répété, toujours haletant.

– Va te faire foutre !

– Désolé, Mitch ", a-t-il ajouté, et il a refermé la porte.

« J'ai l'impression qu'il était en train de la rassurer, il lui assurait que, même si j'étais plus ou moins au courant de ce qui venait de se produire, tout allait bien se passer, qu'elle n'avait rien à craindre. J'étais son associé. J'étais son ami. J'étais relax. J'avais froid, j'étais fatigué et écœuré par ce que je venais de voir. Vous savez, Alex, vous pouvez nourrir des soupçons sur vos amis et collègues, vous douter qu'ils sont capables de se conduire comme des bêtes, savoir à quel point ils peuvent se montrer stupides, irresponsables, mais quand ces soupçons se confirment, même les plus cyniques sont déçus.

– Vous étiez déçu ?

– Il s'est défendu en prétendant qu'il était soûl. Je ne voulais pas lui parler. Le lendemain matin, il fallait qu'on se lève à six heures. J'étais debout depuis cinq heures. Il a brandi son téléphone portable dans un geste de triomphe, comme si c'était un trophée. La vérité, c'était qu'il n'arriverait pas à joindre Sheere et, même s'il y parvenait, nous savions l'un et l'autre qu'il n'avait aucun argument valable pour l'empêcher de vendre. Je lui ai lâché qu'il était consternant et, vous savez, il l'a admis.

– Vraiment ?

– Oui. Qu'est-ce qu'on dit, déjà, de l'alcool ?

– Beaucoup de choses.

– Eh bien, en l'occurrence, l'alcool avait lubrifié la pente qui conduit d'une espèce de triomphe adolescent vers une espèce d'apitoiement sur soi proprement sénescent. Il s'est mis à me raconter que le mariage était une imposture, que sa vie était une imposture. Il m'a soutenu, Dieu lui vienne en aide, que j'étais son seul ami.

– Qu'avez-vous répondu ?

– Je lui ai répondu que la vie était une imposture et que, s'il ne me laissait pas dormir, je lui enfoncerais le téléphone dans la gorge.

Il m'a juré qu'il s'excusait et que le lendemain, il allait tout arranger. Il voulait que je me fie à lui, il remettrait tout d'aplomb au matin. Là-dessus, il s'est endormi et je l'ai imité. J'ai dormi profondément, d'un sommeil lourd, douillettement protégé par la chaleur de mon corps, contre l'orage qui approchait. »

10.

« À six heures le lendemain matin, " Célébration " martelait déjà les haut-parleurs du système de sonorisation – c'était ainsi qu'on sonnait le réveil dans la maison de fous. Nous devions nous rassembler pour une série d'exercices comprenant une épreuve contre la montre de deux kilomètres.

– De la course ?

– De la course ou du footing, ce dont nous serions capables, mais Brabet allait nous chronométrer. Les gens ne savaient pas trop ce qui les attendait. À six heures et demie, il faisait encore froid et à peine jour. L'essentiel de notre groupe restait planté, debout, à moitié endormi, hébété, encore un peu gêné de la séance de la veille au soir. Pamela avait l'air bizarre. Vous voyez ce que je veux dire ? Elle dégageait une espèce de jovialité quasi psychotique, elle saluait tout le monde comme si nous étions revenus très loin en arrière, comme si nous venions de passer notre bac ensemble avant de partir pour les tranchées. Elle avait pété les plombs. Cela se voyait dans ses yeux. À six heures du matin, elle avait son petit appareil photo de poche avec elle et elle prenait des instantanés. Elle a continué toute la journée. Elle était ratiboisée.

« Joe ne montrait aucun signe de gueule de bois. En fait, il était maintenu à flot par sa victoire nocturne, qu'il considérait comme double : il avait eu Helen, naturellement, et il avait aussi eu son téléphone portable, qu'avant de quitter notre bungalow il a fait sauter d'une main dans l'autre en caricaturant la leçon de jonglage de Brabet. Au moment de fermer la porte, il m'a donné de petites tapes dans le dos.

" Désolé de t'avoir forcé à veiller, Mitch, mais quand cette journée sera terminée, tu ne te souviendras que d'une chose, que je suis le type qui a récupéré le téléphone, qui a mis la main sur Sheere et l'a forcé à replonger dans Heatlh National. "

« Il y croyait sûrement. Je n'ai pas commenté. Mais je dois avouer que, lorsque l'heure est arrivée de courir ces deux kilomètres, j'ai déployé beaucoup plus d'efforts que je ne m'en serais cru capable. Au lycée, je courais beaucoup.

– Que voulez-vous dire par déployer beaucoup plus d'efforts ?
– Je tenais à battre Joe. Il s'entretenait en faisant de la gym et, même si ce n'était pas mon cas, j'étais déterminé à le battre, ou tout au moins à essayer.
– Et vous l'avez battu ?
– Non. Aucune chance. Il était affûté. Il est resté un moment à ma hauteur, à jogger en me racontant qu'il avait tout prévu, qu'il ne pouvait pas appeler trop tôt, car on était dimanche matin. Ensuite il a accéléré. Le temps que j'arrive sur la ligne de départ, Helen lui tournait déjà autour, et donc nous ne pouvions plus nous parler même si j'en avais eu envie. Toute la matinée, j'ai essayé de me tenir à l'écart mais, au début de la session de midi, il est venu me rejoindre, l'air assez content de lui, et il m'a raconté qu'il avait parlé à Mme Sheere, qui l'aimait, qui ferait n'importe quoi pour lui, et elle avait promis de convaincre son mari de le rappeler dans la demi-heure. Il m'a été épargné d'avoir à lui répondre grâce à Terry Brabet qui frappait dans ses mains, comme un phoque, pour attirer l'attention.

« Il nous a invités à sortir en plein air pour ce qu'il appelait un exercice de “ confiance ”. Il nous servait avant chaque séance sa bouillie pseudo scientifico-sociale. Il était incapable de vous envoyer courir sans avoir d'abord seriné une homélie creuse ou avoir rappelé qui il était, “ un consultant personnel avec une formation aux techniques des changements d'attitude ”. Vraiment, c'est ainsi qu'il se présentait. L'exercice de “ confiance ”, comme il l'appelait, était destiné à démontrer que, quelle que soit l'entreprise, si vous aviez une équipe unie pour vous soutenir, vous n'aviez rien à craindre. Aussi banal que ça. Le genre de choses auquel les gens ont envie de croire. Et qui ne sont pas vraies.

« Sur la pelouse, devant la salle à manger, il y avait un mât. Brabet s'était organisé pour que l'on y fixe une échelle. Le sommet de l'échelle était à environ quatre mètres ou quatre mètres cinquante du sol. Nous devions grimper à cette échelle chacun notre tour. On devait endosser chacun son tour le rôle de ce que Brabet appelait le « grimpeur », et se tenir debout en haut, face au mât. La distance entre le barreau sur lequel vous étiez censé poser le pied et le sol était d'environ trois mètres.

« Je n'étais pas le premier grimpeur. Je devais être en dixième position. J'étais sans doute le dernier des hommes. Aux différents stades de l'exercice, vous étiez supposé lancer différents signaux, selon une sorte de rituel à la manière de *Sa Majesté des Mouches*. “ Grimpeur en ascension ”, voilà ce que vous étiez censé crier en montant à l'échelle. Quand vous arriviez sur le barreau du haut ou celui d'avant, vous deviez agripper une corde nouée au sommet du mât. Agripper cette corde était un signal donné au reste du groupe, en bas, auquel Brabet avait demandé de se répartir en deux rangs parallèles, face à l'échelle. Quand les autres voyaient le grimpeur attraper la corde, ils devaient le signaler, en s'écriant : " Attrapeurs prêts ".

« Quand vous les entendiez s'exclamer, quand votre peur était submergée par le désir d'en finir avec tout ça, de montrer que vous étiez autant un homme que tous les autres hommes présents, quand votre colère envers ces gens au-dessous de vous, envers le monde, envers l'imminence de votre licenciement était devenue la raison principale de votre tremblement, quand vous aviez largué de votre mémoire les lois les plus élémentaires de la physique, vous deviez vous écrier : " Grimpeur tombe ", lâcher la corde et basculer en arrière vers cette mer de mains et de bras qui tous étaient de taille, de musculature, de fermeté hétérogènes (sans parler du degré de concentration de leurs propriétaires).

" Grimpeur tombe ", me suis-je écrié, exactement comme on me l'avait demandé.

« En appelant cela un exercice de confiance, Brabet se trompait. C'était un exercice d'évacuation totale (quoique momentanée) de l'esprit. Et comme les êtres humains le pratiquent quotidiennement – quand ils conduisent en ayant bu, quand ils choisissent un boulot, quand ils partent pour la guerre, quand ils se marient –, la démonstration était inutile. Nous sommes tous des démonstrations incarnées de cette capacité. J'en suis une démonstration incarnée. Non que j'aie eu une confiance illimitée en Joe Geraghty. Seulement, je ne m'attendais pas à ce qu'il farfouille dans ses poches à la recherche de son portable au moment où je tombais. Combien de chances y avait-il pour que cela arrive ? Combien de chances, Alex ? N'importe quel individu un peu instruit aurait misé son argent sur l'improbabilité d'un tel geste.

– Dennis...

– Bouclez-la. Bien sûr que je pleure. Vous devriez m'entendre, au milieu de la nuit. Je beugle comme un nouveau-né. Et personne ne vient. Personne n'allume la lumière pour voir si je vais bien. Et je ne vais pas bien. C'est la raison pour laquelle je me suis mis à l'appeler, elle. C'est la vraie raison, si vous voulez savoir la vérité.

– Dennis, je vous l'ai dit, cela m'est égal de...

– La vérité, cela vous est égal ?

– Bien sûr, cela m'importe d'entendre tout ce que vous pouvez me confier...

– Alors bouclez-la et laissez-moi terminer. Je n'ai pas encore fini. Tout ça pour ça... Vous ne voyez pas, Alex ? Perdre mon temps, m'entraîner à devenir inemployable comme physicien, obtenir un boulot dans un secteur en pointe, grimper dans l'entreprise, échelon après échelon, frayer avec des gens comme Sid Graeme et Joe Geraghty, tout ça avait servi à me pousser jusqu'en haut de cette échelle et m'en faire tomber. Mon père, lui, n'avait jamais eu à se plier à ce genre d'exercice pour gagner sa vie.

– Vous m'expliquiez qu'il était peintre. Dans son travail, il a bien dû grimper à des échelles.

– Oui, mais personne ne souhaitait qu'il en tombe, personne ne lui a donné pour instruction de se laisser basculer en arrière. Il n'a jamais reçu de lettre du siège lui ordonnant de commettre un suicide. Ses yeux, les yeux que j'ai hérités, n'ont jamais été enflammés ou gonflés comme les miens maintenant, par des mois de pleurs irrépressibles. Il ne gagnait pas grand-chose ; il n'a jamais eu d'année exceptionnelle. À Noël, il recevait en général un petit pique-nique de la compagnie, du jambon, des tartelettes avec une pâte de fruits secs, de la poudre aux yeux. Quand il rapportait ça à la maison, on trouvait qu'on avait de la chance. Quelle chance il avait de pouvoir regarder tout le monde dans les yeux, vraiment tout le monde.

– Regarder les gens dans les yeux, pourquoi ne pouvez-vous pas regarder les gens dans les yeux ? Je ne comprends pas, Dennis. Parlez-vous de moralité ?

– Je peux vous parler de moralité, si vous voulez. Je n'ai jamais su, mais je saurais, là, maintenant. Dans mon travail, je prenais des verres, je déjeunais ou je dînais régulièrement avec des gens, surtout des hommes, qui racontaient des choses... ils lançaient des pistes qui laisseraient une personne extérieure à ce métier le souffle coupé, incrédule. Je leur faisais la cour, à ces types-là. Un type... il travaillait sur les marchés émergents...

– Qu'est-ce que ça signifie ?

– Investissements dans le tiers-monde. Il répétait sans arrêt que le meilleur moment pour acheter, c'était quand il y avait du sang dans les rues. Comme ça, vous pouviez tout obtenir à moitié prix. Il me parlait souvent de ses voyages en Thaïlande, en Indonésie, au Brésil, en Afrique du Sud. Il arrivait en avion, se faisait accueillir à l'aéroport par une limousine blindée, escorter dans les rues par une milice privée pour aller inspecter tel ou tel site d'exploitation de ressources naturelles. Il discutait dans son téléphone satellitaire avec Sydney, Londres, New York, Singapour tandis que sa voiture longeait des alignements de bidonvilles, d'égouts à ciel ouvert et d'enfants crottés qui, disait-il, regardaient la limousine comme les lapins regardent fixement le faisceau des phares, la nuit. De temps à autre, le chemin de terre était barré par une foule en colère manifestant contre ceci ou cela. La voiture ralentissait et, avant qu'il ait pu s'enquérir de ce que ces gens voulaient, les deux ou trois manifestants les plus proches étaient abattus par la milice. Ensuite, on dispersait les autres et il fonçait pour rattraper le temps perdu. “ Rien que deux ou trois, pas plus, se défendait-il. Ce n’est pas moi qui ordonnais de tirer. ”

« Sur le trajet du retour, il ramassait un ou deux gamins et les ramenait avec lui à son hôtel. Il disait ça comme on raconte qu’on a réussi à se faire surclasser dans un avion ou à se garer sur une place livraison le temps de prendre des billets de spectacle. Je déjeunais régulièrement avec cet homme. On se servait l’un de l’autre. Une fois, lors d’un déjeuner, il a vu un vieux bonhomme visiblement dans le dénuement à travers la vitrine du restaurant. Il m’a lancé : “ Regardez ce type qui erre comme ça. On devrait tous les rassembler et leur coller de grands panneaux d’affichage sur le dos, comme ça quand ils traînent, ils se rendraient utiles. Ce serait une initiative doublement gagnante. ” Mon père n’aurait jamais rencontré quelqu’un qui s’exprime ainsi.

– Votre père n’avait pas vos aspirations.

– Mon père n’en avait pas besoin.

– Une certaine dose d’ambition, c’est très sain.

– Sain ! Regardez-moi, nom de Dieu ! Vous avez écouté un mot de ce que j’ai dit ?

– Oui, j’ai écouté, mais je n’ai pas très bien saisi qui vous rendiez responsable de votre état actuel. Les gens comme ce compagnon de vos déjeuners, qui intervenait sur les marchés émergents, Sid Graeme, Gorman, le directeur général ? Votre épouse, Terry Brabet... ?

– N’oubliez personne, doc.

– Joe Geraghty, bien entendu. C’est à lui que vous pensez ?

– Vous parlez enfin sérieusement. Comment s’appelait-elle déjà ? Pamela... Elle prenait des photos, et Helen faisait le “ receveur ”, comme au baseball. Elle a photographié la chute ; on peut la voir. Elle m’en a remis un tirage. Je peux à peine regarder cette photo. C’est lui, Alex.

– J’ai un autre bouc émissaire à vous soumettre. Vous vous en voulez, n’est-ce pas ?... Dennis ? Vous croyez que ce qui vous est arrivé est une punition pour avoir dîné avec le diable, n’est-ce pas ?... Dennis ? Racontez-moi ce qui s’est produit après que vous avez lâché la corde. »

11.

« Je suis tombé en arrière sur cette haie de mains de hauteur inégale. Il devait y avoir dix-neuf personnes debout là, en bas, à m'attendre, neuf sur ma gauche, neuf sur ma droite et une au milieu pour rattraper ma tête, trente-huit bras tendus, la paume tournée vers le ciel. Mais Joe Geraghty, probablement la personne la plus forte du lot, était distrait. S'il avait eu la responsabilité de me rattraper la tête, je serais sans doute mort au lieu de simplement... souhaiter...

– Au lieu de simplement souhaiter l'être ?

– Au début, c'était étrange, car je n'ai rien senti... je n'ai pas éprouvé de “ douleur atroce ” ni rien de ce genre. Je me sentais comme si on m'avait flanqué un coup de poing dans le dos, comme si j'avais reçu un énorme coup de poing pile au milieu du dos, asséné par un poids lourd. J'ai indiqué à Pamela ce que je ressentais et je me souviens qu'elle m'a conseillé d'en parler à Brabet, qu'il pourrait éventuellement m'aider mais, légèrement étourdi, je n'ai rien dit. À ce moment-là, il nous présentait l'exercice suivant, où il était encore question de cordes.

– Donc vous avez pensé vous être fait mal, mais vous avez quand même continué ?

– Eh bien, j'étais un peu azimuté. La douleur immédiate, suite à l'impact, avait diminué et je me suis figuré... Tout le monde avait vu ce qui m'était arrivé et personne n'avait l'air de se comporter comme si c'était très grave. Au bout du compte, ils avaient tous franchi l'épreuve, même le plus timoré, et ils avaient l'air d'aller bien. Comme je l'ai dit, la douleur immédiate diminuait. J'imagine que je devais être en état de choc et donc j'ai suivi les autres pour entamer l'exercice suivant.

« En tendant un mètre cinquante de corde à un mètre vingt audessus du sol, Brabet avait délimité un espace qu'il appelait la “ prison ”. Il nous a séparés en deux groupes de dix et chaque groupe avait pour tâche, chacun son tour, de sortir tous ses membres de prison sans passer sous la corde ou sans même la toucher. Le temps que vienne le tour de mon groupe, ma jambe a commencé à se raidir.

– Dennis, je suis désolé, là, je suis obligé de vous interrompre. Vous m'expliquiez que sur le moment, lorsque vous êtes tombé, pendant le premier exercice, Joe Geraghty tripotait son téléphone. Je crois que vous avez employé le terme “ farfouiller ”. C'était parce qu'il recevait cet appel ? Il s'entretenait avec Donald Sheere ?

– Non. C'est ce que j'ai cru moi aussi, mais après, quand je lui ai demandé ce qu'il fabriquait avec ce téléphone, il m'a répondu qu'il l'éteignait, tout simplement, pour qu'il ne sonne pas pendant que je sautais. Pour être plus présent à mes côtés... Alex, il ne raconte que des conneries. Il vous répondrait n'importe quoi pour échapper à sa responsabilité,.

– Mais vous auriez entendu la sonnerie.

– Peut-être. Peut-être pas. J'avais la tête à cinq mètres au-dessus du sol, et j'étais sur le point de me laisser tomber en arrière. Je l'ai peut-être entendue, mais j'ai aussi pu oublier.

– Oublié de l'avoir entendue ?

– Bien sûr, pourquoi pas ? Après tout ce qui m'est arrivé.

– Mais, Dennis, quelqu'un d'autre l'aurait entendue. Brabet l'aurait entendue, et confisqué l'appareil. Il aurait réprimandé Joe Geraghty, appliqué ses procédures pour faire de lui un exemple, et éventuellement même cherché à découvrir comment il avait récupéré ce portable. Vous ne vous souvenez pas de décisions que Brabet aurait pu prendre en ce sens ?

– Je venais de tomber à la renverse, une chute de plus de quatre mètres.

– Mais vous n'étiez pas commotionné et, sur le moment, vous ne saviez rien de l'étendue de vos blessures.

– Non, et alors ?

– Donc, si Joe s'était fait prendre avec son téléphone, vous auriez eu conscience du remue-ménage qu'il aurait provoqué. Comme vous n'en conservez aucun souvenir, c'est probablement qu'il ne s'est rien produit de tel. Joe vous a donc répondu la vérité. Sans doute a-t-il bien éteint son portable afin d'être attentif au moment de la réception. Surtout si Sheere ne l'a pas rappelé...

– Alex, il l'a rappelé. Sheere a téléphoné. Je ne sais pas quand, au juste. Peut-être pas à ce moment-là, mais peu importe. Ce coup de téléphone n'a plus aucune importance. Joe n'est pas arrivé à convaincre Sheere de changer d'avis. Je le savais, et Joe le savait aussi. Sheere n'avait rien à perdre dans cette vente. Lorsque Joe m'a informé de ce coup de téléphone, je souffrais le martyre. Cela m'était égal, désormais. Je bouclais mes bagages pour repartir un jour plus tôt que prévu, mais tout était fini.

« Ma jambe était de plus en plus douloureuse. J'ai cru que c'était à cause d'un tendon. Je tournais autour de mon bungalow en boitant, et lui, il essayait de m'expliquer ce que lui avait répondu Sheere. Cela m'était égal, désormais. J'étais furieux contre lui. Je souffrais le martyre, c'était sa faute et lui, il ne se souciait que de son boulot. Je l'ai insulté et il m'a conseillé de reposer ma jambe, de prendre un antalgique, en insistant pour qu'on garde notre sang-froid. Si nous voulions réfléchir à un moyen de nous sortir de ce merdier, il fallait conserver la tête froide. Cet idiot est incroyable.

« J'ai roulé jusqu'à la maison, je sentais la moindre bosse de la route, la moindre brindille, le plus petit atome de gravier délogé de sa gangue de goudron. Quand je suis arrivé chez moi, il était déjà tard dans la soirée et c'est tout juste si j'ai pu m'extraire de la voiture. J'étais incapable de marcher normalement. Il fallait que je boitille, en grimaçant, en nage, jurant entre mes dents. J'ai lancé un " hello " faiblard à la cantonade, à toute la famille, qui a dû être surprise de me voir rentrer si tôt, et je me suis dirigé lentement vers mon lit. Patricia est montée au premier, intriguée par ce retour prématuré. La dernière fois que c'était arrivé, cela l'avait vraiment dérangée. Cette fois, rien ne suggérait la moindre infidélité, quoique, dans mon état, les indices qu'elle m'avait appris à repérer m'auraient sûrement échappé. Même la présence d'un amant de l'autre côté de mon lit m'aurait échappé.

« Elle est montée à l'étage et m'a considéré avec l'air de penser que l'événement n'augurait rien de bon pour elle. Quand j'ai eu terminé de lui raconter ce qui m'était arrivé, elle m'a répondu, les mains calées sur les hanches, que j'étais trop vieux pour courir partout au lieu d'aller au travail. Je me payais une semaine de vacances et, à peine rentré, je filais droit au lit pour me faire plaindre. Alors qu'elle, elle n'avait pas un moment de repos, et elle avait la " responsabilité de l'éducation des enfants ", pour reprendre ses termes. Cela ne faisait pas une semaine. Cela ne faisait que trois jours. Et ce n'était pas des vacances. Toutes les invectives que son vocabulaire lui permettait y sont passées. Elle sortait de la chambre quand j'ai marmonné que très bientôt j'allais perdre mon boulot. Elle n'a pas eu l'air d'entendre.

« La douleur était implacable. Incapable de trouver le sommeil, je suis resté immobile en nage, sur les nerfs. Vers une heure du matin, je suis allé me mettre sous la douche, clopin-clopant. La chaleur m'a fait du bien. Mais j'ai eu le plus grand mal à me sécher et, le temps que je retourne dans mon lit, l'effet palliatif de l'eau chaude avait disparu. J'ai confié à Patricia que j'étais inquiet. Elle me tournait le dos et ne m'a rien répondu, mais je sais qu'elle était éveillée. " Je suis dans un sale état. Je ne sais pas ce qui ne va pas. Je crois que je devrais aller à l'hôpital.

– O.K. ", a-t-elle murmuré.

« Elle n'a pas bougé. J'ai enfilé des vêtements. J'étais incapable de peser sur ma jambe, donc mes gestes étaient d'une lenteur incroyable et, malgré le froid, le temps d'arriver à la voiture, j'étais de nouveau en nage. Les rues étaient tranquilles, mais tout le monde ne dormait pas. Quand je suis arrivé aux urgences, j'ai eu l'impression que la totalité de la ville ou presque s'y était donné rendez-vous. On m'a indiqué qu'il y avait une file d'attente, que mon tour viendrait dans cinq ou six heures. Je suis retourné chez moi et, après avoir regagné le salon dans le noir, je suis resté adossé au mur, au-dessus du chauffage. C'est alors que je me suis mis à... pleurer, qu'apparemment j'ai...

« À huit heures et demie, le lendemain matin, je me suis rendu en voiture chez le généraliste du quartier, je lui ai raconté ce qui s'était passé et que je pensais m'être déchiré un tendon. Il m'a examiné un peu superficiellement et m'a appris que le problème concernait mon dos, pas un tendon. Il m'a adressé à un kinésithérapeute au bout de la rue, en m'assurant, après l'avoir appelé, qu'il allait me recevoir tout de suite.

« Maintenant, Alex, imaginez que je souffrais rien qu'en frappant à la porte du médecin, sans parler de descendre l'escalier de son immeuble jusqu'à ma voiture. À partir de ce moment, la douleur est devenue permanente. Le kinésithérapeute a observé la façon dont je m'avançais vers lui et m'a déclaré qu'il ne me toucherait pas sans avoir d'abord vu une radio. Il craignait que la blessure ne soit sérieuse. Je suis allé quelque part passer des radios, à la suite de quoi on m'a diagnostiqué de multiples fractures des vertèbres lombaires et du sacrum, L4, L5 et S1, pour être précis. En plus, je souffrais d'un prolapsus d'un disque vertébral, qui écrasait un nerf de la jambe gauche. Pendant trois mois, je n'ai pas dormi une seule nuit dans mon lit. Quand je n'étais pas à l'hôpital, je dormais au rez-de-chaussée, dans le salon, plié en deux sur une table basse.

« La douleur a pris le contrôle de mon existence. J'avais des poignards chauffés au rouge qui me perçaient le dos. Je n'ai ni mangé ni dormi pendant quatre jours, jusqu'à l'admission à l'hôpital, où, enfin, on m'a fait une piqûre de péthidine. La douleur était insoutenable, tellement que, durant ces quatre jours, la seule chose qui m'a empêché d'en finir, là, tout de suite, ç'a été ma propre invalidité. J'étais physiquement trop handicapé pour passer à l'acte. Je ne crois pas, en fait, je suis tout à fait sûr que vous ne comprenez pas la nature de cette douleur. Les muscles qui rattachent la cheville au tibia étaient arrachés. Ils ne se relâchaient jamais. Ils étaient contractés en permanence.

« Le généraliste que j'avais consulté en premier était parti en congé. Le seul autre médecin que je connaissais était celui que Patricia avait honoré autrefois, quand elle était enceinte, et il n'effectuait pas de visites à domicile, en tout cas pas chez nous. Je ne pouvais pas retourner à l'hôpital, parce que je n'étais pas catalogué comme une urgence, et puis on manquait de lits. À peine le généraliste a-t-il été de retour que j'ai déboulé chez lui avant même qu'il vienne me voir avec de la péthidine. Il a réussi à me faire admettre à l'hôpital. J'y suis resté huit jours. Il était prévu de laisser le prolapsus se corriger de lui-même. Pour de la péthidine, j'aurais accepté n'importe quoi.

« Les premiers jours, avant mon admission, j'ai connu l'enfer. Je me souviens d'être resté couché en travers de la table basse en plein milieu de l'après-midi, à pleurer. La maison était déserte et le téléphone n'arrêtait pas de sonner. Chaque fois, le répondeur prenait l'appel. C'était la secrétaire de Gorman. La première fois, elle était polie, mais les appels suivants attestaient qu'elle s'était s'imprégnée de la colère patronale. Gorman devait être furieux contre moi. Suivant les instructions de Sheere, Joe avait dû se débarrasser des titres Health National et, ce faisant, commettre un suicide professionnel; l'entreprise, en tant que garant, allait devoir supporter les pertes consécutives à l'insuffisance des souscriptions. Gorman n'allait pas se contenter du scalp de Joe – qu'il a obtenu dans la semaine, comme je l'apprendrais plus tard. Non, avant de me prier de prendre la porte, il ferait en sorte de me clouer au pilori. Mon absence en un moment pareil lui paraissait délibérée, peut-être même préméditée, et du coup, sa secrétaire se retrouvait implicitement accusée de négliger son devoir – en l'occurrence celui de mettre la main sur moi. Si ça continuait, on finirait par réclamer l'intervention des ressources humaines, et la secrétaire de Gorman me haïrait. Elle flairait l'odeur du sang, et cela s'entendait aux messages de plus en plus cassants qu'elle laissait sur le répondeur.

« Ils me parvenaient comme une sorte d'arrangement sur la bande-son du délire que je traversais. Quand Patricia les a entendus, le premier jour, elle a ajouté à la liste des reproches celui de la laisser tomber. Un peu plus tard, de peur que mon absence me coûte mon boulot, elle a pris sur elle de leur annoncer ce qui m'était arrivé. À ce moment-là, j'étais à l'hôpital.

« Le huitième jour, on m'a placé dans une énorme coquille, administré une dernière piqûre de péthidine et renvoyé chez moi. En quarante-huit heures, la douleur était de retour, plus méchante qu'auparavant. J'ai consulté un neurochirurgien, qui a recommandé une intervention, mais à ce moment-là, comme la blessure était assimilée à un accident du travail, le dossier n'était plus entre les mains de mon assurance santé. Il était indispensable que l'intervention reçoive l'aval de l'assurance professionnelle. Il a fallu six semaines à l'assurance professionnelle pour étudier le dossier, établir une contre-expertise, et finaliser la paperasse. Au cours de ces six semaines, j'ai vécu nuit et jour affalé sur la table basse au rythme des anti-douleurs administrés une fois toutes les six heures. Patricia était furieuse contre moi, comme si je m'étais infligé cette blessure par esprit de vengeance. Elle a cessé de me préparer à manger. “ Il y a de quoi dans la cuisine. Va te servir. ” Heureusement, mon appétit était loin d'égaler la douleur. À l'occasion, le médecin de quartier passait m'administrer une piqûre de morphine.

« L'opération a duré sept heures. Ils ont cerclé mes trois dernières vertèbres dans une cage en métal spécialement usinée pour moi, reliée au bassin par des tiges. Ils m'ont prélevé de l'os à hauteur des hanches, qu'ils ont greffé sur les onze fractures de ma colonne vertébrale. Quand je me suis réveillé, un écheveau de tubes sortait de mon corps. Pendant dix jours, je n'ai pas été autorisé à manger. La veille de l'opération, on m'avait prévenu : il y avait dix pour cent de chances que je ne puisse plus marcher, trente pour cent que la souffrance soit identique, soixante-dix pour cent qu'elle diminue. Qui résiste à de pareils pourcentages ? N'est-ce pas, Alex ?

« Pendant ces dix premiers jours, je n'ai pas souffert, grâce aux doses régulières de morphine ; malgré l'attente du résultat de l'intervention, être affranchi de la douleur procurait un sentiment de liberté inimaginable. L'angoisse de l'avenir se manifestait de manière disons purement cognitive, en d'autres termes, je ne l'*éprouvais* pas. Le seul aliment que j'absorbais par la bouche était, de temps à autre, un glaçon qu'on me glissait entre les lèvres. Tout le reste, je le prenais par intraveineuse. Ils refusaient de me laisser manger tant que mes intestins n'auraient pas repris leur fonctionnement, interrompu par l'opération.

« Mes quatre premières tentatives pour marcher furent des échecs. Non seulement je n'exerçais plus aucun contrôle sur ma jambe gauche mais j'étais pris d'étourdissements du fait d'être resté si longtemps allongé sur le dos. J'ai entamé des soins intensifs de kinésithérapie – que je suis toujours, d'ailleurs. L'équipe de l'hôpital me soutenait énormément. Leur idée, c'était de stimuler les muscles par des massages ; on me soulevait la jambe, on me pliait le genou, on me faisait pivoter le pied... Mais je souffrais de spasmes musculaires. Tout mon corps voulait dormir sauf ma jambe gauche qui n'arrêtait pas de danser et personne n'était capable de m'indiquer quand cela cesserait. J'avais perdu trente-cinq kilos. J'étais là pour quatre semaines, et j'ai dû attendre les trois derniers jours pour avoir la certitude de marcher à nouveau. C'est à ce moment-là qu'ils m'ont retiré la morphine.

– Est-ce que quelqu'un vous a rendu visite ?

– Mes parents sont venus de Mildura. Patricia m'amenait James une fois par semaine, les dimanches, je crois. »

12.

« Vers la fin de mon séjour à l'hôpital, j'ai enfin pu me sortir de mon lit et marcher jusqu'aux toilettes. J'étais dans le service de neurologie ; je partageais une chambre avec trois autres patients, tous des hommes. Mon deuxième jour de marche jusqu'aux toilettes, alors que j'enfilais lentement mon pantalon sur ma jambe tremblante, un des trois malades, dont la tête était rasée et couturée d'agrafes, s'en est pris à moi. Il m'a empoigné et m'a accusé d'avoir fait l'amour avec sa femme, là, dans les toilettes. Ensuite, il m'a pris pour elle. Il a soulevé sa tunique d'hôpital et il a essayé de me monter dessus. Je l'ai repoussé du mieux que j'ai pu et ça l'a mis en colère. Il m'a flanqué un coup de poing que j'ai réussi à éviter en baissant la tête. Il a fallu que je m'accroche à lui pour ne pas m'effondrer par terre. Il bandait encore. Je le sentais contre moi. Tous ces mouvements me faisaient un mal de chien. Pendant tout ce temps, j'appelais à l'aide. Un autre de mes voisins de chambre a appuyé sur la sonnette et deux infirmières sont arrivées.

« Par la suite, il s'est rétabli suffisamment pour en éprouver du remords. Sa femme a dû apprendre l'incident car elle était gênée, elle aussi. Il se trouve qu'ils vivaient à Mildura. Récemment, au cours d'une visite à mes parents, je l'ai cherché. Il est au chômage maintenant, et il habite seul. Sa femme est partie. Il a tout perdu. Il était enseignant.

– Est-ce que quelqu'un d'autre vous a rendu visite ?

– Oui, un jour, peu de temps après l'opération, j'ai reçu la visite de gens qui étaient au séminaire avec moi. Pamela était parmi eux. C'est alors qu'elle m'a donné ces photographies, celles qu'elle avait prises, y compris celle de ma chute.

– Ce sont ces photos-là ?

– Oui. Vous pouvez les regarder, si vous voulez. Moi, je ne peux pas. Ils avaient même réussi à amener Terry Brabet. Vous imaginez ? Défoncé comme je l'étais, eh bien, malgré tout, j'y croyais pas. Il n'est pas vraiment entré dans la chambre, il est resté sur le seuil, il a levé la main droite en l'air et il m'a adressé un " salut " un peu hésitant. J'aurais dû lui répliquer : " Regardez jusqu'où je suis sorti de ma zone de confort ! " Ensuite, il s'est éclipsé. Il était incapable de garder les yeux posés sur moi.

– Est-ce que Joe Geraghty est venu ?

– Oui, mais pas avec eux. Il est venu et ça, je m'en souviens bien. Il est venu un soir, à l'heure où personne n'était supposé être là. Après les heures de visite. Les trois autres étaient endormis et comme, de toute manière, j'étais tout le temps dans les vaps, j'ai d'abord cru que je rêvais ou que j'hallucinais. Il a approché une chaise, il s'est assis à côté de moi. Quand il s'est penché en avant, j'ai senti son haleine chargée d'alcool. J'ai fait semblant de dormir, mais cela ne l'a pas empêché de me chuchoter à l'oreille.

" Mitch. Mitch, tu m'entends ? C'est moi. C'est Joe... Espèce de vieux saligot. Qu'est-ce qui t'est arrivé, bordel ? Je ne sais pas si tu m'entends... Mitch ? Je suis fini. Gorman m'a débarqué. Sheere ne répond pas à mes appels. Je voudrais bien que tu te réveilles... J'ai plein de temps libre, maintenant, Mitch. Ma femme... ”

« Alex, il était quasiment en larmes. Je n'arrivais pas à y croire. Il avait l'audace de venir ramper dans ma chambre d'hôpital à moitié soûl, et de pleurer sur son sort après tout ce qui s'était passé, après tout ce qu'il avait fait.

– Dennis, quand avez-vous regardé ces photos pour la dernière fois ?

– Je ne sais pas. Pamela me les a données à l'hôpital. Je les ai regardées à ce moment-là. Je ne crois pas les avoir revues depuis.

– Ç'a été la seule fois que vous avez regardé cette photo, celle où vous tombez ?

– Oui, je crois.

– Jetez-y un œil, maintenant.

– Non.

– Je crois que vous devriez.

– Non.

– Je crois que vous devriez.

– Allez vous faire foutre. Qu'est-ce qui m'y oblige ? Je sais ce qui s'est passé.

– Vous connaissez les conséquences de ce qui s'est passé.

– Nom de Dieu, Alex. Qu'est-ce que vous me racontez, maintenant ?

– Brabet vous avait assuré, m'avez-vous expliqué, que chaque “ grimpeur ” était réceptionné par neuf personnes à gauche, neuf personnes à droite et une à la tête.

– Ouais. Et alors ?

– Regardez la photo.

– Non.

– Jetez-y un œil. Ils sont neuf sur la gauche, neuf sur la droite et il y en a un pour vous rattraper la tête. On voit Joe Geraghty, là, sur la gauche, non ?

– Allez vous faire foutre !

– C'est lui, n'est-ce pas ? Il n'a pas les mains dans les poches. Il ne tripote pas son téléphone. Ses mains sont prêtes à vous rattraper. Il a fait ce qu'il a dit, n'est-ce pas ?

– Qu'est-ce que c'est que ces conneries ?

– Ce que je suis en train de vous dire, c'est que tout le monde a fait ce qu'on lui a demandé, y compris vous. Joe était là pour vous rattraper. Il ne vous a laissé tomber que dans la mesure exacte où vous vous êtes laissé tomber vous-même. Vous possédez une formation de physicien, Dennis. Vous auriez dû voir que cet exercice était mal conçu, qu'il était dangereux en soi. Même avec tous les participants agissant comme demandé, il était extrêmement probable que quelqu'un se blesse.

« Regardez ces bras tendus, Dennis. Regardez-les, ils sont en attente de vous recevoir, tous à différentes hauteurs, tous à des degrés de fermeté divers. Vous êtes un homme d'un mètre quatre-vingts pesant environ quatre-vingts kilos, et vous vous êtes laissé volontairement tomber en arrière d'une hauteur d'environ quatre mètres parce qu'un personnage que vous aviez déjà traité de charlatan vous avait prié de le faire et que les autres en avaient fait autant. Il suffisait d'un ou deux bras qui lâchent. Pas étonnant que vous ayez eu l'impression de recevoir un coup de poing dans le dos. Pas besoin d'être docteur en physique pour percevoir à quel point c'était dangereux, et pourtant, tout docteur que vous êtes, vous avez sauté. Allez-y, pleurez...

– Bouclez-la ! Bouclez-la, merde !

– Injuriez-moi, Dennis. Faites porter la faute à Joe Geraghty...

– Quand je bouge, ça fait un bruit de ferraille. J'ai l'impression d'avoir un putain de Meccano installé dans le dos.

– J'imagine ce que vous ressentez.

– Si je n'avais pas trois séances de kinésithérapie par semaine, je ne pourrais pas marcher du tout. Vous savez combien de fois je dois m'y reprendre avant d'arriver à enfiler mon pantalon ? J'ai une méthode pour mettre mes chaussettes. Je lâche la chaussette par terre et, avec mon pied droit, je la maintiens au sol, ensuite j'attrape ma jambe gauche et je la pousse littéralement dans la chaussette. Une spécialiste de la rééducation est venue chez moi m'apprendre à mettre mes chaussettes, mais quand je bascule, elle n'est pas là. Ce sont les pires moments, surtout quand je suis seul. C'est là que je crie. C'est là que je lance des objets. Je fais beaucoup de chutes. Quand je passe une journée sans tomber, j'ai de la chance, et une fois que je suis par terre, cela m'est très difficile de me relever, à moins de trouver un appui. Je tombe plus souvent aujourd'hui que du temps où j'étais gamin...

– Allez-y, Dennis, voyons si vous arrivez à me tirer des larmes.

– Écoutez, je marche et mon pied bute sur le sol. Si je ne le lève pas assez haut, mes orteils frottent par terre. Je suis aussi tombé en public. Là, c'est vraiment gênant. Une fois, mon bras m'est rentré dans l'épaule, à hauteur de l'articulation, et il est resté bloqué dans cette position.

– C'est terrible, et tout ça, par la faute des autres, n'est-ce pas, Dennis ?

– Vous êtes malade, Alex. Vous êtes vraiment un malade, de me sortir une réflexion pareille.

– C'est la faute de Terry Brabet, la faute de Joe Geraghty. Écoutez-vous, Dennis. Vous n'êtes responsable de rien. Vous avez de la chance que tout cela soit arrivé avant que la gestion des soins intégrée n'ait été adoptée et qu'elle n'ait pu limiter la prise en charge de votre rééducation...

– Donc c'est de ça qu'il s'agit, espèce de misérable enfoiré. On devrait vous radier.

– Mais je connais un peu la physique, non ? Continuez, Dennis. Je ne pleure toujours pas.

– C'est comme ça que vous prenez votre pied, vous, les psy ?

– Allons, Dennis, vous êtes capable de mieux faire. Et votre épouse, Patricia ? Vous ne l'avez plus mentionnée depuis un moment.

– Elle s'est fatiguée de m'emmener chez le kiné. Ce n'était pas commode, selon elle. Elle a fini par refuser. Toute cette histoire la rendait amère. Elle me répétait qu'elle se sentait flouée, volée. Ça ne cessait d'empirer, toute cette colère qui grandissait en elle, jusqu'à ce qu'un jour... elle...

– Quoi ?

– Notre fils était malade. Elle a dû aller le chercher plus tôt à l'école et, au moment même où ils se sont arrêtés dans l'allée de la maison, il a vomi dans la voiture. Moi, j'étais toujours affalé sur la table basse, dans le salon. Je l'ai entendu crier quand elle a ouvert la portière de la voiture. Elle a franchi la porte d'entrée en trombe, en appelant la femme de ménage – elle était venue, ce jour-là, mais elle était déjà repartie. J'imagine que Patricia aurait souhaité qu'elle nettoie les sièges de la voiture. Je ne sais pas. Mais après avoir crié son nom à plusieurs reprises, elle a dû réaliser qu'elle avait filé. Elle a constaté qu'on avait laissé l'aspirateur dans le living, qu'il n'avait pas été rangé, et ensuite elle m'a vu étendu là, comme d'habitude, la tête levée vers elle. Elle s'est mise à m'expliquer que James, " notre fils ", était assis dans la voiture au milieu de son vomi. Elle était hors d'elle. On aurait dit qu'elle ne savait pas s'il fallait crier ou pleurer. Ensuite elle s'en est prise à moi.

" Si tu t'imagines que je vais rester la femme d'un invalide pour le restant de mes jours, tu te trompes. J'ai eu un homme, un vrai, une fois, mais comme une idiote, je suis revenue vers toi. Tu n'es pas un homme. Tu n'es qu'un... qu'un infirme, un inutile. "

« Elle hurlait et elle était... elle me giflait la figure, elle me frappait avec l'embout de l'aspirateur. J'étais par terre, je me couvrais le visage avec les bras, j'essayais d'atteindre le mur pour me relever. Et ensuite je me suis retourné et je l'ai regardée, le dos contre la porte. Je me suis aperçu que James était là, lui aussi, debout. Il se tenait debout derrière elle, dans sa chemise tachée de vomissures Il l'avait vue me frapper. Il avait tout vu. Je l'ai appelé. J'ai juste... prononcé son nom, et... il a vomi de nouveau, pile à l'endroit où il était. Plus ou moins à ce moment-là, mon mariage a pris fin.

« Ce n'était pas la première fois que James m'avait entendu me faire traiter d'infirme. Ce n'était même pas la première fois qu'il la voyait me frapper. Je frémis en songeant aux souvenirs qu'il va en conserver. Est-il... Alex, vous croyez qu'il s'en souviendra ?

– Dennis, qu'avez-vous retenu de votre enfance ? Il s'en souviendra. Où est-il, à présent ?

– Avec Patricia. Elle m'a prévenu que, si je ne l'autorisais pas à l'emmener avec elle en Allemagne, elle me nettoierait à sec. Elle m'a menacé de me traîner en justice jusqu'à ce qu'il ne reste plus un sou.

– Plus un sou ?

– Elle veut parler de la maison et de ce que je perçois du cabinet.

– Vous les avez attaqués en justice ?

– Oui, naturellement. C'est la seule raison pour laquelle ils ne se sont pas débarrassés de moi. Ils se sont débarrassés de Joe Geraghty en une semaine, mais ils n'ont aucune envie d'ajouter un licenciement abusif ou une accusation de discrimination aux motifs de ma procédure contre eux, donc ils m'ont gardé. Ils espèrent que je vais m'en aller de mon plein gré. Ils font tout ce qu'ils peuvent pour me pousser à partir.

– Que font-ils ?

– Tout. Ils m'ont relégué, mis à l'écart. Je ne travaille pas comme analyste. Le directeur des ressources humaines a une assistante. J'assiste cette personne.

– L'assistante ?

– J'assiste l'assistante. Dès que j'ai été prêt à revenir travailler, Gorman m'a laissé entendre que je pouvais prendre le temps que je voulais dans la journée pour ma rééducation, ma kinésithérapie, mon ergothérapie et le reste. Naturellement, a-t-il précisé, si j'étais tout le temps absent, je ne pourrais plus travailler comme analyste. Mais il ne fallait pas que je m'inquiète, ils allaient me trouver quelque chose d'" approprié ". " Approprié ", cela signifiait soixante pour cent de mon salaire antérieur. Ils m'ont déplacé dans un box, au milieu d'un bureau paysager sans intimité ni espace à moi. Vous voyez, je suis tenu de répartir chaque heure en vingt minutes de position assise, vingt minutes de position debout et vingt minutes de position couchée. Quand je me suis plaint du manque d'espace auprès du directeur des ressources humaines, il m'a répondu d'arrêter de m'apitoyer sur mon sort.

« Les gens passent devant moi. Ils essaient de ne pas regarder, mais je les surprends parfois à m'observer. Ils sont gênés. Ils sont gênés par le tout. Certains d'entre eux ont été interrogés à mon sujet par les spécialistes juridiques de la société. Mais bon, il est vrai que je les poursuis. Vous savez, ils continuent.

– Qu'est-ce qu'ils continuent, Dennis ?
– Ils continuent d'envoyer des gens en séminaire. Depuis que j'ai été blessé, ils ont eu deux autres personnes hospitalisées... l'une de crise cardiaque, l'autre qui s'est évanouie d'épuisement. Je n'ai pas vraiment de travail, mais ils ne vont sûrement pas se débarrasser de moi avant que l'affaire soit terminée.
– Pour vous, ce doit être déplaisant, cette installation au rabais, ce sous-emploi. Pourquoi y allez-vous encore ?
– Qu'est-ce que vous croyez ? J'ai besoin de cet argent. Vous pensiez que c'était d'humiliation que j'avais besoin ?
– Dans ce qui vous est arrivé, qu'est-ce qui vous humilie ?
– Il n'y a qu'un psychiatre pour poser une question pareille après m'avoir écouté raconter tout ça. C'est une vocation, sans aucun doute. Vous êtes assis là, séance après séance, à consigner des notes dans votre cahier... Seigneur ! »

13.

« Un jour, je crois, après celui où James avait vomi sur le pas de la porte du salon, Patricia s'est surpassée. Je vous ai rapporté qu'elle trouvait malcommode de me conduire à mes rendez-vous.
– Oui.
– Eh bien, il a fallu que je trouve un moyen d'y aller tout seul. Il ne m'était pas possible de conduire, pas à l'époque. Même à l'heure actuelle, je préfère m'en abstenir quand je peux. Je lutte encore contre la douleur. Parfois, ça empire et je ne me sens pas à mon aise au volant. Au début, je me suis résigné à prendre des taxis mais, étant donné le nombre de rendez-vous... médicaux, juridiques, kiné, hydrothérapie, séances de maîtrise de la douleur...
– Et maintenant ici.
– Bien sûr, mais là, je régresse.
– Désolé.
– Eh bien, je bouffais mon argent et j'avais besoin d'aide.
– Côté argent ?
– Non, pas côté argent. Alex, vous voulez la boucler ? Vous voulez bien juste m'écouter ! J'avais besoin d'aide pour mes transports. Il y avait un couple qui habitait à quelques portes de chez nous, avec un fils à peu près du même âge que le nôtre. Ils avaient appris ma situation et s'étaient montrés très compréhensifs. La femme m'a proposé de me conduire à mes rendez-vous. Au début, c'était une proposition faite pour soulager Patricia, mais peu à peu elle a pris sa

place. Cette femme travaillait dans la vente ; de toute manière, disait-elle, elle passait son temps sur la route, et elle pouvait programmer ses rendez-vous pour qu'ils cadrent avec les miens. C'était incroyablement gentil de sa part.

« Quoi qu'il en soit, deux jours après notre... dispute... Patricia m'a annoncé que depuis cinq ou six mois elle avait une liaison avec le mari de cette femme. Mais c'était fini, a-t-elle précisé. Et comme ils s'étaient engueulés, elle refusait que nous les revoyions. Alex... écoutez-ça... pour consommer sa rupture, elle a tout raconté à la femme de son ex-amant, y compris d'autres aventures que celui-ci aurait eues auparavant. Ce jour-là, elle a mis fin à *leur* mariage. Et elle m'a parlé de tous les autres hommes avec lesquels elle avait couché.

– Qu'avez-vous éprouvé ?

– Quand elle m'avait quitté, des années plus tôt, cela m'avait fait du mal, mais là... très franchement, je savais qui elle était. Il n'était plus question que du nombre de fois et de la manière dont elle le dirait. En tout cas, ce qu'elle a fait ou ce qu'elle m'a raconté ne pouvait rivaliser avec la douleur physique qui avait pris possession de mon existence. Je suis assis ici, et je m'entends vous parler d'elle, je me paie le luxe d'être horrifié par la Patricia que je décris, mais le seul moyen qu'elle a de m'atteindre, aujourd'hui, c'est mon fils. Et, je suppose, en me traînant devant un tribunal. Écoutez, nous ne dormions plus côte à côte depuis des mois. En réalité, nous n'avions plus fait l'amour depuis... je ne sais plus quand nous avons fait ça pour la dernière fois. Jusqu'à ce que j'entre dans la clinique de gestion de la douleur, cela m'était égal de ne plus jamais toucher à une femme de ma vie.

– Que s'est-il passé, dans cette clinique de gestion de la douleur ?

– Ils ont réalisé d'autres examens, et 25 000 dollars plus tard, on m'a équipé d'un stimulateur de la colonne vertébrale. Ils m'ont inséré un fil qui courait du haut en bas avec des électrodes fixées à intervalles réguliers. Une extrémité du fil est branchée sur un appareil implanté près de la hanche. C'est alimenté par batterie. Quand je l'allume, ce truc m'expédie des impulsions électriques dans la moelle épinière et ça masque la douleur. Ils ne veulent pas que je m'en serve trop souvent mais, je le jure, je ne serais pas arrivé à tenir le coup aussi longtemps sans ce machin. Et je ne serais jamais arrivé jusqu'ici, au sens littéral, car je n'aurais pas rencontré Angelique non plus.

– Vous voulez dire que vous n'auriez plus songé au sexe ?

– Exact. Mais depuis que ce machin est installé... Patricia était partie, et je me suis dit qu'il y aurait sans doute quelques avantages à en tirer.

– Donc vous avez téléphoné à une prostituée ?

– Vous le savez bien. Et ce n'est pas la peine de le formuler en ces termes. Cela n'a jamais été comme de commander une pizza par téléphone. Ma femme m'avait abandonné. Subitement, j'étais affranchi de la douleur, au moins par périodes. Donc, oui, après tout ce qui s'était produit, j'ai appelé cette maison où Joe Geraghty m'avait emmené une fois déjà, et ils m'ont envoyé Angelique. Quand j'ai ouvert ma porte, j'ai été subjugué par ce que j'ai vu. Elle n'avait pas l'air trop dégoûtée non plus, parce qu'en quelques minutes elle était nue sur moi, au premier étage, dans le lit où ma femme avait eu toutes ses aventures. Représentez-vous ça, Alex. Elle était là, si jeune et si sexy, toute seule avec moi dans le silence de ma maison, nue et tout à moi. Est-ce que vous vous représentez la chose, Alex ? Elle avait cette manière de me sourire, ce sourire avec du sexe dans les yeux. Vous savez quelle allure elle a, Alex.

– Je croyais vous avoir entendu dire que vous n'aviez jamais couché avec elle.

– Je croyais vous avoir entendu dire que cela vous était égal ?

– Vous n'êtes pas obligé de me raconter ce que vous n'avez pas envie de raconter, mais vous ne devrez pas me mentir. Si vous mentez, ça n'aura d'autre effet que de vous faire du mal. Quoi que vous me racontiez, il faut que ce soit la vérité. Autrement, vous perturberez la cure.

– Alors prescrivez-moi des comprimés et je vais y aller. Et le reste de ce que vous appelez " la cure ", vous pouvez vous le coller dans le cul !

– Vous n'avez pas couché avec elle, n'est-ce pas, Dennis ?

– Vous avez vu comme vous avez l'air intéressé !

– C'est vous qui l'avez évoqué, d'abord en me disant que vous n'aviez pas couché avec elle, et maintenant en me soutenant le contraire.

– Vous pouvez croire ce que vous voulez croire.

– Dennis, je n'ai aucun intérêt à choisir une version de votre vie plutôt qu'une autre. Mon intérêt va à la raison qui vous pousse à mentir.

– Qu'est-ce qui vous fait penser que je mens ? Alors ? Maintenant, c'est vous qui ne voulez pas répondre, hein, Alex ? Tout simplement, l'idée que je couche avec elle vous déplaît, n'est-ce pas ? Admettez-le, et vous vous sentirez mieux.

– Ce n'est pas vraiment... Dennis... Dennis ?

– Quoi ?

– Pourquoi pleurez-vous, à votre avis... Pourquoi pleurez-vous, là, maintenant ?

– A-t-elle dit quelque chose ? Qu'a-t-elle dit ? Vous lui avez parlé ? Elle va bien ? Elle ne répond pas à mes appels. Je laisse des messages, Alex... Tout ce que je touche se transforme en merde. »

14.

« J'étais sur les nerfs, rien qu'à rechercher le numéro de téléphone dans l'annuaire. Dès que j'ai raccroché, je me suis fourré sous la douche. J'étais sur les nerfs. Je me sentais comme un gosse qui se prépare pour une sortie avec une fille.

– Mais vous aviez déjà eu cette expérience, n'est-ce pas ?

– Pourquoi, c'est si important pour vous ?

– Non, mais je veux mettre tout au clair, de façon à ce que...

– Une fois. J'avais déjà tenté ça une fois, des années plus tôt. Joe Geraghty m'avait emmené dans ce bordel, celui où elle travaillait. Je n'avais même pas payé et ce n'était pas comme... d'avoir quelqu'un qui vient chez vous. C'est peut-être pour ça que j'étais tendu. Après m'être séché, je suis resté un bon moment sur mon lit en slip. Je ne savais pas comment m'habiller. Je ne savais pas ce que j'allais lui dire à son arrivée, si j'allais mettre de la musique, lui offrir un verre. À la maison, je n'avais rien. Patricia se chargeait d'acheter l'alcool. Je me suis fait cette réflexion que ma femme aurait été plus à l'aise que moi dans cette situation même si, à ma connaissance, elle n'avait jamais eu à payer pour ça.

« Je me demandais ce qui m'arriverait quand la sonnette retentirait. De quoi aurait-elle l'air ? Que penserait-elle de moi, c'est-à-dire, avant que je ne gâche tout en me déshabillant ? Alex, je ne me sentais plus comme un homme. Désormais, quand je sors de la douche, j'évite mon reflet dans le miroir, le reflet de mes fesses, de mes cicatrices, de ma démarche anguleuse quand je négocie l'espace autour de moi. Mes coups d'œil sont furtifs. J'ai surpris tant de ces regards furtifs que je n'essaie même plus de me le cacher, je me dissimule juste à moi-même.

« J'ai enfilé une chemise ample et un pantalon décontracté en pensant qu'elle devait avoir vu pire que moi, pire que celui que j'étais devenu. Ensuite je suis descendu au rez-de-chaussée et j'ai attendu. J'avais les paumes moites. J'aurais volontiers fait les cent pas mais... enfin, vous comprenez, ce n'est pas pratique, hein ? On a sonné à la porte. Je me suis avancé et j'ai ouvert. Elle était délicieuse. Elle était... enfin, bien sûr, vous savez.

« Je me suis présenté et, quand elle m'a annoncé qu'elle s'appelait Angelique, j'ai risqué une remarque facile, façon fan de star, sur les anges, une réflexion bête style ado timide qui tâche de se distinguer du troupeau. Mais si j'admets qu'elle avait une beauté très supérieure à celle de la minette vulgaire à laquelle je m'attendais, le plaisir charnel, il faut me croire, n'était pas mon besoin primordial, pas à ce moment-là. Simplement, c'était bon d'être avec elle, d'être si près d'une fille aussi mignonne. Elle m'a aussitôt signalé qu'elle devait me demander l'argent.

« Je lui ai offert un verre. J'avais commencé de la servir quand elle a changé d'avis. À bien y réfléchir, elle ne prendrait rien. Sans doute me suis-je retourné plus vite que prévu car j'ai surpris son expression avant qu'elle ait pu en changer...

– Prenez votre temps, Dennis, tout va bien... Qu'avez-vous vu ?

– Pendant un instant, j'y avais cru. Je servais un verre à une jolie jeune femme. J'étais parti pour lui préparer un verre, Alex. J'avais oublié à quoi ça ressemblait, l'attente – non pas sexuelle, ou si peu, mais cette sensation d'être en vie qui va de pair avec la lueur ou l'aura de la beauté féminine. Vous pouvez presque palper les possibles, même si vous êtes incapable de les nommer. Vous ne pouvez les formuler parce qu'ils sont subliminaux, presque primaires. Il serait risible d'essayer. Si votre esprit libère les mots, même tacitement, s'il énumère ce qui est à portée de votre entendement : le sexe, oui bien sûr, mais aussi une personne charmante à regarder, à toucher, à respirer, à qui parler, de qui prendre soin, qui remplit votre vacuité et vous restitue un certain sens de vous-même. Si votre esprit se voit accorder la chance de former les mots qui expriment l'une ou l'autre de ces sensations, à peine ont-ils pris forme qu'ils se moquent déjà de vous. Il aurait mieux valu vous contenter d'éprouver, de maintenir les choses à l'extrémité émotionnelle du spectre.

« Enfin, voilà ce que j'ai ressenti. J'en étais tout bourdonnant, jusqu'à ce que je me retourne et que je la découvre faisant mine de ne pas accuser le coup. Vous voyez, elle venait juste de remarquer ma jambe gauche qui traînait et son visage disait : “ Oh, non, encore un éclopé... ”

– Un éclopé ?

– Un infirme, un handicapé, une aberration, une présence qu'elle allait abhorrer. C'était la première fois que je voyais une femme poser sur moi un regard aussi direct, avec ce mélange de pitié et de répulsion.

– Je suis sûr que vous exagérez.

– Vous voulez dire que je m'apitoie sur mon sort.

– Peut-être aussi, mais ce n'est pas ce que je voulais dire.

– Alex, j'ai vu sa manière de me regarder. Ce n'est pas une infirmière. Elle n'était pas là pour ça, elle ne s'y attendait pas.

– Elle en a parlé ?

– Elle n'était pas tenue d'en parler. C'est une professionnelle et elle avait un boulot à accomplir. Elle m'a demandé de la conduire dans la chambre. Je l'ai laissée me précéder dans l'escalier, pas tant pour la regarder que pour réduire le temps qu'elle aurait pour me regarder. Surtout pendant que je montais les marches. Lorsque nous avons atteint la chambre, elle a eu subitement besoin de se rendre aux toilettes. Très subitement. Elle s'est précipitée et je me suis dit que peut-être l'imminence de l'intimité avec moi la rendait vraiment malade. Donc j'ai écouté les bruits qu'elle faisait mais ce n'était pas cela. Dieu merci, elle n'a pas dégobillé.

« Quand elle est réapparue, elle avait repris sa contenance et m'a proposé un massage. Elle m'a prié de me déshabiller et de m'allonger sur le ventre. Je n'ai pas commenté. J'ai fait ce qu'elle me demandait de faire. Je savais bien quelle était l'idée générale, mais qu'elle me voie nu, cela me mettait quand même mal à l'aise. J'imagine qu'être sur le ventre, ne pas avoir à s'occuper d'elle, c'était un moyen de me mettre en confiance. Elle devait le savoir. Quand j'ai enfoui ma tête aussi profondément que possible dans l'oreiller, j'ai senti la fraîcheur de ses doigts tracer des lignes dans mon dos. Personne ne m'avait plus touché de la sorte depuis des années et, involontairement, mes yeux se sont embués. J'ai soufflé comme si j'avais retenu mon souffle depuis trop longtemps pour même en conserver le souvenir.

“ Pourquoi ne vous retournez-vous pas ? ”, m'a-t-elle suggéré au bout d'un moment, presque dans un chuchotement. Je l'ai fait et j'ai vu qu'elle était nue. J'ai dû la détailler comme un adolescent qui n'aurait jamais vu de femme nue car, en voyant ma tête, elle a souri. Alex, je l'ai vraiment détaillée, je le sais. Elle était assise sur le montant du lit, penchée en arrière, en appui sur ses bras tendus, ses pieds contre mes jambes. Je pouvais regarder tout son corps mais mes yeux étaient irrésistiblement attirés par l'intérieur de ses cuisses, par cette entrée dont la toison était rasée, par les replis rosés que j'avais cru ne plus jamais revoir. Et qu'en vérité, Alex, je ne reverrai plus sans payer. »

15.

« J'ai dû la regarder comme un adolescent... Et je me suis senti comme un adolescent quand elle a pris ma main pour la placer doucement à l'intérieur de sa jambe et poser la sienne à l'intérieur de ma cuisse. Je me suis même senti encore plus jeune que ça... Je me suis excusé. Elle a souri, a attrapé un mouchoir en papier sur la table de chevet et m'a nettoyé... comme si elle était l'infirmière et moi l'enfant. J'ai bredouillé.

" Je suis franchement désolé. Je suis très gêné... d'avoir appelé et de vous avoir attirée jusqu'ici et puis...

– Non, pas du tout, vous n'avez pas à vous sentir désolé, il n'y a pas de quoi, m'a-t-elle répondu.

– Ce doit être... ce doit être pathétique... Probablement le spectacle le plus triste que vous ayez jamais vu.

– Non, bien sûr que non, loin de là.

– Je veux dire, le spectacle le plus triste que vous ayez vu dans votre métier.

– Non, là encore, vous vous trompez.

– Vous êtes gentille.

– Je ne suis pas gentille, vraiment, Dennis... C'est bien Dennis, n'est-ce pas ?

– Oui. Dennis, ai-je confirmé.

– Je veux dire, vous vous *sentez* triste. Vous savez... au fond de vous-même... mais vraiment... Pour autant que je puisse en juger, vous avez des problèmes de jambe et de dos et vous avez joui trop vite, même pour votre propre plaisir. Il suffit de vous regarder. Vous avez l'air d'un chic type qui a eu un coup de malchance... ça arrive à tout le monde... mais ça n'a rien à voir avec ce que je connais de " triste ", même dans mon boulot. Rien à voir.

– Vraiment ?

– Absolument. J'ai vu des hommes qui prétendaient être les plus forts, mais je n'en ai jamais rencontré qui prétendaient être les plus tristes. Ça vous ennuie si je m'habille un peu ? J'ai froid. Je peux vous faire un autre massage, si vous voulez.

– Non, mettez... ce que vous voulez. "

« Alex, je me sentais si ridicule, et pas seulement d'avoir joui comme ça. D'être nu sur mon lit avec cette ravissante femme nue que je venais de rencontrer, cela me semblait absurde. Je me sentais stupide. Je n'avais pas l'habitude de ce genre de situation.

– Vous l'aviez déjà expérimentée, cette situation...

– Une fois. J'ai expérimenté ça une fois, et pas chez moi, pas dans ma maison. Ça ne fait pas du tout le même effet. Pourquoi revenez-vous tout le temps là-dessus ?

– Je suis désolé. Ce n'est pas très important pour moi mais...

– Mais quoi ?

– Eh bien, ce qui est important, c'est de ne pas se bercer d'illusion, même sur...

– Même sur le sexe ?

– Sur n'importe quoi.

– Vous n'aimez pas entendre parler de nous, n'est-ce pas, d'elle et de moi ? Eh bien, vous n'avez aucun souci à vous faire. Elle a remis ses vêtements et moi aussi pendant qu'elle me racontait le rendez-vous le plus triste qu'elle ait jamais vécu.

" Un rendez-vous de rêve, m'a-t-elle expliqué. Beaucoup de filles en auraient été persuadées. Le simple fait d'avoir été choisie était très flatteur. Le type avait appelé l'agence en demandant leur plus jolie fille, il la voulait ravissante, il la voulait très habillée, il la voulait pour six heures; mieux elle serait, plus gros serait le pourboire. L'agence m'a choisie. Je passe une robe bustier de soirée et je prends ma voiture jusqu'à l'adresse indiquée. Cela me plaisait de m'habiller. Je n'en ai pas souvent l'occasion. À mon arrivée, un jeune homme m'ouvre la porte, un jeune homme affligé d'un très fort embonpoint mais pas totalement monstrueux, et lui aussi il est en tenue de soirée. Il m'invite à entrer dans cet appartement archi moderne, avec une vue magnifique sur Fawkner Park. À la vue du désordre, je comprends que je suis en compagnie d'un gamin riche et gâté, probablement le produit d'une mère superbe et d'un père autoritaire, plein de fric, repoussant et probablement absent.

– Je les connais.

– Pardon.

– Je connais ces parents-là.

– Vraiment ?

– Non, je voulais dire que je connaissais ce genre de parents.

– Ah oui, d'accord. Un bon ami à moi appellerait leur fils un vivant hommage à Charles Darwin. Vous voyez ce que je veux dire ?

– Et comment.

– Eh bien, a-t-elle continué, il avait dans les vingt et un ans – en fait vingt et un ans pile, et il avait une conversation très plaisante. Il me propose une coupe de champagne très français, rien à voir avec ces " méthode champenoise " à la con. Et il m'expose le marché : il veut que je sorte ce soir-là avec lui et que je fasse mine d'être sa petite amie, originaire d'un autre État. Apparemment, dans son cercle de connaissances, malgré son argent, il est la risée de tous, un sujet de plaisanteries. Donc nous buvons notre champagne tous les deux seuls dans son appartement pendant une heure environ, et il m'en raconte assez sur lui pour me faire passer pour sa petite amie de Sydney, un mannequin.

" Il appelle un taxi, il est très tendu, et sur la route il ajoute comme si cela lui était sorti de la tête que la fête d'anniversaire à laquelle nous nous rendons, c'est la sienne. Il y a là au moins deux cent cinquante personnes, deux cent cinquante vieux, pour ainsi dire. Et ses parents. Il est impossible qu'il connaisse tout ce monde à lui tout seul. Il me laisse entendre que, si j'admets avoir un peu plus de vingt et un ans, ce ne serait pas un problème. On se met d'accord sur vingt-quatre ans, presque vingt-cinq. Les gens viennent me voir, surtout des femmes, pour me confier qu'elles espèrent sincèrement que ça va durer, nous deux, que c'est si charmant de faire enfin ma connaissance, et qu'il parle sans arrêt de moi. Ses parents me répètent la même chose.

" Ce soir-là, il ne m'a pas paru être la risée de tous. C'était peut-être le nouveau rôle qu'il se donnait. Nous avons dansé et bu. Je pense avoir fait de l'assez bon travail. Je suis retournée dans son appartement avec lui après le départ du dernier invité du " premier cercle ". Il m'a embrassée sur la joue, m'a payée deux fois le montant qu'il me devait et m'a demandé si je serais disponible pour l'anniversaire de ses trente ans. Un vrai gentleman. Je n'ai pas eu le cœur de lui révéler combien son père m'était familier. "

« Il était gay ?

– Non, je ne crois pas. Pourquoi me demandez-vous ça ?

– Je ne sais pas... un type riche, incapable de trouver une fille, qui n'essaie même pas de...

– Dennis, vous passez à côté de l'essentiel. "

« Et elle avait raison. Je n'avais plus qu'à en rire, Alex. Même après ce qui s'était produit, elle parvenait à me faire rire, à me faire rire de moi-même. Pendant tout le temps qu'elle me racontait cette histoire, elle me tenait dans ses bras. Bien entendu, je me suis senti obligé de lui verser un pourboire, moi aussi. Donc je suppose que je suis devenu le rendez-vous parfait, à mon tour. Mais cela en valait la peine. Vous voyez ce que je veux dire ? J'aimais bien l'avoir là, devant moi, et simplement l'écouter. Donc je me suis mis à l'appeler, à la réserver, elle, en particulier. Elle venait chez moi, quasiment toutes les semaines. Je me suis aperçu que j'en avais besoin. J'avais besoin de la voir.

« Nous ne faisions rien. On ne se déshabillait pas, rien. Parfois, elle me tenait contre elle en regardant la télévision. Je la payais, toujours. C'était censé correspondre à une heure de travail ou deux, donc j'estimais devoir la payer. Je me suis mis à me confier à elle, à lui faire part de ce que je ressentais à propos de mon fils et de Patricia, tout. C'est dans ce contexte qu'elle a mentionné votre nom. Elle vous a cité. Je lui ai parlé de mon accident et peu à peu, peut-être à contre-cœur, elle s'est mise à me raconter une partie de sa propre histoire. Je lui ai demandé pourquoi elle avait choisi ce genre de travail. Vous voyez, j'avais le sentiment de pouvoir la questionner là-dessus parce que, même si dans la pratique je la payais, en réalité je ne la payais que pour me rendre visite. Je n'étais pas réellement un client comme les autres. Vous non plus, peut-être.

« Elle m'a expliqué qu'elle faisait ça pour son compagnon. Cela m'a causé un choc. Je dois l'admettre. Vous ne saviez pas qu'elle avait un compagnon, n'est-ce pas ? Pas si facile, quand on le sait, hein ? Son ami avait des ennuis avec la police et elle avait besoin d'argent pour payer sa défense. Apparemment, un flic lui avait promis de tout arranger mais... ô surprise... il l'avait doublée et, à présent, son ami avait du mal à obtenir l'aide judiciaire. Elle répugnait à entrer dans les détails. Tout cela semblait très embrouillé mais, en résumé, le procès de son ami était imminent et il lui fallait beaucoup d'argent pour régler les honoraires d'avocat. Elle avait l'air de tenir à lui. Je parie que vous n'en saviez rien ? À moins de l'avoir eue en traitement. Parce que vous ne l'auriez pas su rien qu'en couchant avec elle, n'est-ce pas ?

– Nous allons peut-être nous en tenir à un schéma selon lequel c'est moi qui pose les questions.

– Je vous raconte tout... peu importe que ça ne soit pas très reluisant... que je n'aie pas l'air très reluisant, dans cette histoire.

– Continuez.

– Je lui ai dit que j'aimerais bien l'aider mais que je n'étais pas en position de le faire. Et je l'aurais aidée, mais je n'avais pas d'argent, avec Patricia qui menaçait d'emmener James en Allemagne, qui menaçait de me nettoyer. Mais j'y ai réfléchi. Je voulais l'aider. C'est bien, de ma part, hein ?

– Que voulez-vous dire ?

– Un jour, vous m'avez exposé quelque chose au sujet des besoins de base et des besoins supérieurs. Les besoins de base, avez-vous dit, c'est par exemple celui de dormir, de manger... Les besoins supérieurs incluent celui d'aider les autres. Vous m'avez expliqué que la pulsion impérieuse qui nous pousse à satisfaire un besoin supérieur était un signe de santé, incompatible avec la dépression.

– Oui, mais...

– Vous me l'avez soutenu.

– Oui, mais ce n'est pas aussi simple que ça.

– Non, je sais, et je me le suis dit au moment même où vous me l'expliquiez. Mais je voulais vraiment l'aider. C'était de l'égoïsme aussi ? Un moyen de me sentir bien ?

– Un genre d'égoïsme que nous appellerons l'altruisme. À quelques réserves près, il s'agit de l'égoïsme le plus fréquentable. Et d'une méthode adulte pour aborder une situation difficile ou une épreuve affective.

– Eh bien, alors, nous y voilà !

– Ce que vous recherchez, pour l'heure, c'est l'absolution.

– Allez-vous faire foutre ! Je voulais vraiment l'aider. Je vous dis la vérité. Je craque devant vous comme un enfant, mais je tiens le coup, je continue. Si vous ne me croyez pas, je m'en moque. Je voulais réellement l'aider.

– Vous n'arrêtez pas de me répéter ces mots-là, mais vous ne me précisez pas en quoi.

– Lors de sa visite suivante, je lui ai annoncé que j'avais une idée.

– Une idée ?

– Une idée pour obtenir l'argent qu'il lui fallait.

– Vous n'êtes pas très à votre aise, avec cette idée, hein ?

– Alex, je ne suis à l'aise avec rien.

– Mais avec ce sujet-là en particulier. Vous êtes en lutte avec vous-même. Vous n'avez pas réellement envie de m'en parler.

– Docteur Klima, vous êtes un emmerdeur ! Vous en parler est la raison de ma présence ici.

– Alors... dites-moi.

– Je lui ai proposé de lui apprendre à compter les cartes au blackjack.

– À jouer au blackjack ?

– Pas seulement à jouer. À gagner.

– En comptant les cartes ?

– C'était mon idée. Un talent que j'avais, qu'elle n'avait pas, et que je croyais pouvoir lui transmettre. Elle n'y avait jamais joué. Ne connaissait pas les règles. Il a fallu que je lui apprenne tout à partir de zéro. »

16.

« " Il y a la méthode de jeu standard et puis il y a le comptage. Nous allons procéder étape par étape. "

J'essayais de la rassurer. Elle a protesté.

" Dennis, je n'y connais rien. Les seules et uniques fois où je suis entrée dans un casino, j'étais avec des clients et nous n'avons jamais joué au blackjack.

– Beaucoup de messieurs, des types riches, offrent à des call-girls quelques levées de blackjack.

– Ouais, j'ai entendu dire ça, mais pas à moi. Je ne saurai pas faire. Je ne joue pas aux cartes. Je ne vais jamais arriver à les compter. Vous êtes dingue. Je ne sais même pas combien il y a de cartes dans un jeu.

– Cinquante-deux, et, en l'occurrence, on joue avec huit jeux.

– Dennis, vous avez perdu la tête. Cinquante-deux fois huit ça fait...

– Quatre cent seize.

– Comment fait-on pour compter quatre cent seize cartes de tête ?

– On ne les compte pas, on n'essaie même pas. Certains s'y essaient et, en réalité, ils sont presque aussi stupides que les joueurs impulsifs qui sont assis là...

– Qu'est-ce que vous entendez par joueurs impulsifs ?

– Ceux qui prennent des décisions impulsives, sans aucun plan de bataille, ceux qui doublent ou qui coupent parce que le sang leur est monté à la tête.

– Dennis, je ne sais même pas ce que ça signifie, doubler ou couper.

– Je vais tout vous expliquer, Angelique, en prenant le temps. Il y a la manière standard de jouer, et il y a le comptage. En ce qui concerne le comptage, il n'y a pas tant de choses que ça à comprendre ni même à se rappeler. Le secret, bien sûr, c'est de savoir comment agir. Mais le vrai truc, c'est d'avoir la discipline de mettre ses décisions en pratique, quels que soient ses sentiments, confiance, timidité, audace ou frayeur, il faut s'en tenir aux règles que je vais vous enseigner et ensuite, ce ne sera plus du jeu. Il faut faire attention à ce qui se passe et consommer le divorce entre émotion et réflexion.

– J'ai déjà envie de laisser tomber.

– Écoutez, Angelique, vous voulez réunir cet argent ?

– Bien sûr que je veux.

– Alors ça vaut la peine de m'écouter jusqu'au bout.

– Dennis, je vous suis reconnaissante, mais je ne suis pas le genre de personne à pouvoir...

– Écoutez-moi jusqu'au bout. Votre ami mérite au moins ça, n'est-ce pas ?

– J'écoute.

– Vous trouvez ça décourageant, mais c'est loin d'être aussi compliqué qu'on se l'imagine. La peur sabote la capacité d'absorber un ensemble de règles. Compter, ce n'est que ça, un ensemble de règles. Et ces règles sont relativement simples. Laissez-moi vous les expliquer. Il n'y a jamais que treize cartes qui peuvent sortir. Oubliez les quatre cent seize cartes, ne pensez qu'à ces treize-là.

– O.K., treize.

– Sur les treize, il y a un as, un deux et un huit.

– D'accord.

– Je voudrais que vous n'en teniez pas compte, vous les oubliez. Vous n'essayez pas de les compter. Cela ne sert à rien. Qu'elles soient ou non dans le talon, cela ne vous renforce pas, cela ne vous affaiblit pas. Restent les grosses cartes et les petites cartes. Les petites cartes sont le trois, le quatre, le cinq, le six et le sept. Il y en a cinq. Traitez toutes les petites cartes comme des petites cartes. N'essayez pas de les différencier. Donc, il nous reste les grosses cartes... le neuf, le dix, le valet, la dame et le roi, ces trois dernières valant chacune dix points. De même, ce ne sont que des grosses cartes. Ne les distinguez pas entre elles.

“ Maintenant, quand les cartes sont distribuées, elles peuvent sortir petite, petite, grosse, grosse. Dans ce cas, vous les ignorez ; elles s’annulent mutuellement.

– Mais elles ne vont pas toujours s’annuler.

– Non, bien sûr que non. C’est ça qu’il faut suivre. Vous n’avez pas besoin de savoir s’il reste trente “ huit ” dans le talon ou si l’on a joué quinze “ trois ”. Surveillez simplement les petites et les grosses. Comme ceci : grosse, petite, grosse, grosse, petite – là, il y a une grosse carte de plus. Moi, j’ai ma manière, une grosse carte, c’est “ moins 1 ”, et une petite carte, ce sera “ plus 1 ”, donc s’il me reste une grosse carte en trop, je n’ai qu’à me rappeler que c’est “ moins 1 ”. Maintenant, à vous. Dites-moi le compte. Souvenez-vous, vous ignorez les as, les deux et les huit. Vous ne tenez compte que des grosses cartes ou des petites. Donc... petite, grosse, grosse, petite, grosse, petite, grosse, petite, petite, grosse, grosse, grosse.

– Moins 2 ?

– Exactement, vous comptez les cartes. Plus vite ou plus lentement, c’est le principe. Pour plus de rapidité et plus d’exactitude, vous n’avez qu’à répéter pendant des heures et des heures.

– Pour vous, c’est facile à dire. Je ne connais pas les règles et je ne sais pas ce que ça signifie de compter, et d’avoir “ moins 2 ”.

– O.K., cet aspect-là, je peux vous l’apprendre. Ce n’est pas dur. S’il y avait quatre fois plus de grosses cartes, j’aurais dit “ moins 4 ”.

– Ça, j’ai saisi.

– S’il y avait quatre fois plus de petites cartes, j’aurais dit “ plus 4 ”. Mais on peut avoir n’importe quoi, “ moins 10 ” ou “ plus 14 ”, peu importe.

– Donc ?

– Donc, c’est ce que j’appelle le compte réel. Il varie à chaque levée, à chaque carte, et vous utilisez le compte réel pour obtenir le vrai compte.

– Le vrai compte ?

– Le vrai compte, c’est le compte réel divisé par votre estimation du nombre de jeux à venir. Si, par exemple, à la fin du premier jeu de cartes, avec sept jeux encore à venir, le compte réel s’établit à “ plus 14 ”, vous divisez ce “ plus 14 ” par sept jeux à venir, et vous obtenez un vrai compte de “ plus 2 ”.

– Ouah, Dennis ! Attendez une seconde. D’abord, comment devinez-vous le nombre de jeux à venir ?

– Vous observez le sabot qui contient les cartes du croupier. Ce n’est pas de la physique fondamentale. N’ayez pas peur. Est-ce que le sabot a l’air à moitié vide, aux trois quarts vide ? Vous observez et vous concluez. Vous étiez là depuis le début, quand le croupier avait un sabot plein. Si vous jouez correctement aux cartes.

– Et même si je pouvais deviner le nombre de jeux qui restent à venir...

– Oh, Angelique, c'est facile...

– Même si j'y arrivais et si je retenais ce que vous appelez le compte réel, et si je divisais ce compte réel par le nombre de jeux à venir et si je... j'obtenais... enfin, peu importe... " plus 2 "... et alors, quoi ? Qu'est-ce que ça veut dire, bon sang ?

– Cela veut dire que vous avez un vrai compte de " plus 2 ". C'est la base pour augmenter ou diminuer votre mise. Pour chaque vrai compte de " plus 1 ", les chances basculent en faveur du joueur de quelque 2 %. Le point de départ, les chances qu'a le joueur de remporter une levée, sans compter mais en recourant au système de jeu standard sont d'environ 48 %. À " plus 1 ", vous arrivez à la parité, donc vous n'avez plus à augmenter votre mise. Quand vous êtes à " plus 2 ", vous avez environ 52 % de chances de remporter la main. Quand vous êtes à " plus 8 ", vous avez à peu près 70 % de chances de remporter votre main et cela vaut la peine de suivre en force.

– Donc vous êtes en train d'expliquer que plus le compte réel est élevé, plus vos chances de gagner la main le sont et, par conséquent, plus vous devez miser d'argent sur cette main ?

– Exactement.

– Mais pourquoi ne pas miser uniquement sur les bonnes mains ? Pourquoi miser quand le compte réel est encore bas ?

– Eh bien, premièrement, on ne vous laisse jouer que si vous misez le minimum à chaque levée et, deuxièmement, il faut veiller à la manière dont vous variez vos mises. Les comportements erratiques signalent que vous comptez.

– C'est illégal ?

– Non, mais tout comme. Si le casino vous surprend à compter, vous serez priée de partir, on vous interdira de jeu ou pis, car vous réduisez les chances en leur faveur, et ils ont cela en horreur.

– C'est de la triche ? Est-ce qu'on les vole ?

– Non, nous ne faisons que jouer mieux que la majorité des joueurs. Mieux qu'ils ne s'y attendaient. Ils ont tout prévu, tout ce qui pourrait venir à l'esprit du joueur, et plus encore, ils ont tout organisé en leur faveur. Et nous voilà. Nous leur soustrayons une part infime de leur argent rien qu'avec notre cervelle, et ils trouvent ça insupportable. Ils nous traitent donc comme si nous étions des voleurs.

– Dennis, ça me plaît, mais je dois être réaliste. Je n'y arriverai jamais. Je ne connais même pas les règles, ce que vous appelez le jeu standard.

– Vous ne savez pas encore. Je pourrais vous apprendre. Aucune étape de cet apprentissage n'est difficile. Écoutez, et arrêtez-moi si vous ne comprenez pas ou si je vais trop vite.

– Je peux vous arrêter, là, tout de suite ?

– Écoutez ! Toutes les cartes ont des valeurs numériques. Un as vaut un ou onze. Quiconque s'approche de vingt et un sans aller au-delà gagne, à moins que le croupier n'ait un as et un dix. Un as et un dix, cela s'appelle blackjack, et c'est imbattable. Si le croupier a un blackjack après avoir distribué sa deuxième carte et que vous ayez vingt et un, alors vous faites l'impasse, c'est-à-dire qu'on vous restitue votre mise initiale.

" Quand un croupier vous distribue une carte, vous n'avez que quatre possibilités. Vous pouvez tirer, autrement dit vous prenez une autre carte. Vous pouvez rester, ce qui veut dire que vous ne prenez pas d'autre carte, vous pouvez couper et vous pouvez doubler. " »

17.

« Dennis, ici, il faut que je vous arrête, parce qu'il y a quelque chose que je ne comprends pas. J'ai l'impression que vous vous êtes donné beaucoup de mal pour apprendre à Angelique ce que vous savez de ce jeu. Si cela ne vous ennuie pas, je vous pose la question : pourquoi ne lui avez-vous pas proposé de jouer vous-même ? Malgré la clarté de vos explications, n'aurait-il pas été plus facile de jouer à sa place ?

– Oui, cela aurait été plus simple, et c'est ce que je lui ai proposé. Mais il y avait un problème. J'avais l'habitude, je me débrouillais plutôt bien, et je gagnais assez fréquemment. Seulement, on me connaissait comme compteur, et j'étais interdit de casino. C'est le plus grand compliment qu'ils puissent vous adresser. Ils ne veulent plus se trouver en situation d'avoir à vous payer.

– Qui ça " ils " ?

– Le casino...

– Oui, mais...

– Alex, qu'est-ce qui vous paraît difficile à comprendre ?

– Eh bien, dans ce que vous m'avez raconté, vous ne l'aviez jamais mentionné, enfin, pas en détail.

– J'ai mentionné le blackjack, mais comme je n'ai jamais été accroché à ce jeu, je n'avais rien à en dire. Jusqu'à présent, cela n'avait aucun intérêt. Avant d'y retourner avec Angelique, je n'étais pas allé au casino depuis plus d'un an.

– Vous aviez essayé de jouer, depuis votre interdiction ?... Dennis ?

– Oui... Enfin, seigneur Dieu, Alex ! Ce n'est pas la question. Avec vos spéculations faciles, vous loupez le principal.

– Donc, quel est le principal ?

– Elle... Angelique... Elle a cru que j'étais capable de jouer, mais que je ne voulais pas jouer pour elle. J'ai essayé de lui assurer que ce n'était pas le cas, et en effet, ce n'était pas ça. Alex, j'aurais tenté n'importe quoi pour l'aider. Qu'elle veuille cet argent pour son ami... cela m'était égal. Je ne lui ai même jamais demandé de quoi il était accusé. Mais elle m'a lancé que j'étais comme tous les autres.

– Les autres ?

– Ses autres rendez-vous. Les hommes, je suppose. Comme vous.

– Que lui avez-vous répondu ?

– Eh bien, j'ai finalement réussi à la convaincre que le casino avait un dossier me concernant, des photos de mon visage stockées sur support numérique. Il m'est arrivé d'être escorté jusqu'à la sortie, vous savez. Elle a suggéré que je me déguise.

– Vous l'aviez impressionnée, avec votre comptage.

– Elle vous l'a dit ?

– Non, c'est une conjecture. Cela m'a bien impressionné, moi.

– En tout cas, nous étions coincés. Elle avait besoin de cet argent, et vite, trop vite pour qu'il lui soit possible de le gagner. Elle considérait que le comptage était une bonne idée, mais elle se sentait incapable de le faire elle-même. Je me suis dit...

– Quoi ?

– Je m'en voulais. Je me suis dit que j'allais la perdre.

– La perdre ?

– Je vous l'ai dit. Pour moi, ce n'était pas une pute. Je ne la touchais pas, et elle m'aimait bien... Je voulais l'aider... et je le veux encore.

– Alors, qu'avez-vous décidé ?

– Je refusais de la laisser tomber, donc j'ai imaginé un compromis qui nous a demandé des semaines d'entraînement. Et au cours de ces semaines, je ne l'ai pas payée, alors qu'elle me rendait souvent visite à des horaires où, en temps normal, elle aurait travaillé. Enfin, je suppose qu'elle... que nous avons travaillé.

– Quel était ce compromis ?

– Nous devions aller au casino comme un couple. Elle jouerait à la table et je serais assis derrière elle, je lui parlerais à peine. Je serais assis derrière elle, la main posée sur son épaule, et je lui ferais des signaux avec mes doigts, je jouerais à travers elle.

– Mais on n'allait pas vous reconnaître ?

– Je savais que, tôt ou tard, on me reconnaîtrait, mais l'idée était de retarder ce moment le plus possible.

– Comment ?

– Eh bien, d'abord, on ne me verrait pas en train de jouer, c'est elle qui jouerait, donc pourvu que je ne parle pas trop quand elle miserait, elle attirerait davantage l'attention que moi. Ensuite, elle porterait une tenue très voyante, quelque chose de suggestif. La plupart des croupiers et les chefs de table sont des hommes, et vous pouvez parier votre dernier dollar que les crétins qui suivent le jeu sur des écrans vidéo sont des hommes, eux aussi. Ils auraient le nez dans son décolleté au lieu de l'avoir dans son jeu. Ce ne sont pas des Einstein, ces types. Ils ne sont pas plus sophistiqués que le videur de boîte de nuit moyen.

– Oui, mais quand même... Vous m'avez indiqué que votre visage était numérisé, en photo.

– Bien sûr, mais ils allaient devoir établir un lien entre ses gains à elle et ma tête à moi. Il y avait des chances que ça leur prenne du temps, et même que ça n'arrive jamais, si je ne me rasais pas et si je portais des lunettes. Or, j'en portais. Voyez-vous, Alex, malgré leur technologie, le risque le plus grand, c'est encore de se faire pincer par quelqu'un qui vous connaît, par un croupier devant lequel vous êtes resté assis pendant des heures. Souvenez-vous que je n'y étais pas retourné depuis plus d'un an. Quand je lui ai soumis l'idée, elle a jugé que cela valait la peine d'essayer. Nous n'avions pas grand-chose à perdre, ni l'un ni l'autre.

« Pendant quasiment trois semaines, elle est venue chez moi entre ses rendez-vous. Si elle en sortait, elle prenait une douche pendant que je lui préparais quelque chose à manger. Ensuite, une fois qu'elle s'était restaurée, on se mettait au travail. Je devais m'asseoir derrière elle, avec juste la main sur sa nuque ou dans son dos, à mi-hauteur. Sur la peau nue, il n'était pas nécessaire d'appuyer beaucoup. Par un système mobilisant le pouce et deux autres doigts de la main, je lui disais quand tirer, quand rester, quand doubler et quand séparer.

– Et vous fondiez vos décisions sur votre propre comptage.

– Exact. Nous avons essayé d'utiliser les doigts pour signaler quand engager la meilleure mise, car si vous ne savez pas miser aux moments stratégiques, le reste est inutile... mais cela devenait vite un peu confus. J'ai décidé de recourir à des paroles apparemment inoffensives.

– Lesquelles ?

– Invoquer la chance m'a paru être une bonne idée parce que, même si la chance n'a rien à voir là-dedans, tous les joueurs bavardent plus ou moins sur ce thème, tous, sauf le compteur de cartes chevronné. Lui, il reste aussi discret que possible, tâchant d'augmenter ou de réduire sa mise sans attirer l'attention, par paliers modestes. Nous avons donc prévu de miser en compteur chevronné mais de bavarder en joueur normal. Par exemple, je ferais à Angelique une réflexion sur un type qui perd – il y en a toujours un –, quelque chose du genre : " À mon avis, sa chance a tourné. " Cela voudrait dire qu'elle devait réduire un peu sa mise. Ou je dirais d'un autre : " C'est le veinard de la soirée. " Ou encore : " Il a de quoi se sentir veinard ", ce qui signifierait qu'elle devait monter la mise. Elle procéderait toujours par paliers progressifs, de manière à ne pas attirer l'attention. Passer de 200 dollars à 1 000 dollars engendre les soupçons. Même si une suite de cartes extraordinaire justifiait la différence, il fallait monter par paliers de 100 dollars. Je l'avais même préparée à la possibilité de perdre délibérément, par stratégie.

– Habile. Donc il peut être avantageux, parfois, de perdre.

– Bien sûr. Si le croupier ou, plus encore, le chef de table la remarquait, cela pouvait devenir gênant. Voyez-vous, si elle n'arrêtait pas de gagner, tôt ou tard ils se mettraient à surveiller autre chose que son décolleté. Il fallait lâcher du lest avant ça, en perdant quelques levées. Je lui avais dit de se tenir prête, par exemple, à prendre une autre carte contre le 6 quand elle en est à 14, 13 ou même 12, car aucun joueur rationnel, aucun " compteur " n'irait faire une chose pareille. En fait, elle s'est révélée une actrice parfaite.

« À un moment, nous avions pas mal gagné. J'ai craint que nous n'attirions l'attention. Je lui ai dit d'une voix parfaitement audible : " Ce n'est pas le moment de perdre ", ce qui signifiait qu'elle devait prendre un risque inconsidéré. Nous avions 500 dollars sur la table, toujours sur notre 14 contre le 6 du croupier. Elle a démarré au quart de tour, en répétant " Je le sens. Je le sens. Je sais que ça va être un 7 ". Je me suis déplacé sur le côté et j'ai vu qu'elle soutenait longuement, fermement le regard du croupier. Elle a dit au jeune homme, qui était à présent sous la surveillance du chef de table au moins autant qu'elle, " un 7, je vous prie ". À ce stade, peu importait la carte qu'on allait tirer. Nous n'étions plus sous pression. Le croupier et le chef de table ont été immédiatement convaincus qu'ils avaient affaire à une amatrice, et stupide avec ça, et ils sont revenus à son décolleté. Personne ne tente un truc pareil avec 500 dollars.

– Qu'avez-vous obtenu ?

– Un 9 et on s'est fait étendre. Mais en fait, on venait de gagner du temps. Ce coup-là, les opérations se sont déroulées suivant nos plans. Mais elles ne se sont pas déroulées toute la soirée selon nos plans. »

18.

« Il fallait se montrer aussi discret que possible. L'idée était de choisir un soir où le casino était bondé, avec sa faune habituelle, des hommes fuyant toute réalité financière, des mères de famille fuyant leur mari, des petites banlieusardes endimanchées pour cette sortie plus spéciale qu'aucune autre de leur vie, des Asiatiques en visite familiale et des fouteurs de merde crachés là par une voiture surgonflée. La saison de football étant terminée, nous avons choisi le soir de la Melbourne Cup. Ç'a été la plus chaude journée de la Cup depuis des années. Un avant-goût de l'été. Vous devez vous rappeler.

« C'était la soirée qu'il nous fallait. Angelique est venue me chercher. Sa robe était parfaite pour le rôle – révélatrice, provocante. Elle était magnifique et troublante à souhait. Elle avait 5 000 dollars sur elle ; elle quitterait la table dès qu'elle en aurait gagné 30 000. Elle m'a avoué qu'elle n'avait aucune idée du montant des frais de justice à régler pour son ami, mais c'était une somme dont il aurait besoin d'un coup, à l'avance. En considérant une table de jeu moyenne, à raison de soixante à cent levées par heure – pour une soirée de la Cup, disons de soixante à quatre-vingts –, je calculais que, sauf imprévu, en augmentant nos mises de départ selon une progression stratégique, nous pourrions être sortis de là en moins de six heures de jeu.

« Je voulais consacrer la première heure à observer la situation assis dans un des restaurants du casino, histoire de repérer les croupiers susceptibles de me reconnaître. Et je voulais la laisser s'acclimater, prendre ses marques. C'était elle l'artiste, il fallait qu'elle soit en mesure de jouer son rôle, surtout quand ses gains attireraient l'attention. Je l'avais prévenue : elle verrait la foule s'agglutiner autour d'elle dès qu'elle commencerait à gagner vraiment. Les gens adorent regarder les gagnants, même si le vrai théâtre est plutôt du côté des perdants. Les gagnants sont plus spectaculaires. Vous voyez grandir la pile de jetons devant eux, et les gens moins chanceux ou plus prudents restent là à s'imaginer à leur place.

– Une sorte d'identification.

– Oui, je pense qu'on peut l'expliquer ainsi. Cet aspect-là de la soirée la rendait nerveuse ; elle se souciait de l'effet que la foule lui ferait, de ce qui se passerait si elle avait envie de faire pipi. Elle répétait qu'elle allait tout gâcher avec ça. Je me souviens de notre arrivée. Elle a noté les points communs entre un casino et un bordel. Elle m'a fait observer que, dans les deux cas, l'architecture était là pour éliminer le contexte. Une fois dedans, toute vie extérieure est effacée. Les éclairages rougeoyants et l'absence d'horloges contribuaient à gommer même le temps et l'espace. Tout au moins chez les gens qui n'ont pas de problème de vessie.

– Elle a dit ça ?

– Quelque chose dans ce genre.

– Elle n'avait pas tort...

– Oui, mais cela ne s'appliquait pas à nous. D'abord, je ne joue pas, je compte. Je l'ai conduite à la table où la mise minimum était fixée à 100 dollars, mais s'échelonnait jusqu'à 1 000. Pour nous, c'était la bonne échelle, et la table n'était pas trop exclusive. Il y avait pas mal de foule autour. J'ai attendu qu'on soit au premier jeu d'un nouveau sabot, pour prendre place. Je l'ai priée de s'asseoir sur le siège le plus éloigné, à la droite du croupier. De là, il est plus facile de surveiller la table, quand les cartes sortent, plus facile de suivre la partie et de tenir le compte. C'est aussi une position clef pour influencer la partie des autres joueurs. Je me suis assis juste derrière elle, la main dans son dos, et nous avons commencé.

« En fait, sa nervosité nous a servis. Elle était séduisante et tendue, ce qui était parfaitement plausible pour quiconque lui portait attention. Pendant un moment, nous avons bien réussi, avant tout le monde. La table réunissait la panoplie de personnages habituels. Le type à côté de nous avait le cheveu noir, un peu court sur les tempes et mollement plaqué sur l'arrière – la trentaine, un visage en lame de couteau qui paraissait sur le point de se fendre à chaque coup de mâchoire sur son chewing-gum. Ses aptitudes n'étaient pas à la hauteur de son air sinistre. Que ne dissipaient pas ses gains occasionnels.

« Un autre type, à l'autre bout de la table, s'efforçait de se persuader qu'il était sympathique et qu'il aimait s'amuser. Corpulent, en T-shirt, il perdait en proférant blague sur blague, des bons mots façon disc-jockey qu'il dirigeait contre lui-même en quêtant un regard, en général celui du croupier, surtout quand c'était une femme. Parfois, il se faisait carrément rincer. Entre les levées, je l'observais. C'était à vous rendre malade. Il se faisait du mal et on aurait préféré qu'il s'abstienne. Il était sympa. Par moments, il semblait avoir du mal à respirer. Il lâchait des milliers de dollars. Dieu sait d'où venait cet argent, mais les persévérants avaient envie qu'il reste à la table. Je me suis servi de sa fort médiocre “ chance ” pour signaler à Angelique d'augmenter la mise. Nous marchions bien.

« Nous étions gagnants d'environ 4 500 dollars, quand elle m'a chuchoté quelque chose. Je n'ai pas immédiatement saisi, et comme j'étais concentré sur la partie, je ne lui ai pas demandé tout de suite de répéter. Mais elle a répété quand même.

“ Il faut que j'aille faire pipi.

– Tenez le coup, lui ai-je marmonné.

– Peux pas.

– Il le faut », ai-je insisté.

Elle était encore au milieu d'un pli, mais elle n'avait pas envie d'attendre. Elle s'est levée de table avec un 12 devant elle, m'est passée devant et elle a filé. Je n'ai pas été le seul à la regarder fendre la foule. Ça sentait le roussi.

– Pourquoi ?

– Eh bien, d'abord, c'était dérangeant. Cela rendait difficile de se concentrer sur le décompte. Ensuite, cela attirait l'attention sur nous plus qu'il n'était nécessaire, et je me suis retrouvé exposé à la vue de tout le monde, y compris de " l'œil céleste ", la caméra vidéo du plafond. Il fallait que je décide si j'allais jouer à sa place jusqu'à son retour ou laisser tomber, ramasser nos jetons et l'attendre. Si je jouais à sa place, il y avait de fortes chances que quelqu'un me reconnaisse. Si je laissais tomber et si nous quittions la partie, nous allions devoir attendre longtemps avant de retrouver des circonstances aussi idéales.

– Que voulez-vous dire ?

– Eh bien, on allait devoir attendre un nouveau sabot pour que je puisse recommencer mon comptage et reprendre la même position, à l'extrême droite du croupier. Qui sait combien de temps il faudrait patienter avant de retrouver une table remplissant toutes ces conditions ? Entre-temps, même sans jouer, nous risquions d'attirer l'attention.

– Pourquoi ?

– Il y avait cette belle jeune femme avec presque rien sur le dos, qui se débrouillait si bien au jeu. Subitement, elle s'interrompt et s'enfuit littéralement. Son compagnon est un Quasimodo pas rasé à lunettes. Et vous me demandez pourquoi ?

– Qu'avez-vous fait ?

– Eh bien, j'étais obligé de prendre une décision tout en tâchant de garder le compte. J'ai décidé de jouer pour elle, mais relativement mal. J'allais perdre aussi peu que possible jusqu'à son retour. Mon raisonnement était que, si je jouais mal, en perdant un peu, je réduirais le risque d'attirer l'attention. On prêterait moins garde, ai-je pensé, à ma présence solitaire qu'au couple que nous formerions, à nous balader à la recherche de la table parfaite, nos jetons à la main,.

" Voulez-vous que je vous remplace ? lui ai-je demandé en vitesse avant qu'elle ne se soit trop éloignée.

– Oui, remplacez-moi », s'est-elle écriée sans se retourner.

« Le temps qu'elle revienne, nous étions tous deux en nage, et j'avais perdu 800 dollars. J'avais agi de mon mieux.

" Désolée, s'est-elle excusée, pour que tout le monde l'entende, et elle s'est glissée à sa place.

– C'est lui qui devrait être désolé, a lâché le jeune gros type dans son T-shirt. Votre petit ami a perdu tout votre argent. »

« Tout le monde a éclaté de rire, comme l'avait espéré le gros. J'ai haussé les épaules en signe de feinte résignation, et nous avons repris comme avant que la nature ne l'éloigne. Gentiment, lentement, avec la juste proportion d'hésitations, nous nous sommes remis à gagner, attirant les spectateurs. Je voyais que cela lui plaisait, elle comptait et recomptait souvent les jetons entre les levées et elle prenait part aux bavardages avec le croupier, sur les cartes ou sur la chance, ou avec le type en T-shirt ou avec les joueurs nomades qui s'approchaient et repartaient pour profiter de l'apparente bonhomie de cette table. La foule grossissait un peu trop à mon goût mais visiblement pas au sien. Elle adorait les voir envoûtés de la sorte. J'avais l'impression qu'elle jouait en partie pour eux, qu'elle jouait devant eux, en tout cas. Je n'avais aucun moyen de lui suggérer de se mettre en veilleuse. Souvenez-vous, nous voulions gagner cet argent aussi vite et aussi discrètement que possible, avant de sortir de là.

« Alors, avec 1 000 dollars en jetons de 500 mis en jeu pour la levée suivante, une somme qu'il avait fallu du temps pour réunir, elle s'est mise à jouer seule. La foule se resserrait autour d'elle, se bousculait contre moi. Nous avions une paire de 10 contre le 10 du croupier. Elle décide de couper. Vous ne coupez pas avec une paire de 10 face à un 10. Vous ne coupez jamais aux 10, jamais.

– Qu'est-ce que signifie couper, au juste ?

– Couper renvoie aux paires que l'on coupe. Quand une paire est coupée, le joueur doit miser la même somme de nouveau contre la carte coupée de sorte qu'il se retrouve à jouer deux levées, à miser sur deux levées au lieu d'une. Nous avions une paire de 10. 20, c'est un bon total pour tirer une carte. Je ne sais pas ce qu'elle avait en tête. Elle n'avait rien en tête. Elle n'écoutait pas mes signaux. Plus tard, elle m'a soutenu que si, et son explication n'était pas dénuée de sens. Elle m'a dit que je lui avais donné le signal de couper. Je suppose qu'avec la foule qui nous poussait, qui me poussait contre elle, il se peut que ma main ait touché son dos, involontairement. Je ne sais pas. Je ne peux pas le jurer.

– Et que s'est-il produit ?

– Il s'est produit ce qui n'aurait pas dû se produire. Je ne connaissais pas exactement les probabilités, mais je pouvais les deviner. Elle a tiré deux autres 10 contre le 9 du croupier.

– Donc elle avait eu raison d'agir comme elle l'a fait ? C'était payant.

– C'était payant, c'est certain. À ce stade, nous étions à la tête de 15 000 dollars. Mais elle avait tort. C'était dingue. Elle ne m'écoutait pas.

– Mais, Dennis, vous m'avez dit qu'elle avait simplement mal interprété votre signal. La foule ne vous avait-elle pas poussé contre elle et... ?

– Arrêtez de la défendre, Alex. S'il y a une chose que je sais... peut-être la seule dont je sois sûr... c'est que les probabilités sont contre la coupe sur les 10. Mais avec cette pile de jetons si haute devant elle, elle s'imaginait tout savoir. Après cette levée, celle qui nous avait mis à la tête de 15 000 dollars, le gros s'est levé pour annoncer : " Je sors. Peux pas lutter contre une chance pareille. " Apparemment, ça l'a déstabilisée. Elle l'appréciait, ou alors elle avait apprécié de l'avoir à côté d'elle, avec ses remarques ineptes. Je peux comprendre. Irrésistiblement, on attribue ses gains, sa chance, à de petits riens. C'était comme si ce gros avait absorbé le capital de punition des autres joueurs, renforçant ainsi les chances de chacun. Ils étaient plusieurs à perdre, mais pas comme ce type qui était assis là à récolter le pire du pire, levée après levée. Il était difficile de comprendre d'où il tenait cet argent, et plus difficile encore d'imaginer le profit qu'il retirait de ses pertes.

– Une sensation de communauté d'intérêt, peut-être ?

– Non. Nous étions les seuls arrivés au début du sabot à être restés. Même le type au chewing-gum était parti. Il n'y avait pas de sensation de communauté d'intérêt. Il vivait dans un monde où je n'étais jamais entré.

– Vous êtes en colère contre lui, n'est-ce pas, Dennis ?

– Bouclez-la ! Je suis en colère contre eux tous. Ce type en redemandait, comme cette femme au séminaire qui racontait à tout le monde qu'elle avait été maltraitée dans son enfance. Il y a des choses qu'on ne fait pas sans les désirer.

– Comme de sauter en arrière du haut d'une échelle ?

– Nom de Dieu, Alex, il jouait comme quelqu'un qui s'imagine qu'il va gagner en jouant sur la défensive. Tout ce qu'il voulait, c'était ne pas se faire taper, juste survivre.

– Rien que pour ça, vous le détestiez, n'est-ce pas ?

– Il n'a même jamais tiré une carte quand il avait un total de 12 ou plus, par crainte de se faire taper.

– Dennis... Pourquoi cela vous met-il tellement en colère ? Pourquoi cela vous fait-il pleurer ?

– Parce que cet homme est un ignorant. Sa stratégie était le moyen le plus rapide qui soit de perdre de l'argent au blackjack.

– Vous vous retrouviez en lui.

– Il a perdu absolument tout. Sur une levée au-dessous de 17, quand un croupier retourne une carte entre un 7 et un as, vous tirez. Toujours.

– Vous ne parlez plus du blackjack, non ?

– Je parle du blackjack. Je parle d'elle, et de la raison pour laquelle je me trouve ici, maintenant. Le type s'est levé pour s'en aller et ça l'a préoccupée. Ensuite le croupier a changé, simplement parce qu'ils changent périodiquement, et elle s'est levée à son tour. J'ai cru qu'elle avait envie de se dégourdir les jambes, donc je n'ai rien dit. Là-dessus, elle a attrapé les jetons et elle s'est éloignée de la table. J'ai pensé qu'elle avait encore envie de pisser. J'avais l'impression que tout le monde nous regardait, elle et moi qui traînais la patte sur ce grand tapis pour la rattraper. J'ai cru qu'elle était devenue folle.

" Que faites-vous ? lui ai-je demandé après l'avoir enfin rejointe.

– Cette table n'était plus du tout bonne pour nous.

– Qu'est-ce que vous racontez ?

– Avec ce nouveau croupier, je ne me sentais plus à mon aise. Je n'aimais pas son air. Et cet autre type, le gros. Je l'aimais bien et il s'en allait. Peut-être que notre chance est partie avec lui.

– Angelique, combien de fois vous l'ai-je répété : cela n'a aucun rapport avec la chance. Avez-vous oublié ? J'ai compté les cartes et je vous ai dit quoi jouer. C'est un système. Dès que vous vous écartez du système, dès que vous vous écartez de la stricte rationalité, adieu le fric. Ces gens sont des idiots. Ils sont aveugles. Ils jettent l'argent par les fenêtres en pure perte. Certains connaissent les probabilités et ils le font quand même. La chance n'existe pas. Il n'y a rien à savoir, rien à saisir. C'est de la science ou rien. Il faut se calmer. Il faut que vous m'écoutiez. Où allez-vous ? "

« Elle s'est écartée de moi, elle s'est précipitée en direction des toilettes pour dames. La voyant partir par là, je ne l'ai pas poursuivie, je n'ai même pas essayé de l'en empêcher. C'est comme ça qu'elle a pu m'échapper.

– Vous l'avez perdue ?

– Suffisamment longtemps pour qu'elle fonce droit sur la roulette. Je l'ai vue et je l'ai rattrapée, horrifié. Je suis arrivé à temps pour la voir placer quinze mille dollars sur le rouge. Elle m'a dit qu'elle se sentait en veine. Je l'ai entendue dire ça au moment où mes doigts venaient effleurer sa nuque.

" Si je gagne, je m'arrête là. C'est promis ", m'a-t-elle chuchoté.

Le croupier a annoncé " Rien ne va plus ". Le temps que le plateau tourne et que la bille roule à l'intérieur, j'ai regretté d'avoir accepté de jouer pour elle. Il aurait mieux valu me servir d'elle comme tous les autres s'étaient servis d'elle. J'aurais dû me comporter comme n'importe quel client et l'amener à faire ce qu'elle faisait avec tous les autres. Payer et obtenir un service en échange. Sans risque. N'importe quel homme, de ceux que ma femme aurait appelés

“ un homme, un vrai ”, l’aurait empoignée, l’aurait même frappée, là, à cet instant. C’était le soir de la Cup. Il y avait 15 000 dollars qui tournaient dans une partie aux probabilités fixes, un jeu de con. Personne ne m’aurait reproché de la traiter comme tout autre que moi l’aurait traitée, comme tout le monde traite l’autre dès qu’il le peut. J’aurais dû me forcer à...

– Dennis... »

19.

« Enfin, c’était ce que je ressentais, Alex. C’était ce que je ressentais jusqu’à ce qu’elle se retourne pour me serrer dans ses bras. Elle m’a serré dans ses bras, Alex, devant tout le monde, tout le monde qui applaudissait. C’était tombé sur le rouge. Elle avait doublé ses gains. Nous étions entrés là avec 5 000 dollars, que j’avais transformés en 15 000, en suant sur chaque dollar. Dans un accès de folie totale, elle avait tout risqué et elle avait gagné. Elle m’a embrassé spontanément, gratuitement, sous la lumière crue de minuit, devant ceux qui se donnaient la peine de regarder, et ils étaient nombreux, très nombreux à se donner cette peine. J’ai senti sa peau moite tandis qu’elle tenait entre ses mains 30 000 dollars de jetons.

« Je vous assure, Alex, quand elle m’a étreint comme ça, l’espace d’un instant, je me suis senti comme si tout avait été payé. Je me fiche de savoir combien de fois vous tous, salopards, vous avez couché avec elle. Aucun de vous n’a jamais connu la joie que j’ai vécue à ce moment-là, la joie de savoir que je l’avais aidée à obtenir ce qu’elle voulait, et qu’à cause de ça elle ne m’oublierait jamais, parce que j’étais le seul à ne pas l’avoir baisée. Je l’avais aidée, aidée à venir en aide à quelqu’un qu’elle aimait d’une manière qui excluait que je sois aimé d’elle de la même manière. Que je sois damné, Alex, si je mens : j’étais plus vivant, là, sous son étreinte, devant tous ces gens, que jamais je ne l’avais été. Voyez-vous, les autres, peut-être même vous, ont senti sa peau moite contre leur peau, mais ce n’était jamais que la sueur de l’exploitation, et pas celle de la joie sincère.

« Nous étions tout étourdis. Elle a tenu parole. C’était terminé. Elle avait ses 30 000, et nous sommes allés tous les deux encaisser les jetons. Elle glapissait et nous fouettions l’air de nos poings. Le caissier a sorti toutes ces liasses attachées par des bandeaux, des billets de 100 dollars tout neufs de la Reserve Bank, et il lui a demandé si elle voulait qu’on les compte devant elle. Angelique m’a consulté du regard un instant, avant de lui répondre. “ Non, non, ça ira. Je vous fais confiance ". Elle venait de gagner 30 000 dollars et 100 de plus ou de moins, cela lui était égal. Je connais cette sensation. Elle est dangereuse, Alex, délicieusement dangereuse. C'est encore meilleur que vous ne l'imaginez, et c'est pour ça qu'on joue.

– Oui, je peux comprendre, mais pourquoi ne jouez-vous pas ?

– Quoi ?

– Vous disiez que vous n'aviez pas joué depuis plus d'un an. Qu'est-ce qui vous a empêché de jouer, pendant tout ce temps ?

– Comme je vous l'ai dit, j'ai été interdit. Tôt ou tard, ils m'auraient reconnu. Et de toute manière, même s'ils ne m'avaient pas reconnu... Au bout du compte, les billets de 50, de 100... vous ne les sentez plus. L'argent, la somme mise en jeu doit être chaque fois plus élevée si vous voulez sentir quelque chose.

– Et qu'est-ce qui vous empêche d'augmenter les montants ?

– Je ne peux pas. Je n'y arrive pas. Je n'ai pas ce cran. Il faut avoir le cran de celui qui ne voit pas ce qui déraille. Je ne suis pas Joe Geraghty. Quand ça monte jusqu'où ça doit monter... je perds les pédales. Remarquez, je ne sais pas si je pourrais le faire, maintenant, même en gardant la tête froide. Cela me rappellerait un moment que je serais incapable de revivre, et la lutte pour me débarrasser l'esprit de ce souvenir suffirait à gâcher ma concentration. Elle...

« Sur le chemin de la voiture, elle a gardé un bras autour de ma taille. Nous avions réussi. Elle se réjouissait encore, et moi je m'interrogeais déjà sur l'avenir. Elle m'a ouvert la portière de la voiture. Je suis monté et, pendant qu'elle faisait le tour vers le siège conducteur, je me suis demandé si désormais, elle pourrait me rendre visite... vous savez...

– Pour rien ?

– Oui. Elle pourrait me rendre visite, simplement. Je pourrais lui préparer à dîner. Elle s'est installée à la place du conducteur en me racontant je ne sais quoi au sujet de sa chance, elle n'y croyait pas. Je ne sais plus au juste. J'étais un peu perdu dans mes propres pensées. Elle s'est engagée dans la circulation. Je n'écoutais pas vraiment. Elle m'a avoué qu'elle avait chaud. Son allusion à la chance m'a inquiété. Et si elle se focalisait sur la roulette ? Je veux dire... elle aurait un vrai problème. Elle a ajouté quelque chose au sujet de ses yeux. Je ne voulais pas qu'elle oublie comment nous étions arrivés, comment j'étais arrivé à 15 000. C'était en comptant, pas en se fiant à la chance, Alex. Je me suis lancé dans une explication.

« C'est à ce moment-là qu'elle s'est écriée :

" Seigneur, Mitch, mes yeux ! "

« Elle ne m'avait jamais appelé Mitch. Je ne sais pas d'où ça lui venait.

" Je vois tout brouillé ! "

« Nous avons dévié vers l'autre côté de la chaussée et nous avons percuté la voiture qui venait en sens inverse. Le temps s'est arrêté dans un fracas sourd, le tintement du verre et le sifflement de la vapeur. Et puis le silence. Elle était blessée, Alex. Vous le saviez ?

– Non.

– Pourquoi croyez-vous qu'elle n'est pas venue à ses rendez-vous avec vous ? On ne suit pas ces choses-là ? Votre profession n'est-elle pas censée être de celles qui veillent sur autrui ?

– Dennis...

– Moi, j'étais juste sous le choc, mais elle était dans les pommes. Une ambulance est arrivée et l'a emmenée quelque part. Je ne savais pas où. Ils me l'ont peut-être dit, mais je n'ai pas enregistré. Une deuxième ambulance est arrivée un peu après, pour moi. Ils m'ont dit que j'étais légèrement commotionné. Elle saignait, Alex. Je ne pleure pas sur moi, espèce d'idiot ! Si je n'avais pas été là, elle ne serait jamais entrée dans cet endroit. Je ne sais toujours pas pourquoi je l'ai emmenée. J'ai laissé des messages pour elle à son agence. C'est le seul numéro que je possède. Elle ne m'a pas répondu. Je ne connais pas son nom de famille, Alex. Je ne connais pas son vrai prénom. Dites-moi comment je peux la joindre. Sa famille est dans un autre État.

– Vous savez que je ne peux pas vous fournir ces renseignements...

– Mais vous les avez.

– Je suis désolé, Dennis. Vous savez que je ne peux pas répondre à cette question.

– Mais cela m'aiderait de l'aider. Je vous pose une colle, n'est-ce pas ? Je vous pose une colle à deux titres. Vous êtes moralement, et peut-être professionnellement tenu de m'aider à l'aider, pour son bien. Et vous êtes tous les deux moralement et professionnellement tenus de m'aider à le vouloir, pour mon bien. Si l'existence de besoins supérieurs suppose qu'il n'y a pas dépression, c'est ce que vous m'avez expliqué, alors vous êtes tenu de ne pas entraver leur satisfaction.

– Je vous ai également expliqué que ce n'est pas si simple. Vous vous souvenez ?

– Oui, mais c'est simple. Cette fois, c'est simple.

– Dennis, vouloir aider quelqu'un ne vous empêche pas d'être déprimé. Je devrais sans doute l'exprimer en termes de probabilités. Un être capable d'éprouver un besoin supérieur et, plus encore, capable de le satisfaire, est moins sujet à la dépression qu'un autre. Ce n'est pas une garantie. Dans votre cas, votre besoin apparent d'être en contact avec elle découle de la responsabilité que vous vous attribuez, à tort. Il lui est arrivé quelque chose de mauvais, sans aucun doute, mais qui échappe à votre maîtrise, et vous vous en voulez. Vous vous sentez coupable. En soi, c'est un symptôme classique de dépression.

– Vous la baisez, c'est ça ?

– À la fois ridicule et faux.

– Je m'en moque, si vous la baisez. Je veux juste l'aider. Vous admettrez que je suis au moins en partie responsable de cette situation. Je n'ai pas perdu ma capacité d'aider les autres, vous savez.

– Oui, c'est bien, mais je ne pourrais pas vous livrer ces renseignements la concernant, même si je les avais.

– Vous voulez être le seul, hein ? Vous voulez être le seul capable d'aider l'autre, le Grand Messie, Herr Doktor, le seul dont tout le monde ait besoin. Alors, et moi ? Moi, vous ne m'aidez pas, ça, c'est sûr.

– Pour que je puisse vous aider, il faut me parler, et longuement. Il y a beaucoup à explorer, en l'occurrence.

– De quoi est-il question ? D'une cure par la parole, de thérapie cognitive ou je ne sais quoi ? Vous croyez qu'à vous parler, je me sens mieux ? Je n'aime pas ce que ça suppose, docteur. Je n'ai pas envie de prendre le risque, je refuse la probabilité de voir votre sagesse, vos spéculations, votre psychologie pré-newtonienne m'aider à traverser ma semaine. Vous savez ce que vous devriez faire, à mon avis ? Prendre votre carnet d'ordonnances. Me prescrire du Prozac et, en bas, noter son numéro de téléphone. Allez, Alex, vous savez que j'ai raison. C'est votre carnet d'ordonnances, là ? Allez-y, Alex, nom de Dieu, prenez-le. Faites-moi une ordonnance. Tout ce que je touche, Alex...

– Vous devriez en suivre deux.

– Deux quoi ?

– Une thérapie pharmacologique et une thérapie par la parole.

– Non, j'ai besoin de ces pilules, et vous, vous avez besoin de parler. Mais s'il s'agit juste de conclure un marché... O.K., je marche. Prenez votre carnet, remplissez-moi ça et je reviendrai. Je le promets, je reviendrai, et je danserai sur l'air de votre psychothérapie ou de votre philosophie, ou de ce que vous voudrez.

– Oui, oui, Dennis, je sais... Il y a plus de choses dans le ciel... Avant de vous faire remettre ces médicaments, il faudra que l'on parle dosage et effets secondaires éventuels.

– C'est-à-dire ? Qu'avez-vous dit à propos de ces choses dans le ciel ?

– Non, ne vous inquiétez pas, ce n'était rien.

– C'était quoi ?

– Je marmonnais pour moi seul.

– C'était quoi ? Vous ne régressez pas dans la religion, non ?

– Non. C'est tiré de *Hamlet*... des propos qu'un ami à moi... que l'ami d'Angelique aurait pu tenir.

– Alex, je sais que vous allez m'aider.

– Je suis tellement content de vous entendre dire ça.

– Je sais que vous allez m'aider. J'ai l'argent.

– Quel argent ? Dennis, ce n'est pas une question de...

– Vous allez m'aider, n'est-ce pas ?

– Vous savez que je ferai tout ce que je peux.

– Oui, je sais. J'ai l'argent, son argent. J'ai son argent. Elle l'a laissé dans la voiture. Tout ce que je touche, Alex... tout. Vous voyez bien, il faut que vous m'aidiez. »

Cinquième partie

1.

On l'appelle le Turc, ou juste « Turc ». Et parce qu'en ces lieux, la tendance est de suivre servilement les règles apparues spontanément, on ne le connaît que sous ce nom. Non seulement il n'entend pas parler sa langue, mais il n'entend même plus son nom, son vrai nom. Et moi, le crétin sensible qui me suis toujours vanté d'être réceptif aux terminaisons nerveuses des ethnies, je ne l'appelle plus non plus par son vrai nom. Je ne suis pas du tout sûr de son vrai nom – Yakub, je crois. Je ne suis pas sûr. Je l'appelle Nazim, à la fois parce que je trouve ça pratique et parce qu'il s'en moque. Et lui, ce nom, il y répond, alors que ce n'est pas le sien, que ce n'est même pas un surnom puisqu'il n'a pas demandé qu'on l'appelle ainsi. Je fais simplement ce que je peux pour supporter le confinement dans un lieu assigné non par indifférence au bien-être mais par souci d'écraser ce qui reste de bien dans les pires individus, du moins dans les individus qui n'y ont pas échappé – quel que soit le « y ». Les gens d'ici utilisent les noms et tout l'arsenal du langage en leur possession pour matraquer, impressionner, intimider, insulter, humilier et contrôler, à seule fin de survivre. Et moi, je suis aussi coupable qu'eux.

Quand Alex m'a demandé quels livres je désirais, c'est le Turc qui m'a fait penser aux poèmes choisis de Nazim Hikmet, poète idéal pour quelqu'un qui va passer du temps en prison. Non que le Turc m'en ait parlé – il croit que Nazim Hikmet est un copain turc à moi. Simplement, il se trouve qu'un jour, en salle des visites, je l'ai entendu appeler son fils par ce prénom, Nazim, au moment précis où Alex évoquait les livres que je souhaitais lire et, bien sûr, Nazim Hikmet m'est revenu en mémoire. N'oubliez surtout pas Nazim Hikmet.

Ici, on finirait par s'ennuyer d'ennui, s'il n'y avait la peur qui croît sous chaque pierre, entre chaque brique. C'est la peur qui vous rappelle que vous êtes en vie. Donc j'ai lu et relu la poésie de Nazim

Hikmet, jusqu'à la connaître par cœur. Une fois, à la buanderie, avant d'être placé en cellule d'isolement dans le quartier de haute sécurité, j'ai essayé de réciter un poème de Nazim Hikmet au Turc. Il s'intitule : « Quelques conseils à ceux qui purgent une peine de prison ».

Si au lieu de te pendre par le cou
On te jette au trou
Parce que tu n'as pas renoncé à tout espoir
En ce monde, à ton pays, et aux tiens,
Si tu fais dix ou quinze ans,
Sans compter le temps qui te reste,
Tu ne diras pas,
« J'aurais mieux fait de me balancer au bout d'une corde
comme un drapeau » –
Tu mettras un pied par terre et tu vivras.
Ce ne sera peut-être pas un plaisir,
Mais c'est ton devoir solennel
De vivre encore un jour
En dépit de l'ennemi.
Une part de toi-même vit peut-être seule, au trou,
Comme une pierre au fond d'un puits.
Mais l'autre part de toi-même
Doit être tellement prise
Dans la fièvre du monde
Que tu frissonnes, là-dedans,
Quand dehors, à quarante jours de distance, une feuille bouge.
Attendre des lettres, là-dedans,
Chanter des chansons tristes,
Ou rester couché toute la nuit à fixer le plafond
C'est doux, mais c'est dangereux.
Regarde-moi ton visage, entre deux rasages,
Oublie ton âge,
Surveille tes pellicules
Et les nuits printanières,
Et n'oublie jamais
De manger le dernier morceau de pain –
Et aussi, n'oublie pas de rire de bon cœur.
Et qui sait,
La femme que tu aimes pourra cesser de t'aimer.
Ne dis pas que c'est trop fort :
Pour l'homme au trou,
C'est comme une branche verte qui casse.
Au trou, songer aux roses et aux jardins,
C'est mal

Songer aux mers et aux montagnes, c'est bien.
Lis et écris sans répit,
Et je te conseille aussi de tisser
Et de fabriquer des miroirs.
Je veux dire, rien ne t'interdit de passer
Dix ou quinze ans au trou ou plus...
Tu le peux,
Tant que le joyau
Du côté gauche de ta poitrine ne perd pas son éclat !

Si vous gardez ce poème en tête, tout est plus facile. Je me le suis répété si souvent qu'il a fini par jouer pour moi le rôle que jouent les prières pour d'autres – notamment pour ceux qui sont ici avec moi. Surtout pour eux. Ma mère ne viendra jamais ici. Peut-être sait-elle que les prières non exaucées se coincent dans les bouches d'aération et rendent la respiration difficile. Elle s'occupe beaucoup de jardinage. Je ne peux que l'imaginer ô combien disposée à croire que j'ai commis encore plus de crimes que ceux dont on m'accuse. Elle m'en veut à cause de l'alcool, du psy et de « cette putain », et j'ai beau protester de mon innocence, elle est convaincue que j'ai emmené le fils d'Anna sans la permission d'Anna. Elle me croit coupable. Évidemment, sur ce dernier point, elle a raison.

Mon père rend Alex responsable alors que, moi excepté, c'est lui qui a été le plus durement touché. Il n'a pas la poésie, lui, pour se maintenir, rien que la psychiatrie, dont il pense, d'ailleurs, qu'elle nous a fait faux bond. C'est moi qui nous ai fait faux bond, je le sais. Alex est choqué de voir à quel point je me suis adapté à la vie solitaire. Nous n'avions nullement compris, l'un et l'autre, à quel point j'étais prêt pour ça. Pourtant, après des années passées à vivre seul dans mon appartement, dès qu'une feuille remuait à l'extérieur, je frissonnais à l'intérieur, même à quarante jours de distance.

Nazim le Turc ne savait pas que c'était un poème et je ne suis pas sûr qu'il en ait compris un mot sur quatre, mais il aimait bien que je le lui récite. Il appréciait que je prenne conseil auprès d'un copain turc. Il appréciait beaucoup.

« Je mange tous les derniers morceaux de pain. Je mangerai le tien, espèce d'enculé ! » Il riait. Quand il m'a vu pour la dernière fois, avant qu'on ne me mette en cellule d'isolement, il m'a attrapé le bras d'une main et la nuque de l'autre, de toute sa force et de toute sa témérité de dément, d'être désinhibé. Il a ri d'un rire saccadé et bruyant, sans raison apparente, et puis, aussi soudainement, il a cessé de rire.

« Répète... ces mots turcs. Répète-les pour moi, Enculé. S'il te plaît, répète-les. »

2.

Je n'étais pas le pire élément de ma classe, pas le plus turbulent, pas le plus lent, pas le dernier et pas le premier, et pas même le plus constamment, le plus sûrement, le plus notoirement silencieux. On m'oublie facilement, et on ne se souvient guère de moi. Mais autant que je sache, je suis le seul à me retrouver ici. Pour avoir commis une erreur, une seule.

Selon Alex, plus d'une erreur. Il pense par exemple que c'était une erreur d'investir tant d'espoir en elle, pas seulement aujourd'hui, mais dès l'université. Était-ce ma première erreur ? Elle, il était impossible de ne pas la remarquer. J'avais observé sa façon de se tenir, sa façon de sourire. Ses gestes suggéraient quelqu'un de totalement à l'aise dans sa peau, elle avait des manières qui exhaussaient sa beauté naturelle, indemne de tout artifice, à un niveau qu'aucune autre des jolies filles de la fac ne pouvait atteindre, quels que soient leur talent et le nombre des lotions cachées derrière les miroirs des mille et une salles de bains de leurs pères. Elle était dénuée d'affectation. Vous la voyiez, et cela vous insufflait de l'espoir. Comme il aurait été cruel de lui être présenté par hasard et d'être ensuite empêché d'accéder à elle – car il n'était pas donné à tous de la connaître, ne serait-ce qu'un peu.

Ce sont des amis communs qui nous ont présentés. Dans le cadre d'un atelier d'écriture. « Voici Anna Traficante », s'était écrié quelqu'un, et je me suis dit : « Oui, je sais. Ne me laissez pas devenir un simple ami. Laissez-moi troubler le rythme de sa respiration, juste une fois, tout comme elle trouble le mien chaque fois que je la vois. » Elle était captivante et en même temps intimidante. Alex pense que cette personne était le fruit de mon imagination. En réalité, elle n'était qu'une petite bourgeoise futée et jolie entre fac de lettres, boulot et mariage – avec un autre que son copain de l'université. Ça ne méritait pas de s'ensevelir pendant près de dix ans dans un appartement délabré du quartier de la Baie. Encore moins de s'ensevelir dans une prison autrement plus officielle et plus tangible.

Un soir, tôt, d'après les informations données par une jeune femme qui répétait tout le temps qu'elle était amoureuse de moi, la police a fait irruption dans mon appartement et m'a arrêté parce que je n'avais pas renoncé à espérer, notamment à espérer en Anna et en son fils. Ce que j'avais fait, c'était mal à plusieurs titres. Ce n'était pas seulement mal, c'était fou, quel que soit l'angle sous lequel on considérait l'acte commis – sauf celui sous lequel je l'avais considéré, moi, si longuement que j'avais fini par le commettre.

Je ne suis pas retourné à la maison, depuis. Je n'ai plus été libre, depuis. Je n'arrive pas à me sortir l'odeur de la prison des narines. Quand les gens, dehors, sont contraints par l'urgence d'utiliser les toilettes publiques, ils essaient de respirer le moins possible par peur de défaillir sous l'effet de la puanteur. Leurs yeux pleurent et, quand ils ont fini, ils s'échappent, le souffle court, pour regagner une atmosphère non contaminée. Ici, vous êtes captif même de l'odeur. Celle des déjections humaines, bien sûr (souvent présente et jamais franchement absente), mais surtout celle de la misère humaine inextricablement mêlée à celle, nauséabonde, du désinfectant officiel. Je n'arrive pas à l'effacer de mes cheveux ni de ma peau. Elle est autour de moi. Elle y est depuis près d'un an et demi, depuis le début de mon séjour dans le système carcéral – dont un passage dans le « quartier principal » de Port Phillip, une des premières prisons d'État entièrement privatisées. Le désinfectant ne nettoie rien. Ici, rien ne donne envie d'être touché, manipulé, rien n'est de contact agréable, ni les draps ni les vêtements qu'on vous fait porter, ni même la nourriture. Tout sent le désinfectant mais rien n'est propre. Je suis incapable de respirer, même ici, en cellule d'isolement.

Je n'ai que deux raisons de tenir le coup. Alex, bien sûr, et l'espoir de la voir, de voir Anna. Je sais que je devrais avoir honte qu'elle me voie ici mais, en prison, la honte est un luxe que personne ne se permet. Les choses que vous voyez, les choses que vous faites et celles qu'on vous inflige dans cet endroit font vite de la honte un souvenir lointain, un mot archaïque d'une langue inusitée. J'aurais dû l'employer quand j'en avais encore l'opportunité. J'aurais dû l'employer quand j'étais couché sur le canapé, à m'embaumer dans le scotch. Et j'aurais dû en faire usage avant d'enlever son fils au cours d'un bref accès de ce qui à l'époque m'avait paru de la lucidité et était en réalité de la folie. C'est à ce moment que j'ai perdu tout espoir de vivre avec elle, ou sans elle. À présent, il ne s'agit plus que d'essayer de rester en vie. Si elle ne déclare pas que j'avais la permission d'emmener son fils après l'école, je serai certainement condamné et, si c'est le cas, je serai incapable de tenir le coup. Je ne suis pas comme Nazim le Turc. Cela me tuera.

Nazim Hikmet conseille aux prisonniers le tissage et la fabrication de miroirs mais, dans cette prison, on ne vous autorise pas à manier les matériaux nécessaires. Difficile d'imaginer qu'il ait pu avoir l'autorisation d'y toucher. Le verre et le fil sont considérés comme des armes, ici. Tout est une arme, même le langage, même le ton de voix d'un homme. Je n'aurais jamais compris cela si je n'avais été en prison. Je n'aurais jamais pu concevoir tous ces moyens de blesser un individu. Bien sûr, un pistolet, un couteau ou même une matraque tuent instantanément, mais le ton de voix d'un homme peut tuer tout aussi sûrement. Il suffit de laisser à cette voix le temps d'imprégner la peau et l'esprit de la victime jusqu'à ce que celle-ci soit assez effrayée, vidée, désespérée pour qu'un aboiement de plus lui suggère de cesser de respirer. Elle préférera cesser de respirer plutôt que d'entendre encore le son de la voix de son tortionnaire. J'imagine cela très bien. Maintenant, je sais quand une question se change en menace.

Pour éviter qu'un prisonnier vous accuse d'avoir croisé son regard, il faut fixer une tache sur le mur – soutenir son regard, c'est le défier, soit de se battre soit d'avoir un rapport sexuel. Et là, subitement, un gardien de la prison s'en prend à vous. Il s'exprime posément, d'une voix de baryton, ou alors il hurle, mais le plus souvent la question est la même ; elle fait partie du « rituel de l'appel et de la réponse » qu'ici tout le monde apprend en l'espace de deux jours.

« Un problème, par ici, les gars ? » demande le gardien, et les prisonniers, tous les prisonniers, lui répondent : « Des bons gars, monsieur Greer, on est tous des bons gars. » Parfois, ce sera M. Untel mais c'est souvent M. Greer.

« J'aime vous l'entendre dire, les gars. »

La première fois que vous assistez à ce rituel, il vous semble sot, puéril. Si vous le voulez, et vous le voulez certainement, vous y verrez une sorte de paternalisme institutionnel qui vous aidera peut-être, un jour. Mais vous cesserez de penser cela après avoir vu le groupe auquel M. Greer a posé sa question – « Un problème par ici, les gars ? » – s'écarter pour révéler deux corps ensanglantés, l'un debout et l'autre prostré sur le sol en forme de sinistre point d'interrogation.

« Des bons gars, monsieur Greer, on est tous des bons gars. » s'écrient-ils à l'unisson. Puis l'homme debout se fond dans le cercle tandis que M. Greer s'approche du centre.

« Un problème, par ici, les gars ? » répète-t-il, sur un ton plus nonchalant.

Cette fois, personne ne répond.

« Un problème par ici ? On a un problème ? glisse-t-il sur un ton plus paisible encore.

– De bons... de bon gars, monsieur Greer, tous de bons gars, entend-il monter du point d'interrogation qui gît à ses pieds, et ces mots sifflent par tous les orifices du corps allongé.

– Je suis content de vous l'entendre dire, les gars », lâche-t-il, et il s'éloigne.

Pendant ce temps, tu respires cette odeur de misère humaine à l'épreuve de tous les désinfectants, tu la respires plus vite et plus profondément que d'habitude. Elle te monte aux narines, elle te monte à la tête et elle se mélange à l'odeur putride de l'haleine d'un autre homme, un type qui a profité de la mêlée pour t'agripper par l'entrejambe et se frotter contre toi.

L'avocate que m'a trouvée Alex a demandé mon déplacement en quartier de haute sécurité après que je me suis fait rosser dans le quartier principal de la prison. Mon arrestation avait eu les honneurs d'une page dans le journal du dimanche, quasiment un supplément détachable consacré à tous les crimes d'enfants, résolus ou non, survenus au cours des dix dernières années. Il y avait un article sur l'enlèvement de Sam, sous la forme d'un reportage dans les règles de l'art. On y mentionnait la disparition de Carlo, un de mes petits élèves, quand j'étais instituteur, dans une autre vie. On y laissait clairement entendre que j'étais lié aux deux enfants de sinistre manière. Il y avait une photographie de moi, prise par Angelique et, au-dessous, une photo de Carlo publiée à l'époque de sa disparition. En page suivante, un criminologue, ou un psychologue médico-légal, analysait le type d'individu qui commet des sévices sur les enfants. Les sévices en question s'étendaient du kidnapping au meurtre en passant par l'attentat à la pudeur. En illustration, on voyait des photos d'enfants portés disparus ou retrouvés morts au cours de ces dix dernières années. Préalablement identifié par l'article principal du dossier, j'étais ainsi désigné comme pédophile sadique, autrement dit comme « cloporte », la lie de l'humanité selon les traditions carcérales, et donc justiciable de mépris, de cruauté et de violences. Le processus qui conduit à classer un prisonnier dans la catégorie des cloportes ne requiert pas de preuves et n'autorise pas à interjeter appel. Un jour, on m'a dit : « Tu es fini ». L'étiquette était posée, la sentence prononcée. J'étais fini, même dans le cadre de la microsociété civile un peu particulière qu'est une maison d'arrêt.

3.

Et c'est ainsi que je me suis retrouvé placé en quartier de haute sécurité, non pour protéger le monde extérieur mais pour me protéger du reste de la communauté carcérale. Comme pour rehausser la réputation de ce quartier de haute sécurité, un prisonnier m'a menacé de me transformer en infirme si je ne lui versais pas 30 000 dollars dans un délai d'un mois. Mes codétenus sont tous des hommes qui ne peuvent rester dans le quartier principal. Il y a les témoins à charge dont on pense qu'un contrat a été posé sur leur tête, il y a les types qui ont subi, avant d'être transférés ici, plus d'extorsions et d'agressions que la normale, il y a les tortionnaires et les meurtriers d'enfants condamnés à perpétuité, il y a les types considérés comme une menace pour les autres prisonniers, et d'autres qu'on appelle des gangsters en toc, qui ont demandé à être placés là par crainte des représailles que les autres veulent leur faire subir pour des actes commis à l'extérieur.

La majorité des cellules sont individuelles, mais certaines sont doubles. Elles sont toutes petites. La mienne est une cellule simple. Elle mesure exactement deux mètres par trois. Elle ne reçoit aucune lumière naturelle et aucune ventilation extérieure. Il y a une douche, un cabinet de toilette et un lavabo. Il y a un lit minuscule, un bureau minuscule et une chaise. Chaque cellule est fermée par une porte en acier munie d'un guichet d'inspection qui s'ouvre de l'extérieur, naturellement. Les cellules sont sur écoute, mais je ne sais pas qui écoute, ni ce qu'on écoute. Je suis le seul ici qui attende encore son procès. Tous les autres ont déjà été condamnés.

Des doubles portes séparent ce quartier du reste de la prison ; elles sont commandées électriquement. L'endroit est surveillé par des caméras de sécurité vingt-quatre heures sur vingt-quatre. Chaque porte de cellule est renforcée par une barre latérale, un verrou à bouton et une serrure à clef, et il faut deux clefs pour l'ouvrir après que l'interrupteur *ad hoc* a été actionné depuis le PC de sécurité. Le quartier comprend vingt cellules ; elles sont alignées sur le périmètre d'une salle qui constitue l'espace collectif. Il y a dans ce quartier une vingtaine de détenus. Avec trois tables rondes, une table de ping-pong, une autre de billard et des équipements fixes de poids et haltères, vingt individus remplissent vite cet espace collectif. Si un nouvel arrivant a été placé en isolement ou si quelqu'un est mort, l'espace ainsi libéré se remarque immédiatement. Je suis en isolement. Cela signifie qu'à ma propre demande et pour ma protection, je suis enfermé dans ma cellule vingt-deux heures par jour. Si je n'avais pas réclamé ce confinement, j'aurais déjà été battu jusqu'à perdre conscience, n'ayant pas payé mon extorqueur.

Les autres portes de cellule sont ouvertes tous les matins à huit heures et demie et fermées tous les soirs à sept heures et demie. À l'extérieur de l'espace collectif, il y a la cour ; un espace vide de six mètres par cinq, à peu près la taille de deux cellules. Les prisonniers sont autorisés à y marcher quand les cellules sont ouvertes. À côté de la cour, il y a ce qu'on appelle la petite salle de travail, où les pensionnaires ont le droit d'effectuer des travaux rémunérés s'ils le souhaitent. Ces travaux sont accessibles une fois par semaine et consistent invariablement à visser des écrous sur des boulons, un par un. Les écrous et les boulons sont comptés avant et après chaque séance pour empêcher les détenus d'en faire des armes ou des instruments de suicide, ce qu'ils essaient tout de même.

Il y a une petite bibliothèque. Elle contient un nombre pitoyable de livres défraîchis ; certains sont religieux et d'autres de guerre, sans compter un recueil de poèmes de Kipling et un roman d'Ayn Rand. Elle est ouverte une heure quarante-cinq minutes par semaine, le vendredi, entre une heure et deux heures moins le quart. L'horaire des cours proposés au centre de formation du pénitencier est identique. Le choix est très restreint et d'un niveau élémentaire. Il comprend un cours d'anglais et de mathématiques du niveau de la cinquième, ainsi qu'une session de conseil psychologique sur la drogue et l'alcool, et une autre de gestion de la colère. Ces sessions sont fréquemment annulées peut-être parce qu'elles sont proposées le vendredi après-midi. Une fois tous les six mois, une fonctionnaire responsable de formation est envoyée dans le quartier de haute sécurité. Elle nous demande quel genre de programmes nous aimerions nous voir proposer. Les gens lui remettent des listes. Rien ne se passe et elle revient six mois plus tard pour discuter des demandes figurant sur la liste qu'elle a reçue six mois plus tôt ; elle invoque les coupes budgétaires qui, confie-t-elle, risquent de la réduire bientôt au chômage. Dans l'intervalle de ses visites, on entend parfois son nom prononcé dans les conversations des détenus, qui rivalisent d'imagination quant au « traitement » à lui faire subir.

Il existe une cour plus vaste, avec un terrain de basket-ball et une piscine. Les résidents du quartier y ont accès entre une heure et demie et deux heures par jour, selon le tableau de service. Dans l'eau de la piscine, on voit des traces de sang, d'urine et, à l'occasion, d'excréments. Je n'y suis jamais entré. L'un des détenus du quartier de haute sécurité est mourant, tout le monde le sait. Il meurt d'un sida déclaré. On lui a donné entre deux et cinq ans à vivre, mais les spéculations internes lui en accordent entre deux et deux et demi. Car on parie de l'argent sur le moment de sa mort. Ces paris évoluent en fonction de la rumeur, des conversations et d'observations plus ou moins fondées émanant de prisonniers personnellement intéressés au résultat. Il faut que cet homme meure de sa maladie. C'est impératif. Il est convenu que le montant des paris ne sera pas versé s'il meurt d'une intervention extérieure, quelle qu'elle soit. Drogué devenu cambrioleur puis professionnel du vol à main armée, le malade a interjeté appel de sa sentence, mais on dit que les tribunaux sont encombrés et surchargés de travail. Personne ici n'envisage le succès de l'appel. Il m'est arrivé d'entendre : « Il ne va jamais crever, ce connard ! »

Il y a cinq prisonniers dont je sais qu'ils sont atteints de l'hépatite C. Certains ont pris des paris sur la mort du cambrioleur malade du sida.

Voilà la communauté à laquelle j'appartiens. Mes vingt-deux heures de confinement quotidien, c'est moi qui me les impose. Je n'ai aucune envie de passer ne serait-ce qu'une seule de ces heures avec les autres détenus. En fait, même ainsi, je ne me sens pas en sécurité. Ma nourriture m'est apportée par des prisonniers. Tous les jours, pendant deux heures, j'offre une cible potentielle. Il suffit que le gardien de service détourne le regard au mauvais moment. Je m'y attends à tout instant, même quand je me rends en salle de visites ou quand j'en reviens.

Je vois Alex presque tous les jours. Ce n'est pas bon pour lui, de venir si souvent. Cela doit lui ronger l'existence. En tout cas, quelque chose lui ronge l'existence mais nous n'en parlons jamais. Il refuse de parler de ses enfants ou de sa femme ou de son divorce. À la place, nous parlons de mon affaire, du traitement qu'on me réserve ici, de mes pensées, de mes souvenirs, de mes parents, de mon ex, bref, toujours de moi. Souvent, je préférerais qu'il parle plus de lui-même, de ses enfants, de son enfance en Europe, car je suis foncièrement fatigué de moi. Cela fait peut-être partie de mon problème, de ce qui m'a poussé à enlever le fils d'Anna. J'ai toujours consacré trop de temps à l'écoute de ma propre voix. Ma voix a toujours été la plus audible, la plus forte. Il y avait Alex et, bien sûr, Angelique, mais ils ne sont entrés que récemment dans la conversation, dans cet entretien infini que j'ai avec moi-même. Ils ont tenu lieu de brèves interruptions dans le ronronnement de ma propre voix, monotone, aussi vieux que mes plus vieux souvenirs ; cette voix qui me rend fou, qui me répète que, incapable de me bâtir une vie d'adulte stable et mûre, je me suis cru capable de venir en aide au monde, du moins à quelqu'un en ce monde.

« Mais Simon, vous vous êtes pourtant bâti un univers à vous », insiste Alex. Il n'arrête pas de me le répéter, même après ce que j'ai fait, même ici.

« Non, pas du tout, dis-je. Je buvais trop, je sortais rarement de l'appartement. J'ai perdu tout contact avec les autres... Je suis un être humain inadapté, un rêveur qui n'a jamais grandi. Il existe des gens qui ont des parents pires que les miens, qui perdent leur amie, leur boulot. Ils ne renoncent pas à la vie. Ils n'empruntent pas l'enfant des autres.

– Oui. C'est vrai, vous avez idéalisé Anna et votre relation avec elle, mais seul cet enlèvement vous sort de la moyenne des comportements.

– Vous savez que je n'aurais fait aucun mal à son enfant.

– Oui, je le sais, évidemment. Je le lui ai dit dès le soir où vous l'avez enlevé. Mais vous n'avez toujours pas fourni d'explication crédible à votre geste. À l'époque, qu'aviez-vous en tête ? »

Depuis ce jour où je lui ai téléphoné du commissariat de police, il m'a posé la question à maintes reprises, de différentes façons. Ce jour-là, j'ai pris conscience de mon geste avec horreur – pas pour

Sam, Anna ou son mari, mais pour moi –, et, sous le coup de la panique, la question du « pourquoi » m'a semblé pouvoir attendre jusqu'à ce que tout soit fini. Mais ce n'est toujours pas fini, et je me retrouve infesté par la misère de cet endroit, tellement accaparé par la sauvegarde de ma santé mentale (si on peut le dire ainsi) et de ma vie qu'il m'est difficile de me rappeler dans quel état d'esprit j'étais au moment où j'ai cru que cet enlèvement était une bonne idée.

Mais il n'arrête pas de me poser cette question. J'ai beau l'esquiver, après qu'il est parti, après que M. Greer a vérifié que je ne dissimule rien dans aucun orifice de mon corps, après que la porte s'est refermée, j'essaie de me remémorer l'état psychologique qui était le mien pendant le laps de temps précédant la minute précise où j'ai cru avoir une bonne idée. Pourquoi ai-je affiché des photos d'elle partout chez moi ? Combien d'individus dans le monde, parmi ceux qui ne sont jamais sortis du comportement moyen défini par Alex, dînent seuls soir après soir ? Il y a les divorcés. Il y a les veuves et les veufs, naturellement. Nous les considérons comme des vieux. Ils ne sont pas tous vieux, et même s'ils l'étaient, sont-ils destinés à dîner seuls soir après soir ? Le méritent-ils ? L'ont-ils mérité ? Combien de soirées faut-il passer seul pour payer celles où on ne l'était pas ?

À se préparer une salade pour soi tout seul, on se sent ridicule. Vous lavez votre laitue, vous en détachez les feuilles, vous coupez les tomates, vous ajoutez un peu d'assaisonnement et vous vous demandez si, avec le temps, ça finira par vous paraître moins ridicule, moins creux, moins artificiel. N'ajoutez pas d'assaisonnement. Personne ne vous regarde. Essayez de couvrir le bourdonnement du néon et du réfrigérateur avec la radio. La radio, c'est pire. Elle vous crie dessus, des pubs, basse et percussion, des chœurs de jeunes filles ou de jeunes garçons, des clichés musicaux parfaitement minutés sur des accompagnements de musique numérique, des athlètes de la formule choc, situés très à droite, et des standards téléphoniques envahis par la peur, la haine, l'ignorance ou par cette flatulence New Age qui se fait passer pour de la lucidité. Vous éteignez, et il reste le bourdonnement, et la salade. Si vous n'ajoutez pas d'assaisonnement, ça sera plus vite terminé. Ensuite vous laissez les tomates de côté. J'ai évoqué ça devant Alex ; je lui ai même proposé de s'approprier ce témoignage, de l'inclure dans son modèle de situation dynamique n° IV – les gens qui vivent seuls reçoivent certains signaux d'avertissement précis : la vinaigrette disparaît de la salade, puis c'est le tour des tomates, puis de la salade elle-même. Il ne leur reste qu'un bol qu'ils finissent tôt ou tard par remplir de céréales et de lait avant, enfin, d'y ajouter un peu de scotch.

Si ensuite le marché décide que votre métier doit suivre le même chemin que les tomates, que vous n'avez plus de place attitrée, vous

vous retrouverez à boire de l'alcool en quantités dangereuses, sous n'importe quel prétexte. On boit pour fêter quelque chose, pour se détendre après le travail, pour injecter du lubrifiant dans les relations sociales. Vous, si vous buvez plus que jamais, ce n'est pas pour ça. Au début, vous buvez parce que, dans ce que font ceux qui fonctionnent, qui ont un emploi rémunéré, qui participent à la vie sociale, c'est une des dernières choses que vous pouvez faire aussi. Vous buvez peut-être par goût. Puis vous buvez par défi. Vous vous lancez le défi de boire un verre de plus quand ce n'est pas vraiment le moment pour voir si quelqu'un va s'en apercevoir. Mais personne n'est jamais là pour s'en apercevoir, vous en prenez conscience et ça vous pousse à boire. Ensuite vous buvez pour voir si vous arriverez à franchir l'intervalle compris entre deux heures dix-sept et trois heures cinquante-cinq de l'après-midi sans rien sentir. Quand vous avez atteint ce stade, découper une tomate est complètement exclu.

Comme personne ne vous appelle, ça vous amuse de mesurer le temps écoulé depuis la dernière fois que vous vous êtes fait cette réflexion : « Tiens, on ne m'appelle plus. » Vous ne vous souvenez plus. À force, vous vous y faites très bien. Et ce n'est pas plus mal, car à ce stade, lorsque le téléphone sonne, même quand c'est une erreur ou une enquête de marketing, vous n'avez plus envie de parler. Vous n'êtes plus en état de parler. Ce n'est même pas une question d'être à jeun. Même à jeun, vous n'êtes plus en état de parler. Vous manquez d'entraînement. Quand vous devez vraiment vous adresser à quelqu'un, disons, à la personne qui vous vend du pain, du lait, des céréales, du papier toilette ou du scotch, vous avez un souci. Vous devez vous exercer à prononcer les mots sur le ton de la conversation banale, et ça sonne toujours faux. Vous êtes soit trop vague, soit trop concentré, soit trop poli. La personne qui vous sert vous regarde étrangement et vous savez que vous avez faux. Vous êtes incapable de recommencer.

Les voisins, eux, en sont capables, mais pas vous. Ils vivent votre vie à votre place, en votre nom. Ils changent de voiture, de maison. Ils ne s'inquiètent pas des problèmes du monde, de ses foyers de tension, locaux ou internationaux. Les endroits où ils n'habitent pas ne sont pour eux que de possibles destinations de vacances dont ils discuteront avec leur agent de voyages. Le jour des élections, ils votent non comme leurs parents ou les parents de leurs parents, mais selon la perception qu'ils ont de leur statut économique. Modelés par le rythme propre à la télévision, ils ne lisent leurs journaux que par séquences de trente secondes, jamais plus. D'ailleurs, leur demeure continuellement envahie par les braillements des amplis n'est jamais assez silencieuse pour la lecture. Et on les entend, qu'on le veuille ou non. On les entend rire le soir avec leurs invités, quand ils reçoivent à dîner. On les entend au lit. Non, franchement, ces gémissements, ils les exagèrent.

Vous vous demandez s'il vous est déjà arrivé que ce soit aussi bon. Un peu hébété, vous sortez de la chambre, vous allumez une petite lampe, vous vous approchez d'un placard, vous ouvrez un tiroir depuis longtemps négligé, et vous farfouillez, sous ce faible éclairage, à la recherche de photos. Et la voici, plus jolie que jamais. Il y en a d'autres, de ces images, au fond, tout au fond du tiroir. Ah oui, vous vous souvenez. C'était aussi bon que ça. Vous vous souvenez de sa peau, espèce de salopard, espèce de faiblard. Concentrez-vous et vous ne les entendrez plus. Douce, olivâtre, si soyeuse, le doux parfum de son cou, de sa nuque et derrière les oreilles, vous enfouissez le visage dans ses cheveux. Vous vous souvenez de son corps. Vous n'avez jamais su par où commencer. Vous vous souvenez de sa saveur, comme elle s'emparait de vous. Vous vous souvenez des changements de rythme qu'elle vous réservait, des changements de tension qui parcouraient son corps. Vous vous souvenez de sa fermeté, de ses maintes façons de vous serrer contre elle, de la douceur de ses gestes. Tout ce qu'ils s'inventent, ceux de la porte à côté, n'est rien comparé à ce que vous avez vécu, elle et vous. Si vous n'étiez pas si soûl, vous les interpelleriez. Ils comprendraient, mais qu'ils aillent se faire foutre. Non, pas vraiment. C'est vous qui pouvez aller vous faire foutre. Quand ils s'arrêtent enfin, vous avez la tête calée entre deux oreillers et vous respirez les vapeurs d'alcool qu'exhale votre haleine. Ils vous réveillent, le matin. Vous les entendez se lever. Se lever, c'est utile, mais vous avez beau faire, vous ne voyez pas en quoi. Jusqu'à ce que vous la voyiez, elle, au milieu de tout ce désordre. Les photos d'elle sont encore en vous, et vous vous relevez pour les contempler à nouveau.

Quel désordre. Autour de vous, les objets se dégradent, mais elle vous regarde de ses yeux sombres. Le souvenir de cette sensation, quand vous plongiez les vôtres dans les siens, vous laisse supposer qu'elle seule est réelle et que le reste, l'existence solitaire, le chômage, tout ce foutoir, est imaginaire. Il faut qu'elle soit réelle. Elle est là, sur ces photos, plus vraie que tout, et sur certains clichés vous êtes là aussi, avec elle. Vous vous souvenez des moments où chacune de ces photos a été prise, et pourtant, parfois, vous préféreriez les avoir oubliés, ces moments. Sur une de ces photos, elle est assise sur vos genoux. Vous avez les bras autour d'elle. Souvenez-vous de cette sensation : son poids sur vos genoux, vos bras autour de sa taille. Elle sourit. Vous, non. Quelque chose l'avait fait sourire, mais ce sourire n'était pas de joie. C'était peut-être à cause de vous, peut-être parce qu'elle savait que vous en auriez besoin après coup. Et peut-être aviez-vous cet air triste pour le même motif, parce que vous deviniez qu'il y aurait un après-coup. Quand elle était assise ainsi sur vos genoux, souriante, sans affectation mais avec une fierté, une intelligence, une chaleur que vous n'avez retrouvées chez aucune autre femme, soupçonniez-vous qu'elle vous quitterait si tôt ? Tout en la plaçant sur l'étagère, entre vos doigts, tout en soufflant la poussière, tout en essuyant vos yeux, vous pensez... vous deviez le savoir.

Mais elle vous regarde, comme à l'époque, elle est là pour vous, et vous ne voyez aucune raison pour que cela change. Pourquoi mettre ces photos à l'écart ? C'est votre passé, autant que le sien. Et... Non, attendez. C'est votre passé encore plus que le sien. Alex soutient que le problème est là, ou en tout cas que là en est la source. Vous avez besoin d'elle plus qu'elle n'a besoin de vous. Vous pourriez l'admettre si vous y étiez obligé mais, selon toute vraisemblance, vous n'y serez jamais contraint car personne ne la verra calée de la sorte contre les livres de la bibliothèque. Personne ne vient jamais ici. Et de toute manière, où est le mal ? Vous revenez avec tendresse sur le temps où vous étiez lié à cette femme. C'est aussi simple que ça. Vous revenez à la poésie et aux romans, à la musique et aux vidéos, aux choses auxquelles vous vous raccrochez dans les périodes difficiles, et vous l'ajoutez, elle, le souvenir d'elle, souvenir neuronal et photographique. Est-ce si malsain ? Les gens ont recours à toutes sortes de trucs pour tenir le coup. Vos procédés à vous ne sont pas immoraux. Ils ne sont même pas illégaux. En tout cas, ils ne l'étaient pas à l'époque, avant de devenir immoraux et illégaux, avant de devenir malsains.

Il faut que l'occasion me soit donnée de convaincre Anna que seule ma santé était compromise, pas celle de son fils. Sam n'a jamais couru aucun danger, venant de moi. Ce n'est pas moi qui l'ai abandonné. Je lui ai sauvé la vie, une fois. Elle ne se rend pas compte à quel point elle a été proche de le perdre. Son mariage est une erreur née de la naïveté et de la faiblesse, mais il a produit un petit garçon fier, intelligent et autonome. De sa part à elle, c'était une folie de le mettre en péril, lui, ce qu'il est, ce qu'elle l'a aidé à devenir, ce qu'il deviendra, de risquer tout ça pour une liaison. Ou bien était-ce une folie de ma part que d'essayer de l'en empêcher ? Alex a-t-il raison ? Suis-je vraiment très malade ? Ce que j'ai fait serait-il la manifestation de cette maladie ? Considéré comme un danger pour la collectivité avant même de passer en jugement, on m'a refusé toute libération sous caution et on m'a condamné à être condamné par la communauté carcérale qui, conformément à sa morale et à son goût du sang, m'a jugé comme prédateur d'enfants. Donc, je me cache et j'attends qu'Alex amène Anna jusqu'à moi. Et je me répète, jour après jour :

Si au lieu de te pendre par le cou
On te jette au trou
Parce que tu n'as pas renoncé à tout espoir

En ce monde, à ton pays, et aux tiens,
Si tu fais dix ou quinze ans,
Sans compter le temps qui te reste,
Tu ne diras pas,
« J'aurais mieux fait de me balancer au bout d'une corde »

Mais tous les jours j'étouffe de misère.

4.

Sur le conseil d'Alex, j'ai retenu les services de maître Gina Serkin, une avocate criminelle forte de douze années d'expérience, ce que les gens de son monde appellent une « junior senior ». Il m'a affirmé qu'elle était très brillante, minutieuse et bien vue de la cour, mais pas trop senior non plus, ce qui l'aurait rendue inaccessible dans le cadre un peu chiche de l'aide judiciaire. Il la connaissait avant cette histoire. Peut-être à travers d'autres patients « à problèmes ». Je n'en étais pas certain. Comme j'étais un novice dans le domaine et comme personne ne se précipitait pour me proposer son aide, j'ai suivi son conseil.

Elle est venue me voir à la maison de détention provisoire de Melbourne, sur Spencer Street, immédiatement après le dépôt de mon recours, et elle s'est mise au travail sur ma demande de libération sous caution. Elle m'a prévenu : le lien implicite que les médias avaient établi entre mon nom et l'ensemble des disparitions d'enfants, joint à la publicité croissante accordée au sujet, réduisait sensiblement mes chances, en d'autres temps fort solides, d'obtenir cette libération. Cela m'a secoué. Je ne m'y attendais pas. Rien ne se passait comme je m'y attendais. Je m'étais attendu à voir arriver Anna. Pas la police. Je ne m'étais pas attendu à être mis en examen, et, une fois arrêté, je m'étais attendu à ce que ma libération sous caution soit une formalité. Pourquoi l'accusation s'y opposerait-elle, d'ailleurs ? Je n'avais pas de casier judiciaire. Je ne présentais de danger pour personne. Mais la police et le procureur étaient d'un autre avis. Tout le monde avait l'air d'en savoir plus sur la procédure, le protocole et le dessous des faits imputés que je n'en savais moi-même. Quand Gina m'a averti de me préparer à l'échec, je me suis persuadé, je ne sais trop comment, qu'elle entendait faire apparaître sous un jour encore plus beau une issue nécessairement positive. Je me suis figuré que c'était pour elle un moyen de se valoriser, en vue de dossiers et de clients futurs. Si j'étais convaincu qu'elle m'avait sorti d'un guêpier, je serais enclin à revenir vers elle au cas où les charges contre moi ne seraient pas abandonnées. Ayant eu la stupidité d'enlever Sam, j'avais forcément la stupidité de croire ce que j'avais besoin de croire pour tenir le coup.

Un voisin de cellule, arrêté pour trafic de drogue, se montrait bavard. Apparemment, il connaissait les ficelles. Nous avons discuté assez franchement et il a eu l'air de dire que je n'avais aucun souci à me faire. Ça avait commencé comme toutes les conversations de prison : « Tu es ici à cause de quoi, toi ? » Question souvent posée sur un ton menaçant, la réponse étant une des variables prises en compte pour déterminer votre place au sein de la chaîne alimentaire. Mais cet homme, négociant expérimenté, spécialiste de presque toutes les denrées prohibées, paraissait plutôt calme et il m'a aidé à me détendre. Sa manière de raconter, plus que ce qu'il racontait, suggérait que la justice pénale n'était qu'une branche parmi d'autres de la bureaucratie gouvernementale. Avec de l'expérience ou, mieux encore, quelques conseils avisés, tout se négociait, pour se réduire finalement à une menue contrariété. À sa manière, il savait se montrer réconfortant. Sans rien lui confier de l'affaire en cours, j'ai tout de même admis que c'était mes premiers ennuis avec la police, que je n'avais jamais été arrêté auparavant, et que j'avais même du mal à croire que je me trouvais là. Dans le cours de mes divagations plus ou moins délirantes, je lui ai tout déballé – chose totalement incroyable – à propos d'Anna et de son mariage avec Joe. Je lui ai confié combien je l'aimais et je lui ai demandé s'il avait quelqu'un. Je ne me souviens pas de ce qu'il m'a répondu car j'étais trop occupé à lui exposer ma honte d'être là, cela ne me ressemblait pas, je voulais repartir de zéro, rembobiner ma vie. Je lui ai avoué que je voulais juste disparaître. S'il m'a cru défoncé, il est pardonné. C'est peut-être un bon moyen d'expliquer, de faire comprendre à Alex. Vous n'avez pas besoin de la voir pour en être amoureux. Vous avez pu perdre le contact, elle a pu vous blesser, même de façon inexplicable. Si vous avez cru la connaître, si vous avez cru aimer ce que vous connaissiez d'elle, et si vous vous rappelez ce que vous connaissiez d'elle, pourquoi serait-il insensé de conserver cet amour ?

5.

Nous étions dans un petit café tout au bout de Glenhuntly Road, en face de la plage. Le ciel était sombre et je venais de la faire rire. Son corps était pris d'un léger tressautement – cela lui arrivait quand elle riait –, ses seins dansaient, et mon moral avec eux. Ne voyant pas d'autre moyen d'amener la chose, j'ai sorti un petit paquet de la poche de ma veste.

« Qu'est-ce que c'est ? m'a-t-elle demandé, et moi j'avais la bouche déjà sèche.

– Je ne me souviens déjà plus. J'ai trouvé ça par terre. Tu n'as qu'à l'ouvrir. »

C'était un simple bracelet en argent tressé, une série de rubans de Mœbius entrelacés.

« Simon, c'est magnifique !

– J'espère que ça te plaît. C'est très simple.

– Oh, oui, s'est-elle exclamée en se l'attachant au poignet.

– Vraiment ? Je l'ai dessiné moi-même.

– Non ?

– Bien sûr que non, ai-je fait, mais elle avait déjà trouvé et déplié le poème que j'avais niché au fond de la boîte.

– Qu'est-ce que c'est ? » m'a-t-elle demandé.

C'était le sonnet de Shakespeare « Non, je n'admettrai pas d'obstacle au mariage des cœurs sincères ». Elle l'a lu en silence, sauf les quatre derniers vers, qu'elle a récité à voix haute.

L'amour ne change pas comme passent ses jours,
Il dure et jusqu'au seuil même du Jugement.
Si c'est erreur, s'il est prouvé qu'elle soit mienne,
Je n'ai jamais écrit, nul n'a jamais aimé.

Je savais que, pour contrer ma demande de mise en liberté sous caution, l'accusation allait citer comme témoins les inspecteurs Stazsic et Threlfall. Je m'y étais préparé. Mais quand ils ont mentionné le nom de Frederick Zwier, je n'ai pas compris. Je ne voyais pas du tout qui il était. Alors qu'il prêtait serment, je me suis dit que son visage m'était familier, sans parvenir à le resituer. Il a donné ses nom et prénom, et une adresse en prison. C'était le trafiquant avec qui j'avais partagé une cellule à la maison de détention provisoire de Melbourne.

Il a déclaré au magistrat qu'un certain jour, il avait partagé une cellule avec le « requérant », comme il prenait soin de m'appeler, et il avait constaté que je m'étais montré désireux d'engager une conversation dont j'avais fourni l'essentiel. J'avais avoué l'enlèvement de cet enfant, a-t-il déclaré, et lui avais fait part de mon intention de prendre la fuite en cas de libération sous caution.

Gina Serkin m'avait prié de porter costume et cravate. J'étais assis dans le box, et j'ai glissé un doigt dans mon col. Alors que Gina se retournait brièvement, elle m'a vu secouer la tête en signe d'exaspération – que ce type aille au diable. La police avait posé des micros dans notre cellule. On l'avait délibérément installé là pour me faire parler. Ils avaient tout enregistré sur bande. L'accusation n'avait pas prévu de passer la cassette, sauf si l'on contestait les preuves apportées par M. Zwier. C'était cet homme qui m'avait présenté le système de la justice pénale comme une branche de la bureaucratie gouvernementale, omniprésente dans son domaine d'activité professionnelle mais à titre de menue contrariété.

Nous avons obtenu la permission que Gina vienne « quérir ses instructions » auprès de moi.

« Il ment ! lui ai-je chuchoté, furieux.

– Était-il en cellule avec vous ?

– Oui, mais...

– Lui avez-vous parlé ?

– Oui, mais...

– Simon, y aurait-il quelque chose que vous ne m'auriez pas dit, et que vous aimeriez me dire, là, maintenant ?

– Gina, il ment, merde. Je n'ai rien raconté de tout ça. Je n'ai rien avoué. Est-ce que vous pouvez leur demander de nous passer la cassette ?

– Vous êtes sûr que je dois ?

– Gina, seigneur Dieu, il faut me croire !

– Je veux être claire à ce sujet, vous me donnez pour instruction de leur demander de faire visionner cette cassette par le magistrat ?

– Oui, bien sûr.

– Qu'y a-t-il dessus ? Que lui avez-vous dit ?

– Je n'en sais rien, rien d'important. On a juste parlé, c'est tout. Je lui ai expliqué que je n'avais jamais connu le moindre problème auparavant, que j'étais malade de toute cette salade. Je n'ai rien avoué. Je n'ai rien commis qui se prête à des aveux de ma part.

– Simon, je vous suis reconnaissante de la confiance que vous me témoignez en me faisant part de vos instructions, mais nous n'avons aucune raison de croire qu'Anna Geraghty va modifier son témoignage. Ce sera la parole de cet homme contre la sienne, et maintenant il y a cette cassette.

– Il n'y a rien sur cette cassette. Je ne lui ai rien raconté, rien qui m'incrimine.

Gina leur a fait passer la bande. Ensuite, elle a réclamé un bref ajournement, le temps d'un contre-interrogatoire. Alex avait raison. À la barre, elle était bonne.

« Monsieur Zwier, voulez-vous indiquer à la cour pourquoi vous avez menti.

– Il le faut ?

– Vous ne voulez pas ?
– Pas vraiment.
– Et pourquoi ?
– Eh bien... cela n'a aucune importance.
– Cette importance ne vous apparaît peut-être pas dans l'immédiat, monsieur Zwier, mais je vais vous prier de me supporter quelques instants de plus et de répondre à ma question.
– Je... je préfère pas.
– Serait-ce parce que vous ne vous sentez pas très à l'aise à l'idée que les gens apprennent où vous habitez ?
– Eh bien, je ne sais pas qui sont tous ces gens, admit-il, en désignant d'un geste la tribune du public.
– Monsieur Zwier, pensez-vous avoir une bonne raison d'être prudent à cet égard ? De préférer que les gens ne sachent pas où vous vivez ?
– Je ne sais pas.
– Plus de motifs d'être prudent qu'un individu ordinaire ?
– Je ne sais pas. C'est quoi, l'ordinaire ? a-t-il ajouté avec un petit sourire en coin.
– Maître Serkin, l'a interrompue le magistrat, savez-vous bien où vous voulez en venir, avec tout ceci ?
– Oui, Votre Honneur.
– Croyez-vous pouvoir nous y mener un peu plus rapidement ?
– Oui, Votre Honneur. Monsieur Zwier, vous connaissez Anne-Marie Bellamy, n'est-ce pas ?
– Pas très bien.
– Mais vous savez qui elle est, n'est-ce pas ?
– À peine.
– Mais vous la connaissez suffisamment bien pour avoir couché avec elle, n'est-ce pas ?
– Oui, enfin, comme j'ai dit, je ne la connais pas très bien.
– Non, en effet, pas très bien. Pas assez bien pour qu'elle consente à coucher avec vous.
– Non, c'est pas vrai. Elle était consentante.
– A-t-elle consenti avant ou après que vous avez versé une certaine substance dans son verre, à l'Amazon Nightclub ?
– Je n'ai rien versé dans son verre.
– Mais la police estime que si, n'est-ce pas ?
– Je ne sais pas ce que pense la police.
– Monsieur Zwier, vingt-quatre heures avant d'avoir une conversation enregistrée sur bande avec M. Heywood dans une cellule de la maison de détention provisoire de Melbourne, vous étiez accusé d'avoir administré à cette jeune personne une drogue à des fins de pénétration sexuelle, en infraction avec la section 53 du code pénal.

– Oui.

– Et vous étiez aussi accusé, en infraction avec la section 19 dudit code, d'avoir administré à cette personne une substance susceptible de fortes interactions avec les effets d'un autre produit, est-ce exact ?

– Elle m'a dit qu'elle avait dix-huit ans.

– Vous l'a-t-elle dit de sa propre initiative ou le lui avez-vous demandé avant de la droguer ?

– Objection ! Monsieur le président, M. Zwier n'est pas jugé devant cette cour, protesta le procureur.

– Non, en effet, Votre Honneur, mais sa crédibilité, si, rétorqua Gina.

– Tâchez de ne pas susciter de controverse avec le témoin, maître Serkin, a conseillé le magistrat.

– Elle m'a raconté qu'elle avait dix-huit ans et elle en avait que dix-sept. Une année, c'est quoi ? Ça devrait pas être un crime, ça, argumenta Zwier.

– C'est cela, votre défense ?

– Je n'ai pas à répondre à ça.

– Vous étiez aussi accusé, conformément à la section 71 de la loi sur les drogues, poisons et substances inscrites au tableau B, de vous être livré à des trafics de produits stupéfiants susceptibles d'entraîner une narco-dépendance, est-ce exact ?

– Je ne sais pas.

– Trop de chefs d'accusation pour vous souvenir de tout, n'est-ce pas, monsieur Zwier ?

– C'est pas important.

– Toutes ces accusations ne sont pas importantes ? Pas importantes pour vous, monsieur Zwier ?

– Ils les ont toutes laissées tomber.

– Êtes-vous en train de rappeler à la cour que la police a renoncé aux charges contre vous ?

– Quasi toutes, oui.

– Cela doit vous mettre dans de très bonnes dispositions vis-à-vis de la police, non ?

– Ils auraient dû toutes les laisser tomber, ces accusations.

– Mais ils ne les ont pas toutes laissées tomber, n'est-ce pas ?

– Quoi ?

– La police n'a pas renoncé à toutes les charges retenues contre vous, est-ce exact ?

– Non.

– Vous devez toujours répondre d'une accusation de pénétration sexuelle sur une enfant de seize ou dix-sept ans, n'est-ce pas ?

– Oui.

– Eh bien, donc, peut-être n'en ont-ils pas tout à fait fini avec vous, monsieur Zwier ?

– Mais ils feraient mieux.

– Je me demande si vous ne pourriez pas m'aider un peu à nous remémorer l'horaire exact des événements, monsieur Zwier. Vous avez rencontré Anne-Marie Bellamy le vendredi soir, à l'Amazon Nightclub, exact ?

– Ouaip.

– Vous avez couché avec elle cette nuit-là, exact ?

– Ouaip.

– Et vous avez été accusé de tout ce que je viens de mentionner dès la fin de matinée, le lendemain, n'est-ce pas ?

– Oui.

– Environ trente-six heures plus tard, vous vous êtes retrouvé à partager une cellule avec le requérant, dans la maison de détention provisoire de Melbourne ?

– Oui, c'est juste.

– Durant votre séjour là-bas, vous avez eu diverses conversations avec lui, que la police a enregistrées sur bande.

– Oui.

– Quelque temps après, plusieurs charges retenues contre vous ont été abandonnées.

– Oui.

– Dont certaines parmi les plus graves.

– Comme j'ai dit, ils auraient dû les laisser tomber toutes.

– La police a abandonné l'accusation de trafic de drogues susceptibles d'entraîner la narco-dépendance, n'est-ce pas ?

– Oui, abandonné.

– C'est une bonne chose, qu'ils l'aient abandonnée, non ?

– Oui, une bonne chose.

– Parce qu'une deuxième condamnation pour ce type de délit serait susceptible de vous conduire pour un certain temps en prison, n'est-ce pas ?

– Oui.

– Et vous avez déjà été condamné pour ce type d'acte précédemment, non ?

– Il y a longtemps, Votre Honneur,

– Monsieur Zwier, a poursuivi Gina, est-ce à cette époque que vous avez été accusé de “ détourner le cours de la justice ”, ou était-ce à une autre période ?

– Pour celle-là, vous vous souvenez pas de la section du code, hein, espèce de bêcheuse...

– Monsieur Zwier, est intervenu le magistrat, contentez-vous de répondre à la question posée, je vous prie.

– Oui, désolé.

– Monsieur Zwier, vous avez conclu un marché avec la police pour tenter de soutirer des informations à mon client, M. Simon Heywood, afin de témoigner ensuite contre lui en échange de l'abandon de certaines charges contre vous, est-ce que je me trompe ?

– Non.

– Êtes-vous en train de dire à la cour que ce n'est pas ce qui s'est produit ?

– Non, ce n'est pas ça qui s'est produit.

– Monsieur Zwier, voulez-vous jeter un œil à la transcription de la conversation enregistrée entre vous et Simon Heywood.

– Oui.

– J'aimerais que vous lisiez attentivement. »

Il a fait semblant de lire, mais la tentation de montrer son mépris et sa colère était trop forte, et il prenait bien soin, pour la galerie, de laisser tomber les pages de ses mains tout en les parcourant en vitesse.

« Avez-vous lu attentivement, d'un bout à l'autre ? lui a-t-elle demandé.

– Oui. J'étais sur place, a-t-il ajouté, ironique.

– Cette transcription est-elle fidèle ?

– Oui.

– Pouvez-vous lire à haute voix, pour la cour, les parties de cette transcription qui attestent, selon vous, que le requérant, Simon Heywood, aurait admis devant vous l'enlèvement illégal de cet enfant, Samuel Geraghty, et son intention de se soustraire à la justice s'il se voyait accorder une libération sous caution ?

– Votre Honneur, je dois faire objection à cette question, s'est exclamé le procureur.

– Oui, maître Serkin, a acquiescé le magistrat, je suis enclin à croire que vous accordez moins d'importance à l'opinion du témoin ou plutôt à son interprétation de cette conversation, qu'à la mienne. Me suivez-vous ?

– Oui, monsieur le Président, mais je...

– Je dispose de cette cassette et de sa transcription, et l'exactitude de ces deux documents semble ne pas devoir être remise en cause. Avez-vous d'autres questions à poser à ce témoin ?

– Non, monsieur le Président.

– Vous n'aviez pas prévu de deuxième contre-interrogatoire de ce témoin, n'est-ce pas ? » demanda le magistrat au procureur, ce que j'ai pris comme un bon signe.

Gina n'était pas dupe, et c'st ainsi que j'ai été éclairé sur certaines procédures judiciaires jamais codifiées ni, apparemment, jamais enseignées. J'avais cru avoir entendu le magistrat signifier qu'il ne voulait plus avoir affaire à ce Zwier, probablement parce que Gina avait détruit sa crédibilité en soulignant qu'il avait quelque raison de mentir. Je me suis lancé dans des félicitations, mais elle m'a vite ramené sur terre, d'abord par l'expression de son visage, ensuite par ses paroles.

« Je dois vous dire, Simon, que cela ne se présente pas bien pour nous.

– Qu'est-ce que vous me racontez, vous l'avez laminé. À tel point que le magistrat n'a plus voulu poursuivre l'audition, il n'a pas souhaité de deuxième contre-interrogatoire.

– Précisément. Le but du deuxième contre-interrogatoire, c'est de permettre à l'avocat qui a cité le témoin à comparaître d'aplanir les problèmes soulevés par le premier contre-interrogatoire. Quand la cour fait savoir que le deuxième contre-interrogatoire n'est pas bienvenu, c'est comme si elle disait : “ Ne vous souciez pas de remettre de l'ordre dans le fatras de votre témoin. Je vais m'en arranger à votre place. Pas de deuxième contre-interrogatoire, car moi, la cour, je veux me sortir de cette ornière. ”

– Mais, Gina, ce type était si peu digne de foi, et il n'y a pas d'aveux sur cette cassette. Vous l'avez entendue.

– Simon, je sais, vous avez raison. Mais le juge est maintenant dans la coulisse en train de rédiger les motifs de sa décision. Il réfléchit à toutes sortes d'impératifs à la fois. Il est fumasse contre la police qui n'a pas su lui présenter un témoin “ propre ” pour vous “ verbaliser ”. En tant que magistrat, il est totalement imperméable aux tentatives des médias visant à vous attribuer la responsabilité de toutes les disparitions d'enfants survenues depuis celle de Mowgli, mais en tant qu'être humain, il les lit, il les écoute, il les regarde. Même s'il ne mord pas à leur baratin, il ne veut pas être le juge qui aura laissé libre le “ ravisseur d'enfants ”, tel qu'on vous présente. Il imagine les lettres qu'on écrira aux journaux, les émissions de radio où interviennent des détraqués. Il n'a pas envie d'essuyer les remarques cinglantes de ses collègues ou de son épouse.

– Mais il avait l'air de vous apprécier, ai-je insisté, déconcerté.

– Oh, oui, en effet. Il mettra probablement un point d'honneur à venir me voir au restaurant du barreau pénal, d'ici quelques semaines, pour me féliciter du bon travail accompli aujourd'hui. Mais il ne va pas vous laisser sortir. »

Elle avait raison. La décision écrite ne faisait aucune référence à la conversation enregistrée sur cassette mais elle faisait plusieurs fois mention du raccourci que j'avais employé pour exprimer ma honte :

« Je voudrais disparaître. » De mon propre chef, j'avais ainsi signalé qu'il existait bel et bien un risque de fuite. Risque qui, joint à « l'inquiétude justifiée de la collectivité devant les récents crimes commis contre des enfants et des jeunes gens », justifiait le refus de ma mise en liberté sous caution.

6.

La loi permet de présenter plusieurs demandes de libération sous caution. Après que j'ai été expédié dans le quartier principal de la prison Port Phillip, nous avons retenté l'opération, cette fois devant la Cour suprême. L'accusation a avancé qu'il fallait répondre aux craintes de la société de me voir fuir, intimider des témoins ou de récidiver, et préserver ma sécurité en me plaçant dans un quartier de haute sécurité. La cour a préféré cette solution à ce qu'elle appelait le « risque inhérent » à ma libération sous caution. Et c'est ainsi qu'on a fini par me transférer de ma cellule du commissariat de St-Kilda à la maison de détention provisoire de Spencer Street, puis dans le quartier principal de la prison Port Phillip, à Laverton et, enfin, dans le quartier de haute sécurité de cette même prison.

Gina m'a confié que c'était une honte, que je n'aurais même pas dû être retenu en garde à vue, qu'un climat de folie avait corrompu la décision de la cour. Elle a ajouté qu'à notre époque les crimes dirigés contre les enfants étaient si fortement ressentis que le principe traditionnel de la présomption d'innocence s'en trouvait renversé. Quel qu'ait été le climat de folie que Gina flairait dans l'air, il n'était rien comparé à la peur, aux excréments et au désinfectant qui imprègnent celui que nous respirons ici.

Nous avons essayé une troisième fois d'obtenir la mise en liberté, après mon déplacement en quartier de haute sécurité. Ce déplacement constituait ce que Gina appelait « les faits nouveaux et les circonstances nouvelles » dont nous avions besoin pour justifier une nouvelle tentative. Elle a développé l'argument selon lequel j'étais un détenu non condamné, exempt de toute condamnation antérieure, plaidant « non coupable », un homme brutalement frappé alors qu'il était sous la garde de l'État, placé sans raison avec les pires criminels et encore restreint dans sa liberté. L'accusation avança que cette nouvelle requête devait être rejetée en vertu des motifs qu'elle avait défendus avec succès lors des deux requêtes précédentes, à savoir que le déplacement en quartier de haute sécurité, si regrettable qu'il soit, avait été décidé pour ma protection, et que, par conséquent, mes intérêts et ceux de la société seraient mieux défendus si le refus était confirmé. L'argument ne prenait pas en compte la réalité de la vie en quartier de haute sécurité. Dans un prétoire indemne de claustrophobie, de fouille au corps, de sévices, d'arbitraire, d'humiliation, d'avilissement, de terreur aveugle, il pouvait paraître raisonnable. Il a été considéré comme tel. La loi permet de présenter plusieurs demandes de libération sous caution. Mais la société ne permettait pas qu'on y réponde.

Alex a suggéré une quatrième tentative ; un de mes codétenus venait de me donner un mois pour créditer son compte bancaire de 30 000 dollars, faute de quoi je serais réduit en bouillie. Assurément, argumentait Alex, la tentative d'extorsion constituait « un fait nouveau, une circonstance nouvelle ». Gina confirma ce point de droit mais ajouta qu'il y avait un risque : il faudrait que je fournisse la preuve de la menace et l'identité du prisonnier qui l'avait formulée. Or, si je me voyais refuser ma mise en liberté après avoir joué les « balances », je serais de toute façon réduit en bouillie. Cependant, elle était prête à lancer cette quatrième tentative. À son avis, lui ai-je demandé, que décider ? Elle n'avait pas de conseil à me donner. Cela resterait ma décision pleine et entière. À quel pourcentage évaluait-elle mes chances, cette fois ? Je devais m'attendre, a-t-elle répondu, à ce que non seulement l'extorqueur mais aussi les fonctionnaires de la prison y compris les plus haut placés nient toute menace à mon encontre. Ce serait ma parole contre celle de tous les autres. Je devais donc m'attendre à perdre. Probablement.

« Si elle le pensait depuis le début, Alex, pourquoi ne l'a-t-elle pas dit tout de suite ?

– Je n'en sais rien, Simon. Je suppose que, comme moi, elle vous rend visite ici, constate votre détresse et n'a pu se résigner à vous dissuader d'emblée.

– Mais si elle pensait que ça raterait et que l'échec me tuerait, au sens propre...

– Simon, qu'entendez-vous par là ? Je sais que c'est un enfer, mais vous ne pouvez pas douter d'elle. Vous ne doutez pas de sa compétence, quand même ?

– Non.

– Alors, ne doutez pas de son intégrité. Elle n'a toujours pas été payée pour la troisième requête..

– C'est de ça qu'il est question, d'argent ?

– Simon, écoutez-vous un peu. Si elle vous avait conseillé de tenter une quatrième requête malgré le danger qui pèse sur vous en cas d'échec, vous pourriez l'accuser d'être motivée par l'argent. Et si elle vous avait déconseillé cette nouvelle tentative, vous pourriez l'accuser de freiner parce qu'elle n'a pas été payée pour le dépôt de la requête précédente. Dans un sens comme dans l'autre, c'est une mercenaire.

– Pas entièrement...

– Simon, c'est son boulot. Elle gagne sa vie. Vous n'êtes pas son œuvre de charité.

– Non, juste la vôtre. Pas vrai, Alex ? »

Je me suis demandé s'il savait pourquoi il venait me rendre visite tous les jours. Mon père avait cessé de le payer depuis longtemps. Que trouvait-il là-dedans ? Pourquoi était-il si résolu à me soutenir, à me conserver sain d'esprit ? Cela ne lui faisait certainement aucun bien, à lui. Je ne lui ai jamais posé la question. Je ne lui ai jamais demandé pourquoi il continuait de m'apporter des livres, pourquoi il continuait de me parler – de ma situation juridique, de mon passé, de littérature, du monde, de tout ce qui était ou avait été important pour moi. Je ne lui ai jamais demandé pourquoi il se comportait comme mon agent, tâchant de travailler en liaison avec mon père et ma mère, avec Anna, avec Angelique et même avec Gina. Si je lui posais la question et qu'il ne sache pas répondre ?

« Simplement, à mon avis, elle ne me croit pas.

– Que voulez-vous dire ? » s'est-il étonné.

Je me suis penché et la matière synthétique de ma blouse d'uniforme a lâché son odeur.

« Elle pense que je l'ai enlevé, lui ai-je chuchoté.

– Vous l'avez enlevé, m'a-t-il chuchoté en réponse.

– Ne dites pas ça, pas ici », me suis-je récrié dans un murmure scandalisé.

Je n'avais pas oublié l'insanité de cet enlèvement. Tout, dans mon existence présente, me rappelait la crise de folie, brève mais certaine, qui avait consisté à croire possible de m'insinuer dans la vie d'Anna dans le but imprécis de faire du bien à son fils. La logique sous-jacente était de l'obliger à me sauver en racontant que j'étais, après dix ans de rupture, redevenu son amant, son confident, son complice, le seul homme en qui elle avait confiance. Raison pour laquelle j'étais naturellement autorisé à prendre son fils à la sortie de l'école. En adoptant cette position, Anna ferait avorter la liaison qu'elle avait ou qu'elle était sur le point d'avoir et elle mettrait un terme à la parodie de mariage qu'elle jouait avec Joe Geraghty. Elle serait libre de tout recommencer. Elle pourrait me considérer, à nouveau.

Si insensé qu'ait été ce plan, une fois mis en œuvre, il devait être suivi à la lettre si je voulais sortir de prison. Je n'avais plus le choix. L'autorisation d'Anna était ma seule défense possible. Il fallait espérer qu'elle éprouverait quelques vestiges des sentiments qu'elle avait eus pour moi. Qu'il soit moins délirant pour elle de suivre la voie ainsi tracée qu'il ne l'avait été pour moi de l'ouvrir. Alex comprenait que, une fois engagé ce processus irrationnel, il devenait rationnel, et même essentiel, d'aller jusqu'au bout. De faire comme si, étant l'amant d'Anna, j'avais eu sa permission d'emmener Sam – la peur de l'humiliation et du divorce l'empêchant de prononcer les aveux qui me disculperaient. J'avais maintenu cette ligne de défense depuis le début, devant Stazsic et Threlfall, devant Gina, en fait devant tous ceux qui voulaient bien m'écouter. Alex le savait et, peut-être avec le cœur lourd, il s'y tenait. Mais il ne cessait de vérifier si, au-delà de cette fiction, je restais en contact avec la réalité

« Simon, nous essayons de vous sortir d'ici, vous et moi, et nous dirons ce qu'il faudra. Ici, je n'arrive pas à vous saisir tout à fait. N'oublions pas que vous... vous l'avez emmené sans la permission d'Anna.

– Oui, mais... croyez-vous que Gina le sache ?

– Elle n'a rien dit.

– Ni dans un sens, ni dans un autre ?

– Non.

– Vous lui parlez de moi ?

– Bien sûr que je lui ai parlé de vous.

– Mais lui parlez-vous encore de moi, maintenant ? Lui parlez-vous régulièrement ?

– Eh bien oui. Elle veut savoir comment vous allez.

– Vous évoquez ma santé mentale ?

– Simon !

– Quoi ? C'est mon avocate. Seules les réalités, les questions affectant ma situation juridique ont une importance à ses yeux.

– Simon, croyez-vous que je trahis votre confiance en Gina ?

– Je pense que vous la voyez.

– Vous savez que je...

– Je pense que vous la voyez plus qu'il n'est nécessaire pour ma seule défense.

– Vous pensez que je la fréquente, que je sors avec elle ?

– Ouaip.

– Et vous considérez que cela vous concerne ?

– Je pense que le mot " concerne " possède plus d'une signification. Je pense, quelle que soit la signification que vous aviez en tête, que la réponse est la même : oui. Oui, cela me concerne, et j'estime qu'en répondant par une question, vous avez répondu à la mienne.

– Simon, je la vois.

– Seigneur ! Je le savais. »

Je ne sais pas pourquoi cela m'a inspiré les réactions que j'ai eues à cet instant – de peur, d'anxiété, comme si quelqu'un m'avait frappé dans le ventre. Je ne m'imaginais pas avoir encore un équilibre intérieur susceptible d'être entamé. Je me suis couvert le visage des deux mains et je me suis cassé en deux sur ma chaise. J'avais envie de vomir. Alex m'a posé la main dans le dos, il m'a massé.

« Quand vous me l'avez recommandée, vous la fréquentiez déjà ?

– Non.

– Votre intérêt... soyez honnête avec moi, Alex... est-ce votre intérêt pour elle qui vous a poussé à me la recommander ?

– Non.

– Même pas en partie ?

– Non. J'avais déjà travaillé avec elle avant, quoique... jamais aussi intensément que pour cette affaire. Quand je l'ai contactée à votre sujet, je ne savais pas qu'elle était séparée.

– Séparée ?

– Divorcée. Elle est divorcée. C'est moi qui suis séparé.

– A-t-elle des enfants ?

– Deux, comme moi.

– Alex, il faut être sincère... qu'est-ce que je suis pour vous ?

– Pourquoi me demandez-vous cela ?

– Vous couchez avec elle...

– Franchement, Simon, cela ne vous...

– Je ne veux pas dire baiser. Je ne parle pas de sexe. Écoutez, Alex, vous craignez que je perde la tête, ici. Vous craignez que je perde mon emprise sur la réalité. Vous me rappelez, à juste titre, que ma ligne de défense repose sur... un mensonge. En réalité, je n'avais pas de liaison avec Anna.

– Non, vous n'aviez pas de liaison avec elle.

– En réalité, je n'avais pas la permission d'emmener Sam avec moi.

– Non, vous n'aviez pas cette permission.

– Malgré cela, malgré tout ce que vous avez fait, l'ensemble de ce que vous avez dit à tout le monde depuis le jour où je vous ai appelé du commissariat est resté cohérent avec ce mensonge. Je l'admets. Mais maintenant, vous avez une liaison avec Gina. Je vous connais. Vous avez dû lui révéler la vérité. Vous avez dû lui révéler que j'étais coupable.

– Elle ne peut pas agir pour votre compte si vos instructions sont d'égarer le tribunal.

– Qu'est-ce que cela signifie ?

– Si elle sait que vous êtes coupable, elle ne peut vous défendre contre les accusations.

– Mais, Alex, lui ai-je dit en levant le nez de mes genoux et en plongeant mes yeux dans les siens, ses deux mains dans les miennes, vous vous le savez. »

7.

Gina a obtenu d'Alex de ne plus insister pour que je revoie Angelique. Il soulignait qu'elle ne pouvait être raisonnablement tenue pour responsable de ma situation. Si elle n'avait pas appelé la police, Anna ou Joe l'aurait appelée. En l'appelant si rapidement, Angelique avait contribué à réduire le temps de séparation entre Sam et ses parents. Si j'étais déclaré coupable, le fait d'avoir gardé Sam moins de trois heures atténuerait la gravité des faits reprochés, au moment de la sentence. Si fondé soit-il, cet argument ne me persuadait pas de la revoir. L'idée d'être condamné, même avec indulgence, était et reste pour moi terrifiante, d'autant plus que je n'ai fait de mal à personne, et surtout pas à Sam. Et je n'avais pas encore complètement renoncé à l'espoir de m'entretenir avec Anna seul à seule, de la convaincre de déclarer que j'avais reçu sa permission d'emmener son fils, cet après-midi-là.

Alex avait fait appel, entre autres, à mon sentiment de culpabilité. Je suis pour Angelique ce qu'Anna est pour moi, sauf que dans le cas d'Angelique, c'est justifié. Quand je l'ai remercié du compliment, il m'a détrompé avec sécheresse :

« Je ne suis pas en train de vous faire un compliment, Simon. Vous n'êtes pas plus digne d'amour qu'Anna. Du moins, ce n'est pas ce que je voulais dire. Cependant, il est intéressant que vous ayez interprété ma réflexion en ce sens. Vos sentiments pour Anna reposent sur une version idéalisée d'une relation vécue il y a environ dix ans...

– Idéalisée. Il faut toujours que vous répétiez ce mot, hein ? Cela ne vous suffit pas que...

– Les sentiments qu'Angelique a pour vous sont mieux ancrés dans la réalité.

– Alex, comment les gens peuvent-ils commenter la “ réalité ” des sentiments d'une autre personne ? Pour un individu, une affection peut avoir davantage de réalité que tout le reste de son existence. Une affection peut vous aider à tenir le coup, comme la foi religieuse.

– Simon, ne jouez pas les idiots avec moi. Elle, Angelique, était la seule présence capable de vous garder debout. Elle buvait avec vous, elle faisait vos courses...

– Vous aussi...

– Simon. Elle vous a soutenu. Elle a fait l'amour avec vous. Vous lui manquez terriblement. Comment pouvez-vous la punir de la sorte ? Cela ne ressemble pas à la personne que vous êtes, à la personne que vous voulez être. Vous lui êtes redevable.

– La personne que je veux être est une personne qui n'est pas enfermée ici. Vous me pardonnerez de ne pas être au mieux de ma générosité.

– Simon, ce n'est pas parce que ses sentiments pour vous étaient plus forts que vos sentiments pour elle qu'elle avait tort d'éprouver ce qu'elle éprouvait. Cela ne signifie pas que c'était une folie.

– Mais c'est une folie de ma part de m'accrocher à mes sentiments pour Anna, qui étaient jadis partagés ?

– Qu'ils aient ou non été partagés, jadis, ce n'est pas la question. Vous n'avez rien eu à voir avec elle pendant des années. Il n'y a aucune raison de croire que ses sentiments ont pu persister tout ce temps.

– Elle ne peut pas avoir changé à ce point, pas dans son essence.

– Vous comptez là-dessus, c'est ça? Sur sa constance fondamentale. Si elle n'a pas changé, vous êtes un homme libre. Vous êtes sorti de prison, de cette prison-ci et de votre prison mentale, où vous êtes resté enfermé depuis dix ans. Mais si elle a changé... alors quoi ?

– Si au lieu de te pendre par le cou
On te jette au trou
Parce que tu n'as pas renoncé à tout espoir
En ce monde, à ton pays, et aux tiens,
Si tu fais dix ou quinze ans,
Sans compter le temps qui te reste,
Tu ne diras pas,
« J'aurais mieux fait de me balancer au bout d'une corde »

– De qui est-ce ? Le Turc ? Nazim Hikmet, c'est cela ?

– Oui.

– Quelle mémoire vous avez. Mais Hikmet est en prison à cause de son espoir en l'avenir du monde, de son pays, de son peuple, alors que vous êtes incarcéré uniquement à cause de votre espoir en Anna, en l'Anna d'autrefois. C'est une lourde charge que vous lui imposez là. Et même si elle n'a pas changé, si elle n'a pas changé dans son essence, vous pouvez avoir conservé d'elle un souvenir erroné, et alors, qu'en serait-il ? Si vous vous êtes trompé sur elle pendant toutes ces années ?

– Je pense que non.

– Vous vous raccrochez à ce souvenir d'elle comme un prêtre se raccroche à sa foi. Aucune épreuve ne peut entamer la foi en Dieu d'un théiste. Si Dieu lui fait défaut, c'est que l'épreuve comporte une erreur ou qu'il en interprète mal les résultats. Il en va de même avec l'idéologue, qu'il soit communiste ou libéral militant. Il est impossible de corriger un article de foi.

– Mais je la mets à l'épreuve, là, maintenant.

– Simon, elle ne vient pas vous voir. Elle vous fait défaut.

– Non, pas encore. Elle n'est pas venue me voir, oui, c'est vrai, pas encore.

– Simon, écoutez-vous ! Vous êtes incapable de concevoir une épreuve dont elle ne sorte pas victorieuse.

– Si je peux avoir l'occasion de lui parler, je sais qu'elle ne me laissera pas moisir ici.

– Et si elle vous laisse moisir ici ?

– Alors elle aura échoué.

– Et si elle ne vient jamais vous voir ?

– Alex, j'ai conçu cette épreuve par moi-même. Il faut que vous m'aidiez à la convaincre de s'y prêter.

– Si je n'y arrive pas, vous resterez en prison et elle n'aura pas échoué pour autant. »

S'il a fini par me convaincre de revoir Angelique une fois encore, il n'a pas réussi à convaincre Anna de venir me rendre visite, même une fois. Apparemment, il lui avait parlé à trois reprises depuis le jour où j'avais emmené Sam. Il m'a assuré qu'elle comprenait bien ce que j'attendais d'elle. Malgré cela, a-t-il ajouté, je ne devais pas douter un instant que « l'essence de l'être » d'Anna envisageait bel et bien de continuer à vivre normalement si j'étais condamné pour l'enlèvement de son fils.

8.

L'odeur du désinfectant est partout. Elle fore mon crâne et dévore l'idée même que j'ai de ma personne. Comment dois-je m'y prendre, pour respirer ? Peut-être suis-je censé ne pas respirer du tout.

Gina a persuadé Alex de ne plus insister pour que je revoie Angelique. En fait, elle a insisté pour que je ne la revoie pas. Elle a été horrifiée d'apprendre que je l'avais vue une fois. Angelique était un témoin à charge susceptible d'être à son tour mise en examen, et ceci, argumentait Gina, suffisait à la rendre potentiellement très dangereuse. Ni Alex ni moi n'avions jamais songé à elle sous cet angle. Gina ne la connaissait pas, mais la prudence, pensait-elle, imposait d'envisager le pire, venant de sa part. Il n'était pas impossible qu'Angelique rapporte une conversation que nous aurions prétendument eue dans la prison. Elle pouvait avancer que je lui avais soufflé quoi déclarer à la police ou à la cour. Elle pouvait aussi prétendre que je l'avais menacée ou soudoyée pour qu'elle modifie son témoignage. C'était assez compliqué comme ça, avec Anna refusant de corroborer ma version des faits. Du point de vue de Gina, si je revoyais Angelique, il n'en sortirait rien de bon. Cette femme était une jeune prostituée. Face aux intimidations éventuelles de la police, elle était extrêmement vulnérable. Les inspecteurs pouvaient la persuader de porter un micro sans fil. Qui sait quel marché elle avait conclu avec eux.

C'était Alex qu'il fallait convaincre. Moi, je refusais déjà de voir Angelique. Il avait insisté jusqu'à se mettre en colère. Détail d'autant plus frappant qu'il ne s'était jamais mis en colère contre moi, sur rien, ni de près ni de loin, pas même sur l'enlèvement de Sam. Ce jour-là, dans un box de la salle des visites, tandis que Gina me formulait ses mises en garde et que je restais assis à l'écouter, Alex s'est disputé avec elle.

« Gina, je comprends ce que vous dites, mais vous ne la connaissez pas.

– Je n'ai pas besoin de la connaître. Je donne à Simon mon opinion professionnelle. Il peut ne pas en tenir compte s'il le décide, mais pourquoi fournir à cette personne l'opportunité de forger un faux témoignage ?

– Gina, elle lui est complètement dévouée. Ce n'est qu'une jeune fille vulnérable.

– Très bien. Elle n'en est que plus susceptible de céder aux pressions.

– Elle a été très bonne pour lui, et dans des moments difficiles.

– Alex, qui sait ce qu'elle va raconter ? Plus il la voit, plus vous leur laissez de marge de manœuvre. Vous ne pouvez pas offrir une aubaine pareille à l'accusation, en plus du reste. Rien ne l'impose.

– Vous ne l'avez pas rencontrée. La manière qu'elle...

– Alex, il n'y a aucune nécessité juridique pour qu'il la voie. Mon boulot, c'est de le sortir de là. Une fois sorti, il peut bien l'épouser s'il veut. Je me moque de savoir s'il l'épouse. Mais, pour le moment, il ne peut pas se payer le luxe de prendre ses sentiments en compte, se soucier de ses sentiments pour lui. Simon, vous savez que j'ai raison, a-t-elle conclu en se tournant vers moi.

– Je ne discute pas, ai-je tranquillement admis.

– Alex, il ne discute pas. C'est sa décision, sa vie, sa copine.

– Non, suis-je intervenu. Nous étions juste... des amis... vraiment.

– À strictement parler, Alex, cela ne vous regarde même pas. Cela concerne la défense. Vous ne devriez même pas être ici...

– Je peux m'en aller, a fait Alex en se levant.

– Non, restez, ai-je hurlé à Gina. Je veux qu'il soit là, mais elle ne voulait pas s'arrêter en si bon chemin.

– Quelle perte de temps, ce... votre plaidoyer acharné en faveur de cette... femme. Qu'est-ce qui vous motive ?

– Peut-être devrions-nous nous accorder une pause, je ne sais pas, ai-je hasardé.

– C'est une bonne idée, a-t-elle soupiré en consultant sa montre. Il faut que j'appelle chez moi.

– Tout va bien ? » n'a pu s'empêcher de lui demander Alex, mais elle avait déjà à moitié refermé la porte.

Une fois seul avec Alex, je lui ai dit que je devais me ranger à l'avis de Gina. Je ne pouvais pas courir le risque, et je refuserais de voir Angelique. Mais j'ai suggéré, en regrettant mes paroles avant même qu'il me réponde, qu'il reste en contact avec elle. Peut-être devrait-il lui rendre visite ?

« Vous voulez que je la tienne en lisière ?

– Eh bien...

– Simon, a-t-il commencé d'un ton plein de colère et de désespoir contenus, je suis votre psychiatre et, contre nos propres intérêts, votre ami... mais je ne suis pas votre maquereau. »

Contre quels intérêts avait-il agi en franchissant la limite qui séparait la thérapie de l'amitié ? Il était devenu un ami, peut-être même une sorte de figure paternelle qui se trouvait être également mon psychiatre. Nous le savions tous deux depuis longtemps. Mais cette amitié était manifestement inégale. En quoi l'avais-je jamais aidé ? Avant d'emmener Sam chez moi, avant mon incarcération, nous avions de longues conversations sans aucun rapport apparent avec moi, du moins avec Anna, mon passé, ma famille ou ma santé mentale. Nous discutions des nouvelles, de politique, d'histoire, des tendances inquiétantes de la politique de santé publique. Je dissertais sur la littérature et je lui recommandais des films, des musiques. Nous échangions des idées et nous partagions des enthousiasmes. Mais dès que l'on abordait nos histoires personnelles, l'inégalité s'installait – j'en sais toujours aussi peu sur son passé ou sa vie privée, sur ses enfants, sur son mariage. Et depuis qu'il vient ici, c'est plus inégal encore. Ma vieille palette émotionnelle composée de toutes les nuances de la mélancolie a muté en un kaléidoscope d'extrêmes très crus – je flirte brièvement mais intensément avec la paranoïa, la colère, l'apitoiement sur soi, le doute de soi et le désespoir. Lancer l'une ou l'autre de ces humeurs à la figure de son meilleur ami, ça ne se fait pas. On réserve ça à son psychiatre.

Ses visites évoluent vers un rituel en mode mineur. Après m'avoir salué, son premier soin est de me questionner sur les heures vécues depuis sa visite précédente – comment les ai-je passées, comment les ai-je traversées, comment ai-je dormi ? Et alors qu'il m'interroge, moi, je présente des excuses abjectes pour un éclat commis la veille, ou même plusieurs jours auparavant. Je suis navré. Je ne pourrais l'être davantage. Alex est la seule bonne chose que mon père m'ait jamais apportée, le seul ami que j'aie en ce monde. Il est devenu ma seule famille. Même Angel, quels que soient les mobiles de son acte, s'était retournée contre moi. J'avais engendré cette situation moi-même par un geste aussi irrationnel que futile, et, du coup, j'étais plus seul que jamais. Je n'avais plus personne pour m'écouter, sauf Alex. Je n'étais plus moi-même. Ou alors je l'étais de trop. Notre relation avait été celle d'un psychothérapeute avec son patient, puis celle de deux esprits interrogateurs au service des âmes lacérées ; à présent, elle tournait en rond. Auparavant, quelque chose en moi écartait Alex d'un trou lacrymal profond et noir caché au fond de lui, mais ce n'était plus le cas. Le soutien était désormais à sens unique. Et il fallait qu'il vienne en voiture jusqu'à Laverton pour me l'apporter.

Le Turc était devenu fou. C'était le bruit qui circulait, et le bruit finissait toujours par m'atteindre, le plus souvent en passsant sous la porte, en même temps que l'odeur du désinfectant. Le Turc avait fracassé la pommette d'un autre détenu. On racontait que le détenu en question l'avait provoqué au sujet de sa femme. Ou qu'il lui avait simplement répété le propos d'un gardien. Certains disaient que sa femme couchait avec un voisin, d'autres qu'elle couchait avec des hommes pour de l'argent. Le Turc avait été confiné dans sa cellule. Pour une semaine. Ou pour deux semaines. Quelle que soit la vérité, la femme de Nazim le Turc se montrait de moins en moins souvent en salle de visite.

La femme que tu aimes pourra cesser de t'aimer.
Ne dis pas que c'est trop fort :
Pour l'homme au trou,
C'est comme une branche verte qui casse.

9.

« Alors pourquoi ne vient-elle pas ?

– Ce n'est pas que tu ne comptes pas.

– Si je comptais, elle viendrait.

– Pour elle, c'est difficile.

– C'est encore plus difficile pour moi.

– Tu compteras toujours pour elle mais...

– Elle a honte, c'est ça ? Admets-le, papa, vous avez tous les deux honte. C'est évident.

– Eh bien, je mentirais si je disais que nous sommes... fiers de toi. Il fallait toujours que tu sois... je veux dire que nous avons toujours su que tu étais différent. Il fallait que tu sois différent. Je ne sais pas de qui tu... certainement pas de moi. C'est très... les journaux... ces articles dans les journaux. Pour elle, c'est très difficile. Elle doit... elle se cache des gens qu'elle connaît, elle se cache au supermarché quand elle croise une de nos connaissances, elle se faufile entre les rayons. Pour elle, c'est très difficile... et pour tes frères. Ils te transmettent leurs... leurs enfants se sont fait chahuter, tu sais, à l'école.

– Papa, tout ce que j'ai fait, c'est d'avoir une liaison avec une femme mariée. Et pas n'importe quelle femme mariée. Anna. Vous la connaissez. Vous l'aimiez bien. Un jour, elle m'a demandé de passer prendre son fils à l'école. Il y a eu un peu de confusion dans nos arrangements et on a découvert cette liaison. Elle est mariée depuis des années, un mariage malheureux. Fin de l'histoire.

– Non. Ce n'est pas la fin de l'histoire. Tu nous prends pour des idiots ? Pourquoi refuse-t-elle de l'admettre ?

– Elle devrait. Je pense qu'elle finira par l'admettre.

– Simon, tu es fou, stupide ou aveugle ? Cela dure depuis des mois. Elle ne va rien admettre du tout. Tu as toujours eu des idées au-dessus de tes moyens.

– Qu'est-ce que ça veut dire, ça, nom de Dieu ?

– Tu crois qu'elle va quitter son mari pour toi ? Déjà, à l'époque, elle ne voulait plus de toi.

– Va te faire foutre !

– Oui, oui, c'est juste. Que j'aille me faire foutre, que tous ceux qui ont un emploi, un couple, des perspectives aillent se faire foutre. Nous n'avons jamais rien compris, n'est-ce pas ? Toi seul comprenais. Tu lisais de la poésie et tu prenais de haut le reste du monde, notamment tes frères et moi, et maintenant regarde-toi. Comme on fait son lit, on se...

– Je n'ai jamais pris maman de haut. Et j'étais bien le seul. Pourquoi ne vient-elle pas ?

– Ta mère a essayé...

– Essayé quoi ?

– Elle a essayé d'obtenir d'Anna qu'elle leur raconte... ce que tu voulais.

– Qu'a-t-elle fait ? Qu'est-il arrivé ?

– Ce n'est pas le genre de choses dont elle parle, en tout cas pas avec moi. Je ne sais pas où elle a attrapé cette idée... qui lui a fourré ça dans la tête. Elle a téléphoné là-bas à deux reprises. Elle a dû chercher le numéro dans l'annuaire. Elle m'a expliqué qu'elle avait trouvé le nom dans les journaux. Une femme lui a répondu, une femme plus âgée avec un accent, un accent étranger. Enfin, ta mère a dû raccrocher, les deux fois. Rien que d'entendre la voix de cette femme, ça l'a brisée. Elle s'est figuré que c'était la grand-mère du petit garçon, la mère d'Anna, et elle s'est imaginé ce qu'elle ressentirait si on lui kidnappait son petit-fils. À mon avis, elle a dû se mettre à la place de cette femme, comme s'il s'agissait d'un de ses petits-enfants, de l'un des nôtres. Je peux comprendre en quoi ça l'a touchée d'entendre la voix de la grand-mère lui dire simplement “ allô ”. Elle ne lui a pas laissé le temps d'en dire plus avant de raccrocher.

– Elle compatissait avec la bonne.

– Quoi ?

– La mère d'Anna est née ici, en Australie. C'est à la bonne que maman a parlé.

– Eh bien, elle l'ignorait. Je ne crois pas que nous les ayons jamais rencontrés, non ?

– Je ne crois pas... non, bien sûr que non.

– Si tu l'avais épousée, nous les aurions rencontrés, enfin, je suppose.

– Alors que s'est-il passé ?

– Elle a cessé d'appeler. Elle ne voulait pas devenir une gêne.

– Et c'est tout ? Elle s'en est tenue là ?

– Non, non... elle est allée plus loin. Elle a relevé leur adresse dans l'annuaire.

– Oh mon Dieu.

– Elle pensait à toi, Simon.

– Je sais. Je lui dois beaucoup.

– Écoute, quand cet autre petit garçon a été enlevé, ça avait été déjà très dur pour elle...

– Quel autre petit garçon ?

– L'autre, le petit Italien.

– Carlo ?

– Celui dont tu avais la responsabilité.

– Carlo. Il s'appelait Carlo. J'étais son instituteur.

– Une histoire terrible pour elle, quand c'est paru dans tous les journaux.

– Oui, ce devait être insoutenable.

– Tu as toujours été bon dans ce registre, hein ? Toujours été très fort pour sortir des remarques de grande gueule, des sarcasmes et des grossièretés.

– Que s'est-il passé ?

– Elle m'en veut, probablement.

– Non, je veux dire, qu'a-t-elle fait de leur adresse ? Elle y est allée ?

– Oui, elle y est allée. Elle y est allée toute seule, en voiture. Comme je te l'ai dit, elle ne m'en pas parlé. Elle a dû chercher le chemin dans le Guide Melways, j'imagine.

– Oui, sans doute.

– Elle a garé la voiture. Ce n'est pas loin, en fait. Jolie maison, à ce qu'elle m'a dit. Ils ont bien réussi.

– Je connais la maison.

– Oui. Elle s'est rendue à la porte d'entrée et elle a sonné. Elle a attendu longtemps et personne n'a répondu.

– Il n'y avait peut-être personne ?

– Il y avait une voiture dans le garage, la porte du garage était restée ouverte et elle a pu voir...

– Et que s'est-il passé ? C'est tout ?

– Au bout d'un petit moment, elle a encore sonné.

– Tu fais traîner ton histoire en longueur ? Pourquoi fais-tu délibérément traîner en longueur ?

– Je ne fais rien traîner du tout. Tu es tellement... pressé. Tu dois te représenter combien ce devait être compliqué pour ta mère. Enfin, quelqu'un lui a ouvert la porte.

– Probablement la bonne.

– Non, c'était un homme. Ta mère a demandé Anna. Il lui a répondu qu'elle n'était pas là. C'était au milieu de la journée. Elle m'a dit que cet homme avait un air épouvantable, pas rasé, les yeux rouges, encore en robe de chambre.

– Elle aurait dû tourner les talons et fuir.

– Il lui a demandé s'il y avait un message. Elle a répondu que non, il n'y avait pas de message. Il refermait la porte quand elle lui a annoncé qu'elle était Mme Heywood. Alors il a rouvert la porte, par pure politesse, m'a dit ta mère, car, apparemment, il n'avait pas resitué le nom. Elle a respiré un bon coup et elle a répété. Il lui a demandé si elle avait un rendez-vous avec son épouse et elle lui a répondu, il fallait bien qu'elle lui réponde, qu'elle était ta mère. Il l'a regardée et... tu sais quoi ? Il l'a invitée à entrer. Elle est entrée dans leur maison. Comment peux-tu douter un seul instant de ses sentiments ? Il l'a conduite dans la cuisine et tu sais ce qu'il a fait ?

– Non.

– Il lui a proposé une tasse de thé. Elle a accepté. Il lui a préparé une tasse de thé et, pendant qu'il le mettait à infuser, elle a fondu en larmes.

– Oh, mon Dieu !

– Elle s'est excusée auprès du mari d'Anna. Son nom, c'est Joe.

– Je sais.

– Elle s'est excusée pour... tout ce gâchis. Elle lui a avoué qu'elle était bouleversée. Elle lui a posé des questions sur ses parents. Son père est mort mais sa mère est en vie. Elle ne vit pas très loin de chez eux non plus.

– Non plus quoi ?

– Quoi ?

– Tu viens de dire “ Elle ne vit pas très loin de chez eux non plus ”. Qu'est-ce que ça signifie ?

– Ne me coupe pas la parole. Je ne demande rien d'autre. Je voulais dire... est-ce que les parents d'Anna n'habitent pas dans ce même quartier, eux aussi ?

– Oui, en effet, ils habitaient là-bas.

– Oui... tu vois. Enfin, cette maison... elle se situe dans le “ kilomètre d'or ”, non ?

– Je sais où ça se trouve. Et ensuite ?

– Il a expliqué que sa mère était bouleversée par ce qui s'était passé, qu'elle était très proche de son petit-fils. Ta mère a regardé la pièce et l'a complimenté pour la maison. Elle lui a demandé ce qu'il faisait pour gagner sa vie. Il lui a répondu qu'il était courtier en Bourse. Il a ajouté qu'il était en congé. “ En congé à cause du stress ? ” lui a-t-elle demandé. Il lui a répondu que oui, quelque chose dans ce goût-là, et elle s'est excusée de nouveau. Elle a essayé de te défendre. Elle lui a confié, à mon avis elle a eu tout à fait tort, combien vous étiez proches, toi et Anna, quand vous étiez étudiants. Elle lui a avoué combien nous aimions Anna. Elle a ajouté que, si mal que ce soit, il était facile d'imaginer deux personnes, deux “ ex ”, se rencontrant par hasard et puis que quelque chose... se noue. Elle a précisé qu'elle tenait à s'excuser pour la douleur que vous aviez provoquée, tous les deux. Elle lui a dit que tu avais affirmé avoir eu la permission de venir chercher le petit garçon.

« Quand elle lui a sorti ça, il s'est levé. Elle a posé sa tasse de thé. Il avait changé de ton. Elle a eu un peu peur. Je n'arrive pas à croire qu'elle ait pu faire ça. Elle ne m'avait pas du tout annoncé ses intentions.

– Que s'est-il passé ?

– Eh bien, tu ne peux pas en vouloir à cet homme.

– Je peux.

– Elle entre dans sa maison...

– Que s'est-il passé ?

– Il était en colère, il l'a insultée, sans aucun doute. Il lui a rappelé que son fils et sa petite amie prostituée avaient kidnappé son fils et qu'ils avaient l'intention d'exiger une rançon. Il a lancé à ta mère que son fils était un pervers et que sa famille traversait un enfer. Il l'a raccompagnée à la porte en lui signifiant qu'elle devait partir. Il lui a tout de même demandé si elle était venue là dans le but de réclamer quelque chose. Elle lui a juré qu'elle n'avait pas l'intention de l'offenser. Il lui a assuré qu'il n'avait pas d'argent. Il ne fallait pas qu'elle tire des conclusions erronées de l'allure de la maison. Tout ce qu'il possédait, a t-il souligné, c'était son fils. Il lui a demandé de te dire qu'il espérait bien qu'ils allaient te coller le maximum.

« Elle est rentrée à la maison au trente-sixième dessous. Elle ne voulait même pas m'avouer qu'elle s'était rendue là-bas, mais elle était dans un tel état qu'à mon retour du golf, tout a jailli dans le désordre. »

10.

Je me souviens d'avoir grandi dans la maison de mes parents environné d'objets délicats, ornementés, empilés ou appuyés sur toutes les surfaces existantes – figurines, vaisselle, couteaux à gâteau, nappes en dentelle, serviettes en dentelle, pinces à sucre en argent, cafetières et plateaux à thé recouverts de brocart. Aucun de ces objets ne servait jamais. Ils étaient réservés aux occasions, aux circonstances, à tous ces moments de l'existence que ma famille semblait ne jamais vivre. Depuis les premiers temps, je me souviens de ces objets qui s'accumulaient, s'amoncelaient autour de nous, peuplant l'espace. Je me rappelle qu'ils étaient de l'espèce ustensiles pour la nourriture. Pour attraper dans le buffet une assiette qui faisait partie d'un service un peu abîmé de chez Dimmy's – un service que nous avions la permission d'utiliser –, je devais m'accroupir, scruter l'ombre du buffet et veiller à ce que ma main se faufile sans casse entre les vases et les cafetières diverses réservées aux « invités ». Les carafes et les plateaux à fromage en verre fumé surmontés d'un dôme se tenaient là dans l'obscurité, en silence, attendant obstinément les « invités », menaçant de s'ébrécher voire de se casser – dommages collatéraux du processus de préparation d'un sandwich au jambon ou au fromage. Les conséquences ménagères des dommages en question persistaient longtemps après la réparation ou le remplacement de ces emblèmes d'un style de vie désiré mais jamais atteint. La simple présence de ces objets dans notre maison promettait à mes parents qu'un jour, avec une solennité bien rodée, ils recevraient des gens qui partageraient leurs aspirations (entre autres le plaisir de se recevoir mutuellement avec une solennité bien rodée)

Cela restera un fantasme. Cela n'arrivera jamais. Quand mes parents mourront ou seront placés dans des maisons de repos, ces objets seront disposés en longues rangées, et les épouses de mes frères se posteront dans une pièce vide pour se chamailler sur les « pièces de choix » qu'elles prendront à tort pour des objets de valeur ou évocateurs d'une époque révolue – dans laquelle elles vivent encore sans s'en rendre compte. Le reste sera donné à des organisations charitables qui le distribueront à des gens auxquels nous n'aurons jamais affaire car ils sont « différents » – ainsi la seule manifestation objective de cette différence restera inexistante, comme d'ailleurs toute différence. De façon risible, l'insistance de mon père sur la distinction à faire entre ces gens et nous était ce qu'il a connu de plus proche de ce que l'on peut appeler une religion. Le jour de son mariage, ma mère a fait vœu de silence au service de cette religion et, en silence, a assisté au sacrifice de sa famille sur l'autel du culte.

Pourtant, quand, aux alentours de la trentaine, je me suis trouvé à vivre seul dans un appartement vide, j'ai remarqué l'absence d'objets. Je ne l'ai pas seulement remarquée, j'ai fini par en être contrarié. J'ai acquis alors une conscience viscérale de l'accumulation dévorante de ces objets par les gens qui m'entouraient – les enseignants avec qui je travaillais, des amis qui avaient bourgeonné en couples, les femmes avec qui je sortais. Je me retrouvais chez eux ou je regardais par leurs fenêtres, et j'observais comment ils bâtissaient leur autel à partir d'une variété d'objets empilés – autel élevé à eux-mêmes, à une conception inexprimée d'eux-mêmes et de leur avenir, à laquelle ils ambitionnaient de se conformer.

Ce n'était pas tant les objets que je leur enviais que cette vision de l'avenir dont ils témoignaient. Enfant, et certainement aussi adolescent, j'avais honte des objets de mes parents, honte de ce qu'ils trahissaient de leurs aspirations. Adulte, j'ai eu honte de mon manque d'objets et, pis, honte de mon absence d'avenir définissable.

Peut-être mon père s'en est-il aperçu ? Comment l'avenir de son fils cadet pouvait-il être aussi douteux ? Pour lui, les questions relevaient de l'insulte, de l'apostasie. C'est peut-être pour ça qu'il me haïssait ? Il avait travaillé pour la même banque durant toute sa carrière. Il avait débuté à quinze ans comme garçon de bureau, s'était frayé un chemin dans la hiérarchie jusqu'à devenir caissier, avant de diriger une agence de banlieue. Il n'a jamais remis en cause la politique de la banque ni les mesures baptisées réformes qui réduisaient son personnel aussi inéluctablement que si le bacille de la peste avait été propulsé par les bouches d'aération. Il n'a jamais remis en question les décisions du siège qui le mutaient de succursale en succursale. Et quand ils lui ont annoncé qu'il ne serait plus muté, quand ils lui ont dit : « fini », il n'a pas contesté le nom de « préretraite » donné à ce nouveau dégraissage.

« Notez ça. Avez-vous noté ça ? »

Alex voulait que je tienne un journal, que je note mes pensées et mes réminiscences. Rien à voir avec mon incarcération. Il me l'avait suggéré dès la première consultation. Tout le monde devrait tenir un journal, a-t-il expliqué. C'était bon pour la santé mentale. Je n'étais pas très convaincu.

« Les détritus mentaux d'un individu, ses incohérences et ses contradictions internes ne méritent certainement pas de figurer dans une chronique. On devrait être plus engagé dans la vie et moins dans la contemplation de son nombril. Vous prônez l'égocentrisme, la poursuite du bien personnel au lieu de la poursuite du bien commun.

– Vous croyez vraiment à ce que vous racontez ? a-t-il riposté.

– Je n'en suis pas vraiment sûr. Qu'y a-t-il de si recommandable là-dedans ?

– Pourquoi je vous recommande de tenir la chronique de ce que vous appelez vos détritus mentaux ?

– Désolé, Alex, je sais que c'est votre fonds de commerce, mais...

– Vous avez fini ?

– Désolé.

– Écrire oblige à clarifier sa pensée.

– Réellement ? On voit que vous ne lisez pas de romans contemporains.

– Nous ne parlons pas de ça, Simon.

– Désolé. Je vous en prie... je vous ai interrompu.

– Ce n'est pas toujours vrai mais, parfois, voir ses propres peurs couchées sur le papier, les formuler, peut en réduire la nocivité. Je ne prétends pas que les écrire suffise à les faire s'envoler, mais cela peut réduire leur potentiel. Vous pouvez revenir sur quelque chose qui vous a profondément inquiété six ou douze mois plus tôt et constater que le problème s'est banalisé ou n'est plus un problème. Vous avez alors devant les yeux la preuve que l'inquiétude vous a privé de votre capacité de profiter de la vie en dehors de toute raison objective de s'inquiéter. Et si vous vous apercevez que, dans votre histoire personnelle, vos craintes ont été le plus souvent injustifiées, rien ne vous empêche d'extrapoler et d'émettre l'hypothèse raisonnable qu'à la minute présente votre angoisse est déraisonnable.

– " Auto-immunisation contre l'angoisse ", cela m'a l'air d'un bon titre pour un guide du bien-être.

– C'est l'autre avantage de tout noter. Vous pouvez en faire un livre.

– Je parie que ce n'est pas si rare. Que pensez-vous de la promotion de l'égocentrisme, de la poursuite du bien personnel en lieu et place du bien commun ?

– Vous plaisantez, c'est ça ?

– Ah oui ?

– Espérons que oui.

– O.K. Pourquoi est-ce que je plaisante ?

– Simon, regardez le monde. Jamais, dans l'histoire du monde, on n'a aussi peu insisté sur le bien commun. Que prétendait Margaret Thatcher ?

– Que la société, ça n'existe pas.

– Exact. Je le constate dans le système de santé. L'économie néo-classique, à savoir la loi du marché, la course à la main-d'œuvre pas chère, la dérégulation, la privatisation, l'abandon du service public – tout ce qu'on vend sous le doux euphémisme de mondialisation... cela rampait depuis vingt ans. Les gens qui ne sont pas encore au chômage tremblent dans leurs souliers, en butte à l'insécurité. Ils ne peuvent rien prévoir pour leur retraite, ils ne peuvent rien prévoir pour l'éducation de leurs enfants, ils ne peuvent rien prévoir pour la semaine prochaine. On les pousse, eux et ceux qui sont déjà au chômage, à se sentir inadaptés en raison même de leur situation.

– C'est formidable, Alex. Vous parlez comme moi.

– Simon, vous ne pouvez pas croire un seul instant que les gens qui tiennent un journal intime soient responsables de cette érosion massive du bien commun.

– Vous tenez un journal ?

– Oui.

– Pas seulement des notes professionnelles, je veux dire un journal intime, des souvenirs personnels ?

– Je vois ce que vous voulez dire. Oui, je tiens un journal et cela ne m'a pas poussé à moins me soucier du bien commun. »

11.

Il m'avait conseillé de consigner mes réflexions au sujet d'Anna. Maintenant, en prison, il me parlait d'elle, de mes souvenirs d'elle.

« Notez tout, le bon et le mauvais. Nous en parlerons. »

Il y avait tant de choses, trop de choses à dire. En temps normal, on ne parle pas des bons moments, en tout cas pas aisément. Ils ne sont pas intéressants en soi, sauf pour les protagonistes. À essayer d'expliquer exactement ce qu'on a ressenti, pourquoi c'était si bon, on se sent un peu idiot. Je présumais qu'il avait raison mais ça me rendait mal à l'aise. Ça banalisait les choses.

« Le but, Alex, serait-il de banaliser ce qu'on ressent ?

– C'est moi qui pose les questions, ici. Vous me racontiez, vous me décriviez les images d'elle qui subsistent en vous.

– C'est ridicule. Il y en a trop. À quoi ça servirait ?

– Revenez à cette scène dont vous me parliez. Vous étiez seul dans la maison de vos parents sur la plage, dans la péninsule de Mornington. Vous disiez que c'était l'été. Vous disiez que vous aviez la maison pour vous deux, à cette époque.

– La maison n'avait rien de spécial, pas du tout comme d'autres demeures de ce coin-là.

– Vous ne me parliez pas de la maison. C'était la nuit.

– C'était la nuit et nous étions au lit. Nous étions restés presque toute la journée sur la plage. Nous étions rentrés dans la maison, nous avons pris une douche et nous avons fait l'amour. Longuement, assez longuement pour parcourir une vaste palette de sentiments et de façons de s'aimer. Nous nous sommes endormis, nous avons lu, nous nous sommes douchés et nous avons préparé à dîner. J'ai cuit des côtelettes d'agneau au barbecue – elle aimait bien le goût de l'agneau – et elle a confectionné une de ses salades élaborées. Nous avons bu un peu. Après le dîner, nous avons goûté au scotch de mon père. J'ai entamé des mots croisés et nous avons lu. Nous avons emporté notre lecture au lit. Je crois que nous avons dû encore batifoler, pas si longuement mais... nous avions toujours faim l'un de l'autre. Ensuite j'ai dormi. Je ne crois pas qu'Anna ait dormi. Peut-être que si. Je me suis réveillé de ma sieste. Elle était à côté de moi et j'ai repris ma lecture, je crois que c'était Kundera. J'avais l'impression d'être la première personne au monde à lire Kundera, avant même les Tchèques. Les gens le lisent-ils encore, à votre avis ? J'ai éteint la lampe de chevet, celle qui était de mon côté. La sienne était encore allumée et je me souviens de l'avoir regardée, de l'avoir observée.

– Pourquoi vous souvenez-vous de cela ?

– Je ne sais pas. Je m'en souviens, c'est tout. Elle était belle. Je me souviens d'avoir pensé cela.

– Ne vous êtes-vous pas souvent fait la réflexion qu'elle était belle ?

– Bien sûr. Souvent.

– Alors pourquoi vous rappeler cette fois-là en particulier ?

– C'était les circonstances, je suppose. N'est-ce pas toujours ainsi ? Je l'ai regardée, elle était de l'autre côté du lit. Je l'ai bue du regard. Elle était adossée au lit, la peau douce, olivâtre, interrompue seulement par de brefs plis de soie blanche, celle de son vêtement de nuit, et par le bracelet en argent que je lui avais offert. Ses formes étaient magnifiques, pleines, sans excès, mais pas maigres non plus. Ses seins étaient... sans ambiguïté. Elle était féminine sans ambiguïté, pas seulement féminine, mais entièrement femme. Elle n'avait rien d'androgyne. Je revois ses yeux, ses yeux noirs, immenses. Ils vous avalaient. Ils vous faisaient envie. Elle portait ses lunettes à monture d'écaille, son épaisse chevelure châtain nouée dans la nuque. Je ne sais pas pourquoi, Alex. Je me souviens juste de ça. Elle avait un stylo en main, elle faisait une grille de mots croisés. Toute cette scène m'apparaissait... je me souviens d'avoir pensé... que je vivais là un moment de perfection. Il ne nous appartient pas de choisir les images que nous allons garder en nous. Tout ce que j'avais toujours désiré me semblait réuni en ce seul instant.

– Des mots croisés ?

– Quoi ?

– Vous remplissiez beaucoup de grilles de mots croisés.

– Ouais, j'étais assez bon. J'avais débuté enfant, avec tous ces trucs autour des mots. Vous savez, les calembours, les palindromes, les anagrammes. Je devais être un sacré chieur. Je suis ensuite monté d'un cran, avec les rébus, les mots croisés, les mots croisés cryptés... " Thé maternel en positions 1 et 3 ". En cinq lettres. Vous donnez votre langue au chat ? " Tétée ".

– Comment obtenez-vous cela ?

– Cinq lettres. Maternel. Thé, écrit comme le thé, mais pris aussi comme l'homophone de la lettre T, qui revient deux fois dans le mot tétée, en positions 1 et 3. Ça colle.

– Très futé.

– Ouais, c'est la science des ânes.

– Vous faisiez encore des mots croisés, quand vous étiez étudiant à l'université ?

– Ouais. Et alors ? Je n'ai pas gâché mon temps ni rien de tout ça. C'était juste pour s'amuser, vous savez, histoire de...

– Vous disiez qu'Anna faisait des mots croisés.

– Elle lisait quelque chose.

– Vous m'aviez dit qu'elle faisait des mots croisés.

– Je ne crois pas. C'était moi, les mots croisés. Elle était probablement en train de...

– Vous lisiez Kundera, vous étiez le premier dans le monde à le lire.

– Je ne saisis pas. Où voulez-vous en venir ? Et alors, et si j'ai raconté qu'elle faisait des mots croisés ? Quelle importance ?

– Simon, cela n'a d'importance que pour vous.

– Qu'est-ce que vous me racontez ? Ne procédez pas par énigmes avec moi, Alex.

– Faisait-elle des mots croisés ou non ? C'est votre moment de perfection à vous, pas le mien, pas le sien.

– Je ne sais pas. Cela ne change rien. Peut-être terminait-elle mes grilles de mots croisés.

– Simon, elle n'a jamais fait de mots croisés, n'est-ce pas ?

– Non, vous vous trompez. Ça lui arrivait. Je crois bien que oui.

– Lisait-elle Kundera ?

– Forcément.

– Vous arrivait-il de suivre les mêmes cours ?

– On suivait anglais et sciences politiques ensemble. C'est comme ça qu'on s'est rencontrés. Il y avait même un cours en double licence qu'on a suivi en troisième année, “ La politique de la littérature ”, deux séminaires de deux heures par semaine. Ça me rendait fou.

– Pourquoi, trop de lecture ?

– Il y avait beaucoup à lire, mais ce n'était pas cela. Mes soupçons sur la nature du département d'anglais étaient confirmés... ça craignait. Je le prenais sur un plan personnel.

– Que voulez-vous dire ?

– Un exemple. Nous avions un conférencier invité, un professeur. Le style échappé de la classe 1968, il arrive avec une cravate...

– Oh, je vois, le genre pompeux ?

– Pompeux, autoritaire, mais pas dans le sens que vous imaginez. D'une suffisance qui se faisait passer pour une espèce d'égalitarisme du copinage.Vous étiez explicitement convié, voire encouragé à l'appeler par son prénom et à participer aux discussions de la classe, mais on vous interdisait implicitement de marquer en public votre désaccord avec ses manières, sa gestuelle et son élocution dignes d'un prophète sur le mont Sinaï.

– Je vois.

– Il animait un séminaire sur George Orwell, en particulier sur *1984*. En fin de volume, Orwell place un appendice donnant les principes de la Novlangue, la langue totalitaire de Big Brother. L'idée avancée dans ce livre, enfin, une des idées, c'était qu'en supprimant le mot désignant une chose, vous supprimiez le concept. Par exemple, Orwell fait proscrire par Big Brother l'emploi du mot “ mauvais ”, qui est remplacé par “ non-bien ”.

« Notre professeur invité, qui avait fini par se ménager une niche à lui au sein du département, a posé à la classe une série de questions oiseuses dont le point culminant a été une considération sur ce qui vient en premier, le concept ou le terme du concept. Le “ mauvais ” peut-il exister sans le mot correspondant ? Quand la classe est arrivée à la conclusion qu'en général le concept prévaut – le mot “ mauvais ” ne fait que désigner les choses “ mauvaises ”, disions-nous – le professeur nous a fait remarquer en triomphant que nous venions de prouver qu'Orwell était dans l'erreur. J'ai alors fait ce qu'on ne fait jamais. J'ai présenté une objection. Orwell ne pouvait pas être “ dans l'erreur ”. Il était romancier, pas théoricien social. Il peut être un bon romancier ou un mauvais romancier, il peut créer un monde plus ou moins convaincant, il peut même façonner un concept peu plausible, dénaturer la réalité, mais il ne peut pas être “ dans l'erreur ”. Un roman, comme un poème, se révélera plus ou moins pertinent, plus ou moins profond. Plus ou moins émouvant. Il sera moral ou immoral. Mais, s'agissant de fiction, il ne saurait être “ vrai ” ou “ faux ” de la même manière qu'une proposition empirique est vraie ou fausse.

– Attendez, Simon. N'est-ce pas un peu extrême ? Après tout, la fiction est ancrée dans des éléments de réalité qui lui confèrent une vraisemblance. Et si l'on considère ces éléments de réalité, on peut affirmer que leur représentation est vraie ou fausse, même si l'œuvre de fiction prise comme un tout ne peut être taxée d'erreur, non ?

– Oui, vous avez raison, bien entendu. Mais qu'attendiez-vous d'un gamin qui éprouvait le besoin de montrer son désaccord juste pour prouver qu'il était là ? Quoi qu'il en soit, le professeur s'est énervé. Son visage a viré à l'écarlate. Il s'est mis à hurler, m'accusant soit de ne pas prendre la littérature au sérieux, soit de ne pas prendre la politique au sérieux. Cet homme-là était un crétin.

– Mais pourquoi vous être montré si hostile, d'emblée ?

– L'hostilité n'était pas dirigée contre lui ni contre ses propos. Elle visait ce qui se passait au sein du département d'anglais. Comme tant d'autres dans le pays, ce département se transformait en unité d'études culturelles, avec tout ce que cela implique.

– Qu'est-ce que cela implique ?

– Par où dois-je commencer ? Cela implique une adhésion doctrinaire à certaines écoles de pensée amorphes, souvent regroupées sous le manteau du post-modernisme. Vous vous dites sans doute que ce n'est jamais qu'une nouvelle lubie des sciences humaines, une de plus, à laquelle certaines personnes souscriront et d'autres non. Qui s'en soucie vraiment ?

– Ce n'est pas tout à fait ce que je pensais, mais si tel avait été le cas, vous auriez formulé ma pensée excellemment.

– Le réel et grave problème de cette lubie particulière, c'est ce qu'elle inclut et ce qu'elle a fini par exclure. Quand les départements d'anglais deviennent des " unités d'études culturelles ", cela signifie que les décideurs croient, adhèrent... ou pour le formuler plus précisément, sont sous l'influence du déconstructionnisme de Jacques Derrida. Connaissez-vous Jacques Derrida ?

– Pas bien. J'en sais seulement que vous pestez contre lui aussi souvent que vous louangez Empson.

– Ouais. Mais savez-vous ce que Derrida et le déconstructionnisme ont à dire ?

– Pour être franc, pas vraiment. Et encore moins pourquoi on devrait s'en alarmer à ce point.

– Eh bien, Alex, cela ne fait que confirmer que vous ne savez rien du déconstructionnisme et des dégâts que son adoption en bloc par l'université a provoqués. Inutile d'être activement engagé dans l'étude de la littérature pour juger de ses effets pernicieux.

– Éclairez-moi.

– Le déconstructionnisme, ou post-modernisme, a trait au langage, Derrida et d'autres en sont à l'origine. Ils soutiennent que tout énoncé linguistique, ce qu'ils appellent un " texte ", détient non une signification mais un vaste ensemble de significations, en somme que tout texte est essentiellement ambigu.

– N'est-ce pas ce que votre ami Empson expose dans *Sept Sortes d'ambiguïtés* ?

– Non, pas du tout. Empson suggérait que ce qui sépare la très bonne poésie du reste, c'est son ambiguïté latente. Il ne parlait que du langage poétique. Il ne prétendait pas que toute la littérature, et encore moins tous les textes soient criblés d'ambiguïtés. Au nom du ciel, ne confondez pas Derrida et Empson.

– Désolé.

– Non, c'est sérieux, Alex. Les déconstructionnistes prétendent que ni l'intention de l'auteur ni les liens putatifs entre les mots et une réalité non linguistique ne confèrent de signification à un texte.

« Ils prétendent au contraire que les mots n'acquièrent de signification que par leur relation avec d'autres mots, et ces autres mots avec d'autres encore, et ainsi de suite, *ad infinitum*, et que cela reporte indéfiniment tout accord sur une signification donnée. Tout ce qu'il vous reste à faire, au lieu de rechercher un sens " unique " au texte, disent-ils, c'est de le " déconstruire ". Ils entendent par là qu'ils dévoilent indéfiniment les ambiguïtés et les contradictions qu'il renferme. La conséquence est que vous héritez d'un nombre infini de significations ou d'interprétations possibles.

– D'accord, donc ils ont tort. Mais qu'est-ce qui vous met tellement en colère ? Je ne comprends toujours pas pourquoi ils vous plongent dans une telle rage. Après tout, Simon, ils ne font que reprendre l'observation selon laquelle beaucoup d'énoncés sont ouverts à un certain nombre d'interprétations, jusqu'à l'extrême, jusqu'à l'absurde.

– Non, Alex. Ne comprenez-vous pas ? Ce que les déconstructionnistes sont en train de mijoter est bien pire que cela. En niant qu'il puisse exister une correspondance fixe entre le langage et le monde et, concomitamment, entre le langage et le sens, ils nient qu'il puisse exister des faits objectifs, et la moindre connaissance. Il leur est loisible, par exemple, de nier que la Seconde Guerre mondiale ait eu lieu, d'écarter toute science au motif qu'elle est une forme de récit parmi d'autres, et de nier que les pièces de Shakespeare renferment davantage de sens que les histoires d'Enid Blyton.

« La déconstruction délégitime toute création intellectuelle, morale et esthétique de l'homme. Pour eux, rien n'est vrai ou faux, aucun système politique n'est bon ou mauvais, aucune œuvre d'art n'est supérieure à une autre.

– Dans ce cas, ils sont complètement fous. Mais dites-moi, Simon, si une totale ambiguïté arpente le monde tel un ogre, si aucun texte ne possède de signification définitive, les textes qui fondent la déconstruction n'en ont pas plus. Les voilà pris à leur propre piège. Non seulement le déconstructionnisme exclut toute science, et tout le reste, mais il s'exclut aussi lui-même.

– Exactement, Alex, exactement. Vous serez donc stupéfait d'apprendre que les gens ont gobé tout ce galimatias. Et que les universitaires des départements autrefois consacrés à l'étude de la littérature l'ont gobé encore mieux que les autres. Ces départements ont cessé d'être le foyer de la critique littéraire pour devenir celui des théoriciens qui ont écrit sur l'" auto trahison du texte ". Ces nouveaux empereurs des humanités dédaignent l'excellence littéraire, qu'ils jugent élitiste, entièrement subjective, pur reflet du modèle dominant. Et, avec leur opacité pataude minée par le jargon, ils ont réussi à intimider les étudiants et les érudits. Le terme même de " théorie " a fini par être associé par tous à " leur " théorie.

« Ils ont refusé d'enseigner ce qui, avant eux, était considéré comme le meilleur de la littérature occidentale. Ils prétendent qu'aucune œuvre de littérature, ni Shakespeare, ni Dante ni John Donne, ni Dickens, ni Hardy, ne possède de valeur intrinsèque. " Valeur " est pour eux un terme qui reflète les intérêts politiques d'un groupe ou d'une classe particuliers. Il n'y a aucune prime à la constance. Ils prétendent qu'il est impossible de cerner une signification définitive dans ces écrits qui nous distinguent des singes, y compris les leurs... ce qui n'a pas l'air de les gêner... et ils soutiennent néanmoins qu'il est possible de révéler comment ces écrits fonctionnent pour secrètement influencer la société en servant les intérêts des élites établies.

« Alex, ces doctrines ont ravagé l'enseignement de la littérature dans les universités. Une bonne part de ce que l'art a de meilleur à offrir risque de ne plus arriver jusqu'à vous. Il va falloir aller vers l'art. Il faut y travailler, sans quoi vous en serez privé. Et si vous le loupez, dans ce débat sans fin avec vous-même sur l'existence ou non d'une rédemption, vous aurez tout perdu. »

12.

« Pour les gens extérieurs à l'université, il est difficile de croire que les déconstructionnistes aient ainsi pu s'emparer d'un champ entier de recherche. Ils ont envahi les départements de littérature comme une armée formée de sections d'assaut idéologiques. Les universitaires en début de carrière trouvaient plus commode de se joindre au mouvement, de déconstruire un classique plutôt que d'écrire dessus quelque chose de cohérent.

« Pour moi, le pire – pire encore que d'en être réduit à apprendre seul ce que j'avais espéré apprendre à l'université –, c'était leur autosatisfaction obscène. Ils prétendaient être des social-progressistes ; voilà ce qu'était devenue l'intelligentsia de gauche : un groupe totalitaire, une fois de plus.

« J'ai essayé de discuter avec eux, à l'occasion de conférences et de travaux dirigés. Parfois, j'étais ignoré, et parfois on me traitait comme une curiosité, une espèce de zombie. Et toujours, on me ridiculisait, on me bâillonnait. Ils m'ont amené à me sentir idiot, non seulement idiot mais réactionnaire. J'ai donc décidé de ne pas poursuivre une carrière universitaire, de me contenter d'enseigner aux enfants, d'essayer de les sauver des notions factices dont seraient nourris leurs enseignants.

– Et Anna, où se situait-elle dans tout ça ?

– Oh, elle était d'accord avec moi.

– Comment le savez-vous ?

– Nous en avons parlé.

– Était-elle aussi effarée que vous par la déconstruction ?

– Oui, elle l'était. Tout à fait.

– En êtes-vous sûr ?

– Oui.

– Vous n'en êtes pas sûr, n'est-ce pas ?

– Elle détestait ce sale petit prétentieux de professeur invité.

– Détestait-elle la façon dont il vous avait adressé la parole ?

– Absolument. Elle était très contrariée, cela l'avait mise en colère.

– Contre qui était-elle en colère, contre le professeur ?

– Naturellement.

– Elle avait entendu ?

– Tout le monde avait entendu. C'était une réprimande publique. Elle était assise à côté de moi. Un épisode très gênant.

– Gênant ?

– Très gênant.

– Qui était gêné, au juste ?

– Probablement tout le monde dans la salle, les étudiants.

– Est-ce que quelqu'un vous a défendu ?

– Non, ce type était une brute. Ils avaient trop peur.

– Où était Anna ?

– Je vous l'ai dit. Assise à côté de moi. Quelle importance ?

– Avait-elle peur de cette brute de professeur invité qui haïssait Orwell ?

– J'en suis convaincu.

Vous ne le savez pas avec certitude ?

- J'essaie d'y repenser... Je reconstruis...

- Laissez-moi vous aider...

· Qu'êtes-vous en train de me dire, Alex ?

– Elle est assise sur le siège qui est à côté du vôtre. Il devait bien y avoir des étudiants qui savaient que vous formiez un couple.

– Oui, et alors ?

– Un homme, un homme plus âgé que vous, un expert supposé, venu d'ailleurs, disserte sur un sujet ou un autre devant le groupe. Il porte une cravate, se prend pour une espèce de conteur. Tout le monde l'écoute poliment.

– Ouais.

– Jusqu'à ce que subitement quelqu'un le défie, lui, l'autorité.

– Enfin, je considère plutôt que c'était lui qui défiait l'autorité – l'autorité des canons culturels.

– Oui, mais il représentait l'autorité, tout au moins dans cette salle et à cet instant précis.

– Bien sûr.

– Et vous ouvrez la bouche, plein de vos lectures para-universitaires, et vous le contredisez. Il faut que vous attiriez l'attention sur vous...

– Vous savez que ce n'était pas du tout ça.

– Pas pour vous, Simon. Vous ne perceviez pas la chose ainsi

– Ah ! Et vous savez comment Anna la percevait ?

– Tout se passait comme prévu. Les gens prenaient poliment des notes et puis ils levaient le nez, posaient de temps à autre une question qui n'appelait pas de vraie réponse. Il faisait semblant d'enseigner, ils faisaient semblant d'apprendre, jusqu'à ce que subitement, ça vous soit insupportable. Vous ne pouvez supporter de rester dans l'ombre...

– Alex, elle n'a pas dit ça.

– O.K., admettons qu'elle n'ait pas dit ça. Admettons qu'elle vous ait laissé le bénéfice du doute, que votre besoin de vous faire remarquer n'ait pas été en cause. Quoi qu'il en soit, vous vouliez vous confronter à ce type...

– Hé, c'est lui qui s'est mis à hurler.

– C'est lui qui s'est mis à hurler mais après que vous lui avez soutenu, devant tout le monde, que ce n'était pas Orwell qui se trompait, mais lui. À quoi vous attendiez-vous ? C'était de la provocation, sans équivoque possible.

– C'est lui qui avait choisi la méthode socratique, un échange de questions et de réponses destiné à nous conduire vers une conclusion, la sienne. Étions-nous censés abonder dans son sens, opiner comme des marionnettes sans cervelle ?

– Anna le pensait, n'est-ce pas ?

– Non.

– Qu'a-t-elle dit quand ce professeur cravaté et suffisant vous a réduit en pièces ? Comment a-t-elle réagi, Simon ?

– Comment puis-je... je ne me souviens pas exactement de sa réaction.

– Mais si, vous vous en souvenez. Elle n'a pas réagi, n'est-ce pas ? ... A-t-elle réagi ?

– Elle avait peur.

– Vraiment ? J'ai cru vous entendre dire qu'elle était gênée.

– Elle était probablement l'un et l'autre.

– Vous soutenez qu'elle avait peur qu'un conférencier invité n'ait une quelconque influence sur ses résultats universitaires ?

– Il devait être titularisé.

– Elle ne le savait sans doute pas, à ce moment-là.

– Il fallait être prudent. Tout le monde était prudent.

– Tout le monde sauf vous, n'est-ce pas ? Simon, écoutez-vous. Elle n'a pas pris votre défense et vous la défendez encore. Était-il rationnel de sa part de se montrer si craintive ? Qu'est-ce qui la gênait tant ?

– Moi. Vous êtes en train d'insinuer que c'était moi qui la gênais. Vous vous trompez, Alex. Elle comprenait la situation telle qu'elle était.

– En effet, mais pas avant que vous ne la lui expliquiez, que vous ne la replaciez dans son contexte.

– Alex, elle n'est pas stupide.

– Non, en effet. Seulement elle n'était pas motivée au point de se dresser pour défendre les Lumières, la civilisation occidentale... vous. Elle n'était pas si motivée, et elle n'était pas si courageuse. Mais elle était assez intelligente, assez fine pour savoir de quel côté soufflait le vent. Vous disiez qu'elle était effarée par tout ce qui vous effarait ?

– Oui.

– Et vous lisiez ses devoirs ?

– Oui.

– Vous vous seriez disputé avec elle à ce sujet ?

– Non, pourquoi cela ?

– Parce qu'elle trouvait le moyen d'intégrer toutes les lubies en vogue, les “ ismes ” les plus éphémères, n'importe quelle doctrine ou n'importe quel dogme qu'elle sentait devenir à la mode.

– Vous en parlez comme d'une putain intellectuelle.

– Alors dites-moi que j'ai tort.

– Vous avez tort. Elle n'était pas une putain intellectuelle.

– Dites-moi que vous ne vous êtes jamais disputé avec elle au sujet de ses accommodements avec l'école de pensée qui prévalait dans le département.

– Nous ne nous sommes jamais disputés là-dessus.

– Vraiment ?

– Vraiment.

– Et vous êtes en train de me rapporter la vérité. Vous lisiez bien ses devoirs ?

– Tous.

– Bon, alors vous m'avez eu. Il faut peut-être lui accorder plus de mérite que je ne lui en accordais.

– Non... non, non. Non, Alex... Pas du tout.

– Que voulez-vous dire ?

– Nous ne disputions pas sur le contenu de ses devoirs... car c'est moi qui les écrivais.

– Vous les écriviez ? Tous ?

– Il n'y a pas eu un seul devoir, dans le cadre de ce cours, que je n'aie soit écrit, soit réorganisé soit refait. Son père avait des problèmes de santé. Elle était perturbée, on avait besoin d'elle dans sa famille et...

– Quand ses notes étaient mauvaises, elle ne s'en plaignait pas ?

– Eh bien, elles n'étaient jamais si mauvaises que ça. En fait, au début, elles étaient bonnes. Je ne me lançais pas toujours dans la controverse et, même par la suite, ils ne voulaient pas lui mettre de trop mauvaises notes de peur qu'elle ne soit tentée d'aller ailleurs. Ils savaient qui elle était...

– Ils savaient qui elle était ?

– Ils savaient... de quoi elle avait l'air. Ça ne lui nuisait pas.

– Vous pensez qu'elle était notée en fonction de son allure ?

– Allez, Alex. Ne soyez pas si naïf. Même les déconstructionnistes ont des hormones. Ce qui leur manque, c'est un intellect.

– Et elle acceptait de vous laisser intervenir de la sorte ?

– Ce n'est pas de cet ordre. Elle était paresseuse. Elle préparait ses examens sans aucune aide extérieure. Son père avait eu une crise cardiaque. Elle n'était pas stupide non plus. Elle comprenait mes problèmes avec la déconstruction. Elle était d'accord avec moi.

– Laissez-moi vous expliquer comment quelqu'un qui n'a pas passé les dix dernières années de sa vie à déplorer l'absence de cette jeune femme perçoit l'histoire. Elle acceptait volontiers d'apprendre sans comprendre, et elle apprenait tout ce qui était nécessaire pour s'en sortir. L'héroïsme, très peu pour elle. Elle n'en éprouvait pas le besoin et, plus encore, elle n'appréciait pas trop. Elle désapprouvait en secret, même. Jusqu'au jour où – peut-être un peu brutalement – elle a désapprouvé ouvertement. Elle est partie. Très vite, avec l'empressement du pragmatisme. Elle a toujours été pragmatique. C'est pourquoi elle s'est mariée...

– Non, Alex, vous vous méprenez sur son compte.

– Simon, vous devez savoir qu'à un niveau au moins, ce jour-là, votre défense d'Orwell, votre croisade virtuelle contre la tyrannie intellectuelle du département, votre passion pour la littérature, peut-être même votre passion pour elle... que tout cela l'a dérangée.

– Non, Alex, vous vous trompez. Elle était vraiment d'accord avec moi. Et elle m'aimait d'amour.

– Elle était vraiment d'accord avec vous ? Et elle avait foi en vos croyances, jusqu'à monter sur les barricades ? Quant à vous aimer d'amour, vous étiez un jeune et bel esthète avec qui ça valait la peine de tuer le temps des études. Mais vers la fin de l'année universitaire, à l'approche des examens, le moment est venu d'être réaliste. Il n'y avait plus de devoirs à rendre. Son père s'était rétabli. Il y a eu encore un tour dans la péninsule de Mornington, et puis terminé. Et vous, vous êtes resté avec les *Sept Sortes d'ambiguïtés*, les mots croisés qu'elle n'avait pas terminés, même pas entamés, une boîte de cassettes, des compilations qui lui étaient destinées, et un besoin, apparu longtemps avant Anna, d'exalter un amour d'étudiant comme si votre vie en dépendait.

– Alex, la séquence des événements est peut-être exacte, mais votre interprétation est entièrement fausse.

– Simon, concédez, au moins, que vous preniez cela tellement à cœur que votre interprétation des événements n'est pas totalement digne de foi.

– Le souvenir d'un engagement affectif intense n'est pas douteux au seul motif qu'il est intense.

– Mais, Simon, vous vous êtes raccroché à cette relation alors qu'elle s'était terminée depuis des années. Pourquoi ? Vous êtes-vous jamais demandé pourquoi ? Anna est antérieure à Anna.

– Qu'est-ce que cela signifie ?

– Si cette liaison avait quelque chose de particulier, c'était vous. Vous en faisiez toute la... comment exprimer cela ? Toute la rareté. Votre passion, votre moralité, votre intellect, et même les mécanismes que vous utilisez pour vous en sortir sont exceptionnels. Vous lisez avec avidité, vous analysez et vous citez Shakespeare, Eliot, Swinburne et ce Turc...

– Nazim Hikmet.

– Vous les mémorisez. Vous êtes capable de vous souvenir des sept sortes d'ambiguïtés d'Empson. Vous en êtes capable, n'est-ce pas ?

– Je ne sais pas.

– Donnez-les-moi.

– Inutile. De toute manière, ce que vous recherchez, c'est un prétexte pour vous lancer dans votre petit jeu sur l'ambiguïté des relations.

– Je n'en ferai rien, je vous le promets. Dites-moi juste quels sont les sept types d'ambiguïtés chez Empson... quels sont-ils, maintenant, dans cette prison.

– Alex, qu'est-ce que ça prouve, si je... ?

– Quels sont les sept types d'ambiguïtés chez Empson ?

– O.K.... L'ambiguïté existe quand... c'est stupide. Je ne suis pas franchement d'humeur à me laisser aller à mes obsessions de pédant, pas à la minute présente.

– Énoncez-les-moi, Simon. Séchez-vous les yeux et énoncez-les moi. Premier type, deuxième type... allez-y.

– Le premier type... existe quand un mot ou une proposition frappe d'emblée le lecteur de plusieurs manières...

– Continuez...

– Le deuxième type existe quand, ce qui avait dans l'esprit de l'auteur une signification unique se révèle en posséder deux ou plus. Le troisième type existe... quand deux idées coexistent dans un calembour. Le quatrième type existe quand des significations différentes se combinent pour éclairer une tournure d'esprit compliquée... Alex, c'est...

– Continuez. Vous en êtes à la cinquième. La cinquième ambiguïté...

– Alex. Je ne peux pas...

– Vous pouvez. Respirez. Vous êtes un homme remarquable. Mais d'accord, laissons les cinquième et sixième types. Et le septième, qu'en est-il du septième ?

– Le septième type d'ambiguïté existe... quand deux significations sont contradictoires à seule fin d'illustrer une scission fondamentale dans l'esprit de l'auteur... Alex, que vouliez-vous dire par ce besoin apparu avant Anna, ce besoin d'exalter ma relation avec elle ?

– Avez-vous... comment dire ? Avez-vous déjà eu six ans... ?

– Une fois, oui, et ça a duré un an. Qu'est-ce que vous me chantez là ?

– Vous deviez avoir plus de quatre ans, certainement. Mais pas forcément. Vos frères étaient sortis jouer au cricket sur la plage. Vous les avez regardés un moment ou alors vous étiez déjà peut-être assez grand pour avoir renoncé à les regarder. Ils avaient sans doute des amis avec eux ou alors des gamins des maisons voisines, sur la plage. Vous n'étiez pas avec eux. C'est le point important. Vous étiez déjà en prison.

– Que voulez-vous dire ?

– Vous voyez très bien ce que je veux dire.

– Pas du tout.

– Vous y êtes allé volontairement, petit garçon de quatre, cinq ou six ans. Vous recherchiez davantage un giron qu'une prison. Mais, dans la naissance comme dans la prison, il n'est pas rare d'être exposé à la violence arbitraire, de découvrir brutalement une réalité sombre.

– C'est super, Alex, ce courant de conscience que vous m'attribuez. Vous réduisez ma vie à un riff. Ils appellent ça comme ça, en jazz, vous savez, un riff. Je suis là, quelque part, dans une progression d'accords, qui sait ? Mais plus vous improvisez, plus je perds la mélodie originelle... Vous inventez au fur et à mesure. Je suis impressionné mais je ne saisis pas de quoi vous parlez, nom de Dieu. Et vous ?

– William et May...

– Mes parents ?

– Vos parents s'étaient violemment disputés. Les garçons, les aînés, étaient sur la plage, à jouer au cricket. Votre père était arrivé en trombe. Vous vous étiez mis à l'abri dans la penderie de la chambre de vos parents. Vous vous êtes endormi ; vous avez été réveillé par les sanglots de votre mère, par sa respiration lourde et saccadée. Vous avez jeté un œil par la porte entrebâillée et vous l'avez vue couchée sur le lit, dans sa robe de chambre ouverte, son visage et ses cheveux disparaissant sous les caresses de Diane Osborne, la dame du couple qui, dans la mythologie de vos parents, était leurs amis intimes. Vous avez eu peur, mais vous étiez incapable de détacher les yeux de ces deux femmes. Il était déjà rare pour vous de voir votre mère nue, or en ce cas, elle se trouvait de surcroît engagée dans une relation physique et affective avec Diane Osborne elle-même peu habillée.

« Au bout d'un moment, vous entendez votre père arriver dans le couloir. Quelque chose de plus fort que la simple connaissance vous souffle que l'inexplicable va se muer en catastrophe. Devez-vous les prévenir ? Vous n'avez pas le temps et, de toute façon, les prévenir de quoi ? Vous ne savez même pas ce qu'elles sont en train de faire. Vous êtes incapable de parler. Votre respiration s'accélère et vous regardez votre père entrer. Nouvel exemple de ce qui, déjà, vous a poussé à vous cacher... Vous constatez que nous ne sommes pas, nous les humains, tous amis entre nous. Votre père surprend les deux femmes ensemble. Il attrape Diane par les cheveux et la tire hors du lit. Vous le voyez frapper votre mère à la bouche et Diane au ventre, la renverser par terre. Ensuite il la redresse comme un vulgaire meuble et la couche sur votre mère terrorisée qui essaie de se lever du lit. Il hurle sur ces deux femmes, les exhorte à continuer ce qu'elles faisaient à son arrivée. Et c'est là que vous vous évanouissez, que votre petit corps de garçonnet s'affaisse, roule hors de la penderie et s'écroule au sol.

« Vous vous en souvenez, Simon. Et eux aussi, tous autant qu'ils sont... William, May, Diane Osborne... mais ils n'en parlent jamais. Jamais. Et vous aimeriez qu'ils en parlent, car tant qu'ils s'en abstiennent, au fond de vous-même, vous penserez que c'est votre faute. Si vous ne vous étiez pas endormi dans la penderie, vous n'auriez pas été là pour voir ça, et si vous n'aviez rien vu, rien ne serait jamais arrivé. À l'image du Dieu de l'évêque Berkeley apparu sur l'arbre de la cour quand il était seul pour le voir, l'événement semble avoir été provoqué par votre regard. S'ils finissaient par l'évoquer, cela voudrait dire qu'ils ont aussi vu la scène, et alors vous seriez tiré d'affaire.

« Le petit garçon croit encore être à l'origine de la scène. Ses frères savaient qu'il fallait aller jouer dehors. Pour de jeunes garçons, c'était le mieux à faire : ne pas écouter leurs parents se disputer, ne pas écouter leur insatisfaction leur jaillir des lèvres comme l'eau d'une bouche d'incendie que l'on ne peut plus fermer. Et même quand il a cherché à se cacher dans le noir, où on ne le trouverait jamais, dans une penderie, au fond d'une chambre aux stores baissés, une chambre destinée au sommeil, une chambre où les adultes s'enfermaient quand il était l'heure de faire silence... même alors, il n'a pu y échapper, il n'a pu s'empêcher de tout entendre et de tout voir. Il était témoin, un témoin qui savait d'instinct rester bouche cousue. On ne parle pas de ce genre de choses. On ne parle pas du corps de sa mère enlacé par le corps d'une autre femme. On ne parle pas de la colère de son père ni de la force de ses bras. Et même à un âge très tendre, on sent la fragilité de la ligne qui sépare un témoin muet d'un complice. Quand votre mère se retire dans sa chambre, qu'elle reste au lit une journée ou deux ou trois ou quatre, le petit garçon en vous croit savoir pourquoi. Mais personne ne lui dit jamais rien et elle lui manque, un point c'est tout. Il la veut. Elle aurait dû être son alliée. Elle aurait dû comprendre pourquoi il était allé se cacher dans la penderie. Mais, au lieu de ça, elle s'absente au fond de la chambre obscure ; elle s'absente d'elle-même, il ne reste qu'un fantôme de mère pareille aux autres mères. Non seulement elle est absente, mais elle conspire avec son oppresseur pour faire le silence sur sa douleur et vous rejeter, feuille sensible au moindre souffle de vent, à la moindre chute de température, à la moindre amertume exprimée autour de la table de la cuisine.

« C'est injuste. Vous l'avez toujours soupçonné et, plus vous avez grandi, plus c'est apparu évident. Déjà, le petit garçon qui avait repris connaissance pour découvrir que son évanouissement s'était mué en drame avait perçu une critique dans la sollicitude manifestée, une sollicitude derrière laquelle ils se cachaient, et il a trouvé ça injuste. Trop perspicace pour se laisser abuser, il voulait que quelqu'un lui formule la vérité, que quelqu'un se soucie de son bien-être. Mais personne ne s'en est soucié, donc vous avez pris sur vous de montrer du doigt leur hypocrisie, leur dissimulation, vous avez pris sur vous-même de protéger cet enfant que vous étiez. Vous vous êtes fait une armure de livres, vous vous êtes fortifié par la connaissance. Vous en sauriez tellement plus qu'eux qu'ils finiraient par vous admirer, vous respecter, vous craindre, par simuler l'amour qu'ils ne vous offriraient jamais. Il ne vous suffisait pas de sauver ce petit garçon, il fallait en sauver autant que possible. Vous alliez sauver tous les enfants auxquels vous enseigneriez – les bruyants, les vilains, les maigrichons avec un pull et deux chemises, les rapides en baskets, sans chaussettes même en hiver, les mignons qui vous suivaient partout, et les silencieux pas encore habitués au fait d'être nés. Vous étiez parti pour sauver le petit Carlo quand quelqu'un l'a enlevé, l'a dérobé. Et ça vous a anéanti, vidé de l'intérieur.

– Et Anna, où se situe-t-elle dans tout ça ?

– Elle était la preuve dont vous aviez besoin.

– La preuve de quoi ?

– La preuve que vous étiez sauvé, que vous aviez grandi et que vous étiez prêt à réussir là où vos parents avaient manifestement échoué.

– Alex, parfois... ici... il m'arrive de penser à ma mère.

– C'est parfait. Continuez... Simon ? »

Mes parents étaient unis surtout par leur déception mutuelle. Ils faisaient bonne figure devant leurs amis petits-bourgeois mais, à la maison, mon père se déchaînait contre ma mère et elle se retirait en elle-même, n'émergeant que très occasionnellement, pour ruminer ses regrets. Ces aspirations qu'elle avait laissé mon père contrarier, elle ne les a jamais formulées clairement. Pour atténuer la solitude et la frustration, elle a cherché le réconfort auprès de cette femme, quand c'était possible. Ma génération combine ignorance et arrogance pour conclure qu'elle était en avance sur son temps. Mais elle n'a jamais été en avance sur rien. Elle était de son époque. Et puis elle ne vient pas me voir.

13.

« Alex, lui avez-vous révélé qu'il a manqué se noyer ?

– À qui ?

– À Anna. Avez-vous déjà dit à Anna que j'avais sauvé son fils ?

– Oui, je le lui ai dit.

– Quand ?

– Quand je lui ai tout raconté, juste après votre arrestation.

– Vous a-t-elle cru ?

– Je l'ignore. Elle avait tant de choses à absorber d'un coup.

– Elle ne l'a pas cru.

– Pourquoi ?

– Si elle vous avait cru, je ne serais pas ici.

– Vous lui attribuez encore des sentiments qu'elle n'éprouve certainement plus, si elle les a jamais éprouvés.

– Redites-le-lui, Alex. Pouvez-vous le lui redire avant l'audience préliminaire ? Priez-la de venir me voir... Je me noie, moi. »

Mais il ne pouvait pas. Il n'essaierait pas de la contacter. Gina le défendait absolument. Je crois qu'ils se sont disputés à ce sujet. Comme ils étaient proches, maintenant. Cela risquerait d'être interprété comme une tentative d'influencer un témoin, pensait Gina. Elle ajoutait que cela pouvait exposer Alex à une inculpation pour entrave au cours de la justice.

À l'intérieur, M. Greer et tous les « bons gars » avaient fait en sorte que le Turc se tienne tranquille, au moins pour un moment. Les deux heures que je passais chaque jour hors de ma cellule me suffisaient à distinguer qui, au sein de ma petite communauté, avait du sang sous les ongles.

Je veux dire, rien ne t'interdit de passer
Dix ou quinze ans au trou au plus...
Tu le peux,
Tant que le joyau
Du côté gauche de ta poitrine ne perd pas son éclat ?

Une semaine avant l'audience préliminaire, rien n'avait bougé. Il n'y avait pas un souffle d'air à respirer qui ne soit pollué, pas un objet à toucher qui ne soit souillé, pas un espoir qui ne soit impossible. Une semaine encore et Anna n'était pas venue.

Gina m'a expliqué le but de cette audience préliminaire. Elle donnait au magistrat l'occasion d'entendre les preuves de l'accusation sur tous les chefs d'inculpation et, à partir de là, il examinerait si elle disposait d'éléments suffisants pour le procès. En termes formels, cette procédure détermine si un jury raisonnable et convenablement éclairé est en mesure de prononcer une condamnation en justice sur la base de ces charges. Lors de l' « audience », comme on dit pour abréger, il n'y a pas de jury, rien que le magistrat. Le langage technique employé par Gina pour m'expliquer ce qui allait se produire (et que nous espérions voir se produire) avait quelque chose de poétique. Si j'avais été un pur observateur, j'aurais pu profiter du rythme des phrases et de leur syntaxe torturée, mais j'étais le « défendeur », et l'« accusé », sauf quand j'allais de la cellule au tribunal – là, j'étais le « prisonnier ».

« Ils vont citer leurs témoins à comparaître, m'a expliqué Gina, et nous aurons l'occasion de procéder à leur contre-interrogatoire.

– Qui vont-ils appeler ?

– Les flics, Threlfall et Staszic, Angela...

– Pourquoi elle ?

– Elle l'a demandé.

– Que va-t-elle déclarer ?

– Je n'en sais rien. Nous le découvrirons. Y a-t-il une raison particulière de s'inquiéter à son sujet ?

– Non, pas si elle dit la vérité.

– Il y a quantité de raisons pour qu'elle s'écarte de la vérité, la plus probable étant une sorte de marché conclu avec la police.

– Qu'est-ce que la police aurait pu lui proposer ?

– Une forme d'immunité.

– Une immunité contre quoi ?

– Contre toute poursuite.

– Mais elle n'a rien fait.

– Oh, Simon, elle n'a pas besoin d'avoir fait quoi que ce soit. Souvenez-vous, votre position à vous, c'est justement que vous n'avez rien fait.

– Ouais, mais dans mon cas, Joe Geraghty a quelques motifs de soutenir que j'ai eu une liaison avec son épouse. Pourquoi voudrait-on accuser Angela ?

– La police pourrait la menacer en vue d'obtenir d'elle qu'elle soit un témoin conciliant. Elle est le seul protagoniste qu'ils tiennent en mesure de fournir des preuves de vos actes et de vos dires avant que la police ne vous ait trouvé avec ce petit garçon.

– Sam. Il s'appelle Sam. J'avais la permission de sa mère pour aller le chercher à la sortie de l'école.

– Sa mère sera leur témoin principal et je vais bien évidemment lui poser la question.

– À quoi bon ? Elle nie m'avoir accordé cette permission. Elle nie cette liaison.

– Premièrement, cela lui laisse une chance supplémentaire de dire la vérité, dans des circonstances tout à fait différentes. On ne lui a encore jamais posé cette question dans un prétoire et sous serment, avec tous les regards posés sur elle. Deuxièmement, cela lui offre un aperçu des conséquences désastreuses que cela entraînera pour vous de s'en tenir à son démenti. Elle vous verra dans le box des accusés, encadré par deux policiers. Le spectacle lui administrera la piqûre de réalité dont elle a besoin. Mais je vais aussi lui proposer une porte de sortie. Si elle continue de nier votre liaison, je suggérerai qu'elle a pu reprendre une relation non sexuelle, même pas une affaire de cœur, et qu'elle n'en a pas parlé à son mari par crainte d'éveiller la suspicion, de susciter la jalousie, la colère, ou simplement pour ne pas le blesser. Si je fais de vous au jury un portrait fidèle, on considérera comme raisonnable ma suggestion qu'Anna ait préféré se confier à vous plutôt qu'à son mari.

– Je croyais vous avoir entendu dire qu'il n'y avait pas de jury lors de l'audience préliminaire ?

– Non, en effet, il n'y en a pas mais, de notre part, il est prudent d'utiliser cette audience pour préparer le procès proprement dit. »

Gina ne voulait pas me laisser la moindre illusion sur l'éventualité qu'un magistrat lève toutes les charges après avoir entendu les preuves avancées contre moi. Elle insistait pour que je ne me figure pas rentrer chez moi dès la conclusion de l'audience préliminaire. Dans la pratique, je n'avais aucun domicile où aller. Je n'avais pas de quoi payer mon loyer et il n'y avait pas moyen de convaincre mon père de le payer à ma place. Alex avait essayé mais comme il avait échoué, il avait dû emballer mes livres et ma musique dans des cartons et les remiser dans le garage de sa femme.

« Êtes-vous en train de m'expliquer que vous n'allez même pas tenter de me disculper ?

– Non, pas à ce stade. Je veux amener le magistrat à renoncer à certaines charges, mais nous n'allons pas déployer notre stratégie tout de suite. Ce serait inutile. Nous allons garder ça pour le procès.

– Qu'allez-vous dire, au procès ?

– Il faut vous souvenir que la charge de la preuve leur incombe. Nous n'avons rien à prouver. Nous allons tâcher de susciter un " doute légitime " dans l'esprit des jurés. Nous n'avons pas véritablement à prouver qu'Anna et vous entreteniez une liaison clandestine ni même que vous possédiez la permission d'aller chercher Sam à l'école. C'est à eux de prouver, sans aucun doute possible, que vous ne déteniez pas cette permission. Si nous parvenons à créer chez les jurés un doute légitime, alors ils devront vous déclarer non coupable.

– Mais de quel élement disposons-nous pour jeter le doute sur l'accusation ?

– Essentiellement vous-même.

– Moi ?

– Vous allez déclarer entretenir une liaison avec Anna, et avoir reçu pour instruction d'aller chercher Sam à l'école.

– Mais ce sera ma parole contre la sienne.

– En effet, c'est très exactement votre parole contre celle d'Anna. Au procès, nous essaierons de démontrer ce qu'elle risque de perdre à reconnaître l'existence de cette liaison : la maison, un style de vie, le revenu de son mari. Si elle persiste à nier en bloc, nous n'aurons plus qu'à la discréditer. Étant donné que vous n'avez pas de lettres d'elle vous incriminant...

– Qu'entendez-vous par des " lettres d'elle vous incriminant "? Vous présentez cela comme si c'était elle que l'on jugeait.

– C'est ce que nous allons devoir faire, créer cette impression qu'elle passe en jugement. Il faut que nous amenions le jury à comprendre combien l'aveu de cette liaison lui répugne. L'indignité, la culpabilité, la crainte de perdre sa famille. Nous disposons des lettres qu'elle vous a écrites à l'époque où vous étiez à l'université, quand elle était votre petite amie, quand elle n'avait pas honte de votre relation, quand cela n'avait rien de clandestin. Nous allons les présenter au jury comme pièces à conviction. Ainsi que vos photos.

– Mais elle ne nie pas que nous ayons eu une relation à l'époque, ce qu'elle nie, c'est toute relation actuelle.

– Je sais, et pour cette raison, nous allons devoir lutter pied à pied pour leur faire admettre ces documents comme pièces à conviction. Nous allons soutenir qu'ils démontrent l'improbabilité du chef d'accusation. Nous allons prier le jury de bien vouloir considérer à quel point il est invraisemblable qu'après dix années passées sans la voir, sans aucun contact avec elle, vous vous soyez subitement mis en tête d'aller chercher son fils de six ans à l'école un vendredi pour lui préparer un lait chocolaté. Nous allons les amener à considérer qu'elle avait de bonnes raisons de mentir, que la vérité va détruire son univers, son statu quo. Vous, en revanche, vous n'aviez absolument aucune raison d'aller chercher Sam à l'école à moins qu'elle ne vous l'ait demandé. »

14.

Les hommes qui assuraient le transfert des prisonniers et leur surveillance n'étaient pas les gardiens de la prison. Le sous-traitant qui les employait n'était pas la société propriétaire de la prison, et ces hommes étaient sélectionnés dans un tout autre vivier. Malgré cela, il n'y avait pas de différence qualitative entre eux et les fonctionnaires de la prison. Eux aussi, ils aimaient bien savoir de quoi étaient accusés les prisonniers qu'ils transportaient. Eux aussi, comme presque tous les gens rencontrés depuis le début de l'affaire, assimilaient accusation et culpabilité en vertu du principe que la police ne vous aurait pas arrêté si vous n'étiez pas coupable. Là où ces hommes différaient des gardiens de prison, c'était dans l'empressement qu'ils mettaient à vous faire savoir combien ils désapprouvaient les actes qui justifiaient votre présence parmi eux.

Les gardiens de la prison vous avaient tous les jours sous la main, et n'étaient donc pas particulièrement pressés d'exercer leur pouvoir sur vous. Ils s'offraient le luxe de laisser les prisonniers se débrouiller entre eux, n'intervenant que lorsque le règlement *de facto* suivi entre les murs de la prison réclamait un petit ajustement, un petit coup de pouce extra-judiciaire. Les gardiens chargés du transfert n'avaient que peu de temps à leur disposition pour victimiser leurs protégés. Il leur fallait saisir la moindre occasion de vous tourmenter, par exemple en vous menottant, en vous poussant dans le fourgon cellulaire, en avalant leur déjeuner devant vous après avoir supprimé le vôtre sous un prétexte fumeux. Leurs menues brimades étaient conçues pour vous humilier et vous intimider. Et elles étaient efficaces.

J'étais assis dans le box, comme lors des requêtes de mise en liberté conditionnelle, habillé en costume-cravate, encadré par deux gardiens. Comme tout le monde, je me suis levé à l'entrée du magistrat et je me suis rassis quand on m'y a invité, comme tout le monde. La salle était remplie de gens que je n'avais jamais vus, des journalistes de la presse écrite et audiovisuelle, des badauds qui avaient réussi à se frayer un chemin jusqu'à l'audience préliminaire du type qui avait enlevé tous ces enfants. Alex était là, assis derrière Gina et son collaborateur.

Gina m'avait conseillé de me tenir droit et d'avoir l'air attentif, concerné, mais poli, de ne jamais montrer d'indignation, quoi que l'on dise. Je devais m'abstenir de toute remarque *sotto voce*, mais je pouvais prendre des notes avec un stylo et un papier qu'elle m'avait fournis. Je ne devais avoir l'air ni trop confiant ni trop craintif mais plutôt, si j'y arrivais, compréhensif et intelligent. Ironie des choses, ainsi exposé aux regards de la cour – certains furtifs, d'autres complaisants, d'autres encore perplexes –, les efforts accomplis pour gommer de ma physionomie les excès contre lesquels elle m'avait mis en garde m'obligeaient à faire de vilaines grimaces. Elle m'avait expliqué que je n'avais pas à redouter cette audience préliminaire.

« Ce sera une répétition générale. Il n'y a pas de jury. Il s'agit seulement pour nous de mettre l'accusation et les témoins à l'épreuve », m'avait-elle indiqué. J'essayais de garder ses paroles en mémoire. Mais je redoutais leurs témoins, une en particulier. Alex avait raison. Il n'y avait aucun moyen d'éviter ça. Anna nous faisait défaut.

J'ai observé le magistrat, un homme pas déplaisant, un peu terne, tout à fait ordinaire. Aimait-il la musique ? Lisait-il ? Était-il marié et, si oui, comment avait-il rencontré sa femme ? Qu'est-ce qui l'avait poussé à la choisir ? Le tenait-elle pour un homme raisonnable ? Travaillait-il trop dur ? Était-il le genre d'homme à assimiler toute augmentation du financement des écoles publiques à une lamentable entreprise d'étouffement de la liberté individuelle ? Si je n'avais pas gâché ma vie en enlevant le fils de mon ex, aurions-nous pu nous apprécier, boire un verre en souriant avec lassitude de l'état désolant du monde ?

Le procureur a pris la parole. Son style très terre à terre trahissait pour l'observateur attentif une théâtralité étudiée qui l'avait sans doute aidé à atteindre cet échelon de sa carrière. Comme au début de toute affaire notoire, il avait la bouche plus sèche que d'habitude, les paumes plus moites et une patience plus limitée. Étant donné le droit d'informer désormais invoqué par les médias, il savait que, depuis la barre où il se tenait, il s'adressait à un public bien plus vaste que la cour à laquelle il faisait face.

« Votre Honneur, commença-t-il, Simon Heywood est accusé... », et ensuite, après avoir énoncé en vitesse et sur un ton formel l'ensemble des charges, il a décrit un étranger qui, en apparence, me ressemblait. Cet étranger avait été naguère enseignant, mais il avait perdu son emploi. Il avait vécu longtemps seul dans son appartement. C'était un rêveur en manque chronique d'argent. Un psychiatre le suivait depuis deux ans. Il entretenait une liaison avec une prostituée et il avait vécu des revenus de cette femme. Il aimait se considérer comme un intellectuel mais, hélas, il n'avait, semble-t-il, rien accompli qui soit susceptible d'étayer ses prétentions. Plus ou moins brouillé avec sa famille et ses rares amis, c'était, en bref, un homme doué d'un potentiel certain mais non réalisé. J'ai écouté le procureur décrire cet individu auquel personne n'avait envie de consacrer beaucoup de temps. Bien que mieux informé que les autres sur moi-même, je ne l'ai pas reconnu.

Elle avait l'air plus effrayée que moi, tantôt se balançant sur ses pieds, de la pointe vers le talon, comme pour un exercice de ballet, tantôt se serrant le poignet de son autre main, tantôt se penchant sur la barre. On la pria de décliner son identité...

« Pouvez-vous préciser à la cour depuis combien de temps vous connaissez le défendeur, Simon Heywood ?

– Je ne sais pas au juste...

– Approximativement.

– Je le connais... approximativement... depuis deux ans. Quelque chose comme ça.

– Deux ans ?

– Je crois, oui, est-ce que c'est ça ?

– Je ne peux pas vous apporter de réponses, je ne peux que vous poser des questions.

– Je suis désolée.

– Depuis combien de temps le connaissiez-vous au moment de son arrestation ?

– Environ... à cette époque-là, je le connaissais depuis environ deux ans.

– Deux ans à l'époque de son arrestation, donc maintenant cela fait plus de deux ans ?

– Oui.

– À quel titre le connaissiez-vous ?

– À quel titre ?

– Quel genre de relations était-ce ?

– Bonnes.

– Non, ce que je veux dire, c'est...

– Votre Honneur, s'écria Gina en se levant pour interrompre le procureur, j'hésite à intervenir dans l'interrogatoire que conduit mon distingué confrère, mais je crains que, dans sa tentative tout à fait sincère et légitime d'éclairer le témoin quant au sens de ses questions, il ne soit amené à lui souffler la réponse qu'il attend !

– Eh bien, maître Serkin, lui répondit le magistrat, le procureur Henshaw n'a encore rien dit qui puisse lui valoir une semblable objection, donc voyons s'il poursuit dans cette voie. Monsieur Henshaw, vous n'allez pas induire la réponse, n'est-ce pas ?

– Non, Votre Honneur.

– Vous voyez, maître Serkin. Pouvons-nous le laisser continuer, maintenant ?

– Oui, Votre Honneur.

– Je vous remercie. Monsieur Henshaw, posez votre question suivante, une question qui n'induira aucune réponse.

– Angela, voulez-vous dire à la cour quelle sorte de métier vous exercez ?

– Je travaille dans l'industrie de l'hospitalité.

– Pouvez-vous être plus précise ?

– Je travaille comme escort.

– Qu'est-ce que cela recouvre ?

– Je travaille pour une agence. Ils... l'agence m'envoie rencontrer différents clients.

– Sur quelle base êtes-vous payée ?

– Sur la base de mon temps.

– Que faites-vous de ce temps ?

– Quand je travaille ?

– Oui.

– Ça varie. »

Le procureur tâcha de masquer son agacement.

« Votre Honneur, je perçois chez le témoin une réticence peut-être compréhensible. Je réclame l'indulgence de mon confrère pour que nous nous fondions sur les faits et non sur la controverse.

– Eh bien, ce n'est pas à moi qu'il faut le demander, monsieur Henshaw. C'est la permission de maître Serkin qu'il vous faut. »

D'un geste de la main, Gina acquiesça à la demande du procureur.

« Pour un fait seulement », précisa-t-elle. Le procureur hocha la tête et se retourna dans la direction de ma nerveuse et jeune amie.

« Vous gagnez votre vie en travaillant comme prostituée, n'est-ce pas ? »

Angelique, qui devait s'attendre à ce que cela sorte au grand jour tôt ou tard, n'en rougit pas moins. Elle se tourna vers le magistrat.

« N'est-ce pas là une question qui induit la réponse, monsieur le président ? »

Le magistrat attendit que l'éclat de rire général du public se calme.

« En effet, mais maître Serkin a accepté qu'il vous la pose.

– Cela a-t-il un rapport ? Par contre, ça ne m'embête pas de parler... du petit garçon.

– J'ai bien peur qu'il ne vous faille répondre. »

Malgré tout ce qu'elle avait accepté de faire pour vivre depuis que je l'avais rencontrée, elle n'avait jamais été obligée de le dévoiler en public. C'était le moment où elle allait confirmer ce que ses parents, à Adelaïde, s'étaient peut-être efforcés de ne pas soupçonner. Combien de gens allais-je ainsi blesser d'un seul coup ?

« Quelle était la question, déjà ?

– Travaillez-vous comme prostituée ?

– Comme escort.

– Cela implique-t-il un échange d'argent contre un rapport sexuel ?

– Oui. Oui, en effet. C'est moi qui touche l'argent. Content ?

– Je suis désolé, je suis... je ne cherche pas à vous mettre dans une position embarrassante », s'expliqua le procureur.

Elle mettait sa patience à rude épreuve.

« Quand vous avez rencontré Simon Heywood, vous travailliez ?

– Oui.

– Était-il votre client ?

– Non.

– Alors quelle était la nature de votre relation ?

– Nous... nous étions amis.

– Amis ?

– Oui.

– Votre Honneur, je réclame encore une fois l'indulgence de ma consœur afin de guider le témoin.

– Maître Serkin ? »

Le magistrat s'adressa d'un ton interrogateur à Gina.

« Monsieur le président, le témoin a répondu à la question. Elle a déclaré que mon client et elle étaient amis. Je ne suis guère disposée à céder au goût de Monsieur le procureur Henshaw pour les questions orientées sous prétexte qu'il n'obtient pas les réponses souhaitées.

– Vous avez votre réponse, monsieur Henshaw. Avez-vous des questions non orientées à poser au témoin ? s'est enquis le magistrat.

– Avez-vous toujours été amie avec M. Heywood, a poursuivi Henshaw, avec le défendeur ?

– Non. Je ne le connais que depuis peu de temps.

– Vous est-il arrivé de définir votre relation avec lui d'une autre manière ?

– Je ne sais pas, peut-être... Vous savez, le cas échéant, on prend ses désirs pour des réalités.

– Êtes-vous en train de nous dire que c'est ainsi que vous avez défini cette relation à la police, le jour où il a été arrêté sur la base des charges qui l'amènent à comparaître devant nous aujourd'hui... ?

– Objection, Votre Honneur, le coupa Gina. M. Henshaw est en train de harceler son propre témoin.

– Et vous la protégeriez, maître Serkin ? Ne pourrions-nous éviter cela, monsieur Henshaw ?

– J'essaie, monsieur le président.

– Eh bien, essayez encore. »

Le procureur était visiblement contrarié. Il s'est penché pour chuchoter quelques mots à son adjoint. Puis il s'est retourné vers Angelique.

« Les inspecteurs chargés de l'enquête apporteront la preuve que vous leur avez déclaré...

– Votre Honneur, je dois là encore formuler une objection », s'est écriée de nouveau Gina.

Manifestement, personne ne s'était attendu à ce qu'Angelique fasse de la vie du procureur un tel cauchemar. En tout cas pas si tôt.

« Était-ce une relation sexuelle ? a-t-il insisté.

– Je dois encore objecter. Gina s'est levée de nouveau.

– Sur quels motifs, maître Serkin ?

– Motif de pertinence, a-t-elle expliqué.

– Qu'en dites-vous, monsieur Henshaw ? La pertinence d'une réponse négative ou positive à votre dernière question ne m'apparaît pas.

– Alors je crains fort, Votre Honneur, de me trouver dans la position inattendue d'être contraint de déposer une requête attestant l'hostilité manifeste de ce témoin.

– Qu'en dites-vous, maître Serkin ?

– Je m'oppose à la requête de mon confrère. Selon mon opinion, c'est totalement injustifié.

– Totalement ? s'est étonné le président.

– Mon estimé confrère ne peut espérer que son propre témoin soit récusé uniquement parce qu'il a du mal à formuler ses questions.

– Vous ne considérez pas que les réponses du témoin puissent être au moins interprétées comme... problématiques ?

– Seulement dans ce cas précis, monsieur. Au pire, le comportement du témoin pourrait être considéré par l'accusation comme défavorable, mais pas comme hostile. »

Le magistrat a saisi cette opportunité pour décider un ajournement anticipé et donner à chaque partie l'occasion de préparer une requête concernant le témoin et son comportement " défavorable " ou " hostile ". Le lendemain, les parties débattraient donc devant lui sur la nature du témoignage d'Angelique. Dans la cellule du tribunal, avant que l'on ne me reconduise en prison, Gina m'a expliqué les conséquences qu'aurait cet arrêt de la cour.

« Votre amie est incroyablement courageuse ou incroyablement stupide », m'a-t-elle tout d'abord confié.

Elle écartait la possibilité qu'Angelique soit les deux à la fois. À la réflexion, elle avait raison. Si Ange et la police avaient conclu un accord en vertu duquel elle témoignerait contre moi en échange de l'immunité, elle le rompait, semblait-il. Peut-être misait-elle sur l'abandon des charges dès l'audience préliminaire, auquel cas nous serions tous deux tirés d'affaire. C'était un risque, mais un risque calculé. Et même si je comparaissais effectivement devant la cour, la police lui accorderait peut-être l'opportunité de s'amender à ce moment. Ange n'était pas stupide, j'étais bien obligé de m'en souvenir tandis que Gina m'éclairait sur le déroulement des événements.

« Henshaw veut être en position de la traiter comme un témoin " hostile " car, à l'évidence, si elle se montre difficile, c'est pour vous protéger. Elle lui complique délibérément l'existence.

– Elle ne refuse pas de répondre, pas encore en tout cas, ai-je hasardé.

– Elle ne peut pas refuser de répondre, me précisa Gina, mais elle ne lui fournit pas ce qu'il attend d'elle, ce qu'il attend au vu des témoignages de Threlfall et de Staszic, ainsi, bien sûr, que de ses propres dépositions.

– Que voulez-vous dire ?

– Elle a déclaré à la police, en tout cas à un moment ou à un autre, que vous étiez son amant, que vous aviez une affaire de cœur, bref, que vous formiez un couple. Cela conforte leur dossier d'accusation. Cela rend moins probable votre liaison, même clandestine, avec Anna. Et donc moins probable que l'on vous croie quand vous soutenez avoir eu l'autorisation d'aller chercher Sam à l'école ce jour-là. Maintenant, il semble qu'elle revienne sur cette déclaration. Elle soutient que vous étiez amis. Tout indique qu'elle va se montrer peu coopérative avec eux, dans l'ensemble.

– Je vois, mais quelle est la différence entre un témoin " défavorable " et un témoin " hostile " ?

– Eh bien, pour le formuler simplement, un témoin " défavorable " est un témoin qui, appelé pour attester un point en faveur de la partie qui l'a désigné, s'avère ne pouvoir le faire ou qui atteste même le contraire. Un témoin " hostile ", en revanche, est un témoin qui, sans être incapable d'attester en faveur de la partie qui l'a appelé, s'y refuse complètement.

– C'est donc juste une question de degré ?

– Enfin, oui, mais les conséquences qu'implique la déclaration d'" hostilité " d'un témoin peuvent être énormes. Si le magistrat accepte leur requête et si Angelique est déclarée " hostile ", Henshaw sera autorisé à engager un contre-interrogatoire. Il sera alors en mesure de lui poser ses fameuses questions orientées, de contester la connaissance des faits dont elle se porte témoin, de remettre en cause sa mémoire, ses perceptions. Et puis il est en colère contre elle. Il va se montrer dur.

– Donc, si vous obtenez de la faire simplement déclarer " témoin défavorable " et non " témoin hostile ", vous la protégez.

– Oui, mais plus important, Henshaw va se retrouver coincé par la réponse d'Angelique selon laquelle vous n'étiez que deux amis. Oh, il peut essayer de rappeler Threlfall et Staszic à la barre, mais cela donnera l'impression, comme elle l'a dit elle-même, qu'elle avait déformé la nature de sa relation avec vous pour satisfaire la police.

– On peut gagner, là-dessus ?

– Je ne sais pas. Il faut que je retourne en chambre du conseil et que je consulte la jurisprudence. J'ai le sentiment que la loi est contre nous. »

J'avais ce sentiment depuis un bon moment. Je l'ai eu encore plus quand on m'a menotté et jeté dans le fourgon cellulaire. Nous étions cinq dans ce fourgon. Il faisait sombre, on était enfermés. Entre notre arrivée au tribunal, dans la matinée, et notre retour à la prison, un détenu avait écrit quelque chose sur une cloison du fourgon avec ses excréments. Je me suis plaint auprès d'un des gardiens des services de sécurité. Il m'a juste conseillé de faire attention, de ne pas m'adosser.

Gina avait raison de supposer le pire. Elle avait rassemblé autant de jurisprudence que possible en notre faveur. Elle a mentionné une affaire où le juge avait retenu comme « hostile » un témoin qui adoptait une attitude d' « animosité » vis-à-vis de la partie qui le citait à comparaître. Angelique, a-t-elle argumenté, n'avait montré aucune « animosité » envers la police ou le procureur. Mais Henshaw a riposté en citant d'autres affaires plus récentes, dont les interprétations avaient été moins restrictives. Le point saillant de son argumentation portait sur le fait que le témoin avait perdu toute pertinence. En fait, ce qui importait, c'était que la partie qui avait cité le témoin se trouvait dans l'incapacité d'obtenir la vérité sans recourir à des questions orientées en raison de la réticence du témoin à répondre. Le magistrat préférait l'interprétation de Henshaw. Quand Gina a rétorqué qu'Ange n'avait démontré aucune réticence à dire la vérité mais seulement une répugnance compréhensible à admettre son état de prostituée, il ne l'a pas suivie. Et c'est ainsi que Henshaw a pu procéder au contre-interrogatoire d'Ange.

15.

« Les inspecteurs Threlfall et Staszic vous ont interrogée plusieurs fois sur la matière même de ces accusations, n'est-ce pas ?

– Oui.

– Lors du premier interrogatoire, vous leur avez déclaré que Simon Heywood était votre amant, n'est-ce pas ?

– Je ne sais pas. C'est possible.

– Hier, vous avez dit à la cour que Simon Heywood et vous étiez simplement amis.

– Oui.

– Alors, mentiez-vous à la police, ou mentiez-vous hier au tribunal ?

– Ni l'un ni l'autre.

– Votre Honneur, est intervenue Gina, le témoin doit avoir la possibilité d'expliciter l'apparente... contradiction de ses réponses.

– Je suis certain qu'il est tout à fait dans les intentions de M. Henshaw de lui fournir cette possibilité.

– Oui, Votre Honneur, a acquiescé patiemment Henshaw, invitant Angelique à s'expliquer.

– J'y ai réfléchi toute la nuit, monsieur, déclara-t-elle, en faisant face au magistrat, car je sais que j'ai provoqué pas mal de perturbation, hier. Ce n'était pas mon intention, mais maintenant M. Henshaw est en colère contre moi, on dirait, et...

– Ne vous inquiétez pas pour lui. Je vous offre l'opportunité d'expliquer votre réponse, maintenant.

– Quand j'ai dit aux inspecteurs, cette première fois, que Simon était mon amant, c'était un peu vrai, en un sens, du moins c'était vrai pour moi, compte tenu de mes sentiments pour lui. Je l'aimais. J'étais amoureuse de lui. Je voulais croire qu'il éprouvait la même chose vis-à-vis de moi. Je le voulais vraiment. Même maintenant, après tout ce temps, j'aimerais encore croire qu'il m'aimait, mais je ne pense pas qu'il ait jamais été vraiment amoureux de moi. Si je me figurais qu'il était amoureux de moi, je me ferais des illusions. Chez lui, il avait partout des photos d'une autre femme ! Je veux dire, bon dieu...

– Qui était cette autre femme...

– Anna Geraghty.

– Je vois.

– Il avait eu une liaison très sérieuse avec elle, des années plus tôt et... je ne sais pas... J'étais incapable de la resituer, malgré tous mes efforts. Ils s'étaient revus... Je ne connais pas les détails... mais elle était tout pour lui et il ne me l'avait pas caché. Il m'a même précisé qu'il n'était pas amoureux de moi. Plus d'une fois, il me l'a répété. Il me confiait à quel point il était... perturbé par le mariage d'Anna et...

– Vous a-t-il fait part d'un trouble similaire chez Mme Geraghty ? lui demanda Henshaw.

– Vous voulez parler d'Anna ? fit Angelique.

– Objection, monsieur le président, s'écria Gina, en se levant à nouveau. La question de M. Henshaw invite à une réponse qui est clairement inadmissible.

– En quoi est-elle inadmissible, maître Serkin ? s'enquit le président.

– Il demande au témoin d'indiquer ce que le défendeur, M. Heywood, lui a rapporté des propos d'Anna. S'il s'agit d'établir la vérité des sentiments de Mme Geraghty, de simples ouï-dire sont inadmissibles. S'il s'agit d'établir que M. Heywood a ou non mentionné une quelconque culpabilité de Mme Geraghty dans sa liaison avec M. Heywood, la question n'est pas pertinente et, de ce fait, également inadmissible.

– Qu'en dites-vous, monsieur Henshaw ?

– Je me contenterai de retirer la question, monsieur le président, fit le procureur avant de poursuivre. Vous avez également stipulé à la police, n'est-ce pas, que Simon Heywood aimait les enfants ?

– Oui.

– Vous lui avez stipulé, n'est-ce pas, qu'il n'avait pas le projet d'en concevoir lui-même ?

– Oui, aucun projet de ce genre dans l'immédiat.

– Eh bien, vous n'êtes donc pas en mesure de nous faire part de votre intention d'avoir des enfants ensemble, n'est-ce pas ?

– Non.

– Vous étiez juste amis, c'est cela ?

– Oui.

– Et vous n'êtes au courant d'aucun projet de conception d'enfants avec Mme Geraghty, si je ne me trompe ?

– Non.

– Vous avez également signifié à la police que M. Heywood et vous formiez déjà " une petite famille ", je m'égare ?

– J'ai pu dire ça... c'est ce que j'éprouvais...

– Vous avez aussi indiqué à la police qu'il arrivait parfois à M. Heywood de trop boire, est-ce exact ?

– C'est possible.

– Vous avez précisé qu'il souffrait d'insomnie, n'est-ce pas ?

– Oui.

– Et vous déteniez une information de première main, puisque vous passiez la nuit chez lui, avec lui.

– Il... se plaignait de son manque de sommeil.

– Êtes-vous en train de nous dire que vous n'avez jamais couché avec lui ?

– Non.

– En fait, vous passiez souvent la nuit avec lui, n'est-ce pas ?

– Je ne sais pas. Qu'est-ce que c'est, " souvent " ?

– Plusieurs nuits par semaine, suggéra Henshaw.

– Je suis une prostituée, monsieur Henshaw.

– Cela signifie-t-il que vous n'en teniez pas le compte ?

– Objection, Votre Honneur, a dit Gina. Mon estimé confrère se montre gratuitement insultant envers le témoin, un témoin qu'il a cité à comparaître.

– Oui, monsieur Henshaw, je suis convaincu que cela est assez difficile pour le témoin, acquiesça le magistrat avant de tourner son attention vers Angelique. Mais peut-être pourriez-vous un peu clarifier ce que vous entendiez nous dire dans votre dernière réponse.

– Oui, monsieur le président. Il m'a demandé si je passais souvent la nuit avec Simon. Eh bien, comme il a l'air de vouloir que tout le monde le sache, je suis une prostituée. Je travaille surtout la nuit.

– Je vois, répondit le magistrat en notant quelque chose.

– Durant la période où vous avez fréquenté le défendeur, il n'avait pas de travail, n'est-ce pas ?

– Il est enseignant.

– Mais à la période où vous l'avez connu, il ne travaillait plus comme enseignant, n'est-ce pas ?

– Non.

– En fait, vous aviez pris l'habitude de subvenir à ses besoins avec l'argent que vous gagniez grâce à votre travail, n'est-ce pas ?

– Non, je ne... subvenais pas à ses besoins. J'essayais, quand je le pouvais... de l'aider.

– Vous lui donniez de l'argent, est-ce exact ?

– Oui, parfois... un peu.

– Il utilisait cet argent, l'argent que vous lui donniez, pour s'acheter à manger, c'est cela ?

– Quelquefois.

– Il s'en servait pour s'acheter de la nourriture, des vêtements, payer son loyer, n'est-ce pas ?

– Ce genre de choses... et des aliments pour chien.

– Et il ne vous donnait pas d'argent, à vous, n'est-ce pas ?

– Il essayait.

– Il a essayé de vous donner de l'argent, c'est cela ?

– Enfin, il était au chômage. Il n'était pas vraiment en position de...

– Pourquoi a-t-il essayé de vous remettre de l'argent ?

– Ça ne lui est pas arrivé souvent.

– Mais quand ça lui arrivait, c'était pourquoi ?

– Je ne sais pas... un geste amical.

– Un geste amical ?

– Quelque chose de ce genre.

– Êtes-vous en train d'expliquer à la cour qu'un homme qui est chômeur chronique a essayé de vous remettre de l'argent à titre de " geste amical " ?

– Oui. Quel mal y a-t-il à cela ?

– Il ne vous a pas remis d'argent en échange de services sexuels, plutôt ?

– Non. Vous ne pouvez pas jouer sur les deux tableaux. Il y a une minute, vous vouliez que je vous réponde qu'il était mon amant et la minute d'après vous voulez que je vous raconte qu'il était mon client. Que voulez-vous que je vous réponde, au juste ?

– Je vous en prie, a fait le magistrat, laissons M. Henshaw vous poser les questions.

– Je veux seulement que vous nous disiez la vérité, a déclamé le procureur avec componction. Le jour en question, vous êtes arrivée au domicile du défendeur pour découvrir qu'il était en compagnie de Samuel Geraghty, est-ce exact ?

– Oui.

– Cette visite était-elle prévue ?

– Non.

– Quel but aviez-vous en vous rendant sur place ?

– Mon but ? Je rendais visite à mon ami.

– Et vous l'avez trouvé seul avec le fils de M. et Mme Geraghty, exact ?

– Oui.

– Et vous avez été surprise de le voir avec lui, n'est-ce pas ?

– Oui. Enfin, je ne savais pas à qui était ce petit garçon. Je ne l'avais jamais rencontré, avant.

– Il n'y avait aucune raison pour que vous l'ayez rencontré auparavant, c'est cela ?

– Non.

– Vous avez déclaré à la police que vous n'aviez jamais rencontré sa mère, Anna Geraghty, si je ne m'abuse ?

– Eh bien, je ne l'avais pas rencontrée. Et je ne l'ai... toujours pas rencontrée.

– Mais vous avez rencontré Joseph Geraghty, est-ce exact ? »

Angle a lâché un soupir d'exaspération.

« Vous êtes déterminé à humilier les gens autant que possible, vous.

– Je suis déterminé à obtenir des réponses à mes questions. Vous avez rencontré M. Joseph Geraghty, je me trompe ?

– Oui, a-t-elle soupiré. Oui, je l'ai rencontré. Qu'avez-vous contre lui ? Vous ne l'accusez de rien, je me trompe ?

– Je vous en prie, dites à la cour comment vous en êtes venue à connaître Joseph Geraghty.

– Dois-je répondre... à cela ?

– Plus vite vous répondrez, plus vite ce sera terminé, a fait remarquer le procureur.

– Vous savez, un jour, l'inspecteur Staszic m'a fait une réflexion du même ordre, a ironisé Angelique.

– Vous avez connu M. Geraghty dans le cadre de votre métier de prostituée, n'est-il pas vrai ?

– Oui.

– Il était un de vos clients réguliers ?

– Oui.

– Vous le receviez au moins une fois par semaine, je crois ?

– Pendant un temps, oui, en effet.

– Et ce temps-là s'est prolongé presque deux ans, est-ce exact ?

– Oui, quelque chose comme ça.

– Et vous avez dû finir par le connaître assez bien, non ?

– Écoutez, il me payait pour du sexe. Vous êtes content ? Vous avez ce que vous voulez ? Je ne vois pas quel rapport cela peut avoir avec le reste.

– Au bout de deux ans, vous saviez ce qu'il faisait pour gagner sa vie, non ?

– Je ne savais que ce qu'il m'en disait. Il aurait pu aussi bien me mentir. Beaucoup mentaient, surtout les avocats.

– Mais il ne vous mentait pas quand il vous expliquait qu'il était courtier en Bourse, si je ne m'abuse ?

– Je ne sais pas. Il est vraiment courtier en Bourse ?

– Oui.

– Alors là-dessus il n'a pas menti.

– Il vous a indiqué le nom de la société de Bourse pour laquelle il travaillait, non ?

– Il se peut. Moi, cela ne me disait rien.

– Il vous a précisé quel type de voiture il conduisait, je crois ?

– Là aussi, il se peut. Les voitures, pour moi, ce n'est pas très important.

– Mais vous en saviez assez sur lui pour avoir une notion de son statut socio-économique, non ?

– Vous voulez dire que je savais ce qu'il faisait ?

– Entre autres choses, oui.

– Non, je ne savais pas vraiment. Écoutez, tous, ils venaient me voir pour se vanter, entre autres.

– Mais il vous a donné l'impression d'être aisé, de vivre confortablement, n'est-ce pas ?

– Je crois, oui. Je n'y ai jamais vraiment songé.

– Vous avez déclaré à la police, au moins initialement, qu'il n'existait aucune relation entre Simon Heywood et Anna Geraghty, est-ce exact ?

– Oui. J'étais très perturbée. J'étais perdue. J'avais peur d'être... de traiter avec la police. Je voulais dire par là que la relation de Simon avec elle n'avait aucun avenir. Je le lui répétais sans arrêt. Je lui répétais qu'elle ne quitterait jamais son mari et, maintenant, regardez, elle refuse même d'admettre sa relation avec lui pour l'aider à sortir de prison, ce n'est pas de l'amour, ça.

– Vous avez appelé la police et vous lui avez signalé que Simon avait le fils de Geraghty, Sam, avec lui, est-ce exact ?

– Oui. Oui, en effet.

– Et vous avez passé ce coup de fil parce que vous vous faisiez du souci pour la santé du petit garçon, c'est cela ?

– Non. Non, pas du tout.

– Alors pourquoi avez-vous appelé la police ?

– Comme je l'ai dit, j'étais bouleversée de voir Sam là, avec lui. Ça m'a ouvert les yeux, sur la réalité de la chose.

– La réalité de quoi ?

– De... de sa relation avec Anna. J'ai compris qu'il fallait que ce soit... plus que sérieux, pour qu'elle lui demande d'aller chercher son fils à l'école.

– Vous avez signalé à la police que vous pensiez que les parents du garçon risquaient de s'inquiéter, c'est exact ?

– Oui, mais je vous l'ai dit, j'étais très perturbée. J'étais très émotive. J'étais... je n'étais pas inquiète pour le garçon. Je craignais que Simon n'ait mal compris leur arrangement, et que tout ne parte en spirale... que cela n'échappe à tout contrôle. Je craignais que Joe ne le découvre et ne déboule.

– Vous saviez que le défendeur, Simon Heywood, n'avait pas l'autorisation de la mère du garçon d'aller le chercher à l'école, n'est-ce pas ?

– Non, ce n'est pas du tout ça.

– Pourquoi avoir dit à la police qu'à votre avis les parents du garçon risquaient de s'inquiéter à son sujet, si vous pensiez que la mère avait accordé cette permission à Simon d'aller le chercher à la sortie de l'école ?

– Je n'aurais pas dû. Je vous l'ai dit, j'ai agi sous le coup de l'émotion. J'ai agi par... jalousie. Je n'ai pas réfléchi.

– Êtes-vous maintenant en train d'expliquer à la cour que vous avez menti à la police au sujet de vos inquiétudes pour les parents de cet enfant, et que c'est simplement par malveillance envers le défendeur que vous l'avez fait arrêter ?

– Oui. J'étais en colère contre lui. Je savais qu'Anna ne ferait rien pour l'aider à obtenir sa libération sous caution et je me suis dit qu'il romprait s'il la voyait telle qu'elle était. Je ne pensais pas que cela irait si loin. Je ne pensais pas, c'est tout. Je ne sais pas si vous avez déjà commis une erreur, une énorme erreur, parce que vous étiez en colère, parce que vous aviez mal, parce que vous vous sentiez rejeté par quelqu'un dont vous pensiez avoir besoin. Il faut vous mettre dans ma position, Votre Honneur, a-t-elle ajouté en se tournant vers le magistrat. Vraiment, monsieur, tout ce que j'ai dit à la police, même les contradictions, surtout les contradictions, quelqu'un, n'importe qui, peut comprendre, une personne assez... compréhensive. »

16.

Gina avait souligné à plusieurs reprises que, dans les affaires criminelles, la charge de la preuve reposait sur l'accusation. Angelique venait d'y ajouter la charge de la compréhension ; elle l'avait carrément posée sur les épaules du président. C'était une sacrée performance. Même Gina a dû concéder que ma jeune amie si peu avertie avait joliment préparé le terrain de mon procès. Tout au moins, elle avait fourni à Gina suffisamment de déclarations contradictoires pour s'assurer que, si je venais à être condamné à l'issue du procès, ce ne soit pas à cause de son témoignage. Ce que je n'ai pas compris d'après son contre-interrogatoire, c'est pourquoi Henshaw lui posait des questions sur sa connaissance de la situation financière de Joe Geraghty. Gina me l'a expliqué.

« L'une des charges auxquelles vous êtes confronté s'appelle un kidnapping au titre de la section 63A par opposition à un kidnapping de droit courant. Il comporte l'intention de demander une rançon.

– Mais je n'ai demandé aucune rançon. Même la police n'en parle pas.

– Non. Elle n'en parle pas, parce qu'elle n'en a pas besoin. Il lui suffit de prouver que vous avez enlevé Sam dans l'intention d'exiger une rançon pour sa libération. Dans les faits, peu importe que vous ayez ou non formulé la demande.

– C'est dingue. Comment peuvent-ils prouver ça ?

– Je ne pense pas qu'ils y parviennent. Le mieux qu'ils puissent obtenir, c'est d'établir que vous saviez que Geraghty avait de l'argent. C'est pour cela que Henshaw a posé à Angela toutes ces questions sur la voiture de Joe, où il travaillait, ce genre de choses. Je vais essayer de faire sauter cette charge-là. Je vais argumenter qu'ils ne possèdent aucune preuve démontrant que vous aviez l'intention de réclamer une rançon. Cette charge n'est pas assez consistante pour qu'un jury convenablement éclairé vous condamne.

– Peut-on gagner sur ce terrain-là ?

– On devrait y arriver, vraiment.

– Bon dieu, il faut quand même qu'on gagne sur quelque chose.

– En fait, Simon, pour le moment, dans le climat actuel, nous ne gagnons rien du tout. »

Le témoin à charge suivant ne fut ni défavorable ni hostile, tout au moins pas pour l'accusation.

« Nous nous étions organisés... ma femme et moi étions tombés d'accord pour que je quitte le bureau ce vendredi et que j'aille chercher Sam à l'école. En temps normal, elle... Cela faisait partie de ses tâches quotidiennes, d'aller chercher notre fils à l'école, et de le ramener à la maison ou de l'emmener à ses leçons de natation, enfin, là où il devait aller. Mais, ce jour-là en particulier, c'était moi qui devais m'en charger car elle avait un engagement professionnel. Elle partait, pour un séminaire, je crois que c'était ça.

– Et que s'est-il passé ?

– Eh bien, je suis sorti du bureau plus tôt et je me suis rendu à l'école de mon fils. Je me suis garé et je suis descendu de voiture. Il n'y avait quasiment personne sur place. Je ne l'ai pas vu. Je suis entré le chercher. J'ai dû faire toutes les salles de classe de l'école. Je veux dire... Je n'y suis pas entré. Elles étaient presque toutes fermées. Je veux dire... J'ai jeté un œil dans toutes les salles où j'aurais pu le voir. Je suis allé au hangar à vélos. J'ai quadrillé le moindre centimètre carré de l'endroit pour tenter de le retrouver. Il y avait quelques autres gamins, plus âgés, qui traînaient par là. Je leur ai demandé s'ils l'avaient vu. Je me souviens de le leur avoir décrit. Ils ne l'avaient pas vu. Je suis allé dans le bâtiment de l'administration. J'ai couru en tous sens dans la cour de l'école en criant son nom... Je pourrais avoir un verre d'eau, s'il vous plaît ? »

Joe Geraghty était un homme bien bâti. Je ne l'avais jamais vu, et il ne m'avait jamais vu non plus. Nous nous sommes regardés. C'était l'homme qui avait payé Ange avec tant d'assiduité. C'était l'homme qu'Anna avait décidé d'épouser. Je n'avais aucun intérêt à révéler sa vie privée au grand jour, aucun intérêt, même, à la révéler devant son épouse. Je l'ai observé, à la barre des témoins, alors qu'il revivait la perte de son fils, alors qu'il admettait l'existence d'un arrangement hebdomadaire avec Angelique et par la suite, quand il s'est débattu avec les questions de Gina sur l'état de son mariage. Sa vulnérabilité et son désarroi sont apparus à leur maximum quand il a raconté cet instant où il avait compris que son fils lui faisait défaut – il n'était pas là où il aurait dû être, le message qu'il avait reçu au bureau pour lui signaler d'aller le chercher à l'école plus tard que prévu était un faux. Il a parlé de sa peur panique et il a failli s'effondrer. Il s'est mis en colère, il a crié qu'on l'avait pris pour un idiot, qu'on l'avait roulé ; il était trop en colère pour que ça serve à la partie adverse. Ça suggérait la disharmonie de son mariage. Gina allait tirer de lui plus de matière que s'il avait été son propre témoin.

Attendre des lettres, là-dedans,
Chanter des chansons tristes,
Ou rester couché toute la nuit à fixer le plafond
C'est doux, mais c'est dangereux.

Tout la nuit, je l'ai imaginée, les yeux ouverts, allongé sur ma paillasse dans le noir. Elle ne m'est pas sortie de la tête, comme une mélodie dont on se souvient incomplètement. Vous vous rappelez que vous aimez cette chanson mais, à la vérité, vous ne vous en souvenez pas exactement. J'ai attendu que le soleil se lève sur une chance (qui pour elle n'était pas la première) de me débarrasser du foutoir que je m'étais créé. Rien de ce que les gardiens des services de sécurité pouvaient m'infliger ne m'atteignait. J'avais depuis longtemps la certitude que mon acte était une folie. Et pourtant, quand elle a juré de dire la vérité toute la vérité avec le vieux bracelet stupide que je lui avais offert, j'ai été tenté d'y voir un présage favorable ; c'était signe que je me portais encore tout à fait bien. Sans quoi, j'aurais chassé l'espoir qui flottait en moi comme un papillon.

« Nous sommes sortis... c'est-à-dire... quand nous étions à l'université, il était mon petit ami, un vrai petit ami. Nous sommes restés ensemble deux ans mais, ensuite, j'ai perdu contact avec lui. Je n'ai même pas su qu'il était enseignant avant l'histoire avec cet écolier...

– Objection ! l'a interrompue Gina. Je demande à mes estimés confrères de limiter le témoin à sa question. »

Je ne croyais pas qu'Anna pensait à mal en disant cela. En fait, je repoussais l'image du théiste décrit par Alex, pour qui il n'existe pas d'épreuve que Dieu puisse rater.

« Nous n'étions plus en contact du tout, depuis la fin de notre relation. Je n'avais aucun lien affectif avec lui, aucun lien d'aucune sorte quand il a... pris mon fils. Il n'avait pas mon autorisation. Il n'aurait pas pu l'avoir. Nous n'étions plus en contact depuis environ dix ans.

– Savez-vous pourquoi le défendeur a enlevé votre fils ?

– Objection ! Appel à d'autres spéculations que celles d'un expert.

– Je n'en ai absolument aucune idée... absolument aucune. »

C'est la seule fois qu'elle m'a regardé.

17.

Gina a réussi à persuader le magistrat d'abandonner deux charges relevées contre moi : le harcèlement et la charge de kidnapping au titre de la section 63A selon laquelle j'aurais eu l'intention d'exiger une rançon alors que je n'avais jamais rien formulé de tel. Elle a argumenté en soulignant qu'il n'existait aucune preuve sur la base de laquelle un jury convenablement informé pourrait conclure à une intention de demande de rançon. L'accusation a obtenu gain de cause sur les autres charges. Je devais passer en jugement dès qu'un créneau se présenterait dans le calendrier de la cour.

Les choses se sont apaisées, un peu, pendant quelques mois, des mois que j'ai vécus comme des années. La presse s'est fait l'écho de mon renvoi devant un tribunal, elle a révélé que l'accusé avait eu une liaison amoureuse avec la mère du petit garçon kidnappé, que le père de ce même petit garçon avait été le client régulier d'une prostituée et qu'aucun enlèvement d'enfant n'avait eu lieu ces derniers temps. Alex est resté en contact avec Ange. Il lui a assuré que je n'étais plus en colère contre elle mais que mon avocat me conseillait de ne pas la voir. Il a promis d'agir comme intermédiaire et de la tenir au courant. Ensuite, les vacances scolaires sont arrivées et Gina a emmené ses enfants deux semaines quelque part. La femme d'Alex, dont il était séparé, a emmené elle aussi leurs deux enfants quelque part.

C'est à peu près vers cette époque que j'ai été informé par l'Aide juridique, qui jusqu'à présent avait payé ma défense, qu'un problème se présentait. Le problème venait de moi, pas d'eux, même s'il trouvait sans doute son origine dans la barbarie sociale qu'on appelle par euphémisme « l'efficacité ». L'Aide juridique avait décidé, suite à l'audience préliminaire, de continuer de me prendre en charge à la condition que, je plaide coupable. Elle considérait que, si je plaidais non coupable et qu'Anna maintenait sa position, ma prise en charge était un gâchis financier, compte tenu des fonds limités dont elle disposait. Ils ne paieraient Gina que si je plaidais coupable, afin qu'elle m'obtienne la sentence la plus légère possible.

Gina était absente et nous ne pouvions pas la contacter. Quand j'ai pris la mesure de la situation, j'ai été anéanti. Alex a essayé de me convaincre, nous allions trouver une solution et tout irait bien. Mais il s'est bien gardé de m'annoncer que, si je n'obtenais aucun soutien financier, Gina cesserait de me défendre. Je ne savais pas à quel point ils étaient proches. Il n'avait jamais rien évoqué de leur relation et il ne semblait pas disposé à répondre à mes questions. Quel qu'ait été le sens de notre amitié, à ses yeux, il devait s'amenuiser. J'étais devenu un puits de détresse sans fond ; en dépit de ses tentatives pour rendre mes parents et l'époque responsables, nous savions l'un et l'autre que c'était moi qui m'étais attiré tous ces ennuis. Pourquoi Gina me défendrait-elle pour rien ? Elle avait des enfants à élever.

Alex m'a conseillé de suspendre mon désespoir jusqu'au retour de Gina. Nous allions trouver une solution, il me l'a promis. Alors qu'il m'évoquait la possibilité que l'un de nous deux approche mon père pour demander de l'argent, ou même tous les deux, je me suis résigné à envisager l'ultime issue, celle que nous pouvons tous emprunter. Mais comment ? Il allait falloir m'assurer le concours de quelqu'un. Le Turc. Il m'aiderait. Il comprenait. Mais pour qu'il arrive jusqu'à moi, il faudrait que M. Greer ferme les yeux. Il nous faudrait quelque chose à lui proposer en échange. Alex ne soupçonnait pas quelle route avaient empruntée mes pensées, mais il savait que j'avais disjoncté. En attendant que les enfants de Gina retournent à l'école, il m'a raconté combien Angelique était bouleversée par mon problème avec l'aide judiciaire ; elle avait aussitôt envisagé un plan de financement. Elle avait prétendu pouvoir lever trente mille dollars en quelques semaines. Quand il m'a annoncé cela, j'ai été forcé de sourire. Elle ne lui avait pas précisé comment elle allait se les procurer. Elle lui avait simplement fait promettre de m'informer qu'elle y travaillait, et que je m'en sortirais. Je ne serais pas contraint de plaider coupable.

J'étais un homme d'une intelligence au-dessus de la moyenne, rodée par des années de lectures vastes et réfléchies, un homme au physique plutôt plaisant, conscient des vents violents et des brises légères qui remuent le monde, un homme sensible aux maux de la multitude autant qu'aux maux de l'individu – de celui qui, durant sa pause déjeuner, parcourt les allées du parc envahies de feuilles mortes en retenant timidement sa tiède inconséquence à chaque respiration. Je n'attendais rien d'autre de l'existence que de pouvoir aider ce petit bonhomme et peut-être ainsi rendre le monde un peu meilleur. Au lieu de ça, comme pour suivre un plan, je me suis d'abord voué à un confinement virtuel dans un appartement sans avoir les moyens de payer mon loyer, puis à un confinement réel dans la solitude d'un département de haute sécurité, sans avoir les moyens de payer ma défense. Dostoïevski avait raison. L'argent, c'est de la liberté monétisée, et c'est pourquoi il est dix fois plus précieux à l'homme emprisonné.

En acceptant le barème d'honoraires minorés de l'Aide juridique, Gina s'était bradée depuis le début, sans que son engagement dans une affaire médiatique – un enlèvement d'enfant, c'est le genre d'affaire qui lance une carrière – justifie tant de désintéressement. Mais, maintenant que l'Aide juridique menaçait de se retirer si je plaidais « non coupable », je ne pouvais pas attendre d'elle qu'elle continue de lutter pour moi. Les enfants qu'elle voulait protéger n'étaient pas une abstraction, ce n'était pas les enfants du monde. C'était les siens. Elle devait les nourrir. Elle devait les emmener en voyage pour les vacances scolaires. Elle devait compenser le divorce et ce qui l'avait provoqué. Ce n'était pas parce que Angelique embrassait ma cause avec passion qu'elle devait en faire autant. Et rien ne disait qu'Alex le lui demanderait.

Comme je me reposais sur Alex depuis longtemps, il semblait contre-nature de projeter la dernière étape de mon déclin sans le consulter. Si étrange que cela paraisse, la décision de me passer de lui a requis plus de courage que la décision de me suicider, entreprise que mes codétenus n'auraient pas la cruauté, j'en étais sûr, de m'empêcher de mener à bien.

Je voyais ça très bien. Ma condamnation confirmerait ce que je soupçonnais depuis longtemps – que je n'étais pas taillé pour vivre à cette époque, une époque où s'émerveiller, aimer, rêver... Tous autant qu'ils étaient, ils n'étaient pas seulement au rabais, ils étaient pas cool, pas branchés, pas sexy, ils avaient dépassé la date de péremption, et j'allais devoir continuer la descente avec eux, jusqu'au bout, en respectant tous les arrêts – les tabloïds, la honte de mes parents et mes menus orgasmes d'instabilité mentale. Une autre fois peut-être. Ma vie avait semblé valoir la peine d'être essayée, à l'époque, une bonne idée, en principe, mais dernièrement c'était devenu du gâchis, une perte de souffle. Tout s'était délité.

Je me suis retrouvé à végéter dans un état incertain situé entre le sommeil et la veille, où rêve et fantasme se bousculaient pour me confronter à la mort. Je me voyais forçant le passage sur une voie rapide, je perdais le contrôle de la voiture et je franchissais le parapet pour piquer dans un ravin désertique ; ma frustration et ma colère de ne pouvoir semer les autres laissaient place à la peur panique, tandis que mon véhicule planait dans les airs ; finalement, juste avant qu'il ne heurte le sol, j'en arrivais à me dire « oh, et puis après ». Oh, et puis après.

Si je le désirais suffisamment fort, un moyen se présenterait pour aboutir à mes fins. J'avais entendu parler d'un type dans la prison qui s'était poignardé à mort avec ses lunettes. J'avais une trop bonne vue pour ça. Il me faudrait l'aide d'un tueur compatissant J'ai repensé au Turc.

Lors d'un moment passé hors de ma cellule, je l'ai sondé pour voir s'il serait disposé à m'aider, en cas de nécessité. Nous étions dans la cour d'exercice. L'endroit était bruyant et surpeuplé de prisonniers tapant dans un ballon de football. On nous surveillait. Ce n'était pas le moment de perdre du temps en bavardages.

« Je veux mourir, tu veux m'aider ? lui chuchotai-je.

– Hé, l'Enculé ! a-t-il fait en guise de salut. Comment ça va ? T'as un air de merde.

– Nazim, si je veux mourir, tu m'aideras ? »

Plus Alex prenait conscience de la platitude implacable de mes émotions, plus il insistait pour que nous en parlions. Peut-être soupçonnait-il ce qu'il appelait mon « idéation suicidaire ». Cela explique certainement son euphorie quand il est venu me voir, ce jour-là.

« J'ai une grande nouvelle, Simon. »

Gina était rentrée. Ils s'étaient enfin parlé après deux jours d'appels manqués et de messages téléphoniques. Quand il avait évoqué le retrait de l'Aide juridique, elle avait ri.

« Ils ne peuvent pas faire ça et ils le savent. Pourquoi n'a-t-on pas appelé mon avocat correspondant ? »

C'était une bonne question. Je n'avais pas songé à vérifier auprès de ce correspondant les réglementations régissant l'octroi de l'Aide juridique. La situation m'avait semblé si désespérée. Il m'a fallu du temps pour comprendre précisément ce qu'Alex me disait. Par la suite, Gina me l'a mieux expliqué mais, cet après-midi-là, il n'y avait pas moyen d'arrêter le Dr Klima.

« Elle m'a certifié qu'ils ne peuvent pas faire ça. Ils doivent vous soutenir financièrement, que vous plaidiez coupable ou non coupable.

– Pourquoi ?

– À cause d'une affaire, une décision que la Haute Cour a baptisée... Comment déjà ? ... L'arrêt Dietrich. Gina m'a dit qu'elle allait déposer pour vous une requête fondée sur l'arrêt Dietrich.

– Combien de temps cela va-t-il prendre ?

– Je le lui ai demandé aussi. Une semaine ou deux. Elle m'a précisé qu'elle allait venir vous rendre visite dans deux jours. D'ici là, elle plaide. »

« L'arrêt Dietrich, a complété Gina dès qu'elle a pu, stipule qu'un accusé a droit à un procès équitable en accord avec la loi. En l'absence de circonstances exceptionnelles, si une personne indigente accusée d'un délit grave ne peut obtenir, sans qu'elle y soit pour rien, d'être représentée par un avocat, une cour d'appel constatera qu'il n'y a pas eu procès équitable en accord avec la loi du fait de cette absence de représentant juridique. Je vais déposer une requête conformément au code pénal et la cour va ordonner la prise en charge de votre défense par l'Aide juridique. »

Quelque part dans son journal intime, Alex a dû noter qu'il n'aurait pas à mettre Gina à l'épreuve, en tout cas pas cette fois. Et moi, dans mon journal ? « Jeudi : leur désinfectant me fait suffoquer, encore une fois. »

18.

Et qui sait,
La femme que tu aimes pourra cesser de t'aimer.
Ne dis pas que c'est trop fort :
Pour l'homme, au trou
C'est comme une branche qui casse.

« Vous ne pouvez pas demander à quelqu'un d'éprouver des sentiments plus forts. Ce serait vain, m'avait exposé un jour Alex.

– Non, avais-je admis, vous ne pouvez que le supplier. »

La première fois que je l'avais véritablement embrassée, que je l'avais vraiment serrée, réellement étreinte, j'en avais éprouvé un incroyable soulagement, au-delà de tout ce que j'avais pu connaître. C'est ainsi qu'a débuté la dépendance. Quand le soulagement est assez fort, il peut s'emparer de vous et vous emprisonner. Après quoi, tout sera plus ou moins irréel. Même son départ devenait irréel. Pourquoi s'en allait-elle, tout à coup ?

« Pouvons-nous... cela t'ennuie si on se parle un peu avant que j'essaie de... m'expliquer ?

– Oui, je crois. Je veux dire, c'est la première fois que je me retrouve dans un endroit pareil.

– ... Je m'en doutais... Comment vont tes parents ?

– Ils vont bien, merci. Ta maman est passée mais... je n'étais pas là.

– Je sais. On m'a tenu au courant.

– Tu étais... tu es enseignant ?

– Oui.

– J'ai lu des trucs sur ce petit garçon.

– Carlo.

– Oui, cela devait être terrible.

– Oui, terrible.

– J'allais t'appeler mais... je suis désolée, j'ai...

– Ça va. Je comprends. Tu es probablement très occupée. Comment marche ton boulot ?

– Bien, merci. Occupée. Trop occupée parfois... parfois je me dis que... C'est... Simon, c'est dément.

– Qu'est-ce que tu fais, au juste ?

– Qu'est-ce que je fais ? Voyons voir. C'est une bonne question. Je suis ce qu'on appelle en règle générale une consultante en gestion, mais c'est si... je veux dire peu importe comment on appelait ça, avant... ce métier a tellement changé, durant toutes ces années où je l'ai exercé.

– Donc tu travailles au sein d'un cabinet qui recrute des gens pour le compte d'autres sociétés et...

– Oui, mais c'est devenu plus que ça maintenant, plus que simplement... ce que tu viens de dire.

– Il y a une chose que je n'ai jamais saisie dans ce genre de métier.

– Quoi ?

– Eh bien, tu disais que tu conseillais des gens qui avaient perdu leur emploi.

– Oui, les gens dont le poste a été délocalisé, ou dégraissé, ont presque toujours besoin de ce genre de conseils. Je ne m'en occupe plus moi-même mais, oui, cela fait partie de notre activité.

– Mais tu es payée par l'employeur, non, pas par ces chômeurs ?

– Oui, par leur employeur... leur ancien employeur, qui nous paie pour nos conseils.

– C'est la partie que je ne comprends pas. Pourquoi l'employeur irait-il vous payer pour ça ? Je veux dire, cette personne l'a quitté, cela tombe sous le sens, sinon tu ne serais pas en relation avec elle.

– Eh bien, on pourrait considérer que cela repose sur une forme de responsabilité d'entreprise.

– Quoi, une forme de prise en charge du bien-être par l'entreprise, c'est ça ?

– Oui, en un sens. Naturellement, ce n'est pas totalement par altruisme.

– Non, je ne le pensais pas, mais comment l'employeur en tire-t-il son profit ?

– Eh bien, il n'a pas envie que son ex-employé se répande un peu partout en propos négatifs.

– Mais ils ne peuvent rien pour empêcher cela.

– Non, tu ne peux pas l'empêcher complètement mais tu peux essayer de... je ne sais pas... tu peux éviter la chose, au passage.

– Comment cela ?

– Tu leur fais observer, sans forcer la note, que ce n'est sans doute pas totalement la faute de l'entreprise si les choses ont tourné de la sorte.

– Tu veux dire que vous invoquez la situation économique ?

– Oui, ça, et le rôle qu'ils y ont joué eux-mêmes. Tout le monde ne se retrouve pas délocalisé ou dégraissé. On les amène à s'interroger : atteignaient-ils vraiment leur objectif, méritaient-ils leur salaire ? Existait-il une synergie entre leur style personnel et la culture de l'entreprise ? ... C'est tellement bizarre.

– Ces entreprises avec qui tu traites ont toutes des cultures différentes, je suppose ?

– Oui, bien sûr, mais elles valorisent toutes la réussite. La réussite est la valeur clé de toute culture d'entreprise, de toute entreprise qui réussit. Mais je ne m'occupe plus de ce genre de mission... et ça me soulage un peu.

– Tu t'occupes de quoi, maintenant ?

– Oh, tu sais... de toutes sortes de choses.

– Comme quoi ?

– Eh bien, par exemple, nous venons de lancer une série d'ateliers de deux jours dans un grand cabinet comptable pour montrer à son équipe comment transformer certaines circonstances en opportunités de marché, comment transformer des amis en clients. Nous essayons de les amener à exploiter leur intelligence affective, à considérer leur carnet d'adresses comme un de leurs atouts principaux. Simon, c'est si étrange... Je me sens tellement bizarre à te parler comme ça... tendue. Nous... en général nous aidons des professionnels à cibler d'autres professionnels sur des marchés qui leur correspondent.

– Tu fais quoi ?

– Nous... cela concerne les professionnels, leur placement, leur ciblage. Nous nous occupons de fragmentiser le marché pour eux et...

– Anna, est-ce que tu t'entends parler ?

– Quoi ?

– Tu entends ta façon de t'exprimer ? Quand ces mots sortent de ta bouche, tu ressens quelque chose ou tu es en mode automatique, à débiter ces... conneries ?

– De quoi est-ce que tu parles ?

– De tout. Par où dois-je commencer ? Par l'attrait puissant du suffixe « iser », peut-être ? Fragmentiser ?

– Simon, ça rime à quoi, ça ? Quel est ton problème ? Je sais que tu critiques mon... " Critiquer ", ça te va ? C'est ce que je fais ou la description que j'en fais ? Fragmentiser... c'est un mot. Les gens l'emploient. Seigneur ! C'est tellement... irréel.

– Les gens l'emploient peut-être, mais c'est un mot hideux. Pourquoi pas " fragmenter " ? Observe plutôt les gens qui emploient ce mot-là.

– Si les gens l'emploient suffisamment souvent, tout va bien. Le mot entre dans la langue. La langue est dynamique. Tu le sais.

– Si la mauvaise heure est reprise suffisamment souvent par suffisamment de gens, cela devient l'heure juste ?

– Je ne prétends pas ça. Ce n'est pas le mauvais mot. C'est un mot. Tu as compris ce que je voulais dire.

– Anna, on ne nous a pas appris ça.

– C'est comme ça, maintenant. C'est... comme ça que je m'exprime.

– Tu n'aurais jamais rien dit de ce genre, quand nous étions... nous-mêmes.

– À l'époque, je ne travaillais pas.

– Tu n'aurais pas volontairement refusé de comprendre mon argument quand nous étions...

– Simon, je ne connais plus personne qui ressemble aux individus que nous étions. Nous étions étudiants.

– Quand les gens disent " nous étions étudiants ", je ne sais jamais s'ils tentent de trouver une excuse à leur manière d'être à l'époque ou à leur manière d'être aujourd'hui. Ils veulent peut-être dire par là " nous étions étudiants, et c'était plus facile de se soucier d'agir comme il fallait " ?

– Simon, se soucier d'agir, c'est facile. Mais agir... En quoi les étudiants agissent-ils ?

– Que peuvent-ils faire ? Ce sont des étudiants. Pour améliorer le monde, ils doivent attendre d'être des adultes, et d'épouser un courtier en Bourse.

– Simon, je ne suis pas venue pour que tu me fasses la leçon ou que tu me sermonnes.

– Non. Tu es venue pour quoi ?

– Je suis venue ici pour comprendre pourquoi tu as fait ce que tu as fait.

– Je l'ai fait pour te forcer à venir ici. »

Pourquoi me comportais-je de la sorte ? C'était comme si j'étais deux personnes, l'une en colère et qui mourait d'envie de se chamailler sur tout et n'importe quoi même si cela n'avait guère de rapport avec elle, et l'autre qui était là, assise, à écouter parler « l'une » d'une oreille incrédule et sans pouvoir l'en empêcher. Je n'avais jamais songé à préparer cette conversation. J'avais eu beau la désirer ardemment, la préparer m'avait toujours semblé d'une futilité humiliante, même pour quelqu'un comme moi. Je n'avais préparé que l'issue, par laquelle elle me sauve.

Elle avait raison. C'était incroyable, irréel. Nous ne nous étions plus revus depuis dix ans et pourtant, je ne réussissais qu'à me prendre de bec avec elle alors qu'à quelques mètres de là, des condamnés pour meurtre s'entretenaient dans le calme avec leur bien-aimée. Je me suis entendu poursuivre mes divagations sans trop comprendre ce qui m'avait lancé là-dedans. Je crois que j'attaquais le pouvoir du marché boursier sur la vie des gens ordinaires, quelque chose dans ce goût-là, que j'attaquais son mari, et que je l'attaquais, elle, pour l'avoir épousé, et pour tout le reste.

« Nous sommes esclaves des caprices d'un casino mondial où l'idée de bien public est inconnue.

– Est-ce que tu comptes agir comme ceux qui ont ces opinions agissent ? Défiler, se joindre à des groupes militants, manifester devant le siège du Forum économique mondial ou de l'Organisation mondiale du commerce ou je ne sais quoi encore ?

– Anna, tu fais désormais partie de ces gens qui attendent des autres qu'ils se conduisent comme tout le monde. Tu veux de l'uniformité, même dans la protestation. Je suis incapable de marcher en rang par dix dans la rue, de hurler à l'unisson, un poing levé en l'air. C'est comme cette réplique dans Kundera...

– Kundera ! Ça fait tellement années 1980.

– Non, non. Seigneur, non ! Kundera, que tu l'apprécies ou non, que tu l'aies apprécié à l'époque et plus maintenant, tu ne peux pas prétendre qu'il soit daté années 1980. Steinbeck n'était pas daté années 1930 et Dickens n'était pas XIXe siècle. Ils étaient de leur époque, mais aussi éternels. Leurs écrits ne sont pas des produits lancés sur le marché le temps d'être démodés et balancés à la décharge. Ce ne sont pas des scooters métallisés ni des hula hoops, pas des Rubik's cubes, des pulls moulants ni des prothèses mammaires. Ce ne sont pas des passe-temps destinés à tes loisirs ni à ton appétit de nouveauté, quelque chose d'amusant pour remplir le vide que laissent ton travail inutile et la supercherie de ton mariage.

– Écoute-toi ! Est-ce que tu es dingue au point de te mettre en colère contre toutes les institutions existantes ?

– Dans mes bons jours, oui.

– Simon, quand as-tu commencé cette colère ?

– Anna, tu es l'une des rares personnes qui m'aient connu quand je n'étais pas en colère. En fait, tu es l'une des rares personnes qui m'aient connu tout court.

– Tu es en colère contre toi-même et, si j'étais toi, je le serais aussi. Tu avais tout pour toi et tu as tout foiré.

– Qu'est-ce que ça signifie au juste, « foirer » ? Est-ce qu'on a « foiré » quand on fait autre chose pour vivre que de convaincre les gens que c'est leur faute s'ils ont perdu leur boulot ou que leurs amis sont des clients en puissance ? Est-il possible de vivre une existence enrichissante en ayant un but autre que de persuader les gens de jouer en bourse ?

– Nom de Dieu, Simon ! Tu ne peux pas enlever mon fils et prétendre encore à une forme quelconque de supériorité morale.

– Mais si, mais si, je peux.

– Je ne sais pas... C'est peut-être un truc masculin, mais... tu as plus en commun avec mon mari que tu ne l'imagines.

– Toi.

– Quoi ?

– Nous avons en commun des années passées avec toi.

– Pas seulement avec moi, apparemment.

– Oui... je suis désolé. Je... je ne pensais pas à...

– Tu la connais fort bien. Et il semblerait... que lui aussi. Son nom m'échappe, là, à l'instant...

– Angela. Elle s'appelle Angela, et je ne suis pour rien dans leurs relations.

– Qu'est-ce que ça peut me foutre, son nom. C'est la putain que vous... tous les deux, que vous... Incroyable. Une putain !

– Anna, entendons-nous bien. Son nom est Angela. Elle est la putain de Joe mais elle est mon amie. Elle couche avec un tas d'hommes pendant de brefs moments successifs en échange de sommes d'argent relativement modestes. Toi, tu couches avec un seul homme pendant une longue durée pour des sommes énormes. Intérêts partagés, humour, opinions communes, compatibilité de tempérament, affection, respect... Ni pour elle ni pour toi ces éléments n'entrent en ligne de compte. Vous êtes toutes deux dans le compromis, mais ça te rassure de lui laisser porter seule l'immoralité de ce genre d'accord. »

Serais-je capable de me pendre pour le plaisir de gagner une dispute ? Ce ne serait pas très malin et je suis si malin, trop malin pour les mots, trop en colère pour même accéder aux mots. Avec les mots, je suis capable de tuer à vingt pas. Elle se tenait la tête dans les mains. J'ai cru qu'elle pleurait.

« Anna, je suis désolé. Je n'avais pas l'intention de... »

Elle a relevé la tête. Il y avait des larmes, en effet.

« Simon, tu as ruiné tout ce que j'avais. Pourquoi ?

– Qu'est-ce que j'ai ruiné ?

– Tu m'as pris mon fils, nom de Dieu.

– Soyons clairs là-dessus. Je suis allé le prendre à l'école. Je lui ai donné du lait chocolaté et il a dormi. Il n'a jamais été en danger. Tu... tu le sais... C'était un mauvais moyen, un moyen stupide, insensé d'attirer ton attention, mais j'ai pris bien soin de lui.

– Tu as ruiné mon mariage.

– Pas du tout, Anna. Tu le sais bien. J'ai simplement braqué un projecteur sur deux individus malheureux qui vivaient machinalement ensemble.

– Quel droit avais-tu d'intervenir dans mon existence ? Tu n'es pas en position... Que savais-tu ? Comment peux-tu même te figurer... ?

– Anna, Joe allait voir Angela environ une fois par semaine. Ce n'est pas moi qui l'envoyais là-bas.

– Tu ne peux quand même pas...

– Je suis content que tu portes encore ce bracelet. Tu l'as fait réparer.

– Quoi ? Oui, il a réussi à... C'est trop dément. Tu as fait poser des micros chez moi ?

– Non. Tu l'as fait réparer par le bijoutier chez qui je l'ai acheté. C'est comme ça que j'ai su.

– Su quoi ?

– Ta... liaison.

– Je n'ai aucune liaison.

– Anna, je sais que si.

– Mais pas du tout.

– Alors tu en avais une.

– Jamais. De toute manière, cela ne te regarde pas.

– C'est vrai. Ce n'est pas vraiment mon problème, pas celui qui m'a conduit ici. Mais quand même...

– Quand même quoi ?

– Quelqu'un, un homme, pas Joe, est venu récupérer ce bracelet pour toi.

– Cela aurait pu être mon père.

– Possible, mais ce n'était pas lui.

– Cela ne veut pas dire que j'ai une liaison.

– Non, en effet... pas en soi. »

Nous nous sommes tus. Elle a regardé autour d'elle la salle des visites de la prison Port Phillip. Comme elle s'était détournée de moi, je ne pouvais voir son visage mais je savais qu'elle pleurait.

Il y avait eu ce week-end chez mes parents à la péninsule de Mornington. Ensuite elle était partie. Fini. Pendant des années, je me suis repassé mentalement ces dernières quarante-huit heures, pour essayer de comprendre ce que j'avais pu dire ou faire. Plus tard, j'ai écumé mes souvenirs pour glaner des preuves, me forger la certitude que sa décision était plus ancienne. Comme de juste, les images des événements de ce week-end se sont dégradées avec le temps. La lumière, les couleurs, les bruits de ces deux journées se sont estompés, et maintenant je ne vois plus que le côté pathologique de mes interrogations sur les motifs qui l'ont poussée à me quitter.

Elle était assise là, en larmes, pas à cause de moi et de mes erreurs, mais à cause des siennes, de sa vie exposée devant elle, une vie qui lui avait échappé. Et j'étais assis là en uniforme de prisonnier, apeuré, incapable de la toucher ; comme nous étions loin de l'idylle hypnagogique dont je m'étais fait un foyer ces dix dernières années.

« Tu sais, m'a-t-elle avoué, et là j'ai été incapable de retenir mes propres larmes, j'ai souvent pensé à toi... enfin... pensé du bien de toi. Ta vision du monde, c'était comme des lunettes à travers lesquelles je voyais tout, les journaux, le travail... " Je me demande ce que dirait Simon de ça ", pensais-je. Et maintenant, il faut que je te voie là. Qu'est-ce qui t'est arrivé, bon sang ? Je ne comprends même pas pourquoi j'ai accepté de venir. C'était du chantage affectif, probablement ton idée à toi.

– Quoi ?
– Je pensais tellement de bien de toi.
– C'était quoi, mon idée à moi ?
– D'après ton psychiatre, tu serais suicidaire. Tu te doutais que je ne te souhaitais pas cela, pas en conscience. Les médias campent devant chez nous, tu le sais ? ... C'est mon fils. »

Elle s'est levée pour partir.

« Va te faire foutre, Simon. »

Elle s'est tournée et s'est éloignée.

« Anna, Anna. C'est ton fils, oui. Je t'en prie, écoute-moi... à son sujet. Oublie-moi. Merde pour moi. Ne pars pas avant que nous ayons parlé de Sam. Je suis enseignant. J'en sais un peu sur les gamins... »

Elle a fait demi-tour.

« Je t'en prie, Anna... assieds-toi. Je ne peux pas élever la voix, pas ici. Je ne veux pas... avoir cette conversation en public.

Elle est lentement revenue vers moi et s'est assise, et je me suis mis à parler pour vivre.

« Tu me connaissais. Suppose que j'aie mérité tout ceci, que ce soit le fruit de mon arrogance, de ma vanité, de mon égocentrisme, de ma stupidité... de ma criminalité, si tu veux. Suppose que ma maladie mentale ait été provoquée par... Dieu sait quoi. Suppose que nous n'ayons jamais signifié grand-chose l'un pour l'autre, en tout cas moi pour toi. Suppose que j'aie été juste une page vite tournée dans un livre que tu souhaitais échanger, que tu as probablement cru avoir échangé. Admettons que ce qui se passe entre ton mari et toi ne me regarde pas et que je n'en sache même pas la moitié. Mais ne crois pas que les années de froid, de silence, l'absence de communication adulte, vivante, aimante... n'imagine pas que cela laisse ton fils intact.

« Il y a un homme... Chut ! cela ne me regarde pas. Cela regarde Sam. Cet homme, il se peut que ce soit... il est peut-être l'homme avec qui tu dois être. Est-ce un père ? Quel genre de père est-ce ? Quel genre de beau-père sera-t-il pour Sam ? Chut ! Ne dis rien. Cela ne me regarde pas. Mais toi, tu as dû y penser, à ça... et à Sam. Quel genre d'homme aimerais-tu qu'il devienne ? Tu devais bien avoir quelque chose en tête, quand tu as décidé d'avoir un enfant. Tu ne l'as pas fait pour rien, c'est un être humain, pas un caprice. Était-ce pour avoir quelqu'un qui veille sur toi dans ton grand âge ou simplement pour assurer le prolongement temporel de ton être, en lieu et place de l'immortalité ? Ou bien était-ce pour avoir un ami, un véritable ami dans un monde pas très amical ? Dans quelle mesure est-ce tragique de voir la distance entre lui et toi croître sans cesse ?

« A-t-elle commencé la gestation de ce jour funeste où tu réaliseras que tu ne le reconnais plus ? Comment ton petit garçon a-t-il pu devenir cet homme ? Il est froid, morne, mécontent. Au début, ce n'était que du cinéma, une pose de préado, une défense, une barrière contre le monde. Maintenant, il est aliéné. Est-ce qu'il lui arrive de ressentir quoi que ce soit fortement, profondément, et si oui, le saurais-tu ? Tu es incapable de te rappeler la dernière fois qu'il a pensé à toi sans qu'on le supplie, qu'on le soudoie ou qu'on le menace. Tu ne sais même pas s'il est heureux. Il est d'une intelligence innée, mais rien ni personne n'a jamais entretenu son intellect ou même sa curiosité, donc il utilise son intelligence comme une arme contre les autres, contre lui-même.

« En fait, que lui as-tu proposé, enfant ? Vous avez cédé à quelques manies éducatives et vous avez évoqué occasionnellement un certain nombre de valeurs traditionnelles mais, en réalité, lui, qu'est-ce qu'il voyait ? Il voyait un espace occupé de temps en temps par des parents papillonnant comme des fantômes entre deux disputes, il a peut-être vu les amants et maîtresses ou leurs traces plus ou moins nettes, et une employée de maison, une réfugiée du dernier pays en date à recueillir les bénéfices de la mondialisation. Dans le monde de son enfance, peut-être cette employée de maison est-elle la personne adulte la plus constamment disponible. Non, non, ne te repose pas sur elle. Il l'oubliera tout aussi vite qu'il oubliera les quelques mots de sa langue qu'elle lui a appris.

« Que voit-il ? Il voit ses parents qui se démènent et qui luttent pour ne jamais avoir à se reposer sur quelqu'un d'autre. Il en déduira que les adultes trouvent le monde froid et vide, qu'ils s'y sentent bien seuls, et qu'il faut être idiot pour donner sans attendre quelque chose en retour. Et, tant qu'à faire, que ce retour soit plus gros que ce qu'on a donné.

« Un jour, quand il ne sera plus le tireur le plus rapide du pâté de maisons, s'il l'a jamais été, ou de n'importe quel pâté de maisons, et quand le vent aura soufflé les détritus de l'époque dans la rue où il vit, sur l'endroit où il vit et sur l'endroit où il est né, un jour, ses muscles lui feront mal, son énergie aura reflué, il se retrouvera à tenter de se souvenir de ses parents. Il aura envie de se souvenir d'eux. Il devrait y arriver. Il n'est pas si vieux et, après tout, il les a regardés poursuivre ce qui leur manquait dans l'existence, ce qui leur manquait dans leur foyer, chacun à leur manière, conflictuelle. Ils ne voulaient pas mal faire. Ils croyaient sans doute bien faire. Il aura envie de se souvenir d'eux quand il sera allongé, froid et immobile. Mais il en sera incapable.

– Alors comme ça, maintenant, tu vas m'expliquer comment sauver mon fils ?

– Je l'ai déjà sauvé une fois.

– Qu'est-ce que tu racontes ?

– Anna, un jour, il a failli se noyer.

– Quoi ?

– Dans le jardin, au bord de votre piscine. Il est tombé, il avait sa tenue de l'école. C'était par une chaude journée d'été. J'étais là. Je l'ai sorti de l'eau. Il était paniqué. Je lui ai fait...

– Oui, c'est juste. Ton psychiatre m'en a touché un mot. Il m'a prévenue que tu m'en parlerais. Je ne te crois pas.

– Demande-lui. Demande-lui, Anna. Questionne Sam sur le jour où le jardinier l'a sauvé de la piscine. Il a eu peur. Il s'en souviendra.

– Comment se fait-il que je n'en ai rien su ?

– Je ne sais pas. Il s'est séché au soleil avant que tu ne rentres. Ton employée de maison, ça lui a échappé. Joe n'était pas chez vous... La prochaine fois, je ne serai pas là pour le secourir. Peut-être que toi tu le sauveras. Maintenant, tu peux le sauver. »

19.

Lors d'un contre-interrogatoire, il est nécessaire de présenter au témoin de la partie adverse toutes les déductions et tous les faits susceptibles d'être opposés aux preuves qu'il apporte. C'est indispensable, par souci d'équité mais aussi pour assurer le juge que les thèses opposées sont ancrées dans les mêmes données factuelles afin d'éviter qu'elles ne se croisent sans s'apercevoir, comme des navires dans la nuit. Cette exigence, m'a expliqué Gina, est connue sous le nom de règlement Browne contre Dunn. Autrement dit, bien que la charge de la preuve incombe à l'accusation, Gina ne sera pas en mesure de garder le silence sur ma liaison avec Anna jusqu'au moment où elle s'adressera au jury. Elle allait devoir accorder à Anna l'opportunité de nier cette liaison lors d'un contre-interrogatoire.

« Il n'y a pas moyen d'y couper, m'a-t-elle prévenu.

– Elle va nier.

– Je sais, mais nous y serons prêts. Nous allons souligner l'intensité de votre relation quand vous étiez étudiants, tous les motifs qu'elle a de nier une liaison clandestine, et aussi votre absence de mobile autre que l'autorisation qu'elle vous a donné d'aller chercher son fils à l'école. Nous disposons aussi d'un autre élément, la récente visite qu'elle vous a faite ici. Elle suggère un lien affectif en cours avec vous.

– Et Angelique... désolé, Angela ? Cette règle s'applique sûrement à elle aussi, à supposer qu'elle soit toujours traitée comme témoin “ hostile ”. Sa visite ici ne peut-elle être utilisée contre elle, contre moi ?

– Vous avez raison, mais... ils ne la citent pas à comparaître.

– Pourquoi pas ? Ils ne se fient plus à elle, après l’audience préliminaire ?

– Peut-être à cause de cela, mais aussi... Alex ne vous a rien dit ?

– Dit quoi ?

– Simon, je suis désolée. Je croyais qu’il vous avait déjà... Elle a eu un accident. »

Alex me l’avait caché. Il avait craint que j’en sois bouleversé et comme il n’y avait rien que je puisse faire pour lui venir en aide, il ne m’en avait rien dit. D’ailleurs, il savait très peu de chose. Il n’avait pas pu la contacter. Il était même incapable de me préciser comment il l’avait su.

« Est-elle devenue... est-elle devenue une patiente ?

– Non.

– Aviez-vous... vous la fréquentiez ?

– Simon, je n’arrive pas à croire que vous me posiez une question pareille.

– Vous croyez que j’irais raconter quelque chose à Gina ? Pas du tout.

– Simon, vous êtes hors de vous et vous êtes ridicule.

– Kelly, c’est une patiente ?

– Kelly ?

– Sa colocataire.

– Non, ce n’est pas une patiente... et je ne la fréquente pas non plus.

– Mais un patient vous a parlé de son accident, pas vrai ? Allons, Alex !

– Oui.

– Un homme ?

– Je vous ai dit tout ce que...

– Joe Geraghty, n’est-ce pas ? »

Personne ne voulait me dire ce qui lui était arrivé. Si Alex avait gardé pour lui la nouvelle, peut-être m’en dissimulait-il maintenant les détails. Peut-être connaissait-il la gravité de ses blessures, qu’il taisait. J’ai appelé chez elle, pour la première fois depuis mon arrestation, mais la ligne était coupée. Je suis resté allongé sans fermer l’œil, à me demander ce qui était arrivé à ma courageuse amie. Quel risque avait-elle pris, à présent ? Je lui devais des excuses et davantage encore. Je lui devais une explication et, au nom de la parité, beaucoup, beaucoup d’aide. Au moins, me disais-je pour me consoler, je n’avais pas été la cause de ce qui lui était arrivé.

20.

Le Turc frissonnait. Je connaissais cette manière de frissonner. Cela n'avait rien à voir avec le froid, rien à voir avec la température. J'ai déjà frissonné comme ça, j'ai déjà parlé les yeux détournés à des vendeuses de magasin et des caissiers de banque. J'ai passé des journées entières à circuler en train dans la ville en frissonnant comme Nazim le Turc frissonnait dans ma cellule. Il avait dégoté un gardien qui le laisserait entrer, pourvu que j'accepte, et j'avais accepté. Je voulais le garder de mon côté pour le cas où j'aurais besoin de son assistance, plus tard. Et je l'aimais bien, autant qu'il était possible.

Le Turc était une victime de la « Guerre à la drogue ». De dealer qu'il était à l'extérieur, il était devenu consommateur en prison, à cause de la vie ici, des problèmes avec sa femme et des rumeurs qui couraient sur elle. Pour aggraver les choses, il y avait une crise de l'héroïne, pas seulement à l'intérieur mais aussi dans le monde réel. À l'intérieur, même les non-consommateurs étaient au courant, car le rationnement avait affecté tous les prix en cours : le prix des chewing-gums, celui de la colle et même celui de la protection. Les tarifs de l'héroïne étaient montés en flèche, subitement. Il était plus difficile de s'en procurer et, quand il y en avait, elle n'était pure qu'aux deux tiers environ. Personne ne savait vraiment pourquoi, mais tout le monde y allait de sa théorie. Certains pensaient que c'était à cause des cultures sur brûlis des Talibans. D'autres à cause de la sécheresse en Birmanie. Ou de la police. Quelle que soit la cause, cela rendait la vie à l'intérieur encore plus imprévisible, encore plus violente qu'auparavant.

Le Turc s'est mis à substituer d'autres substances à l'héroïne, tout ce qui pouvait lui tomber sous la main. Les cristaux d'amphétamine, l'*ice*, comme on appelait ça, avaient sa préférence mais il s'injectait aussi de la cocaïne, quand il le pouvait. Le problème avec l'ice, c'était sa consistance huileuse qui provoquait des problèmes de peau liés aux injections sous-cutanées, peu fréquents avec l'héroïne. Pis encore, il y avait les symptômes psychiatriques qui, exacerbés par la prison, pouvaient se révéler fatals. Il était devenu plus paranoïaque, plus angoissé et manifestait des comportements psychotiques.

Il m'a chuchoté :

« C'est une salope, hein, l'Enculé ?

– Qui ça ?

– Ma femme.

– Non, je suis certain que non.

– Mais si, l'Enculé. Ouverte au public. Ouverte toute la nuit. Toute la journée, toute la nuit.

– Non. Ne crois pas ces...
– Répète-le-moi, rien que pour moi. Ton ami turc, Nazim. »

Tranquillement, avec son souffle chaud en pleine figure, dans cette cellule minuscule, je lui ai récité les « Quelques conseils à ceux qui vont passer un peu de temps en prison », le poème de Nazim Hikmet. Les larmes aux yeux, il m'a étreint, il m'a serré.

« Nazim, c'est bon. Tu peux me...
– Répète-le, pour moi.
– Non.
– Encore. Je t'en prie. Tu me le redis, hein, l'Enculé ? »

Il ne me lâchait plus et j'ai recommencé. Il m'a pris à bras-le-corps et, comme je me débattais, il m'a serré plus fort et m'a plaqué la main sur la bouche.

« Boucle-la. Répète-le-moi, encore et encore, c'est tout », me chuchota-t-il, et j'ai pensé à Angelique. Elle avait dû déjà ressentir ça, quand, finalement, vous cessez de résister. Vous vous levez et vous encaissez, comme un homme. En prison, penser aux traumatismes abrasifs, aux fissures, aux contusions, aux hémorroïdes avec thrombose, aux lacérations avec du sang et de la douleur, c'est pénible. Penser à l'amitié, c'est bien. Et je recommande également de fermer les yeux, de prendre ses larmes au piège et de penser à la mort.

21.

Maria Manzano, Mme Maria Manzano – qui était-elle et comment est-elle parvenue à reporter le début de mon procès, le matin même où il devait débuter ?

À l'heure où nous aurions dû, Gina et moi, être dans le prétoire en train d'écouter la déclaration liminaire du procureur, nous nous sommes retrouvés à discuter de la force du langage, très posément, au début du moins, dans la cellule du tribunal. Partout dans le monde, la procédure criminelle souffre du même problème. Instinctivement, après avoir écouté le récit d'un événement, on repousse toute nouvelle version des faits, on considère la première comme la seule bonne, comme un étalon d'après lequel on jauge celles qui suivent. Et comme le procureur prend nécessairement la parole en premier – sans quoi il n'y a aucune accusation à laquelle répondre –, il est impossible d'échapper à la fatalité. C'est toujours la version de l'accusation que le juge et le jury écoutent en premier.

Gina a fait cette observation académique en passant, pendant que nous attendions.

« On doit lutter contre. Même les avocats, a-t-elle poursuivi, qui devraient ne pas être dupes, tombent dans ce genre de piège. J'en ai vu des exemples en faculté de droit, sans arrêt. Le domaine du droit que nous allons aborder désormais est connu des juristes des juridictions du Commonwealth comme la règle du " fait similaire "– en fait plutôt une exception de la règle de l'exclusion.

– Qu'est-ce que c'est que ça ?

– C'est une règle et, sous peu, nous allons tenter de nous reposer dessus. Cette règle exclut que le procureur produise des témoignages dans le seul but d'établir l'existence d'une " disposition à l'indignité " du côté de l'accusé. La preuve d'une " disposition à l'indignité " exerce une forte influence sur le jury. Nous disons que cela conduit le jury à nourrir des préjugés. On considère que cela le pousse à vous juger coupable. Dans ce cas précis, c'est juste un ballon d'essai. Ils ne peuvent pas raisonnablement espérer faire accepter ça. »

Maria Manzano était la mère de Carlo Manzano, le petit garçon qui avait disparu à l'occasion d'un cours de soutien à la lecture que je lui donnais. Selon l'accusation, ma « disposition à l'indignité », si tant est que j'aie compris leur démonstration, consisterait en une tendance à me retrouver lié à des enfants promis à la disparition.

« Mais la disparition de Carlo n'a rien de commun avec le fait que je sois allé chercher Sam.

– Je sais, rien de commun, si ce n'est que les deux garçons ont disparu de leur école. Et que vous étiez là.

– Dingue. Totalement injuste. C'est du Kafka.

– Nous allons combattre tout témoignage tendancieux concernant la disparition de Carlo ou d'autres disparitions d'enfants. La cour doit peser la valeur probatoire de chaque témoignage par rapport à sa valeur de préjudice. Si un témoignage doit amener le jury à nourrir des préjugés contre vous au lieu de lui fournir les preuves de charges réelles, il doit être écarté pour irrecevabilité. En l'occurrence, c'est une requête facile.

– Pourquoi ?

– Simon, avez-vous lu la déposition de Mme Manzano ? Elle ne contient que des faits hors sujet ou qui ne prêtent pas à controverse. Vous, en tant qu'enseignant, vous donniez à Carlo des cours supplémentaires, des cours de soutien, après l'école. Elle le savait et elle approuvait. À la fin d'un de ces cours, Carlo a été porté disparu. Vous avez été le dernier à le voir. On ne l'a toujours pas retrouvé. Sa famille était anéantie. Elle l'est toujours. Ils n'ont jamais surmonté ça. Sa mère pense ne jamais pouvoir surmonter ça. Cela n'a absolument rien à voir avec les charges retenues contre vous. Ce n'est pas la preuve d'une quelconque propension à rien. Ce n'est qu'une tentative basse, scabreuse et maladroite d'empoisonner l'esprit des jurés, de vous rattacher de sinistre manière au crime commis contre Carlo. Ils veulent poursuivre les manœuvres qu'ont entamées les tabloïds.

– Si c'est si maladroit, pourquoi se lancent-ils là-dedans ?

– Je ne sais pas. À mon avis, ils doivent considérer que cela vaut la peine d'être essayé. Après le témoignage d'Angela lors de l'audience préliminaire, les policiers étaient très, très en colère, absolument livides. Maintenant, ils sont déterminés à vous faire condamner. Quoi qu'il en soit, la manœuvre est grossière. Cela constituerait un excellent motif d'appel.

Le juge a lu la déposition de la mère de Carlo et j'ai eu moi-même la conviction qu'il n'allait pas retenir son témoignage. Gina a réclamé une journée pour préparer une conclusion démontrant l'irrecevabilité. Il lui a accordé deux heures.

Gina n'a pas laissé la moindre chance au procureur. Elle lui a tout lâché. Elle a expliqué qu'admettre le témoignage de Mme Manzano aurait le même effet que de renverser la charge de la preuve, compte tenu des liens que les tabloïds avaient à plusieurs reprises établis avec les autres enlèvements d'enfants. Quand les deux parties eurent fini de s'adresser au juge, ce dernier a rendu sa décision ; celle-ci était proche des conclusions remises par Gina. Le juge a stipulé clairement qu'il était interdit à l'accusation de produire des témoignages tendancieux sur et autour de la disparition de Carlo et de tout enfant victime de quelque crime que ce soit. Le jury a été constitué, et j'ai tenté de conserver l'allure que Gina m'avait conseillé d'adopter à l'audience préliminaire. Quand les douze jurés ont été installés, prêts à entamer les débats, le juge a ajourné l'entrée en lice de l'accusation au jour suivant.

Celle-ci a ouvert le feu le lendemain matin. J'avais déjà entendu l'histoire précédemment, mais pas le jury. Les jurés ont écouté attentivement le procureur, puis les inspecteurs Threlfall et Staszic. Staszic était encore plus obstiné, encore plus inflexible que lors de l'audience préliminaire. Il avait du mal à dissimuler son hostilité à mon égard. Il n'était pas le seul.

Joe Geraghty, vêtu de bleu marine, a prêté serment comme un homme qui se jure d'obtenir vengeance, mais quand Gina l'a soumis à son contre-interrogatoire, il a perdu son calme. Il mâchait et remâchait la vigueur logique de ses questions, et les recrachait en mots dégoulinants de frustration et de douleur.

« Monsieur Geraghty, a-t-elle demandé, vous disiez avoir reçu un mot à votre bureau vous avertissant que Sam rentrerait tard d'une excursion avec son école, n'est-ce pas ?

– Oui.

– Vous n'avez pas ce mot, je crois ?

– Non.

– En fait, vous n'avez jamais été en mesure de produire ce mot, est-ce exact ?

– Non.

– Et personne, chez votre ancien employeur, n'a pu attester avoir reçu ce message pour vous, si je ne me trompe ?

– Non.

– Vous savez, je pense, que l'enseignant de votre fils a déclaré précédemment, et va témoigner en ce sens sous serment devant cette cour, que la classe de Sam n'est pas partie en excursion ce jour-là.

– Oui, mais quelqu'un m'a remis ce message...

– Vous ne savez pas qui a laissé ce message, je crois ?

– Eh bien, j'ai supposé qu'il venait de ma femme.

– Vous ne savez toujours pas, à l'heure où nous parlons, s'il émanait d'elle ou non, c'est cela ?

– Je sais uniquement ce qu'elle me dit.

– Mais vous ne vous dites pas toujours tout, si je ne me trompe, monsieur Geraghty ?

– Je ne vois pas à quoi vous faites allusion.

– Je pense que si.

– Pourquoi n'allez-vous pas droit au but, au lieu de vouloir démontrer votre intelligence...

– Monsieur Geraghty, l'a interrompu le juge, tenez-vous-en aux questions de maître Serkin, je vous prie.

– Monsieur Geraghty, continua Gina, votre mariage n'allait pas au mieux, n'est-ce pas ?

– Il a ses hauts et ses bas, comme tous les mariages.

– Êtes-vous en train de nous expliquer que c'était un mariage comme les autres ?

– Oui... plus ou moins.

– Mais vous étiez très insatisfait, en vérité ?

– Non, pas spécialement.

– Ah non ?

– Non.

– Monsieur Geraghty, vous fréquentiez une prostituée à peu près une fois par semaine, depuis deux ans, c'est bien cela ? »

Joe Geraghty ferma les yeux et secoua la tête.

« Vous secouez la tête. Êtes-vous en train de nous répondre par la négative ? Monsieur Geraghty, s'il vous plaît, veuillez répondre à la question par " oui " ou par " non ".

– Oui. Oui, enfin, c'était quand même sa maîtresse. La maîtresse du défendeur. Mais à l'époque je l'ignorais.

– Monsieur Geraghty, quand un homme marié fréquente une prostituée une fois par semaine pendant deux ans, la situation suggère une certaine distance entre sa femme et lui, non ?

– Écoutez, je sais ce que vous essayez d'insinuer là, mais vous vous trompez vraiment, vraiment. C'est complètement trompeur. Vous essayez d'égarer le jury.

– Répondez simplement à mes questions telles que je vous les formule, je vous prie, monsieur Geraghty. »

Joe avait l'air prêt à bondir du box.

« Ma femme n'avait pas de liaison avec lui, mais cette prostituée, si. Elle a comploté avec lui pour kidnapper mon fils à son école. Elle devait se douter qu'il saurait comment s'y prendre.

– Je vous en prie, monsieur Geraghty, l'interrompit le juge. Vous en aurez bien plus vite fini si vous répondez simplement aux...

– C'est ridicule, Votre Honneur. Où est la justice, ici ? Tout le monde sait qu'il a déjà kidnappé ce petit Italien, qui est toujours porté disparu. »

Personne n'avait informé Joe Geraghty de la règle, improprement nommée des « faits similaires ». Le procureur porta la main à son visage avant de se lever.

« Merci, monsieur Geraghty.

– Mais enfin, bon sang... Vous vouliez toute la vérité et rien que la vérité mais...

– Merci, monsieur Geraghty, répéta le juge. Vous pouvez quitter la barre des témoins, à présent.

– Mais, monsieur...

– Monsieur Geraghty, nous vous avons assez entendu pour le moment. Je vous demande de vous retirer. »

Joseph Geraghty est descendu de la barre des témoins, décontenancé. Le juge a demandé aux membres du jury s'ils souhaitaient se dégourdir les jambes en salle des délibérations. Certains d'entre eux avaient compris ce qui venait de se produire. Quand ils ont été sortis, à la queue leu leu, Gina, le juge et le procureur se sont accordés pour renvoyer le jury. Le procès était ajourné. Nous allions devoir tout reprendre depuis le début.

22.

Au bord des larmes à force d'épuisement, j'ai été raccompagné au rez-de-chaussée, vers les cellules, en attendant que le fourgon me reconduise à la prison. On n'avait perdu que quelques jours, mais la perspective d'affronter les regards des nouveaux jurés qui, à leur tour, entendraient mon histoire pour la première fois, était insupportable. Un gardien m'a annoncé que mon avocat allait venir me voir avant mon départ. Je pensais qu'elle voulait me consoler. Mais j'ai deviné à son air agité qu'elle n'était pas dans le même registre de sentiments.

« Vous ne m'aviez jamais parlé de la piscine ! s'est-elle écriée.

– Quoi ?

– Il était en train de se noyer et vous l'avez sauvé, et dans la piscine familiale. Pourquoi ne me l'avez-vous pas dit ?

– Quelle différence cela fait-il, dans cette affaire ?

– Simon, cela vous situe chez elle, en train de le surveiller. Vous deviez bien... Vous deviez bien avoir la permission de vous trouver là. Quelle autre raison auriez-vous eue d'être là ? Et le mieux, c'est qu'il s'agit d'un élément recevable pour sa pertinence, et qui cadre avec votre personnalité. Cela fait de vous un héros.

– Franchement, pas un héros, Gina.

– Soit un héros soit un psychotique, a-t-elle lâché avec un sourire.

– En fait, on peut très bien être les deux.

– Simon, c'est sérieux. Quand nous aurons affaire à un autre jury, je veux l'appeler à témoigner.

– Qui ?

– Sam.

– Non. C'est un enfant.

– Simon, je pense vraiment...

– Gina, non. De toute façon, c'était il y a longtemps. Il ne s'en souviendra pas.

– Simon, il va bien se souvenir qu'il a failli se noyer. Alex est persuadé qu'il s'en souviendra.

– Non, je ne veux pas que vous l'appeliez à témoigner. Je ne veux pas qu'il soit impliqué.

– C'est un peu tard, pour ça, vous ne croyez pas ?

– Qu'est-ce que vous dites ?

– Simon, ne soyez pas stupide. Si Anna ne vous sort pas de là, son fils le fera. »

Pourrai-je jamais prouver à Anna que mes sentiments pour elle ne sont pas, comme le répète Alex, partie prenante d'un état délirant, d'une folie ? La charge de la preuve est presque impossible à assumer. Presque. Alex, mon ami, vous allez devoir lui remettre un dernier message. Lui dire qu'ils voulaient l'appeler à la barre. Lui dire que mes avocats voulaient appeler Sam à la barre. Il n'aurait qu'à dire la vérité pour être cru, prétendaient-ils. C'est un don que nous, les adultes, nous ne possédons pas ; il lui aurait suffi de dire à la cour la vérité, ce dont il se souvient et, selon Gina, le cauchemar aurait été terminé. Mais dites à Anna que je ne vais pas les laisser lui imposer ça. Dites-lui ça.

On nous conduit en prison, plusieurs autres détenus et moi. Nous sommes cinq à l'arrière, à nous énerver. Trois qui causent, deux qui sont perdus quelque part dans le monde extérieur, hors de ce fourgon. Les cloisons ont été nettoyées, mais pas correctement. On n'ose pas respirer à fond. Un arrêt soudain ou une ornière sur la route et on replonge carrément dedans, qui sait, la tête la première. Comment puis-je laisser Gina appeler Sam à la barre ?

L'odeur de désinfectant vous cueille en pleine face, dès votre retour. On rentre plus tard que la normale. Un jury a pris son temps avant de juger un accusé coupable, et notre navette a été retardée. Après la fouille, on me ramène, comme toujours, dans ma cellule. Le désinfectant sent plus fort que jamais. Ça me déchire le crâne. Ça m'empêche de dormir, malgré mon épuisement. La porte se ferme en claquant lourdement, je ferme les yeux. Non, Seigneur, non, pas maintenant. Le Turc a trouvé le moyen d'entrer ici. Il faut que ça cesse.

« Nazim », dis-je en chuchotant, mais il ne répond pas. Il est couché sur la paillasse.

Je le supplie.

« Sors ! » Qu'avait-il besoin d'entrer ici, pour quoi faire ? Pour avoir de la compagnie, du réconfort, du sexe ou est-il venu pour se laisser convaincre de renoncer ? Il est venu avec un cadeau, le désinfectant. Il en a apporté un flacon avec lui, un double cadeau, ce flacon, et une leçon d'autosuffisance. Si tu peux avaler tout ce que la vie t'apporte, tu n'as plus besoin de personne. Le Turc, il a pu. Et maintenant, il ne bougera plus. Dis-moi au revoir, espèce d'Enculé. Plus peur. Je te montre comment. Rien que des bons gars, maintenant, monsieur Greer. Rien que des bons garçons. De bons gars.

Sixième Partie

1.

« Voulez-vous passer en premier ? »

J'étais obligée de passer en premier. Sur le moment, ça m'a paru un manque de pot diabolique mais, finalement, ça s'est révélé une chance. Parfois, la chance se cache dans le malheur. Le plus souvent, le malheur vient d'abord, seul, bien trop tôt, et nous n'avons d'autre choix que de l'habiter, d'y grandir, de nous y laisser prendre en photo pour la gloire des manteaux de cheminées et des coiffeuses, et puis d'attendre. Nous attendons que la chance arrive et qu'elle se fasse connaître au malheur. Il fallait que je passe la première.

Je me suis levée en espérant que personne ne remarquerait le léger tremblement qui se transmettait de mes mains à mes feuilles de notes. Le chargé de travaux dirigés m'a rassurée, je n'étais pas forcée de me lever si je n'en avais pas envie, je n'avais qu'à choisir la position qui me mettait le plus à l'aise. Je me suis rassise, je me suis raclé la gorge et j'ai entamé ma lecture.

« Quand j'étais petite fille, ma mère a essayé de me faire croire qu'il y avait chez moi quelque chose de singulier ; mon anniversaire, par exemple, le 1er novembre, tombait le jour de la Toussaint. Je précise, pour ceux qui n'ont pas été élevés dans la foi catholique, que l'Église célèbre un saint différent chaque jour de l'année. Il existe non seulement les trois cent soixante-cinq saints mentionnés dans le canon officiel de l'Église mais aussi une centaine d'autres, pour la plupart oubliés. En outre, il existe plusieurs centaines de candidats à la sainteté, qu'une amie de l'école qualifiait de " Saints qui rêvent d'être des saints ". Je n'étais pas très âgée quand l'idée m'est venue que le jour de la Toussaint était en réalité un genre de fourre-tout destiné à ceux que, sans cela, nous nous sentirions coupables d'avoir oubliés. Je m'en suis tenue là : en dépit des protestations de ma mère, le fait d'être né le jour de la Toussaint ne me rendait pas très singulière.

« Quand je lui ai soumis cette réflexion, elle m'a aussitôt trouvé un nouveau raisonnement. J'avais bel et bien quelque chose de singulier, m'a-t-elle assuré, car je partageais mon prénom avec une des femmes les plus importantes de l'histoire du monde. Mon prénom, Anna, me dit-elle, était le nom italien sous lequel nous connaissions la mère de Marie. Cette nouvelle information fut reçue pour argent comptant, tout au moins jusqu'à ce que mes amies et moi entamions une recherche sur la question des saints, en particulier sur ceux qui partageaient leur nom avec nous. À cette époque de notre vie, une telle recherche impliquait d'interroger les sœurs. Là encore, je précise pour les non-initiés, que les saints patrons sont ces saints qui nourrissent un intérêt particulier pour certaines professions, certaines activités ou certains pays, ou pour des personnes souffrant de maladies bien précises.

« Il n'a pas fallu longtemps pour que Hillary et Clare, mes deux amies, reviennent vers moi en frétillant pour me donner, le souffle court, les informations qu'elles avaient recueillies sur sainte Anne. Au vu de leur jubilation, j'aurais dû saisir qu'elles n'avaient pas découvert que sainte Anne était la patronne des stars, des top models ou des chanteurs pop. Mais comme j'étais alors totalement ignorante de ce qu'était la malice, et encore moins de ce qu'était son expression, je n'étais pas du tout préparée à entendre la nouvelle délivrée par Hillary, à savoir que sainte Anne était la patronne des femmes au foyer.

« Je n'y ai pas cru, tout en y croyant suffisamment pour pleurer, le visage enfoui dans mon oreiller dès mon retour de l'école. J'en savais très peu sur le monde, mais je savais qu'il ne révérait pas les femmes au foyer. Ma mère en était une. Je n'avais pas envie d'être une femme au foyer. Des recherches approfondies m'ont confirmé que sainte Anne était bien la sainte patronne des femmes au foyer et des mères chrétiennes, des femmes sans enfants, et des femmes qui sont dans les douleurs de l'enfantement. Elle était aussi la sainte patronne des mineurs et, détail intéressant, du Canada. Ma mère m'avait entendue sangloter dans ma chambre et elle était venue voir. C'est alors qu'elle m'a parlé pour la première fois d'une Anna plus proche de moi que la mère de Marie.

« Le jour où une voisine avait conduit ma mère à l'hôpital où elle m'a mise au monde, mon père avait reçu un télégramme de sa famille en Italie l'informant dans la langue elliptique de ce genre de document que sa sœur si belle, sa sœur préférée était morte. Ils m'ont prénommée Anna en son honneur. Un jour, ma mère m'a montré une photo de mon père petit garçon avec toute sa famille, dans la bourgade italienne dont il était originaire. Elle a pointé du doigt la fille qu'était sa sœur, Anna, déjà belle ; elle m'a promis de me procurer un tirage de ce cliché, rien que pour moi. Tout d'un coup, je ne sais pourquoi ni comment, je me suis sentie beaucoup mieux. Fidèle à sa parole, elle a fait reproduire la photo. Je la regarde souvent, aujourd'hui encore.

« Cet épisode avait aiguisé mon appétit d'apprendre. Quelques jours plus tard, j'ai été ravie de découvrir qui étaient les deux saints homonymes de mes deux meilleures amies : sainte Hilaire était la patronne des victimes de morsures de serpents et sainte Claire d'Assise celle de la télévision – parce que, selon la légende, un soir qu'elle était malade et alitée, elle avait réussi par miracle à voir et à entendre la messe de Noël qui se déroulait à plusieurs kilomètres de là.

« C'est peut-être à cause de cet enchantement précoce de l'apprentissage que je poursuis actuellement mon éducation à l'université. Une femme au foyer n'est jamais assez instruite. Je vous remercie. »

Je me suis rassise, trop apeurée pour soutenir les regards. Occupée à mettre de l'ordre dans mes papiers, je ne me suis détendue que lorsque le chargé de travaux dirigés a repris la parole.

« Merci, Anna. Très intéressant. Suivant ? »

Au moins, c'était terminé.

Ensuite, ç'a été le tour d'un garçon maigre comme un haricot en pantalon de velours élimé, la joue piquée d'une barbe naissante, qui nous a régalés d'une exégèse de son amour pour *Orange Mécanique* et *Taxi Driver*. L'instant béni est survenu après la prestation du grand haricot en velours élimé. Un jeune homme aux cheveux noirs, propre mais vêtu sans ostentation, que je n'avais pas encore remarqué, s'est levé et a pris la parole. Moitié lisant, moitié jouant la comédie, il était sans prétention, sans ego. Je n'avais encore vu personne de semblable, ni de mon âge ni d'un autre. J'étais fascinée. La chance, c'était que je sois passée la première. Si j'avais dû intervenir après lui, j'aurais été incapable de proférer un son. Il n'était pas loin de captiver la salle.

Il s'appelait Simon.

« " Maman et Papa, a-t-il commencé, quand ils se sont mariés, n'étaient qu'un couple de gamins. Il avait dix-huit ans, elle en avait seize, et moi trois. " »

Là-dessus, il s'est tu, et personne ne savait où poser le regard. On aurait dit qu'il s'y attendait car il nous a laissés mariner pendant un certain nombre de fractions de seconde sans nul doute prémédité avant de continuer, avant de nous laisser respirer.

« C'est sans doute un des plus beaux débuts de ces cent dernières années. Il se situe tout là-haut, dans les sommets, aux côtés de Kafka. " On avait dû calomnier Joseph K., car, sans avoir rien fait de mal, il fut arrêté un matin. " Le sujet de cette évocation soi-disant autobiographique n'est pourtant pas un écrivain, mais une chanteuse. Selon toute vraisemblance, elle n'a pas écrit les premières lignes elle-même et, de toute façon, même si elle l'a écrit, ce début d'histoire est faux. Sa mère avait dix-huit ans, son père seize, et ils ne se sont jamais mariés.

« Son père, musicien lui-même, abandonna l'essentiel des rituels de la paternité dès la conception de l'enfant. La chanteuse naquit Eleonora Harris. Les parents de sa mère ne s'étaient jamais mariés ; Harris était le nom de famille du père de sa mère. Sa mère, qui, dit-on, dirigeait un bordel, envoyait fréquemment Eleonora vivre chez des parents. À dix ans, elle la confia à la Maison du Bon Berger pour jeunes filles de couleur. De retour à la maison, à onze ans, elle fut violée par un voisin avant d'être renvoyée chez les nonnes. À douze ans, grande jeune fille au corps plein, elle travaillait déjà dans un bordel sur les quais, où elle se distinguait des autres filles en chantant, parfois avec un disque pour fond musical, d'autres fois *a cappella*.

« On ne sait trop quand au juste, entre douze et quinze ans, elle partit pour New York. C'était à la fin des années 1920. Volontaire, intelligente et pleine d'entrain, elle ne restait jamais longtemps dans ses emplois de domestique – et, avec l'approbation tacite de sa mère, elle retourna au bordel. Elle gagna son premier dollar de chanteuse à New York, en chantant le “ My Fate Is in Your Hands ” de Fats Waller. Elle avait alors entre quinze et dix-sept ans. C'est à peu près vers cette époque qu'elle prit le nom de son père, se faisant connaître dans les clubs de jazz, puis dans le monde entier, comme Billie Holiday.

« À cause de la place marginale qu'occupe le jazz dans notre société, elle est plus connue aujourd'hui, en tout cas parmi les gens nés après 1970, comme une figure archétypale des tragédies du showbiz que comme artiste. Les chansons populaires qui constituaient son répertoire – destinées, comme toutes les chansons populaires, à ne durer que quelques fiévreuses semaines –, ont largement contribué à cette image. Et, pour aggraver son cas, elle n'était pas en position, du moins au début de sa carrière, de choisir ne serait-ce que les meilleures d'entre elles.

« Pourtant, quelques mois avant sa mort, prématurée et si prévisible, Frank Sinatra évoqua l'influence déterminante qu'elle avait eue sur la chanson américaine des vingt années précédentes. Qu'est-ce qui, dans son chant, permettait à Sinatra d'affirmer cela ?

« Comme Louis Armstrong, son idole et son modèle musical, elle prenait des libertés avec les mélodies notées, les modifiant de subtile manière, accentuant leur pouvoir d'émotion, se les appropriant. Elle tirait le meilleur parti d'une tessiture vocale limitée qui, même quand elle possédait toute sa souplesse et toute sa robustesse, ne s'étendit certainement jamais au-delà d'une quinzaine de notes. Et, tout comme Louis Armstrong, elle avait un sens magistral du swing, qu'illustrait sa manière particulière de marquer un temps de pause sur la mesure. Ses inflexions s'imposèrent comme une norme pour toute interprétation des chansons de son répertoire – qui, grâce à elle, devint le répertoire standard des chanteurs de jazz.

« Cependant, son talent défie les analyses musicologiques. Ce qui la hausse au plus haut niveau, c'est la présence d'une émotion authentique et sans artifice. Il existe des voix musicalement plus pures, plus fluides, plus soyeuses, plus parfaites, mais elles n'ont pas la capacité de faire partager les intentions émotionnelles de la chanteuse avec autant d'aisance. Et elle y parvenait avec les chansons au tempo rapide, heureuses ou sexy de la première moitié de sa carrière autant qu'avec les chansons mélancoliques, désormais plus connues, qu'elle choisit dans la seconde partie de sa carrière comme accompagnement à l'alcool, à la drogue et à la brutalité des hommes.

« À bien des égards, je ne devrais même pas savoir qu'elle a existé. Quand je suis né, elle n'était plus vivante, et je suis même trop jeune pour avoir été touché par les regains périodiques d'intérêt dont elle a bénéficié depuis. Comme la plupart d'entre vous, j'appartiens à une génération qui, dans la mesure où l'on peut généraliser, tire sa fierté de ne savoir quasiment rien de ce qui l'a précédée sans pour autant offrir au monde quoi que ce soit qu'elle ait engendré. Personnellement, je reste suspicieux envers la sensiblerie qui se niche dans la nostalgie... et, avec mes excuses à la jeune femme qui s'est exprimée avant moi... suspicieux envers toute hagiographie. Alors pourquoi est-ce que je parle de Billie Holiday ?

« On nous a donné pour tâche de présenter un texte personnel sur n'importe quel sujet pour peu qu'il illustre une part de nous-mêmes. Je crois qu'il est possible de comprendre les gens à partir de ce qu'ils estiment important. Aiment-ils l'art ? Quel genre d'art ? Jusqu'à quel point l'aiment-ils, et pourquoi ? D'où leur vient leur passion ? Apportez des réponses à ces questions, et vous aurez accompli une bonne part du chemin vers la révélation de vous-mêmes. En fin de compte, comme le disait E.M. Forster, au-delà de toute critique professionnelle, le meilleur critère pour juger quelque chose d'aussi subjectif qu'une œuvre musicale ou littéraire (ou même une relation), c'est l'affection. Et inversement, le meilleur critère pour nous juger nous-mêmes, c'est ce qui nous inspire de l'affection. Aussi sommes-nous ébranlés quand un être aimé ne partage pas nos goûts artistiques.

« Je dois admettre que les photos de la jeune Billie Holiday, avec son air chic et effronté, m'ont donné l'envie de mieux la connaître, de passer du temps avec elle, de la prévenir de ce qui la menaçait et de la protéger. Les chansons d'elle que je préfère ne sont pas les préférées des critiques. Elles ont été enregistrées à une période où la mort était proche et, quand je les entends, je m'imagine l'emmenant très loin de la scène qui la tuait, pour la nourrir, la soigner, la guérir.

« Quelle part de mon affection pour sa musique puis-je attribuer à son œuvre, et quelle autre part à l'horreur que je ressens devant les circonstances de son existence ? Pour être honnête, il est difficile de répondre. Si ce n'est pour admettre que j'ai longtemps connu et aimé sa musique sans savoir grand-chose de sa vie. La vérité, c'est que j'ai commencé d'écouter Billie Holiday petit garçon parce que ma mère l'appréciait. Ce n'est pas que ma mère m'ait soufflé de l'aimer, mais, lorsque j'ai grandi, j'ai saisi l'importance de sa musique pour ma mère. Ma mère souffre d'une maladie qui la force à s'aliter périodiquement. D'écouter Billie Holiday, elle se sent mieux. Toujours. Les premiers disques que j'ai posés sur le tourne-disques familial étaient ceux de Billie Holiday, pour ma mère. C'était la seule chose que je pouvais faire pour elle.

« Cela renforce mon affection pour sa musique, il n'y a aucun doute, mais qu'en est-il de l'affection de ma mère pour cette musique-là ? Elle savait très peu de choses de la vie de Billie Holiday. Quand, grâce au haut-parleur que j'avais déplacé dans le couloir, ma mère écoutait " I'm a Fool to Want You " depuis sa chambre, elle ignorait les détails choquants des événements survenus après l'enregistrement de cette chanson : dix-sept mois plus tard, la chanteuse héroïnomane, amaigrie, minée de désespoir, gisait mourante sur un lit d'hôpital. Ma mère devait ne rien en savoir. Elle avait sans doute entendu parler de la violence des hommes qui avaient traversé sa vie, mais certainement pas de ses liaisons occasionnelles avec des femmes. Et pour la prostitution, je doute qu'elle ait su. Mais je ne peux en être certain. Voyez-vous, dans la maison de mes parents, nous ne parlions jamais de Billie Holiday. Merci. »

Et là-dessus, il s'est rassis. Sa voisine a dû se demander ce qu'elle avait fait pour se voir infliger de présenter son propre travail après lui. J'étais sûr que tous les autres, dans la salle, étaient aussi impressionnés que moi, même si nous ne savions pas vraiment pourquoi.

Il avait choisi Billie Holiday – une femme, chanteuse, afro-américaine, morte depuis belle lurette, qui n'avait rien d'un personnage culte obscurément chic, et le courant dominant des modes musicales ne l'avait pas encore exhumée. Ce choix était peut-être dicté, me suis-je dit, par son désir d'impressionner la partie féminine de l'auditoire plutôt que par son réel intérêt pour elle. Mais il y avait en lui une authenticité qui démentait mon interprétation, et ses allusions explicites à sa mère, implicites à son père, étaient en cela révélatrices.

J'étais impressionnée. J'étais intriguée. Du coup, j'avais envie d'écouter Billie Holiday. J'avais envie d'entendre ce qu'il avait entendu. Plus encore, sa manière d'en parler suggérait qu'il existait des univers jamais visités, très éloignés de la boulangerie prospère où mon père cuisait ses *biscotti*, plus éloignés encore des saints de ma mère, et tout autant éloignés de l'École des humanités Robert Menzies, et de cette aile dite « Ming Wing » qui nous abritait. Ce jeune homme, ce Simon-Quelque-chose était leur ambassadeur. Rencontrer des gens comme ça, c'était passionnant. Mais, bien entendu, les « gens comme ça » n'existaient pas. Il était le seul, l'unique. À l'époque, je ne le savais pas. Mais si je l'avais su, je n'aurais pas agi différemment. En dépit de sa calme assurance, de la maturité de son langage, de son intelligence, et de son physique remarquable que le reste mettait en valeur, il émanait de lui une vulnérabilité et une honnêteté qu'à mon avis les filles présentes devaient toutes trouver irrésistible. En tout cas, moi, j'avais craqué avant même qu'il se rassoie.

2.

Quand l'atelier de travaux dirigés a été terminé, j'ai mis un point d'honneur à me faufiler jusqu'à un garçon qui, je le savais plus ou moins, le connaissait. Ensemble, nous l'avons félicité. Il venait de se gagner une célébrité instantanée, quoique limitée à une poignée d'étudiants en licence. On est allé en groupe, surtout des filles, à la Maison des étudiants, comme on l'appelait à l'époque, et je me suis glissée à côté de lui au moment de commander un café. Je l'ai laissé payer le mien et il m'a laissée le questionner au sujet de Billie Holiday.

« Tu vas sûrement me trouver stupide, mais...

– Pourquoi te trouverais-je stupide ?

– Eh bien, à cause de mon exposé, d'abord, et...

– Ton exposé était bon.

– Oh ! allez. Tu n'es pas obligé de me dire ça. Il n'était pas bon.

– Non, franchement, Anna, il m'a plu. J'ai sûrement un peu exagéré, dans le mien, mais j'ai bien aimé le tien. Tu nous parlais un peu de toi, et de tous ces saints. J'en sais très peu sur ces trucs-là.

– Sur les saints ?

– Oui, sur les saints religieux.

– Il y en a d'autres ?

– Les saints séculiers, canonisés par une autre source que l'Église. Certaines personnes pourraient m'accuser d'avoir béatifié Billie Holiday.

– Eh bien, à dire vrai... je ne sais rien d'elle... sauf qu'elle est une espèce d'icône culturelle.

– Ouais, c'est à peu près ça. Et c'est mérité, je pense. Tu devrais l'écouter, un de ces jours.

– J'aimerais. »

Je n'aurais pas été plus explicite en rampant sous la table pour lui arracher son jean. Il m'a demandé de choisir l'heure et le jour, ce qui n'était pas fair-play, mais quand je l'ai retrouvé, comme convenu, après la fermeture de la bibliothèque pour aller chez lui, je me suis sentie contente qu'il ait procédé de la sorte. J'avais déjà entendu Billie Holiday, mais jamais comme je l'ai entendue ce soir-là. J'ai revu Simon deux autres soirs et puis, renonçant à tout semblant de réticence, je me suis laissé convaincre d'aller chez ses parents, dans leur maison sur la plage, à Sorrente, sur la péninsule de Mornington, le samedi suivant.

Il est venu me chercher chez moi, ce matin-là, et mes parents ont été immédiatement sous le charme. Ils ont certainement dû remarquer, depuis la véranda, qu'il m'ouvrait la portière de la voiture. Nous avons pris la direction de la côte, et il a mis une cassette, la première d'une série de compilations qu'il avait faites à mon intention – et qu'il m'arrive d'écouter aujourd'hui encore. En l'occurrence, il s'agissait d'un remix de Stephen Cummings, Billie Holiday, Bach et Microdisney. J'étais assise à côté de lui à bavarder, à rire, à écouter et à regarder la baie. J'essayais de ne pas montrer mon excitation ni ma nervosité. Je portais une jupe et je me souviens de m'être inquiétée de mes jambes, parce qu'elles me faisaient l'impression d'être trop longues, dans ce siège de voiture. Au bout d'une demi-heure, me trouver là, assise à côté de lui, me semblait la chose la plus naturelle du monde. J'avais envie que ce voyage ne s'achève jamais. Il y avait peu de circulation. Je me suis dit que j'étais capable de l'épouser.

La maison était une maison du style ranch, de plain-pied, sur une parcelle d'un demi-hectare face à la mer. À l'heure actuelle, l'endroit coûte une fortune, mais Simon m'a expliqué que cette propriété était dans la famille depuis sa naissance. Ce jour-là, nous l'avions tout entière pour nous et, ce jour-là, nous avons fait l'amour pour la première fois. Quand je l'ai quitté, environ deux ans plus tard, je me suis raconté que j'avais envie de connaître d'autres hommes, de découvrir leurs corps et leurs façons de faire. C'était la vérité, mais en même temps faux. En fait, cette envie n'avait pas grand-chose à voir avec mon départ, mais je savais que l'argument paraîtrait raisonnable à tout le monde – sauf à mes parents, et aux sœurs. Ce qui serait raisonnable, dans les années à venir, ce serait que j'éprouve le besoin de chercher les causes réelles de la rupture et que les autres s'estompent de ma mémoire. Il existe sans aucun doute une excitation née de la nouveauté elle-même d'une nouvelle relation, mais elle n'est que transitoire. Au bout d'un moment, la nouveauté de la nouveauté s'use et vous êtes obligée de recourir à une tromperie, de vous illusionner sur la qualité de la personne que vous fréquentez. Vous faites ça afin de pouvoir lancer une autre série de stratégies machinales à base de parodies de caresses qui vous laissent plus froide que si vous étiez seule. C'est une phase très dangereuse. Vous pouvez ruiner votre existence en un rien de temps, le temps qu'il faut pour dire « oui » devant l'autel.

Cependant, quand je l'ai quitté, ce prétexte que je m'étais formulé – connaître d'autres hommes –, détenait une parcelle de vérité. Simplement, je n'avais pas envisagé que l'« altérité » ne jouerait pas en faveur de ces hommes, au contraire. Dès ce premier après-midi, dans la maison de ses parents sur la plage, Simon a été capable de me satisfaire à tout coup. Ce n'était pas une question d'anatomie ou de constitution athlétique, pas seulement. C'était sa façon de faire, l'entente de son corps avec le mien. Il faisait glisser ma jupe sur mes chevilles et me faisait chanter comme je n'avais jamais chanté auparavant, et je ne m'arrêtais plus, à mon grand étonnement. Il jouait de moi comme d'un instrument de musique. Quand vous partez, vous n'envisagez pas la possibilité qu'en laissant derrière vous ce que vous avez connu de meilleur, vous ne connaîtrez jamais rien de mieux.

Avant de refaire nos bagages, cette première fois, je me suis douchée. Debout, nue, devant le miroir de la salle de bains, occupée à me brosser les cheveux, j'ai vu Simon derrière moi, qui me regardait, c'était tout. Malgré ce qui venait de se passer entre nous, j'étais encore embarrassée qu'il me voie nue, et j'étais sur le point de le lui dire quand il m'a subitement posé sa question.

« Parle-moi de ta tante.

– Quoi ?

– Ta tante, Anna, la sœur de ton père.

– Que veux-tu savoir ?

– Il y a vraiment une photo d'elle, petite fille, en Italie, avec ton père et toute sa famille ?

– Oui, ma mère a vraiment fait faire un tirage pour moi, lui ai-je répondu.

– J'aimerais la voir, un jour. »

Quel chemin son esprit avait-il emprunté entre le spectacle de ma nudité au milieu de la chambre de ses parents et la photographie de ma tante ? Je le lui ai demandé, mais il a refusé de me répondre. Je ne l'ai pas lâché, et il m'a avoué qu'il n'en savait rien. Il ignorait ce qui l'avait amené à songer à cette photo. Sur le moment, je ne l'ai pas cru. J'ai fini par le croire, plus tard. Le Simon que j'ai connu à l'époque ne mentait pas.

S'il m'avait observée en train de me brosser les cheveux devant la coiffeuse dix ans plus tard, il aurait vu diverses photos d'une femme qui ressemblait au reflet dans le miroir, toutes encadrées avec un soin recherché et disposées pour avoir l'air d'un assortiment de moments de sa vie choisis au hasard. Des photographies de moi avec mon mari, de moi avec mes parents, plus une avec la mère de Joe, mais surtout des portraits de mon fils Sam – seul, à des âges différents ou avec nous ou encore avec mes parents. Joe et moi nous occupions rarement ensemble de décorer la maison. Sauf pour le choix des photos. Nous les avions sélectionnées et posées tous les deux. Cela s'était fait sans grande discussion mais le message était clair, aussi net que les images, message adressé autant à soi qu'à l'autre : voilà qui nous sommes, aujourd'hui. Compris ?

La plupart de ces photos étaient mises en scène, pas seulement posées comme celle de mon père enfant, en Italie, mais mises en scène. Il y avait nos photos de mariage, bien sûr, en noir et blanc, hautement stylisées. Ma sœur Sophie et moi avions soigneusement choisi le photographe après en avoir consulté plusieurs.

« Anna... puis-je vous appeler Anna ? Avec l'aide de mon assistante, je vous garantis que, grâce à moi, vous revivrez éternellement ce jour avec la même joie et le même entrain. »

Il était le quatrième photographe que nous écoutions ; ce n'est pas que j'aie pensé à Simon, mais je me suis surprise à penser comme lui. Je me suis sentie déchirée par les mots employés par cet homme. Avec l'assistance de son assistante, il pouvait me garantir quelque chose. Il avait donc besoin d'assistance pour donner une garantie. Et qu'est-ce que cette assistance lui permettait de me garantir ? Une aptitude à revivre éternellement cette journée. Quelle que soit l'aventure dans laquelle je m'embarquais, la revivre serait une source éternelle de ravissement. Simon n'aurait pas laissé passer ça. Simon, c'était le passé, un passé que j'avais laissé passer, mais j'entendais les mots tels qu'il les aurait entendus lui-même.

Le photographe était plus attentif à Sophie qu'à moi, qui étais pourtant la raison de notre présence dans son studio. J'ai refusé d'en prendre ombrage – après tout, je me mariais. Par la suite, Sophie m'a convaincue de le choisir de préférence aux trois autres consultés avant lui. Son travail nous plaisait-il vraiment plus que celui de ses confrères ? Je sais simplement qu'il s'était acquis le suffrage de Sophie grâce à la promesse implicite qu'il y aurait au moins un homme, subalterne, certes, mais enfin un homme, et d'une importance cruciale pour la réussite de la journée, sur qui elle pourrait compter pour flirter pendant cette réunion de famille. Mais si le suffrage de ma sœur a pesé, c'était le langage creux et truffé de clichés du personnage qui avait fait pencher la balance en sa faveur. Je ne pensais pas à Simon proprement dit, et pourtant je me surprenais à adopter son état d'esprit, à passer les mots au peigne fin. Cet état d'esprit, j'éprouvais un besoin violent de m'en détacher. Je ne voulais pas analyser le langage de cet homme, ni celui d'aucun autre, d'ailleurs. Je voulais être de ces femmes qui n'éprouvent aucune honte à glapir de ravissement en regardant le portfolio d'un photographe.

Si je n'avais pas été de ces femmes spontanées et simples mais une créature portée à l'hyperanalyse, je n'aurais pu tolérer tous ces essayages pour ma robe de mariée et celles des demoiselles d'honneur, ces rendez-vous pour les compositions florales et le choix des alliances. Je n'aurais pas su vivre cette histoire, non seulement avec Joe mais avec les autres hommes rencontrés après Simon, tous capables d'adresser la parole sereinement et sans frictions à des individus comme ce photographe. Je n'aurais pas pu épouser Simon, cela aurait été trop abrutissant. Autrement dit, il fallait que j'en épouse un autre ou que je n'épouse personne. Et il fallait bien que je me marie.

3.

Il fallait que j'épouse quelqu'un, entre autres parce que c'était le souhait de mes parents. Mais, présenter les choses ainsi, ça déprécie tellement ce qu'ils désiraient pour moi et la force de leur désir que c'en est de la tromperie. À leurs yeux, aucune réussite, aucune qualification universitaire, aucune carrière ne saurait remplacer le mariage et les enfants, raison d'être incontestable de mon existence. J'étais un fruit magnifique et mûr, pas trop ferme, pas trop mou, parfait, prêt à être cueilli, qui allait s'abîmer et pourrir d'un instant à l'autre, donc « tout de suite ! » était le meilleur moment. J'avais vingt-deux ans.

Mais ce n'était pas seulement cela que mes parents désiraient pour moi. Ils parlaient si souvent et depuis si longtemps de me marier que j'avais intériorisé leurs désirs. Je le désirais moi aussi, si incroyable que cela me paraisse désormais, et je ressentais les premiers tiraillements diffus de la peur panique, à peine atténués par ma conscience de leur absurdité. Il y avait toujours une version plus jeune de moi-même qui attendait non dans les bas-côtés mais devant la porte principale, de façon qu'aucun prétendant ne la rate par mégarde. Tous les ans, la version plus jeune de moi-même gagnait le concours auquel mes parents nous soumettaient, Sophie, les prétendants et moi, le concours « miss Junior », mais moi, je me retrouvais chaque année un peu plus vieille que la gagnante. Il fallait que je me marie, là, tout de suite, avec Joe ou l'un de ses clones. C'était les seuls hommes accessibles dans les parages, à part Simon, et lui, je l'avais quitté.

Le ravissement de mes parents, en particulier celui de mon père, explose dans les photos prises le jour de mon mariage. En me coiffant devant le miroir, j'ai baissé les yeux vers la galerie de portraits posés sur la coiffeuse, dont certains dataient de ce moment-là, et j'ai repensé à ce photographe (il était sorti deux fois avec Sophie, avant le mariage). – Je me suis aperçu qu'il m'avait effectivement permis de revivre cette journée. Mais pas comme il me l'avait garanti, pas avec joie. Une photo peut saisir davantage que l'instant qu'elle fige. Elle peut saisir le passé qui entoure cet instant.

J'ai été sauvée de ce passé par une voix. Elle venait de l'extérieur, d'en bas, de quelque part dans le jardin. Deux hommes rôdaient devant les fenêtres pour tenter de prendre une photo de mon fils, de l'emprisonner non dans un album mais dans un journal. La veille, mon fils nous avait été enlevé, brièvement et sans dommage, mais aussi sans notre permission. Et c'était le boulot de ces hommes que de l'emprisonner à perpétuité dans son état de victime de six ans, dans le cadre de ce que la presse tenait à définir comme une vague de crimes commis contre des enfants.

Le téléphone avait sonné toute la journée, les journalistes tâchaient de nous avoir au bout du fil pour nous parler de ce kidnapping. Accepterions-nous quelques minutes d'entretien avec Sam ? J'avais cessé de prendre les appels, mais ces gens ne s'étaient pas arrêtés de téléphoner pour autant. Malgré tout, il ne m'était jamais venu à l'esprit qu'ils tenteraient un coup pareil. Joe n'était pas à la maison. Il avait emmené sa mère rendre visite à Roger, son frère handicapé mental. En tout cas, c'est ce qu'il m'a raconté. Le foyer dans lequel ils avaient placé Roger n'était quand même pas si loin. Joe aurait dû être rentré, à l'heure qu'il était. Peut-être était-il encore avec sa mère ? Il aurait pu se trouver n'importe où. Ce n'était que récemment que j'avais su ce que j'aurais dû soupçonner depuis longtemps. Joe circulait souvent par monts et par vaux et, aujourd'hui, il pouvait se trouver n'importe où. Il aurait dû être là, il aurait dû être à la maison. Il n'était pas normal que je sois seule face à ces photographes. Si nous partagions encore quelque chose, c'était une adresse et un fils.

Je me suis précipitée en bas, j'ai caché Sam dans mon dos, et j'ai tiré les rideaux.

« Mon cœur, tu veux bien monter dans ta chambre ?

– Non, m'a-t-il soufflé, un peu effrayé.

– Écoute, j'aimerais bien que tu montes, d'accord ?

– Non », a-t-il encore répété, alors que je bouclais le tour de la maison pour fermer tous les rideaux. Il était apeuré par ma réaction, ses larmes ont coulé. J'ai attrapé le téléphone et j'ai appelé Joe sur son portable.

« Joe ? Joe, c'est moi. Où es-tu ? Il faut que tu rentres à la maison.

– Qu'est-ce qui se passe ? Sam pleure ? Pourquoi ?

– Il y a des journalistes... des photographes qui essaient de prendre des photos de lui par les fenêtres.

– Quoi ?

– Tu ne m'entends pas ?

– Qu'est-ce qu'ils fabriquent ?

– C'est les journaux, Joe. Le téléphone n'a pas arrêté de sonner. Les gens veulent le voir, l'interviewer.

– Interviewer Sam ?

– Ou alors nous. Je n'arrive pas à m'en débarrasser.

– Tu as appelé la police ?

– Je t'appelle, toi, Joe. Tu rentres ? »

J'avais été sur le point d'appeler la police, mais j'avais raccroché avant de faire le numéro. Je ne voulais pas de ces photographes, mais je ne voulais pas revoir la police ici non plus. Ils auraient effrayé Sam. Et puis, d'une certaine manière, même si c'était moi qui avais connu Simon, autrefois, c'était Joe que je rendais plus ou moins responsable de la situation. Cela n'avait rien de rationnel. C'était ce que je ressentais, voilà tout. À cause d'elle, je suppose, à cause de la prostituée qu'il avait fréquentée, la prostituée qui, à ce qu'il semblait, était également liée à Simon. J'estimais que c'était le travail de Joe de tirer tout ça au clair.

La voiture de Joe s'est immobilisée dans le garage avec un crissement ; il avait dû mourir d'envie de conduire comme ça, ai-je songé. Sinon, pourquoi posséder une voiture pareille ? Il y a d'autres moyens de montrer sa réussite sociale. Il y a d'autres voitures, pas moins prestigieuses, qui font le même effet. Il a choisi cette voiture pas seulement pour étaler le niveau de sa réussite (ou le niveau de ses capacités d'emprunt). La vitesse, c'était ça, le truc. La vitesse, c'était quasiment tout. Il faisait partie de ces gens dont le penchant inconscient pour la violence s'inscrivait dans le cours normal de l'existence, canalisé dans leur conduite au volant. Oui, enfin... Cette journée n'avait rien de normal.

Ce jour-là, il pouvait bien s'offrir une séance de préliminaires dans la voiture avant d'en descendre pour passer aux choses sérieuses.

« Hé ! » s'est-il exclamé, en claquant la portière.

Sam, qui avait entendu la voiture s'immobiliser, a soulevé le rideau au-dessus de sa tête pour regarder au-dehors. Il a vu son père pourchasser le dernier photographe resté sur les lieux. J'ai regretté de ne pas avoir appelé la police. J'ai regardé moi aussi en passant de pièce en pièce pour suivre Joe qui pourchassait le photographe, Sam sur mes talons. Joe avait dû s'exercer au gymnase. De toutes les séances qu'il prétendait avoir suivies, quelques-unes avaient dû être authentiques. On n'est pas aussi rapide juste en baisant une fois par semaine avec une prostituée. J'ai entendu le photographe prendre la fuite en s'évertuant à calmer Joe. S'il avait compris combien cette tentative était futile, il aurait couru vers la rue au lieu de s'enfoncer dans notre jardin.

« Espèce d'enfoiré ! » beuglait Joe. Puis il s'est jeté sur lui. Au bord de la piscine, Joe lui a bondi dessus, en se servant de son corps pour amortir sa chute. Sam et moi le suivions du regard, entre les rideaux. L'appareil photo du type est tombé sur le dallage qui ceinturait la piscine.

« M'sieur, il y a erreur, l'ai-je entendu implorer, soufflant comme un phoque, écrasé par mon mari.

– Y a pas d'erreur, espèce de trou du cul. C'est mon fils, là, à l'intérieur. Et il est en larmes. » Les larmes de Sam s'étaient calmées. Joe a calé le genou contre la gorge du type. « Je vais te tuer, connard ! » hurlait-il au photographe. Puis il s'est mis à le frapper au visage, encore et encore. Je voyais les poings de mon mari s'abattre méthodiquement, en cadence, sur le visage de cet homme, lui fendiller la peau et, chaque fois, il lui heurtait la tête contre le dallage de pierre. L'instinct me dictait d'empêcher mon fils de voir ça mais, en vérité, une autre impulsion interférait. En fait, l'instinct dominant a été d'observer Joe. Je subissais une espèce de fascination, j'étais sous le choc. Ce n'était pas une de ces scènes pour lesquelles on a le temps de préparer une réaction. À la réflexion, c'était une de ces scènes qui vous en apprennent plus que vous ne le souhaitez sur vous-même lorsque vous la revoyez en pensée – lorsque vous revoyez le rôle que vous y avez joué.

Qu'est-ce qui m'a poussée à observer si longtemps mon mari à travers cette fenêtre, à observer, médusée, mon mari qui frappait ce type comme un dément ? Sans doute l'indignation face à cette agression contre mon petit garçon, cette atteinte à la paix et à l'intimité déjà fort entamées de Sam. Mais peut-être aussi un simple réflexe de fascination très humaine, celle qu'on a devant une catastrophe ferroviaire, un accident de voiture ou le naufrage qu'était devenu notre mariage, et que Joe transformait en un gâchis plus sanglant encore. C'était presque une épiphanie. J'avais là cet homme grossier, que j'avais épousé je ne sais trop comment, qui s'était si longtemps évertué à dissimuler une animalité fondamentale – un héritage de son père, ce que nous refusions d'admettre lui et moi... Il suffisait de se tenir à la fenêtre pour la voir ressortir tout entière. Qu'est-ce que Joe s'imaginait ? Qu'il était en train de défendre son fils, sa femme, son foyer ? Était-il en train de me prouver son existence ou se moquait-il désormais de ce que je pensais de lui ? Était-ce une réaction de défense contre ce qu'il percevait comme une mise en cause de ses intérêts vitaux ? Si oui, lesquels ? Sam, oui, mais aussi la maison, ses droits de propriété, et l'image qu'il avait de lui-même, si fortement dépendante de ce que les autres pensaient de lui. Et moi, si je me tenais là, était-ce uniquement parce que je voulais voir jusqu'où Joe serait capable d'aller pour aggraver son cas, jusqu'où il pouvait se faire du mal ? Était-ce pour ce motif que je n'avais pas appelé la police ?

Je ne suis pas restée longtemps à la fenêtre. Juste assez pour me rappeler plus tard que j'étais restée là, à observer Joe avec ce photographe prisonnier sous lui, et assez pour me remémorer comment mes pensées sont allées de la fascination à la prise de conscience ; dans sa fureur, Joe pouvait le tuer, et Sam verrait la scène se dérouler sous ses yeux.

« Sam, là-haut, dans ta chambre, tout de suite, me suis-je écriée, et, comme il ne bougeait pas, j'ai insisté. Sam, je te parle sérieusement. En haut, tout de suite ! »

C'est alors qu'il s'est remis à pleurer. Et c'est alors que j'ai repris mes esprits. Je me suis ruée dehors pour arrêter Joe.

« Arrête, Joe ! Laisse-le. Tu vas le tuer ! » ai-je hurlé.

Mais, à l'évidence, il n'allait pas s'arrêter. Mon appel a même pu accroître sa fureur. En m'approchant, j'ai vu du sang sur les poings de Joe, et sur le visage du photographe. Je l'ai pris par les épaules, comme pour une étreinte, mais pour l'écarter, et le photographe, saisissant l'occasion offerte par le déséquilibre momentané de Joe, a réussi à rouler sur lui-même, à se dégager et à se relever. Bêtement, il a tendu la main pour récupérer son appareil, rallumant ainsi la rage de Joe. J'ai été incapable de le retenir, et il s'est précipité sur le photographe.

« Joe, tu es fou ? » me suis-je écriée.

Il a fait sauter l'appareil de la main du photographe et l'objet est retombé sur le dallage de pierre. Alors que l'autre, le visage dégoulinant de sang, reculait de quelques pas, Joe a bondi sur l'appareil, l'a écrasé jusqu'à le transformer en une masse informe.

« Joe ! » ai-je encore crié, d'une voix rauque à présent.

Le photographe a foncé dans la rue en courant. Il avait disparu. Son appareil gisait par terre, en morceaux, aux pieds de Joe.

« Tu as perdu la tête ? » lui ai-je demandé. C'était une question de pure forme. À en juger par l'expression de son visage, qui avait viré de la fureur à une sorte d'épuisement triste, éberlué, il était clair qu'il avait perdu la tête, au moins un instant.

Je comprends ça, maintenant : momentanément perdre la tête. Je suis en train d'apprendre à admettre ce genre de réaction. Comme il est hypocrite de prétendre à la perplexité devant le spectacle d'une pareille perte de soi-même, quand l'autre serait en droit de juger que vous avez vous-même perdu l'esprit, non pas un instant, mais pendant des années – moins l'esprit, d'ailleurs, qu'autre chose dont le nom n'apparaît pas sur-le-champ, appelez cela votre « nature ». Après tout, la vie que j'avais menée n'était-elle pas une perte de nature ? Et, en s'attaquant au photographe avec une telle violence, Joe ne laissait-il pas libre cours à ce qui constituait en partie sa nature ?

4.

Au bout de presque deux années et demie de vie avec Simon, je n'étais plus la même. J'avais été gâtée. J'avais été éduquée. Programmée. Après tous les romans, toutes les poésies, toutes les musiques, tous les films, toute l'Histoire et la politique dont il m'avait nourrie, j'étais en mesure d'anticiper son attitude dans beaucoup de situations. Je m'étais imprégnée de ses pensées et de ses sentiments. Inévitablement, une bonne part de mes acquis s'était frayé une place dans mes devoirs universitaires. J'avais dû paraître incroyablement cultivée et intelligente, au moins pour qui ne connaissait pas Simon. À vrai dire, j'avais rarement l'occasion d'introduire dans ces devoirs des éléments qui ne seraient pas venus de lui. Tout se faisait par procuration, sans originalité aucune de ma part. C'était peut-être ça, le point crucial. Même si ça n'a jamais été dans ses intentions, à cause de lui, je n'étais plus rehaussée dans mes émotions, mais au contraire rabaissée. Dans le couple que nous formions, Simon et moi, j'étais en somme un écho très élastique, comme le sont tous les échos. Tel était mon sentiment, lors de ce dernier week-end à Sorrente.

Ses parents étaient là, ce week-end. Je venais de terminer la lecture du *Livre de Daniel*, de Doctorow, un récit de fiction sur les enfants de Julius et Ethel Rosenberg, le couple exécuté au temps du maccarthysme pour avoir négocié des secrets atomiques auprès des Russes. Simon me l'avait offert, et une tension tacite était apparue entre nous, parce que je n'avais pas assez aimé ce livre, pas autant que lui. La mère de Simon était en train de préparer le dîner et elle avait monté le son de Billie Holiday. Nous lisions sur le lit avec la porte fermée, dans la chambre que l'on nous attribuait chaque fois que ses parents étaient là eux aussi. Dès le début de « Strange Fruit », Simon s'est levé et a ouvert la porte.

« Tu sais qui a écrit cette chanson ?

– Cole Porter ? ai-je hasardé, en continuant de feuilleter le livre, sans lever les yeux.

– Cole Porter !... Tu n'es pas sérieuse ?

– Non, mais je trouvais ça drôle.

– Sûrement... d'une certaine manière, oui... Enfin, presque.

– Je n'ai aucune idée de qui l'a écrite. Il est connu ? Je devrais le connaître ? ai-je insisté en tournant les pages de mon livre.

– Non, ce n'est pas ce qu'il est convenu d'appeler quelqu'un de célèbre. C'était un prof de lycée du Bronx, il s'appelait Abe Meeropol. L'histoire veut que, vers la fin des années 1930, il ait vu une photo d'un lynchage et que cela l'ait tant perturbé qu'il a écrit un poème intitulé " Strange Fruit ".

– C'est une bonne chanson, approuvai-je, toujours en feuilletant l'ouvrage.

– Une bonne chanson ! C'est mieux que ça.

– Oh ! merde, j'ai encore mis à côté de la plaque ? »

Simon a eu le bon sens d'ignorer ma repartie. Peut-être a-t-il perçu mieux que moi que je cherchais la bagarre, même s'il ne comprenait pas pourquoi. Il a repris comme si de rien n'était.

« Non seulement ce type a écrit " Strange Fruit "...

– Ne me dis pas, l'ai-je interrompu, que c'est aussi le type qui a écrit " Anarchy in the UK " ?

– Non, ça, c'est Irving Berlin. Abe Meeropol et son épouse Anne ont adopté les enfants de Julius et Ethel Rosenberg après leur exécution.

– Vraiment ?

– Ouaip... à moins que ce ne soit Cole Porter. »

J'ai refermé le livre et je l'ai laissé tomber par terre.

« Je dois dire, ai-je lancé, que je ne vois vraiment pas ce que ce bouquin a de si bien.

– Tu plaisantes. Tu n'as pas été émue ?

– Daniel s'est montré si épouvantable avec sa femme. Et le père, le personnage de Julius Rosenberg, il était coupable d'avoir voulu vendre des secrets atomiques aux Soviétiques. Il avait beau être guidé par sa naïveté, cela les a bel et bien aidés à obtenir la bombe. Ce n'était pas une victime innocente du maccarthysme comme une autre. Et ce n'est pas un souvenir avec lequel on se sent très à l'aise.

– De toute façon, ils l'auraient obtenue, la bombe.

– Peut-être, mais ça les a aidés.

– Même si c'est vrai, cela n'impliquait pas nécessairement sa femme et puis, tout de même, ils ont été tous les deux électrocutés, nom de Dieu. Tu ne peux pas défendre ça.

– Non, en effet, mais là, tu viens de changer de sujet pour aborder celui de la peine capitale.

– Tu as raison. Tu as raison, Anna, en effet.

– Va te faire foutre, Simon.

– Quoi ? Qu'est-ce qui ne va pas ? »

Je ne savais pas exactement ce qui n'allait pas.

« Tu me prends de haut. »

Cela me faisait du bien de lui répondre ça, comme si j'avais ma petite idée derrière la tête.

« Comment ça, je te prends de haut ? » m'a-t-il demandé, mais j'ai ignoré sa question et j'ai continué.

« Ce n'est pas seulement ce livre. Je ne vois pas pourquoi tu fais tant de foin avec ce Doctorow.

– Et *Ragtime*, alors ? m'a-t-il répliqué. C'est intelligent, c'est émouvant, c'est...

– C'est sans originalité.

– Ouah ! Je vais finir par te demander de sortir d'ici. »

Et voilà, c'était Simon, toujours champion de la pensée critique libérée de la tyrannie des modes intellectuelles. Pendant à peu près deux ans et demi, j'avais accepté son évangile jusqu'au dernier mot. L'évangile selon saint Simon. Il avait créé sa propre orthodoxie.

« Que veux-tu dire par sans originalité ?

– Tu devrais le savoir, c'est toi qui m'a mise à la lecture de Dos Passos. *Ragtime*, ce n'est qu'un plagiat de la trilogie *USA*. Et le *Michael Kohlhaas* de Kleist ? Doctorow utilise pratiquement le même nom. Kohlhaas.

– Kohlhaas ? Pour qui, pour Coalhouse Walker ?

– Ouais. Le personnage sert exactement le même but.

– Bien sûr, de la part de Doctorow, c'était voulu. Pourquoi crois-tu que je t'ai donné ce bouquin à lire ? Je n'arrive pas à croire que tu puisses dire ça. Tu as aimé *Ragtime*.

– Je l'ai lu avant de lire les deux autres.

– Et maintenant tu t'imagines que tu as eu tort de tant l'apprécier.

– Simon, tu as peur de prendre mes opinions au sérieux. Au fond de toi-même, tu ne me trouves pas assez intelligente pour toi.

– Où est-ce que tu vas chercher ça, bon sang ? »

Sur le moment, je ne comprenais pas où j'avais pu aller chercher ça. Je ne sais même pas si c'était vrai. Il ne m'avait jamais prise de haut, bien au contraire. En fait, c'était moi qui ne me trouvais pas assez intelligente pour lui. Mais évidemment, cela ne s'arrêtait pas là. Au bout de deux ans et demi, j'éprouvais un désir intermittent pour le genre d'excitation qui ne peut naître que des attentions prodiguées par des inconnus. Ce désir faisait partie des forces qui m'éloignaient de lui. D'une manière ou d'une autre, il y avait une certaine pesanteur en Simon, pas seulement dans ses pensées et ses centres d'intérêt, mais jusque dans ses plaisirs et son humour. Même dans le sexe – je n'ai compris que bien plus tard que je n'avais jamais fait l'amour aussi bien qu'avec lui –, il n'était jamais léger. La terre tremblait souvent, mais les rideaux ne volaient jamais. Il n'y pouvait rien. Il portait cette pesanteur avec lui, comme une marque de naissance.

Ce n'était pas seulement son intelligence. Bien sûr, personne d'autre, parmi mes connaissances, n'établissait entre les choses les liens qu'il savait établir. Personne, parmi mes connaissances, ne parlait même des choses dont il parlait. Mais cela allait plus loin. Tous ses héros, toutes ses références culturelles étaient nés de l'oppression et, en fin de compte, de la défaite, qu'il s'agisse d'individus ou d'idées. Les poètes, les Billie Holiday, les enfants Rosenberg et tous les gentils petits Abe Meeropol du monde – on ne leur avait pas accordé la moindre chance. Simon était déterminé à ne pas les laisser disparaître. Il avait besoin de les sauver tous, rétrospectivement, de tous se les remémorer ; pour lui tous les jours étaient le jour de la Toussaint. Toute sa vie n'était qu'une gigantesque lutte à la fois intime et donquichottesque. Il n'arrivait même pas à trouver un terrain d'entente avec les institutions officielles de la gauche politique. Il était presque plus virulent contre la gauche que contre la droite.

« La droite ne fait jamais que ce qu'elle promet de faire. C'est la gauche qui est hypocrite. C'est la gauche qui vous trahit », répétait-il.

Mais la gauche ne me trahissait pas, moi. Je ne participais à ce combat qu'en simple visiteuse. Je ne voulais pas en être partie prenante. C'était épuisant. Je ne m'identifiais pas à ces gens. Personne, parmi mes connaissances, ne s'y identifiait. J'avais envie de me laisser séduire par la publicité. J'aimais bien savoir ce que les gens portaient dans les endroits chic. J'avais envie d'être libre d'ignorer la douleur et la souffrance du monde.

Une fois, alors qu'il me donnait sa version de l'histoire de Simon, son psychiatre, le docteur Klima, m'a demandé de repenser à l'époque où j'envisageais déjà de le quitter. Je ne me souviens pas exactement de la première fois que j'y ai songé mais, ce week-end-là, j'avais certainement compris qu'il me fallait en sortir, et que le plus tôt serait le mieux. La mère de Simon a interrompu notre conversation en l'appelant du bout du couloir. Il avait oublié qu'il devait se charger d'une partie des courses, pour le dîner. J'allais prendre une douche, me rincer de la plage, pendant qu'il faisait un saut au supermarché. Il m'a demandé si nous pourrions continuer plus tard. Cela ne comptait plus. Ce qui s'est produit ensuite n'est pas ce qui m'a décidée. Simplement, cela m'a empêchée de tout expliquer à Simon, le jour où je l'ai quitté. J'en étais incapable.

J'ai rencontré mon mari dans les semaines qui ont suivi, probablement dans les trois mois après la fin de ma relation avec Simon. À l'époque, j'étais intenable. Cela n'a pas duré longtemps, mais ç'a été une période sans compromis. Je sortais toute la nuit pour danser dans toutes sortes d'endroits où je n'étais jamais allée auparavant ; je buvais trop, j'ai pris du speed pour continuer de danser, et j'ai couché avec à peu près tout ce qui m'en faisait la demande. Joe m'en a fait la demande. Un demandeur parmi tant d'autres.

C'était si bon de se sentir libre, libre de toute contrainte et libre de ne plus me soucier des milliers d'anonymes du panthéon des saints et des victimes de Simon. Armée de mes grands yeux, de mes seins généreux et d'un ventre aussi plat qu'une crêpe, je recevais des hommes, même des demi-sel, une attention qui me montait aussi vite à la tête que tout ce que j'ai ingéré au cours de ces semaines stroboscopiques. Ce fut ma brève incursion dans l'univers de ce que l'anthropologie sociale appelle les *bimbos*. Le vent dans les voiles, au gré de mes mouvements d'humeur, je me comportais avec les autres de façon terrifiante, même avec mes parents, même avec Sophie. Quand une nuit, à quatre heures du matin, j'ai essayé la cocaïne avec deux hommes bien plus âgés que moi dans les coulisses d'une boîte de nuit, mon propre reflet m'a un peu effrayée et j'en ai conclu qu'il fallait lever le pied. Ce qui m'a effrayée, sur le moment, c'est de découvrir à quel point j'avais changé.

Mais j'ai ralenti lentement, renonçant aux substances illicites mais pas aux hommes, en tout cas pas tout de suite. Mon plan consistait à m'en payer une tranche tout en biffant des noms sur la liste de mes prétendants. Je reste stupéfaite de constater que Joe ait été le seul survivant, le dernier nom de la liste. Vu rétrospectivement, cela traduit le niveau des hommes que je fréquentais, ma disposition à les tolérer et, sous le coup de la peur panique distillée par mes parents, ma volonté de transmuer le premier petit ami correct en mari, aussi vite que possible. Et quand j'ai découvert que l'avant-dernier prétendant de ma liste avait raconté, pur mensonge, qu'il m'avait « embrochée » – c'était ses termes – contre un arbre dans une rue de St-Kilda, non loin de la Chapelle du Souvenir, j'ai jugé que, par comparaison, Joe faisait très bonne figure. Mes parents l'appréciaient parce qu'il était catholique, alors que cela les avait laissés plutôt indifférents que Simon ne le soit pas.

Le soir où j'ai accepté de le rencontrer en tête à tête, j'ai été touchée, fugitivement, par un geste entrevu à son insu. Il m'avait emmenée dans un restaurant coûteux, en ville. Un serveur nous avait accueillis à la porte et nous avait demandé nos manteaux. Au moment où le maître d'hôtel allait nous conduire à notre table, je me suis retournée pour voir Joe, qui finissait à peine de se débattre avec son manteau, lui tendre un paquet de berlingots qu'il avait tiré de sa poche pour le donner au serveur. Cette attention m'avait paru d'un charme désarmant.

Quand Joe est arrivé à notre table, je l'ai interrogé au sujet de ce paquet de bonbons mais, apparemment, il n'avait pas envie d'en parler.

« Bon, disons que c'est son pourboire, d'accord ? » a-t-il dit, et il m'a complimentée au sujet de ma robe avec une nervosité inhabituelle chez lui, compliment que je n'aurais pu lui retourner. Livré à lui-même, Joe fait preuve d'un sens vestimentaire qui lui donne l'air un peu idiot même si, à première vue, cette faiblesse est masquée par sa présence physique et la confiance en soi qu'il dégage. Quand je lui ai dit, ce soir-là, que nous devrions rendre notre relation plus exclusive, il m'a surprise en me répondant qu'à son avis, elle l'était déjà. Ensuite, il m'a demandé qui je fréquentais d'autre en même temps que lui. J'ai dû réfléchir très vite et c'est alors que j'ai évoqué Simon.

J'ai raconté à Joe que Simon et moi étions restés en contact, mais seulement comme amis.

« Rien que de très naturel, après deux ans et demi passés ensemble, tu ne crois pas ? me suis-je enquise.

– Je n'en sais rien. Au bout de deux ans et demi, il serait surtout très naturel d'avoir envie que ton ex ne soit jamais né », m'a-t-il répliqué vivement.

Ensuite, je lui ai demandé s'il préférait que Simon et moi rompions tout contact.

« Tu peux fréquenter qui tu veux », a-t-il repris, sur la défensive.

J'ai répondu par une réflexion d'une mièvrerie si écœurante de docilité qu'elle m'a présentée sous un jour qui ne me correspondait guère, même à l'époque. Aujourd'hui, je ne m'imagine pas répondant cela. Joe m'a prise au mot. À présent, dix ans plus tard, alors qu'il tente de démêler si Simon avait ou non reçu mon autorisation de venir chercher Sam à l'école, il ne parvient pas à se défaire du soupçon de mon infidélité, qui, selon lui, serait intervenue dès le début, avant Sam, avant que nous ne perdions notre premier enfant, avant même notre mariage. Les bonnes sœurs diraient que j'ai eu ce que je méritais.

J'étais assise en face lui dans ce restaurant, ce soir-là, et j'ai vu à quel point il avait envie de me croire. Au lieu de prendre le temps de réfléchir à l'origine de ce besoin, je n'ai songé qu'à la médiocrité de sa tenue. Immédiatement, je me suis morigénée – j'étais si superficielle. Ce jeune homme qui s'était dépêché de remettre son paquet de bonbons au serveur, tentait de dissimuler sa juvénilité sous des vêtements d'homme. Si son goût vestimentaire est son seul défaut, me suis-je dit, je peux arranger ça. Un moment de pitié que j'ai vite surmonté. Je ne crois pas l'avoir jamais pris de nouveau en pitié au cours de ces dix années. Jusqu'à ce jour.

Il est vrai que je nourris des sentiments négatifs à son égard depuis si longtemps : surtout de la colère et de la frustration, mais aussi de l'ennui, du mépris et, à l'occasion, de la gêne. La première fois que j'ai eu honte d'être en sa compagnie, il n'avait absolument rien fait pour le mériter. J'aurais dû le prendre en pitié et, une fois cette pitié admise, j'aurais dû me sauver, me sauver la vie. Au lieu de quoi, je suis passée par les différents stades de l'aveuglement. D'abord en me racontant que cette gêne était ma faute, mon problème, ensuite que c'était une sensation unique et qu'il était peu probable que je l'éprouve de nouveau, et finalement, au bout de quelques semaines, que j'avais rêvé, que je ne l'avais pas éprouvée du tout. Mais en fait, j'avais bel et bien ressenti de la pitié.

5.

Beaucoup de mariages échouent parce que les protagonistes ne comprennent pas d'emblée le mal qu'ils ont à accepter les compromis qu'ils vont devoir consentir. Ils savent, avant le mariage, que l'autre n'est pas parfait. Ils sont capables de dresser la liste de ses imperfections, en partie seulement. Ils en soupçonnent d'autres. Leur tolérance est le prix qu'ils sont disposés à payer pour la durée d'une vie, déduit des vertus compensatoires qu'ils attribuent à leur partenaire et de la tolérance que celui-ci a de leurs propres imperfections. Oui, les gens savent qu'ils vont devoir accepter des compromis. Leur choix est déjà un compromis. Ce qu'ils ne savent pas, c'est jusqu'où ils vont devoir se compromettre. Pis encore, ils ne savent pas combien ce sera dur de consentir les compromis qu'ils seront obligés d'accepter. Je ne crois pas avoir jamais rencontré personne ayant eu le courage, la sagesse de sérieusement envisager la difficulté de vivre avec les carences de l'autre, de celui ou de celle qu'il allait épouser. C'est ainsi que les gens se trompent si souvent.

J'étais aussi aveugle que les autres. Joe et moi, nous n'étions pas encore mariés ; nous sortions du cinéma. Le film était de ceux que Simon n'aurait pas voulu voir et, si j'avais encore été avec lui, j'aurais professé l'indifférence, comme s'il m'était égal de le voir ou non. J'ai pris l'envie de Joe de voir ce film-là comme une preuve d'aisance – il avait l'esprit plus ouvert que Simon, ai-je pensé, plus enclin à s'amuser. Le film était inepte. Il n'aurait jamais dû exister. Je ne savais que dire. C'était moi qui l'avais choisi et je me sentais un peu bête. De son côté, et même si je ne l'aurais pas admis à l'époque, Joe semblait avoir apprécié. Remarquez, s'il avait émis un commentaire positif, je l'aurais probablement interprété comme une marque de politesse.

Une fois dans la rue, après la séance, comme mû par une inspiration, Joe m'a prise par le bras et m'a conduite dans un magasin Country Road, non loin de là. Comme je l'avais taquiné plus d'une fois sur ses vêtements, il m'offrait l'occasion de lui en choisir de nouveaux. L'argent n'entrait pas en ligne de compte, m'a-t-il prévenue. « Sois dingue. »

Je n'ai pas réussi à apprécier le geste comme un cadeau, et cette réaction aurait dû m'alerter sur mes sentiments à son égard. Au lieu de ça, je me suis pliée à ses désirs car je n'avais aucune raison de le lui refuser, aucune raison que j'aurais su me formuler à moi-même. Après lui avoir choisi des pantalons et des chemises, je les lui ai tendus quand un jeune vendeur s'est présenté pour nous proposer son aide, et je me suis sentie terriblement soulagée, comme si j'avais répondu à ce jeune homme : « Oui, ce n'est pas mon affaire, occupez-vous-en. » Et j'ai fui à l'autre bout du magasin. Quand je l'ai regardé là, avec ses chemises sur cintre plaquées contre sa poitrine, il a eu une mimique, une espèce de collage de sourcils soudain plus fournis que la normale, avec un sourire stupide au-dessus d'un torse formant une montagne dont aucun tissu, aucun dessin, aucune marque ne pourraient atténuer la vulgarité. Plus tard, je me suis dit que c'était cette vulgarité qui lui conférait justement le côté macho qu'on devait admirer chez lui. Mais, à ce moment précis, son sourire, et son haleine qu'il me projetait à la figure m'ont fait fuir.

Ensuite, nous nous sommes disputés. J'ai dû nier, à maintes et maintes reprises, que ma fuite ait eu le sens qu'elle semblait avoir, qu'elle avait eu, en réalité. J'ai accepté sa demande en mariage plus ou moins pour me prouver que je n'étais pas gênée par lui. Il a dû oublier combien il s'est senti blessé, sur le moment, j'en suis persuadée, surtout maintenant que tant d'autres blessures se sont ouvertes. En le tannant, vous pourriez sans doute l'amener à se rappeler les événements de cet après-midi-là, mais certainement pas ses sentiments, et encore moins à les revivre... C'est peut-être cette capacité de refouler le souvenir de leurs sentiments qui explique la survie obstinée des gens comme lui, de génération en génération. C'est peut-être pour ça que Joe était le dernier prétendant sur la liste : à cause de la sélection naturelle. Était-ce là ce que je pensais ? Était-ce pour cela que je l'avais épousé ? Me figurais-je que ses gènes assureraient la survie de mon espèce ?

Si j'avais nourri ce genre de pensées au sujet des gènes de Joe, j'avais eu bien tort. Ensemble, nous avions engendré un fils qui n'avait pas survécu plus de dix-sept jours en ce monde. Mettre Joe en cause, c'est mal. À présent, je le sais ; à l'époque, je m'en doutais seulement. L'incapacité de ce bébé de survivre trois semaines était davantage ma faute que celle de Joe, faute que je n'ai jamais su oublier.

6.

La faculté de revivre les états émotionnels du passé est à la fois une aptitude et une malédiction. C'est une malédiction, car cela vous empêche d'avancer dans la vie. La moindre coupure, le moindre bleu, le moindre rejet engendrent une moisson que l'on conserve en stock. La douleur est conservée sous un pain de glace et on peut compter qu'elle restera aussi fraîche qu'au premier jour. Cette aptitude et cette malédiction, Simon les possédait en abondance. Cela ne m'obligeait nullement à rester avec lui pour toujours. Cela ne signifiait pas que j'étais incapable d'entamer une nouvelle vie avec un autre homme exempt de cette malédiction. Mais cela signifiait qu'il me fallait lui taire ce qui me poussait à le quitter. Oui, je lui devais un avertissement, une explication, quelque chose, n'importe quoi, qui soit susceptible d'adoucir le choc. Mais à la manière dont son psychiatre, le docteur Klima, raconte cette histoire, il est clair que ni lui ni Simon n'ont jamais considéré qu'entre lui dire la vérité sur mes échéances et conserver un silence brutal, le moins douloureux ait été le silence.

C'est après ce dernier week-end à Sorrente que j'ai quitté Simon. J'étais seule avec lui dans notre chambre, en fin d'après-midi, à essayer de transformer une discussion en dispute. Ma tentative avait été interrompue par la mère de Simon, qui l'appelait de la cuisine pour lui demander où il avait mis les provisions qu'il était supposé aller chercher au supermarché du quartier. Quand Simon lui a répondu qu'il n'y était pas allé, sa réaction excessive m'a fait comprendre l'importance de son avertissement : il m'avait souvent prévenue que je n'avais pas vraiment fait la connaissance de ses parents, qu'ils me jouaient la comédie. Simon et moi nous sommes mis d'accord : j'allais prendre ma douche pendant qu'il irait en voiture au supermarché. Ç'a été notre dernier accord, le dernier que nous ayons conclu à deux.

Vêtue d'une robe de chambre, une serviette et un flacon de shampooing à la main, je me suis avancée dans le couloir, sur la pointe des pieds. J'entendais sa mère dans la cuisine, en train de découper des légumes au rythme d'une chanson de Billie Holiday. William, le père de Simon, était assis dans son fauteuil du salon, apparemment peu soucieux de notre présence, occupé à lire le journal du week-end avec un verre et une bouteille de je ne sais quoi posés sur la table à côté de lui. Il était encore en peignoir et en pantoufles. J'ai essayé de ne déranger ni la mère ni le père. Je ne m'étais jamais sentie très à l'aise avec eux. J'ai toujours eu conscience du gouffre existant entre l'image qu'ils s'efforçaient de projeter et le mépris qu'en avait Simon. Il m'avait soutenu que ça se passait mieux pour lui, avec eux, quand j'étais là. Et pour moi, quand il était là. Or à cet instant, il n'était pas là. Et bientôt je n'y serais plus non plus.

En dépit de tout cela, ne voulant pas les blesser, j'espérais que Simon serait rentré avant qu'ils ne s'aperçoivent que je ne l'avais pas accompagné. Je suis entrée sous la douche. L'eau a jailli, avec Billie Holiday et le saxophone de Lester Young en toile de fond. Ensuite. une autre chanson d'elle. Elle chantait avec une espièglerie sucrée.

I fell in love with you the first time I looked into
Them there eyes.
You have a certain little cute way of flirtin' with
Them there eyes.
They make me feel happy
They make me blue
No stallin', I'm fallin'
Going in a big way
For sweet little you
My heart is jumpin' you started somethin' with
Them there eyes
You better watch them if you're wise
They sparkle, they bubble
They're gonna get you in a whole lot of trouble
Them there eyes [1].

Celle-là, je la connaissais trop bien ; l'entendre ne me facilitait pas vraiment la séparation. En des temps plus heureux, nous avions

1. Je suis tombée amoureuse la première fois que j'ai plongé
Les yeux dans ces yeux-là.
Tu as ta petite manière si jolie de flirter avec
Ces yeux-là.
Ils me rendent heureuse
Ils me flanquent le cafard
Rien à faire, je plonge
Je craque en grand
Pour toi mon petit sucre
J'ai le cœur qui bat tu as allumé quelque chose avec
Ces yeux-là
Si tu étais sage tu devrais faire attention
Ils scintillent, ils pétillent
Ils vont te créer pas mal d'ennuis
Ces yeux-là.

dansé sur cette chanson, et bien davantage encore. Je savais quels étaient les solos de Lester Young, et ceux de Sweet Edison ou de Teddy Wilson.

« Écoute Lester danser avec elle », me conseillait Simon.

Les cheveux gluants d'une épaisse mousse de shampooing, je me suis mise à danser en rythme, sous l'eau de la douche. C'est alors que j'ai remarqué que la musique était plus forte. Était-ce Lester Young ? Sur ce morceau, il ne joue pas. C'était soudain. Je me suis rincé la tête, j'ai ouvert les yeux et j'ai découvert que la porte de la salle de bains était légèrement entrouverte. Il n'y avait personne, mais je me suis sentie mal à l'aise et j'ai fini de me doucher en vitesse. J'ai refermé la porte et, pendant que je me séchais, je me suis dit que je n'avais pas dû la fermer correctement en entrant dans la salle de bains. Toujours dégoulinante, j'ai entrevu mon reflet dans le miroir du couloir, qui me suivait sur tout le trajet, jusqu'à notre chambre.

Par la fenêtre de la pièce plongée dans la pénombre, j'ai aperçu la voiture de Simon qui rentrait du supermarché. Il avait dû m'entrevoir fugitivement, nue, à la lumière de ses phares quand ils avaient balayé la chambre. Alors, dans un jeu de lumière, j'ai repéré le reflet d'une silhouette dans la vitre de la fenêtre. Ç'a été d'une soudaineté saisissante, aussi soudain que le flash d'un appareil photo, aussi soudain que la montée du volume dans le solo de Lester Young quand j'étais sous la douche. Je savais ce que c'était, et pis encore, je savais ce que cela n'aurait pas dû être. J'étais absolument certaine d'avoir fermé la porte de la chambre qui donnait sur le couloir. Et pourtant, je ne sais comment, la lumière des phares de Simon s'était reflétée dans le miroir du couloir à travers la fenêtre de la chambre. Je me suis retournée et, par une porte que l'on avait ouverte, j'ai découvert son père, William, dans le couloir. Je me suis sentie mal. L'espace d'un instant, d'un monstrueux instant figé à jamais dans mon souvenir, je suis restée plantée là, et son peignoir était ouvert. C'était sans ambiguïté.

Lorsque j'ai claqué la porte, horrifiée, j'ai entendu Simon ouvrir celle de l'entrée. Il a eu une brève conversation avec sa mère avant d'emprunter le couloir pour me retrouver.

« Dis à tes parents que je ne peux rien avaler pour ce soir. Je ne me sens pas bien, lui ai-je expliqué.

– Qu'est-ce qui ne va pas ?

– J'ai la migraine, la nausée. C'est comme une migraine. »

Je suis restée éveillée toute la nuit. Le lendemain matin, j'ai insisté pour qu'il me ramène chez moi avant le petit déjeuner. Silencieuse pendant tout le trajet, j'ai refusé de prendre son appel cette nuit-là, je ne savais pas quoi lui dire. J'ai prié ma mère de lui expliquer que j'étais souffrante, trop pour venir lui parler au téléphone. Quand il a rappelé, le lendemain, je lui ai expliqué que je me sentais mieux, mais que j'avais besoin de prendre un peu de champ. Je le rappellerais. Il m'a rappelée cinq jours plus tard et je lui ai annoncé que nous devrions mettre un terme à notre histoire. Il est passé me voir et je le lui ai répété. Il m'a demandé s'il y avait quelqu'un d'autre. Il pleurait. Je me suis mise à pleurer et je l'ai supplié de ne pas rendre les choses encore plus compliquées qu'elles ne l'étaient. Il a commencé par m'expliquer que je n'avais pas idée de l'ampleur de son amour. Ensuite, il est parti et, pendant presque deux jours entiers, j'ai pleuré : pleuré pour lui, pour moi, pour Billie Holiday, pour les enfants Rosenberg et pour tous les Abe Meeropol dont le nom était trop difficile à retenir, et même pour le jour de la Toussaint. Trop difficiles à retenir, et encore plus, à révérer. Et je me suis surprise à pleurer aussi pour Mme May Heywood, la mère de Simon. Ensuite, dix années ont passé et comme il ne pouvait plus supporter, après tout ce temps, de n'avoir toujours pas compris à quel point il m'aimait, sans avertissement ni permission, et parce qu'il avait été instituteur, Simon est allé à l'école par une belle après-midi pour me voler mon fils.

7.

Le charisme, au sens premier du mot est une notion inventée par l'Église pour dépasser la fragilité humaine, en particulier celle des prêtres. Il suffisait d'évoquer « le don de la grâce », et le prêtre le plus apathique ou le plus hypocrite, ou même le plus débauché, pouvait atteindre au charisme, pouvoir de source divine, afin d'offrir à ses paroissiens la communion avec Dieu. Le jeune Joe Geraghty possédait une autre sorte de charisme, plus enraciné, plus physique, loin de la divinité, et d'une autre espèce que celui de Simon Heywood. On le regardait, et on savait qu'il allait réussir par la grâce de son charme vigoureux, de sa parole facile, de son énergie sans limites et de sa détermination indomptable. Pour lui, le monde était une pomme géante dont il allait mordre la plus grosse bouchée possible. Son père, apparemment, essayait de la grignoter en douce pendant que personne ne regardait, mais il se faisait prendre à tout coup avec les conséquences les plus pitoyables. Joe, lui, s'y prendrait ouvertement, en pleine lumière du jour, et s'en tirerait très bien. Il avait eu la chance d'atteindre sa majorité à une époque où l'audace était le miel de la décision, le sucre de la pomme, un don plus précieux que n'importe quel idéal ou n'importe quelle qualification, plus précieux que la pomme elle-même.

Le charisme musclé de Joe, son charme accommodant, le semblant d'amour et d'admiration qui m'épargnaient d'avoir à faire quoi que ce soit pour l'encourager, la promesse d'un confort matériel sans cesse amélioré, avec le statut social qui allait de pair et la suggestion *sotto voce* que ces bonnes choses pourraient être partagées, c'était cela, joint à ce que mes parents me lançaient à la figure, qui m'avait mise en position de devoir choisir entre plusieurs photographes, juste avant de me retrouver à vomir chaque jour, triste façon de comprendre que le charisme nourrirait notre union à la manière dont un espresso avalé le matin à jeun soutient une carrière.

Je suis tombée trop facilement enceinte de Joe Geraghty. C'est ce que j'ai pensé quand, trois mois de suite, j'ai vomi si fort que, pour la première fois depuis mon enfance, je me suis surprise à prier. À genoux, les yeux remplis de larmes, j'étais courbée sur la cuvette des toilettes à supplier sainte Anne de mettre fin à la nausée si profondément logée en moi.

« C'est dommage, mais... tu sais... les femmes en passent forcément par là, m'avait expliqué Joe pour se montrer compréhensif. Ça ne va pas durer. » Et, en effet, ça n'a pas duré. La mise au monde a été rude. Quand le bébé s'est trouvé là, Joe est monté au septième ciel. Il avait désiré un garçon. Moi, je ne désirais qu'une chose : dormir. Cela a mis Joe en colère et, par la suite, quand j'ai eu des problèmes pour allaiter, il a invoqué mon épuisement néonatal. Mes tétons étaient tellement endoloris. J'étais tellement endolorie. Le bébé ne prenait guère de poids. Extrêmement agité, Joe m'a accusée de ne pas faire assez d'efforts.

« Il faut que tu te donnes plus de mal », Anna, insistait-il, comme s'il était l'entraîneur d'une équipe de football exhortant ses troupes à la mi-temps. Il a suggéré que nous engagions une nourrice. Ça m'a vraiment réconfortée. Nos mères nous rendaient visite. Chacune à sa manière, à l'irlandaise ou à l'italienne, elles étaient incapables de dissimuler leurs fronts plissés. J'ai surpris Joe marmonnant quelque chose au sujet du bébé et de son frère Roger, celui qu'ils confiaient à une institution.

Comme je recevais des visites continuelles, je tâchais de dormir dès que l'occasion se présentait. Très vite, Joe a appris à se préparer sans moi pour sa journée de travail. Ce matin-là, quand je me suis levée, il était déjà parti. Je me suis aspergé le visage d'eau fraîche et je suis allée voir le bébé, comme toujours. Ses mains agrippaient l'étoffe de ses draps. J'ai vu que sa couche était mouillée d'urine et de matières fécales. Je lui ai chuchoté son nom dans la pénombre de sa chambre, et j'ai trouvé sa peau étrange. Je l'ai pris dans mes bras et je me suis aperçue qu'elle avait un ton plombé, bleuâtre, en particulier sur le côté où il avait dormi. Ses lèvres étaient décolorées, et il en sortait un mucus teinté de rouge. Le visage était apaisé, les yeux légèrement congestionnés. Encore à moitié endormie, j'ai essuyé son visage avec un linge que j'avais à portée de la main, en me figurant que j'allais tout nettoyer, tout effacer. Je l'ai calé contre mon épaule comme pour lui faire faire son rot, mais il ne respirait déjà plus. Je l'ai tapoté de plus en plus fort. Je l'ai bercé de plus en plus vite. Nous avons oscillé ensemble dans la lumière matinale. Je ne voulais pas le reposer car j'avais peur de voir pour la première fois qu'il était vraiment mort. Nous sommes allés tous deux comme ça vers le téléphone, dans la pièce voisine.

« Si vous souhaitez parler à la police ou au service des ambulances, tapez 1 », me proposa une voix enregistrée.

Je le berçais toujours.

« Tous nos opérateurs sont actuellement occupés. Votre appel a été pris en compte. Veuillez indiquer le service des urgences désiré. Nous vous prions de bien vouloir nous excuser pour cette attente. Un opérateur va prendre votre appel dans quelques instants. »

Dans ma peur panique, sous le choc, devant l'horreur, j'ai appelé une ambulance et la police. J'ai appelé Joe à son bureau. J'ai appelé mes parents. J'ai appelé Sophie. Sophie est arrivée la première. Je le berçais encore. C'est elle qui me l'a enlevé de l'épaule. Elle l'a reposé dans son berceau et m'a dit de me laver les mains et le visage. J'ai fait exactement ce qu'elle m'a conseillé, comme une enfant. Elle m'a suivie dans la salle de bains et, tout en m'aspergeant la figure plusieurs fois de suite, je l'ai questionnée.

« À ton avis, qu'est-ce qu'il a, Soph... Il... il n'a pas l'air bien du tout. Il n'a pas l'air bien.

– Annie... ma chérie. Tu sais... il est mort. »

Quand elle m'a dit ça, j'ai hurlé que non, ce n'était pas possible et, comme une furie, j'ai couru le voir. Elle est arrivée à la porte de sa chambre avant moi et m'a empêchée d'entrer, me barrant l'accès avec son corps, et c'est la scène que mes parents ont eue sous les yeux à leur arrivée. C'était une scène qu'ils n'auraient pu imaginer.

Il y a un mot pour un enfant qui perd ses parents. Il n'y a pas de mots pour désigner des parents qui perdent un enfant, car c'est trop terrible. Si l'enfant est assez jeune, il existe un acronyme qui restera attaché à son souvenir : MSN, mort subite du nourrisson. À l'aube de son dix-septième jour, une conjonction de facteurs a vaincu mon bébé, mon fils, et l'a tué. La MSN a toujours existé, mais elle n'a acquis un nom que depuis quelques décennies. L'apparition de groupes de soutien est encore plus récente. Ma sœur Sophie a découvert leur existence et a essayé de nous convaincre de nous inscrire,

Joe et moi. Je ne lui en veux pas d'avoir essayé. Je ne sais pas ce que j'aurais fait si c'était elle qui avait perdu un enfant, mais, à l'époque, elle ne concevait pas la gravité de mon incapacité d'adresser la parole à des inconnus, de mon incapacité de parler à qui que ce soit. J'étais incapable de faire une tasse de café. Je n'avais pas la force ni la faculté de me concentrer. Les muscles de mes bras et de mes jambes étaient comme de la gelée. Éveillée pendant des heures chaque nuit, je ne songeais à dormir qu'une fois le soleil levé, mais quand j'essayais, je n'y arrivais pas. À la place, j'errais sans but, mollement, de pièce en pièce, et toutes les heures environ je sursautais sous l'effet de la panique, la poitrine serrée dans un étau. On aurait dit qu'une peur creuse, extatique habitait toutes les cellules de mon corps. Je n'avais pas envie de manger. Je n'avais envie de voir personne. Tout ce que je voulais, c'était pleurer. Quand Sophie ou ma mère venaient me voir, elles me trouvaient assise, en chemise de nuit, à faire défiler devant mes yeux les images spontanées de mon bébé, quand je l'avais pris dans mes bras pour la dernière fois, bleu et mouillé, images qui surgissaient encore et encore des profondeurs de mon esprit.

Sophie s'était chargée d'appeler mon patron. Le cabinet avait envoyé des fleurs, mais aucune personne du bureau n'est venue assister à l'enterrement. De même, mes amis sont restés à l'écart. Il n'y avait que le prêtre, Sophie et mes parents, la mère de Joe, une de ses sœurs et son frère Roger. Sur les instructions de sa mère, quelqu'un (mais pas Joe) s'était occupé d'aller chercher Roger dans la maison où on le gardait, lui avait noué une cravate autour du cou et lui avait dit de se tenir tranquille au bord de la tombe. Mais il avait beau essayer sincèrement, Roger était incapable de rester tranquille. Il n'arrêtait pas de se dandiner d'un pied sur l'autre, la main dans celle de sa mère qui lui chuchotait de ne pas faire de bruit. Au lieu de quoi, couvrant la voix du prêtre, il formula ce que tout le monde pensait.

« Rien qu'un bébé... un petit bébé, maman. C'est ça, hein ? »

Ce soir-là, dans notre lit, sans personne pour nous voir, Joe et moi nous sommes sentis libres de nous attaquer l'un à l'autre. Il m'a accusée de ne pas avoir tout donné au bébé.

« Tu pensais qu'il ressemblait à Roger, hein ? m'a-t-il lâché subitement dans le noir.

– Quoi ?

– Tu pensais qu'il avait les yeux de Roger.

– Qu'est-ce que tu racontes ? Je n'ai jamais dit ça. C'est toi qui as dit ça.

– J'ai dit... Je croyais que c'était ce que tu pensais.

– Qu'est-ce que tu essaies de me dire, Joe ?

– Rien... Je dis simplement... Tu ne peux pas nier... Je veux dire, toi surtout... tu sais... tu avais du mal à allaiter.

– Fais très attention à ce que tu vas dire.

– Merde ! Je n'ai pas à faire attention. C'était aussi mon fils, tu sais. Le jour de son enterrement, je dois faire attention à quoi ? J'ai donné tout ce qu'on pouvait attendre de moi... On me sort de ma réunion matinale pour m'annoncer, pour que tu m'annonces... que tu m'annonces... qu'il est mort. Soudain, sans que personne me donne un motif, notre fils est mort. »

J'étais éberluée. Je ne savais par où commencer.

« Tu as donné tout ce qu'on pouvait attendre de toi. Vas-y, dis-le, alors. Tu penses que c'est de ma faute, c'est ça ?

– Ce n'est la faute de personne...

– Oh ! putain, Joe, au moins, aie assez de couilles pour aller au bout.

– Qu'est-ce que ça signifie ?

– Tu penses qu'il est mort parce que je n'ai pas été à la hauteur. Ou que c'était délibéré, hein, Joe ? Dis-moi si c'est ton explication. Il est mort parce que je ne l'ai pas assez nourri. J'ai délibérément refusé de le nourrir parce qu'il ressemblait à Roger, et je ne voulais pas qu'il soit comme Roger et je ne voulais pas être la mère d'un Roger parce que j'ai vu la mère de Roger et je sais ce qu'elle aurait dû faire, il y a de ça des années.

– Ferme ta gueule, Anna.

– C'est ça, Joe ? C'est comme ça que tu te l'expliques ?

– Tu as vraiment une grande gueule, Anna. Tu le sais ?

– Moi, vraiment ? Dis donc, à quoi pensais-tu, au juste, quand tu me racontais à l'instant que tu avais donné tout ce qu'on pouvait attendre de toi ? Qu'est-ce ça veut dire, ça, bon Dieu ? Pas moi ? Ton possible, c'était quoi, d'ailleurs ? C'était quoi, tes obligations, dans tout ça ? La gloire du petit va-et-vient, – hop dans un sens, hop dans l'autre – accompli quelques secondes avant de t'endormir et ensuite, bravo papa ! Comme si la paternité était la seule idée que tu avais en tête pendant ces quelques secondes avant la sieste. Quand tu te réveilles, tu me vois gonflée et vomissante mais la seule chose que tu fais, c'est de t'enfuir au bureau aussi vite que te le permet ta bagnole en laissant la madone à genoux au-dessus de la cuvette des toilettes. Et le soir, quand tu rentres à la maison après ta séance de sport ou le verre pris avec des collègues, tu balances ta veste sur le canapé, tu te verses encore un verre en crachant des perles de sagesse du genre : “ Nous faisons tous ce que nous avons à faire ”, ou ce genre de merde pendant que je continue de vomir. Tu es un bel enfoiré, un animal.

– Quelques secondes ?

– Quoi ? C'est la seule chose que tu aies entendue ? La seule formule que tu aies retenue, hein, Joe ? Qu'est-ce que tu t'imagines ? Tu es... Joe... non... Tu as perdu la tête ?

– Quelques secondes, c'était ça, Anna ?

– Tu es minable. Tire-toi !

– C'est ce qu'on va voir, hein ? Voir qui est-ce qui tient... quelques putains de secondes. Je suis parti pour quelques secondes, chérie.

– Ce n'était pas un défi, Joe, je ne veux pas...

– Un talent comme le tien... Un spécimen de ta classe... tu... ne serais plus là... si ça ne durait jamais que quelques secondes. »

Maintenant, j'étais sur le ventre, incapable de bouger, avec lui couché sur moi, couché en moi.

« Je t'en prie... Joe », l'ai-je imploré, mais il m'a ignorée et il a continué, pas avec passion, avec fureur, comme pour battre un record. J'ai fermé les yeux, pendant qu'il y allait, qu'il faisait ce qu'il avait à faire. J'ai fermé les yeux et j'ai tâché de me concentrer sur le rythme parfait de sa respiration et de sa cruauté, et tout ce que j'étais capable de voir, sous mes paupières closes, c'était mon bébé, qui nous observait avec ses petits yeux congestionnés, bleu et mouillé. Joe s'est arrêté et m'a retournée. J'étais prise d'une fatigue indicible. Il s'est mis à me labourer avec un tel fanatisme que j'étais incapable de comprendre si cela relevait de la démonstration ou de la punition.

« Joe... Joe..., ai-je chuchoté. Qu'est-ce que tu fais, Joe ? Aujourd'hui... C'était notre fils. »

Il a relevé la tête. J'ai tendu la main vers la lampe de chevet. Il avait le visage écarlate et il pleurait, un tel torrent de larmes et de sanglots, de quoi émouvoir une pierre. Puis il s'est enfoui le visage dans mes seins. Pourquoi étais-je incapable de le serrer dans mes bras ou même de lui caresser les cheveux, dans la nuque ? Le bébé avait les yeux de Roger.

8.

Un soir, quelques mois plus tard, Joe et moi étions à une réunion d'un groupe de soutien dans le cadre de la MSN. J'ai regardé autour de moi dans la pièce. Il y avait là surtout des couples, mais aussi quelques célibataires dont le mariage avait succombé à la MSN. Ils avaient beau sembler très corrects, du moins pour des gens en deuil, j'éprouvais un besoin urgent de sortir de là le plus vite possible. Un événement tragique, incroyable, de pur hasard les avait réduits en bouillie et ils cherchaient le réconfort dans ce salon de banlieue où une thermos d'eau bouillante attendait sur une table de jeu, à côté d'une rangée de tasses et de soucoupes en porcelaine fine, d'un pot de nescafé et d'un tupperware plein de biscuits à la noix de coco, sorte de thérapie culinaire à moitié cuite concoctée par un anonyme.

J'ai observé Joe. À défaut de soutien, il s'était trouvé un ami, un type installé près des biscuits, auquel il tendait une carte de visite.

« Services à la clientèle privée », l'ai-je entendu expliquer, debout devant la table de jeu branlante, un biscuit à la main. « Peut avoir l'air impressionnant, mais c'est le jargon qui veut ça. Pour faire simple, mon boulot consiste à permettre aux gens d'accéder au meilleur cocktail de gain et de sécurité existant. En résumé, voilà de quoi il s'agit. Hum... ils sont bons, ces gâteaux, non ? Mais faut faire attention aux miettes. »

Nous avions perdu notre fils. J'avais encore du mal à juger le monde autrement qu'irréel, j'avais encore du mal à trouver le sommeil. Je ne pleurais pas. J'étais engourdie. À l'occasion, dans mes éclairs de lucidité, il me paraissait évident qu'il serait judicieux, pour notre bien à tous deux, de nous séparer. Nous partagions une tragédie, mais elle ne suffisait pas pour étayer l'erreur que constituait notre mariage. Nous étions tous deux encore jeunes.

Au travail, les gens, surtout les femmes, m'évitaient. Ils ne savaient pas comment m'approcher et, du coup, pour la plupart, ils ne m'approchaient pas du tout, quand bien même le cabinet prétendait être une entreprise d' « individus au service des individus ». Cette entreprise d' « individus au service des individus » avait situé son activité dans le secteur du « recrutement », puis de la « gestion du personnel », puis des « ressources humaines ». En fait, c'était un cabinet de consultants spécialisé dans le conseil en délocalisation et dégraissage. On a vite cessé d'entendre parler des « individus au service des individus ». On s'y habitue. Après tout, nous sommes tous des « individus au service des individus ».

J'étais embauchée depuis peu quand on m'a demandé ce que je pensais de ce slogan. Je me suis montrée généreuse dans la louange, car je craignais que ce ne soit moi que leur question évalue, et non leur accroche.

D'autres réalités plus importantes requéraient mes talents de funambule. Mon supérieur immédiat avait développé à mon égard un intérêt très malvenu. Je sentais sa main au creux de mes reins aux moments les plus inappropriés. Il me frôlait dans les couloirs sans nécessité, et me demandait en riant de rester là au cas où il repasserait dans l'autre sens.

Au bout de deux mois, mon inquiétude m'a poussée à me confier à une ancienne de la boîte. Je faisais bien d'ignorer l'attitude de ce type, m'a-t-elle dit, « Il essaye ça avec toutes les petites nouvelles.

– Mais je ne suis pas une secrétaire.

– Non, en effet. Les secrétaires, elles, n'ont pas le choix.
– Quel choix ?
– Tu peux vivre avec...
– Vivre avec ? Tu plaisantes !
– Non. Elles sont nombreuses dans ton cas.
– Vraiment ?
– Bien sûr.
– Vivre avec, sinon quoi ? ai-je insisté.
– Ignorer la chose. L'ignorer jusqu'à ce qu'il s'en lasse et qu'il s'intéresse à quelqu'un d'autre.
– Et si je lui parlais, si je lui en parlais ?
– Si tu tiens à rester ici, à ta place, je m'en abstiendrais. C'est pas mal, ici. On est bien payé. Tu as de quoi être heureuse, ici.
– Et si j'ignore la chose, tôt ou tard, il s'arrêtera ?
– Ouaip.
– Et il sera encore possible d'avoir une relation de travail saine avec lui ?
– Écoute, je suis toujours là, moi, non ? »

Elle était toujours là quand mon congé exceptionnel pour événement familial a expiré. Elle était encore célibataire, désormais au poste de directrice, et elle n'avait peur de rien, pas même de l'odeur de ma tragédie personnelle. Au bureau, elle était la seule à qui je puisse parler. Les mois ont passé et je ne me remettais toujours pas, mais j'ai cessé de me rendre à ces réunions de soutien. Rien ne soutenait. De désespoir, je me suis pliée aux pressions de ma famille et de Joe et, à contrecœur, j'ai accepté de prendre des vacances « réparatrices ». Joe avait parlé des Fidji. Il était entre deux affaires.

« Ça pourrait nous faire un bien fou, recharger nos batteries. C'est exactement ce qu'il nous faut », insistait Joe, en un vrai travail de propagande.

Ce qu'il nous fallait, c'était une séparation. Mais il était plus commode de partir pour les Fidji, en reportant la séparation. Imaginer la réaction de mes parents à l'annonce d'un divorce a suffi à me convaincre de monter dans l'avion. Et donc, au lieu de quitter Joe, je me suis retrouvée à l'accompagner dans les îles Fidji. Vacances bizarres... Le personnel de l'hôtel nous traitait comme des jeunes mariés en pleine lune de miel, en tout cas au début. Au bout de quelques jours, quelqu'un a dû remarquer que je sortais faire de longues promenades, seule, et que Joe hantait le bar jusqu'aux petites heures du matin à la recherche de cassettes porno à louer. Il est d'ailleurs parvenu à se procurer une version tropicale de la chose auprès d'un autochtone. Il a commandé des cocktails multicolores par le service en chambre et, quand ils ont été là, piqués d'ombrelles miniatures et de cuillers en plastique, il a allumé le magnétoscope pour qu'on regarde ça au lit tous les deux. Je suis incapable d'imaginer à quoi il pensait, ou plutôt je n'imagine pas comment il pouvait croire que des doses massives de gin et d'ombrelles sur fond de dames asiatiques huilées, enlacées et totalement ennuyées allaient rendre un coup de jeune à notre mariage – sans parler d'anesthésier ma douleur. Il trouvait ça excitant et me suppliait de « vivre dans l'instant ».

Comme le bébé, le bébé avait vécu dans l'instant, son seul instant, ai-je failli lui répondre avant de me persuader que ce serait plus facile si je ne répondais pas du tout. Après tout, quel mal y avait-il dans sa tentative de fuite ? Qui blessait-il ? Nous nous séparerions un peu plus tard. Il souffrait. Qu'il se masturbe. Il m'était arrivé de le détester et cela m'arriverait de nouveau. Il m'était arrivé de me laisser aller à des paroxysmes de détestation, et cela m'arriverait de nouveau. Mais subitement, de le voir là complètement nu et sans protection, sur le lit, je me suis sentie triste pour lui. C'était de la pitié. À cet instant, j'ai décidé que, pour les quelques jours qui nous restaient, je m'efforcerais de m'entendre avec lui. Il y aurait assez de temps pour la déception, les rapports d'avocat, les accusations et la dissolution. J'allais essayer de lui faire plaisir. J'allais simuler, autant qu'il serait nécessaire. Chevaucher les vagues de ses fantasmes érotiques si puérils. Je m'efforcerais de faire comme si je dormais avec un soldat à la veille d'une bataille, la bataille dans laquelle il s'engagerait quand je le quitterais. Où était le mal ?

Le mal était là, en moi, à nouveau. Quand je me suis aperçue que j'étais enceinte, nous étions de retour à la maison. Joe a ouvert une bouteille de champagne. Ma mère est tombée à genoux, elle a pleuré, elle a remercié Jésus. Je me sentais comme si je venais de me faire renverser par un camion.

« J'ai prié pour ça, Anna, j'ai vraiment prié pour, m'a confié ma mère.

– Nous avons tous prié », a ajouté Joe en écho.

J'avais demandé un rendez-vous pour une interruption de grossesse. J'avais sorti l'annuaire du placard, je l'avais ouvert et pris rendez-vous, mais je n'ai pu aller jusqu'au bout. Les bonnes sœurs avaient modelé mon père et ma mère. Mais il n'y avait pas que les bonnes sœurs. Une fois que j'ai eu confié ça à Joe, à mes parents et à Sophie, je n'ai plus été capable d'aller jusqu'au bout. Mon erreur, enfin, ma deuxième erreur, a été de le confier. J'aurais dû me rendre à la clinique dès que j'avais eu la confirmation, dès que j'avais sauté mes premières règles. À ce moment-là, ce n'était pas encore Sam. Ce n'était pas encore mon fils magnifique. Ce n'était personne. Mais c'était déjà la fin du nouveau départ.

Un samedi après-midi, pendant la grossesse, je me suis endormie sur le lit. J'ai rêvé d'une femme âgée, une amie de ma mère, une grenouille de bénitier; à peine reconnaissable, elle se penchait sur moi dans la pénombre. Avec un doigt trempé dans ce qui ressemblait à de l'huile d'olive, elle traçait des cercles sur mon ventre, et elle chuchotait. « Trois divinités de la sainte Trinité font un Dieu. Ces trois cercles protègent la vie et le développement d'un nouveau petit être qui viendra au monde par la volonté du Père, du Fils et du Saint-Esprit. Accordez je vous prie... » Je me suis réveillée, mais le chuchotis n'a pas cessé.

Il y avait réellement une femme étrange, debout dans ma chambre, qui marmonnait je ne sais quoi à propos de la sainte Trinité. Ma mère, qui attendait dans la cuisine, anxieuse, l'avait payée pour me rendre visite. Joe écoutait le match de football dans la pièce voisine. Il les avait laissées entrer, mais s'était tenu à l'écart de la discussion qui avait suivi entre ma mère et moi. Plus tard, Sophie a trouvé ça très drôle.

« Elle s'inquiète pour toi, c'est tout, fit-elle.

– Tu apprécierais, toi ?

– Bon Dieu, non ! Prends ça à la rigolade. Laisse filer.

– Mais elle a vraiment payé cette femme.

– C'était quoi, comme huile d'olive ?

– Sophie, il faut que tu me débarrasses d'elles, lui ai-je dit, alors que Joe entrait dans la chambre.

– Ta sœur a raison, Anna. Il faut qu'on sache quelle huile d'olive c'était. Si elle s'est servie de la nôtre, c'est une voleuse et ça ne marchera pas », a-t-il lâché en croquant dans une pomme.

Ce soir-là, alors qu'il finissait de se brosser les dents en pyjama, il a eu l'air d'un gamin grandi trop vite, plein d'espoir et de bonne volonté. Je lisais dans le lit, allongée sur le flanc, quand il est arrivé de son côté du lit.

« Je suis content qu'elle ait fait ça, a-t-il dit à brûle-pourpoint. Pourquoi prendre des risques ? »

Quand le bébé est né, ce bébé qui est devenu Sam, ma mère et mon père, mon mari et sa mère, et ma sœur étaient fous de joie. La vérité, que je ne me suis jamais autorisée à confier à quiconque, c'est que pas moi. Et pourtant, je l'ai tout de suite aimé. Si cette grande joie était absente de moi, le soulagement, lui, était bien là. Le soulagement que j'éprouvais chaque matin à constater qu'il était en vie. Il m'a fallu des années pour tenir sa survie pour acquise. En fait, je n'y suis pas encore vraiment arrivée.

Je l'ai aimé tendrement, mais sans euphorie. Il me fallait attendre que mon enfant soit assez grand pour ne pas être trop abîmé par la séparation, et je me rendais compte combien cette attente serait difficile.

9.

Tous les jours, quand je rentrais à la maison, je débordais d'amour et de fierté à la vue de la petite personne que j'avais engendrée, cet adorable petit garçon que je nourrissais, que j'habillais, que je baignais, à qui je faisais la lecture ; et, pourtant, tous les jours sans exception, je savais que j'avais épousé une erreur. J'étais prise au piège dans une maison dont la taille croissait avec le marché mais toujours habitée de silences caverneux. J'étais forcée d'être l'intime d'un homme grossier apparemment dénué de vie intérieure, de dormir à ses côtés, de laver son linge. La routine même de mon existence m'empêchait de rencontrer quelqu'un avec qui parler, partager mes problèmes, quelqu'un qui se soucie de moi, des autres, quelqu'un qui soit capable de penser. Il était peu vraisemblable que je connaisse le moindre abandon joyeux, la moindre allégresse dans le cadre d'une nouvelle relation. Si bien que, des années plus tard, lorsque j'ai cru l'avoir à portée de main, la surprise a été totale.

Je ne m'attendais pas à me retrouver souriante, vibrante de frissons, heureuse d'être en vie, roulant sans but dans le soleil levant sans que personne au monde sache où j'étais. Autour de moi, les rues se réveillaient à peine. C'était l'heure des livraisons – des fleurs, des journaux, du lait. Les devantures allumées des boulangeries me souriaient, complices. Tout était à la fois nouveau et familier. J'avais découché et j'aurais dû me sentir coupable. J'étais sortie avec un homme, mais je n'avais pas fait l'amour avec lui, même si nous le désirions tous deux. Nous nous étions à peine embrassés pour nous dire au revoir, et pourtant je me sentais pousser des ailes.

J'avais besoin de rouler au hasard jusqu'à ce que Joe soit parti au bureau et que la bonne ait conduit Sam à l'école. Il fallait que je raconte à Joe que je partais en voyage d'affaires pour le cabinet, et que je laisserais ma voiture à l'aéroport. J'ai roulé jusqu'à l'autre bout de la ville et j'ai commandé un café dans un bar repéré dans la rubrique gastronomique d'un journal. L'établissement retournait le compliment en offrant à sa clientèle le loisir de tacher ou de voler le journal en question. Mais j'étais incapable de me concentrer sur ma lecture. J'étais trop en vie. J'ai commandé un énorme petit déjeuner en sachant que je serais incapable de le manger en entier. Je voulais seulement prolonger mon séjour dans ce café, où les gens qui se retrouvaient pour le petit déjeuner, artistes écrivains, musiciens étaient accueillis par des airs de jazz.

Si Simon avait été là, il m'aurait rappelé que peu d'artistes, peu d'écrivains et de musiciens ont les moyens de se payer un petit déjeuner hors de chez eux. Ensuite, il m'aurait proposé d'aller voir si les boutiques de Bentleigh, Croydon, McKinnon ou Box Hill proposaient Proust, Mahler ou Matisse. Il aurait eu raison de se moquer gentiment de mon idéalisation des bourgeois-bohèmes de la rive gauche de la Yarra. J'aurais souri, un peu gênée, je me serais sentie stupide, et puis je l'aurais quitté.

Mais Simon n'était pas là et, ce matin-là, dans ce café, la vie m'est apparue soudain grosse de possibilités. J'ai contemplé les affiches sur le mur et, pendant un instant, je les ai prises au sérieux. Pourquoi ne pas fréquenter ces théâtres d'avant-garde, ces ateliers de danse moderne expérimentale, ces espaces d'expression tous situés à quelques minutes de marche du café où j'étais assise ? Humez-moi ce café. Dieu merci, les gens avaient continué de faire ce que je n'avais jamais fait. J'arrivais encore à m'impliquer. Je n'étais ni morte ni vieille. Une affiche annonçait un concert au profit de Greenpeace. J'irais peut-être. J'allais peut-être adhérer. Pourquoi ne pas adhérer à Amnesty ? De ce côté-ci de la Yarra, les gens étaient carrément plus sympa.

J'ai songé à m'installer un jour sur cette rive, mais l'idée s'est dissoute avant que je ne décide si ce serait seule ou avec un homme, pourquoi pas celui avec qui je venais de sortir. L'arrivée du petit déjeuner – des œufs, du bacon, une tomate, des pommes de terre sautées et des toasts – m'a ramenée sur terre. Tout cela avait l'allure et l'odeur nécessaires pour tracer une frontière entre la nuit écoulée et la journée qui commençait. La taille de l'assiette m'a rappelé la situation. Plus que d'argent ou d'absence d'enfants, ce dont une femme a besoin pour envisager un second mariage, c'est d'un ventre aussi plat qu'une crêpe. Pour la première fois depuis des années, je songeais sérieusement à me remettre sur le marché.

Je n'avais pas cherché. Je n'avais pas cherché de liaison, pas même une porte de sortie. Je m'étais peu à peu résignée à vivre une demi-vie avec Joe jusqu'à ce que Sam soit plus grand. Plus grand, mais encore ? Je n'avais rien programmé et peut-être ne partirais-je jamais, mais j'avais besoin de cette perspective située dans un avenir indéterminé. Puis il a y eu un cocktail, encore un de ces pince-fesse organisé par le bureau de Joe. Je n'avais aucune envie d'y aller car, si les gens qui s'y trouvaient pensaient du bien de Joe, alors ils ne valaient pas la peine qu'on leur consacre du temps, et s'ils n'en pensaient aucun bien, je n'avais pas envie de le constater. Apparemment, ce cocktail signifiait beaucoup, pour Joe.

« Pourquoi ne mets-tu pas ta robe rouge ? Tu sais laquelle, me lança-t-il de la salle de bains.

– Non, laquelle ? ai-je demandé sincèrement.

– Tu sais, celle que j'aime bien. La rouge, dos nu, avec le... avec les seins.

– Non, les seins, ce sont les miens.
– Quoi ? s'est-il écrié.
– Les seins, ce sont les miens.
– Allez, Anna. Ne fais pas la futée. On va être en retard » a-t-il repris avec impatience.

Il était tendu. Il n'arrêtait pas de changer de veste. J'étais responsable de son complexe vestimentaire, et maintenant il était incapable de me demander mon avis.

– Ça m'a l'air bien, Joe, lui dis-je spontanément.
– Ah ouais ? Elle est pleine de ces putains de poils de chat. Comment elle a pu attraper ces poils de chat ? On n'a même pas de chat », s'agaça-t-il en brossant sa veste avec une brosse à habits, de gestes brusques.

Je n'essayais pas de faire la futée. Les seins étaient les miens, mais il les considérait comme un bien qu'on peut montrer, comme sa maison. Sauf qu'à l'inverse de sa maison, il les possédait en pleine propriété depuis le jour de notre mariage. Nous sommes montés en voiture. Il a claqué la portière et s'est mis à conduire comme un type qui redoute de trouver porte close s'il arrive en retard.

« Joe Geraghty, voici Peter et Marian Simmonds. Vous connaissez Peter, bien entendu, et...
– Voici ma femme, Anna, Anna Geraghty.
– Enchantée de vous rencontrer, monsieur Sheere.
– Je vous en prie, appelez-moi Donald.
– Merci.
– Voici mon épouse...
– Je suis ravie de faire votre connaissance, madame Sheere. Mon mari m'a tant parlé de vous.
– Et j'ai si souvent parlé à mon mari de votre mari. N'est-ce pas, Don ?
– Ma parole, oui. Joe a fait très forte impression sur mon épouse et, plus récemment, sur moi. J'ai fini par dépendre de lui sur bien des plans. Oh ! et voici le docteur Michael Gardiner, de qui je dépends encore plus que de Joe... Il est mon cardiologue. C'est grâce à ses compétences que je suis encore en vie.
– Comment allez-vous ? » Le docteur Gardiner a tendu la main. « Je dois rectifier car, en réalité, Don ne me doit rien du tout, si ce n'est, le cas échéant les honoraires de sa dernière consultation. Il est enclin à l'hyperbole, une affection notoirement difficile à traiter. »

Un serveur s'est approché avec un plateau chargé de verres, interrompant brièvement le cours des présentations. Une fois tout le monde armé d'un daiquiri, Donald Sheere a poursuivi :

« Joe et Anna Geraghty, voici David Buchanan. David est associé chez Kiersten, Emery et Hemmings.

– Enchanté, Anna... Joe, n'est-ce pas ?

– Oui.

– Très content de vous rencontrer... tous les deux. Donald m'a expliqué que vous étiez courtier dans l'équipe de Gorman, a ajouté Buchanan.

– C'est exact.

– Et que vous avez réalisé des merveilles pour Mme Sheere.

– Nous faisons de notre mieux », a répondu Joe, accueillant ce compliment avec une ébauche de sourire.

Il était incapable de se détendre. Il était au travail, et il travaillait sur plusieurs fronts à la fois – Joe était très frontal –, parmi lesquels le contrôle de ses sphincters lui paraissait plus important que celui des muscles faciaux. En outre, réagir par un franc sourire, c'eût été accorder trop d'importance à ce néophyte.

« Et votre épouse, Anna ?

– Oui ?

– Fait-elle partie de votre équipe ? s'est enquis David Buchanan.

– Je vous demande pardon.

– Êtes-vous courtière, vous aussi, madame Geraghty ? m'a-t-il demandé en souriant, entre deux gorgées.

– Non, pas du tout, ai-je souri à mon tour.

– Oui, c'est vrai. Je n'ai jamais vu de courtier qui ait votre allure.

– Eh bien, merci... je crois que...

– Madame Geraghty, je vous assure...

– Anna.

– Je disais cela de la manière la plus aimable qui soit... Anna. Vous voyez, dans ma...

– Vous êtes avocat, n'est-ce pas ? est intervenu Joe.

– Oui, je suis associé chez Kiersten, Emery et Hemmings... Joe, n'est-ce pas ? »

Je me souviens d'avoir lu quelque part que la queue du paon chante la gloire de Dieu tandis que la nudité de la femme chante l'œuvre de Dieu. Je ne me souviens plus qui a écrit ça. Blake, peut-être ? Simon le saurait. Il me l'avait certainement cité. Je n'étais pas nue, mais David Buchanan me regardait comme si je l'étais, ne me quittant du regard que pour s'assurer que son plumage non seulement égalait mais éclipsait celui de mon mari. La vanité, la suffisance, la jalousie et la malveillance abondaient dans ce cocktail organisé chez les Sheere. Le tout arrosé d'une certaine dose d'hypocrisie. Je l'ai perçu à partir des bribes de conversation dont je me suis souvenue rétrospectivement. Un piano quart de queue égrenait machinalement des mélodies que j'avais de plus en plus de mal à reconnaître au fil des daiquiris.

« Madame Geraghty, vous êtes... hum... Votre mari m'a dit dans quelle branche vous étiez, mais... »

Donald Sheere s'est tourné vers moi, hésitant.

« Je travaille pour un cabinet de consultants en management.

– Oh, vraiment ? Lequel ? » m'a-t-il demandé, et je me suis livrée à un séminaire improvisé sur le conseil en management en général et sur notre cabinet en particulier. Après que Donald Sheere m'a eu posé plusieurs questions sur mon métier, les autres convives se sont sentis libres, voire contraints de me témoigner un intérêt similaire.

« Ça s'est vraiment développé, non ? Comme science, je veux dire, s'est ingénument risqué Peter Simmonds. Un outil indispensable dans les affaires, de nos jours. Il est vrai que de nos jours... »

Toute cette attention avait l'air de plaire à Joe. Son actif lui rapportait un dividende bien supérieur aux prévisions. Il n'aurait pas été mécontent de me suspendre au plafond comme une boule en miroirs, et de m'y laisser répondre aux questions des messieurs qu'il voulait impressionner ou déprimer pendant qu'il travaillait Mme Sheere. De temps à autre, je lançais des coups d'œil dans sa direction, juste pour m'assurer qu'il se défendait. Il avait l'air content de lui, enfin, jusqu'à ce que David Buchanan pose la main sur moi, un peu plus bas que le creux de mes reins. J'en suis restée comme deux ronds de flan, si je puis m'exprimer ainsi. Donc j'ai attendu, et il a attendu, et sa main aussi. Pour être d'une franche honnêteté, j'étais excitée par l'audace du geste autant que par la singularité de David Buchanan. Nous étions debout l'un à côté de l'autre, dans un cercle. N'importe qui aurait pu s'apercevoir de ce qu'il fabriquait. Soudain j'ai cru sentir un mouvement infime de ses doigts contre ma peau. Puis, brusquement il a retiré sa main ; à l'évidence, il avait repéré avant moi que Joe se joignait à notre cercle. Joe s'est fait un devoir de me prendre par la taille et, sans trop tarder, il m'a aidée à enfiler mon manteau. Quand il s'est éloigné le temps d'aller dire quelque chose en privé à Mme Sheere avant de prendre congé, j'ai glissé la main droite dans ma poche, et j'y ai trouvé la carte de visite de David Buchanan. Comment s'y était-il pris, cela me dépassait, mais il était manifestement d'une témérité dangereuse, et même un brin dérangé. Croyait-il vraiment que j'allais non seulement trouver cette carte, mais la lire et l'appeler ? J'avais presque envie de l'appeler rien que pour lui poser la question.

Une fois à la maison, Joe s'est montré d'une humeur massacrante. Il n'était pas seulement convaincu que j'avais flirté. Il pensait avoir misé gros sur ce cocktail et avoir perdu. Il avait perdu la partie. Le temps que je paie la baby-sitter et que je la raccompagne, il était déjà au lit. J'aurais sûrement jeté cette carte de visite aussitôt si je n'avais pas craint de le rendre furieux au cas où il l'aurait vue dans la corbeille à papier. Donc je l'ai laissée dans la poche de mon manteau avec la ferme intention de m'en débarrasser une fois arrivée au bureau.

J'ai repensé à la carte de David Buchanan quand, le lundi suivant, la réception m'a passé un appel inattendu, juste avant le déjeuner.

« Anna Geraghty ?

– Oui.

– Michael Gardiner. Nous nous sommes rencontrés samedi soir chez les Sheere.

– Oui, Michael. Comment allez-vous ?

– Bien, merci. Je me demandais quand vous seriez libre à déjeuner ? »

Persuadée qu'il voulait, en tant que directeur du service de cardiologie d'un grand hôpital public, faire appel aux services de notre cabinet, j'ai accepté de déjeuner avec lui. J'ai reposé le combiné et je suis restée assise un moment, stupéfaite. Là-dessus, j'ai déchiré la carte de Buchanan et je l'ai jetée. C'est ainsi que ça a commencé, avec Michael.

10.

Cela a commencé par des déjeuners, de longs et lents déjeuners, séparés par de longs intervalles. De la sorte, c'était facile de ne jamais culpabiliser. Au contraire, je me sentais euphorique et quasiment – j'en suis confuse, aujourd'hui – noble d'esprit et de cœur. Noble précisément parce qu'il ne se passait rien. J'avais ces longs déjeuners avec un médecin spécialiste, un être séduisant qui s'exprimait d'une voix feutrée, et nous ne faisions jamais que parler et manger.

Nous parlions d'art, de théâtre – il était membre de tout. Il racontait des anecdotes amusantes sur des politiciens et des célébrités diverses, il connaissait des gens qu'en général on ne voyait que sur les pages des magazines. Il a pu me prendre la main à table, l'espace d'un instant, ou m'embrasser fugitivement sur la joue quand nous nous retrouvions mais, pendant presque un an, ce n'est pas allé plus loin. Il possédait le charme du vieux monde et une virilité très contemporaine. Il pouvait commencer une histoire par ces mots : « Ce n'est pas une chose que je confierais à ma femme », et je l'écoutais alors encore plus attentivement, et nous nous penchions légèrement l'un vers l'autre. En fait, la raison pour laquelle il ne confiait pas la chose en question à sa femme n'était jamais claire ; je l'aurais compris si j'y avais songé. Mais l'expérience me plaisait trop. Je me demandais bel et bien : pourquoi moi ? Il aurait pu prendre n'importe quelle femme au piège, et je ne couchais pas avec lui. J'en étais même loin, et cela ne semblait pas le contrarier. Il n'a même jamais abordé cette éventualité. Il trouvait en moi quelque chose, m'a-t-il avoué, qu'il trouvait rarement chez les autres. J'ai eu l'intelligence de ne pas lui demander quoi, et je me suis contentée de le définir secrètement comme étant « ce quelque chose qu'il voit en moi ». Simon aurait aimé l'assurance tautologique de mon affirmation.

Est arrivée cette nuit dont la fin m'a vue renaître au volant d'une voiture qui roulait vers la rive gauche de la Yarra, vers un café de Brunswick Street et un petit déjeuner trop copieux pour moi. Une semaine plus tôt, Michael m'avait téléphoné pour me proposer de dîner avec lui. Nous n'avions encore jamais dîné ensemble. Seulement déjeuné. Je l'ai questionné au sujet de sa femme et il m'a dit qu'elle ne pourrait pas nous rejoindre. Elle ne serait pas en ville. Il ne mentionna pas Joe, ni pour qu'il soit des nôtres – c'était exclu puisqu'il ne savait rien de nos déjeuners –, ni pour recommander la discrétion. Je lui ai répondu que j'aimerais beaucoup, mais que je ne savais pas quoi dire à mon mari.

« Pourquoi ne pas lui dire la vérité ? » m'a suggéré Michael, après quoi il y a eu un long silence.

« La vérité... c'est... intéressant. Quelle est exactement la vérité... en l'occurrence ?

– La vérité, Anna, c'est... La vérité, c'est que je ne vous ai jamais rien témoigné d'autre que le respect le plus total...

– Enfin, oui, mais...

– Que nous nous parlons très facilement...

– C'est vrai.

– Que nous déjeunons ensemble... depuis, quoi ? Un bon bout de temps, maintenant.

– C'est vrai.

– Que, chaque fois, je me sens capable de poursuivre la conversation avec vous à l'infini.

– Vraiment ?

– Oui. Vous le savez.

– Michael, je...

– La vérité, Anna, c'est que nous sommes tous deux entravés, mariés et que cela m'empêche de vous voir autant que j'aimerais, mais vous... vous signifiez tant à mes yeux. Chaque fois que je vous vois, c'est... enfin, c'est la minute la plus intense de ma semaine.

– Vraiment ?

– Vous le savez. Et j'irais plus loin. Je crois que ces déjeuners vous plaisent beaucoup, à vous aussi.

– Oui... en effet.

– Oui, à certaines personnes, notre relation doit sembler peu conventionnelle mais, enfin, nous sommes des êtres peu conventionnels, n'est-ce pas ?

– Enfin, oui, je suppose que c'est... vrai.

– Je ne sais pas, Joe... Il... il est probablement plus conventionnel que nous.

– Oui... c'est juste.

– Donc, j'en conviens, vous ne pouvez pas lui dire la vérité, en tout cas pas la vérité sur ce qui se passe dans l'esprit complexe de la femme qu'il a eu la chance de prendre au piège. Je comprends ça, mais la semaine prochaine mon épouse sera partie, et je crois que je n'aurais envie de rien d'autre, à la fin d'une longue journée de travail, que de vous avoir à dîner. Je veux juste dîner avec vous. Ce n'est pas un crime, Anna, non ?

– Non.

– Je sais que vous ne pouvez pas le lui dire, alors racontez-lui autre chose.

– Quoi ?

– Je ne sais pas. Expliquez-lui que vous devez partir en voyage d'affaires. Vous aurez droit à un long dîner tranquille avec moi. Nous ouvrirons une bouteille ou deux, nous oublierons l'heure et, quand vous serez fatiguée, vous pourrez me souhaiter une bonne nuit et je vous appellerai un taxi qui vous conduira dans une chambre que je vais réserver pour vous dans un hôtel de la ville. Le lendemain matin, vous irez travailler, et nous aurons passé tous deux un moment extrêmement charmant. Je sais que c'est une proposition un rien inhabituelle, mais...

– Que vais-je faire de ma voiture ? » ai je demandé subitement, comme une gamine.

Cela m'avait échappé, et cela signifiait « oui », bien sûr.

J'ai servi à Joe le mensonge suggéré par Michael. D'avoir tout écrit d'avance, c'était plus facile et, une fois le mensonge commencé, en suspens, il n'était plus question de faire machine arrière. Joe n'a pas apprécié. Je n'avais jamais passé une nuit loin de lui et, à y repenser, le problème aurait pu venir de là. Il était soupçonneux, probablement à cause de ce qu'il trafiquait lui-même – mais ça, je ne l'ai compris qu'après. En fait, il ne m'a jamais véritablement accusée de mentir à propos de ce voyage d'affaires, mais cela bouleversait son équilibre et nous nous sommes disputés, mais à d'autres sujets, sur des détails triviaux. En temps normal, nous communiquions à peine, et quand ça nous arrivait, c'était sans passion. Mais, quand nos récriminations mutuelles atteignaient un certain seuil, nous nous querellions, et parfois les mots nous entraînaient. Nous exprimions ce que nous avions sur le cœur et le volume sonore montait au-delà des capacités d'absorption des murs. À ce stade, Sam nous entendait. Et même s'il ne comprenait probablement aucun des mots qui échappaient alors à ses parents, il savait très bien pourquoi ils les prononçaient, ces mots-là. Même un enfant moins intelligent que lui aurait compris. Maman et papa ne s'aimaient pas beaucoup.

Quand je me suis juré, peu de temps après sa naissance, de tenter tout mon possible pour le protéger, mon intention était d'empêcher les murs de s'écrouler sur lui, pas de les insonoriser. Mon intention était de reculer le moment de la séparation jusqu'à ce que Sam atteigne un âge où les dommages qu'il subirait seraient moindres que ceux que je subissais, sans parler des dommages à venir si je restais pour toujours. C'était mon enfant et j'étais responsable de lui. Je lui étais redevable. Malgré cela, malgré les blessures que nous lui infligions quand il restait planté dans les embrasures de portes à capter nos vibrations, je me suis laissé piéger par un sentiment de liberté, par la perspective d'une longue soirée passée avec un homme accompli et plein de charme, qui n'appartenait pas à l'univers de Joe, qui appartenait à un univers qui comptait pour moi.

C'était aussi un univers d'antiquités, une villa victorienne, un jardin à la française. L'argent, certes. Mais aussi le goût. Quelqu'un, dans cette demeure, avait du goût. Probablement sa femme. Étonnamment, ce n'était pas ma conscience qui me perturbait, mais le sentiment de mes origines. Que faisait ici la fille d'un boulanger immigré, d'un paysan à moitié illettré ?

Il a servi le dîner lui-même. Sa bonne le lui avait préparé, avant de prendre sa journée. Pourquoi n'avait-elle pas ouvert son propre restaurant hongrois – elle venait de Budapest ? À chaque plat, il y avait de quoi soulever la question. Michael et moi parlions de quantité de choses, de son métier, de ses parents. Son père avait été doyen de la faculté de médecine de l'université de Melbourne, bien des années auparavant. Nous avons parlé de mon métier, qu'il n'a déprécié nullement, malgré mon manque d'envergure, comparé à la sienne. Quels projets professionnels avais-je ? Ils étaient des plus flous. J'étais extrêmement intelligente, exceptionnellement capable, m'a-t-il dit. Impossible de savoir jusqu'où je pourrais aller. Mais pas cette nuit-là. Nous avons trop bu et parlé encore plus. Un peu après trois heures du matin, je lui ai dit que j'avais vraiment besoin d'aller dormir.

Il a proposé de me raccompagner à l'hôtel, en ville, mais j'ai menti et je lui ai assuré que je me sentais tout à fait capable de conduire. Il m'a noté sur un bout de papier un numéro qui devait être, je le supposais, celui de la chambre qu'il m'avait réservée, et qu'il avait payée, semblait-il, et m'a dit de le donner à la réception. On me conduirait à ma chambre et on me garerait ma voiture. Je n'aurais besoin de rien signer, pas de nom à donner, même si je voulais commander quelque chose au service en chambre. Nous sommes restés l'un près de l'autre, sur le seuil de la porte, et il m'a avoué combien il avait apprécié cette soirée.

Il m'a fait promettre de recommencer.

« Vous me le promettez ? a-t-il chuchoté en laissant courir ses doigts dans mes cheveux.

– Oui, j'aimerais bien. Vous me croyez ?

– J'en ai envie », a-t-il admis, et il m'a attirée contre lui, et il m'a embrassée.

Nous sommes restés là un long moment, sans bouger. La maison était silencieuse, hormis le tic-tac sonore d'une pendule de grand-père. Il s'est mis à me caresser, lentement, sa main glissant sur ma hanche. Puis la paume de sa main vint se poser dans ma nuque et guida mon visage vers le sien, et nous nous sommes embrassés. Nous nous sommes embrassés un long moment. Ses mains se sont promenées sur mes vêtements, dans le creux de mes reins jusqu'à mes cuisses, mes seins, partout. Je le sentais. Ses inhibitions envolées, il m'a embrassée comme un affamé.

« Je ferais mieux de partir, Michael. » Il a hoché la tête, s'est retourné et a ouvert la porte à deux mains. Je suis montée dans la voiture, j'ai démarré et une des compilations de Simon s'est lancée automatiquement, en même temps que le chauffage. J'avais le bout de papier dans la main, avec le numéro noté par Michael coincé entre la paume et le volant. Il était presque trois heures et demie du matin. La ville avait l'air changé, comme si je l'observais sans être vraiment dedans. J'ai garé ma voiture devant l'entrée de l'hôtel, j'ai sorti le sac qui était sur la banquette arrière, j'ai franchi la porte, je suis passée devant un bar où deux hommes ont suspendu leur conversation pour me regarder m'approcher d'un Indien fatigué installé à la réception. Je lui ai montré le bout de papier.

« Hello... On m'a priée de vous montrer ceci.

– Oh, oui, bien sûr, a-t-il acquiescé. Avez-vous une voiture à faire garer ?

– Merci. Oui. J'ai une voiture, ai-je dit en mangeant un peu mes mots. J'apprécierais qu'on la gare, oui. »

Je lui ai tendu les clefs. Je me sentais émoustillée. Ce n'était plus ma vie.

Un autre homme, presque un gamin, filiforme dans son uniforme, une peau de porcelaine densément peuplée de phénomènes inexpliqués, m'a pris mon bagage, il m'a conduite à l'ascenseur et s'est reculé poliment quelques pas derrière moi. D'un rapide coup d'œil, il s'est imprégné au maximum de ma personne, autant que le permettaient nos positions respectives et, pendant la vingtaine d'étages suivants, nous avons tâché de nous dissimuler les hypothèses que nous formions l'un sur l'autre. Il devait sentir mon haleine d'alcool. Nous sommes arrivés à ma chambre. Il m'a ouvert la porte, a posé mon bagage, cherché les interrupteurs à tâtons, puis il est resté planté là. J'ai cru qu'il attendait que je lui fasse du plat. L'espace d'un instant, ça m'a traversé l'esprit, je me suis dit que j'allais essayer. Ce garçon pourrait faire n'importe quoi pour moi... Et si je le mettais à l'épreuve ? J'ai enfoncé la main dans mon sac et je lui ai donné vingt dollars.

« Merci, m'dame. Une bonne nuit », a-t-il fait en refermant la porte derrière lui.

La chambre était immense. J'ai arraché mes vêtements d'un geste théâtral, j'ai disposé chacun d'eux de manière à en recouvrir un des sofas, et je suis montée sur le grand lit, debout devant un mur de miroirs. La paume de ma main est venue glisser sur mon ventre et j'ai constaté qu'il était plat comme une crêpe. J'étais en plein cœur de la ville, mais les bruits du trafic nocturne ne pouvaient espérer m'atteindre. Ils ignoraient où je me trouvais. J'ai souri à mon reflet, avant de plonger la chambre dans le noir et de m'enfouir dans le lit.

11.

Après toutes nos lectures et toutes nos conversations sur les saints et la sainteté, mes amies d'adolescence et moi étions toutes tombées d'accord avant même de quitter l'école : ça ne valait pas le coup ; nous ne voulions pas être des saintes, aucune d'entre nous. L'effort requis était trop important et la récompense, d'après ce que nous pouvions en juger depuis notre très terrestre école catholique, était trop maigre.

Chacune de nous avait son saint particulier à interroger, soit parce que nous étions nées le jour de sa fête, soit pour un motif plus arbitraire. Mon père était boulanger, donc j'ai étudié la vie de sainte Élisabeth de Hongrie, une des saintes patronnes des boulangers.

Née du roi de Hongrie dans les premières années du XIIIe siècle, elle fut, dès l'âge de quatre ans, promise au fils aîné d'un duc. Ils se marièrent quand elle eut quatorze ans et lui vingt et un. Jusque-là, tout va bien. Elle l'avait fréquenté durant toute son enfance prénuptiale et on dit qu'elle fut très heureuse en mariage. Élisabeth eut trois enfants. Elle se consacra à la prière et aux œuvres de charité, distribuant l'essentiel des biens de sa famille. Elle transforma les sous-sols du château familial en hôpital et elle s'adonna personnellement aux soins des malades. Pour une jeune écolière, cette histoire était prenante et facile à se représenter.

J'imagine comment tout cela se passait, ces pauvres Hongrois du XIIIe siècle devant son château, tous les jours, attendant qu'Élisabeth leur remette de la nourriture, de l'argent, voire qu'elle leur confie un travail. Jusqu'à ses vingt ans, tout alla très bien, et puis son mari mourut de la peste sur la route des croisades. Détail qui m'a amenée à étudier les croisades, pour découvrir que les « gentils » de l'histoire entretenaient un rapport à la gentillesse parfois ambigu. Je me suis mise à poser des questions sur les musulmans et les juifs. Elles recevaient des réponses mais toujours aussi courtes que possible, et jamais encourageantes. Je me demandais si je rencontrerais jamais un musulman ou un juif.

Quand sainte Élisabeth apprit, à l'âge de vingt ans, qu'elle était veuve, on dit qu'elle resta désemparée. Sa famille attendait d'elle qu'elle se remarie. Ses parents ne savaient pas que le jeune couple avait fait un vœu : si l'un d'eux venait à mourir, l'autre resterait seul. C'était un vœu qu'Élisabeth avait l'intention de respecter. Elle alla s'installer à Marburg et, avec son héritage, créa un hospice pour les malades et les nécessiteux. Elle s'y plaça sous la tutelle de Konrad de Marburg, connu pour son érudition, son ascétisme et, en sa qualité d'inquisiteur, pour sa sévérité envers les hérétiques. Konrad imposa une discipline rigide à Élisabeth, qu'il renforçait parfois de « châtiments corporels ». On rapporte que, cependant, il l'aida à distribuer ses richesses aux pauvres et à dispenser ses soins aux malades, deux domaines traditionnellement réservés aux hommes, à l'époque. Élisabeth se dépensait avec acharnement et enjouement. Jusqu'à ce que le travail et les vicissitudes de sa vie quotidienne détériorent son état de santé. Elle mourut à l'âge de vingt-quatre ans, et fut canonisée quatre ans seulement plus tard.

Si romantique soit-elle, cette histoire m'a gênée. Pourquoi Élisabeth n'était-elle pas venue en aide à un peu moins de gens afin de vivre un peu plus âgée ?

« Quel était son but ? ai-je demandé à ma mère.

– C'était une sainte. Cette femme était une sainte ! » a-t-elle répondu.

Quand j'ai rapporté l'histoire à mon père, il m'a fait : « Terrible, terrible, n'est-ce pas, ce que certains saints ont pu endurer pour nous, non ? Oh ! enfin, bon... Que veux-tu faire, hein ? Terrible. N'y pense pas trop, Anna *tesoro*.

– Mais papa, elle était la sainte patronne des boulangers ! »

Quand je l'ai interrogé sur les musulmans, son visage s'est froissé comme s'il venait de goûter une substance d'une amertume ou d'une acidité surprenantes. Il m'a répondu que c'était des gens arriérés, étranges et incultes, mais qu'il ne fallait pas m'inquiéter, parce qu'il n'y en avait pas du tout de ces gens-là, par ici. Quand je l'ai questionné au sujet des juifs, il a regardé à droite, à gauche, avant de me répondre, comme s'il ne voulait pas que l'on entende sa réponse.

« Avec eux, il faut faire attention.

– Pourquoi ?

– Parce qu'ils sont partout. Ils pointent le nez quand on s'y attend le moins.

– Et alors ?

– Alors quoi qu'ils disent, si gentils ou si intelligents que soient leurs propos, ils essaieront de te piéger avec leur... *imbrogli.*

– Te piéger ?

– De te piéger, ou de te voler.

– Pourquoi ça ?

– Ils sont comme ça, c'est tout. Je ne crois pas qu'ils y puissent grand-chose eux-mêmes. Trop malins, et ça leur joue des tours. C'est leur malédiction, je suppose. C'est comme ça depuis toujours.

– Depuis toujours ? Pourquoi ?

– Depuis qu'ils ont tué le *bambino Gesú.*

– Vraiment, ils ont tué Jésus ?

– *Oh, mio Dio !* Ils ne t'apprennent rien, à l'école ? Les juifs ont tué *Gesú* dans les temps bibliques. Maintenant ils te piègent. Il y en a qui ont l'air très gentil, mais tôt ou tard... cela fait partie de leur côté malin. Ils sont aussi en manche avec le *sindacato.*

– Vraiment ? Avec la mafia. »

Pour autant que je me souvienne, mon père avait toujours maudit le *sindacato* et j'avais toujours supposé que c'était la mafia qu'il désignait par ce terme. Mais plus tard j'ai appris que le *sindacato* désignait les syndicats.

À l'âge adulte, j'avais eu deux fois l'occasion de réfléchir à tout cela. Une première fois quand mon père est retourné voir la boulangerie – qu'il appelait sa fabrique. Il l'avait vendue cinq ans plus tôt et n'y était jamais allé depuis. Il m'avait raconté qu'on l'y avait invité, mais j'en doute. Le plus vraisemblable, c'est qu'en dépit de ses investissements financiers il s'ennuyait et souffrait de ce que Sophie appelait une nostalgie nouvelle vague. L'ancienne vague concernait son passé au pays. La nouvelle vague concernait son passé à la boulangerie. Quel qu'ait été le motif qui l'avait poussé à l'entreprendre, ce périple dans ses souvenirs ne lui avait pas réussi. Il l'avait laissé dans une humeur alternativement coléreuse et apathique. Le samedi suivant, ma mère avait amené mon père chez nous dans l'espoir que son petit-fils (Sam avait environ deux ans, à l'époque) lui ferait oublier cette visite perturbante. Comme souvent lors des visites de mes parents, Joe était sorti.

Mon père a joué un peu avec Sam, mais sans son enthousiasme habituel. Quand je lui ai demandé si quelque chose n'allait pas, ma mère, incapable de se contenir plus longtemps, a aussitôt répondu qu'il était de cette humeur depuis son retour à la fabrique.

« C'est à toi qu'elle a posé la question ? s'est emporté mon père.

– Non, mais je me fais du souci pour toi.

– Je vais très bien, a-t-il répliqué, évasif.

– Qu'est-ce qui ne va pas, papa ? »

Ce qui n'allait pas, c'était que la boulangerie sur laquelle il avait veillé avec tant d'amour et qu'il avait fait prospérer au point de pouvoir en acquérir une seconde avait changé du tout au tout. Elle était devenue high-tech. Il y avait des ordinateurs et des écrans, et on avait remplacé les vieux fours par des modèles pilotés par informatique. Aucun des anciens employés n'était resté, pas même les plus jeunes. Dans « sa fabrique », d'étranges inconnus travaillaient par étranges équipes, sans jamais toucher la pâte, sans jamais la pétrir.

« Ils ne touchent pas au pain, répétait-il. Ils ne touchent jamais le pain. »

Des icônes s'affichaient sur des écrans d'ordinateur, proposant des options pour tous les stades de la fabrication. Des images aux couleurs du pain apparaissaient, permettant à l'opérateur de choisir le menu – pain italien, français, seigle, petit pain, miche – et diverses options de température de four. Les opérateurs ne surveillaient même plus ces fours. Ils suivaient chaque étape du processus à l'écran. Souvent, l'informatique ne parvenait pas à identifier la nature précise de la matière première qui se trouvait dans le four à un moment donné, et les miches brûlaient. À côté des fours, il y avait de grandes panières contenant des monceaux de miches calcinées. Les deux boulangeries faisaient désormais partie d'une petite chaîne. Il était apparemment plus rentable pour elle de jeter les miches ratées et de livrer des produits standardisés à partir de chacun de ses magasins, dans leurs sacs standardisés, tous décorés d'une caricature de personnage d'Europe du Sud, petit et râblé, une main chargée d'un plateau de pains divers, et l'autre posée sur les lèvres, les doigts joints en une mimique d'approbation.

« Ils ne touchent jamais le pain », répétait mon père.

Les opérateurs quittaient leur poste même quand les sonneries des fours retentissaient. Ils les confiaient à l'équipe suivante, qui ajoutait les miches à présent carbonisées à celles déjà entassées dans les panières.

« Ils s'en moquent, poursuivit mon père, après un temps de silence. On laisse le gâchis derrière soi sans se soucier de rien ; les nouveaux arrivent, et ils s'en fichent parce que le gâchis n'est pas le leur. Ce ne sont pas des boulangers, ces gens-là. Je ne sais pas ce qu'ils sont, ces *musi gialli*, mais ce ne sont pas des boulangers. Je vous le dis, c'est sûr.

– Ce sont des Chinois ?

– La plupart, des espèces de *musi gialli*, des nez jaunes. Ils ne parlent même pas anglais. J'ai essayé... tu sais... je les ai vus brûler une miche sur trois et j'ai essayé d'empêcher ça, tu vois, de m'en mêler. Il doit y avoir quelque chose qui ne va pas dans les instructions transmises aux fours par l'ordinateur. Comment appellent-ils ça ? Tu sais, l'ordinateur...

– Le logiciel. Le programme...

– Ouais. Donc je souligne ça devant le directeur. Même le directeur, c'est un *muso giallo*. Tu peux y croire ? Je lui désigne les miches brûlées et l'ordinateur, et je lui dis : " Quelque chose ne va pas, ici, monsieur Ng. " C'est le nom inscrit sur son insigne. C'est une blague ? Ce n'est même pas un nom, ça. Et il se contente de hocher la tête et de me sortir je ne sais quoi à propos de la direction générale.

– Ce n'est plus ton problème, papa.

– Je n'avais jamais des problèmes pareils, moi. Je te le dis, j'en suis sûr. Moi, je ne les aurais jamais employés, tous ces *pagliacci*. Tu ne peux jamais leur dire quoi faire, puisqu'ils ne parlent pas anglais. Ils sont incapables de les réparer, leurs ordinateurs, quand ils tombent en panne. Ils n'ont même pas envie.

– Ne rends pas les Asiatiques responsables, papa. J'ai horreur de t'entendre parler comme ça.

– Je sais que ce n'est pas leur faute, ils ne connaissent rien au pain. Ce n'est pas leur culture. Ils n'ont jamais eu de pain, en tout cas pas avant que Marco Polo ne leur en apporte. C'est vrai, non, Anna ?

– Papa...

– Tu sais à qui c'est la faute, en réalité ? C'est la faute aux nouveaux propriétaires. Ils se fichent de la qualité. Tout ce qu'ils veulent, c'est sortir leur pain aussi vite que possible, pour en vendre davantage. J'ai construit cet endroit, Anna, à partir de rien, et maintenant...

– Cela n'a aucun sens, papa.

– Qu'est-ce qui n'a aucun sens ?

– Ils doivent forcément s'intéresser à la qualité, dans une certaine mesure en tout cas. Si la qualité était si médiocre, les gens arrêteraient d'acheter leur pain chez eux et ça, pour eux, ça compte.

– Qui ça ?

– Les nouveaux propriétaires.

– Oh ! mais non, la qualité, pour eux, ça ne compte pas, Anna. Tu plaisantes ? Ils couchent avec le *sindacato* et c'est pour ça qu'ils ont tous ces Chinois, et ensuite ils rattrapent leurs pertes avec la réduction des coûts. Tu vois très bien ce que je veux dire.

– Non, je ne vois pas.

– Ce sont les nouveaux propriétaires.

– Cela n'a aucun sens, papa.

– Ce sont les Berg et les Stein. C'est un de leurs vieux trucs. Tu vois ce que je veux dire ?

– Tu es en train de m'expliquer que les nouveaux propriétaires sont juifs et que tu leur en veux ?

– Bien sûr.

– Enfin, s'ils étaient juifs, tu le saurais.

– Bien sûr qu'ils sont juifs.

– C'est quoi leurs noms ?

– Quels noms ?

– Les noms de ces gens à qui tu as revendu la boulangerie ?

– Je n'arrive pas à m'en souvenir, là, pas à la minute. Ça remonte à des années.

– Tu te rappelles s'ils avaient des noms juifs ?

– Leurs noms, ils les cachaient, Anna. Ils sont malins, ces gens. Leurs noms, ils les cachent toujours. Ils savent s'y prendre. Ça, je te le dis, je le tiens de source sûre.

– Papa, que veux-tu dire par cacher leurs noms ?

– Ils n'emploient pas leurs vrais noms. Ils se servent du nom de leur société.

– Donc c'est une compagnie qui t'a racheté cette affaire ?

– Bien sûr. Ce n'est pas ma faute. Ils m'en ont offert un bon prix. Comment aurais-je pu connaître les noms qu'il y avait derrière cette compagnie ?

– Mais tu es en train de me dire qu'ils étaient juifs ?

– Anna, *principessa*... Ces gens-là, ils procèdent tout le temps comme ça. »

12.

Plus récemment, j'ai eu pour la deuxième fois l'occasion de me pencher sur l'histoire des juifs, des saints et des martyrs. J'avais quitté le bureau plus tôt pour aller chercher Sam à l'école. Ce n'était pas mon habitude mais la bonne était en congé ce jour-là, et Joe ne pouvait aller chercher Sam, je ne sais plus trop pour quelle raison. Nous nous sommes disputés pour savoir s'il était assez grand pour rentrer tout seul à pied de l'école. J'étais d'avis que non et j'ai décidé d'aller le chercher, ce que je regrette à présent de ne pas avoir fait tous les jours.

Cela m'a donné l'occasion d'aller porter un vieux bracelet à réparer chez un bijoutier du quartier. Un bracelet tout simple que Simon m'avait offert mais, malgré le temps écoulé, je n'avais jamais pu me résoudre à cesser de le porter. En un sens, il avait fini par faire partie de moi – une des rares parties de moi que je n'avais pas voulu transformer. De temps à autre, il se cassait – parfois c'était le fermoir, parfois un maillon –, mais je le faisais toujours réparer. La première fois qu'il s'est rompu, Simon et moi étions encore ensemble et, pour une raison inconnue de moi à l'époque, Simon avait voulu le porter à réparer chez un bijoutier bien particulier. Je me suis dit que c'était parce que la boutique se trouvait dans un recoin mal placé et semblait en manque de clients. Quelle qu'ait été la motivation de Simon, je l'ai rapporté là chaque fois qu'il a eu besoin d'une réparation.

Le vieux bijoutier de banlieue et moi ne nous connaissions que par les sourires que nous échangions chaque fois que je revenais chez lui. Je ne crois pas m'être rendue là-bas pour d'autres raisons que la réparation du bracelet de Simon, et je ne crois pas non plus avoir jamais emmené Sam avec moi, auparavant. Le vieil homme a dû supposer que je venais pour le bracelet. Certaines fois, il avait refusé tout paiement, prétextant que la réparation ne lui avait pas pris beaucoup de temps. Il me recevait toujours avec le sourire et une petite étincelle dans les yeux. L'étincelle était toujours là chez ce petit homme qui ne vieillissait pas car il semblait n'avoir jamais été jeune. Il avait les cheveux blancs et fins, il s'exprimait doucement avec un accent d'Europe de l'Est. Le sourire paraissait signifier que nous partagions un secret : le bracelet. Je me demandais alors si, bien des années auparavant, Simon ne l'avait pas acheté chez lui. Dans la petite échoppe, le temps s'était immobilisé, comme pris au piège par l'Histoire.

Cette fois-là, j'y suis entrée avec le bracelet pour une réparation similaire, mais aussi avec un petit garçon, mon fils. Et le sourire de l'homme a été un peu plus généreux, l'étincelle dans le regard un peu plus scintillante.

« Votre fils grandit, a commenté le vieux bijoutier, en regardant Sam, qui était déjà parti examiner des montres ou, plus précisément, le présentoir rotatif sur lesquelles elles étaient accrochées.

– Oui, ai-je souri, à quoi le bijoutier n'a répondu que par un silence limpide, les yeux brillants.

– C'est encore le même bracelet, ai-je dit en le sortant d'un sachet en plastique.

– Ah oui ! Comment aurais-je pu l'oublier, ce bracelet. Vous l'aimez encore, n'est-ce pas ?

– Oui, je... Il est simple mais...

– Très joli », m'a interrompue le bijoutier avec délicatesse. J'ignorais s'il achevait la phrase à ma place ou évoquait ma tendresse indéfectible pour un objet qui payait si peu de mine.

Sam faisait tourner le présentoir plus vite, à présent, et je lui ai demandé d'arrêter.

« Cela n'a pas d'importance, m'a assuré le vieux bijoutier, et Sam a continué, et le présentoir a tourné encore plus vite.

– Non, franchement, je suis désolée, ai-je insisté, et je me suis adressée à Sam. Allez, Sam, viens par ici. Tu ne veux pas voir comme monsieur va s'occuper de mon bracelet ? Il faut qu'il l'examine très attentivement, pas du tout comme on regarde les objets, d'habitude. »

À ces mots, Sam est venu en vitesse et s'est posté à côté de moi, tranquillement, devant le comptoir. J'ai passé les doigts dans ses cheveux et nous avons observé le vieil homme, qui s'est muni d'une loupe de bijoutier et l'a calée contre son œil.

– Ces maillons ne sont pas si petits que ça, s'excusa-t-il, mais mes yeux... enfin, tout de même, ils ne sont pas si grands non plus. Et puis, plus je vieillis, plus ils rapetissent.

– Mais non, moi c'est pareil », me suis-je récriée un peu trop vite, comme pour lui assurer... je ne sais trop quoi... qu'il n'était pas si vieux, ou que tout le monde avait les yeux qui se détérioraient avec l'âge. Le vieil homme attrapa une petite paire de pinces brucelles, hésita, les reposa. Nous l'avons regardé en silence défaire le bouton de sa manche de chemise gauche et la retrousser. Puis il a levé le bracelet et les pinces dans la lumière d'une lampe posée sur le comptoir et, l'espace d'un instant, tout a été parfaitement silencieux. Sam se penchait comme si on était sur le point de réaliser une découverte déterminante, et je me tenais derrière lui, en l'aimant soudainement encore plus à cause de l'intérêt profond qu'il manifestait pour ce bijoutier occupé à examiner mon bracelet. Ils l'inspectaient tous deux du regard, ce bracelet, et j'ai remarqué pour la première fois que le bijoutier avait une série de chiffres tatoués sur la peau de son avant-bras. Il ne m'était jamais venu à l'esprit que ce vieil homme à qui je rendais visite depuis une dizaine d'années était juif, et encore moins qu'il avait survécu à l'Holocauste. Je n'avais jamais songé à ses origines.

« C'est ce maillon-là, ici, bien sûr, mais aussi peut-être cet autre, juste à côté. Celui-ci, je le resserrerais volontiers, mais l'autre va sûrement casser de nouveau.

– Oh non ! Vraiment ?

– J'ai certainement, là derrière... Si vous pouviez me le laisser... Je sais combien vous l'aimez. J'ai une collection de maillons et de vieux bracelets, derrière. Je suis sûr d'en trouver un en argent qui soit très semblable pour remplacer celui-ci, le maillon le plus faible, mais cela va me prendre un certain temps de fouiller pour trouver le bon, celui qui se rapprochera le plus. Pourriez-vous me le confier un petit moment ? Ma femme me répétait tout le temps : " Ne garde donc pas tout ce bazar ", mais c'est peut-être bien dans ce bazar-là que je vais finir par trouver le maillon qui va vous sauver. Nous verrons. Pourriez-vous me le laisser un petit moment ?

– Oui, naturellement.

– Je suis certain d'avoir ce qu'il vous faut.

– Oh, merci... beaucoup.

– Et pour le petit bonhomme... quel est son nom ?

– Sam.

– Sam ! Un nom bien. Tu l'aimes, ton nom, Sam ?

– Oui, répondit Sam, un peu hésitant.

– Alors, tu aimes mon nom. Tu sais pourquoi ?

– Parce que c'est aussi votre nom ?

– Exact, mais on m'appelle Samuel... quand on m'appelle. Enfin, en tout cas, Sam, parce que tu as été un bon garçon, j'ai quelque chose pour toi, a-t-il ajouté en ouvrant un tiroir derrière le comptoir. Il a tendu à Sam un bonbon enveloppé dans sa cellophane.

– J'ai le droit de lui en donner un... ?

– Oh, bien sûr ! il mange pire que ça tous les jours à l'école. Qu'est-ce qu'on dit au monsieur, Sam ?

– Monsieur, pourquoi vous avez un num... ?

– Dis " merci " au monsieur, Sammy, suis-je intervenue pour le faire taire.

– Merci.

– Nous allons devoir y aller, malheureusement.

– Alors c'est d'accord, vous y allez et vous me le laissez. Je vais vous dénicher un maillon, et ensuite vous reviendrez... avec Sam », a-t-il souligné en levant les yeux vers moi.

Sam avait glissé le bonbon dans sa poche et il restait fasciné par ce numéro tatoué sur le bras de l'homme. J'ai veillé à ne pas poser les yeux dessus bien que n'en ayant jamais vu avant. J'ai croisé de nouveau son regard. La lueur, l'étincelle était infime mais elle était toujours là, comme une larme permanente.

À l'extérieur, sur la vitre, au-dessus de la porte, il était inscrit en petites lettres d'imprimerie : « Propriétaire – Samuel J. Leibowitz ». Je n'avais encore jamais remarqué. Dès que nous sommes sortis de l'échoppe, Sam m'a demandé pourquoi le monsieur avait un numéro sur le bras. Je ne savais par où commencer pour répondre. J'ai estimé qu'il était trop jeune pour entendre une explication historique, quelle qu'elle soit. Mais j'aurais à le lui expliquer un jour même si j'avais moi-même du mal à comprendre comment cela avait pu arriver. Et si je ne le lui expliquais pas, qui s'en chargerait – mon père ? Comment Joe le lui expliquerait-il ? Une fois sortie de la petite bijouterie, il m'est venu l'idée, non sans une certaine horreur, que je ne connaissais personne à qui me fier pour lui apprendre ne serait-ce qu'un minuscule brin de vérité sur la capacité de l'homme à l'inhumanité. J'en étais certainement incapable. Mais, en cela, n'étais-je pas semblable à tout le monde ; et, de toute manière, les événements d'autrefois sont-ils si importants ? Pouvons-nous nous faire à l'idée que cela ne compte plus tant ? Sur cette série de réflexions, l'empreinte de Simon était partout. Ce salopard, ce givré. Un jour, il a emmené mon fils, comme ça. Maintenant je relève son empreinte partout dans mon existence.

J'estimais devoir dire quelque chose à Sam, mais je ne voulais pas l'effrayer ni lui donner des cauchemars. C'était un problème auquel je ne m'attendais pas et, en tant que mère, j'étais mal équipée pour l'aborder. J'étais mal équipée, et seule. Je me suis contentée de lui dire qu'il ne devrait pas faire remarquer ce numéro sur le bras du bijoutier quand nous retournerions récupérer le bracelet. Mais je ne suis pas retournée le récupérer. Ni avec Sam ni sans Sam.

Michael Gardiner est allé le reprendre pour moi. La clinique de cardiologie n'était pas très loin de la bijouterie. Il a insisté, un petit service qu'il me rendait. Ses efforts pour me faire accepter de passer un week-end avec lui étaient aussi peu subtils qu'acharnés. Il est vrai, ses attentions étaient charmantes, parfois embarrassantes, et la perspective de se faire surprendre un peu effrayante. Mais, pour être honnête, c'était en même temps électrisant. Plus encore, c'était distrayant, et j'avais envie d'être distraite. Et puis j'étais indemne de toute culpabilité, tout au moins jusque-là. Je ne faisais rien : il était le seul à agir. Il me ferrait. Mais je ne pourrais pas continuer à ne rien faire. À quoi bon toutes ces pompes et ces tractions ? J'avais le ventre plat comme une crêpe. J'avais sué pour. Je n'étais pas encore morte. Nous sommes tombés d'accord : j'allais devoir participer à une « conférence liée à mon travail », cette fois pour un week-end entier, et nous partirions quelque part. Nous prendrions un avion pour quelque part. J'avais raconté mes mensonges à Joe. J'étais comblée. J'étais nerveuse. Je ne savais pas à quoi m'attendre mais je ne m'étais pas attendue à ce que ça m'arrive. C'est ce vendredi-là que Simon est revenu en force dans mon existence. Les jeux étaient faits.

13.

« Passager Anna Geraghty, madame Anna Geraghty, s'il vous plaît, veuillez vous présenter au bureau d'accueil, madame Anna Geraghty, s'il vous plaît. »

Ce n'est jamais bon et toujours un peu irréel quand on vous appelle par votre nom dans les haut-parleurs d'un hall d'aéroport. Et cela est devenu de plus en plus irréel. Le message qu'on m'a remis au comptoir d'information était tellement bizarre qu'on pouvait à peine le comprendre et encore moins y ajouter foi. Incapable d'attendre Michael – il avait été retenu –, je l'ai appelé sur son portable pour m'expliquer.

« Un ex à moi, très ancien, vient apparemment d'enlever mon fils de l'école. Il faut que je rentre immédiatement. Je suis désolée... Oui, enlevé, comme si on l'avait kidnappé... Oui, je suis sérieuse. Pourquoi irais-je inventer une histoire pareille ? ... Écoute, si je ne voulais pas partir je te l'aurais dit... J'aurais... Je n'aurais certainement pas inventé un truc pareil... Michael, je te dis la vérité. Où ça, à ton avis ? Dans un taxi... Je rentre chez moi... Il faut me croire. C'est mon fils. Cela n'a rien à voir avec... Non, cela n'a rien à voir... avec nous. Je suis calme... Enfin, tu n'aurais pas un ton calme, toi non plus, si quelqu'un venait d'enlever... Non, je pense qu'il va bien, mais évidemment je veux m'en assurer par moi-même... Complètement sans crier gare... Pas depuis dix ans... Vraiment... Enfin, la dernière fois que je l'ai vu, il était parfaitement sain d'esprit. Un instituteur... Je te l'ai dit... dix ans... Tu n'es pas sérieux ? ... Michael, je t'en prie ! Non, personne d'autre... Je n'invente rien, j'aimerais bien... Il ne t'est jamais rien arrivé de tel, à toi ! Et il ne m'est jamais rien arrivé de pareil, à moi non plus ! ... Eh bien, dès que je peux. mais je veux juste... je veux juste m'assurer qu'il va bien. Enfin, oui, chaque fois qu'on enlève mon fils, j'ai tendance à fondre en larmes. Je t'en prie, Michael, sois indulgent avec moi. Je ne sais pas ce qui se passe. »

J'étais sur ma banquette de taxi, et je n'avais plus de réseau sur mon portable. Tandis que je m'essuyais les yeux avec un mouchoir en papier, je me suis aperçue que mon téléphone sonnait dans mon sac à main. Pensant que c'était Michael ou Joe, je me suis dépêchée de décrocher. Mais ce n'était ni l'un ni l'autre. Je recevais le premier d'une série d'appels émanant d'un homme dont le mélange de solennité et de familiarité, de discrétion et d'impertinence était unique. C'était le docteur Alex Klima. Une réceptionniste du bureau m'avait transmis son appel sur ma ligne de portable, et il m'avait priée de ne pas raccrocher. Il était le psychiatre de Simon et il voulait me parler du vent de folie qui s'était déchaîné sur la tête de mon fils et sur la mienne. J'ai noté ses coordonnées. Il ne pouvait franchement pas discuter de tout ça au téléphone. Serais-je en mesure de le rencontrer ? Je me sentais sale.

« Pouvez-vous arrêter la voiture, s'il vous plaît ? » ai-je demandé au chauffeur, mais nous étions encore sur l'autoroute et il ne faisait pas mine de vouloir ralentir.

« Voulez-vous vous arrêter sur la bande d'arrêt... arrêter cette foutue bagnole ! »

Cette fois, il m'a entendue. Il s'est arrêté et, malgré les voitures qui nous frôlaient à toute vitesse, j'ai ouvert la porte et vomi sur le goudron.

Personne n'avait touché Sam, sauf moi. Je refusais de le laisser. Il n'avait pas l'air de connaître la cause de tout ce remue-ménage. Je l'ai assis et je l'ai poussé à raconter ce qui s'était passé dans le détail. C'était après l'école. Il jouait avec d'autres garçons dans la cour.

« Quels garçons ?

– Des garçons.

– Des amis à toi ?

– Je ne sais pas.

– Sam, c'est important. Que veux-tu dire ? Je sais que tu es tout retourné, mais qui étaient ces garçons ?

– Je suis pas tout retourné.

– Qui étaient ces garçons, tes copains ?

– Je ne sais pas. Ils sont super. Ils sont plus grands que moi.

– Plus grands de combien ?

– Ils sont en huitième et en dixième.

– Ils t'ont obligé à faire quelque chose ?

– Non.

– Rien du tout ?

– Non.

– Ils t'ont forcé à aller quelque part ?

– On a joué aux billes.

– Franchement, Sam, tu peux me dire la vérité. Est-ce que vraiment...

– Non.

– Ce n'est pas la vérité ?

– Eux, ils ont joué aux billes, mais moi pas vraiment.

– Qu'est-ce que tu as fait ?

– Ils voulaient pas me laisser mon tour.

– Ça t'a contrarié ?

– Non, j'ai juste regardé et j'ai attendu.

– Tu as attendu quoi ?

– Mon tour.
– Et tu ne pensais pas à rentrer à la maison ?
– J'attendais que papa vienne me chercher.
– Et comme papa n'arrivait pas ?
– Je suis rentré avec l'autre monsieur.

– Mais, Sam, qu'est-ce que nous avions toujours dit à propos des inconnus ?
– Ne parle pas à des inconnus. Je sais.
– Alors pourquoi tu as... ?
– Ce n'était pas un inconnu, maman, je le connais. Je n'ai rien fait de mal. Je n'aurai pas d'embêtements, non ? »

Sam a insisté : Simon n'était pas un inconnu. Et pourtant il était incapable de dire qui il était ni même où il l'avait vu. Cela n'avait aucun sens, mais il avait l'air absolument indemne. Il avait joué avec un chien, une dame lui avait donné du lait chocolaté, il s'était endormi jusqu'à ce que la police arrive et, après, au bout d'un petit moment, il avait vu son papa. Joe prétendait qu'une fille de son bureau lui avait remis un message, un coup de téléphone de l'école l'informant que Sam était parti en excursion et qu'il faudrait venir le chercher un peu plus tard que d'habitude. Je lui ai dit que je ne le croyais pas. Il était incapable de me montrer ce mot.

« Ne m'accuse pas de tout ça, merde !

– Papa, ne te mets pas en colère. Papa, ne crie pas sur maman, papa ! »

Sam était en larmes. Je l'ai pris par l'épaule.

« Tout va bien, mon petit Sam.
– Tu l'as revu, hein ? m'a lancé Joe.
– Ne sois pas ridicule.
– Bien sûr que tu l'as revu. Depuis combien de temps ?
– Joe...
– Depuis combien de temps le vois-tu ?
– Joe, je ne sais pas ce qui se passe, mais ce n'est pas du tout ça.
– Est-ce que ça a quelque chose à voir avec la conférence où tu étais censée te rendre ce week-end ?
– Joe, on peut en reparler plus tard ? Je veux simplement le...
– Dis-moi la vérité, putain, c'est tout !

– Je te dis la vérité. Je t'en prie, laisse-moi le mettre au lit et, ensuite, on pourra peut-être régler ça. Je te jure que je n'en sais pas plus que toi. »

Une fois Sam au lit, j'ai consacré à peu près une heure à essayer de convaincre Joe que je n'avais aucune liaison avec Simon Heywood, et que j'étais bien en peine d'expliquer ce qui se passait, autant que lui. Je lui ai dit que je voulais aller parler avec les parents de

Simon, peut-être parviendraient-ils à m'éclairer sur ce qui l'avait poussé à enlever notre fils. Ce n'était que partiellement un mensonge. Je suis bel et bien sortie ce soir-là pour tâcher de comprendre ce qui l'avait poussé à faire ça. J'ai retrouvé le docteur Alex Klima et, pendant deux heures, j'ai écouté en silence ce qu'il me racontait à propos de Simon, et aussi un peu à mon sujet.

Sur le chemin de la maison, je me suis arrêtée au commissariat de St-Kilda. Les policiers chargés de l'enquête n'étaient pas là. Simon était là, mais la police a refusé que je le voie. Je ne savais pas si j'avais envie de le voir. Le sergent posté à l'accueil m'a confirmé qu'il y avait aussi une femme. Elle était plus ou moins impliquée, mais elle n'avait pas été inculpée. Ils l'avaient relâchée. Cette femme était la prostituée dont le docteur Klima m'avait parlé. Elle constituait le lien entre Simon et mon mari.

Quand je suis arrivée à la maison, Sam était encore endormi et Joe était soûl. Dès que j'ai ouvert la porte d'entrée, je l'ai senti à l'odeur, dans la maison.

« Ils ont gardé ton petit ami au trou ?

– Joe, je sais tout.

– J'en suis convaincu. Tu vas peut-être pouvoir commencer à me raconter un peu.

– Tu peux la boucler, Joe. Je sais tout sur elle.

– Qui ?

– Je sais tout sur ta pute, Angelique. »

Cette nuit-là, nous sommes restés tous deux allongés sur le lit, deux étrangers hostiles mariés l'un à l'autre. Je n'arrêtais pas de penser à Simon, à ce que le psychiatre, Alex Klima, m'avait rapporté. Et à ce qu'il m'avait suggéré. Il m'avait demandé, suppliée de déclarer à la police que Simon et moi avions une liaison et que Simon avait eu ma permission d'emmener Sam. Ce psychiatre avait lui-même besoin d'aide, s'il s'imaginait que j'allais raconter ça à la police. Il était pile le genre de psychiatre que devait se dénicher Simon : clairvoyant, la voix mélodieuse, beau parleur et complètement désaxé par une loyauté envers Simon qui confinait à l'amour. Pile ce genre-là, oui.

Il m'avait demandé si j'allais sauver Simon en racontant le mensonge que Simon souhaitait que je raconte, un mensonge qui, le docteur Klima le reconnaissait lui-même, risquait de me coûter mon mariage.

« Donc c'est là que nous en sommes pour le moment... nous tous, chacun de son côté », m'avait-il expliqué au bout du compte.

Quel droit avait-il, bon sang, de se montrer critique envers moi, en particulier ce jour où sa grande sagesse avait été mise en échec, le jour où son patient vedette avait kidnappé mon fils ? L'entourloupe était sans équivoque. S'il se figurait que c'était le moyen de se gagner des amis et d'influencer les gens, il était encore plus dingue que Simon.

« Je me suis dit, avait-il commencé, que Simon n'arriverait pas à vous sortir de son système mental sans que vous le rencontriez à nouveau, sans établir un contact. Mon calcul était que, avec le respect qui vous est dû, vous ne pourriez désormais, uniquement, forcément, que le décevoir. Cela lui ferait peut-être très mal, à court terme. Cela le ramènerait peut-être dans sa chambre obscure. Mais, au bout d'un certain temps, son désespoir devant la réalité de votre être, par opposition à l'idéalisation de votre être, finirait par s'évaporer, avec tant d'autres choses. Voilà ce que je lui ai dit. Je pense qu'il s'est laissé convaincre de vous contacter. Je pense que vous auriez pu l'aider... rien qu'en étant la personne que vous êtes, avec vos peurs et vos faiblesses, et cela dès qu'il constaterait que vous avez ces peurs et ces faiblesses, comme le reste d'entre nous. Il s'en est fallu de peu. Il a failli vous appeler, à plusieurs reprises. Il ne fallait pas que vous sachiez. Il a failli vous appeler la nuit dernière. »

Sur le fond sonore des ronflements arythmiques exhalés par Joe, je me suis demandé ce que j'avais qui, selon le docteur Klima, « ne pourrait que décevoir » Simon, aujourd'hui. Qu'y avait-il de si décevant dans la « réalité de ma personne » ? Et quel genre de thérapeute, me demandais-je, se permet de devenir le porte-parole d'un fou, le porte-parole d'une de ses erreurs ? Le kidnapping de mon fils était l'acte de Simon et le non-acte de son psychiatre, et pourtant le non-événement de cet enlèvement relevait, selon ce même psychiatre, de ma responsabilité. Sauf que maintenant je pouvais venir en aide à Simon, m'expliquait-il. Et je n'ai pas hurlé pour le faire taire, je ne suis pas sortie en trombe. Je suis restée assise là, et j'ai écouté le messager passionné de mon ancien amant, cet inconnu hautement qualifié qui s'exprimait si bien.

« Vous êtes la seule à pouvoir l'aider. Il veut que vous leur déclariez qu'il est votre amant, qu'il avait votre permission d'aller chercher Sam. C'est le seul moyen pour vous de le sauver. Pourquoi voudriez-vous le sauver ? Parce qu'il est malade et parce qu'il n'a jamais cessé de vous aimer. Je ne dis pas que vous lui devez quoi que ce soit au-delà de ce que nous nous devons les uns aux autres. Mais quand nous avons tous fini de nous entendre raconter que tout le monde en ce monde doit être responsable de lui-même – qu'en est-il quand on rentre chez soi ? Qu'en est-il à l'intérieur ? Il a été rejeté et il n'avait jamais rien fait de mal, à ce jour. Vous devez estimer que ce serait la fin de tout, de l'aider de la sorte, mais ce ne serait jamais que la fin de certaines choses. Qu'allez-vous faire ? Vous êtes impliquée. Vous êtes enfin impliquée, après toutes ces années, et il n'y a pas moyen d'en sortir. J'ai failli vous appeler, la nuit dernière. »

Où trouve-t-on des avocats pareils ? Par instants, il m'a même fait éprouver de la sympathie pour Simon, ce qui n'était pas un mince exploit, étant donné la colère que j'éprouvais à son égard pour m'avoir enlevé Sam. Et d'ailleurs, qu'est-ce qu'il racontait de Simon, de sa motivation ? Simon était-il encore vraiment amoureux de moi ou était-il simplement déséquilibré, ce qu'il essayait de maquiller en une réalité plus flatteuse, tout au moins à mes yeux ? Sa peinture de mon mariage n'avait certes rien de flatteur. Mais, même sur ce plan, il en attribuait plus la faute à Joe qu'à moi. Un homme étrangement aimable, charmant, et même beau, avec ses manières distinguées. C'était l'homme que Simon avait envoyé pour dénigrer mon mari au jour choisi de l'enlèvement de mon petit garçon.

14.

Joe était-il réellement endormi ? Qui était cette femme, me suis-je demandé, et qu'est-ce qu'elle avait en elle qui l'avait poussé à la choisir, non seulement de préférence à moi, mais de préférence à toutes les autres femmes proposées en devanture dans ce bordel où il se rendait régulièrement ? Le docteur Klima m'avait précisé que c'était toujours la même. C'est tout mon mari, ça – fidèle dans son infidélité ? En fait, la vraie raison était sa rigidité. Simon avait établi un lien avec elle, lui aussi. Elle devait avoir quelque chose, cette femme. Sans nul doute, elle était plus jeune que moi. Beaucoup plus jeune. Elle n'avait sûrement pas d'enfants, n'était guère plus qu'une enfant elle-même. Était-elle plus mince que moi, avait-elle de plus gros seins, ou les deux ? Était-elle plus athlétique ou plus souple ? J'avais tenté tout ce qui est possible, mais j'avais eu des enfants. Il voulait que j'aie un enfant. Tout le monde voulait que j'aie un enfant. Je n'aurais pas pu faire plus de sport à moins d'abandonner mon travail et de ne rien faire d'autre que d'entretenir mon corps. Les mannequins le faisaient. En réalité, c'était cela que désiraient les hommes, pas seulement les hommes dans l'abstrait, mais les hommes qu'on connaissait, les hommes qui vous avaient choisie, les Joe et les Simon. Ils veulent des jeunes filles qui soient des jeunes filles professionnelles. Des filles qui ne sachent pas penser, qui ne sachent pas parler, qui ne sachent même pas avoir leurs règles. Elles ne méritent pas qu'on leur consacre plus d'une heure, mais cela dépasse largement les besoins de Joe.

Peut-être cela allait-il au-delà. Simon, même à moitié dingue, cherchait certainement au-delà de ça. Technique, ce devait être technique. On apprend grâce à l'expérience. Je croyais avoir de l'expérience. Mais quel genre d'expérience ? Avais-je été trop passive ? Aurais-je dû expérimenter davantage ? M'étais-je trop préoccupée de mon propre plaisir, vivant dans l'instant et croyant que j'avais toute la vie pour apprendre alors que je n'ai eu que jusqu'à la date de mon mariage, et je m'étais mariée jeune parce que je risquais de pourrir sur pied. J'étais un fruit mûr. Je savais ce que l'on faisait des fruits qui pourrissaient sur pied. On les écrasait pour en extraire du concentré de vieille fille.

Je me demandais ce qui se passerait dans la matinée, quand Joe serait fatigué de faire semblant de dormir. Il serait forcé de parler. Ce serait le matin du premier jour de la nouvelle ère que Simon nous avait ouverte en prenant Sam. J'étais couchée sur le ventre et j'ai soupiré, involontairement. J'appréhendais ce qu'allait m'attirer ce soupir. Joe se retourna et m'a regardée, l'œil interrogateur.

« Désolée. C'est mon estomac. Je crois que j'ai l'estomac un peu... dérangé, ai-je murmuré.

– Tu veux une tasse de thé ? »

Il se sentait coupable et cela m'a prise au dépourvu. Je n'avais pas l'habitude qu'il se sente coupable.

« Quoi ? lui ai-je demandé pour gagner du temps.

– Veux-tu une tasse de thé ? Cela pourrait calmer tes douleurs d'estomac ?

– Non... seulement si tu en prends, toi aussi. »

Il s'est levé, a enfilé ses pantoufles et il est descendu nous préparer un thé. Je l'ai regardé glisser les deux pieds dans ses pantoufles, un pied à la fois, incertain dans ses mouvements. Le regarder bouger m'a soudain navrée pour lui. C'était les pantoufles que j'avais achetées pour que Sam les lui offre le jour de la fête des Pères. J'éprouvais de la pitié, une terrible tristesse, et de la culpabilité. Des sentiments que je n'avais pas envie d'éprouver en cet instant. Il était dangereux d'avoir de tels sentiments dans une minute de vérité. Il aurait mieux valu être en colère contre lui parce qu'il m'avait trompée ou tout au moins me montrer inébranlable. Il fallait que je pense à la fille, à la traînée qu'il m'avait préférée. Penser à la pute. Ne pas penser aux pantoufles. Les pantoufles, il me les réservait. Elle n'avait pas à le voir trébucher dedans. Qu'est-ce qu'elle lui faisait qu'il aimait tant ?

Il est remonté avec une tasse de thé pour chacun. Il a posé la mienne sur la table de chevet, à côté de moi, et il est allé déposer la sienne de son côté, il s'est remis au lit et il a bu son thé à petites gorgés, en aspirant le breuvage bruyamment. Les pantoufles n'étaient plus là. Dieu merci. Sans elles, je m'en tirerais mieux. Il m'a dit quelque chose, mais je n'ai pas retenu ses paroles, rien que la sonorité. Je savais que j'avais intérêt à commencer. Mais qu'avais-je à lui dire ?

« Joe.

– Anna, qu'est-ce qui se passe ?

– Joe, il faut qu'on se parle.

– Ce type, Simon, tu le connais ?

– C'était mon ami, il y a longtemps.

– Tu as couché avec lui ?

– Quand on sortait ensemble. On est sortis... je ne sais pas... il y a dix ans ou à peu près. Je venais tout juste de rompre avec lui quand on s'est rencontrés, toi et moi.

– Et maintenant, est-ce que tu couches avec lui ?

– Non.

– Et maintenant, tu le vois ?

– Si je le vois ? Non.

– Merde ! Tu mens, Anna. Tu mens.

– Non, pas du tout.

– Il explique que tu as une liaison. C'est Simon qui le dit : " Baiser son ex dans le dos de son mari et lui piquer son fils. "

– Hé, ne me parle pas à moi de faire des choses " dans le dos de son mari ".

– En l'occurrence, on parle de Simon.

– Oh, ah oui ? Tu lui as parlé ?

– Putain, non ! Je n'ai pas parlé à Simon !

– Alors de quoi parles-tu ?

– De la police.

– De la police ?

– Les flics ont dit que tu baisais avec lui.

– Des conneries ! Maintenant c'est toi qui mens. Ils n'ont pas dit ça.

– Il leur a déclaré, c'est ce qu'ils m'ont dit, qu'il était allé chercher Sam à l'école, chercher mon fils à l'école parce que... parce que tu le lui as demandé. Parce que tu es encore collée avec lui.

– Arrête de hurler. Je ne suis pas collée avec lui. Tu vas réveiller Sam.

– Je ne hurle pas.

– Si.

– Tu baises ce type, ce Simon.

– C'est des conneries, Joe. Je ne baise pas avec lui.

– Enfin, qu'est-ce qu'il fabrique à aller chercher Sam dix ans après que tu as rompu avec lui ?

– Je n'en sais rien.

– Comment peux-tu me regarder droit dans les yeux et me mentir comme ça ? Tu me crois stupide à ce point, bordel ? Tu te crois tellement plus intelligente que moi, au point que j'aille gober n'importe laquelle de tes salades ?

– Laisse-moi, Joe, laisse-moi. »

Je lisais l'exaspération dans son regard. Il me tenait par les bras et il serrait. Il avait envie de me faire mal.

« Je ne te touche pas. Seigneur, qui ça peut être ?

– Lâche-moi. »

Le téléphone sonnait, mais il me tenait encore. À la quatrième sonnerie, il a relâché son étreinte.

« Réponds au téléphone, putain de Dieu. Je ne me sens pas bien. »

C'était sa mère. Elle me perturbait, tout comme ses pantoufles, si ce n'est plus. Elle avait lu la nouvelle à propos de Sam et elle était en larmes. Nous avions fait la une des journaux. Je pouvais m'attendre à un coup de fil de mes parents. La mère de Joe voulait voir son petit-fils avant que Joe et elle ne partent rendre visite à son fils cadet, Roger, le malade institutionnalisé, comme c'était leur habitude. Parle-lui de la putain, me suis-je dit, mais je me suis abstenue. J'avais le souffle court. Sam est apparu sur le seuil de la pièce en pyjama. Quelle part de la culpabilité que j'éprouvais avais-je méritée ?

Dans le mois qui a suivi, Joe s'est jeté à corps perdu dans une affaire financière. Une grosse affaire. Une affaire qui allait tout changer, mais tout avait déjà changé. Il ne m'avait pas crue, au sujet de Simon, mais la distraction que lui procurait cette affaire lui permettait de conserver un calme relatif. Il subsistait toutefois quelques scories auxquelles je ne pouvais échapper. Parmi elles, le plaisir d'être interrogée par les inspecteurs Threlfall et Staszic. Malgré les regards sournois et la brusquerie de l'inspecteur Staszic, leurs questions étaient d'une catégorie à laquelle j'étais en mesure de répondre sincèrement et sans embarras. Je connaissais Simon Heywood. Il avait été mon ami à l'université, mais plus depuis. Oui, j'en étais certaine. Le sous-entendu me déplaisait, ai-je précisé. L'inspecteur Staszic a semblé le supporter. Il a réprimé un sourire réservé à d'autres occasions.

Michael a fait une tentative pour rester en contact, mais de pure forme. Moins pour s'enquérir de Sam ou de mon bien-être que pour me sonder : et ce week-end à deux ? Ça ne me tentait pas du tout, si tôt après l'enlèvement. J'en ai été contrariée ; d'abord, quelque part en moi, je percevais l'enlèvement de Sam comme une punition ou du moins comme un avertissement. C'était le genre de cirque qu'affectionnait le Dieu de mon enfance. Après tout, qui savait mieux que Lui à quel point Sam comptait pour moi ? Pourtant, j'ai rappelé Michael pour convenir d'un déjeuner, ne serait-ce que pour garder la main. Il avait l'air très occupé et nous n'avons pu trouver une date. Je me suis interrogée. Me punissait-il, lui aussi ?

Il m'est venu à l'esprit qu'il était peut-être réellement plus occupé que d'habitude. Joe l'était certainement, à en juger par ses fréquentes explosions d'enthousiasme verbal au sujet des bénéfices dont il affirmait humer le fumet. Cela avait un rapport avec les hôpitaux privés, l'assurance maladie, la gestion de soins intégrée et, bien sûr, avec le dieu des hommes d'affaires, Donald Sheere. Il y avait des coups de téléphone et des réunions à toute heure du jour et de la nuit. En fait, j'étais moi aussi débordée, mais il ne s'agissait nullement de bénéfices dont j'aurais pu humer le fumet. À mon bureau, c'était l'amertume d'un café recuit toute la journée que je goûtais, tandis que se succédaient mes contributions au marketing des « individus au service des individus ». Nous avons une lettre d'information adressée aux clients et aux prospects pour les informer de notre désir de leur rappeler que nous existons. Tous les seniors du cabinet et certains des juniors étaient supposés rédiger une partie de la lettre, mais il me semblait que l'on attendait plus de moi que de mes collègues. Et plus je rédigeais d'articles, plus ils m'en donnaient à rédiger.

Joe serait parti tout le week-end. Pour le séminaire d'entreprise de son cabinet. Bien entendu, il m'est venu à l'idée qu'il mentait et qu'il emmenait sa putain en goguette. Je pensais pouvoir déceler la vérité d'après sa réaction à quelques questions bien acérées. Était-ce important pour moi ? J'en jugerais d'après ma réaction à sa réaction. Donc je l'ai interrogé.

« Tu n'es pas sérieuse. Anna ?

– Pourquoi ? Vu les circonstances, ce n'est pas si stupide de...

– Ce n'est pas parce que ton instituteur et toi vous partiez ensemble pour le week-end que je...

– O.K., réfléchis, Joe, et tu n'auras pas besoin d'être Einstein pour comprendre que...

– Peut-être pas Einstein, mais cela pourrait aider d'être enseignant, n'est-ce pas ?

– Oh, Seigneur, Joe ! Comment aurions-nous pu projeter de partir en week-end si, ce même week-end, je suis obligée de revenir parce qu'il a enlevé mon fils ? Où est la logique là-dedans ? Enfin, Joe ?

– Anna, je n'ai jamais prétendu que j'étais Einstein ni même un enseignant, mais...

– Joe, je suis désolée, je n'essaie pas de...

– Je ne sais peut-être qu'une seule chose, mais celle-là, je la sais vraiment, et à partir de là, au moins, tu es baisée.

– Joe...

– Il n'y avait pas de conférence.

– Quoi ?

– Le week-end où Sam a été enlevé, tu n'étais pas en voyage d'affaires.

– Joe, nous savons tous les deux pourquoi tu es soupçonneux.

– De quoi tu parles bon Dieu, maintenant ?

– Eh bien, je crois qu'elle s'appelle Angelique, mais tu l'appelles peut-être par un autre nom.

– Bon Dieu, Anna !

– Tu as un nom spécial, pour elle ?

– Tu changes de sujet. Futé, n'est-ce pas ?

– Joe, j'ai besoin de le savoir.

– Quoi ?

– Quand tu vois cette femme... c'est... tu te protèges ?

– Bien sûr que c'est... que c'était. À chaque fois... Anna... que... tu me crois, non ? »

C'était un bon angle pour le questionner, mais il me faudrait attendre le soir, quand nous serions seuls. Sam se tenait debout à la porte, il écoutait ses parents se disputer. Joe m'a regardée le regardant, et ensuite, à son tour, il l'a vu.

Joe se rendait réellement à un séminaire d'entreprise, ce week-end-là.

15.

Pendant des années, tous les matins, je m'étais réveillée et levée de mon lit dans un état de dénégation, non seulement de notre mise en scène conjugale, mais de l'impossibilité de la jouer jusqu'à ce que Sam soit assez grand pour que le problème devienne secondaire à ses yeux. Cette dénégation était l'analgésique grâce auquel j'atténuais l'erreur que nous incarnions. Du moins, avant que Simon enlève Sam ; ce jour-là, je me suis trouvée à court de dénégations.

Chaque fois que je regardais Joe à la table du petit déjeuner, je l'imaginais entrant dans le même bordel, toutes les semaines, depuis deux ans, accueilli par les dames du lieu dans leurs diverses petites tenues fiscalement déductibles : dentelles, bonneterie et dessous en tous genres... Au total, il a dû y passer plus de temps que certaines de ces femmes. Chaque fois que je le regardais, je m'imaginais cette scène, avec ses menues variations, et j'avais honte, honte de lui, honte de nous. Ensuite, je me le représentais avec elle, et si mon image d'elle changeait chaque fois, son nom demeurait inchangé : Angelique. Je me suis dit que ce n'était certainement pas le vrai, et j'avais raison. Je savais mieux que personne que Joe était capable de fréquenter une femme pendant deux ans sans connaître son nom et sans s'interroger sur le sujet et, de cela aussi, j'avais honte.

Je me les représentais tous les deux. Il était toujours le même, mais elle en revanche, elle changeait tout le temps. Je n'arrivais pas à la saisir. Parfois, elle était blonde, ensuite brune, rousse, la peau foncée comme une Indienne. Quelquefois, elle était noire. Mais à certains égards, elle était toujours la même. Elle était toujours plus jeune que moi. Plus jeune et plus mince. Je l'imaginais entrant en elle par-derrière. Il aimait ça. Elle était capable de fermer les yeux ou de détourner le regard. C'est ce que je faisais, moi, toujours. J'imaginais sa bouche descendant sur son ventre à elle. Je n'avais aucun mal à m'imaginer cela. Je pouvais même imaginer la manière dont il devait lui parler. Il devait lui adresser la parole comme à une serveuse. Me le représenter suant sur cette Angelique toujours changeante, suant en elle, voilà ce qui me mettait très en colère. Je me le représentais ainsi alors qu'il beurrait son toast, le matin, en sous-vêtements, et je n'avais qu'une envie, me jeter sur lui et le frapper. Mais Sam entendrait ou, pis encore, entrerait et verrait. Alors je me contentais de me détourner, même quand il était au beau milieu d'une phrase innocente.

Mais il y avait un aspect de l'affaire que j'étais incapable d'imaginer, et c'était comment elle lui donnait du plaisir. Je ne savais pas ce qu'elle pouvait lui faire, mis à part être elle-même, qui soit susceptible de vraiment le mettre en feu. Qu'est-ce qu'elle lui faisait au juste depuis deux ans pour qu'il revienne vers elle si fidèlement, mis à part ne pas être moi ?

Joe avait son propre rituel de dénégation. Entamé après le kidnapping de Sam, il lui permettait d'ignorer qu'il avait été fait cocu par sa femme et son prédécesseur, comme il le croyait. Cette dénégation avait été rendue possible par sa perspective de gagner de l'argent, par la chasse au fric. Mais la chasse a été fermée brutalement, apparemment, à son retour du séminaire, et la dénégation par conséquent devenue impossible.

Il est monté directement dans la chambre sans répondre au « Coucou, papa ! » de Sam ; sa détresse était apparente. Manifestement, quelque chose n'allait pas. En temps normal, il ne pouvait résister à un appel de son fils. Il chahutait avec lui ou le câlinait même quand Sam était quasi endormi. Mais pas ce soir-là. Curieuse, je l'ai suivi. Peut-être cela avait-il un rapport avec moi. Dans le laps de temps qu'il m'a fallu pour sortir de la cuisine et atteindre notre chambre, j'ai passé ma culpabilité au crible à la recherche de ce qu'il aurait pu découvrir. À son cabinet, qui savait quelque chose sur moi ? Je devenais paranoïaque. Je ne connaissais pas ces gens et ils ne me connaissaient pas. Qui plus est, ils ne connaissaient personne qui me connaissait mis à part Joe, bien sûr. Mais, juste avant la dernière marche, un souvenir m'a frappée, si violemment que cela m'a fait mal, et j'en ai eu aussitôt les paumes moites. Il connaissait Donald Sheere qui connaissait Michael Gardiner. Michael avait-il parlé ? Certainement pas. J'étais paniquée. Il fallait que je me calme.

Joe était agité. Il était assis au pied du lit, le regard figé, droit devant lui, flottant dans le vide. Son sac avait été balancé ou poussé dans la pièce d'un coup de pied.

« Je n'ai pas emporté assez de vêtements, a-t-il lâché, très terre à terre, sans tourner la tête.

– Quoi ?

– Je n'en ai pas emporté assez.

– Qu'est-ce qui ne va pas, Joe ? Tu es dans un état épouvantable. »

Un de ses collègues, un ami apparemment, s'était blessé pendant le séminaire.

« C'est grave ?

– Je n'en sais rien. Je ne crois pas.

– Qui était-ce ?

– Mitch.

– Mitch ? Je l'ai rencontré ?

– Mitch, Dennis Mitchell. Tu ne le connais pas. Je ne crois pas que tu l'aies rencontré. C'est un analyste senior.

– Un de tes amis ? Je ne crois pas... Tu ne m'en as jamais parlé. »

Joe n'était pas très explicite, mais je m'en lavais les mains. Ce qui n'allait pas était sans rapport avec moi ou Michael.

« Mitch, a-t-il répété. Dennis Mitchell. Mitch est un analyste senior. Je t'en ai parlé. Je parle de lui sans arrêt.

– Peut-être à quelqu'un d'autre.

– Oh ! ne me cherche pas, Anna. Aujourd'hui, il ne faut vraiment pas me chercher.

– Je suis désolée. Il va s'en sortir ? Mitch... c'est ton ami ?

– Mitch et moi, nous travaillons très étroitement ensemble, très étroitement. Nous sommes de bons amis. C'est peut-être même mon meilleur ami au sein du cabinet. Il a toujours veillé sur moi. Cette maison, la plupart des vêtements que tu portes, tout ça, tu l'as grâce à Mitch. Je t'ai parlé de lui. Tu devrais te foutre à genoux, bordel, et le remercier, pour la façon dont il a veillé sur notre famille.

– Très bien, calme-toi. Tu m'as peut-être parlé de lui. Que lui est-il arrivé ? Tu me disais que ce n'était pas grave.

– Non, je ne crois pas.

– Alors qu'est-ce qui ne va pas ? Tu as un air épouvantable, Joe. Tu n'es pas obligé de m'en parler, mais si tu veux...

– Anna, a-t-il fait, en me regardant pour la première fois, ces prochains jours, d'ici la fin de la semaine, certainement, je n'aurai plus d'emploi.

– Pourquoi ? Qu'est-ce que tu me racontes ?

– Ils vont me débarquer.

– Mitch ? »

Joe a lâché un long soupir.

« Mitch. Ouaip, Mitch.

– Ils te rendent responsable de ce qui lui est arrivé ? Que lui est-il arrivé ? Tu ne lui as rien fait, hein, Joe, pas de bêtise ? Tu es trop vieux pour les farces. C'est stupide, et dangereux, les farces. Je n'ai vraiment pas envie que Sam...

– Ça n'a rien à voir. Mais merci pour ton soutien.

– Enfin, de quoi parles-tu ? Pourquoi vont-ils te débarquer ? Tu réussis tellement bien, et pour leur profit.

– Parce que j'ai arrêté de si bien réussir, justement.

– Que veux-tu dire ? Et cet accord, cette histoire de gestion de soins intégrée... ?

– Alors, tu écoutais.

– Bien sûr, il s'agissait de santé publique, de gestion des soins, quelque chose... en rapport avec Don Sheere et Sid Graeme.

– Écoute-toi, a-t-il dit, toujours sans bouger du lit.

– Quoi ?

– Tu le rencontres une fois et tu l'appelles Don.

– Don, Donald, et cette affaire, donc ? Tu disais que c'était...

– C'est fini. L'affaire a capoté.

– Vraiment ?

– Vraiment.

– Cela ne signifie pas qu'ils vont se débarrasser de toi.

– Tu ne pourrais pas me croire sur parole, une fois dans ta vie ? Il y a quand même certaines choses que tu ne sais pas mieux que moi. Fie-toi à moi sur ce plan. Là-bas, je suis fini. Ils en ont fini avec moi.

– Il y aura d'autres affaires.

– Il n'y aura pas d'autres affaires ! »

Joe m'a expliqué. Je connaissais déjà une partie de l'histoire. Mitch et lui avaient convaincu Gorman et le cabinet de souscrire à une émission de titres sur la société de gestion de soins intégrée. Le succès de l'émission – elle devait financer le rachat d'hôpitaux privés, dont la profitabilité était soumise à l'introduction d'une législation sur la gestion des soins à l'américaine – dépendait de la prise de participation par Donald Sheere, sur les instances de Joe, sous la forme d'un portefeuille de titres assez conséquent. Malheureusement, Sheere avait eu vent d'un événement qui menaçait l'adoption de cette loi devant le Sénat, et il refusait de poursuivre cette acquisition. Cela signifiait que le cabinet souscripteur, le cabinet de Joe, allait devoir reprendre les parts invendues. Le coût de l'opération serait énorme. Le cabinet s'était laissé convaincre par Joe et son ami, et il allait essuyer une véritable raclée ; maintenant ils allaient tous deux payer l'erreur de leur poste. C'est ainsi que Joe m'a présenté les événements.

« Mais tu ne peux rien expliquer à Gorman ?

– Il n'y a rien à expliquer. Nous avons pris un risque avec l'argent du cabinet et l'opération a échoué.

– Mais ce genre d'accident, il doit s'en produire tout le temps, non ?

– En effet, et des gens qui se font virer, il y en a sans arrêt. Et cette fois, il y avait vraiment beaucoup d'argent. Le cabinet va prendre un gros bouillon. On est fichu.

– Qu'est-ce que tu vas faire ?

– Je me suis dit que j'allais me soûler. Et toi, tu as des projets ? »

Il se jugeait fini. Je n'en étais pas si sûre. Il exagérait, peut-être allait-il survivre. Je me trompais. Dès le jeudi, il chargeait ses cartons de documents dans sa voiture et les rapportait à la maison.

« Voilà ma carrière, a-t-il lâché en levant une liasse de papiers avant de les remettre dans une chemise du carton.

– Pourquoi n'appelles-tu pas Donald Sheere ? lui ai-je suggéré. Il est toujours... Tu disais que tu t'entendais bien avec lui. Il pourrait t'aider.

– Anna, c'est sa sortie de cette affaire qui me coûte mon poste.

– Eh bien, oui, mais il s'agissait d'une décision financière, non ? Je veux dire, cela n'avait rien de personnel... n'est-ce pas ?

– Strictement financière, en effet. Avec des types comme lui, tout est financier. Même quand c'est personnel, c'est aussi financier.

– Que veux-tu dire ?

– Il n'a aucune envie de me connaître, à présent, je ne lui suis plus d'aucune utilité.

– Ça, tu n'en sais rien, Joe.

– Anna, je le sais. Il ne prend même plus mes appels.

– Tu as essayé de l'appeler ?

– Bien sûr que j'ai essayé. J'ai essayé de le convaincre de changer d'avis, de rester dans l'affaire, de prendre ce risque. Il m'a répondu que rien ne l'y obligeait et il a raison. C'est une décision sensée.

– Que veux-tu dire ?

– Il pourra toujours se replacer à l'achat plus tard, si la loi passe au Sénat. Il n'a aucune raison de courir ce risque pour le moment.

– Il est au courant de ce qui est arrivé ? Il ne sait peut-être pas que...

– Il doit le savoir. S'il y a un peu réfléchi, il doit le savoir.

– Tu n'en es pas certain, et de toute manière il peut, disons, t'aider sur un autre plan.

– Anna, tu m'écoutes ? Il ne prend pas mes appels. »

J'avais un problème similaire avec le docteur Gardiner. Apparemment, on avait rayé Anna et Joe Geraghty des listes. J'ai essayé à plusieurs reprises de rappeler Michael ; chaque fois, je n'ai pu que laisser un message. Anna Geraghty appelait. Et Joe buvait toute la journée.

« Ils ne peuvent pas te congédier aussi sommairement, ai-je protesté.

– Bien sûr qu'ils peuvent. Je suis sous contrat.

– Tu as lu ton contrat ?

– Personne ne lit son contrat. Tu n'as pas besoin de lire le contrat pour savoir que tu es baisé. Ils ont rédigé le contrat, eux. C'est une putain d'arme, ça.

– Tu ne pourrais pas les attaquer ?

– Pourquoi ?

– Je n'en sais rien, et si tu montrais ton contrat à un avocat ? »

Il m'a assuré que c'était une perte de temps et moi, je l'ai assuré que ça ne pouvait pas continuer comme ça. Nous nous sommes tus un instant, nous nous sommes regardés. En lui répondant cela, je n'avais pas donné aux mots le sens qu'il a soudain pris pour nous tandis que nous étions là, silencieux, et que mes paroles restaient devant nous, en suspens dans l'air.

Mais rien ne pourrait continuer comme avant, ni notre mariage ni le reste. La mère de Joe avait la tête de plus en plus fragile. Je m'en suis aperçue en lui amenant Sam. Elle était assise dans la cuisine, en peignoir, les cheveux décoiffés, en train de boire une tasse de thé.

« Annie, vous arrivez très tôt », m'a-t-elle lancé.

Les rideaux étaient tirés et les lampes allumées.

« Voulez-vous que je réchauffe ça ? » lui ai-je demandé tandis que Sam, assis sur un tabouret, s'amusait à balancer ses jambes. Elle est allée ouvrir les rideaux.

« C'est de la sauce bolognaise, ai-je précisé. Je vous ai dit au téléphone que je vous en apportais. Vous aimez bien ma bolognaise.

– Oh ! oui, Annie, beaucoup, mais je ne peux pas manger ça au petit déjeuner. »

Pour la première fois, j'ai pris conscience de son état. Il était six heures moins vingt du soir. Elle avait dormi toute la journée en s'imaginant qu'il faisait nuit. Elle n'avait rien mangé. Quand je lui ai expliqué quelle heure il était, elle a eu l'air déconfit, honteux. Ses yeux se sont remplis de larmes. Je suis allée la prendre dans mes bras, et, voyant cela, Sam est venu vers nous lui aussi. Il nous a passé les bras autour des jambes, en serrant de plus en plus fort, et puis il a éclaté en sanglots.

Je me suis écartée et je l'ai soulevé, ce qui n'était déjà plus si commode, à son âge.

« Hé ! Il n'y a pas de mal, nous sommes juste contentes de nous voir, c'est tout.

– Oh ! non, il n'y a pas de mal, a répété la mère de Joe en s'essuyant le visage avec sa manche. Tu es un si gentil petit garçon, n'est-ce pas, un si joli petit garçon. Là, ouvre la main, bien à plat, et ferme les yeux. J'ai quelque chose pour toi, ajouta-t-elle, puis elle a tendu la main vers une boîte en métal rangée sur le plan de travail. Tiens ! s'est-elle exclamée, en déposant dans sa paume un berlingot emballé dans sa cellophane. Tu es un gentil petit garçon, n'est-ce pas, mon Joey ?

– Joey c'est papa, moi, c'est Sam, rectifia-t-il, en empochant le bonbon.

– Je vais faire cuire les pâtes pendant que vous prendrez votre douche », ai-je suggéré doucement.

De retour à la maison, j'ai décrit à Joe l'état de sa mère.

« Ce n'est pas rassurant, Joe.

– Je sais.

– Elle va plus mal que tu ne crois. Elle n'est franchement pas bien. Tu sais, elle m'a raconté une histoire à propos de la police qui serait venue la secourir dans un îlot. Il n'y avait pas moyen de la convaincre que ce n'était pas vrai.

– C'est vrai.

– Qu'est-ce que tu veux dire, c'est vrai ?

– Un îlot piéton sur la Nepean Highway. Elle était au milieu d'une marée de voitures. La police l'a trouvée là-bas, près de la statue de Tommy Bent. Elle chantait des psaumes, à ce qu'ils m'ont dit

– Pourquoi ne m'en as-tu pas parlé ?

– Je ne sais pas. C'était le soir avant ce séminaire de l'entreprise. Il s'est passé beaucoup de choses. J'ai dû oublier.

– Oublier ?

– Il s'est passé un sacré... Je ne sais pas, Anna... c'est ma mère. »

C'était sa mère, et nous, nous étions conformes à la description donnée par le docteur Klima : des gens séparés, entièrement séparés. Joe était allé consulter un avocat, mais il était arrivé au rendez-vous sans son contrat de travail, qu'il n'avait pas pris le temps de chercher dans ses dossiers. Il fallait qu'il y retourne. Je l'ai découvert en train de fouiller dans ses papiers. Il a levé les yeux vers moi et j'ai compris qu'il se sentait comme un idiot.

J'ai pensé à Michael. Qu'était-il arrivé, pour qu'il change si subitement ? Il m'avait farouchement désirée, avec un appétit autodestructeur quasiment palpable. Je l'ai rappelé, plus par curiosité qu'autre chose, mais il n'a pas répondu à mon appel.

En revanche, il y avait quelqu'un qui me bombardait d'appels L'ange gardien de Simon, le docteur Alex Klima. Au début. il m'appelait pour me sonder, savoir si j'allais accepter de reprendre leur mensonge à mon compte. Quand il est devenu évident que je ne souhaitais pas me sacrifier à la folie de son patient préféré, il a tenté autre chose. Accepterais-je de rendre visite à Simon ?

« Anna..., m'implorait-il.

– Non, docteur Klima, c'est vous qui allez m'écouter, ai-je chuchoté dans le téléphone de mon bureau.

– Vous devriez m'appeler Alex, au point où nous en sommes.

– Et vous, vous ne devriez pas m'appeler du tout.

– Oui, a-t-il dit avec une certaine tristesse. À votre avis, vous ne pensez pas que je ne le sache déjà ?

– Alex, je suis en colère contre lui. Vous ne le connaissiez pas, quand je le fréquentais, avant qu'il ne soit... malade. Il était tellement sain, si brillant.

– Anna, il ne faut pas le punir sous prétexte qu'il ne va plus très bien.

– Me sacrifier pour lui, ce serait le récompenser de son état. Je suis désolée, Alex. Vous êtes un homme bien. Je m'en rends compte. Mais vous me demandez, il me demande beaucoup trop. Je ne peux pas. Je vous en prie, excusez-moi. Je ne veux pas me montrer déplaisante, mais j'ai vraiment du travail. Alors, au revoir.

– Au revoir, Anna. »

J'ai raccroché et je suis restée assise un moment sans bouger, avant que le passage d'une silhouette devant mon bureau ne me rappelle que je devais me remettre au travail. Il fallait que je m'occupe de ce que j'avais en cours avant de m'attaquer à autre chose. C'était le seul moyen d'optimiser mon efficacité. « Peu importe ce que vous connaissez, tout dépend de qui vous le tenez. » Non. Je ne pouvais me résoudre à écrire ça, pas maintenant. Alors, quoi d'autre ? Et pourquoi « Tirer le Maximum du Maximum – Dix Conseils Pratiques pour l'Évaluation des Performances » ? J'étais trop fatiguée pour inventer dix conseils. Et si je me limitais à sept ? À cinq ? Et si je m'en tirais avec cinq ? À quel niveau allais-je m'en tirer ? Je vieillissais. Un homme m'avait désirée, désespérément, et maintenant il ne répondait plus à mes appels. Je m'en tirais de moins en moins bien.

16.

Sam est rentré de l'école avec un mot de son institutrice nous demandant de l'appeler, Joe ou moi. C'était le deuxième de ce genre. Qu'est-ce qui avait pu la pousser à écrire ? Cela concernait-il la fête d'anniversaire désertée où était invitée sa classe entière, les disputes entre ses parents, ou la cervelle de sa grand-mère qui partait en quenouille sous ses yeux ? Apparemment, depuis le lait chocolaté offert par Simon et le photographe indiscret démoli par Joe, Sam était de moins en moins attentif et de plus en plus perturbateur, ce qui ne lui ressemblait pas.

« Qu'a-t-il fait ? » ai-je demandé à l'enseignante, une jolie jeune femme, plus jeune que moi, gentille et préoccupée, d'origine grecque. Sam avait toujours paru l'apprécier. Nous avions de la chance qu'il soit dans sa classe, nous avaient avertis les autres mères, à la fin de l'année scolaire précédente.

« Eh bien, il crie, il crie beaucoup... depuis quelque temps...

– Depuis quelque temps ? Que voulez-vous dire ? ai-je demandé à la jeune institutrice.

– Eh bien, depuis les... depuis les troubles. »

Depuis les « troubles », avait-elle dit, ne parvenant même pas à prononcer le mot « kidnapping », tant le personnel de l'école redoutait, la direction nous en avait informés dans une lettre précautionneusement rédigée, de formuler quoi que ce soit de nature à nous offenser ou donner matière à litige.

« Comment ? Sam s'est mis à crier comme ça depuis les affrontements interreligieux en Irlande du Nord ? »

C'était une de ces remarques de grande gueule qu'aurait pu faire Simon. Le goût pour ce genre de sorties refait surface dans les moments de stress.

« Je vous demande pardon ? s'est étonnée la jeune femme, complètement déroutée.

– Je suis désolée, vous venez de parler de " troubles ", et c'est le nom que l'on donne au conflit entre catholiques et protestants irlandais. Je suis désolée de cette blague idiote. Les choses ont été...

– Non, c'est moi qui suis désolée, pour mon insensibilité. Geraghty ? Sam Geraghty, bien sûr... Je dois reconnaître que je ne suis pas très informée de l'actualité mondiale. Vous avez récemment perdu de la famille en Irlande du Nord, sans doute. Sam connaissait-il directement le disparu, ou son chagrin est-il... seulement indirect ? Nous pourrions programmer des séances d'aide psychosociale destinées aux personnes en deuil, si vous le souhaitez. Si vous estimez que ce serait de nature à aider... ou à soutenir au moins l'un d'entre vous, on pourrait prévoir des séances pour toute la famille. »

Sam criait, à l'école, parfois quand il répondait aux questions, parfois pour faire des commentaires idiots, pour faire rire. Il était aussi accusé de bousculer les enfants. Il n'avait jamais été comme ça. J'oscillais entre nier ce que son professeur venait de m'apprendre, mettre l'école en cause, incriminer Simon ou Joe ou les deux, avec leur petite *puttana*, comme l'aurait appelée mon père. Finalement, j'ai résolu de m'accuser moi, en tant que mère.

17.

Joe avait retrouvé son contrat de travail et il était reparti consulter son avocat. Il considérait le fait comme un signe que la chance avait tourné. Mais il n'en était rien. Il est apparu que, dans les textes, il n'était pas employé par le cabinet pour lequel il travaillait. Son contrat le liait à une autre société qui, selon son avocat, avait probablement conclu un accord avec l'employeur effectif.

« Je n'ai jamais entendu parler de cette autre société, celle avec laquelle j'aurais signé ce contrat. Tu arrives à croire ça, toi ?

– Peu importe. Si ton avocat peut trouver une faille... comment appelle-t-on ça... un " motif de procédure ". Je crois qu'on appelle ça comme ça, alors tu peux attaquer cette autre société.

– J'y ai déjà pensé. Je lui ai demandé si je pouvais attaquer l'autre entité, mais il m'a dit que c'était une société écran.

– Qu'est-ce que ça veut dire, au juste ?

– Une entreprise fantôme. Elle ne possède pas le moindre actif. L'attaquer ne sert à rien.

– Donc tu ne peux pas attaquer l'employeur véritable parce que tu n'as aucun contrat avec elle, et l'autre, celui avec laquelle tu as signé un contrat, n'a pas d'argent ?

– C'est ce qu'il m'a expliqué.

– Je suis désolée de t'avoir recommandé de consulter cet avocat. Il va sûrement te réclamer des honoraires.

– Ouais, exact. Il peut se brosser. Anna, il y a quelque chose que je dois te confier et que tu ne vas pas apprécier.

– Dis-le-moi quand même.

– Écoute, Anna, si je pouvais m'abstenir de t'en parler je le ferais, mais... je veux dire, je sais que de toute façon tu vas me quitter...

– Tu as une autre femme, je veux dire une autre que cette... il n'y a pas qu'Angelique ?

– Non, ça n'a rien à voir avec ça. J'aimerais bien.

– Ouais, j'imagine.

– Oh, bon sang, Anna.

– Tu l'embrasses... Tu lui donnes ton argent, tu l'embrasses, Dieu sait où tu l'embrasses, et ensuite tu rentres à la maison et tu embrasses ta...

– Anna, depuis combien de temps tu ne m'as plus embrassé, depuis combien de temps on ne s'est plus embrassés ?

– Sam... espèce de salopard.

– Qu'est-ce que tu veux dire, Sam ? Qu'est-ce qu'il a ?

– Tu rentres à la maison... tu étais chez elle... une fois par semaine... et le soir tu l'embrasses pour lui souhaiter bonne nuit.

– Et tu sais où il a traîné, ton Simon ?

– Je ne l'ai pas revu depuis dix ans.

– Je vais te parler d'un endroit où il a traîné. Il était avec elle. Il était avec elle aussi. Donc... fais le compte, Anna. Il est tout aussi dégueulasse que moi, tout aussi infidèle. Voilà ce qu'il est, ton enseignant. Tu ne l'as pas renié comme tu m'as renié. Il n'avait aucune raison de la voir, ni elle ni personne d'autre dans son genre, tandis que je t'avais, moi. Si je suis infidèle, lui aussi, et, toi aussi. Et si je suis sale, lui aussi et donc, naturellement, toi aussi. Et tu rentres à la maison et toi aussi, tu embrasses Sam pour lui souhaiter bonne nuit. Alors ne joue pas les saintes, comme si tu étais Notre-Dame la Sainte Vierge des salopes de bêcheuses, parce que tu n'es pas meilleure que moi, bordel. Sauf que toi, tu as un boulot.

– Tu en retrouveras un, Joe. Tu es juste...

– Tu n'entends pas ? Il nous faut de l'argent. On va devoir trouver de l'argent, et plutôt vite.

– On peut se serrer la ceinture un petit moment, jusqu'à ce que tu déniches un poste.

– Il me faut un putain de bon boulot, et vite.

– Tu en trouveras un, Joe, mais il faut que tu arrêtes de mettre tous tes œufs dans le même panier.

– Je ne vois pas du tout ce que ça veut dire mais...

– L'idée que tu te fais de toi-même, ton amour-propre, tout ça dépend entièrement des sommes d'argent dont tu disposes.

– Pas plus qu'un autre.

– Si. Moi, je ne suis pas comme ça.

– Oh, Anna, allez. Tu ne parles pas sérieusement ? Tu m'as épousé pour l'argent, déjà.

– C'est faux. Quand je t'ai rencontré, tu n'en avais pas tant que ça.

– Non, pas tant que ça, mais tu as pris le risque parce que tu savais que j'irais loin et que tôt ou tard tu serais en mesure de vivre très, très bien.

– Non, tu te trompes, Joe. L'argent n'a jamais eu cette importance pour moi. Oui, c'est agréable de pouvoir bien vivre mais...

– Eh bien, je suis content que tu le sentes comme ça car nous allons probablement perdre la maison.

– Qu'est-ce que tu racontes ? Cette maison est à nous.

– Non, pas du tout. Nous n'avons pas terminé de payer notre emprunt. Et comme j'ai perdu mon emploi, je ne vais plus être en mesure de rembourser les mensualités pendant longtemps, à moins que quelque chose de très copieux ne se présente, et vite.

– Nous avons combien de temps devant nous ?

– Je ne sais pas. Ça dépend. Pas longtemps.

– Mais encore ? Cela dépend de quoi ?

– Je ne sais pas. Il va falloir que je fasse des calculs. Je vais devoir tout vendre, mais de toute façon, ce n'est qu'une question de temps. Toutes les cartes de crédit sont au max de leurs découverts, en tout cas les miennes. C'est l'un des sujets que je voulais aborder avec toi.

– Tu proposes d'utiliser les crédits disponibles sur nos cartes pour rembourser les mensualités ? Combien de temps on peut tenir, à ton avis ?

– Pas longtemps. C'est ce que je suis en train de t'expliquer.

– Mais nous sommes propriétaires de cette maison.

– Anna, est-ce que tu vas redescendre sur terre ? D'après toi, à combien s'élève la part de notre pleine propriété sur cette maison ?

– Je ne sais pas.

– Tu ne veux pas le savoir.

– Joe, je veux savoir.

– Comment t'imagines-tu que nous avons pu nous installer ici du jour au lendemain, dans un endroit pareil, près de la plage, avec toutes ces salles de bains et ces putains de chambres vides qui attendent d'être remplies par des gosses que nous n'avons jamais eus ou par ceux que nous avons eus et qui sont morts ?

– Combien ?

– Combien quoi ?

– À combien s'élève notre part en pleine propriété ?

– Si on en possède le quart, c'est le bout du monde.

– Oh mon Dieu !

– Voilà pourquoi les mensualités sont si élevées.

– Il n'y a pas quelqu'un à qui tu pourrais t'adresser ?

– À qui veux-tu que je m'adresse, seigneur ?

– Mais tu connais tant de gens dans les banques d'affaires, dans l'industrie de la finance. Tu ne peux pas t'adresser à quelqu'un de la banque ?

– Anna, je n'ai pas de boulot. Comment pourrais-je leur parler si je n'ai pas de boulot ? Qu'est-ce que j'aurais à leur proposer ?

– J'ai un boulot, moi. Tu veux que je parle à quelqu'un de ma banque ?

– Tu ne peux t'adresser à personne, à la banque.

– Et pourquoi pas, enfin ? Parce que je suis une femme ? Joe, ce n'est pas le moment de jouer les machos...

– Anna, nom de Dieu, ne me sors pas ce genre de conneries féministes, pas maintenant.

– Pourquoi est-ce que je ne peux pas aller parler à la banque ?

– Parce que ton nom ne figure même pas sur l'acte de propriété. La maison et l'emprunt, tout est à mon nom.

– Joe ! Qu'est-ce que tu racontes ?

– Enfin, Anna, qu'est-ce que tu croyais ? Tu me prends pour un idiot parce que je te raconte que je suis incapable de retrouver ce stupide contrat ? Tu te souviens d'avoir signé quelque chose, à l'époque où nous avons acheté cet endroit ?

– Non.

– Rien du tout ?

– Non.

– Alors, c'est toi l'idiote ou c'est moi ? Estime-toi heureuse de ne pas être responsable de mes dettes.

– Quoi ? Mon père nous a confié à tous les deux l'apport personnel pour la maison et toi, tu l'as mise à ton nom, et pas à nos deux noms ? C'est ce que tu es en train de me raconter ?

– Oui.

– Tu es un enfoiré, Joe ! Et tu as le culot de prétendre que tu me rendais un service ? Je ne suis pas idiote à ce point. Je sais que la dette est couverte par la valeur de la maison, et pas par toi. Seigneur, tu es méprisable.

– Allons, Anna, quand ne l'ai-je pas été ?

– Y a-t-il quelque chose que nous possédions de plein droit ?

– Ma voiture.

– Ta voiture ! Et la mienne alors ?

– Tu te souviens d'avoir payé pour, tu te rappelles avoir signé quelque chose ? C'est moi qui l'ai achetée pour toi.

– J'ai cru que l'argent... j'ai cru que tout venait de notre compte joint.

– En effet. J'ai déposé la mise de départ et les paiements suivants ont été débités du compte joint.

– Mon salaire est viré sur le compte joint, me suis-je écriée, incrédule.

– Disons que tu contribuais à payer ta voiture. Côté impôts, c'était mieux, crois-moi...

– Joe, tu es un salaud.

– Ah ouais ? Ce n'est pas ce que tu pensais, avant que je ne perde mon poste.

– Si. Simplement je ne le disais pas.

– Non, enfin, tu ne le disais pas tant que j'avais pas perdu mon boulot.

– Et tous ces titres ? Tu te vantais tout le temps de gagner de l'argent en appliquant tes propres conseils. Alors, ces titres ?

– Pour les acheter, j'ai emprunté. Tu n'es pas responsable de cette dette-là non plus... Écoute, je sais que tôt ou tard tu vas me quitter et je sais que perdre cette maison ne va pas...

– Nous n'allons pas perdre cette maison, Joe. Il y a mon salaire. Qu'en fais-tu ?

– Ça réclamera davantage que ton salaire.

– Écoute, tu ne peux pas attendre de moi que j'aie la réponse, là, tout de suite. Tu viens juste de me balancer la nouvelle.

– Enfin, je ne voyais pas de manière agréable de t'apprendre qu'on allait perdre la maison.

– Laisse-moi y réfléchir. Laisse-moi juste... On va trouver une solution. »

18.

Au bureau, je me suis dit que j'allais essayer de contacter Donald Sheere moi-même. Un coup de fil de moi serait peut-être suffisamment inattendu pour susciter sa curiosité. Les jours qui ont suivi, j'ai essayé à plusieurs reprises, mais mes appels étaient réceptionnés par des sous-fifres qui n'avaient justement que ce talent-là. Tant que j'y étais, j'ai essayé de rappeler Michael, avec le même résultat. J'eus la surprise de constater que mes échecs m'affligeaient moins que je ne l'aurais cru. En un sens, la perte de l'amant que je n'avais pas vraiment eu était compensée par la perte imminente de la maison que je n'avais jamais vraiment eue, et vice versa. Le total de la douleur apparaissait moindre que celle provoquée par l'une ou l'autre de ces deux pertes.

En dépit de tout, j'étais curieuse de savoir ce qui avait pu rebuter Michael de la sorte. Était-ce qu'il ne voulait conserver aucun lien avec une femme dont la famille dopait les ventes des tabloïds que lisaient ses patients ? Était-il vraiment si peu accoutumé, et de ce fait si furieux, à l'idée de me voir ainsi exposée ? Sa fierté était-elle incapable de tolérer une place de second, non derrière mon mari mais derrière mon fils ? Ou la nouvelle de ce kidnapping ne faisait-elle que confirmer ses pires soupçons, à savoir que je fréquentais quelqu'un d'autre, et que ce quelqu'un, Simon, s'était fait arrêter dans des circonstances sordides ? Michael Gardiner refusait de jouer le moindre rôle dans cette affaire. Était-ce pour l'une de ces raisons, ou bien pour toutes à la fois ? Ou alors il avait trouvé une autre femme au ventre plat comme une crêpe ? Plus jeune, voire avec un ventre plus plat qu'une crêpe. Plat comme un jour sans crêpe.

Joe s'est occupé de revendre les titres qu'il avait acquis sur emprunt et a mis en œuvre la procédure de remboursement des autres prêts afin de dégager des capacités de crédit, et ainsi de suite, dans une tentative désespérée et débilitante de repousser le jour du Jugement. Il y consacrait tellement de temps qu'il estimait possible d'invoquer son épuisement pour ne pas se mettre en quête d'un nouveau poste. Il me répétait de me fier à lui, ce qui ne signifiait pas vraiment qu'il sollicitait ma confiance. De sa part, il était trop tard pour qu'il y songe. Simplement, il ne voulait pas que je le dérange pendant qu'il installait les chaises longues sur le pont du *Titanic*. La moindre allusion à sa recherche d'un emploi, même sur un ton empreint de sérénité et de bienveillance, était aussitôt perçue comme une chicanerie malveillante et traitée comme un *casus belli*.

L'audience préliminaire, premier acte judiciaire de la procédure intentée contre Simon, approchait. Joe et moi étions contraints de passer du temps avec l'accusation, afin que les dépositions concordent. On nous a avertis qu'une fois l'audience commencée, l'intérêt de la presse irait croissant, notamment pour ma prétendue liaison avec Simon et pour la relation de Joe avec Angelique la Prostituée. C'est dans ce contexte que je suis allée voir mon père.

J'ai choisi une heure où je savais que ma mère serait sortie. Elle allait faire ses courses les lundi, mercredi et vendredi matin. C'était un apostolat. Il fallait que la nourriture soit fraîche, insistait-elle. Mon père était ravi de me voir, mais déçu que je ne sois pas venue avec Sam.

« Où est mon petit-fils ? Où est Sam ?

– Il est à l'école, papa. C'est un jour d'école. Il y a quelque chose dont je voudrais te parler.

– Quelque chose ne va pas ? C'est Sam ? Qu'est-ce qui ne va pas ?

– Rien en ce qui le concerne. Il va bien. Ce n'est pas Sam mais... papa, nous avons des ennuis et je...

– Quel genre d'ennuis ? *Polizia* ? s'écria-t-il en riant.

– Non, ne sois pas stupide, papa.

– Je plaisantais, Anna, *tesoro*, qu'y a-t-il ? Tu as l'air de... ton visage... c'est grave ?

– Je ne sais pas par où commencer...

– Anna, dis-moi ! Tu veux que je fasse encore une crise cardiaque ?

– Papa, je ne crois pas t'avoir jamais rien demandé...

– Je te donne tout.

– Je sais, papa, mais...

– C'est une histoire d'argent ?

– Oui, mais c'est aussi...

– Bon. Je suis soulagé. Si c'est de l'argent, ça va. Tu en auras toujours plus, de l'argent. Si tu travailles dur, tu en auras de l'argent. Anna, *tesoro*, je suis soulagé. Je croyais que peut-être quelque chose n'allait pas avec Sam et je...

– Papa, tu veux me laisser finir ?

– Tu as fini. Tu as besoin d'argent. Combien ?

– Papa, ce n'est pas aussi simple que ça.

– Pourquoi ?

– Papa... Joe a perdu son emploi.

– Pourquoi ?

– C'est compliqué.

– Alors on va s'asseoir et tu vas me raconter.

– Il a convaincu son cabinet de se lancer dans une opération qui leur a finalement coûté beaucoup d'argent. Ils ont perdu une somme énorme et, du coup, ils s'en sont pris à lui.

– C'était... honnête, ça ?

– Que veux-tu dire, honnête ?

– C'était *legale* ?

– Bien sûr que c'était légal.

– Anna, calme-toi. Je vais t'aider par tous les moyens possibles. Mais on lit tellement de choses sur ces grosses boîtes... *casini*. C'est simple, je veux tout savoir. Tout.

– O.K., bon, enfin, je pense que tu sauras tout de toute façon.

– Bon.

– Papa, tu te souviens, je t'ai expliqué que je vais devoir me rendre au tribunal pour témoigner au sujet de Simon, de l'enlèvement de Sam ? Bientôt.

– Mais cela n'avait rien à voir avec toi.

– Oui, et nous allons devoir le leur déclarer.

– Et alors ? Tu ne peux rien dire de mal. Je n'arrive toujours pas à y croire. Je l'aimais bien, ce Simon. Tu crois connaître les gens. Il nous a tous eus, hein !

– Papa, Joe va devoir témoigner, lui aussi.

– O.K., il n'a rien à cacher non plus. O.K. ?

– Ce n'est pas tout à fait aussi simple que ça.

– Pourquoi ?

– Papa, quand Simon est venu prendre Sam à l'école ce jour-là, il l'a ramené chez lui.

– Oui, je sais qu'il ne l'a pas touché, rien. Il ne l'a pas touché, n'est-ce pas ?

– Non, mais...

– Mais quoi ? Anna, qu'est-ce qu'il a fait ?

– Rien, mais... il y avait une femme, là-bas.

– Où ça ?

– Chez Simon.

– Et donc ? Elle l'a touché ? Elle n'a pas touché Sam, n'est-ce pas ?

– Non, non, elle ne l'a pas touché. En fait, il semblerait que... ce soit elle qui ait appelé la police.

– Et donc ? Quoi, cette femme, quoi ? On devrait la remercier.

– Papa, c'est... une prostituée.

– Oh ! Simon... Anna, avec les hommes, ce sont des choses qui arrivent. Oui, j'ai lu ça dans le journal. La femme avec qui était Simon était une prostituée. Mais quand même... on devrait la remercier, non ? Elle n'a pas fait avaler de drogues à Sam, rien de ce genre, non ?

– Pas de drogues. Du lait chocolaté, je crois. Papa, Joe la connaît.

– Que veux-tu dire ?

– Joe fréquente cette femme une fois par semaine depuis environ deux ans.

– La *puttana* ?

– Oui.

– *Che bastardo ! Va a mori ammazzato !* Le salopard ! Qu'il meure assassiné ! Anna, je suis vraiment désolé, *tesoro*. »

Mon père est venu vers moi, il m'a serrée dans ses bras.

« Tu es une très belle fille. Tu le sais. Je ne le comprends pas... C'est... Avec les hommes, c'est comme ça. Ils... je suis désolé. Elle le fréquentait, cette *puttana* ? Ça n'a aucun sens. Alors pourquoi a-t-elle appelé la police ?

– Je n'en sais rien. Il fallait que je te dise. Ça va sortir.

– Quoi ?

– Ça va sortir dans les journaux... que Joe connaissait cette femme. Je voulais te le dire avant, et à maman. Papa, Joe et moi... nous avons des soucis, de gros soucis dans notre mariage.

– Ça peut s'arranger.

– On va probablement perdre la maison.

– Pourquoi ? Joe trouvera un autre boulot.

– On est endetté jusqu'au toit.

– Tu vas lui dire de venir me voir, en toute franchise, d'homme à homme. Pour le toit, je vais vous aider. Il va me dire de combien vous avez besoin, jusqu'à ce qu'il puisse se dégoter un bon boulot.

– Pourquoi as-tu besoin qu'il vienne te le dire lui-même ? Je sais de combien nous avons besoin.

– De combien avez-vous besoin ?

– De beaucoup. On possède très peu d'argent. Joe a pris un deuxième emprunt.

– Anna, je vais te dire. Il vient me parler, et je l'aide jusqu'à ce qu'il se trouve un bon boulot.

– Seigneur, papa, ce n'est pas si simple.
– Et pourquoi pas ?
– Je pense qu'il a l'intention de me quitter.
– Qu'est-ce qui te fait croire ça ?
– Papa, il voyait une prostituée chaque semaine depuis deux ans.
– Il est stupide, cet homme. Il ne faut pas y penser. Tu devrais le rendre heureux. Essaie de le rendre heureux...
– Papa !
– C'est en lui... *la virilità... le palle*. Les couilles, quoi. Fais-le se sentir un homme. Il sent bien que tu le prends pour un... *buffone*, un *pagliaccio*. C'est pour ça que tu n'as qu'un seul gosse.
– Papa, ce mariage est un ratage.
– Ce n'est pas moi qui l'ai choisi, c'est toi. Moi, j'ai juste payé la cérémonie. Il vient me voir, d'homme à homme... s'il me dit la vérité sur les chiffres, je vais l'aider jusqu'à ce qu'il se trouve un bon boulot. Tu ne perdras pas la maison. Et puis, il va falloir changer ta manière d'être avec lui et le rendre heureux, comme un homme. Peut-être que tu devrais arrêter de travailler.
– Papa, de nous deux, je suis la seule à travailler.
– Oui, d'accord. C'est vrai. Il faudra qu'il me dise où est passé l'apport pour la première maison.
– Ça ne marchera pas.
– Anna, il faut que tu essaies.
– Regarde à quelle vitesse tu lui pardonnes tout.
– Je ne lui pardonne rien du tout. Il faut que tu agisses. Mais pour le moment, il faut parer au plus pressé
– À savoir ?
– La *puttana*.
– Ah oui ! La putain....
– Anna, je suis triste pour toi. Mais que pouvons-nous y faire ? Tu l'as choisi. C'est ton mari et le père de mon petit-fils. Pour toi, *tesoro*, je ferai tout ce que je peux.
– Et s'il s'en va ?
– Tu es capable de le faire rester. Tu n'es pas une vieille femme.
– Et si je ne veux pas de lui ?
– Tu l'as choisi. Pas moi.
– Je sais. Toi, tu as juste payé la cérémonie.
– *Si*.
– Mais rien n'oblige à ce que ça reste ainsi.
– Je sais, Anna. C'est ce que je suis en train de t'expliquer.
– Non, je ne parle pas d'éloigner la putain. Je parle d'une séparation...

– Non !

– Ou d'un divorce.

– Non !

– Papa, il se pourrait que je n'aie même pas mon mot à dire.

– Tu peux avoir ton mot à dire.

– D'ailleurs, c'est peut-être la meilleure solution. Je pourrais tout reprendre à zéro et...

– *Non si fa cosi*. Pas de divorce. Ce n'est pas dans nos façons de faire.

– Papa, je ne pratique plus depuis des années. Tu disais que tu allais m'aider.

– Je vais t'aider. Je te l'ai dit. Donne-lui le sentiment d'être un homme. Tu as un fils, Anna. Joe est son père. Que tu le veuilles ou non, il faut que tu grandisses. Ne vois plus Simon.

– Qu'est-ce que tu me racontes ? Je ne voyais pas Simon.

– Mais il pense que oui, non ?

– Oui, mais il se trompe.

– Anna, *tesoro*. Rends-le heureux et il en aura fini avec la *puttana*. Il vient me voir avec les chiffres sur le papier et je l'aide pour la maison.

– Cela ne va pas se passer ainsi. Il ne va jamais te parler de tout ceci.

– Alors il n'aura pas l'argent. Il a toujours joué les grands messieurs de la Bourse. C'est un *buffone*... avec une *puttana*. *Bastardo*. Il faut qu'il vienne me voir et ensuite je lui donnerai l'argent. »

Mon père ne parvenait pas à comprendre que Joe ne viendrait jamais le voir pour de l'argent, qu'il préférerait perdre la maison deux fois plutôt que de s'abaisser devant lui. « Aller demander ça à ce paysan italien, alors que tu ne figures même pas sur l'acte de propriété, tu plaisantes ? »

19.

Accuser Simon, c'était plus facile quand on ne le connaissait pas. Si vous le connaissiez, si vous l'aviez connu, vous trouveriez plus intéressant d'essayer de comprendre pourquoi il a agi comme il l'a fait. Et le docteur Klima le connaissait bien. Qui plus est, c'était son travail que de le comprendre, et non de le juger. Mais ce n'était pas son travail d'aimer Simon, et son affection me faisait apprécier ce psychiatre, malgré les circonstances. J'enviais même à Simon son docteur Klima. J'aurais pu recourir à ce genre de professionnel bien formé et bien huilé, croisement entre un porte-parole familial et un avocat. Mais ce n'était pas dans nos façons de faire.

Diverses personnes dans divers bureaux m'ont fait répéter interrogatoires et contre-interrogatoires. On m'a même montré l'intérieur d'un prétoire désert. C'était tout ce qu'ils étaient autorisés à faire pour me préparer à la situation réelle – une salle d'audience bondée, garnie d'avocats en action, d'un vrai juge, d'un personnel judiciaire indéterminé, d'un public avide et de médias qui le seraient encore plus. La réalité des lieux contenait aussi Simon.

Il était encadré par deux espèces de gardes ou fonctionnaires carcéraux. Il n'avait pas du tout l'air changé, ce qui accentuait encore l'absurdité de cette surveillance. Il portait un costume et il avait peut-être un peu minci, par rapport à mon souvenir. J'ai levé la Bible dans ma main droite et j'ai juré devant le Dieu tout-puissant de respecter la vérité mais, face à tous ces gens, ma voix flanchait. Ils ne comprendraient jamais à quel point cela ressemblait peu à Simon d'avoir agi de la sorte. Et la procédure n'était pas faite pour éclaircir les choses. Le fait est qu'il avait emmené Sam sans mon autorisation, et Dieu seul savait pourquoi. À l'évidence, ça s'était mal passé pour lui depuis l'époque où nous étions ensemble. Rien d'autre ne pouvait expliquer la présence de mon amour de fac, si gentil, si drôle, donquichottesque et byronesque, dans ce box gardé par deux cerbères.

Le procureur Henshaw m'a posé des questions directes et j'ai répliqué par des réponses tout aussi directes. Nous formions un couple à l'université, il y avait dix ans. Nous étions sortis ensemble pendant environ deux ans. Je l'avais à peine revu depuis cette époque, sans doute même jamais revu. Oui, cela rendait impossible la poursuite de quelque relation que ce soit entre nous, et encore moins la continuation d'une liaison amoureuse. Non, il n'avait pas ma permission pour aller chercher mon fils à l'école ce jour-là ni aucun autre jour. Non, je ne comprenais pas pourquoi il avait fait cela. Ç'a été la seule occasion où nous nous sommes regardés. Cela m'a fait mal et j'ai détourné les yeux. M. Henshaw en avait terminé avec ses questions. Quel soulagement de pouvoir dire la vérité.

Il n'y a pas eu de question sur sa douceur ni sur son sens de l'humour. J'aurais pu leur raconter comment nous nous étions rencontrés après son exposé sur Billie Holiday. Il n'y a pas eu de questions sur sa mère, ni sur les poètes qu'il lisait ni sur Doctorow, Dos Passos et Abe Meeropol. On ne m'a pas accordé l'occasion de confier au magistrat que Simon avait fait réaliser un bracelet en argent exprès pour moi. Je n'ai pu évoquer sa clarté de pensée – du moins celle qu'il avait à l'époque où je l'avais connu – ni son intolérance pour toute idée creuse, des traits de caractère que j'avais fait miens sans me rendre compte qu'ils me venaient de lui, au même titre que le bracelet. Des cadeaux qui, si j'en avais pris soin, auraient pu alléger ma solitude mais qui, à l'inverse, avaient été enfouis sous l'empilement des renoncements quotidiens et des mensonges à soi-même. Durant toutes ces années, avant que je ne me retrouve à jurer sur la Bible de dire la vérité non pas toute la vérité mais exclusivement la part qui intéressait M. Henshaw, seul le bracelet avait été régulièrement appelé à la rescousse.

Mais Simon non plus n'avait pas appelé à la rescousse ces autres dons qu'il m'avait faits – clarté d'esprit et rigueur intellectuelle. Son geste n'avait aucun sens et, pis encore, il allait probablement déclarer au monde que j'avais été infidèle à mon mari, avec lui, et que mon mari m'avait été infidèle, avec une prostituée qu'ils se partageaient tous les deux. Il y avait là-dedans une part de vrai et une part de faux, mais j'étais incapable de comprendre pourquoi j'avais mérité cette humiliation.

Ensuite, l'avocate de Simon, une Mme Serkin, que M. Henshaw appelait en privé Gina, m'a questionnée. C'était une femme tirée à quatre épingles, de quelque dix ans mon aînée, peut-être plus. Elle était polie, assez femme d'affaires dans ses manières, mais pas du tout ce que l'on appellerait quelqu'un de chaleureux. Elle avait l'air intelligent et compétent. Elle avait dû interroger Simon encore et encore, sans relâche. Je me suis demandé si elle croyait ce qu'il lui avait dit car ses questions ne plongeaient pas au cœur du sujet. Elle m'a interrogée sur ma liaison avec Simon, dix ans plus tôt. Sa formulation me conduisait à être élogieuse et positive, mais je l'avais toujours été. Rien n'avait de rapport avec l'enlèvement de Sam et, même si je n'avais aucune réticence à répondre à ses questions, M. Henshaw a posé des objections. La controverse sur leur pertinence m'a permis de décrocher et de réfléchir à cette dissection de notre relation par des avocats dans une salle d'audience remplie d'inconnus.

Si le docteur Klima était dans le prétoire, il n'a pas essayé de me le faire savoir. Je ne l'ai pas vu, mais je n'étais pas assez à l'aise pour songer à chercher son regard. Je n'y ai pensé qu'après, en me trouvant dans les pages du journal, et en me demandant combien de temps il faudrait aux gens pour oublier l'affaire. Parmi eux, il y avait des personnes que j'avais connues au lycée, d'autres qui m'avaient connue du temps où j'étais avec Simon. Ceux-là n'oublieraient pas. Si nous nous retrouvions à soixante-dix ans, ils se rappelleraient que mon passé renfermait un épisode trouble, criminel et vaguement scandaleux. Était-ce cela, le scandale qui m'avait soudain rendue repoussante aux yeux de Michael ?

Je ne pensais à lui qu'à de rares moments, ces moments où mon esprit s'égarait loin de mon travail, où je me surprenais à rester le regard barré par un mur, là-bas, devant moi, dans le vide. Il n'y avait pas que moi à me surprendre ; il y avait aussi la nouvelle, une diplômée d'une école de communication qui n'existait même pas au temps où j'étais étudiante. Je n'attendais plus d'appels de Michael, et je n'attendais pas non plus le déluge d'appels du docteur Klima. Peut-être a-t-il été provoqué par mon témoignage à l'audience préliminaire. Mais Simon et lui devaient sûrement s'attendre à ce que je déclare ce que j'avais déclaré. Après tout, je n'avais dit que la vérité. Quelle que soit la raison de ces appels, au nom de l'entraide entre pratiquants du message téléphoné sans retour, j'ai fini par le rappeler. Les chimères auxquelles ils se raccrochaient étaient de moins en moins défendables. Il m'a expliqué le plus sérieusement du monde qu'un jour Simon avait suivi Sam et notre employée de maison depuis la sortie de l'école, qu'il avait vu Sam tomber tout habillé dans la piscine et y rester – du moins jusqu'à ce que Simon l'en sorte. S'il n'était pas intervenu, m'a expliqué le docteur Klima, il est vraisemblable que Sam se serait noyé. Je lui ai rappelé qu'il m'avait déjà raconté cet épisode, que l'histoire était horrible et ridicule. Pourquoi Sam ne m'en avait-il pas parlé ? J'ai raccroché au moment précis où la jeune diplômée en communication passait devant moi, souriante. Mon père voulait savoir quand Joe allait venir lui parler. Nous allions perdre la maison.

20.

Par une nuit plus sombre que noire, un vent violent, fou, s'est abattu sur la ville et sur moi dans une rue peu familière. J'étais déjà venue là une fois, mais avec Joe et c'était lui qui était tendu. Cette fois, c'était moi, mitraillée et chahutée par le vent, qui étais la suppliante. En dépit de tout, j'étais gênée, nerveuse au point d'en avoir la langue aride, et j'étais incapable d'imaginer des conséquences suffisamment extrêmes pour m'empêcher de faire ce que j'allais faire. Ce serait un cours accéléré de communication.

J'ai sonné à l'interphone et j'ai attendu. Les haies soigneusement manucurées pour des visiteurs autres que moi essayaient désespérément d'échapper à la raclée infligée par le vent, mais en vain. Seuls les piliers massifs encadrant le portail de la demeure des Sheere étaient immuables. Une femme petite, d'origine étrangère, entre deux âges, une employée de maison, est venue m'ouvrir. Ils devaient attendre quelqu'un, sinon elle m'aurait filtrée au moyen de l'interphone. J'ai remonté l'allée, non sans mal.

« Bonsoir, je m'appelle Anna Geraghty, ai-je dit, tremblante, décoiffée. Je me demandais si je ne pourrais pas avoir quelques instants d'entretien avec M. Sheere ?

– Pardon, quel nom avez-vous dit, déjà ?

– Mme Anna Geraghty.

– Il vous attend ?

– Non, pas vraiment. Il me connaît, moi, et mon mari, Joe, Joe Geraghty, et il faut que je lui parle, c'est très... soudain... non, pas soudain, mais... euh... urgent. Il y a un vent terrible, non ?

– Madame ?

– Geraghty, lui ai-je répété.

– Garatee, a-t-elle fait, quêtant l'approbation que je lui ai immédiatement offerte avec un petit sourire de gratitude imméritée.

– Juste un instant, s'il vous plaît. »

La femme a poussé la porte jusqu'à pouvoir la bloquer avec une chaîne. Le bruit de ses pas s'est estompé à mesure qu'elle s'enfonçait dans cet intérieur caverneux. Au bout de quelques minutes, elle est revenue, a tiré la chaîne de la porte et ouvert.

« Par ici, je vous prie, madame Garatee », a-t-elle dit en me précédant dans le vestibule au sol de marbre blanc pour me conduire dans un bureau installé à l'écart. Je ne me rappelais pas l'avoir vu lors de la visite rituelle et obligatoire à laquelle on nous avait conviés au cours de notre précédente visite. La pièce m'a paru très masculine avec tous ses lambris et ses fauteuils en cuir. À la place des photographies habituelles des enfants et des petits-enfants, il y avait là des plaques commémoratives des œuvres charitables de la famille.

« M. Sheere vous rejoint d'ici peu. »

Fidèle à la parole de son employée de maison, en l'espace de trente secondes, Donald Sheere s'est imposé dans cette pièce, fort du poids de sa richesse. Mes genoux ont faibli. Qu'est-ce que je fabriquais ici ? Il a refermé la porte derrière lui d'un geste sans appel.

« Madame Geraghty, que me vaut le plaisir ?

– Je vous en prie, appelez-moi Anna. Je dois vous prier de vouloir excuser cette intrusion. J'ai essayé de vous téléphoner un certain nombre de fois, mais je n'ai pu vous contacter.

– Que puis-je pour vous, Anna ?

– Je... je suis venue voir si vous pouviez aider mon mari, Joe. Il a perdu son poste. Gorman s'est débarrassé de lui et de son ami quand vous vous êtes retiré de cette émission de titres pour cette société d'assurance santé.

– Oui, j'ai appris ça.

– Monsieur Sheere, il n'a plus de travail et nous ne pouvons plus honorer notre emprunt immobilier. Nous allons perdre notre maison, ce n'est plus qu'une question de temps. Vous portez une part de responsabilité...

– Madame Geraghty... Anna. En renonçant à cette acquisition, j'ai pris une décision d'ordre strictement commercial. Cette décision était fondée sur les informations auxquelles j'ai eu accès sur le moment. Que Joe ait perdu son emploi à cause de cette décision, c'est malheureux. Mais ce n'est pas ma faute. Ces choses-là arrivent. Cela fait partie du jeu. Joe est un bon courtier. Une autre société de courtage va le récupérer. Gorman était obligé d'agir comme il l'a fait, et moi aussi. Il n'y a dans tout cela rien de personnel.

– Il y a quelque chose de personnel, monsieur Sheere. J'ai un fils...

– Ah oui, ça... cette épreuve a dû être terrible, même si vous connaissiez l'homme qui l'a...

– Je le connaissais voici dix ans, pas...

– Madame Geraghty, ce ne sont pas mes affaires. Ce sont les vôtres, et celles de Joe.

– Il n'a plus d'affaires, monsieur Sheere. C'est pour ça que je suis ici.

– Que voulez-vous que je fasse ?

– Ne pourriez-vous pas l'aider... en lui proposant un travail ?

– Anna, je ne peux pas intervenir auprès de Gorman en vue de...

– Ce n'est pas à ça que je pensais...

– Je ne suis pas courtier en Bourse, madame Geraghty. Je n'ai aucune utilité à employer un opérateur financier. Je suis navré, je ne puis vous aider. »

Je suis restée assise dans la voiture un bon moment, sous le choc – de ce que je venais d'oser accomplir plus que du résultat.

Sur le trajet de la maison, j'ai fait un détour par chez Sophie ; elle était chez elle. Et seule. Et, contrairement à son habitude, elle a paru préoccupée en me voyant.

« Tu as un air épouvantable. Anna, qu'est-ce qui ne va pas ? Qu'est-ce qui ne va pas ? Viens un peu par ici, grande sœur. Qu'est-ce qui ne va pas, mon chou ? Pourquoi pleures-tu ?

– Je suis vraiment désolée que tu... seulement je suis... je suis tellement idiote.

– Oh, Anna, mais qu'est-ce que tu racontes ? J'aimerais avoir ton... Jamais tu ne ferais les bêtises que je fais. Tu es si... pondérée. Tu as une vie si... équilibrée.

– Tu veux rire, Soph ? Je suis mariée à un homme désormais connu grâce aux journaux pour la liaison qu'il avait avec la putain du kidnappeur de son fils. Ma vie est... Mon mariage est un naufrage dont le public peut suivre les épisodes. Et tout ce déballage va recommencer à l'occasion du procès de Simon.

– Tu es mariée et tu as Simon. J'ai toujours bien aimé Simon.

– Qu'est-ce que tu me chantes ? Je n'ai pas Simon du tout.

– Peut-être pas maintenant, mais...

– Mais enfin personne ne veut me croire, bordel ? »

Ma famille refusait de croire que je n'avais pas de liaison avec Simon. Mais ça ne signifiait pas pour autant, de l'avis de mes parents, que je doive le sauver de la prison en admettant mon infidélité. Il importait de protéger leur honneur et la sainteté du mariage, non mon amant. Joe était le mari, le pourvoyeur, il méritait d'être pardonné. Enfin, ils ne savaient pas encore que je ne figurais pas sur l'acte de propriété de la maison.

« Mais au moins, lui, tu l'as », a insisté Sophie.

Elle pleurait à son tour.

« Qui ?

– Tu l'auras toujours et il t'aimera toujours.

– Qui ?

– Sam. »

21.

J'ai eu de nouveau l'occasion d'être étonnée par l'acharnement du partisan que Simon s'était trouvé en la personne de ce docteur Klima – j'ai même pensé le menacer de me plaindre à la police s'il ne cessait pas de me téléphoner. Mais je n'en ai rien fait. Si irritante qu'ait été cette insistance, l'homme était trop raisonnable pour qu'on le menace de lâcher les chiens. Cette fois-là, il s'est montré encore plus malin que d'ordinaire.

« Madame Geraghty, je sais ce que vous endurez en ce moment, et j'imagine donc clairement l'effet que mon appel peut avoir sur votre tension artérielle, enfin, sur vous.

– Et jusqu'où va votre imagination, monsieur Klima ?

– Beaucoup trop loin, j'en ai peur.

– Alors vous devez être très courageux ou totalement stupide.

– J'opterais pour la seconde hypothèse. Oui, certainement. Anna, je vous appelle pour des raisons à la fois graves et égoïstes. Et, sachant votre peu d'envie de m'entendre, je me suis donné du courage en avalant une dose généreuse de whisky. »

Devenais-je folle ? Voilà qu'il se mettait à parler comme Simon. En admettant le caractère intéressé de sa demande, il piquait ma curiosité. Quel but poursuivait-il ? Il voulait une assurance contre la culpabilité. Il a ajouté que ses propos allaient éveiller mon scepticisme, il ne l'ignorait pas, mais que, pour sa propre tranquillité d'âme, il était obligé de m'informer de ses craintes : Simon envisageait le suicide. Cela ne m'était pas venu à l'esprit mais, à présent qu'il me forçait à y réfléchir, cela ne me paraissait pas exclu. Il m'en parlait, disait-il, car il pensait qu'une visite de moi pouvait amener Simon à s'écarter du précipice, au moins pour un temps. Si je n'y croyais pas, si je prenais sa suggestion pour une manœuvre, tant pis, il s'en serait voulu de ne pas avoir essayé, au cas où ses craintes se révéleraient justifiées.

Était-ce une manœuvre ? Je n'en savais rien. Si oui, elle a été réussie car, en faisant peser cette responsabilité sur moi, il a obtenu gain de cause. Il s'en serait voulu de ne pas avoir essayé au cas où ses craintes se révéleraient justifiées. Et moi ? Si je n'allais pas voir Simon, quel effet son suicide aurait-il sur ma vie ? Klima supposait-il vraiment que je serais en mesure de ne pas m'en vouloir ?

Le trajet en voiture depuis la ville jusqu'à la prison Port Phillip, à Laverton, est si fatigant qu'en arrivant devant le bâtiment, on remarque à peine l'empreinte du Mal posée sur son architecture. J'étais tendue. Je n'étais jamais entrée dans un endroit pareil. Et si ma visite ne le sauvait pas ? Le docteur Klima l'avait souligné, il suffisait que je réaffirme à Simon ce qu'avait été pour moi notre liaison d'étudiants. Je l'avais déjà fait publiquement, lors du contre-interrogatoire intervenu au cours de l'audience préliminaire. Ce n'était pas assez, apparemment. Si le soutien apporté à Simon par l'évocation d'un joli passé ne suffisait pas, que se passerait-il ? Si ça ne marchait pas ? Alex Klima aurait peut-être la conscience tranquille, mais moi ? Je pouvais tout aussi bien prononcer des mots qui le perdraient ou ne pas réussir à lui dire les mots qui le sauveraient. Ces mots-là ne relevaient pas de ma responsabilité. Ils relevaient de celle de Klima. Je n'étais pas son psychiatre. J'étais sa victime. J'étais celle qu'il disait aimer, et je me sentais prise au piège, en colère.

Déjà, à l'accueil, où vous étiez inscrit, délesté de vos sacs au profit d'une consigne et fouillé, il régnait une odeur nauséabonde. C'était une espèce de désinfectant ou de détergent industriel. J'avais déjà senti cette odeur mais je ne parvenais pas à l'identifier. Elle n'était pas confinée au sas de réception. Dans la sinistre cour intérieure qui conduisait à la salle des visites, elle vous assaillait.

Je l'avais aperçu au tribunal, mais là, vu de si près, il avait l'air encore plus mal. Il portait un uniforme en synthétique bleu layette, un genre de combinaison. Le bruissement du tissu a noyé les mots qui accompagnaient notre poignée de main. Avant et après notre entrevue, il était fouillé jusque dans ses parties intimes, m'a-t-il signalé en passant.

J'ai regardé autour de moi les autres prisonniers et leurs familles. D'être là, c'était totalement irréel, et je le lui ai dit. Ensuite, pour aggraver les choses, comme si ça n'allait pas déjà assez mal, nous nous sommes disputés. On aurait dit un couple marié. On s'est disputés sur l'enlèvement de Sam. On s'est disputés sur notre liaison passée. Et, comme un couple d'intellos pédants, nous nous sommes chamaillés sur l'emploi des mots dans les médias, et sur l'autosatisfaction naïve des étudiants. J'ai fini en larmes. Il s'est excusé, ce qui a eu pour effet de me faire exploser. Tout est sorti. Je lui en voulais de tout et même de choses que je ne formulais pas, dont il ne pouvait avoir connaissance. Je lui en voulais même de la souffrance qui avait poussé sa mère à venir nous voir, à parler à Joe. Ma rage venait de ce qu'il m'avait pris mon fils, mais pas seulement. J'étais furieuse de voir qu'il en savait autant sur moi, jusqu'à ces détails comme l'endroit où j'avais porté mon bracelet à réparer et, surtout, j'étais furieuse qu'il se soit excusé, ce que personne n'avait jamais fait. Je ne connaissais personne qui sache s'excuser.

Nous nous sommes disputés à propos d'Angelique. Son vrai nom est Angela mais je n'avais aucune envie qu'elle possède un vrai nom. Je lui ai confié que je pensais souvent à lui, et tellement en bien que sa vision du monde était devenue pour moi un modèle. C'était vrai, mais il était tout aussi vrai que je ne m'appuyais guère sur ce modèle, pas assez. Après notre séparation, je m'étais sentie libre d'observer le monde et d'en tirer à main levée mes propres conclusions, libre de faire appel à l'héritage de Simon ou pas, à ma guise. En lui confiant que l'enlèvement de Sam avait sali mon estime pour lui, je le blessais avec la vérité – manière peu habituelle pour moi de blesser. J'étais hors de moi et il était vulnérable ; c'était son tour d'être victime. En larmes, gênée, furieuse, je lui ai dit d'aller se faire foutre, puis je me suis levée pour partir.

J'avais envie de sortir de là aussi vite que possible, d'échapper à cette odeur nauséabonde, à la claustrophobie, à la misère qui habitait cette salle des visites. Je me suis levée et je me suis éloignée. Mais il a trouvé le moyen de me rappeler et de me faire rasseoir à ma place, et ce moyen était le même qu'il avait utilisé pour se réintroduire dans mon existence : Sam.

D'abord, il m'a désarmée en reconnaissant sa folie et son inconvenance. Puis il a parlé de Sam avec tant d'émotion que je n'ai pu me retenir de l'écouter.

« ... Ne crois pas que les années de froid, de silence, l'absence de communication adulte, vivante, aimante... n'imagine pas que cela laisse ton fils intact. »

Ses yeux n'avaient pas changé ; ils étaient perçants, intelligents ; il comptait sur vous pour y sombrer et n'en plus ressortir.

« Chut ! Ne dis rien. Cela ne me regarde pas. Mais toi, tu as dû y penser, à ça... et à Sam. Quel genre d'homme aimerais-tu qu'il devienne ? Tu devais bien avoir quelque chose en tête, quand tu as décidé d'avoir un enfant. Tu ne l'as pas fait pour rien, c'est un être humain, pas un caprice. Était-ce pour avoir quelqu'un qui veille sur toi dans ton grand âge ou simplement pour assurer le prolongement temporel de ton être, en lieu et place de l'immortalité ? Ou bien était-ce pour avoir un ami, un véritable ami dans un monde pas très amical ? Dans quelle mesure est-ce tragique de voir la distance entre lui et toi croître sans cesse ?

« A-t-elle commencé la gestation de ce jour funeste où tu réaliseras que tu ne le reconnais plus ? Comment ton petit garçon a-t-il pu devenir cet homme ? Il est froid, morne, mécontent. Au début, ce n'était que du cinéma, une pose de préado, une défense, une barrière contre le monde. Maintenant, il est aliéné. Est-ce qu'il lui arrive de ressentir quoi que ce soit fortement, profondément, et si oui, le saurais-tu ? Tu es incapable de te rappeler la dernière fois qu'il a pensé à toi sans qu'on le supplie, qu'on le soudoie ou qu'on le menace. Tu ne sais même pas s'il est heureux. Il est d'une intelligence innée, mais rien ni personne n'a jamais entretenu son intellect ou même sa curiosité, donc il utilise son intelligence comme une arme contre les autres, contre lui-même.

« En fait, que lui as-tu proposé, enfant ? Vous avez cédé à quelques manies éducatives et vous avez évoqué occasionnellement un certain nombre de valeurs traditionnelles mais, en réalité, lui, qu'est-ce qu'il voyait ? Il voyait un espace occupé de temps en temps par des parents papillonnant comme des fantômes entre deux disputes, il a peut-être vu les amants et maîtresses ou leurs traces plus ou moins nettes, et une employée de maison, une réfugiée du dernier pays en date à recueillir les bénéfices de la mondialisation. Dans le monde de son enfance, peut-être cette employée de maison est-elle la personne adulte la plus constamment disponible. Non, non, ne te repose pas sur elle. Il l'oubliera tout aussi vite qu'il oubliera les quelques mots de sa langue qu'elle lui a appris.

« Que voit-il ? Il voit ses parents qui se démènent et qui luttent pour ne jamais avoir à se reposer sur quelqu'un d'autre. Il en déduira que les adultes trouvent le monde froid et vide, qu'ils s'y sentent bien seuls, et qu'il faut être idiot pour donner sans attendre quelque chose en retour. Et tant qu'à faire, que ce retour soit plus gros que ce qu'on a donné.

« Un jour, quand il ne sera plus le tireur le plus rapide du pâté de maisons, s'il l'a jamais été, ou de n'importe quel pâté de maisons, et quand le vent aura soufflé les détritus de l'époque dans la rue où il vit, sur l'endroit où il vit et sur l'endroit où il est né, un jour, ses muscles lui feront mal, son énergie aura reflué, il se retrouvera à tenter de se souvenir de ses parents. Il aura envie de se souvenir d'eux. Il devrait y arriver. Il n'est pas si vieux et, après tout, il les a regardés poursuivre ce qui leur manquait dans l'existence, ce qui leur manquait dans leur foyer, chacun à leur manière, conflictuelle. Ils ne voulaient pas mal faire. Ils croyaient sans doute bien faire. Il aura envie de se souvenir d'eux quand il sera allongé, froid et immobile. Mais il en sera incapable.

– Alors comme ça, maintenant, tu vas m'expliquer comment sauver mon fils ?

– Je l'ai déjà sauvé une fois.

– Qu'est-ce que tu racontes ?

– Anna, un jour, il a failli se noyer.

– Quoi ?

– Dans le jardin, au bord de votre piscine. Il est tombé, il avait sa tenue de l'école. C'était par une chaude journée d'été. J'étais là. Je l'ai sorti de l'eau. Il était paniqué. Je lui ai fait...

– Oui, c'est juste. Ton psychiatre m'en a touché un mot. Il m'a prévenu que tu m'en parlerais. Je ne te crois pas.

– Demande-lui. Demande-lui, Anna. Questionne Sam sur le jour où le jardinier l'a sauvé de la piscine. Il a eu peur. Il s'en souviendra.

– Comment se fait-il que je n'en ai rien su ?

– Je ne sais pas. Il s'est séché au soleil avant que tu ne rentres. Ton employée de maison, ça lui a échappé. Joe n'était pas chez vous... La prochaine fois, je ne serai pas là pour le secourir. Peut-être que toi tu le sauveras. Maintenant, tu peux le sauver. »

Du Simon grand cru. J'ai quitté la salle des visites et j'ai regagné l'accueil par la cour intérieure, puis j'ai débouché sur le parking, sous le choc, aveugle à ce qui m'entourait. Je suis restée assise dans la voiture un moment, le regard dans le vide, avant de rentrer en ville. La mère de Sam avait bien fait, non ? J'avais du Billie Holiday quelque part dans la voiture. Il suffisait de chercher.

22.

Joe ne parlerait pas à mon père. Il s'y refusait, voilà tout. Il le méprisait trop. Et puis il y avait ce détail, l'absence de mon nom sur l'acte de propriété. Et si mon père voulait y jeter un œil ?

« Il est trop gêné pour venir te parler. Il se sent tellement humilié par la situation. Attends qu'il retrouve un boulot. Là, il te parlera. Il ne va pas tarder à en trouver un, tu le sais bien, ai-je menti à mon père quand je suis allée le voir. Le fait est qu'on a besoin d'un coup de main, tout de suite. »

Je pleurais. Ce n'était pas un numéro. À l'idée de perdre la maison, j'étais terrorisée. Ce n'était pas non plus de l'altruisme. J'avais beau ne pas figurer sur l'acte de propriété, je savais que, si nous devions nous séparer, la moitié de la maison me reviendrait. Sam avait été assez traumatisé comme ça. Je ne voulais pas qu'on le force à déménager.

Mon père avait effectué un transfert de fonds depuis un compte titres vers son compte chèque dans l'attente d'une conversation avec Joe qu'il croyait imminente, une conversation qui n'aurait jamais lieu, je le savais.

Je suis rentrée à la maison avec un chèque de cent mille dollars. C'était Joe que mon père avait envie d'étriller, pas moi.

« Ma première copine, bredouillait Joe, ma première vraie petite amie, tu sais, la première à laquelle tu tiens, celle que tu n'oublies jamais, jamais franchement, elle s'appelait Kirsty, Kirsten. Elle était très bien et moi j'étais... j'étais très bien aussi... à l'époque. Tu aurais dû me voir. J'étais le roi de toute cette foutue école et... tout ça, quoi. Tu l'aurais... même toi elle t'aurait bien plu. »

Il était soûl. Dès mon entrée dans la pièce, je l'avais senti, et il n'a pas essayé de le cacher. Un verre et des glaçons, une bouteille de Teacher's à moitié vide et quelques réminiscences incohérentes. D'ordinaire, c'était plutôt du Chivas. Voilà comment Joe affrontait notre gêne financière.

« Mais après... je sais plus... son oncle est mort ou une connerie de ce genre, a-t-il continué, et son père lui a reproché de ne pas être là où elle était censée se trouver à ce moment-là, et c'était la vérité, car elle était avec moi, mais ça n'aurait fait aucune différence. Je veux dire, comment le fait de me fréquenter aurait-il pu causer la mort de son oncle ? Il avait pris trop de somnifères.

– Joe, pourquoi me racontes-tu tout ça ?

– Son père lui a administré un sermon, et on a rompu. Comme ça ! Connasse !

– Joe, pourquoi me parles-tu de cela... le père de ta petite amie et tout le reste...

– Ton père vient d'appeler.

– Que voulait-il ?

– Il voulait me parler.

– À toi ? Tu n'as pas décroché ?

– J'étais occupé.

– Où étais-tu, quand il a appelé ?

– Je viens de rentrer.

– Tu es resté tout ce temps avec ta mère ?

– Tu me surveilles ?

– Je n'ai jamais pu t'empêcher de faire ce que tu voulais. »

J'ai remarqué que, parfois, en tout cas ces derniers temps, je pouvais m'exprimer comme une vraie garce, sans vraiment le faire exprès. Même moi je le percevais, mais, une fois que Joe en avait pris conscience, impossible d'y remédier.

« Je vais devoir lui trouver un endroit.

– À qui, à ta mère ?

– Ouaip.

– Que s'est-il passé ? Il s'est passé quelque chose, Joe ?

– On ne peut pas la laisser seule. Il faut que je trouve un endroit où on l'accepte, mais ces endroits-là coûtent un paquet, enfin, si tu veux qu'elle ait une chambre, et qu'on ne lui fasse pas prendre des bains de kérosène.

– Oh, seigneur, elle s'est encore égarée ?

– Elle a mis le feu aux rideaux.

– Oh, merde. Comment ?

– Elle était dans la cuisine, en train de préparer je ne sais quoi. Tu sais, la fenêtre à côté de la cuisinière ?

– Oh non, pas ces rideaux-là ?

– Elle m'a expliqué qu'elle s'était juste retournée un instant et tout d'un coup... Je ne crois pas que ce soit passé comme ça. Je pense qu'elle avait quelque chose sur le feu, qu'elle a quitté la cuisine et a tout oublié. Elle prétend le contraire, mais ce qu'elle cuisait a brûlé. Il n'y a pas que les rideaux qui ont pris feu.

– Je peux faire la cuisine pour elle, Joe. Elle n'a pas à cuisiner. Elle pourrait juste réchauffer.

– Tu cuisines déjà pour elle.

– Oui, mais je pourrais lui préparer un plat pour chaque jour avec une étiquette : “ lundi ”, “ mardi ”, etc.

– Elle oubliera ce que tu lui as préparé et, de toute manière, on peut pas l'empêcher de mettre le feu à sa maison avec des plats préparés. Côté combustible, elle n'est pas du tout difficile, vois-tu.

– Mais elle n'aurait qu'à réchauffer au micro-ondes.

– Tu connais ces sacs à réchauffer qu'on met sur les muscles endoloris ?

– Oui.

– Ils sont supposés aller au micro-ondes, disons, je ne sais pas, moi, deux minutes. Les siens, elle les y a mis pendant deux heures. Quand je suis arrivé là-bas, de la fumée s'échappait de sa cuisine.

– C'était quand ?

– Il y a deux semaines.

– Pourquoi ne m'as-tu rien dit ?

– Je ne sais pas. Quand je suis rentré, tu étais sortie, et puis Sam était dans tous ses états et... j'ai sans doute oublié.

– Tu n'as pas oublié. Allons, Joe. Comment puis-je t'aider, si tu ne me dis rien ?

– Comment m'aideras-tu, si je t'en parle ? »

Sur le moment, je n'ai rien trouvé à répondre, mais je savais exactement comment j'allais l'aider. Il était temps de déposer le chèque de mon père à la banque. J'ai dit à Joe que j'attendais une augmentation, au bureau, une augmentation et une prime. Je lui ai précisé qu'on allait tous en recevoir une. C'était stupide de lui annoncer cela, car même la somme des deux serait insuffisante pour faire face pendant longtemps aux mensualités du prêt immobilier ou pour payer une maison de repos. Mais, sur le moment, je n'ai pu songer à rien d'autre qu'à lui apporter assez d'espoir pour qu'il arrête de boire et se mette en quête d'un travail, pour qu'il vienne en aide à sa mère. Elle ne pouvait pas venir s'installer avec nous. Nous ne pouvions pas. Il m'a dit qu'il était incapable de retourner à la banque négocier une diminution des traites, pas avant de leur avoir annoncé qu'il avait trouvé du travail. Il m'a promis de poursuivre ses démarches. Ensuite, il m'a demandé pourquoi je n'avais pas fait en sorte que mon cabinet essaie de le placer quelque part. Je n'ai su que répondre. Sincèrement, cela ne m'était pas venu à l'esprit.

« Eh bien, moi, ça m'est venu.

– Alors pourquoi tu n'as... tu aurais dû m'en parler.

– Épargne-moi ça. Je sais pourquoi tu ne leur as pas suggéré. »

Il avait raison d'être en colère contre moi. Je n'avais pas de réponse à lui offrir, aucune réponse satisfaisante.

« Enfin, Joe tu crois vraiment que je préférerais perdre cette maison plutôt que de subir la gêne de voir mes collègues apprendre que tu es sans emploi ? Des gens qui perdent leur poste, il y en a partout. J'en vois tous les jours. »

Mais ce n'était pas à cette gêne qu'il faisait allusion, et nous le savions l'un et l'autre.

« Je suis désolée. Je vais chercher quelqu'un d'approprié et je vais t'organiser un rendez-vous dès que possible. Dieu sait s'ils me doivent cette faveur.

– Anna, je ne suis la faveur de personne.

– Je ne l'entendais pas en ce sens. Tu sais combien d'heures j'ai consacrées à cette boîte ? Je voulais simplement dire qu'ils ne m'appréciaient guère. Pas pour le travail que je fournis.

– Mais ils t'accordent une augmentation, n'est-ce pas... et une prime ?

– Oui, en effet. Une prime, oui, mais... ils vont en servir une à tout le monde. »

Nous nous sommes mis d'accord pour que, dans l'intervalle, il maintienne les entretiens d'embauche qu'il avait organisés. Il devait aussi emmener sa mère visiter des maisons de repos. Je lui ai conseillé de ne pas se préoccuper du coût. Il fallait qu'il lui trouve le meilleur endroit possible, aussi vite que possible. Sa mère avait besoin d'une certaine dose de persuasion. Elle a souligné tant et plus qu'elle était parfaitement capable de se débrouiller toute seule. Quand il a fini par la convaincre d'au moins venir visiter quelques maisons avec lui, elle a changé d'avis au dernier moment parce que leur premier rendez-vous tombait un dimanche. Le dimanche était le jour où elle allait rendre visite à son autre fils, Roger. Joe lui a répondu que Roger pouvait sauter une semaine, mais elle a tenu bon. Et s'ils rendaient visite à Roger plus tard, ce jour-là ? Non, il fallait que ce soit toutes les semaines à la même heure, sinon ça contrariait Roger. Qu'elle y aille également le samedi n'y changeait rien, semblait-il. On aurait dit qu'il y avait quelque chose de sacré dans ces visites du dimanche. Joe et moi avions nos entretiens avec le procureur au cours de la semaine à venir. J'ai obtenu de la mère de Joe qu'elle accepte d'aller ce dimanche voir une maison de repos avec son fils. Je lui ai proposé d'aller rendre visite à Roger à sa place, à l'heure habituelle. Elle voulait que j'emmène Sam, mais j'y suis allée seule. J'ai prié Sophie de rester avec mon fils. Elle m'avait déclaré une fois que lui seul était capable de l'empêcher de se lever avant midi un dimanche.

Roger était assis dans un fauteuil, plus ou moins en face de la fenêtre. Je revoyais Joe en lui. Un autre patient, une cigarette à la main, était debout près de là, et il se frottait contre une chaise.

« Euh... Roger, hello ! Hello ! Roger... Tu sais... tu te souviens de moi ?

– Tu es Annie. La petite amie de Joe.

– Oui, c'est exact. Je suis la femme de Joe.

– Oui, Annie, je sais. Si jolie, Annie. On a de la chance, hein ?

– Pourquoi, Roger ? Pourquoi de la chance ?

– Joe m'appelle, il me dit " Salut Roger le tire-au-flanc ", et c'est moi ça. Je suis Roger le tire-au-flanc.

– Pourquoi avons-nous de la chance, Roger... le tire-au-flanc ?

– Maman dit qu'on a de la chance, Annie.

– Pourquoi ?

– Maman dit qu'on a de la chance de t'avoir. Si jolie et elle adore le petit Sam. J'ai des photos. J'ai des photos. Ma maman me donne des photos. Des petites photos... du petit Sam... et du petit bébé...

– Qui est-ce, le bébé ?

– Seigneur. Tu es bête ! Où est maman ? Annie, où est maman ?

– Elle n'a pas pu venir, aujourd'hui. »

Joe a réussi à trouver un endroit qui avait l'air de plaire à sa mère, en tout cas sur l'instant. Il y avait de la place, mais deux autres personnes étaient intéressées. Ils réclamaient un dépôt de vingt mille dollars. Il leur a promis d'être de retour le lendemain matin avec l'argent. Je suis allée à la banque cet après-midi-là et j'ai déposé le chèque de mon père. De retour à la maison, j'en ai fait un de vingt mille dollars pour la maison de repos, et je l'ai remis à Joe.

Il fallait que je décide lequel de mes collègues allait recevoir Joe. Personne n'appréciait de se voir confier le parent d'un collègue. Cela augmentait la pression. C'était comme d'être surveillé et, pis que tout, les échos du placement vous revenaient par la suite, cinq jours sur sept. Comme ça dépendait surtout de la chance et du talent que Joe mettrait à se vendre lors de ces entretiens, mes choix potentiels s'équivalaient, en bien ou en non-bien, selon la formule d'Orwell. Je me suis donc décidée pour la jeune diplômée en communication, parce que je conservais un peu d'ascendant sur elle.

Mon père attendait toujours des nouvelles de Joe. Qu'il m'ait remis un chèque pour parer au plus pressé n'entamait en rien sa volonté d'apprendre à Joe à encaisser les coups. De son côté, Joe n'était pas près de se rapprocher de lui. Heureusement, mon père n'était pas à la maison quand je suis passée le voir, ce soir-là. S'il avait été là, il m'aurait reproché le silence de mon mari. Ma mère aurait tâché de le calmer mais elle aurait battu en retraite dès qu'il l'en aurait priée. Elle lui obéissait. C'est ainsi que fonctionnait leur mariage. Depuis des décennies. Alors que nous discutions de l'horloge biologique de Sophie devant un café, selon notre habitude, j'ai fini par lui demander pourquoi elle n'avait pas eu d'autres enfants. Elle m'a répondu qu'elle n'en avait pas voulu, à l'inverse de mon père. Lui aurait voulu un fils.

« Mais vous avez bien dû coucher ensemble plus de deux fois.

– Ce n'est pas un sujet à débattre entre une mère et sa fille.

– Maman, qu'est-ce que tu me chantes ?

– Je ne chante rien du tout.

– Tu es catholique pratiquante depuis toujours, non ?

– Bien sûr que oui.

– Alors donc...

– Anna, il y a des moyens de ne pas tomber enceinte. C'était un compromis. On finissait par s'y résoudre. »

Le retour de mon père, que l'on n'attendait pas si tôt, a épargné au visage de ma mère de rougir davantage. Mais il n'a rien épargné au mien.

« Alors, où est Joe ? Il faut qu'il vienne me causer en homme. Pourquoi ne vient-il pas, Anna ? Je t'ai remis ce chèque. Pourquoi ne vient-il pas ?

Sa colère montait à chaque mot. Stupidement, j'ai essayé de le calmer en lui livrant la vérité.

– Papa, il a honte de venir te parler.

– Je sais tout ça. Je sais qu'il n'a pas de travail. Mais il doit se conduire en homme.

– Oui, mais il y a des choses que tu ne sais pas, des choses qui le gênent.

– Lesquelles ?

– Eh bien, l'acte, tu sais...

– L'acte, oui, il y a un emprunt, je sais tout ça.

– Oui, mais... je ne suis pas dessus. C'est ce qu'il...

– Quoi ? Qu'est-ce que tu veux dire, tu n'es pas dessus ?

– Papa, la maison est... Elle est entièrement à son nom, et au nom de la banque, je suppose. Je ne figure pas sur l'acte de propriété.

– Le *bastardo*, il t'a fait ça ? Je vais le tuer. Je vais le tuer ! Il n'est pas trop tard, je vais me le faire. »

J'étais incapable de le calmer, donc je suis partie.

Le procès de Simon commençait la semaine suivante. La dernière séance de préparation avec le procureur se tenait à peu près en même temps que le rendez-vous que j'avais arrangé entre Joe et ma jeune collègue. Mon histoire n'avait pas changé, mais je me sentais moins à l'aise en la racontant et je me suis demandé si le procureur s'en apercevait. Bien entendu, je n'ai parlé à personne de ma visite à Simon. Néanmoins, quelque chose dans mon comportement, dans ma manière de formuler mon témoignage, les laissait perplexes. M. Henshaw est revenu sur le contre-interrogatoire mené par maître Serkin lors de l'audience préliminaire.

« Vous souvenez-vous de cette longue série de questions détaillées qu'elle vous a posées sur votre relation avec Simon à l'époque où vous étiez étudiants ?

– Oui.

– Eh bien, elle va recommencer, vous savez.

– Je suis censée dire la vérité, n'est-ce pas ? Et, de toute façon, vous avez souligné que ces questions n'avaient pas de rapport avec l'affaire.

– Oui, mais le juge peut estimer qu'elles en ont un. Maître Serkin va s'en servir pour tenter d'accréditer l'hypothèse que vous aviez encore récemment une liaison avec Simon, c'est-à-dire pendant la période qui nous occupe.

– Ce n'est pas le cas.

– Non, mais si un jury le croit, il sera enclin à admettre que Simon détenait votre permission d'aller chercher Sam à l'école. Cela soulève ou contribue à soulever un doute légitime. Nous ne voulons pas de cela.

– Écoutez, je suis... je ne fais que dire la vérité. Comme toujours.

– Nous ne souhaitons rien d'autre, m'a confirmé M. Henshaw avant qu'une nouvelle recrue au sein de son équipe, une femme que je n'avais encore jamais vue, pose la main sur mon poignet.

– Anna, il y a vérité et... vérité. Si vous voulez vraiment voir cet animal enfermé pour un bout de temps, vous n'êtes pas obligée de reconnaître que votre liaison antérieure a été si formidable. »

J'ai dévisagé cette femme un instant.

« Nous nous connaissons ? »

23.

Je faisais dîner Sam quand Joe est rentré à la maison. Son entretien avec ma jeune collègue était terminé depuis longtemps, très longtemps. Manifestement, il s'était arrêté quelque part pour consacrer le reste de l'après-midi à boire.

« Comment as-tu trouvé Céleste ? lui ai-je demandé.

– Elle est bien, mais elle n'a que onze ans.

– C'est vrai, papa ?

– Non, papa plaisante. N'est-ce pas ?

– Oui, je ne fais que plaisanter.

– Elle est jeune mais elle est déterminée. Elle est très motivée.

– Oh ! c'est aussi mon avis », a-t-il fait, et nous en sommes restés là jusqu'à ce que Sam soit couché. Ensuite, il a sorti son dîner du micro-ondes et il a mangé debout pendant que je lavais la vaisselle.

« Anna.

– Oui...

– L'argent, l'avance pour la maison de repos.

– Oui...

– Tu l'as eu où ?

– Je te l'ai dit, on a eu une augmentation.

– Et une prime ?

– Oui, c'est ça.

– Tout le monde ?

– À peu près tout le monde, oui, oui. »

Alors il a reposé son assiette avec violence et le contenu est resté en l'air avant de retomber un peu partout.

« Qu'est-ce qui se passe, bordel ? a-t-il hurlé.

– Qu'est-ce qu'il y a ? Que veux-tu dire ?

– Anna, tu vas me dire la vérité, un jour ?

– Je ne comprends pas, de quoi parles-tu ?

– J'ai passé à peu près deux heures, aujourd'hui, avec ta collègue, la jolie Céleste. Elle ira vraiment loin...

– Joe, elle est vraiment très bien, comme tout le monde là-bas, d'ailleurs.

– Et même sûrement meilleure, non ?
– Certainement.
– Alors pourquoi elle ne l'a pas eue, elle, cette putain d'augmentation ? Pourquoi elle l'a pas eue, la prime, elle ?
– Tu lui as posé la question ?
– Oui, je lui ai posé la question, m'a-t-il répété à tue-tête. Elle n'a rien eu et elle n'a entendu parler de rien, pour personne. Elle a même ajouté que ce n'était pas la bonne période de l'année. Les primes, vous les touchez à la fin de l'année financière. Donc, vas-tu me dire où tu as déniché ce fric ? Je ne comprends pas ton jeu, mais...
– Comment se fait-il que tu lui aies parlé de ça ?
– Eh bien, pour être franc, Anna, j'avais cette question en tête dès mon entrée dans les lieux. Là-dessus, Céleste s'est lancée dans des questions sur mon mode de vie. Quels sont mes principaux postes de dépense ? Alors j'ai pensé à cet emprunt, évidemment. Mais avant cela j'ai pensé à la maison de repos de ma mère. Marrant, non ? J'entre sur le lieu de travail de ma femme, je suis reçu par cette gamine superbe avec un décolleté assez grand pour loger une maison de campagne et, moi, tout ce que je sais faire, c'est me concentrer sur la maison de repos de ma mère.
– Pourquoi ça ?
– Parce que peu avant mon rendez-vous, j'ai reçu un appel de leur part.
– Oh ! non. Elle va bien ?
– Le chèque a été rejeté ! »
Sam était debout dans l'encadrement de la porte de la cuisine. Son pantalon de pyjama était mouillé.
Mon chèque avait été rejeté. Mon père avait dû faire opposition.
Joe, même au bord du coma éthylique, comme c'était souvent le cas à cette période, était encore capable de me soumettre à un contre-interrogatoire serré. Il m'avait prise en flagrant délit de mensonge sur l'origine supposée des vingt mille dollars destinés à la maison de repos. Il m'a pressée de dire la vérité, et la vérité, c'était que je n'étais pas trop capable de réfléchir debout. Au début, contre toute logique, il a soupçonné Simon d'avoir trouvé le moyen de réunir la somme, mais non. Le procès était dans quelques jours. Joe serait encore cité à comparaître et il était particulièrement remonté contre Simon. Il ne m'a pas fallu longtemps pour le convaincre que cela n'avait rien à voir avec lui. Joe ne comprenait pas d'où venait l'argent et il ne comprenait pas pourquoi mon ex était allé chercher son fils à la sortie de l'école. Il avait tendance à attribuer les faits qu'il ne comprenait pas à une cause unique. Joe se servait du rasoir d'Occam, l'arme préférée de Simon. Mais si l'argent n'émanait pas de Simon, d'où pouvait-il bien venir ? Je n'ai pas été assez rapide. J'ai paniqué et je me suis raccrochée à la vérité, une fois encore. Il faudra que ça me passe.

« Il n'y a rien de louche là-dedans, Joe.

– Alors dis-le-moi.

– J'ai eu cet argent de mon père.

– Anna, n'embobine pas un embobineur. Ton père voulait que je le supplie. Il refusait de te donner de l'argent, pas un radis, tant que je ne l'aurais pas supplié. Et encore.

– Eh bien, je l'ai supplié à ta place, Joe. Et il m'a prêté cent mille radis.

– Alors pourquoi le chèque a-t-il été rejeté ?

– Il a dû être... Il ne m'a pas lâchée, il voulait savoir pourquoi tu n'étais pas venu le voir. J'ai fini par lui dire que tu étais gêné parce que je ne figurais pas sur l'acte de propriété. Quand je lui ai appris ça, ça l'a mis en rogne. Il a dû faire opposition au chèque qu'il m'avait donné.

– Idiote. Il va le retenir contre moi, et pour l'éternité, ce parvenu minable.

– Attention, Joe. J'en suis une aussi. Et ton fils.

– Tu n'aurais jamais dû aller lui demander de l'aide !

– Joe, j'ai tout essayé. C'était notre dernier recours.

– Tu as tout essayé ? Qu'est-ce que ça signifie, bordel ? Qu'est-ce que tu as essayé ?

– Des tas de choses. Crois-moi, Joe, c'est tout. J'ai essayé avec tout le monde.

– Qui d'autre ?

– Joe, je... J'ai même essayé avec Sheere.

– Quoi ? Tu as demandé à Donald Sheere ? Tu es en train de m'expliquer que tu es allé voir Donald Sheere ?

– Oui.

– Tu as demandé à Donald Sheere ? Tu as perdu la tête ?

– Penses-y, Joe. Après tout cet argent que tu leur as fait gagner, à lui et à son épouse, ce type se dégage d'une opération que tu as montée pour lui faire gagner encore plus d'argent qu'il n'en a et tu perds ton poste et ta maison à cause de ça. Pourquoi je ne serais pas allée lui demander de l'aide ?

– Comment es-tu même arrivée à l'atteindre ? Il n'a répondu à aucun de mes appels.

– Il n'a répondu à aucun des miens non plus.

– Anna, qu'est-ce que tu as fait ?

– Je... je suis allée chez lui.

– Tu es allée chez lui ?

– Oui.

– Seigneur, Anna ! Sans y être invitée ?

– Joe, qu'est-ce que j'avais à perdre ?

– Ma réputation.

– Oh enfin, Joe, sois...
– Que s'est-il passé ?
– Je l'ai vu.
– Oh merde !
– Je lui ai dit ce qui t'était arrivé.
– Il devait être au courant.
– Je lui ai parlé de la maison, que nous risquions de la perdre.
– Oh bon Dieu ! Anna, tu m'as humilié. J'ai consacré des années, littéralement, à cultiver cette relation et, toi, en une seule visite, tu...
– Joe, écoute-toi. Il t'a bradé et tu te soucies encore de...
– Anna, son geste n'avait rien de personnel. C'était les affaires. Il y était contraint. Je n'arrive pas à y croire ! Ma femme va voir cet homme et elle déballe notre linge sale.
– Tu m'as dit que tu étais fini.
– Et tu étais disposée à me croire, peut-être pour la première fois depuis notre mariage.
– Joe, crois-tu vraiment...
– Qu'est-ce qu'il t'a répondu ?
– Eh bien... Il m'a écoutée jusqu'au bout et il m'a dit que tu étais... il m'a dit que tu étais un type bien... et qu'il aimait bien travailler avec toi et...
– Vraiment ? Il a dit ça ?
– Ouaip. Il a dit ça... et qu'il était tout à fait désolé que les choses aient tourné de cette manière. Je lui ai expliqué que nous allions perdre la maison et il m'a répondu qu'il était convaincu du contraire, que tu serais très bientôt... de retour au sommet. Il n'en doutait pas, mais il ne pouvait rien faire de plus.
– Tu l'as supplié. Oh seigneur ! tu es allée le supplier.
– Joe, je ne l'ai pas supplié. Pas du tout.
– Tu m'as humilié pour rien. Plus que pour rien. Cela va nous coûter davantage que cent mille dollars. J'avais déjà des idées à lui soumettre. Tu ne le savais pas. Si tu ne m'avais pas rendu pathétique à ses yeux, il m'aurait soutenu. Ils détestent les perdants. On ne va jamais les supplier. Il faut leur proposer ce qu'ils désirent. Bon Dieu ! Qu'est-ce qui t'a pris de croire qu'il allait t'aider ? Pourquoi ferait-il quoi que ce soit pour toi ?
– Il a une dette envers toi, Joe. J'ai cru que cela valait la peine d'essayer.
– Eh bien, pas vraiment, comme tu as vu !
– C'est pourquoi je suis allée voir mon père. Je n'avais personne vers qui me tourner.
– Et lui aussi il t'a laissée tomber.
– Oui, lui aussi, il m'a laissée tomber. »

24.

Toutes les nuits, Sam mouillait son lit et il se réveillait. Le procès a commencé. Joe devait témoigner avant moi. Le matin de l'audience, il avait bu, je crois bien. J'étais partie travailler et je n'ai donc rien vu, mais cela ne m'aurait pas étonnée. Ça m'a paru même évident quand il a provoqué un vice de procédure et la récusation du jury – il avait mentionné Carlo, l'élève de Simon qui a disparu, et le juge avait considéré que le nom était sans rapport avec l'affaire jugée ou de nature à porter préjudice à l'accusé, enfin, je ne sais plus. Il fallait tout reprendre à zéro.

Sans le dire à Joe, je suis allée consulter le responsable de la banque qui gérait le prêt immobilier. Je lui ai expliqué la situation. Il s'est montré compréhensif mais, en fin de compte, il ne nous a accordé une diminution des remboursements que sur une durée de quatre mois, après quoi, si nous n'étions pas en mesure de reprendre les versements prévus, la banque serait contrainte de vendre la maison. Joe revenait régulièrement dans nos bureaux pour ses entretiens avec Céleste. Cela m'écœurait. Le procès était sur le point de reprendre quand finalement, Joe a mis en vente la seule chose qu'il possédait en totalité, sa voiture. L'argent était destiné à payer l'entrée de sa mère en maison de repos.

Vers ce même moment, le docteur Klima s'est de nouveau manifesté.

« Je pourrais vous dénoncer au juge et à votre ordre professionnel. Vous mettez vraiment ma patience à bout, vous savez.

– Je pourrais répondre que vous avez mis la mienne à bout également.

– Mais vous n'en ferez rien, n'est-ce pas ? Ce serait indigne de vous. Écoutez, quitte à être harcelée, puis-je avoir un avis professionnel ?

– Bien sûr.

– Cela ne signifie pas que je vous devrai quelque chose, non ?

– Vous ne me devez rien.

– Cela concerne Sam. Pour être franche... Je me fais du souci pour lui. Il mouille son lit. Il pleure...

– Je serais content de parler de lui avec vous mais, jusqu'à la fin du procès au moins, je pense qu'il vaudrait mieux que vous en parliez avec quelqu'un d'autre.

– Pourquoi ? Vous risqueriez de dire que c'est ma faute ?

– Oh ! Anna, nous disons toujours que c'est la faute de la mère. Vous le savez.

– Eh bien, voilà qui me soulage. Je croyais que, parfois, vous disiez que c'était la faute de la maîtresse.

– Sérieusement, Anna, si vous êtes préoccupée, je peux vous communiquer les noms de collègues spécialistes des enfants.

– Je croyais que vous étiez spécialiste des enfants.

– Cela vous rassure ?

– Ce n'est pas votre métier ?

– Si, je suis censé rassurer. Ça m'est arrivé, une fois. Je m'en souviens bien.

– Et maintenant, voilà que vous essayez de m'apitoyer sur votre sort, histoire que je dise ou fasse quelque chose pour votre ami. Alex, pour moi, la situation est terrible. Je n'irai plus lui rendre visite. Je vous en prie, ne me demandez plus rien, parce que...

– Anna, je ne vous appelle pas pour vous demander quelque chose. Je vous appelle pour vous dire quelque chose, enfin, pour ce que ça vaut. C'est un signe... d'altruisme confinant à la maladie mentale, peut-être d'un amour fourvoyé. Appelez cela comme vous voulez.

– De quoi parlez-vous ?

– De Sam.

– Oui, eh bien ?

– Je ne sais pas pourquoi il fallu tout ce temps pour que cela resurgisse, mais l'avocate de Simon vient de le découvrir... Elle n'a rien découvert... c'est moi qui le lui ai raconté... au sujet du sauvetage de Sam, quand Simon l'a sorti de la piscine.

– Encore cette histoire.

– Vous n'avez toujours pas interrogé Sam là-dessus ?

– Non, cela n'a aucun sens. Il y a déjà trop de folie autour de lui.

– Eh bien, Gina, Gina Serkin, l'avocate de Simon, veut appeler Sam à la barre des témoins.

– Non. Pas question. Vous ne pouvez pas. Espèce d'enfoiré. C'est du chantage...

– Du calme. De toute façon, ça ne dépend pas de moi.

– Ça dépend de qui ?

– De Simon.

– Alors, il est vraiment nul. C'est encore pis que d'avoir enlevé mon fils.

– Anna, je vous appelle pour vous dire que Simon n'autorisera pas Gina à appeler Sam comme témoin.

– Je suis supposée lui en être reconnaissante, j'imagine ?

– Oui. Appeler Sam à témoigner sur l'incident de la piscine renforcerait grandement les chances d'acquittement de Simon.

– Simon a tout inventé.

– Anna, parlez à votre fils. Demandez-le-lui. Il s'en souviendra. Interrogez-le sur la fois où le jardinier l'a repêché dans la piscine. Il était très secoué. Il n'aura pas oublié. Ensuite, demandez-lui si c'est le même homme qui est venu le chercher à l'école, ce fameux jour, qui lui a donné du lait chocolaté et l'a laissé jouer avec son chien. Demandez-le-lui. »

Cette fois, Joe a pu témoigner sans faire ajourner le procès. Ce n'est pas que nous ayons tiré la leçon de nos erreurs, lui ou moi. Les erreurs que nous pouvons commettre ne sont nullement limitées par celles que nous avons déjà commises. D'avoir pu témoigner, il se sentait mieux et, maintenant, disait-il, il était libre d'aller tous les jours au tribunal, de s'asseoir « dans le public », selon sa formule, pour que le jury puisse voir le père de l'enfant volé.

La nuit précédant mon propre témoignage, j'ai rêvé que je devais retourner rendre visite au frère de Joe, Roger. Dans mon rêve, je traversais l'établissement comme je l'avais fait, écœurée par l'odeur. Je déambulais à la recherche de Roger, mais j'étais incapable de le trouver. Je suis retournée voir un des patients, celui qui fumait en se frottant contre le dossier d'une chaise inoccupée, et j'avais envie de détourner le regard, mais je me sentais tenue de n'en rien faire ; je mourais d'envie de m'enfuir de là. Avant de pouvoir partir la conscience tranquille, il fallait que j'essaie de trouver Roger. Donc, malgré ma répulsion, je me suis approchée de l'homme, je me suis campée devant lui. Il n'a rien dit, il a continué de se frotter. De près, je l'ai vu me sourire. C'était Michael Gardiner qui se frottait, et la chaise devant lui, qui m'avait semblé vide, était occupée par Sam, qui balançait les jambes comme il le faisait parfois chez la mère de Joe, dans la cuisine. Je me suis précipitée pour l'embrasser, pour l'emmener loin de là. Il n'avait pas du tout l'air perdu, mais il a levé les yeux vers moi et m'a fait : « Où est maman ? Ouais, mais où est maman ? » Je me suis réveillée le cœur battant, je suis sortie du lit et j'ai couru dans la chambre de Sam, où je suis restée jusqu'à ce que je me sois calmée. Je n'ai pas dormi le reste de la nuit.

Je ne devais pas témoigner avant le lendemain à midi, au plus tôt. C'était une période de vacances scolaires ; j'ai donc conduit Sam chez mes parents. En entendant la voiture arriver, ma mère est venue à la porte d'entrée. J'avais finalement suivi le conseil du docteur Klima. Je lui avais posé la question.

« Sam, tu n'as jamais eu d'accident dans la piscine, non ?

– Non.

– Non, je pensais bien.

– Jamais, vraiment, jamais.

– Je te crois, Sam », dis-je, en le serrant fort.

Je ne voulais plus le lâcher.

« Je vais toujours aux toilettes avant d'aller à la piscine.

– Quoi ? Répète-moi ça, mon cœur. Qu'est-ce que tu as dit ?

– Je fais plus jamais dans la piscine.

– Sammy, mon chou, je vais te poser une question et je veux que tu réfléchisses bien fort avant de répondre. C'est important, mais quelle que soit la réponse, je ne te gronderai pas, d'accord ?

– D'accord.

– Tu sais que, normalement, tu ne dois pas aller à la piscine sans qu'un adulte te surveille ?

– Je sais maman, juré.

– Oui, mon chou, mais réfléchis bien fort et dis-moi : est-ce que tu es déjà tombé dedans, par accident ?

– Mmh.

– Oui ?

– Il faisait chaud... mais j'ai pas fait exprès. Je...

– Que s'est-il passé ?

– Mon ballon est tombé dans la piscine. J'ai essayé de le rapprocher du bord en tapant dans l'eau et je suis tombé, avec mes habits de l'école.

– Et ensuite, que s'est-il passé ?

– J'ai eu très peur. J'ai avalé plein d'eau et j'arrivais plus à respirer et j'ai eu très peur.

– Et ensuite ?

– Il est arrivé et il m'a sorti de l'eau et j'ai pu respirer.

– Qui ça ?

– Le jardinier. Ce n'était pas ma faute parce que le ballon...

– Sam, est-ce que cet homme, le jardinier, était le même qui est venu te chercher à l'école le jour où papa a été retardé ?

– Oui. Il a un chien, maman. On a joué avec son chien. On peut avoir un chien comme celui du jardinier ? Il était pas très grand et il était gris. On peut en avoir, non ?

– Peut-être. »

Ma mère est apparue sur le seuil dès qu'elle a entendu la voiture. Quand Sam est arrivé près d'elle, elle l'a serré contre elle, comme moi, une main sur la nuque et l'autre bras autour de son corps. C'était la première fois que je remarquais la similitude de nos gestes. En compensation de ce qu'elle ne nous disait jamais ni à moi ni à Sophie, elle était une grand-mère sans retenue aucune. J'avais donné à Sam une grand-mère gâteau. Se souviendrait-il du temps passé avec elle ? Les grand-mères n'ont pas bonne presse, ces temps-ci. Ont-elles jamais eu bonne presse ? Même la grand-mère de Dieu, sainte Anne, n'est pas mentionnée dans la Bible. Elle n'apparaît que dans un document douteux daté du IIe siècle après Jésus-Christ, et encore, à peine a-t-elle donné naissance à notre Sainte Mère qu'elle disparaît, même des Apocryphes, grand-mère éternelle et sainte patronne des mères chrétiennes.

Remarquez, j'avais quelques doutes sur sainte Anne, depuis l'époque où j'avais appris que ma tante et homonyme de sainte Anne, la défunte sœur aînée de mon père, était morte en Italie des suites d'un accouchement qui, avais-je déduit du silence relatif dont on avait entouré l'événement, était entaché de honte. Si sainte Anne avait pu laisser tomber *Zia* Anna, alors n'importe quel saint pouvait vous laisser tomber. Et si les saints pouvaient vous laisser tomber, qui ne le pouvait ?

Saint Elegius, le saint patron des bijoutiers, avait dû être distrait ou empêché d'intervenir dans la boutique de ce bijoutier où, depuis des années, je portais mon bracelet à réparer. Une planche remplaçait l'une des vitrines. J'étais en route pour la maison où je devais me changer avant de me rendre au tribunal quand j'ai vu ça. Ayant du temps à tuer avant midi, je me suis dit que j'allais m'arrêter. De toute manière, j'avais l'intention d'y faire un saut. Comme toujours, l'échoppe était déserte, hormis le vieil homme.

« Monsieur Leibowitz, ai-je dit en réponse à son sourire, vous avez été cambriolé ?

– La police parle de cambriolage, mais... je ne sais pas... Ça ne sent pas le cambriolage, pour moi.

– Que voulez-vous dire ?

– La vitrine a été fracassée mais on n'a rien pris. Quel genre de cambrioleur ferait ça ?

– Peut-être que l'alarme l'a effrayé.

– Peut-être, mais je ne crois pas. Je sens quelque chose dans l'air qui n'est pas l'odeur du cambriolage.

– Quoi ?

– Une odeur d'Europe. D'Europe des années 1930... Vous êtes venue faire réparer votre bracelet préféré, n'est-ce pas ? Mais vous le portez...

– Non, je n'étais pas venue pour le bracelet, plutôt pour cette vitrine cassée.

– C'est très gentil de votre part. Votre bracelet, il tient bien ? Il est comme de la famille. Il est né ici et maintenant voilà qu'il amène votre petit garçon ici, et même si ce n'est pas... comment dire ? ... même si ce n'est pas la pièce la plus coûteuse entrée dans cette boutique, c'est probablement la plus chère, la mieux aimée. Je me souviens, oui. Il a une histoire que je ne connais pas vraiment, mais... je me souviens de l'homme qui est venu le chercher il n'y a pas si longtemps, et aussi de ce monsieur bien plus jeune, qui avait pris de l'âge lui aussi. Il est venu me demander votre bracelet, ce monsieur qui vous l'avait acheté, il y a de ça pas mal d'années.

– Vous vous souvenez de lui ? Comment est-il possible que vous vous souveniez de lui après tout ce temps ?

– Un garçon mémorable. Il est entré ici, il y a de ça pas mal d'années, il voulait acheter un bracelet en argent pour son amoureuse. Il a regardé les bracelets en argent que j'avais, mais il était étudiant et n'avait pas beaucoup de sous, et cela le navrait. On en est venu à parler de son amoureuse. Ce garçon était *meshugah* d'elle, de vous. Il a vu le numéro tatoué sur mon bras et pendant deux heures nous avons parlé de la guerre, de politique, de l'Histoire, de toutes sortes de choses. Un gentil garçon. À la fin, je lui ai promis de lui fabriquer un bracelet en argent, de le dessiner moi-même, et qu'il l'aurait pour pas cher. C'est ainsi que votre bracelet est né. C'est pour cela que je n'ai pas oublié.

– Et depuis, vous n'avez pas cessé de perdre de l'argent dessus.

– Mais vous revenez toujours, et parfois avec votre fils.

– Et vous ne me faites jamais rien payer.

– Ce n'est pas son fils, non ? Oh, enfin, cela ne me regarde pas mais, comme je le disais, tout le monde l'aime, ce bracelet.

– Je l'aime, oui.

– Et l'autre monsieur aussi, celui qui est venu le reprendre, récemment.

– Oh, vraiment, oui ?

– Veillez sur votre petit garçon », m'a lancé le bijoutier alors que je quittais son échoppe.

À la maison, Joe m'a cueillie à froid. Il n'y avait pas eu de voyage d'affaires, ce week-end fatidique.

« C'était un mensonge, Anna. Il se trouve que je le sais, il n'y a pas eu de voyage d'affaires. Tu partais avec Simon, c'est ça, hein ?

– Tu ne vas pas remettre ça, non ? Si Simon et moi avions prévu de partir ensemble pour un week-end crapuleux, pourquoi serait-il allé kidnapper Sam ? Cela n'a aucun sens. Tu ne comprends pas ça ? »

Joe a gardé le silence. Enfin, l'idée avait cheminé en lui. Je n'aurais pas pu partir avec Simon. Il a rempli la bouilloire électrique et l'a mise en route. Il est resté là à attendre que l'eau bouille. Il m'a dévisagée.

« C'est Buchanan, c'est ça ? »

Il brûlait.

Je me suis assise à la coiffeuse, devant la photo d'un couple auquel le photographe avait promis qu'il « revivrait éternellement ce jour avec la même joie et le même entrain » et, tandis que j'observais dans le miroir une femme ressemblant à celle de l'image, j'ai compris qu'il approchait de la vérité, fût-ce de manière confuse. Le démembrement de lui auquel je me livrais était total.

25.

J'ai roulé, garé la voiture, survécu à l'assaut des photographes devant le palais de justice, et prêté serment sur la Bible, le tout comme dans un rêve. J'ai scrupuleusement répété mon histoire sur la requête de M. Henshaw. J'ai dû donner un peu trop l'impression de m'être entraînée mais, au moins, c'était fini. J'étais épuisée. Maintenant, je n'avais plus qu'à subir le contre-interrogatoire de Gina Serkin et à vivre le reste de mon existence avec les conséquences de mes paroles.

Elle m'a posé les questions auxquelles nous nous attendions, des questions destinées à démontrer combien nous avions été proches, Simon et moi, dix ans plus tôt, combien nous étions amoureux. Et comme avec M. Henshaw, j'ai répondu la vérité. Je l'avais aimé. Il avait marqué mon existence, pour toujours. Elle m'a posé de bonnes questions, mais pas assez nombreuses. Elle aurait pu obtenir tellement plus de moi, qui aurait montré au jury qui il était et ce que nous étions, tous les deux ensemble. J'avais été programmée longtemps avant lui pour accueillir les saints et les martyrs, et il me les avait tous amenés : Billie Holiday, Abe Meeropol, et les autres. Elle aurait dû m'interroger au sujet d'Abe Meeropol. Je me souvenais de tout. Il avait écrit des chansons sous le nom de Lewis Allen, notamment « Strange Fruit ». Il avait adopté les enfants Rosenberg après que leurs parents avaient été électrocutés. Il fallait vraiment aimer Abe Meeropol. Mon esprit vagabondait. Il baguenaudait. J'avais envie de dormir, mais, tout à coup, maître Serkin m'a ramenée à la réalité.

« Madame Geraghty, j'ai la présomption qu'à l'époque des faits, vous entreteniez une liaison clandestine avec Simon Heywood. »

Mis à part mon fils, une seule personne au monde prétendait m'aimer plus que tout, et cette personne n'allait pas bien, et on me demandait de la condamner. À présent, c'était lui que je regardais.

« Madame Geraghty ? ... Madame Geraghty ? Comprenez-vous cette présomption que je viens de vous formuler ?

– Votre Honneur, dois-je répondre à la question ?

– Oui, madame Geraghty, il faut y répondre... Madame Geraghty ? »

Le juge me demandait de classer les décisions majeures de ma vie adulte par ordre d'importance. Il avait l'air de dire que moi, en tant que victime, je devais confesser au monde mes erreurs, les plus grosses en tout cas, dans une salle d'audience bondée, et laisser les conséquences agir.

« Madame Geraghty, insista-t-il, réfléchissez-vous à votre réponse ou refusez-vous de répondre ? »

Je ne m'étais jamais résignée à ce que l'on m'appelle par le nom de la mère de Joe. Le juge avait l'air de se mettre en colère.

« Madame Geraghty ? »

Septième partie

1.

J'avais sept ans, presque huit, quand mon père est rentré à la maison avec un chien. Il était beau – un schnauzer de pure race, de pure lignée, à long poil gris, avec des yeux marron pétillants, si pleins d'intelligence, si vifs, si remplis de personnalité. Il m'est tout de suite apparu comme un camarade de jeux et non comme un animal de compagnie. Un cadeau, m'a annoncé mon père. Mais un cadeau dont ma mère se serait volontiers passée, et elle s'est emportée contre mon père pour l'avoir amené à la maison. Qui allait s'en occuper ? Qui allait le laver, le nourrir, le promener ? Quand j'ai dit que je m'en chargerais, ma mère a énuméré tout ce que j'avais commencé dans ma vie sans le finir. Chez quelqu'un d'aussi jeune que moi, la liste était impressionnante. Ça m'avait pourtant paru amusant de poursuivre l'une ou l'autre des activités mentionnées, mais aucune ne m'avait donné les satisfactions instantanées que m'apportait ce chien.

« Qui va le dresser ?

– Il est déjà dressé, a soutenu mon père.

– Qui va payer pour sa nourriture ? » s'est enquise ma mère. Quand mon père lui a répondu qu'il paierait les frais de garde, je me suis dit, comme se le dit un enfant, et parce que je désirais tant ce chien qu'ainsi toutes les autres questions étaient résolues ; on allait donc garder le chien. Mais à la place, il a déclenché un blitz verbal de ma mère, un orage contre lequel la raison, l'humour et le sentiment étaient impuissants. La raison, l'humour et le sentiment étaient les armes de mon père.

C'était si typique de mon père, hurlait-elle, tout dans la gentillesse et rien dans la responsabilité. Qui lui avait demandé d'amener un chien à la maison ? Qui allait entretenir la pelouse derrière la maison, maintenant, si tant est qu'il l'avait jamais fait ? Était-ce encore une façon de la faire passer pour une mère fouettard ? Il n'était même pas censé être là, à l'heure qu'il était. Quand elle a dit cela, pour la première fois depuis l'arrivée de mon père, mon attention s'est détournée du chien. Elle l'a prié, ou plutôt, elle lui a ordonné d'utiliser la sonnette à l'avenir, et de ne pas se contenter d'entrer comme ça. Sans quoi, elle n'aurait plus qu'à changer les serrures. Et il fallait qu'il s'en tienne aux heures convenues, au lieu de débarquer dès qu'il se sentait coupable. Il a rétorqué qu'elle parlait enfin de ce qu'elle connaissait. Et qu'est-ce que c'était que ce chien, a-t-elle répliqué, sinon un genre de pot-de-vin ? Ce chien est un chien, a-t-il répondu, et côté culpabilité, c'était elle qui avait commencé, mais non, a-t-elle repris, elle s'était bornée à finir. Ils ne s'écoutaient plus. Elle lui a crié de sortir, sinon elle allait appeler la police. Il lui a lancé que c'était encore sa maison à lui aussi, et elle l'a poussé. Il a protesté : « Pas devant les... », et l'a repoussée. Il a lâché un « au revoir », en ajoutant qu'il reviendrait quand ma mère se serait calmée. J'ai couru après lui, jusqu'au portail, en larmes, et le chien a couru après moi.

« Papa ! Papa ! » ai-je crié, et mon père s'est retourné, s'est accroupi devant le portail, m'a serrée dans ses bras et a essuyé les larmes de mon visage. Le chien aboyait. « C'est quoi son nom, papa ? Tu nous as pas dit son nom. Il a un nom ?

– Oui, ma puce. Il a un nom.

– C'est quoi, son nom ?

- Empson. »

2.

Empson était un réfugié. Ton petit chien, victime innocente du bouleversement de ton existence, subitement plongé dans une guerre de banlieue, théâtre des affrontements spontanés qui survenaient chaque fois que mon père venait nous rendre visite, et dont nous étions les principales victimes. Les enfants de parents séparés espèrent toujours que leurs parents vont se réconcilier. Enfin, ma sœur et moi, nous étions dans ce cas. Pour autant que ça compte encore à tes yeux, sache que nous aimions ton chien et nous l'avons vite considéré comme un des nôtres. Même notre mère a fini par l'aimer, je crois, malgré la façon dont il était entré dans la maison, qui lui paraissait matérialiser ce qui, à son avis, à l'époque, n'allait pas chez mon père. En vérité, il avait été un peu léger de ne pas la prévenir avant d'amener un chien à la maison, alors qu'il n'habitait plus là. Cela ne l'aurait aidée en rien d'apprendre, comme elle a fini par l'apprendre, qu'Empson était le chien d'un de ses patients récemment devenu célèbre parce qu'il avait kidnappé un enfant.

Sans être psychiatre elle-même et sans avoir besoin d'en consulter un, elle estimait que mon père nouait depuis longtemps des liens trop étroits avec ses patients. Qu'elle ait eu raison, personne ne le sait mieux que toi. Grosso modo en accord avec sa vision du monde, elle était plus pragmatique que lui, moins résistante aux compromis avec l'éthique dominante, moins avide de partir en guerre pour défendre ses idées. Elle voulait qu'un autre se charge de lutter contre l'introduction de la gestion de soins intégrée, en partie, je crois, parce que cela lui réclamait trop de temps et trop d'attention, et en partie parce qu'elle savait que cette gestion de soins serait tôt ou tard mise en œuvre. Non seulement les efforts de mon père étaient vains mais son cabinet risquait de souffrir de ce que l'on appelait sans doute son opposition réactionnaire. Elle devenait de plus en plus raisonnable, non ? Il n'y avait pas que cela. Elle est devenue encore plus raisonnable, après l'avoir été beaucoup moins. Mais, à l'époque, elle ne voulait pas que nous prenions ce chien, alors que nous en étions dingues. C'était notre premier animal de compagnie, si l'on excepte un poisson rouge vite trépassé, et je suppose qu'il nous tenait lieu de manifestation tangible de l'amour paternel absent. Mais une fille, ça grandit, cela devient d'abord romantique, ensuite ça devient cynique et branché, puis ça se laisse tyranniser pour l'éternité par ses préoccupations intimes. Ces dernières agissant sur elle comme un anesthésique, elle s'acclimate à ce qu'elle finit par étiqueter comme ses « problèmes parentaux ». Tu n'as pas dû savoir ce qu'il est advenu de ton chien et de ses nouveaux propriétaires. À l'époque, tu retenais tellement plus l'attention de notre père que nous, et nous, il nous manquait vraiment, surtout au début, et surtout à moi. Enfin, pas autant que maintenant.

Est-ce que tu savais qu'il avait des enfants, et combien il en avait ? Est-ce que tu savais que c'était des filles ? Est-ce que tu savais que nous avions grandi en entendant parler de toi comme de « ce cinglé qui a détruit votre père » ? Mais aujourd'hui, sachant tout de toi et sachant que les problèmes de nos parents étaient nés avant que tu n'entres dans la vie de notre père, j'ai compris que l'identité que te prêtait notre mère t'attribuait bien plus de facultés ou dois-je dire de responsabilités que tu n'en méritais. En dépit du temps et des efforts qu'il a investis en toi, son importance à tes yeux était bien plus grande que ton importance aux siens, au moins pour ce qui est de l'influence que vous avez pu exercer sur l'évolution des événements, l'un comme l'autre. Tu n'es pas d'accord ? C'est dans ton intérêt d'être d'accord. Ou diras-tu que tu l'ignorais ?

Je me demande par exemple si tu sais quel âge il avait quand il a quitté la Tchécoslovaquie ? Sais-tu quelque chose de ses parents, du monde d'où ils venaient ? Comparé au maelström qu'ils ont traversé, tes problèmes pâlissent singulièrement. Ses parents, que je ne n'ai jamais connus, se sont mariés avant la guerre. En 1941, on les a envoyés avec leurs deux enfants dans le ghetto de Lodz, en Pologne. Si j'ai bien compris, le cadet y est mort. L'aîné est parti avec eux pour Auschwitz, où il est mort à son tour. Miraculeusement, mes deux grands-parents ont survécu à l'holocauste. Peux-tu imaginer ? Être séparés, regroupés comme des animaux, affamés, réduits en esclavage à côté des cheminées qui crachent la fumée de tes enfants gazés et incinérés en même temps que celle de milliers d'autres juifs, vingt-quatre heures sur vingt-quatre, jour après jour, jusqu'à la fin de la guerre ? J'ai du mal à imaginer comment ils ont tenu le coup, après la guerre, quand ils se sont retrouvés et ont tout recommencé à zéro. Comment peut-on tout reprendre à zéro après ça ?

Mes grands-parents appartenaient à la moyenne bourgeoisie. Il était médecin, elle professeur de langues. C'était des juifs de gauche non communistes, enfants des Lumières, pour ce que ça leur a apporté. Après la guerre, ils sont retournés à Prague et ils ont essayé de s'intégrer dans une société qui avait accepté qu'on les rafle, eux et leur famille. À présent que la quasi-totalité de la famille avait disparu, les cousins éloignés qu'ils connaissaient à peine avaient gagné en importance et en intimité. Entre deux recherches pour savoir qui avait survécu, il fallait qu'ils mènent leurs propres vies, avec ces numéros encore tatoués sur le bras, qu'ils tentent de rebâtir une carrière, une vie professionnelle, au milieu de voisins qui leur en voulaient d'avoir survécu.

Quand la Tchécoslovaquie a basculé dans le communisme, lors du « février victorieux » de 1948, mes grands-parents n'ont pas voulu se laisser aller à ce qu'ils considéraient comme une peur du changement. Même la mort mystérieuse de Jan Masaryk, le ministre des Affaires étrangères, ne leur a pas semblé mériter toutes ces lamentations qu'ils jugeaient complaisantes. Ma grand-mère avait un lointain parent, une sorte de cousin ou de cousin de cousin, que la guerre avait rapproché d'eux. Il était communiste, membre éminent du parti. Avait-il nourri leur optimisme ? Je ne saurais dire. Si oui, celui-ci a été de courte durée. Ce cousin, ou ce cousin de cousin, se révéla être Rudolf Slansky, vice-premier ministre et secrétaire général du parti communiste tchèque. Je ne sais pas s'ils le connaissaient vraiment bien ni même s'ils l'ont jamais rencontré. Ayant lu des choses à son sujet, je peux te dire que mon père a dû naître, quasiment au jour près, quand Slansky et ses treize coaccusés ont été jugés comme traîtres, espions et saboteurs « trotskystes-sionistes-titistes-bourgeois-nationalistes », ennemis de la nation tchécoslovaque, de son ordre populaire et démocratique, et du socialisme. Onze des quatorze accusés étaient juifs. Les minutes du procès existent. Tous les « acteurs » avaient dû apprendre et répéter leurs répliques. Apparemment, quand le juge sautait une question par mégarde, Slansky répondait à la question oubliée. Tous sont passés aux aveux. Onze d'entre eux furent exécutés, et leurs biens dévolus aux familles d'apparatchiks nouvellement promus.

Quand mon père avait deux ans, le régime avait déjà emprisonné à peu près cent cinquante mille personnes. Dénonciations, arrestations arbitraires, listes noires, soumission acritique et irréfléchie au parti, c'est dans ce climat qu'a grandi mon père, sur fond de souvenirs de guerre et de camps. Les plus exposés aux caprices du régime étaient les membres de l'intelligentsia de gauche non communistes – perçus comme des ennemis de classe et des bourgeois – et les juifs. Mes grands-parents paternels étaient tout ça à la fois. Voilà le monde dans lequel est né ton psychiatre. Je pensais que tu souhaiterais le savoir.

Vers le milieu des années 1960, la situation s'est un peu détendue. Mon père avait douze ou treize ans quand ses parents ont réussi à quitter la Tchécoslovaquie pour s'installer ici, emportant avec eux trois ou quatre valises remplies de rien à ras bord, des qualifications sans valeur ailleurs que dans leur pays, un fils solitaire, cynique, studieux, à l'anglais hésitant, et des souvenirs de cauchemars. Que ce garçon ait fini par grandir pour devenir ton psychiatre, voilà qui doit te sembler incroyable, encore plus incroyable que d'entendre une de ses filles te dire à brûle-pourpoint, douze ans plus tard, qu'il t'a sans doute sauvé la vie.

J'avais sept ans, presque huit, quand mon père est rentré à la maison avec un chien, mais il n'a pas pu rester. Ma mère a hurlé. Le chien a aboyé. Les enfants ont pleuré, d'abord au son des cris de leurs parents, et puis à la vue de la bousculade. Tu vois la scène. Tu l'imagines. Je sais. C'est certain, on avait besoin de quelque chose. Empson était un bon début. Il y a eu beaucoup de disputes, avant et après que mon père a eu quitté la maison, avant et après la dispute au sujet d'Empson, mais celle-ci, cette bagarre autour d'un chien, un chien si mignon, reste la plus mémorable.

Parce que, je suppose, j'y prenais un intérêt particulier, à tel point que je m'en sentais responsable. De fil en aiguille, il n'est pas difficile pour une petite fille de huit ans de se sentir responsable des événements qui ont précédé : la décision de ses parents de se lier l'un à l'autre puis de procréer pour que des êtres innocents soient les témoins de leur union et plus encore ses acteurs – rôle inéluctable, plus inéluctable qu'aucun autre de ce côté-ci de la mort. Après tout, tu peux changer de couleur de cheveux, changer de nom et même la forme de ton nez, mais tu ne peux jamais modifier l'identité de tes parents. Tu as entendu tes parents se disputer. Tu les as vus se bousculer ou pis encore. Je sais que tu les as vus. Comment puis-je savoir ça ? J'aurais pu le savoir par ton beau-fils. Tu te montres très ouvert avec lui. Mais ce n'est pas comme cela que je le sais. Lui, c'est une autre histoire. Je vais y venir, je vais te la raconter, celle-là aussi.

3.

Quand j'ai eu dix-huit ans, j'ai eu droit à ma part des biens de mon père. Cela ne te surprendra pas de savoir qu'il ne possédait rien, pas d'actifs, pour ainsi dire pas d'argent. Je dis que cela ne te surprendra pas, mais j'ignore dans quelle mesure tu es au courant de ce que tu lui as coûté, financièrement parlant. Certes, le divorce l'avait déjà bien ponctionné, puis, aussitôt après ton arrestation, ton père a cessé de lui verser de l'argent et, ensuite, il t'a consacré de plus en plus de temps, avec les trajets à Laverton et le reste. Il lui restait moins de temps pour ses autres patients. Avant même ton entrée en scène, je ne sais trop pourquoi, il n'avait pas beaucoup de clients payant plein tarif. Cela n'avait pas toujours été le cas, mais ma mère admet lorsqu'on la pousse, que son cabinet était devenu un peu trop calme avant même ton arrivée. Donc, mon seul héritage était ses gènes et son livre. Tu l'as vu, ce livre. J'en suis sûre. C'est moins un livre qu'un journal.

Il semblerait qu'il l'ait entamé comme un journal, un compte rendu personnel de ses réflexions intimes, mais, avec le temps, c'était devenu des Mémoires, où il consignait tout ce qui lui arrivait dans son existence. Apparemment, il y incluait des notes sur ses patients, et pas seulement sur toi. Au début, ce sont de simples allusions, mais vers la fin, il y a des notes détaillées sur des personnes et des séances bien précises. Tu dois être flatté de savoir que, jusqu'à la fin, ta présence envahit ce journal. Pendant un bon moment, tu es son sujet central, tu prends même le pas sur lui. Il n'y a pas seulement vos séances, d'ailleurs, même si elles sont fidèlement transcrites, elles aussi. Tu y trouverais des passages qui constituent un compte rendu intéressant de ta personnalité, de celui que tu étais à l'époque, un peu de tout, depuis des répliques lancées à l'emporte-pièce jusqu'à des convictions fermement défendues.

C'est ainsi que j'ai fini par vous connaître, toi, tes parents, et même leurs amis. Henry et Diane Osborne. C'est ainsi que j'ai fini par savoir que tu avais entendu tes parents se disputer et que tu avais vu bien pis que ça. Je suis au courant de l'état dépressif de ta mère et je sais que, petit garçon, tu essayais de la soigner par la musique, en particulier avec Billie Holiday. En fait, quand j'ai lu les passages sur ta mère, allongée sur mon lit, j'en suis venue à me la représenter sous les traits de Billie Holiday, si ridicule que cela puisse paraître. Plus tard, quand j'y ai repensé, l'idée m'est venue que ta mère était peut-être la plus blanche des petites-bourgeoises à s'être jamais allongées dans le jour banlieusard pour écouter une chanteuse noire. Mais, malgré tout, d'après ce que j'ai pu glaner dans ce journal, elle était la Billie Holiday de ta famille d'origine. À moins que ce n'ait été toi.

Je n'ai pas l'intention de te gêner. Tout cela est hautement personnel et on ne peut pas dire que ce sont mes affaires mais toi et ton histoire, tes goûts, tes avis et tes opinions ont apparemment fini par faire partie intégrante des affaires de mon père. Ses affaires sont devenues une part de son histoire et, quand il m'a quittée, son histoire a fini par faire partie de mes affaires. Il a dû lui arriver de noter ce que tu disais sur le moment. C'est l'impression que ça donne. Tu te souviens de lui avoir récité un jour le début de *Howl*, d'Allen Ginsberg ? Mon père ne le connaissait pas. Tu te souviens ?

> *J'ai vu les grands esprits de ma génération*
> *détruits par la folie, affamés hystériques nus*
> *se traînant à l'aube dans les rues nègres*
> *à la recherche d'une furieuse piqûre...*

En littérature anglaise, tous les étudiants de première année connaissent. Tu seras ravie de savoir que ton beau-fils le connaît. Tu disais à mon père : « Je n'ai jamais fréquenté les meilleurs esprits de ma génération. Ils devaient être quelque part mais trop bien déguisés, cachés, à couvert, dans l'ombre et submergés, intoxiqués par le souci de leur intérêt personnel, leur désir d'être reconnus comme les meilleurs. »

Vous deux, ensuite, vous poursuiviez en explorant la culture dominante de chaque individu et vous compatissiez en chœur sur la faillite du libéralisme de gauche et de son souci du bien commun. Vous spéculiez sur le degré de colère, d'aliénation qu'il faudrait pour convaincre la société de réinventer le « comme un », le bien commun. Il t'attribuait ce calembour. J'ai lu tout cela et je me suis demandé lequel des deux suivait une thérapie. Tout à la fin de cette entrée de son journal, comme une pensée venue après coup, mon père avait écrit : « Il y a de la colère dans les rues. Elle se voit surtout dans les voitures. »

J'ai dit que tous les étudiants de première année, en littérature anglaise, connaissaient *Howl*. J'étais encore étudiante en première année très, très récemment. Ils devraient connaître. Ils ne connaissent pas. C'est sûrement pis qu'à ton époque. Mais peut-être disons-nous tous la même chose ? Est-ce que tout le monde considère toujours que : « c'est pis qu'à mon époque » ? Ou que c'est mieux ? Allen Ginsberg a écrit *Howl* au milieu des années 1950. Disais-tu que ta génération était pire que la sienne ou que c'était eux, les pires ? Si les gens vivent suffisamment longtemps, « leur époque » englobe les époques de beaucoup d'autres gens et, quand on prend en compte les différences géographiques, ce genre de conversation devient vite absurde. Ton époque a-t-elle été l'époque de mon père ? L'époque de mon père a-t-elle été celle de ses parents ? À son époque, il vivait sous une forme de stalinisme. À l'époque de ses parents, les gens vivaient sous Hitler et s'échappaient très haut, très loin, dans la fumée des cheminées. C'était comme ça, à leur époque.

Alors, pour toi, c'était pire ou c'était mieux ? Peut-être pouvais-tu te lamenter parce que ton père payait le mien pour qu'il t'écoute ? Au fait, quel était ton problème ?

À mon époque, on ne fêtait jamais la fête des Pères, pas après que j'ai eu dix ans. Tu te souviens de ces publicités qui passaient à la télévision avant la fête des Pères, pour vendre des perceuses électriques et des scies circulaires ? Quand j'ai eu onze ans, j'ai offert à ma mère un chèque-cadeau émis par une quincaillerie, d'une valeur de seize dollars, pour son anniversaire. Elle m'a demandé ce qu'elle devait s'acheter avec, d'après moi. Une perceuse électrique ou une scie circulaire, lui ai-je répondu, et elle s'est mise à pleurer.

Quelques années après la mort de mon père, la ligne officielle imposée par ma mère a changé dans le sens d'une réhabilitation partielle. De méchant, il est devenu triste, un peu fou. Tu étais de plus en plus impliqué. Mais elle ne savait rien de son journal, ou elle ne l'avait pas lu.

Bien que ce journal soit rempli de toi et de tes pensées sur un peu tout, tes liaisons, tes parents et Anna, Billie Holiday, William Empson, Eliot, Swinburne, le déconstructionnisme, l'économie néoclassique, Nazim Hikmet. E.L. Doctorow et Abe Meeropol, tu n'étais pas le seul à y avoir une place au soleil. Tu n'étais pas le seul patient sur lequel il écrivait non professionnellement. Mais je dois admettre que tu étais son patient vedette, et pas seulement parce que tu as fait la une des journaux ni à cause du temps que tu lui as réclamé, ni même en raison de l'argent qu'il a perdu pour toi. À cause de sa grande tendresse à ton égard, je crois. C'est clair, dans son journal. Il t'appréciait et il s'accordait avec toi. Tes positions étaient pour ainsi dire les siennes. Il se peut qu'il se soit senti réconforté de les entendre exprimées par toi, je veux dire qu'il n'a pas été seulement impressionné, charmé ou diverti par ton éloquence, mais tu défendais souvent les mêmes opinions que lui, et du coup il se sentait moins seul.

Le problème, pour lui, en tout cas avant le kidnapping, a sans doute été que, s'il reconnaissait que tu étais malheureux et mal dans ta peau, il ne pouvait s'empêcher de trouver qu'il y avait une part de toi, inextricablement liée à ta maladie, dont on ne se lassait pas. Ce n'était pas ta mélancolie, évidemment, pas même ton aptitude aux traits d'esprit et aux bons mots (« Du lithium ou la mort », tu te rappelles ?). Peut-être était-ce ce qu'il a décrit plus d'une fois comme un mélange d'acuité et de romantisme qui faisaient passer les autres versions de la santé mentale pour des compromis un peu vains ou pour des formes d'évasion. Ou peut-être ta faculté d'aimer, contre toute attente. Il considérait celle-ci comme une composante de ta maladie et, pourtant, il n'était pas loin de penser, me semble-t-il, que les gens feraient bien de vivre avec un pareil symptôme.

À un moment, apparemment sans raison, mais peu avant ou peu après une séance avec toi, il cite un autre psychiatre. Je ne sais pas s'il te l'a jamais évoqué : « Les maladies du tempérament déforment et magnifient l'humain ; elles ne le détruisent pas. » C'est la dernière entrée d'une journée par ailleurs normale, qui comprenait une séance avec toi. Il n'accole pas ton nom à cette entrée, mais la réflexion a une tonalité indulgente, or tu étais probablement la personne la plus demandeuse de son indulgence. Je souligne que cette entrée est antérieure au kidnapping – il y avait moins à pardonner. Il n'était pas censé se lancer dans l'octroi ou le refus d'indulgences mais, avec toi, il a accepté (trop) volontiers de franchir la ligne, dès le début. Il ne suffisait pas que le traitement soit le but principal de votre relation ; il aurait dû en être le but unique. Quand tu as kidnappé Sam, les maladies de tout le monde s'en sont trouvées magnifiées. Mais qu'est-ce que j'en sais ? Juste assez pour être consciente que quelques cours suivis en fac de psycho ne me qualifient que pour suivre d'autres cours en fac de psycho.

4.

Mon père avait un autre patient auquel il a consacré quelques entrées hors traitement, un joueur. Il ne l'appréciait guère. Mon père et toi, vous deviez ressembler à deux vieux copains de régiment se congratulant jusqu'aux petites heures du jour sous le néon publicitaire d'un bar miteux, mais cet homme, lui, était un adversaire. Il lui avait confié, notait mon père dans une des premières entrées le concernant, qu'à son grand agacement, les gens coupaient son nom, Mitchell, en Mitch. Par la suite, mon père ne se réfère à lui que par ce diminutif, Mitch. Il a écrit sur lui ce commentaire un peu obscur : « Mitch à nouveau, aujourd'hui. Désagréable, en colère. Mérite la sympathie. Peu agréable. »

Selon moi, cette dernière réflexion signifie que la sympathie que méritait cet homme était peu agréable. Mitch lui-même n'était guère agréable. À lire son histoire sous la plume de mon père, on constate que cet homme intelligent avait terriblement souffert. Je suis surprise de l'apparente aversion de mon père pour lui, et de l'attitude professionnelle qu'il a su néanmoins conserver. Cet homme pouvait-il affirmer que mon père ne l'aimait pas ?

Rien ne laisse entendre que mon père t'ait jamais dit quoi que ce soit à son sujet ni, d'ailleurs, au sujet d'aucun patient. Si tu te demandes pourquoi il a conçu une telle aversion pour ce joueur, sache que cela n'avait rien à voir avec le jeu. Mon père n'était pas un puritain, et l'un des rares points sur lesquels Mitch et lui étaient d'accord, c'était que le jeu était le moindre de ses problèmes. Je crois même que mon père appréciait les histoires de joueur de Mitch. Elles le poussaient à parler et, une fois qu'il était lancé, il n'y avait pas moyen de l'arrêter.

Mitch était ou avait été une espèce d'analyste senior au sein d'un cabinet de courtage en Bourse. Ça t'évoque quelque chose ? Ça ne sert plus à rien, maintenant, de rester discret et, de toute manière, il y a des chances pour que tu connaisses déjà une partie de l'histoire. Souviens-toi : je ne sais pas ce que tu sais, au juste. Mitch a travaillé pendant un temps dans le même cabinet que le mari d'Anna, Joe. Ils travaillaient souvent en liaison étroite. Mais, avant de t'exciter sur ce détail, sache premièrement que ce n'était pas une coïncidence si Mitch et toi étiez tous deux des patients de mon père, et deuxièmement que l'aversion de mon père pour cet homme ne doit pas être interprétée comme une preuve supplémentaire de sa loyauté à ton égard, si tant est que tu aies besoin de loyauté. Mitch m'a semblé avoir pris le mari d'Anna en grippe, plus que toi. Je ne suis pas sûre que tu l'aies jamais pris en grippe. Mitch, lui, c'est certain. Ils travaillaient ensemble sur une grosse affaire qui, lorsqu'elle a capoté, les a laissés « exposés », je veux dire sans emploi. En un sens, Mitch avait l'air de tenir Joe pour responsable. Histoire d'aggraver la situation, à peu près à la même époque, Mitch s'était gravement blessé lors d'un séminaire professionnel, et là encore, il paraissait tenir le mari d'Anna pour responsable de l'accident. C'est après cela qu'il s'est mis à consulter mon père.

À ce moment-là, la gestion de soins intégrée, à laquelle mon père s'était opposé publiquement, avait déjà été mise en œuvre. J'ai trouvé très touchant qu'il ait misé sur quelques articles bien écrits et quelques lettres ouvertes pour faire reculer le processus de délitement de la société civile, ce qu'à l'époque on appelait la « réforme ». Enfin, c'est ainsi que je l'exprime. Après tout, je suis la fille de mon père. Mais ton beau-fils m'appelle la « vendue » ou la « capitulationniste ». Il veut dire par là qu'il est plus radical (lire « sage et vertueux ») que moi, et que ce que je perçois comme du pragmatisme est en réalité une manière de se dégonfler. Que veux-tu ? Nous sommes étudiants. Nous sommes encore assez naïfs pour nous croire capables de changer les choses, encore assez jeunes pour penser que nous avons du temps devant nous.

L'affaire qui avait coûté leur boulot à Mitch et au mari d'Anna, Joe Geraghty, n'était pas une affaire comme une autre. Ce devait être la première affaire à générer une fortune suite à l'introduction de la gestion de soins intégrée. Le sort de Mitch dépendait donc de l'issue du combat donquichottesque mené par mon père (pas le combat pour ta cause, l'autre).

Cependant, à ma connaissance, leur divergence au sujet du système de santé n'était pas la raison de l'aversion de mon père pour Mitch. Cela ne te surprendra probablement pas. Cela aurait pu l'être pour moi ou pour une tête brûlée comme Sam, mais pas pour mon père. L'un et l'autre ont su assez tôt comment ils se situaient par rapport à cette question, c'est-à-dire chacun sur un versant opposé. Mon père a veillé à ce que Mitch le sache, mais il était déjà au courant avant de venir le consulter. Les choix de Mitch n'étaient pas idéologiques. Il avait choisi mon père parce qu'il lui avait été recommandé, pas par Joe Geraghty lui-même, non, mais, en un sens, par son intermédiaire.

Il semble qu'après l'accident et la fin de son mariage Mitch ait recherché le réconfort physique chez une femme qui, à l'inverse de son épouse, resterait attachée à lui envers et contre tout, du moins jusqu'à la fin de chacun de leurs rendez-vous d'une heure. En des temps plus heureux, Joe Geraghty et lui s'étaient rendus ensemble dans un bordel où elle travaillait. C'est là qu'il a téléphoné quand la vie, sa vie, a franchement viré au malheur. La femme qu'il a pris l'habitude de faire venir lui répétait, sans mentionner de nom, qu'elle était amoureuse d'un homme qui avait besoin d'argent pour s'acquitter de ses frais de justice. C'était toi. En retour, Mitch lui a raconté la triste histoire de sa vie et elle lui a recommandé un psychiatre, ton psychiatre, mon père.

Les efforts de mon père pour cacher son aversion étaient sans réciproque. Mitch ne partageait pas ta tendresse pour mon père, et il n'essayait pas de le dissimuler. Mais, pour une raison que j'ignore, il y retournait. Il ne parvenait pas à se résoudre ni à mettre un terme à sa thérapie ni à voir un autre psychothérapeute. Pourquoi ?

En tant que fille de mon père, je suis tentée de supposer que, malgré son mépris pour le psychiatre et la psychiatrie, cet homme, Mitch, tirait un certain réconfort de ses séances. La tentation est même si forte que j'y cède, et je conserve l'hypothèse. Mon père, en revanche, ne l'a jamais envisagée. Pour lui, la loyauté de Mitch se résumait d'un mot moins technique que celui de « transfert » : Angelique.

Pour le formuler simplement – et c'est ainsi que le formule mon père, alors ne t'énerve pas –, Angelique était pour Mitch ce qu'Anna était pour toi. Je ne veux pas dire qu'Anna était ta call-girl. Il parlait d'obsession. Si tu répliquais par une bonne dose d'ironie, je suis certaine qu'il te pardonnerait, mais il n'est plus là. Il n'y a plus que sa fille, une de ses filles, et si tu exprimais quoi que ce soit dans ce registre, je ne te le pardonnerais pas, même si je ressens le besoin de t'aider en cet instant.

Le seul lien de Mitch avec Angelique, c'était mon père. Après son accident, il n'avait aucun moyen de la contacter s'il n'obtenait pas de lui son vrai nom ou son numéro de téléphone. Confronté au refus de mon père, Mitch est revenu semaine après semaine dans l'espoir de bénéficier des antidépresseurs, de la thérapie cognitive, d'un coup de pouce ou d'un coup de dé... Il y avait toujours une chance, si minime soit-elle, que mon père laisse échapper quelque chose, un indice ou un signe qui le mènerait à elle. Après plusieurs mois d'essais infructueux, il a décidé de jouer son joker.

Il a expliqué à mon père qu'il avait de l'argent, des milliers de dollars, qui appartenaient à Angelique. Si mon père ne l'aidait pas à entrer en contact avec elle, lui, Mitch, ne pouvait pas lui rendre son argent. Ils l'avaient gagné ensemble juste avant son accident. Si convaincant que soit l'argument aux yeux de mon père, il lui répondit : « Pas question », ou quelque chose de ce genre. Mais Mitch n'était pas un idiot, et c'était un obsessionnel de première division, presque ton égal. Mon père était d'avis qu'au-delà de son besoin obsessionnel de voir Angelique, Mitch avait d'autres motivations. Son désir n'était pas purement sexuel, pas au sens conventionnel, en tout cas. Depuis sa chute, il était devenu très amer. Il était en colère, et pas seulement à cause de son accident. Son épouse lui avait été constamment infidèle, depuis toujours. En fait, sa rage lui venait d'un sentiment d'impuissance. Non seulement il ne possédait plus aucun pouvoir économique ni aucun pouvoir d'attirer le sexe opposé, mais il avait perdu jusqu'à la faculté d'aider les gens, en particulier Angelique. Il n'était rien, rien qu'une ponction exercée sur la société, et une ponction coléreuse, avec ça. Lui, un compétiteur, à savoir un homme qui des années durant s'était donné corps et âme à la compétition, se faisait battre dans la course à « l'aide aux autres », plus exactement à « l'aide à Angelique », ou du moins contrecarrer par mon père. Pis que ça : tant que mon père refusait de l'aider à la contacter, Mitch ne pouvait même pas entrer dans la course.

Et pourtant, il disposait d'une somme d'argent avec laquelle il entendait emporter la décision. Mon père avait décrit leur joute comme un bras de fer, une confrontation des volontés. À chaque séance, il apportait cet argent, à peu près trente mille dollars en liquide. Il essayait de les remettre à mon père ou de les laisser sur les lieux, mais mon père refusait. En vérité, lui non plus n'avait pu contacter Angelique depuis son accident. Tu n'aurais pu l'informer même s'il te l'avait demandé et sa colocataire avait soit déménage, soit négligé de payer la note de téléphone ou les deux. Angelique avait disparu. Mais cet homme, cet homme en colère, physiquement brisé, cet homme tenace, avec son sac plein d'argent, ne voulait pas partir.

Le journal de mon père détaille longuement ce qui l'a finalement poussé à faire ce qu'il a fait comme étant le plus sensé. Tu le comprendrais peut-être mieux que moi. Voilà ce qui s'est produit. Comprenant enfin que mon père ne divulguerait jamais de son propre chef les coordonnées d'Angelique, Mitch est passé au cabinet de consultation de mon père en son absence – peut-être pendant qu'il te rendait visite –, et il a laissé l'argent à la réceptionniste qu'il partageait avec d'autres médecins.

Cet argent et ce qui l'entoure ouvre une piste qui mène jusqu'à toi. Tu te demandes comment il peut mener jusqu'à toi, alors que tu n'as même jamais croisé cet homme, Mitch ? Eh bien, tout d'abord, comme je te l'ai dit, l'argent représentait les gains d'Angelique. Quand ces deux-là ont échangé leurs histoires et quand Angelique lui a raconté les soucis que rencontrait son ami pour payer ses frais judiciaires, Mitch l'a aidée à gagner trente mille dollars au casino. L'argent était celui d'Angelique, Mitch a insisté là-dessus. Il était destiné à l'avocate qui défendait son ami, c'est-à-dire, toi. Tu vois, comme l'aide judiciaire avait menacé de retirer sa subvention, mon père – et toi aussi, je suppose –, vous avez cru pendant quelques semaines que ton avocate (et nouvelle amie de mon père), Gina, allait cesser de te représenter. Même si cette crainte s'est révélée sans fondement, elle a persisté assez longtemps pour que mon père s'inquiète sérieusement.

Le temps que son inquiétude soit levée par Gina, Mitch et Angelique s'étaient lancés à l'assaut des coffres du casino et, comme tu dois le savoir, c'est en sortant de là – sans aucun doute étourdie par sa bonne fortune, conforme aux promesses de Mitch –, qu'elle a percuté une voiture arrivant en sens inverse. Mitch s'est chargé de l'argent pendant que l'ambulance se chargeait d'Angelique.

Il était dans l'intention de mon père de rendre cet argent à Mitch après leur séance suivante, mais cette séance n'a pas eu lieu. Mitch a laissé un message après la fermeture du bureau pour annuler son rendez-vous suivant. Il ne demandait pas d'horaire de remplacement. Il ne prévoyait pas de revenir. Mon père lui a laissé des messages le priant de revenir récupérer l'argent. Mitch n'a pas décroché le téléphone alors qu'il était vraisemblablement chez lui, compte tenu de la vie qu'il menait, longuement décrite à son psychiatre. Et il n'a jamais rappelé. Mon père avait perdu un patient, semblait-il, mais gagné trente mille dollars.

Tu serais en droit de te demander pourquoi Mitch, après avoir tout fait pour utiliser cet argent comme un levier, l'abandonnait aux mains de mon père. Celui-ci s'est visiblement interrogé à ce sujet. Il a pensé que Mitch voulait qu'au moins l'argent atteigne Angelique puisque que lui ne le pouvait pas. Mon père y a vu un signe d'altruisme et de noblesse d'âme dont il n'avait pas crédité Mitch, et il s'est senti doublement coupable de l'avoir pris en aversion.

Naturellement, cette interprétation supposait que Mitch ait vu en mon père un homme assez intègre pour ne pas garder l'argent pour lui. Mon père n'a pas commenté cette supposition implicite, en tout cas pas dans son journal. Son corollaire était que, dans l'esprit de Mitch, mon père était bel et bien en mesure de contacter Angelique. Il s'était imaginé que, soit Angelique était une patiente de papa, soit papa était le client d'Angélique. Hypothèses erronées, tu le sais, autant que sa supposition selon laquelle mon père savait où était Angelique. Après son accident, il a eu beau essayer, il n'a jamais pu la retrouver.

Mais il ne voulait pas conserver cet argent. Cela le mettait mal à l'aise, pour toutes sortes de raisons. Tout d'abord, il n'avait rien pour ranger trente mille dollars en liquide dans ses locaux. Les transporter sur lui n'était pas non plus une solution acceptable, pas plus que de les cacher dans le deux-pièces à peine salubre qu'il louait depuis peu à St-Kilda Est.

Je me souviens bien de cet endroit. Les gens croient que les enfants ne remarquent pas les écarts relatifs de revenu et de modes de vie, mais ce sont moins les écarts que le regard qui est relatif. Ma sœur et moi, nous nous rappelions l'époque où mon père vivait dans un cadre exempt des odeurs de friture, des échos de disputes, de radios, de télévisons, de chasses d'eau et d'ébats nocturnes venus d'une quarantaine d'appartements voisins, dont les fonctions physiologiques n'étaient pas assez mystérieuses à notre goût. Les enfants sont souvent assis par terre. Ils connaissent le contact de la moquette mieux que les adultes. Personne n'a besoin de leur dire que le revêtement sous eux est plus rêche, plus dur, plus proche de la dalle de béton et moins propre qu'auparavant. Ce n'était pas un lieu où conserver trente mille dollars en billets de banque.

Cependant, pendant un moment, l'argent s'est trouvé caché tantôt chez mon père tantôt dans ses locaux. Ensuite, quand ton procès a été terminé, il l'a donné à quelqu'un, quelqu'un qui, selon lui, comprendrait pourquoi, qui aurait probablement compris s'il avait expliqué la chose autrement.

Je ne sais pas si tu es encore en contact avec elle, certainement pas. C'était il y a si longtemps. Peut-être n'entretenais-tu pas ce genre de relation avec elle, mais mon père parlait ou plutôt écrivait si bien sur elle que ce n'est pas exclu. Il semblerait qu'elle ait fait du très bon travail, pour toi.

5.

Je l'ai contactée la première, c'est-à-dire, avant de te contacter, toi. Ç'a été matériellement plus difficile de la trouver mais émotionnellement plus facile. Je pensais que, si elle acceptait de me voir, elle serait au minimum polie. Comment un membre de l'auditoire contacte-t-il un juge ? Je savais qu'elle avait été nommée juge, pas seulement parce que mon père l'avait prédit, mais parce que j'avais appelé l'ordre des avocats pour la demander, et là, on me l'a appris. J'ai appelé le tribunal, et son collaborateur m'a proposé de transmettre le message. Quel message ? Que dirais-tu de : « Mon père est toujours mort, mais à présent je suis femme et adulte. Puis-je vous parler de lui ? » Ce n'est pas si éloigné du message que je lui ai laissé. J'ai indiqué mon nom, Rachael Klima, fille d'Alex Klima. Puis-je venir vous parler ?

Il s'est écoulé un délai considérable entre ma demande et la réponse. Je balançais entre rappeler et renoncer. Peut-être le collaborateur ne lui avait-il pas transmis le message ? Je n'avais aucun moyen de la toucher, en dehors de lui. Je n'aurais pas vu d'inconvénient à ce qu'elle soit trop occupée. Je m'y attendais, mais enfin je méritais une réponse, au nom de mon père, si ce n'est par simple courtoisie.

Quand son collaborateur m'a finalement rappelée, il s'est excusé pour elle : « Madame la présidente avait quantité de jugements en retard à rédiger.

– Oh. »

Qu'est-on supposé répondre, dans ce cas ?

Elle n'avait pas l'air d'un juge, du moins pas l'air d'un stéréotype. Elle était trop séduisante, encore trop jeune et trop femme pour ça. Tout comme elle t'avait réussi, tu lui avais réussi, même si elle n'a pas été nommée immédiatement après ton acquittement. Il y a eu beaucoup d'autres affaires, d'autres triomphes, en tout cas professionnels.

Elle m'a invitée à m'asseoir et m'a proposé un café que j'ai refusé, car j'étais trop nerveuse pour tenir une tasse. Je ne pensais qu'à établir entre elle et moi un rapport suffisamment chaleureux pour qu'elle réponde à mes questions, même les moins formulées. Plus précise était mon anticipation du bien-être que je retirerais de ses paroles.

« Je suis désolée du temps que j'ai mis à vous répondre.

– Pas de problème. Je suis certaine que vous devez être... très occupée.

– Mon collaborateur m'a dit que vous étiez étudiante en droit.

– Non, non, je me suis spécialisée en psycho.

– Vous n'étudiez pas du tout de cas juridiques ?

– Non, psycho et lettres, surtout, et un peu de sciences politiques.

– Donc vous ne cherchez pas de conseils sur les carrières juridiques ?

– Non... non, pas vraiment.

– Eh bien, cela me soulage... je crois. » Elle avait l'air aussi mal à l'aise que moi.

« Pourquoi... madame le juge ?

– Je vous en prie, Rachael, appelez-moi Gina. Je connaissais votre père quand vous n'étiez qu'une petite fille.

– Merci, ai-je fait en souriant, toujours tendue.

– C'est un soulagement car, à la vérité, je ne vois pas du tout quel conseil donner à une jeune femme qui aspire à devenir avocate. Tâcher d'être au bon endroit au bon moment, pourquoi pas. Je ne sais pas.

– Vous voulez dire, décrocher des affaires intéressantes ?

– Oui, pour un début. C'est toujours un bon conseil que de tâcher d'avoir de la chance, non ? Ça l'a toujours été.

– Est-ce que l'affaire Simon Heywood était intéressante ?

– À bien des égards. Une affaire médiatique, mais aussi stressante.

– Plus que d'habitude ?

– Oui, à bien des titres.

– Pourquoi ?

– Oh ! Voyons..., a-t-elle soupiré. Par où commencer ? Simon lui-même a compliqué les choses.

– Vraiment ? Pourquoi ? Il était difficile ?

– Non, pas vraiment difficile, même rarement difficile. C'est seulement que... Il y avait une tendance... cela peut paraître étrange...

il y avait une tendance, chez votre père et chez moi, une tendance à s'identifier à lui. Pas à ce qu'il avait fait, mais...

– Pas à ce dont il était accusé, non ?

– Non, pas du tout. Pas à ce dont il était accusé, mais à Simon lui-même. C'est déjà déplaisant de voir son client en prison, enfin, ce n'est pas vrai de tous les clients mais presque, et ça l'était encore plus dans le cas de Simon. D'abord, sa situation était pire que la moyenne, et puis, je suppose... il était plus facile de se retrouver en lui qu'en d'autres.

– Pourquoi ?

– Pourquoi sa situation était-elle pire que la moyenne ou pourquoi était-il facile de se retrouver en lui ?

– Eh bien... les deux, je dirais.

– Sa situation était pire que la moyenne parce qu'il a été placé en cellule d'isolement, dans le quartier de haute sécurité d'une des plus grandes prisons de l'État ; cela a duré pendant plus d'un an avant qu'il passe en jugement.

– Et pourquoi était-il plus facile de s'identifier à lui ?

– Je ne sais pas ce que vous connaissez de Simon Heywood, mais...

– Mon père tenait un journal.

– Vous l'avez lu ?

– Plus d'une fois. C'est ce qui m'amène devant vous.

– Alors vous savez à peu près... tout.

– Je connais la version que mon père a choisi de noter. C'est désordonné, parfois crypté.

– Je n'en doute pas. Que puis-je ajouter ?

– Pourquoi était-il plus facile de s'identifier à Simon Heywood qu'à vos autres clients ? Parce qu'il appartient à la petite bourgeoisie ?

– Non, là, Rachael, vous êtes en train de me juger, moi et ma clientèle.

– Je suis désolée, ce n'était pas mon intention de...

– Ce n'est pas grave. D'abord, il faut que je vous précise que je ne me suis jamais identifiée autant à Simon qu'Alex, votre père. Un des problèmes que je rencontrais, avec votre père, était qu'il considérait Simon non comme un cas, mais comme une cause. Pour moi, Simon était une affaire, et rien qu'une affaire. Mais une affaire difficile. Au-delà de sa détention plus rude que la moyenne et de toute cette publicité faite dans la presse de caniveau, inhérente aux crimes touchant des enfants, c'était un être éminemment digne d'estime. Cela rendait plus difficile de se garder de toute émotion, plus difficile de se concentrer sur des questions médico-légales.

– Je suis confuse mais je ne saisis toujours pas, pas pleinement. En quoi l'apprécier constituait-il un problème ?

– Eh bien, pour commencer, tous les avocats, sans exception et quelle que soit leur expérience, entendent une petite voix qui doit être à tout prix réduite au silence. Elle provient de quelque part au fond d'eux et fait surface quand, au tribunal, ils sont sur le point de prendre la parole. Et là, elle leur crie : " Tu t'es mal préparé. Il y a quelques heures tu étais encore chez toi en train de dormir dans ton lit, en position fœtale. Pour ça, au moins, tu es très bon. Vas-y, dors ! " Et c'est précisément à ce moment-là qu'il faut entamer sa plaidoirie.

« Ensuite, si vous éprouvez trop de sentiments pour votre client, il court un vrai risque. Le même raisonnement s'applique à un chirurgien. Les chirurgiens ne devraient pas opérer les gens qu'ils aiment trop. Se garder de trop aimer Simon, cela n'avait rien de facile. Votre papa en était incapable. Il y avait une amitié entre eux. Il l'aimait trop.

– Et pas vous ?

– J'avais un travail à accomplir. Je n'étais pas là pour être son amie. Je n'étais pas là pour l'aider à se sentir bien. J'étais là pour obtenir son acquittement.

– Ça, vous y êtes arrivée.

– Non. Ce n'est pas moi qui y suis arrivée.

– Que voulez-vous dire ?

– Ce sont deux autres femmes qui y sont arrivées.

– Quelles autres femmes ?

– Simon avait une... une amie, Angela. Vous avez pu lire des choses sur elle dans le journal de votre père. Elle a beaucoup fait pour Simon. Elle a raconté des histoires différentes aux inspecteurs de police chargés de l'enquête, et encore une autre lors de l'audience préliminaire, puis elle s'est rendue fort opportunément indisponible au tribunal.

– Indisponible ?

– Elle a eu un accident et n'a pu...

– Oh, oui, l'accident. Et l'autre femme ?

– Je croyais que vous aviez lu son journal ? Tout y est.

– Une version, oui.

– Est-ce que vous vous livrez à un contre-interrogatoire rétrospectif ? De moi ou de votre père ?

– Je suis désolée, madame le juge, j'étais...

– Gina...

– Désolée, Gina. Je ne voulais pas vous donner l'impression de...

– Non, Rachael, c'est moi qui suis désolée. Vous pouvez me demander ce que vous voulez. Je ne devrais pas le défendre, pas devant vous, pas après toutes ces années

– Je ne sais pas. Peut-être que si. Mais cette autre femme que vous venez de mentionner... vous parlez d'Anna ?

– Oui, Anna. Quand le moment est venu pour moi de mener son contre-interrogatoire, elle a modifié son histoire.

– Que leur a-t-elle déclaré, en fin de compte ?

– Eh bien, je ne sais pas ce qui figure dans le journal que vous avez lu, mais tel que je m'en souviens, et vous pouvez confronter mon souvenir aux comptes rendus des journaux...

– Non, ce ne sera pas nécessaire.

– Chère Rachael, vous n'avez pas non plus à défendre votre père, pas devant moi... Tout au long de l'enquête, lors de l'audience préliminaire et au début du procès, Anna s'en est tenue à sa version : elle n'avait pas revu Simon depuis l'époque où ils étaient sortis ensemble, à l'université. Et puis, tout à coup, pendant le contre-interrogatoire, elle a fait preuve d'une certaine répugnance à répéter ses propos. Elle a essayé d'éluder la question, cruciale, sur une éventuelle liaison clandestine. J'ai donc insisté, j'y étais obligée : si elle entretenait une liaison clandestine avec son ancien ami, Simon Heywood, celui-ci avait non pas enlevé mais avait emmené son fils avec l'autorisation de sa mère.

« Elle a esquivé aussi longtemps qu'elle a pu et puis, quand le juge lui a signifié qu'elle ne pouvait plus refuser de répondre, elle a répondu que oui, elle entretenait une liaison clandestine avec Simon Heywood. Lors d'un nouvel interrogatoire, le procureur lui a reposé la question sans relâche. Encore une fois, elle a tenté de ne pas répondre et le juge lui en a donné l'ordre.

– A-t-elle répété que Simon avait sa permission ?

– Non. Le procureur lui a rappelé qu'elle témoignait sous serment. Il lui a demandé si elle comprenait la gravité d'une accusation de parjure. Elle a répondu qu'elle comprenait fort bien et elle s'est rétractée. Elle a expliqué au jury que Simon n'avait pas eu sa permission de venir chercher Sam. Quand on lui a demandé pourquoi elle avait donné une réponse différente lors du contre-interrogatoire, elle a expliqué qu'elle se sentait désolée pour lui, de le voir là, dans le box. Elle a souligné qu'il était quelqu'un de fondamentalement bon et qu'il serait criminel de le laisser croupir des années en prison. Elle s'est livrée à un véritable plaidoyer en sa faveur.

– Elle n'a été accusée de rien, n'est-ce pas ?

– Vous faites allusion au parjure ?

– Oui.

– Non. Non. Elle s'est rétractée si rapidement... Mais elle en avait fait assez pour obtenir l'acquittement.

– Que voulez-vous dire ?

– En montrant une telle répugnance à répondre à la question, puis en hésitant comme elle l'a fait, puis en mentant, puis en revenant à sa première version, elle a fini par torpiller le dossier de l'accusation, *de facto*. Sa propre crédibilité en a été entamée. Son intervention était parfaitement cohérente avec notre position, selon laquelle elle avait honte de sa liaison avec Simon. Elle mentait pour sauver la face et son mariage. Elle a véritablement réussi tout ça en un seul " oui " aussitôt rétracté.

– Vous voulez dire qu'il suffisait qu'elle dise la vérité une fois ?

– Écoutez, Rachael, vous avez lu son journal. Vous n'avez pas à faire semblant. La vérité vraie, je la connais, désormais.

– Je suis désolée. Je ne vous suis pas.

– Ce qu'une avocate soupçonne et ce qu'elle sait ne coïncident pas nécessairement, et quand cela ne coïncide pas, l'écart peut se révéler décisif.

– Donc mon père ne vous a fourni que la version que Simon voulait faire croire. Il ne vous a jamais révélé la vérité ?

– Mon Dieu non ! Il était trop avisé pour cela.

– Est-ce pour cela que... Est-ce pour cela que votre relation, la vôtre, avec lui, a pris fin ?

– Oh ! eh bien, dites-moi !... a soupiré de nouveau Gina. On ne s'attend guère à ce genre de questions, n'est-ce pas, après une longue journée passée dans le prétoire ! Écoutez, Rachael, voulez-vous venir dîner avec moi, pourquoi pas la semaine prochaine ?

Je n'allais pas refuser et c'est ainsi qu'a commencé une série irrégulière de dîners, de cafés et de verres pris avec ma nouvelle amie, le juge Serkin. Je dis mon amie. J'aimerais croire que nous étions amies, mais qui sait ce que les gens sont l'un pour l'autre, en fait ? N'est-ce pas une des réflexions que papa se répétait à ton propos, à propos de l'ambiguïté des relations ? Étais-je juste en train d'utiliser Gina pour en savoir plus sur mon père ? M'utilisait-elle, pourquoi pas, pour expier une forme de culpabilité envers mon père ? Elle voulait peut-être simplement me présenter à son fils ? Elle l'a mentionné à plusieurs reprises. Je lui ai expliqué que j'étais prise, enfin, en quelque sorte. Je ne sais plus, d'ailleurs. Pourquoi est-ce que je te pose la question ? Je ne te la pose pas. Oublie.

6.

Je l'ai retrouvée à dîner, cette première fois. Après avoir commandé à boire, mais avant de commander les plats, elle m'a expliqué une des règles déontologiques du barreau. Celle-ci exige que, si un avocat découvre lors d'une audience que son client ou un de ses témoins a menti à la cour ou cherché à l'égarer, il doit se décharger de l'affaire, à moins que le client ne l'autorise à informer la cour de son mensonge.

Nos boissons sont arrivées. Un serveur rôdait autour de nous, attendant de prendre notre commande, mais Gina ne l'avais pas vu, ou alors elle l'ignorait.

« C'est la règle à présent, continuait-elle, et c'était la règle à l'époque du procès de Simon. Cette affaire, je la voulais. J'étais reconnaissante à votre père de m'avoir recommandée à Simon, et je ne voulais pas perdre le dossier, pas perdre l'affaire. Je ne voulais pas être contrainte d'y renoncer et de laisser quelqu'un d'autre la reprendre à ma place. Je ne suis pas gênée d'admettre qu'une affaire comme celle-là était exactement ce qu'il fallait à ma carrière, à l'époque. »

Ensuite, elle a remarqué le serveur, et son ébauche de plaidoyer *pro domo* destiné à minimiser ce qu'elle ne s'était pas encore décidé à avouer, en tout cas pas à moi, s'est trouvée interrompue.

« Votre père était un homme peu conventionnel. C'est ce que j'appréciais chez lui.

– Et qu'est-ce que vous n'appréciiez pas ?

– Il a franchi une limite dans sa propre profession. C'était son droit.

– Mais vous désapprouviez ?

– J'estime que je n'étais pas en position d'approuver ou de désapprouver.

– Vous n'étiez peut-être pas en position d'approuver ou de désapprouver professionnellement, mais...

– Professionnellement, il n'était que le psychiatre d'un de mes clients. Il n'était même pas un témoin.

– Mais à titre personnel ?

– À titre personnel ? ... À titre personnel, votre père était l'un des hommes les plus agréables que j'aie jamais rencontrés.

– Et il vous a déçue en vous trompant au sujet de Simon, en vous racontant que Simon avait eu la permission d'aller chercher Sam ?

– Non. Premièrement, comme je crois vous l'avoir dit, il ne l'a jamais prétendu.

– Peut-être ne l'a-t-il jamais vraiment dit, mais il vous a laissée le croire...

– Rachael, ce n'était pas cela, ce n'était pas le problème. Enfin, je savais, je veux dire, je soupçonnais fortement que Simon avait emmené ce petit garçon sans permission.

– Et vous vous sentiez insultée que mon père ait pu vous laisser croire...

– Non, non. Il savait que je savais... ou il le soupçonnait.

– Soupçonnait que vous saviez ?

– Savais que je soupçonnais la vérité. Il ne fallait pas que je le sache à coup sûr, sans quoi j'aurais dû renoncer à cette affaire. Il le savait.

– Donc... Je ne saisis pas. Quel était le problème ?

– Anna, fit-elle, en buvant une gorgée.

– Quoi ?

– C'était Anna le problème.

– Oh flûte ! Ce n'est pas ce à quoi je pense ?

– Je ne sais pas, que pensez-vous ?

– Qu'entendez-vous par là, que c'était Anna le problème ?

– Alex et moi, nous avions passé un accord tacite.

– Gina, ce que vous allez m'apprendre risque-t-il de m'écœurer ?

– Rachael, vous croyez que je suis sur le point de vous faire des révélations sur la vie sexuelle de votre père ?

– C'est ça ?

– Non, bien sûr que non. Votre père et moi n'avions pas passé ce genre d'accord tacite. Je veux dire que nous avions tous deux compris que Simon ne me disait pas la vérité et que, quoi que je puisse suspecter, lui, Alex, ne le confirmerait jamais, sans quoi je serais contrainte de renoncer à l'affaire.

– Oui, d'accord, mais quel rapport avec Anna, avec mon père et Anna ?

– Alex avait franchi la limite concernant Simon bien avant que je ne sois liée.

– Liée à mon père ?

– Liée à l'affaire. Voyez-vous, au début, cela semblait juste... Je ne sais pas... de la diligence, non, plus que cela... un dévouement tout à fait extraordinaire envers son patient, une connaissance remarquable de qui était Simon, et une connaissance dangereuse.

– Dangereuse ?

– Rachael, j'ai peut-être une perception clairvoyante des événements, mais peut-être pas, et il n'est plus... Votre père n'est plus là pour le dire.

– Je ne vous suis pas.

– Vous vous spécialisez en psycho, n'est-ce pas ?

– J'essaie.

– Comment appelle-t-on cela quand un patient déplace certaines réactions émotionnelles, les reporte vers son thérapeute et...

– Un transfert.

– Oui, un transfert.

– Êtes-vous en train de m'expliquer que Simon a fait un transfert vers mon père ?

– Je l'ignore, mais en tout cas ce n'est pas cela que je suis en train de vous expliquer. Je suis en train de vous expliquer que votre... Je vous dis qu'Alex a connu une forme de contre-transfert à l'égard de Simon. Écoutez, je suis juriste, pas psychiatre ni psychologue, mais la capacité de votre père à l'empathie... Il se peut qu'un psychothérapeute, enfin, n'importe qui, d'ailleurs... cède à l'empathie.

– Je voudrais être certaine de vous comprendre. Vous êtes en train de m'expliquer que papa a cédé à l'empathie au point de s'identifier à Simon et, d'une certaine manière, de s'imprégner de son obsession pour Anna Geraghty ?

– Non, je ne dis pas cela. Je dis qu'il a conçu une telle empathie qu'il a fini par s'identifier avec lui, mais je ne prétends en aucune manière qu'il ait endossé l'obsession de Simon pour Anna.

– Alors, qu'êtes-vous en train de me dire à son propos... et à celui d'Anna ?

– Quand il a fréquenté Simon, quand il sortait prendre des verres avec lui ou quand il se promenait avec lui, avec lui et avec l'amie de Simon, Angela... c'était son affaire. C'était anti-professionnel, contraire à sa discipline et il le savait, mais c'était son affaire. En revanche, quand, après l'arrestation de Simon, il a persisté à appeler Anna, à essayer de la convaincre de déclarer à la police que Simon avait sa permission d'emmener son fils, là, c'était mon affaire.

– Pourquoi ?

– Il aurait pu être inculpé pour avoir tenté de détourner le cours de la justice, et pour d'autres choses. Elle aurait pu faire émettre une injonction à son encontre.

– Mais ce n'était pas lui votre client, c'était Simon.

– Rachael, je... je l'aimais.

– Vraiment ?

– Oh ! oui. Bien sûr que oui. Vous ne le saviez pas ?

– J'espérais que vous l'aimiez, oui.

– D'après son journal, ce n'est pas clair, je veux dire ? Il ne l'avait pas compris ? Il avait bien dû...

– Vous traversiez un conflit d'intérêts.

– Quoi ? Que voulez-vous dire ? Pourquoi dites-vous cela ? Il l'a écrit dans son...

– Les intérêts de Simon et ceux de mon père. Ce n'étaient pas les mêmes.

– Enfin, oui, mais... je ne vois pas où vous voulez en venir.

– Il était dans l'intérêt de Simon que mon père convainque Anna de dire ce qui serait nécessaire pour le faire acquitter. Il était dans l'intérêt de mon père de s'en abstenir. En les conseillant tous les deux, vous ne pouviez pas...

– Non, vous vous trompez. Premièrement, il était dans l'intérêt de Simon que votre père ne harcèle pas...

– Ne harcèle pas ?

– Ne s'expose pas à des allégations de harcèlement, d'intimidation d'un témoin. Si l'accusation avait eu la moindre idée du nombre de fois où Alex lui a parlé – sans compter le nombre de fois où il a essayé de lui parler... les conséquences auraient été désastreuses pour l'affaire de Simon. Et je laisse de côté les conséquences pour le statut professionnel d'Alex.

– Pourquoi ?

– Parce qu'un jury était en droit d'estimer que votre père tentait de faire très exactement ce qu'il faisait... à savoir essayer d'amener cette femme à mentir pour un ami à lui, un ami qui avait été naguère son patient.

– Mais elle a bel et bien menti.

– Pas exactement.

– Gina, je me fous de ces finasseries juridiques. Vous saviez ce que vous saviez et je m'en moque. Je parle de mon père.

– Je parle de lui, moi aussi... et cela ne m'arrive plus guère. Je ne connais personne qui l'ait connu.

– Personne d'autre.

– D'autre ?

– Moi, je le connaissais. Et vous me connaissez.

– Oui, vous étiez sa fille.

– Une de ses deux filles.

– Il parlait de vous.

– Je vous en prie, je ne veux pas vous paraître grossière... mais ne changez pas de sujet.

– Je pensais que vous aimeriez savoir ce qu'il disait de...

– Bien sûr que je le sais. Vous savez que je le sais, mais j'ai besoin de comprendre. Anna en a-t-elle dit assez par rapport à ce que Simon avait besoin qu'elle dise ?

– Oui.

– Vous pensez que mon père l'a convaincue ?

– Il... je ne pense pas que Simon aurait été acquitté, sans lui.

– Donc ça a marché.

– Alex a pris un risque énorme, un risque stupide.

– Ça a marché.

– Pour Simon.

– C'est pour ça que vous avez rompu.

– Enfin...

– Vous étiez en colère contre lui, donc vous avez rompu.

– J'étais en colère. Mais ce n'était pas la raison.

– Alors pourquoi avez-vous rompu avec lui ? Vous l'aimiez. Il vous aimait.

– C'est ce qu'il disait ? Est-ce qu'il en parle dans son...

– Pourquoi avez-vous rompu ? » ai-je répété.

Elle a bu une gorgée de son verre, porté deux doigts à ses lèvres et soufflé légèrement par cet interstice entre ses doigts, comme quelqu'un qui a fumé, par le passé. Puis elle a repris la parole.

« Il va falloir vous mettre à ma place et, comme nous parlons de votre père, je ne sais pas si vous allez pouvoir. Vous êtes une jeune femme, Rachael, vous avez toute la vie devant vous et...

– Hum-hum.

– Qu'y a-t-il ?

– Eh bien, quand on commence à vous dire : " Vous avez toute la vie devant vous ", vous pouvez être sûr que vous allez déguster.

– Pourquoi ?

– Cela signifie que votre interlocuteur est sur le point de vous faire la leçon, de vous imposer ses conclusions sur votre jeunesse, de vous expliquer que votre souffrance a moins de valeur, tout bien pesé, que celle d'un individu né avant vous.

– Rachael, je ne tiens nullement votre souffrance pour quantité négligeable. Vous allez trop vite en besogne.

– Vraiment ? Alors c'est que je me suis sentie dépréciée. Mettez cela sur le compte de ma jeunesse.

– Rachael, cela ne vous fera aucun bien de vous emporter contre moi, surtout si vous voulez connaître mon point de vue sur votre père.

– Avec le respect qui vous est dû, Votre Honneur, combien de fois peut-il mourir ? Je connais la fin de l'histoire. J'en constitue la suite. Je n'ai pas l'intention de faire ressembler notre conversation à une négociation d'affaires, mais il faut quand même que ce soit un échange d'informations, dans les deux sens. Comme vous pouvez l'imaginer, il a écrit à votre sujet, dans son journal.

– Rachael, pourquoi êtes-vous en colère contre moi ?

– Je ne sais pas... Parce qu'il est mort.

– Et parce que je suis en vie ?

– Non, parce que vous le connaissiez mieux que moi. Parce qu'il n'aimait plus ma mère et aussi à cause d'autre chose, que vous étiez sur le point de me dire avant que je ne vous coupe, quelque chose de mal, quelque chose que vous avez du mal à dire, à me dire, et que je comprendrais plus facilement si j'avais une plus grande partie de ma vie déjà derrière moi. »

Sur ces derniers mots, j'étouffais les larmes que je m'étais promis de ne pas lui montrer. Elle m'a pris la main et voilà, c'était parti pour de bon, une vraie loque, une demi-orpheline en larmes, plus du tout la jeune femme sophistiquée que je prétendais être. Ensuite, le serveur est arrivé avec nos plats et elle m'a lâché la main.

7.

À la réflexion, ce qu'elle voulait me dire n'était pas dénué de sens, je crois. À l'époque de ton arrestation et de tes besoins consécutifs en matière de services juridiques, elle était divorcée, elle avait quarante ans et deux enfants de moins de dix ans. Elle connaissait déjà mon père mais, vers cette époque, ils sont entrés dans la vie l'un de l'autre avec une netteté dénuée d'ambiguïté. Le portrait qu'elle peignait de lui était fidèle et, malgré ou peut-être à cause de cette fidélité, il me mettait mal à l'aise. Bel homme et médecin peu conventionnel, iconoclaste aimable et cultivé, avec un charme à l'ancienne, mais pas un *meshuggener*. Voilà ce qui l'a fait chavirer, et ce qui avait fait chavirer ma mère avant elle. Ce qui nous a tous fait chavirer. Toi aussi, tu as chaviré, sauf que, dans ton cas, mon père semblait vouloir tenir une promesse qui pour nous n'était qu'implicite. Il allait tout faire pour toi. Oui, il voulait nous aimer, tous, et, oui, il voulait lutter pour sauver le système de santé des prédateurs sans visage qui s'apprêtaient à changer la maladie en or. Mais, pour toi, il allait livrer bataille tous les jours et, plus grands seraient tes problèmes, plus profondément il y plongerait, risquant son propre bien-être pour le tien. Je crois qu'au moins pour un temps, tu as été la mesure de toutes choses, qu'il se jugeait à travers toi. S'il échouait avec toi, c'était l'échec total. Et pourquoi toi ? Pourquoi te choisir pour tenir ce rôle auguste ? Il t'a choisi parce qu'il s'est tellement reconnu en toi, trop même.

Elle a été flattée qu'il la choisisse pour te représenter. C'était le plus beau compliment qu'il pouvait faire à ses talents d'avocate. Et, initialement, son dévouement a été admirable. Oui, tout le monde savait, et par là j'entends mon père, elle, et, bien sûr, toi, que tu avais enlevé le petit Sam d'Anna sans la permission de personne et qu'il ne pouvait le lui dire, et qu'elle était incapable de te le demander ni même d'admettre qu'elle le soupçonnait. Tant qu'elle n'était pas tout à fait au courant, peut-être était-il encore excusable de prendre juste une fois contact avec Anna pour essayer de la convaincre qu'en dépit de ta témérité impulsive alimentée par l'obsession le plus grand crime serait de te laisser mourir en prison.

Une fois, il aurait pu le faire une fois. C'était déjà mal, c'était déjà fou, c'était déjà une fois de trop. Mais il ne s'est pas contenté d'une fois. Anna n'avait pas envie de te sauver, pas au début, pas du tout, et ton insistance pour qu'il la fasse changer d'avis n'aurait pas dû entrer en ligne de compte. Tu étais en prison, tu étais *in extremis*. Ce n'était pas le moment d'aller prendre des instructions auprès de toi, des instructions juridiques à la rigueur, mais certainement pas l'instruction de commettre un suicide judiciaire.

Quand Gina a appris que mon père avait été en contact répété avec Anna, ça l'a rendue furieuse. Anna aurait pu porter plainte contre ton psychiatre. Ils auraient pu le radier, ce qui aurait signifié non seulement la fin de sa carrière, mais éventuellement la prison. Cela n'aurait pas été moins désastreux pour ton affaire. Telle n'est pas mon opinion, mais c'est ce que disait Gina. Quel bonheur ç'aurait été pour l'accusation si elle avait su que le psychiatre du défendeur avait tenté de soudoyer ou d'intimider la mère de l'enfant kidnappé pour l'amener à modifier son témoignage. Gina m'affirme qu'elle lui avait fait cette remarque plus d'une fois, et toujours avec véhémence. Et pourtant, il n'arrêtait pas de l'appeler, d'appeler Anna.

Elle était furieuse, m'a-t-elle expliqué, mais pas seulement à cause des menaces qu'il faisait ainsi peser sur l'affaire, sur sa carrière et sur sa liberté. Elle a fini par comprendre qu'elle était furieuse contre lui à cause du mal que ses coups de fil répétés lui faisaient à elle. Anna pouvait te sauver, et elle était en position de sauver mon père en ne disant rien à la police de ses coups de téléphone, mais elle ne pouvait pas sauver Gina. Elle ne pouvait pas empêcher Gina de voir la vérité malgré ses efforts pour fermer les yeux. Papa n'allait pas bien.

Là, elle m'a demandé d'essayer un instant d'oublier qu'il s'agissait de mon père, pour me mettre à sa place, à elle. Elle venait de sortir d'un mariage défraîchi – pour employer le moins coloré des adjectifs qu'elle avait en tête. L'homme qu'elle avait épousé lui avait donné ses deux enfants avant de se révéler un égoïste et un mou, pas du tout l'homme qu'elle pensait avoir choisi. Elle avait attendu des années avant de trouver le courage de le quitter. Elle n'allait pas jusqu'à prétendre avoir envisagé sereinement de rester seule jusqu'à la fin de ses jours, mais elle reconnaissait avoir eu conscience, bien avant le divorce, que la probabilité existait. Elle était partie malgré tout, emmenant ses deux enfants avec elle. Elle vivait en appartement et s'efforçait de gérer son cabinet quand mon père avait fait son entrée dans son existence, cette fois avec le premier rôle. Sans dire qu'il agissait dans ce but, il allait lui sauver la vie.

Il lui avait apporté une affaire de haute volée, une de ces affaires qui font une carrière, et sur laquelle il travaillerait avec elle – à sa manière. C'était un merveilleux compagnon de dîner, un homme chaleureux, ouvert sur le monde, intelligent et disponible. Mais en persistant à vouloir convaincre Anna de se parjurer pour ton bien, il révélait une facette de lui-même qu'elle n'avait aucune envie de connaître. En effet, que pense-t-on devant une telle imprudence, certes commise pour une bonne cause, mais au détriment de soi-même et des êtres auxquels on doit le soutien ? On pense ceci : « N'investis pas trop. Cet homme ne va pas bien. »

Donc elle s'est écartée, un peu. Mais mon père a perçu la distance. Elle n'était pas assez bonne actrice pour la dissimuler. Il a abordé le sujet avec elle et, au début, elle a nié. Il l'a implorée de ne laisser aucun fossé se creuser entre eux qui compromettrait le travail qu'elle accomplissait pour ta défense. Ensuite, ils se sont disputés. Elle lui a répondu qu'il n'y avait d'autre fossé que celui creusé par sa remarque sur le travail qu'elle accomplissait. Ce qui n'était pas vrai, concède-t-elle à présent, mais à l'époque, elle n'avait aucune envie d'évoquer les autres difficultés. Elle n'éprouvait aucun scrupule à insister pour qu'il cesse ses tentatives de contacter Anna. C'était de son ressort professionnel. Mais comment dire à l'homme que vous aimez, qui vous aime, un psychiatre, que vous vous inquiétez pour sa santé mentale ? Ils étaient déjà suffisamment stressés comme ça. Tu n'y étais pas pour rien, mais le reste non plus, leur travail, leurs ex respectifs, et peut-être même leurs enfants.

Elle remettait sans cesse à plus tard le moment de tirer les choses au clair avec lui, à la fin du procès. Mais est arrivé ce paquet d'argent qu'il lui a donné. Ça a tout gâché. Tu sais d'où venait cet argent. C'était l'argent que Mitch avait balancé chez mon père. C'était l'argent qu'il avait aidé Angelique à gagner. Incapable de contacter Mitch ni Angelique, mon père avait décidé, au bout d'un certain temps, de l'affecter à ta défense, conformément à l'intention d'Angelique, ce qui supposait de le remettre à Gina.

D'après son journal, on ne comprend pas clairement si le geste était mûrement réfléchi ou impulsif. Quel qu'ait été le cheminement de sa pensée, c'était une grave erreur, et j'ai dû entendre Gina expliquer comment elle l'avait pris. Je n'avais aucune envie de le savoir ; c'est pourquoi il a fallu attendre deux rendez-vous avant qu'elle parvienne à me faire taire, à m'empêcher de prendre la défense de mon père par anticipation.

Il était arrivé chez elle un soir ; ils étaient censés sortir dîner. Comme les enfants étaient chez la mère de Gina, elle a pu réagir sans retenue à la vue du sac plein d'argent qu'il lui remettait. Où avait-il trouvé cet argent, tout d'un coup ? N'était-il pas à court ? Et pourquoi le lui donnait-il, à elle ? Les réponses, bien que sincères, n'ont rien arrangé. L'argent provenait de Simon, lui a-t-il expliqué de manière fort alambiquée. Ne ris pas. En un sens, c'était vrai. Il provenait bien de là. Angelique avait donné à Mitch l'idée de l'aider à obtenir cet argent pour couvrir tes frais de justice, et Mitch l'avait confié à mon père parce qu'il était incapable de joindre Angelique. Mon père l'avait remis à Gina après avoir essayé sans succès de rappeler Mitch. Apparemment, il n'y avait pas moyen de présenter les faits sous un jour raisonnable ; ils n'ont donc que renforcé l'image que Gina avait de mon père, celle d'un être mentalement fragile. Elle lui a fait remarquer qu'elle était déjà rémunérée pour ta défense, que l'Aide juridique la payait pour cela. Il lui a répondu qu'il le savait, mais que le barème d'honoraires de l'Aide juridique était très inférieur à ce qu'un client aurait versé sur ses fonds personnels, qu'elle travaillait vingt-quatre heures sur vingt-quatre sur cette affaire et ne facturait même pas la moitié de ce qu'elle y investissait. L'argent qu'il lui apportait l'aiderait à rétablir l'équilibre. Mais c'était un sac rempli de trente mille dollars en billets de banque, et la vérité telle que mon père l'avait présentée, avec sa description du patient en colère et si mystérieusement disparu, semblait pour le moins bizarre.

Gina s'est trouvée face à face avec ses pires doutes. Sa réaction a été explosive. Même en souvenir, cela restait bouleversant, bien que moins brûlant, plus gérable. À l'époque de sa déception, il y avait l'insulte qu'il lui faisait et le sordide de l'ensemble. Elle était tombée amoureuse de lui, et le voilà qui se présentait avec un sac rempli d'argent qu'il lui remettait ostensiblement en ton nom. Elle n'avait jamais menacé de se retirer de ton affaire. Au contraire, quand il s'était présenté un accroc bureaucratique, quand l'Aide judiciaire avait tenté de faire pression pour que tu plaides coupable, elle était partie en guerre pour s'assurer que ta procédure soit financée, que tu plaides coupable ou non coupable.

C'était une chose, disait-elle, qu'il se montre obsessionnel dans le soin « pastoral » qu'il te prodiguait, c'en était une autre que d'essayer de convaincre Anna de mentir pour ta défense... Avec ce sac rempli d'argent, on passait encore une borne. Elle s'interrogeait même sur l'éthique et la légalité. À l'encontre du stéréotype populaire, la plupart des avocats sont capables de courir un kilomètre en ligne droite rien que pour mettre un peu de distance entre eux et un tas d'argent emballé dans un sac en papier kraft. Si Alex était prêt à compromettre sa carrière et sa réputation de la sorte, qu'il le fasse ; mais qu'en était-il de ses sentiments pour elle ? Elle était déconcertée, blessée. Comment avait-elle pu se laisser aller à tomber amoureuse de lui ? À l'évidence, son appréciation des hommes restait très suspicieuse. Le feu qui niche au creux d'un mariage raté s'était insinué en elle, et il avait entamé son discernement. Elle m'a avoué que telle était bien la teneur de ses pensées, à l'époque, et c'est pourquoi, peut-être même ce soir-là, elle a rompu avec mon père.

Tels qu'elle me les racontait, il était compréhensible qu'elle ait nourri ces doutes et qu'elle ait souhaité y mettre un terme. D'un autre côté, quand je lis ce qu'il écrivait là-dessus, il était compréhensible qu'il veuille lui remettre l'argent. Quand elle a rompu, il a été anéanti. Il n'avait rien vu venir. Auraient-ils pu réussir leur couple ?

Je ne suis pas en position de l'affirmer. À première vue, à la première rencontre, à ma première rencontre, devrais-je dire, elle m'a paru trop froide pour lui, pas assez chaleureuse. Pas assez chaleureuse pour le père dont je garde le souvenir, un souvenir d'enfance. Mais elle finit toujours par s'animer, par se montrer plus humaine et, au bout d'un moment, elle parle de lui avec une tendresse qui ne m'est pas toujours supportable. Cela rend leur séparation encore plus tragique.

Pourquoi ne se sont-ils pas parlé davantage ? J'imagine qu'elle se sentait trop blessée, trop gênée pour défendre sa propre cause avec une vigueur comparable à celle qu'il déployait pour plaider la tienne. Les gens qui caressent le projet de sauver le monde ne se font pas larguer par leur compagne. Cela ne cadre pas avec l'image qu'ils ont d'eux-mêmes, j'imagine. Et, pour Gina, l'argent a été la goutte d'eau. Cet homme n'allait visiblement pas bien. Avec suffisamment d'espace pour respirer, ils auraient pu, l'un ou l'autre ou tous les deux, remettre l'épisode dans son contexte. Mais, apparemment, ils n'avaient même plus assez de place pour respirer.

8.

Mon père a reçu une lettre de Mitch. « Vous m'avez laissé tomber. Je ne reviens plus », annonçait-elle. Préoccupé, mon père, lui a téléphoné à plusieurs reprises, mais Mitch était toujours sorti, ou alors il ne prenait pas les appels. Il était soucieux d'identifier la nature de l'insatisfaction de Mitch, soit pour s'y confronter, soit pour le recommander à un autre psychiatre. La seule réponse a été une nouvelle lettre de Mitch réitérant son refus et ajoutant qu'il fallait cesser de lui téléphoner. « Vous m'avez laissé tomber et j'en ai marre de vous », concluait-il. Là encore, mon père a laissé des messages qui sont demeurés eux aussi sans réponse.

Mon père a alors entrepris une démarche inhabituelle – en fait, sans précédent, sauf dans ton cas. Il lui a rendu visite à son domicile. Sans avertissement et en dépit de l'hostilité de Mitch à son égard, mon père est allé à l'adresse figurant dans le dossier médical. Il a sonné à la porte et attendu. Il a patienté un bon moment. Il avait à l'esprit, je suppose, que Mitch était partiellement handicapé. Dans le journal, ce que mon père avait l'intention de lui dire n'apparaît pas clairement. Peut-être n'en savait-il rien, tandis qu'il était là, devant la porte. Mais la porte ne s'est pas ouverte.

Papa allait repartir quand il a entrevu une lumière à travers le rideau, quelque part en haut de la maison. L'instinct l'a poussé à se coller à la porte, qui a bougé un peu. Il a appelé plusieurs fois dans l'entrebâillement sans obtenir de réponse. Après avoir attendu encore un instant, il a poussé la porte, hésitant. Quelque chose la bloquait. Mon père a interpellé Mitch encore deux ou trois fois. Comme ses appels étaient accueillis par le même silence, il est entré. Et là, il a vu ce qui coinçait la porte. C'était, d'après ce qu'écrit mon père, la canne ou la béquille de Mitch. Mon père l'a reconnue, car il l'avait vue lors de leurs séances. Tout cela était très étrange. Inquiet, il a lancé un « hello » tout en avançant et s'est rendu dans la seule pièce où la lumière était allumée. Dans une chambre à l'étage, la lampe de chevet illuminait l'homme allongé dans le lit, cet homme que le journal appelle Mitch, presque trop froid pour être en vie et sans plus aucune pensée, trop triste pour rêver. Inconscient, il gisait là, immobile, dans un pyjama en flanelle tout neuf dont l'emballage était éparpillé sur le sol. Mon père l'a trouvé ainsi.

Les ambulanciers que mon père avait appelés ont été incapables de dire dans quel hôpital ils conduisaient Mitch. Le plus proche, disaient-ils, risquait d'être surchargé. La multiplication des lits d'hôpitaux n'était pas la priorité du gouvernement – ça, les ambulanciers ne l'ont pas dit, c'est mon père qui l'a écrit.

Gina ne savait rien, à l'époque. Comment aurait-elle pu savoir ? Comment aurait-elle pu ? Elle aurait pu l'appeler. Pourquoi n'en a-t-elle rien fait ? Quand le jury a déclaré : « Non coupable », que le résultat ait été obtenu grâce à Gina ou grâce au pas de danse exécuté par Anna entre sa sincérité et ta liberté, Gina aurait pu appeler mon père. Mais elle ne lui a téléphoné que tard dans l'après-midi. J'ose à peine imaginer, cet après-midi-là, celui qui a vu ton cauchemar prendre fin. Il n'était pas au tribunal. Il n'avait pu être présent, ce qui, en soi, constituait une tragédie mineure. As-tu eu l'occasion, au milieu de ce chambardement, de te demander pourquoi ?

Il n'a pu y être parce qu'il se démenait pour trouver dans quel hôpital on avait transféré un certain Dennis Mitchell, victime d'une overdose, ex-patient à lui, ex-analyste au sein d'un cabinet de courtage. Et quand il l'a eu localisé, il lui a fallu un certain temps pour connaître l'état du malade. Il a dû expliquer qu'il était son ancien psychiatre et que oui, c'était lui qui avait prescrit les somnifères dont il avait abusé. Le médecin de garde des urgences a informé mon père qu'il avait été récupéré à temps et qu'il s'en sortirait.

Que ce soit mon père qui ait trouvé Mitch, que personne d'autre ne lui ait rendu visite, expliquait très indirectement la décision prise par M. Mitchell dit Mitch de tirer son chapeau. Mais cela n'expliquait pas pourquoi lui, mon père, n'avait pas prévenu l'événement en veillant davantage sur Mitch, au temps où ce dernier honorait encore ses rendez-vous. Il aurait certainement très mal pris le suicide de n'importe quel autre de ses patients, mais celui-ci lui assenait un coup de plus que les autres, une culpabilité « extraforte ».

En partie à cause de la lettre. Mitch avait laissé une lettre. Il y accusait son ex-femme, le tribunal des affaires familiales et son ancien patron, le père de Sam, Donald Sheere, l'individu qui dirigeait le séminaire au cours duquel il s'était blessé – en tout une centaine de personnes. Il les rendait toutes responsables de ce qui lui était arrivé, et de l'acte qu'il était sur le point de commettre. Cette liste incluait mon père, et pas comme figurant. Mon père a conservé cette lettre. Dans son journal, il explique qu'il comptait l'analyser plus attentivement. Il estimait que cela pourrait se révéler utile si Mitch finissait par revenir chez lui. Et s'il ne revenait pas, s'il voyait un autre psychiatre, cette lettre conserverait une valeur, pour lui.

Comme Gina ne recevait aucun message de félicitations de mon père, elle a supposé qu'elle avait blessé son amour-propre. Il devrait être (et toi aussi) fier de moi pour la retenue dont j'ai fait preuve, assise là, les deux mains agrippées, pendant que Gina me donnait son interprétation désolée de son silence. Que s'est-il passé, que s'est-il exactement passé quand on t'a désigné pour la dernière fois sous le nom « prisonnier » pour te demander de te lever afin d'écouter le verdict délivré par le jury ? J'imagine une salle d'audience, dans la cité administrative, voici douze ans... Elle est remplie jusqu'aux cimaises de gens qui, tous, ont conscience de se trouver au bon endroit au bon moment, et n'en croient pas leur chance, pas plus qu'ils ne croiront à la tienne. J'imagine aisément une salle bondée, lambrissée qui, depuis sa construction, a absorbé tant d'angoisse qu'elle a perdu toute capacité d'étouffer un vacarme dont l'ampleur menace de dépasser le niveau permis par l'institution. C'est en ce lieu qu'on te fait entrer, jusqu'au box des accusés.

Le juge entre à son tour et tout le monde se lève, puis le jury entre enfin, et toi seul te lèves. Le président du jury – je suppose qu'il s'agissait d'un homme car autrement, je suis certaine que papa l'aurait noté – s'entend demander par le juge si le jury a rendu un verdict sur toutes les charges retenues. Il répond « oui » et, alors qu'on lui énonce chacune des charges, il répond : « Non coupable ». Y a-t-il des exclamations ? Tes yeux se sont-ils mouillés de larmes ? Tes parents étaient-ils présents ? Ils devaient être là, non ? Tu avais envie de crier ou de pleurer ? Je t'imagine désireux de prononcer une sorte de discours ou de déclaration publique, un plaidoyer pour les voleurs d'enfants intellos et menteurs du monde entier. J'imagine volontiers tout ça, crois-moi. J'aurais aimé être là. Vraiment. J'aurais réellement aimé être là, si ce n'est pour la dramaturgie, du moins pour hisser le drapeau, oserais-je dire, histoire de représenter tous les

Klima qui ne pouvaient être là, mais sans qui tu serais encore en prison.

Je n'ai aucun mal à imaginer l'heure de ton acquittement, mais je ne parviens pas à comprendre pourquoi tu n'as pas insisté pour que Gina l'appelle. Tu as bu un verre avec elle ? Es-tu sorti boire verre sur verre pendant trois jours pour te retrouver avec la gueule de bois et les vêtements que tu portais au moment de ton arrestation, quand dormait à tes pieds un enfant de six ans qui n'était pas le tien ?

On peut imaginer tout aussi bien l'époque immédiatement postérieure à ta libération. Ta famille se sera réjouie de ton retour, même si, d'après ce que j'ai lu à son propos et compte tenu du scandale que tu avais attiré sur elle, l'accueil du fils prodigue aura été fort sobre, une fois éteints les flashes des photographes. Tu as laissé des messages à papa, de chez tes parents, mais il n'avait pas envie de t'appeler là-bas. Enfin, il répugnait à t'appeler là-bas. Il faut te créditer d'une bonne intention, tu as vraiment essayé de retrouver Angelique. Quant à tes rendez-vous clandestins avec Anna Geraghty, tu sais ce que mon père en a fait, n'est-ce pas ? Peut-être que non. Est-ce ainsi que ça s'est passé ?

En tout cas, c'est plus ou moins ainsi que Sam le raconte. As-tu entendu la version de Sam ? Elle te plairait. Ça ne lui vient pas spontanément. Devant un inconnu, il lui faut un certain temps avant d'oser parler, mais après, ça lui sort comme un roman de chevalerie. Je suis l'inconnue. Bonjour. Nous devions nous rencontrer, tôt ou tard.

9.

Sam se montre étonnamment peu cynique sur l'histoire de sa mère. De sa mère encore jeune et belle qui a défié les conventions sous les yeux d'un tribunal pour finalement sauver son amour de jeunesse en laissant le fil rebelle de son affection sans fin s'immiscer dans la trame d'un mariage raté, pour mieux le détricoter. Quant à la résurrection formelle des relations entre sa mère et toi, et ta renaissance consécutive, il glisse dessus. Le journal de mon père, non. On y trouve votre réconciliation progressive décrite comme « un mariage entre l'obsession persistante de Simon et le pragmatisme d'Anna ». Pourquoi « pragmatisme » ? Eh bien, je suppose qu'à l'époque de ton acquittement, le père de Sam, Joe était anéanti à divers titres, et, quelle que soit l'identité de l'homme qui attendait en coulisses – Sam avait été autorisé, voire encouragé à croire que c'était toi –, un chevalier blanc était effectivement apparu sous le feu des rampes. La partie qui concerne Joe Geraghty, ce n'est pas par le journal que je la connais. C'est par Sam.

Tu vois, je suis celle dont sa mère et toi entendent parler, l'être mystérieux que tu ne rencontres jamais. Il passe son temps chez sa copine. Il est même parti avec elle pour des week-ends, et pourtant Anna et toi ne l'avez jamais rencontrée. Maintenant tu sais pourquoi, et je peux te le dire, cela n'a pas été simple. Il n'a évidemment jamais su que tu avais un psychiatre, et je n'allais pas le lui annoncer ; pourtant c'est une explication dont il aurait pu tirer profit. Il est très tendre, ton beau-fils. Il essaie de paraître détaché, mais il n'y réussit pas bien, ce qui ne le rend que plus touchant.

Il essaie de faire croire qu'il n'est pas froissé par mon peu d'empressement à vous rencontrer. Mais je sais que ça le blesse. Je déteste lui faire du mal mais, vraiment, compte tenu de nos histoires familiales, je ne me sentais pas capable d'assumer la confrontation..

En fait, c'est ta faute si nous nous sommes rencontrés. C'est sous ton influence, dit-il, qu'il a choisi psychologie en première année. Qu'avais-tu en tête ? Tout d'abord, je ne l'ai pas à proprement parler rencontré ; j'ai simplement eu conscience de sa présence. Il n'était pour moi qu'un garçon gentil et très beau, qui ne semblait mal à l'aise que lorsqu'il devait réfréner sa sincérité. La classe était très nombreuse et, au début, je ne savais même pas que ce nom de Sam Geraghty que j'avais vu inscrit un peu au-dessus du mien sur divers panneaux était le sien. Je l'ai appris plus tard, sans déployer aucun effort particulier, devrais-je ajouter. Je suis humaine et cette faiblesse a suffi. L'année universitaire touchait à sa fin quand nous nous sommes souri sur le seuil des portes et dans les couloirs, à quelques reprises. Il m'affirme qu'il ne s'en souvient même pas, mais je ne le crois pas. C'est un très mauvais menteur. Pas moi.

Était-ce vraiment lui ? Ce type qui avait si belle allure dans tous les sens du terme ? Vers le milieu de cette année, j'ai lu pour la première fois le journal de mon père et j'y ai appris l'existence du Sam Geraghty enlevé par un patient à la sortie de l'école douze ans plus tôt. En vérité, peu m'importait que ce soit ou non le même Sam Geraghty. De toute façon, je l'aimais bien. Donc je ne pouvais pas être perdante. Telle a été ma réflexion. J'admets qu'elle était un peu rapide, car je n'ai pas vraiment cru que c'était lui. Bien entendu, m'apercevoir, après une brève conversation, qu'il était bien ce Sam Geraghty-là n'a pas refroidi mon enchantement naissant. J'avais envie de l'avaler tout entier. Qui aurait pu m'en vouloir ? N'importe qui, sauf toi. Tu sais ce que c'est d'être habité au point que tout ce que tu fais est à la fois une erreur et une découverte potentielle.

Sans crier gare, ç'a été la catastrophe du flirt étudiant dans toute sa splendeur. Nous nous allongions l'un à côté de l'autre sur un canapé ou par terre, et son passé prenait forme sous mes yeux à mesure qu'il m'en parlait. Tu te souviens d'un pareil moment, toi ? Apparemment, il survient quand on est encore assez jeune pour que ce soit la première fois qu'on le raconte, et déjà assez âgé pour avoir besoin de le raconter, justement. Il survient au moment où, chacun de son côté, on fait mine de prendre à la légère la nudité de l'autre ; il survient au moment où, couché dans le noir, on beugle les pires pop songs de sa jeunesse en s'écroulant de rire, et plus les paroles sont nulles et mieux ça vaut. Oui, tu te souviens. Tu vas m'implorer de m'accrocher à ces souvenirs de toutes mes forces. Ce ne sera plus jamais pareil, n'est-ce pas ? Au milieu de ça, nous avons commencé de remplir les pointillés de nos existences mutuelles, comme on le pratique couramment. Tout le monde a une histoire, non ? Mais très peu de gens se font prendre à ne pas la comprendre. Ils comprennent leur histoire de travers et ils ne s'en aperçoivent pas. Sam et moi, nous n'avons jamais été tout à fait des étrangers l'un à l'autre. Je savais qu'il avait mal compris son histoire. Tu y avais veillé.

Au bout de très peu de temps, il s'est révélé porté sur la confidence ; j'ai donc écouté le récit de la rupture de ses parents et de son prétendu kidnapping, toutes choses sur lesquelles je savais déjà la vérité, et j'ai été un peu triste pour lui, un peu dégoûtée de toi et d'Anna, qui aviez entretenu un mensonge durant toutes ces années. Sans doute parce que je manifestais pour son passé un intérêt plus que poli, il s'est mis à me raconter les relations difficiles qu'il avait avec son père.

Il m'a raconté comment, petit garçon, il l'avait vu agresser quelqu'un au bord de la piscine, dans le jardin familial. Il avait entendu du bruit sur l'arrière de la maison, il se trouvait à l'intérieur. Un photographe essayait de prendre des photos de lui ou de la maison pour un journal à sensation. C'était après l'enlèvement. Sa mère avait essayé de l'éloigner de la fenêtre, mais il avait pu y glisser un œil et, ensuite, quand Anna était sortie pour empêcher Joe de tuer le type, il avait écarté les rideaux et observé toute la scène. Il avait vu son père taper sur le photographe, lui bourrer le visage de coups de poing. Il m'a décrit ce qu'il se remémorait comme une mer de couleur rouge. Comment un petit enfant traite-t-il cela, l'apparition soudaine d'une mer rouge jaillissant d'un corps martelé par deux maillets, les deux extrémités des bras massifs de son père ? Il en avait rêvé, et pas seulement enfant. Crois-tu, est-ce qu'Anna a cru qu'il oublierait ça ? Cependant, tu as tout de même encouragé Sam, tu as fait pression sur lui pour qu'il voie son père. « Je t'aime, Sam, mais je ne suis pas ton père », lui répétais-tu. Alors Anna intervenait. « Oui, mon cœur, tu n'as qu'un seul père. Il t'aime beaucoup... à sa manière. » Était-ce pour atténuer ta culpabilité ?

Il savait qu'il n'avait qu'un seul père. Son père, c'était le type dont les poings étaient capables de transformer le visage d'un homme en masse liquide sous les yeux horrifiés, incrédules, d'un enfant. C'était l'homme menacé de devoir répondre de son agression devant la justice des années durant. Était-ce là ce qu'entendait Anna quand elle disait que Joe aimait Sam « à sa manière » ? Je ne doute pas que Sam ait fini par avoir un peu peur de lui. Étais-tu incapable de le voir, ou était-ce que tu refusais de renoncer à vos moments passés ensemble, sans enfant ? Son père buvait, assez pour qu'un petit garçon le remarque. Personne d'autre ne l'a remarqué ? Ensuite, il y a eu la succession de ce que Joe appelait, selon Sam, des « deuxièmes » ou des « nouvelles » mamans. Il dit qu'on aurait cru que son père les choisissait sur catalogue ; il les essayait avant de les rendre. Savais-tu que, dans plusieurs des appartements où Joe a vécu, Sam pouvait entendre depuis sa chambre son père et ces femmes faire l'amour, bruits qu'il attribuait à des chats qui miaulaient sous la fenêtre ? Quand il n'a plus été en mesure de se tromper, il se calait l'oreiller sur la tête en chantant des pop songs jusqu'au cri final, signal d'une accalmie temporaire dans les tentatives désespérées de son père pour atténuer la douleur qui le poussait à vivre de la sorte.

Une soirée par semaine et un week-end sur deux, fast-food et bonne humeur forcée : Sam détestait ça et se sentait coupable, voire honteux de le détester. Joe faisait des efforts ; Sam le savait. Seulement, son père ne parvenait pas à le « piger ». Si loin que remontent les souvenirs de Sam, son père ne l'avait jamais compris, bien avant d'être un adolescent fier d'être un incompris. On aurait cru qu'il n'y avait pas de lien entre eux. Chaque anniversaire, chaque Noël, Joe lui offrait un jouet sophistiqué et visiblement coûteux qui avait pour effet de lui poser sur le visage le masque de leur échec, de leur incapacité de créer une relation autre que machinale et polie. Sam faisait toujours semblant d'apprécier le cadeau, mais il savait que Joe comprenait que non. Ces cadeaux, tristes tentatives de corruption – appelle-les comme tu veux –, restaient dans les boîtes, sur le sol de la chambre réservée à Sam dans chacun des appartements successifs de son père. Au point qu'elles débordaient, qu'elles se répandaient sur la moquette et se brisaient sous les pieds du petit garçon quand il cherchait le chemin des toilettes dans le noir, pendant que son père s'envoyait en l'air dans la chambre à côté en rêvant d'un avenir plus brillant que les murs de son logement du moment, d'un passé doré, du paradis, de tout ce qui ne ressemblait pas à son présent.

Ensuite, il y a eu des fois où, imbibé de boisson, Joe décidait de partager certaines réflexions avec son fils, sur la mère de Sam et, plus souvent encore, sur toi. Il semblait te rendre responsable d'à peu près tout sauf le choléra, et en particulier de la distance qui s'était creusée entre lui et Sam. En un sens, ce n'était pas dénué de réalité. Non qu'Anna et toi montiez son fils contre lui. Tout au contraire. Sam parlait souvent de vos efforts pour le convaincre d'aller chez Joe. Mais Sam a tellement d'affection et de considération pour toi et, d'après ce que j'ai lu dans le journal, il donne si fort dans le mimétisme que Joe, bien qu'obtus, n'a pas pu ne pas le voir. Sam te ressemble trop, et ressemble trop peu à son père. Ou devrais-je dire qu'il ressemble davantage à Anna qu'à Joe ? Mais, toujours d'après mon père, si Sam ressemble plus à Anna qu'à Joe – mêmes centres d'intérêt et même sensibilité –, c'est parce qu'elle vit dans ta sphère d'influence. Suis-je injuste envers elle ? Est-ce que je te flatte ? Peu importe. Quelles que soient les qualités qui m'ont séduite en lui (au-delà de son apparence physique qui, excepté sa stature, lui vient nettement d'Anna), elles n'émanent pas de Joe. Comment puis-je en être si sûre ? Eh bien, mis à part ce qu'en dit Sam lui-même, qui, nous le savons à présent, peut être faux, il se trouve que j'ai rencontré Joe Geraghty. Je vais y venir. Je le promets.

À ma connaissance, Anna et toi observiez une discrétion qu'assurément le père de Sam et ses « nouvelles mamans » n'égalaient pas. Sam ne vous a jamais entendus gigoter la nuit. Si c'est arrivé, il ne m'en a pas fait part. Mais toi, il t'a entendu. Il t'arrivait de crier au milieu de la nuit et tes cris le réveillaient. Cela le perturbait plus que les bruits venus des chambres successives de son père. Et quand sa mère lui expliquait d'où venaient tes cauchemars, héritage du temps passé en prison, cela n'aidait pas beaucoup. L'explication laissait entendre qu'il n'y avait aucune raison pour que tu cesses un jour de crier dans la nuit. Pis encore, elle imposait un réexamen critique du mythe dont il avait hérité, le mythe d'Anna et Simon. Elle impliquait qu'Anna avait pu laisser Simon, le Simon tant aimé, plus aimé que son propre père, croupir en prison plus d'une journée, apparemment beaucoup plus d'une journée. Si sa mère était capable d'abandonner Simon le temps de peser les choix qui s'offraient à elle, qui d'autre abandonnerait-elle, et dans quelles circonstances ? Que faudrait-il qu'il fasse ; pour que sa mère l'abandonne, lui ? Arrêter de rapporter des bonnes notes ? Ne pas répéter son piano ? Je ne prétends pas que tu étais la cause de ces peurs.

Tant que tu criais dans ton sommeil, il fallait que quelqu'un lui explique tes cauchemars. Tu as eu probablement raison de ne pas écouter Anna lorsqu'elle te déconseillait d'écrire sur ta détention. Sans doute craignait-elle que revivre la période ne te fasse du mal, mais comme tu n'as manifestement jamais cessé de la vivre, et que le livre a lancé ta carrière universitaire, on peut affirmer en toute sécurité qu'elle se trompait. Elle doit bien l'admettre, maintenant, non ? Comme toujours, elle voulait juste se montrer pragmatique. Certes, tu aurais dû parler à quelqu'un, à un professionnel. Mais à défaut, coucher l'histoire sur le papier n'était pas si bête. Papa n'aurait-il pas approuvé ?

10.

La question des intentions de Mitch a préoccupé l'esprit de mon père plus que de raison. Mitch avait avalé trop de comprimés en un laps de temps trop bref pour rester en vie. C'était simple. Une conclusion qu'imposait le côté quantitatif et empirique de la science médicale. « Quelles étaient ses intentions, docteur Klima ? » s'est souvent demandé mon père, comme s'il avait pu répondre. « Laissez-moi réfléchir... Je vais étudier ça. » Mitch avait-il eu l'intention de se donner la mort ? Et comment. Papa le savait, de la même manière que Gina savait que tu n'avais pas eu la permission d'emmener Sam.

Mais ce n'était pas vraiment savoir. Juste une forte présomption. Mis à part en interrogeant Mitch, qui refusait de parler à mon père, comment l'aurait-il su ? Par une lettre. Un suicidé sur quatre laisse une lettre. C'est la moyenne. La présence ou l'absence d'une lettre n'est pas déterminante pour la compréhension du geste, bien sûr, sauf si elle mentionne une explication, explicitement ou implicitement. Ce mot peut être juste un « au revoir ». Cela suffit. Ça peut être une ébauche d'explication. Peu de lettres offrent une ébauche d'explication et encore moins une explication à part entière. D'ordinaire, elles sont banales, ce qui, dans le contexte, tend à les rendre obsédantes. On croirait que le suicidé l'a griffonnée en vitesse avant de courir chez le boulanger chercher du pain : prends soin de toi, étudie bien, désolé de m'esquiver mais ça m'a paru la meilleure chose à faire, j'ai donné à manger au chien, si fatigué de tout ça, veille sur toi.

Virginia Woolf avait commencé sa deuxième lettre de suicide en exonérant son mari :

Très cher,

Je voulais vous dire que vous m'avez apporté le plus complet bonheur. Personne n'aurait pu m'apporter davantage que vous.

Je vous en prie, croyez-le.

Tu connaissais sans doute déjà.

Mitch avait rédigé une lettre. Si la tentative de suicide est authentique, imagine l'état d'esprit de l'homme dont le dernier acte de communication est un texte de cet ordre. Quelle colère en lui pour écrire, non à son fils – il avait un fils –, mais au monde en général dans le seul but d'accuser toutes ses connaissances ou presque des maux dont il souffrait. D'un autre côté, sa tentative n'était peut-être pas authentique. Il pouvait s'agir d'un appel au secours. Il n'avait pas répondu au téléphone depuis des semaines. Il avait laissé sa porte ouverte. Peut-être pensait-il que quelqu'un, pourquoi pas mon père, le trouverait à temps, allongé dans son pyjama neuf.

Mieux qu'une lettre, il y a la précédente tentative. Une tentative de suicide précédente est le meilleur présage de réussite. Une étude anglaise, a noté mon père, démontre que près de quarante pour cent des suicides réussis sont précédés de tentatives ratées. Mais rien de tout cela n'offre de garantie. Soixante pour cent des suicides réussis ne sont pas précédés de tentatives ratées. La première tentative est dans ce cas également la dernière.

Mon père avait déjà été confronté à des suicides, et le serait encore. C'était de son ressort, n'est-ce pas ? Non, erreur. Celui-ci était différent. Mon père était maudit. Il s'est torturé, s'est demandé s'il aurait dû voir venir l'événement, s'il aurait dû passer chez Mitch plus tôt, s'il aurait dû déployer davantage d'efforts pour l'amener à reprendre sa thérapie, s'il n'aurait pas dû l'adresser plus tôt à un autre praticien. Ou décider de le faire interner.

Aucun symptôme apparent ne justifiait un internement. Il y a plein de gens en colère et plein de gens malheureux. Très peu de gens malheureux se donnent la mort. Dans son journal, papa cite un psychiatre d'origine hongroise, Thomas Szasz : « Le bonheur est un état imaginaire, que souvent, jadis, les vivants attribuaient aux morts, et qu'aujourd'hui les adultes attribuent aux enfants, et les enfants aux adultes. » Non, Mitch n'était pas un sujet à risque.

11.

Pendant un certain temps, j'ai cherché partout une lettre de Sam. Je me suis dit qu'il avait peut-être voulu expliquer ce qui se passait. Je n'ai pleuré que quelques jours, sans doute parce que, au fond de moi, j'avais déjà compris. Et pourtant nous appelons, nous laissons des messages, puis nous hantons nos anciens repaires, d'abord par espoir, puis en souvenir.

Tu n'es pas d'accord ? C'est seulement après que l'on cherche à reconstituer les derniers événements.

Cela peut te paraître incroyable, mais je pense que nos problèmes ont commencé par une dispute politique. Je ne dis pas

« incroyable » parce que la politique était sans importance à nos yeux. Importante, elle l'est. Nous sommes tous les deux engagés, en idées et en sentiments. Je dis « incroyable » parce que au fond, nous sommes politiquement d'accord sur presque tout. Il te crédite de sa prise de conscience, et c'est tout à son honneur. Quand je lui ai répondu ça, il m'a répondu que le lui dire était tout à mon honneur. Donc, compte tenu de notre estime mutuelle, qu'est-ce qui a mal tourné ?

Les striations singulières qui définissent la personnalité de l'individu sont trop nombreuses pour être d'emblée reconnaissables, même par un observateur attentif. Une personne que nous pensions connaître peut subitement devenir quelqu'un d'autre, quand des fibres de sa personnalité jusqu'alors dissimulées sont poussées au premier plan par les circonstances. Sam était certes engagé en idées et en sentiments, mais il ne pouvait pas s'engager en actes. J'aurais dû le prévoir. Mais je n'ai pas su anticiper sa réaction quand je lui ai annoncé que j'envisageais de distribuer des tracts explicatifs sur le mode de scrutin de la prochaine élection fédérale, qui était imminente. Je ne lui ai pas demandé de m'accompagner, sachant fort bien qu'il refuserait. Cependant, la virulence de sa réponse m'a laissée croire, espérer, qu'il se sentait menacé par mes contacts personnels avec les éléments masculins du parti.

« Tu es jaloux, c'est ça ? Admets-le, l'ai-je gentiment taquiné avant de saisir la sévérité de son attitude.

– Jaloux de quoi ?

– Du temps que je vais être forcée de passer en compagnie de tous ces jeunes messieurs sérieux qui cherchent à gravir les rouages de la machine du parti.

– Les échelons.

– Quoi ?

– On gravit des échelons, pas des rouages.

– Vraiment, alors, qu'est-ce qu'on fait avec une machine ?

– On se fait happer. »

Ce n'était donc pas ça. Il ne se sentait pas menacé. Il était déçu, déçu par moi. Mon besoin soudain d'implication politique était pour lui une trahison choquante, non pas politique, mais personnelle. On ne se prêtait pas à ce genre de choses. Nous étions des solitaires, pas des « collaborateurs ». Tel était notre accord, une partie de notre accord, que je reniais. Pour moi, ce n'était pas si important que ça. Je me disais que j'allais peut-être rencontrer quelqu'un d'intéressant, homme ou femme. Ce n'était pas le signe de la moindre insatisfaction à son égard. Je pensais à haute voix. Juste une idée qui m'était venue.

« Tu fais ça pour des raisons politiques ou sociales ?

– Je ne suis même pas certaine d'aller jusqu'au bout.

– Mais si tu vas jusqu'au bout ?

– Je ne sais pas... un peu des deux. En réalité, c'est surtout... politique.

– Vraiment ?

– Pourquoi dis-tu cela comme si j'avais donné la mauvaise réponse ?

– Hé, c'est toi qui décides... ce qui te convient.

– Qu'est-ce que ça signifie ? Tu veux t'en débarrasser, de ce gouvernement !

– Bien sûr, mais...

– Mais quoi ?

– Je ne sais pas... Buchanan. C'est ce putain de Buchanan.

– Enfin, tu vas voter pour lui.

– Je vote contre le gouvernement.

– C'est pareil.

– Ce n'est pas pareil, de faire vraiment campagne pour lui.

– C'est juste, tu sais... des notices explicatives. Je ne suis même pas certaine que je...

– Rachael, comment as-tu pu même envisager la chose ? Buchanan est tellement... par où dois-je commencer ?

– Oh, c'est vrai, ta mère, ou Simon, ou quelqu'un, je ne sais plus, dit qu'il est louche. Bon, ils sont tous louches. Qu'est-ce qu'on entend par là, d'ailleurs ? C'est quoi, l'histoire ? Il a fait du plat à ta mère ou je ne sais quoi, il y a de ça dix ou vingt ans ? Tout le monde n'en a pas fait autant ? Supposons que ce soit le plus grand tombeur du monde politique. Franchement, cela ne me gêne pas, et...

– Il n'y a pas que ça. Écoute-le à la télévision. Il pue la duplicité. Qu'est-ce qui te plaît chez lui ?

– Il n'est pas au gouvernement.

– Alors vote pour lui, bon sang, mais ne fais pas campagne pour lui ! Il est comme le reste de toute cette pègre, peut-être à un degré moindre. Nomme-moi une politique qu'il ait mise en œuvre et qui te convienne. Tu en es incapable. »

Il m'avait coincée. À chaque seconde qui s'écoulait, plus je cherchais un exemple, plus j'avais l'air naïf et juvénile, plus j'avais l'air de ce que j'étais. J'aimais juste l'idée de m'impliquer dans quelque chose de plus vaste que ma petite personne ou mon diplôme, ma mère qui vivait dans un autre État, ma sœur, et mon père mort. Et là, j'ai trouvé mon exemple, un seul.

« Le projet de loi sur les droits des patients. Il a déclaré qu'il allait soumettre un projet de loi sur les droits des patients, pour que les gens ne se fassent plus dépouiller par les compagnies d'assurance santé. Tu es pour, non ?

– Oui, mais combien de temps t'a-t-il fallu pour y penser ?
– Enfin, ça, ce n'est pas sa faute.
– Non, mais c'est toi qui veux faire campagne pour lui. Et ça, c'est peut-être bien sa faute.
– Pourquoi ?
– Parce qu'il n'a sorti ce projet de loi sur les droits des patients qu'après y avoir été poussé, et encore, il a seulement déclaré qu'il allait l'envisager. S'il l'envisage, il ne le fera pas voter, et s'il le fait voter, il subsistera dans son texte tellement de failles que les compagnies d'assurance santé auront de quoi y engouffrer leurs ambulances. Sais-tu qu'il soutenait la limitation des compensations pour négligence médicale et pour les accidents du travail ? Il est de mèche avec les compagnies d'assurance, comme les autres.
– Mais dis donc, Sam, s'il est si mauvais, comment se fait-il que tu votes pour lui ?
– De l'autre côté, c'est pire.
– Enfin, lui, au moins, il dit des choses justes.
– Oh, Rachael, vote pour lui si tu veux, mais quand tu cherches autour de toi quelque chose en quoi tu puisses croire, ne crie pas " Eurêka " quand tes yeux se posent sur lui.
– En réalité, tu manques de confiance en toi ! » ai-je hurlé.

J'étais blessée et j'avais tort.

J'avais tort parce que, si sa réaction comportait sûrement une dimension d'insécurité, elle était loin de se limiter à cela. J'étais blessée parce qu'il avait révélé mon besoin d'appartenance. Mais il était blessé, lui aussi. Il était blessé et en colère par mon besoin d'appartenir à autre chose de plus vaste que nous deux.

Donc, tous deux blessés, nous nous sommes encore disputés et nous avons élevé la voix. Nous avons prononcé des propos que nous n'aurions pas dû prononcer. Je lui ai lancé qu'il avait besoin de se constituer ses propres opinions et de ne pas attendre que son beau-père et sa mère lui disent quoi penser. À peu près vers cette époque, au terme de quelques épithètes et insultes gratuites, il s'en est allé.

12.

« Donnez-moi plutôt un psychotique », suppliait mon père dans un passage qui, je crois, non, j'en suis sûr, traitait de toi. « Le problème, avec cet homme, écrivait-il, c'est qu'il était trop raisonnable. Il était trop aimable. Il était trop sensé. On aurait pu facilement se prendre pour lui. » Il s'agit de toi et pourtant, il écrit au passé.

Après qu'Anna eut agi comme il fallait en faisant de toi un homme honnête ou, devrais-je dire, non coupable, et que vous avez tous deux commencé... à vous faire la cour, mon père a semblé considérer qu'il t'avait perdu. Tu vois pourquoi il écrit au passé ? Cela peut paraître étrange, mais je crois qu'il pensait t'avoir laissé tomber. Il voyait ton obsession pour Anna comme une maladie ou un symptôme. Il était censé te soigner. Quand tu as été acquitté, libre, quand tout le monde, surtout toi, s'est comporté comme si tu avais vraiment eu une liaison avec elle, il s'est senti vaincu, peut-être même trompé.

Il est possible de duper un thérapeute, même un bon, n'est-ce pas ? La première fois que tu es venu le voir, ou plutôt la première fois que vous êtes venus l'un vers l'autre, mon père ne t'a pas trouvé si souffrant. Ton souci des autres était, jugeait-il, incompatible avec une dépression grave. Mais l'étendue de ta maladie est devenue impossible à ignorer quand tu as décidé d'inclure le kidnapping dans le décalogue de tes impératifs moraux. C'était une dégradation que papa avait été incapable de prédire.

Il écrit qu'en toi s'affrontent une aptitude à l'empathie, un sens moral élevé, une rationalité rigoureuse et une sensation de vide chronique, des angoisses d'abandon, des phases de colère aiguë et ton obsession pour Anna. Le résultat était un sentiment de honte immense. La folie (ce terme, c'est moi qui l'emploie, pas lui) était le prix à payer pour le temps passé à être trop lucide. Un prix que la plupart des gens, d'instinct, savent trop élevé. « Le jeu n'en vaut pas la chandelle, note mon père, narquois. Et donc, la quasi-totalité d'entre nous s'en sort en refusant d'observer lucidement les choses. Tout est un peu flou, mais comme ce flou est permanent, les gens ne le remarquent pas et nous disons qu'ils sont tous un modèle de santé mentale. »

J'aurais aimé débattre de ton cas avec mon père. Son écriture, toutefois, me permet de te considérer comme une victime classique de ce que Durkheim appelle l'anomie, situation qui naît de l'anéantissement des liens sociaux. Ça ne te rappelle pas ce que tu as vécu ? Comme le souligne Erich Fromm, pour supprimer cette anomie, il ne suffit pas simplement d'être nourri et vêtu. Il doit exister une correspondance significative entre les intérêts de la société et ceux de l'individu. Malheureusement, tu n'as jamais tenu en haute estime la consommation ni la compétition, les deux moteurs actuels de la société. J'aurais aimé en parler avec toi.

Comment réagir au poids d'une lucidité implacable : papa s'intéressait à la question. Cela peut partiellement expliquer l'intérêt qu'il te portait. Plus je progresse dans ce journal, plus je le vois établir une ligne de partage entre les gens qui s'encombrent de lucidité et les autres. Pour les seconds, l'équilibre émotionnel (ou stase) n'est menacé que par des éléments qui leur sont propres. S'ils peuvent éviter la pauvreté, l'abus de substances toxiques, les sévices sexuels, le chômage, le divorce, la douleur physique, la violence aveugle ou le déménagement, ils se sentiront bien et seront considérés comme sains d'esprit.

Mais qu'en est-il de l'autre groupe, de ceux qui, même fugitivement, s'encombrent d'une perception du monde tel qu'il est ? Ce groupe présentait un problème aux yeux de mon père. Rangeait-il dans la catégorie des sains d'esprit exclusivement les chanceux, les obtus et les simples d'esprit ? Aucun individu n'est totalement chanceux ni totalement simple.

Naturellement, laisser les choses en l'état ne le satisfaisait guère, et c'est là que Seligman et Beck font leur première entrée dans le journal. T'a-t-il parlé de Marty Seligman ? Aaron Beck et lui étaient les Empson de la thérapie cognitive. S'il ne t'a pas parlé d'eux, il aurait fini par le faire. Seligman a formulé le concept d'« impuissance acquise ».

Dans les années 1960, Seligman a mené une expérience. Un groupe de chiens était exposé à une série de chocs électriques aléatoires de faible intensité qu'aucun d'entre eux n'était en mesure d'éviter. Avant chaque décharge, l'animal entendait un signal d'avertissement. Ensuite, les conditions étaient modifiées : les chiens étaient mis en situation de pouvoir éviter les décharges en sautant une barrière quand ils entendaient le signal. Seligman s'attendait à ce que les chiens comprennent qu'au signal, ils avaient intérêt à sauter la barrière. Il n'en était rien.

Quand les chiens entendaient la tonalité, ils se contentaient de gémir et de se coucher en acceptant leur supplice. Seligman en a conclu que le premier stade de l'expérience – celui où les chiens ne pouvaient éviter la décharge – leur avait « appris » à être impuissants. Sans aucun moyen apparent de maîtriser la situation, les chiens se résignaient à leur destin. C'est cette résignation que Seligman appelle « l'impuissance acquise ».

Mon père a émis l'hypothèse que beaucoup de gens, ni totalement chanceux ni totalement obtus, ont appris à être impuissants. C'est ainsi qu'une énorme proportion de la société vit au jour le jour. Quoi que tu en penses, cela vaut aussi pour ceux qui comprennent le monde et qui ne font rien pour le changer. Ils ne tentent rien parce qu'ils se sentent impuissants. Tu as longtemps flirté avec l'impuissance, et puis tu as agi pour modifier ta situation. Tu t'es démené, tu t'es enfermé et puis tu as manœuvré pour revenir dans le courant. Que puis-je apprendre de toi ? Rien, tu n'étais réellement pas bien.

Il y a un hiatus énorme, de quelque douze années, dans ma connaissance de ta maladie. Peut-être es-tu rétabli ? À entendre Sam, à l'exception de tes cauchemars – un legs du temps passé en prison –, tu as vécu plutôt heureux, par la suite. Je sais qu'à son avis, dans le couple que nous formions, lui et moi, c'était moi la naïve. Mais je ne crois pas que ce soit si simple, que tu sois sorti de prison, que tu aies souri aux caméras et à ta famille, et qu'ensuite tu aies vécu heureux. Rien n'est jamais aussi fluide. Dans la greffe de ta vie sur celle d'Anna et de celui qui était alors un petit garçon, il a bien dû y avoir des moments de rejet. Et il subsistait toujours ce souci : Anna s'était débarrassée de son mari, du père de son fils, pour un obsessionnel au passif douteux – alcool, chômage, kidnapping, mais ses yeux resteraient-ils éternellement fixés sur toi ? Depuis quand une femme dotée d'une vision de dix dixièmes ferme-t-elle les yeux sur l'aubaine qui se présente à elle ? Tu me trouves injuste ? Je le suis, et pourtant tu sais qu'elle fréquentait quelqu'un quand tu as enlevé Sam, et ce quelqu'un n'était pas toi. Quand personne d'autre n'était au courant, il était facile de te figurer qu'il était raisonnable de parier sur elle, après ce qui s'était passé. Mais maintenant, eh bien, c'est là qu'est le problème.

13.

Ma mère et ma sœur aînée vivent dans un autre État d'Australie, et la qualité de leurs conseils n'est guère fiable – je m'efforce d'être objective. Mon père n'est plus en vie, c'est un fait connu. Parfois, quand j'y pense, je me conduis comme une enfant. J'ai laissé s'écouler un jour et demi après notre dispute ridicule, à Sam et moi, sans tenter aucune réconciliation. Ce qui a marqué cette journée et demie, ce n'est pas mon silence, c'est le sien. Je n'allais pas l'appeler. À lui de le faire. Tu peux en déduire à quel âge j'ai cessé de grandir.

Connaissant mes horaires de cours, Sam savait quand je serais sortie (je manque rarement un cours ; tu peux dire ce que tu veux, mais je ne suis pas fragile au point d'affecter l'indifférence pour mes études). Il a donc pu pénétrer en mon absence dans la résidence étudiante où j'habitais, il a la clef de ma chambre. Je m'étais imposé une espèce de retenue ponctuelle ; je ne l'appellerais pas avant le déjeuner ; une fois le déjeuner passé victorieusement, je décidais de ne pas appeler avant le dîner, et ainsi de suite. Quand je suis rentrée chez moi, ce jour-là, doutant du bien-fondé de mon silence, j'ai eu la joie insigne de découvrir un bouquet de fleurs, avec un mot écrit sur une carte.

Objectivement, le ton était à l'eau de rose. Mais subjectivement, c'était ce dont j'avais besoin. Il me demandait de l'appeler dès mon retour. J'étais si soulagée d'entrevoir la réconciliation et qu'il ait accompli le premier pas... Je n'avais plus rien à gagner à attendre davantage. Dès que j'ai eu lu son mot, j'ai enlevé mes chaussures, je me suis jetée sur le lit et j'ai décroché mon téléphone.

« Salut, c'est moi, ai-je déclaré à son répondeur. Décroche. J'adore les fleurs. J'adore ta carte encore plus. Où es-tu ? Réponds, espèce de salaud. Je suis impatiente de faire la paix... Non ? Tu n'es vraiment pas là ? Où es-tu ? O.K. Rappelle-moi dès que tu as entendu ce message. »

J'ai attendu, mais il n'a pas rappelé. J'ai attendu encore, pas malheureuse, juste impatiente. J'ai laissé un autre message, plusieurs autres sur son portable, et j'ai entamé des lectures pour un exposé. Je commençais d'être inquiète, mais à la vue des fleurs et du mot, je me suis dit qu'il ne fallait pas être stupide. J'ai essayé encore une fois, en lui laissant un message pour lui demander de ne pas me rappeler parce que je me couchais.

Dans la matinée, j'ai essayé chez lui et sur son portable, depuis le campus, pendant l'interclasse, là encore sans succès. Je suis allée me chercher quelque chose à manger et je suis rentrée chez moi. J'ai réessayé ses deux numéros, plusieurs fois, en laissant des messages de plus en plus inquiets. Je ne comprenais pas pourquoi je restais sans nouvelles. Nous n'étions plus fâchés. Je n'avais rêvé ni la carte ni les fleurs. Je me suis demandé si je devais appeler la police ou, en tout cas, un de ses amis. C'était la première fois que je songeais sérieusement à appeler Anna ou toi. Je ne savais pas exactement où elle travaillait, mais je me suis dit que je pourrais mettre la main sur toi par l'université. J'ai regardé les fleurs. Six roses à longue tige, cela n'a rien d'ambigu. Je me suis mise à paniquer. J'ai décroché le téléphone. J'allais t'appeler, toi ou la police. Alors que j'hésitais entre les deux solutions, mes yeux se sont encore une fois posés sur sa carte. Elle était sur le bureau, entre les fleurs et le journal. J'ai reçu comme un coup de poing. À présent, je savais que j'avais raison de paniquer.

Le journal, le journal de papa était sur mon bureau, nu sur mon bureau, près de la carte et des fleurs. Je ne l'avais pas laissé là. Je l'avais rangé dans le tiroir du haut de mon bureau. Je l'y remettais religieusement, chaque fois, après l'avoir lu. Il l'avait trouvé. Il avait dû s'ennuyer en m'attendant, il l'avait trouvé, il s'était mis à le lire, et puis, comprenant ce que c'était, il l'avait emporté. Il avait dû l'emporter chez lui, le lire et le rapporter en le laissant sur mon bureau. Maintenant, il sait tout ou croit tout savoir.

14.

La première chose que l'on remarque chez un homme, c'est sa taille, sa stature. Sam est grand. Mais son père est plus carré, plus imposant. Il était assis à son bureau sous un néon clignotant, dans le showroom où « Moon River » en version musicomètre filtrait par de minuscules haut-parleurs disposés à des endroits stratégiques. Je ne sais pas qui jouait le morceau. Était-il censé évoquer *Diamants sur canapés* ? Le choix de l'acteur George Peppard comme partenaire d'Audrey Hepburn devait cacher une sombre histoire, il était si peu fait pour le rôle. Comme Joe Geraghty. Vous regardez Joe et vous vous dites que non, on ne peut pas dire que Sam ne lui ressemble en rien. Mais Joe est si peu fait pour être son père. Il aurait dû être son oncle. Je voulais le voir avant qu'il ne me voie. Même assis, je voyais bien qu'il était grand.

Je savais où il travaillait parce que Sam me l'avait dit, un jour que nous passions devant en voiture tous les deux, en route pour je ne sais où. « Mon père travaille là », m'avait-il annoncé assez froidement, en pointant le doigt devant moi, vers la vitre côté passager, un endroit sur la Nepean Highway. J'ai regardé et j'ai lu : « Laffenden – voitures neuves et d'occasion ». Là où il y avait Reg Hunt, quand j'étais petite. Tu te souviens de cette partie de la route ? « Un kilomètre de voitures », c'était l'annonce. Il avait dû m'expliquer que son père vendait des voitures d'occasion, mais je ne m'en souvenais plus.

On est en droit de se demander pourquoi, partie à la recherche de Sam, je suis d'abord allée voir Joe Geraghty, je veux dire avant Anna et toi, alors que Sam ne l'avait pas vu depuis longtemps. La perspective de le rencontrer était pour moi bien moins intimidante que celle de rencontrer Anna et, surtout, toi. Le père de Sam n'avait eu aucune relation avec mon père et donc, à l'inverse de vous deux, il n'était lié à moi que par Sam. Ce qui était moins lourd à porter, pour moi. Et Sam m'avait répété plus d'une fois qu'il voulait essayer de mieux connaître son père, enfin, des propos de cet ordre. Sans doute était-il plus motivé, à présent qu'il avait lu le journal de mon père.

Il devait savoir désormais qu'on lui avait inoculé un mensonge sur les circonstances de la séparation de ses parents. Il devait savoir que, contrairement à ce qu'on l'avait amené à croire, sa mère n'avait pas vraiment quitté son père pour son amour de jeunesse. Elle fréquentait quelqu'un d'autre. Et c'est seulement quand cet autre s'était défilé qu'elle avait tranché, et en faveur de l'homme dont l'obsession maladive à son égard avait d'ores et déjà tout fichu par terre. Sam avait grandi sans savoir qu'en un sens, son père écopait à ta place.

Joe avait été catalogué comme le mari vulgaire, méchant, insensible, fornicateur compulsif. Je me suis dit qu'après avoir lu l'histoire véritable, Sam devait se sentir enclin à contacter son père. Comme je n'avais toujours pas reçu de nouvelles de lui, à une heure du matin, je me suis décidée à passer chez Laffenden voitures neuves et d'occasion pour voir si quelqu'un, là-bas, savait où il était. Il est impossible de trouver le sommeil avant d'avoir organisé un plan quelconque, si désespéré soit-il. Tu sais ça.

Après avoir remarqué la stature de l'homme, on remarque sa manière de vous regarder. Enfin, si vous êtes une jeune femme. On songe à l'histoire de la mouche et de l'araignée. Il s'est approché de moi avec un sourire. J'étais nerveuse, moins que si j'avais été en face de toi, mais quand même. Il ne comprenait pas. Pour lui, j'étais là pour voir ses voitures. Mais moi, je savais. Ce que je ne savais pas, c'était comment adresser la parole à un inconnu, comment lui parler, dans le showroom d'un garage, de son fils et de son divorce survenu dix ou douze ans plus tôt. Donc je me suis détournée, pour plonger le regard dans l'habitacle d'une voiture, un intérieur couleur taupe, on doit appeler ça ainsi. Ensuite, je l'ai senti : après-rasage, un nuage d'après-rasage avec un soupçon d'odeur masculine. Le nuage était sur le point d'éclater.

« La beauté va à la beauté, a-t-il susurré.

– Pardon ?

– J'espère que vous me pardonnerez de vous confier mes pensées, mais je crois qu'une jeune femme se doit de conduire une voiture qui lui permette de se sentir belle, et une belle voiture le permet. Sans aucun doute. Je m'appelle Joe. Vous êtes ?

– Je m'appelle... Rachael. »

Il m'a serré la main, en la gardant plus longtemps que nécessaire.

« C'est un beau nom. Presque biblique. Rachael, dans quoi roulez-vous, pour le moment ? Non, laissez-moi deviner...

– Non, je vous en prie, ne... ne devinez pas.

– Vous êtes jeune. Vous n'avez pas à avoir honte de votre véhicule. Vous avez encore du chemin à parcourir jusqu'à la voiture de vos rêves. J'ai eu une voiture, jadis, Rachael... Enfin, non, elle était plus qu'une voiture, elle était la voiture de mes rêves. Je ne m'y connais pas beaucoup en art, mais elle avait des courbes tout droit sorties de l'école du Bauhaus. On disait qu'y changer un micron aurait été une offense à l'œil. Ses performances ! Ça donnait. Vraiment. De zéro à cent kilomètres en 6,4 secondes. Même moi, je ne suis pas aussi rapide. Vous voyez ce que je veux dire ? C'était un roadster, l'Audi TT roadster. Une vitesse maximale de 243 kilomètres à l'heure. Elle feulait. Mais ce que je veux dire, Rachael... ce que je veux dire...

c'est qu'elle n'était pas ma première voiture. Non. Seulement, elle était ma voiture de rêve. Donc, peu importe ce que vous conduisez aujourd'hui, vous avez le droit au rêve. Alors, je vous ai vue regarder ce modèle-ci, et si cela peut vous aider à rêver... Pourquoi pas ? Je ne suis pas vraiment censé... Nous pourrions... Oh flûte ! Qui le saura ? Aimeriez-vous l'essayer sur la route, juste un petit coup ? »

Tel que c'était parti, je n'allais pas pouvoir placer un mot, ni sur son fils ni sur rien. Je me suis retrouvée sur le siège conducteur d'une voiture dont je n'avais même pas repéré la marque, avec lui et son après-rasage à côté de moi, et le silence. Il ne prenait la parole que pour me suggérer des directions. Il m'a fait tourner à droite pour quitter la Nepean Highway vers la North Road, jusqu'au bout, où il m'a proposé d'emprunter le giratoire sur le parking de la plage. Quand je me suis arrêtée, il m'a regardée, et je me suis sentie vraiment très nerveuse. Ce n'était pas du tout ce que j'avais anticipé.

« Rachael, a-t-il commencé.

– Joe, l'ai-je interrompu, je suis l'amie de Sam.

– Sam... mon fils ?

– Ouais.

– Bon dieu... il ne m'a jamais... enfin, le filou ! Où est-ce qu'il vous cachait ?

– Eh bien, c'est drôle que vous parliez de cacher. »

Quelqu'un sort s'acheter une voiture neuve avec un intérieur taupe et il se retrouve avec les échos d'une confidence faite sur un parking, devant la mer, à un vendeur stupéfait d'entendre sa vie rejouée par une femme inconnue et beaucoup plus jeune que lui. Un homme qui est facilement comique devient facilement tragique. Joe Geraghty m'a écoutée expliquer d'abord qui j'étais : la fille cadette du psychiatre défunt du mari de son ex-femme. Quand il a eu absorbé ce premier choc, il a appris que j'avais fait la connaissance de son fils à l'université et que, après avoir lu le journal de mon père, j'avais fini par en savoir davantage sur les parents de Sam, et en particulier sur son beau-père, que Sam n'en saurait jamais. Lorsque Joe a compris ce dernier point, il m'a demandé, presque craintif : « Que voulez-vous ? »

On aurait pu croire qu'il redoutait un chantage, que je ne veuille utiliser cette partie de son existence contre lui. Peut-être était-ce parce qu'on l'avait déjà utilisée contre lui, justement. Peut-être au cours de transactions sur le marché financier du cœur – qu'il contrôlait aussi mal que le climat, avec son habitude de laisser vides toutes les chambres d'enfant de tous les appartements où il s'installait. Aucun nuage d'après-rasage ne peut remplir le vide d'une chambre où personne n'entre jamais.

J'étais venu le voir pour savoir s'il pouvait m'aider, lui ai-je expliqué. Je voulais retrouver Sam. J'ai évoqué notre dispute, notre réconciliation par correspondance et comment, par la suite, j'avais découvert le journal de mon père sorti de sa cachette.

« Donc, il a lu ce journal, et alors ? Quel rapport avec moi ? Votre père n'a rien pu écrire sur moi. Il ne me connaissait même pas. Dans tout ce cirque, la victime, c'était moi, bordel ! Je ne comprendrai jamais Anna. Je l'ai jamais comprise. Et Simon Heywood... je ne sais pas... Je ne sais vraiment pas... Cet enfoiré, ce givré, il lit des poèmes et tout le monde le prend pour le Père Noël. Sam pour commencer. Pour Sam, c'est Jésus dans un emballage cadeau ! Il l'a kidnappé, bordel ! D'accord, il l'a aussi tiré d'une piscine quand il était petit. Mais n'importe qui en aurait fait autant. Quel genre de monstre il aurait été, s'il était resté bras croisés ? Quand j'avais de l'argent, Anna...

« Il faut que je ramène la voiture. Rachael, vous avez l'air d'en savoir tellement. Je me demande pourquoi vous avez cru le trouver avec moi.

– Parce qu'il va voir les choses autrement, maintenant, le passé et... je sais qu'il en aura envie... Il avait déjà parlé de passer plus de temps avec vous.

– Vraiment ?

– Oui.

– Il a vraiment dit ça ? »

J'ai conduit la voiture jusqu'à la cour du garage. Il m'a demandé mon numéro et m'a promis qu'il m'appellerait s'il recevait des nouvelles de Sam, à condition que j'en fasse autant.

« On pourrait peut-être... je veux dire, tous les trois, quand les choses entre vous se seront arrangées, aller manger un morceau ensemble.

– Ce serait sympa, monsieur Geraghty.

– Joe.

– Ce serait sympa, Joe, à supposer que Sam ait encore envie de me voir. Vous pourriez éventuellement lui glisser un mot en ma faveur ? »

Il a hoché la tête et je me suis éloignée de quelques pas, mais je l'ai entendu ajouter ces quelques paroles, à voix basse.

« Désolé pour vous.

– Vous pensez que mes chances sont faibles ? ai-je demandé en me retournant.

– Non, ce n'est pas... je pensais... à votre père. »

J'avais refait tout le chemin jusqu'à ma voiture quand je me suis rendu compte que je n'avais pas compris quelque chose. Pourquoi Joe ne lui avait-il pas révélé la vérité ? Pourquoi, au cours de ses récriminations alcoolisées contre Anna l'infidèle, n'avait-il jamais lâché qu'Anna fréquentait quelqu'un d'autre que toi, et que tu l'avais vraiment kidnappé ? Je suis retournée vers le garage pour le lui demander, mais il était occupé avec un client, une femme.

« Vous plaisantez ? disait-il à cette femme. Trop masculine ! C'est le modèle que conduit ma femme. Ma main au feu. Je ne la vois jamais. Elle est tout le temps sortie dans cette voiture... Rachael ! Ça faisait longtemps. Ma belle-fille. Reste avec nous une minute, ma chérie. »

La femme a fait mine de s'effacer, mais j'ai répondu que j'allais attendre.

« Ma belle-fille, Dieu la bénisse, elle est étudiante. Elle a tout le temps du monde. »

J'ai contourné le showroom, sourde aux invites des vendeurs. Ensuite, après que la femme est repartie les mains pleines de brochures, je suis allée lui poser question. Il a réfléchi un moment, avant de lâcher un soupir.

« Dès le début, quand il était gamin... Je ne sais pas, c'est... c'est juste une impression. Sam m'a toujours semblé... vraiment bien l'aimer.

– Qui ?

– Simon. Comme s'il y avait eu un déclic entre eux et je... Qu'est-ce que j'allais dire ? Votre fils, vous l'aimez ; vous voulez qu'il soit heureux. Qu'est-ce que j'allais dire ? »

Il a ajouté cela sans me regarder. Il était incapable de me regarder.

« Rachael, ma chérie, nous... nous avons une réunion commerciale, fit-il en consultant sa montre. Appelle-moi. »

15.

La dernière fois que j'ai vu mon père, c'était tard le soir. Ma sœur et moi, nous étions chez lui. C'était un dimanche et notre mère devait venir le lendemain matin nous emmener à l'école. Parfois, il allait travailler plus tôt que l'heure d'entrer en classe. Certains patients ne pouvaient le voir qu'avant de se rendre à leur bureau. Ma mère disait que, curieusement, il donnait rendez-vous à ces patients-là les jours où il avait ses filles. Ce commentaire n'était qu'une attaque au jugé dirigée contre lui sans penser à ma sœur et moi, mais du coup je me demandais pourquoi il ne voulait pas nous emmener à l'école. J'ignore s'il avait réellement un patient le lendemain matin à cette heure-là ou non. Je suis certaine qu'il en avait eu, à une certaine époque mais, à ce moment-là, son cabinet était vraiment mal en point.

La dernière fois que j'ai vu mon père, c'était tard le soir. Je ne sais pas quelle heure il était mais il était très tard, pas seulement tard pour des petites filles mais tard pour tout le monde. Ma sœur était endormie dans notre chambre et je me suis levée pour boire un verre d'eau. Il était assis dans le salon, dans le noir, en pyjama et en robe de chambre. J'ai juste discerné sa silhouette. Je suis allée vers lui et je me suis assise sur ses genoux.

« Coucou, papa, ai-je dit doucement.

– Coucou », a-t-il soufflé. Je lui ai demandé ce qu'il faisait et il m'a dit qu'il réfléchissait, c'était tout. Je suis restée assise là un petit moment, nous ne disions rien ni l'un ni l'autre. Ensuite, je suis descendue de ses genoux et je suis allée chercher mon verre d'eau à la cuisine. En retournant me coucher, je l'ai regardé assis là et je me suis endormie. Tu pourrais peut-être me raconter la dernière fois que tu l'as vu.

J'allais forcément te contacter, tôt ou tard. Sam a rendu notre rencontre urgente, et l'urgence m'a rendue folle. Je suis allée chez toi. Je me suis assise dehors et j'ai attendu un signe de sa présence. Il fallait que je lui dise, ou que quelqu'un s'en charge s'il refusait de me voir, que ce n'était pas ce qu'il croyait, pas de mon point de vue. Mon intérêt premier pour lui, notre relation – cela n'avait rien à voir avec toi et mon père. Cela ne fera peut-être aucune différence quant à ce qui va advenir de nous mais, pour moi, cela comptait de lui dire que je ne l'utilisais pas pour me rapprocher de mon père. C'est de lui que je veux être proche. J'aurais dû lui parler plus tôt du lien qui nous unit, mais comme je ne le lui avais pas révélé dès le début, je pensais qu'il était trop tard alors que, paradoxalement, il me semblait avoir encore du temps devant moi. Enfin, jusqu'à présent ; maintenant, il est vraiment trop tard. Les pertes qui sont votre faute sont celles qui font le plus mal, le plus longtemps.

Comme je n'avais pu le retrouver par l'intermédiaire de son père, vous deveniez incontournables, tous les deux. En fait, tu as toujours été une évidence. Mais sa voiture n'était pas devant chez toi et, quand je suis revenue le lendemain à la première heure, elle n'y était toujours pas. J'ai repensé me rendre à la police et l'informer de sa disparition. J'étais sur le point d'y aller quand la porte d'entrée s'est ouverte et je t'ai vu, toi, le remarquable Simon dont j'avais tant entendu parler, sur qui j'avais tant lu. Tu es allé à la boîte aux lettres prendre le journal.

Je t'ai regardé revenir, entrer, et j'ai attendu que tu refermes la porte derrière toi. Comme la porte ne se fermait pas, j'ai songé à sortir de ma voiture et à entrer à ta suite. J'allais le faire, quand tu es ressorti en portant un gros carton, et tu es monté dans la voiture garée dans l'allée. Il ne devait pas être plus de sept heures et demie du matin. Je me suis dit que le carton devait contenir de quoi manger, de l'épicerie ou je ne sais quoi, pour Sam. Il ne logeait pas chez toi, mais tu savais où il était. Tu lui apportais tout ça. Je n'avais plus qu'à te suivre, et vous parler à tous les deux, toi et Sam. Tu aurais peut-être à parler, toi aussi. Il venait de découvrir que tu l'avais kidnappé.

Tu t'es éloigné et je t'ai suivi, jamais à plus de deux voitures de distance, convaincue d'avoir vu juste. Tu t'es arrêté devant un petit pavillon, dans un lotissement, en face d'un parc. De ma voiture, je t'ai entendu écraser le gravier dans l'allée quand tu t'es approché de la porte. Tu ne m'avais pas vue.

Je suis toujours en quête de petits cailloux. Au début, Sam trouvait ça étrange et se moquait de moi. Il m'a dit que j'avais certainement envie de les jeter sur les fenêtres de la maison du vieux Radley. Tu te souviens de Boo Radley ? Sam m'appelait Poucet et il me demandait : « Personne ne t'a jamais appris à ne pas faire de mal à l'oiseau moqueur ? » Mais quand je lui ai révélé la raison des petits cailloux, il a cessé de se moquer de moi et, de temps à autre, il m'apportait des sacs de petits cailloux. Il venait avec. Il ne disait rien mais, le lendemain, je retrouvais chez moi un sac de petits cailloux.

Mon père est enterré dans la section juive du cimetière de Springvale, seul endroit au monde où il pleut sans discontinuer. Les juifs ne mettent pas de fleurs sur leurs tombes. Ils apportent des cailloux. Qui le savait ? Je n'y suis allée qu'après avoir eu mon permis de conduire. Sam me proposait de m'accompagner. Je refusais toujours. Il me demandait si c'était parce qu'il n'était pas juif, et je lui répondais que c'était ridicule. Je ne suis moi-même qu'à demi juive et, comme ce n'est pas du côté de ma mère, d'aucuns diraient que je ne suis pas juive du tout. Même mon père, qui était juif des deux côtés, n'a jamais été pratiquant, à ma connaissance.

Je ne pense pas qu'il lisait l'hébreu mais il y avait des lettres hébraïques dans une entrée de son journal, vers la fin. Pour moi, c'est du chinois, mais je les ai montrées à quelqu'un qui savait lire l'hébreu. Cet homme n'était pas sûr, mais il lui semblait, disait-il, que mon père avait tracé les lettres « comme si » son hébreu était incertain. Quand je lui en ai demandé la signification, il n'a pu me la dire. Cela m'a tellement intriguée que mon père écrive en hébreu, et quelque chose d'indéchiffrable, que je n'ai pu me résoudre à abandonner, et j'ai finalement trouvé. Il existe une tradition juive selon laquelle, si on sauve la vie d'un seul être humain, c'est « comme si » on avait sauvé le monde entier. Mon père avait écrit cela dans son journal après la tentative de suicide de Mitch, sorte d'esquisse de débat intérieur. J'essaie de ne pas surinterpréter ses griffonnages mais, celui-ci, écrit en hébreu, ne pouvait être là par hasard.

Prenons la chose au pis et disons qu'il aurait dû voir venir la tentative de suicide de Mitch. Il avait baissé les bras. Seulement, il l'a quand même sauvé, par hasard, mais sauvé quand même. Et ne t'a-t-il pas sauvé ? Si tu étais comme il te décrit dans son journal, en te sauvant, n'a-t-il pas sauvé ce qu'il jugeait être le meilleur de l'homme ? En somme, il a perdu sa bataille contre le système de gestion des soins à l'américaine. Mais il a bel et bien sauvé un individu assez fou pour livrer une guerre juste et suffisamment passionné pour insuffler une part de sa ferveur à la génération suivante. À moins que la colonne du passif, dans le grand livre comptable, n'ait été seule visible quand il a dressé le bilan ? Le système de santé, l'échec de son cabinet, l'échec de son mariage, la fin de sa relation avec Gina, et ensuite son quasi-échec avec Mitch – autant d'événements palpables, perceptibles.

À mesure que son journal avance, il consigne moins de choses sur lui-même et plus de réflexions sur l'état du monde. Il écrit : « Est-ce temporaire ou non, je ne sais pas, mais depuis un certain temps maintenant, la culture de soi pour soi a tant gagné de terrain que, pour traiter du bien commun, on s'adresse au psychiatre. Nous vivons nos émotions dans l'obscurité de nos propres ombres. Nous avons tout le temps froid et, la plupart du temps, nous ne savons pas pourquoi.

« Je n'arrête pas de chercher les empreintes des petits pas accomplis par les humains, mais elles ont disparu. Les Lumières sont achevées. Il n'est pas besoin d'être un génie pour s'en apercevoir. Je ne figure nullement parmi les meilleurs de ceux qui ont pu y croire. Je suis juste le dernier. Le fondamentalisme est partout, qu'il soit religieux ou économique, et partout on constate une réaction face à la complexité, une tentative d'ignorer les contradictions et les énigmes de notre existence. Les gens ont un besoin maladif de la simplicité, de ces paradigmes en noir et blanc faciles à assimiler. Le moindre flou, la moindre ambiguïté sont perçus avec hostilité. »

C'est le genre de choses qu'il écrivait. À l'occasion, les entrées sont précédées ou suivies d'une coupure de journal. Cette entrée-ci est illustrée par un article sur un incendie survenu dans une institution pour handicapés mentaux. Neuf résidents, tous handicapés mentaux, avaient péri carbonisés. Une enquête avait établi la négligence du gouvernement. Le système d'extincteurs automatiques était défectueux. Il n'avait plus été inspecté ni entretenu depuis des années ; neuf hommes, neuf individus parmi les moins aptes à se débrouiller seuls, avaient connu une mort horrible. À côté de cette coupure de presse, il y a un commentaire : « Ce n'était pas de la négligence. Les gouvernements ont renoncé à leur responsabilité sanitaire, sociale et éducative. Désormais, “ l'usager paie ” et, en effet, ces usagers ont payé. »

16.

Je pensais que tu pourrais me conduire jusqu'à lui. Donc je suis restée assise dans ma voiture et je t'ai regardé, anxieuse, porter ton carton le long de l'allée de gravier jusqu'à la porte de cette petite maison. Évidemment, je n'aurais pas dû m'attendre à ce que soit Sam qui ouvre. S'il louait une chambre, il était probable que les propriétaires viennent ouvrir. Mais, malgré tout, quand j'ai compris que ce n'était pas Sam, j'en ai eu le cœur serré, et encore plus serré de voir une femme. Une femme que je n'avais jamais vue auparavant ; je me suis sentie prise de nausée. Voilà ce qui arrivait, quand on obéissait à ses intuitions et qu'on suivait les gens. On finissait par savoir des choses qu'on n'avait pas envie de savoir. Cela n'avait aucun sens. Sam avait des amies et même deux ex-petites amies, mais je les connaissais ou tout au moins je les avais rencontrées. Ce n'était pas l'une d'elles. Je me disais qu'il n'était pas possible qu'il fréquente quelqu'un d'autre, pas déjà, et soudain j'ai compris que Sam n'était pas là et que je t'avais suivi jusqu'à une maison sans rapport aucun avec lui.

La découverte aurait dû me soulager. Mais ç'a n'a pas été le cas car ce que j'ai vu ensuite, toujours au volant de ma voiture, m'a stupéfaite. Tu enlaçais cette femme et tu l'embrassais.

J'étais scandalisée. Je me sentais des envies de meurtre. Après tout ce que tu avais fait subir à mon père, sans parler des autres, avec ton obsession indéfectible pour Anna, il fallait que tu la trompes. « Espèce de salaud, enfoiré, salaud », ai-je hurlé au nom de mon père, toujours dans ma voiture. Personne ne pouvait m'entendre.

Un suicidé sur quatre laisse une lettre. Cela signifie que trois sur quatre n'en laissent pas. La probabilité qu'il n'en laisse pas reste donc la plus forte. De toute façon, la plupart de ces lettres sont des parodies de lettres. Leur banalité est gênante. Si notre dernier acte de communication avec le monde doit avoir la banalité de ces lettres, il y a vraiment de quoi se suicider. Mais si cette lettre était assez longue pour qu'on n'identifie pas sa nature ? Tu me juges cinglée de penser qu'il a voulu mourir. Il y a trop de raisons que tu penses autrement. Tu as besoin de penser que c'était un accident. Gina aussi a trop de raisons, mais elle n'est pas aussi affirmative. Elle pense qu'il en avait l'intention. Elle ne s'est pas étendue sur le sujet, mais je sais qu'elle le pensait.

La dépression palpite au cœur des suicides. Sa première erreur a été de vouloir traiter seul sa dépression. Les dossiers montrent assez clairement ce qu'il en était. Il s'autoprescrivait du Prozac, un inhibiteur sélectif de la recapture de la sérotonine, ou ISRS. Et, comme cela ne fonctionnait sûrement pas, il est passé à un antidépresseur plus classique, encore distribué en Australie à l'époque, le Nardil, qui n'était pas un ISRS mais un médicament répertorié parmi les inhibiteurs de l'oxidase du monoamine, ou MAOI. Au moment de changer l'un pour l'autre, il est allé trop vite. Il a pris le Nardil alors que le niveau d'ISRS dans le sang était encore trop élevé, et a ainsi provoqué une synergie fatale. C'est ce qui l'a tué. Cela s'appelle le « syndrome de la sérotonine ». Il ne s'agit pas de spéculations formulées par sa fille douze ans après les faits. Le rapport du coroner l'atteste. Il n'a pas attendu assez longtemps, après avoir interrompu le Prozac, pour passer au Nardil.

Qui, mieux qu'un psychiatre en exercice, connaissait les effets secondaires de ces médicaments ? Qui était avisé des conséquences toxiques, et même fatales, d'une mauvaise administration de ces substances ? Qui savait qu'il était stupide de traiter soi-même sa maladie mentale ? Accompagne-moi dans le quartier juif du cimetière de Springvale. Nous resterons debout sous la pluie avec une poignée de petits cailloux et tu pourras me dire que c'était un accident.

Peut-être a-t-il écrit ce qui suit par accident :

« C'est la grande réussite de ces vingt-cinq dernières années, mieux que le Prozac ou le Zoloft : faire passer l'asservissement de millions de gens à la tyrannie d'un marché mondial dérégulé pour une révolution en faveur de la liberté.

« Ils arrivent de la ville, des quatre coins du pays. Et dans chaque ville, il en vient de tous les coins de rue, jour après jour – entités mouvantes inconscientes, abattues, brisées, en quête d'un travail qui n'existe plus, un travail stable, gratifiant. Mais ce travail-là a disparu. Il s'est enfui dans des pays où la main-d'œuvre coûte trois fois rien. Ne te méprends pas, ne te laisse pas aveugler par l'éblouissement des lumières omniprésentes, qui, détail cruel, ne sont jamais allumées. Elles ne dégagent aucune chaleur. C'est une ère froide et bestiale. »

17.

Un suicidé sur quatre laisse une lettre. La dernière fois que j'ai vu mon père, c'était tard un soir. J'étais assise sur ses genoux et ensuite je suis allée me chercher un verre d'eau. J'aurais dû rester. Je n'aurais jamais dû descendre de ses genoux. Quand l'as-tu vu pour la dernière fois, et pourquoi n'était-ce pas après moi ? Gina ne croit pas que c'était un accident. Elle pense que c'était intentionnel. Elle le pense encore aujourd'hui, maintenant que je lui ai confié ce que je sais. Elle ne m'en a rien dit, mais je sais qu'elle le pense. Elle n'arrive plus à se rappeler pourquoi elle ne l'a plus revu, au juste. Elle essaie de ne pas le montrer mais, quand je la regarde, au dîner, je sais que la question persiste en elle. Voilà pourquoi, trois mois après que je l'ai vue pour la dernière fois, elle m'a envoyé un chèque du montant qu'il lui avait laissé. Je ne saurais l'utiliser, tu sais que je ne peux le garder.

Ma sœur n'accepte pas l'idée que c'était intentionnel. Elle dit que le rapport du coroner souligne que sa capacité de raisonnement devait être affectée. Les faits s'accumulent, jusqu'à ce qu'ils soient assez nombreux pour composer une histoire. L'histoire, comme toutes les histoires, supporte des points de vue contradictoires.

Je croyais que tu me conduirais à Sam, donc je suis restée assise dans ma voiture et je t'ai regardé, anxieuse, porter ce carton jusqu'à la maison le long du gravier. Tu as sonné à la porte, la porte s'est ouverte et, de ma voiture, je t'ai vu embrasser la femme qui t'avait ouvert. Je ne la connaissais pas. Je ne l'avais jamais vue. Elle était jolie. Trop jeune pour être ta mère, et tu n'as pas de sœur, mais elle t'a laissé entrer. J'ai attendu, en proie à la fureur, et je t'ai vu t'engouffrer à l'intérieur. La porte est restée ouverte et, un instant après, tu es revenu chargé de casseroles et de poêles vides que tu as chargées dans ta voiture. Ensuite, tu es retourné à la porte d'entrée où elle t'a accueilli, et elle a refermé derrière elle, de sorte que vous vous êtes retrouvés tous les deux sur le seuil, dehors. Tu l'as prise par le bras, son bras libre. Même avec sa canne, elle marche en boitant fortement.

Je le sais parce que je vous ai regardés marcher bras dessus bras dessous, lentement et péniblement, faire deux fois le tour du parc en lançant de temps à autre des miettes de pain aux moineaux. Après votre premier tour, je me suis mise à pleurer. Je n'étais plus en colère. Je savais qui était cette femme et j'ai compris qu'Anna savait. Angelique, la femme que tu appelais Ange.

J'ai failli t'appeler tant de fois. Sam manque à l'appel et mon père me manque. C'est donc le bon moment. Surtout maintenant, parce que je sais quoi faire de l'argent que Gina m'a envoyé. Il est à elle. Je ne sais pas si sa blessure était déjà grave ou si le système de santé, selon les prédictions de mon père, l'avait aggravée à force de veiller sur les courbes des résultats financiers plutôt que sur les siennes.

Après ma sœur et moi, c'est sûrement à toi qu'il manque le plus. À nous trois, nous sommes tout ce qui reste de l'œuvre de sa vie. Surtout toi. Comment était-ce, déjà ? « Si tu sauves une vie.. » M'aideras-tu à trouver Sam ? Tu as le chic pour savoir où il est quand tout le monde le cherche...

Je veux savoir si tu m'aideras aussi pour autre chose. J'aimerais te lire la dernière entrée du journal de papa. Sa signification est loin d'être claire mais, étant donné ta proximité avec lui et ta compétence, tu as plus de chance que les autres de comprendre. Cela ne veut peut-être rien dire. Je n'en sais rien.

Le plaisir vit là où le sens s'est éteint.
Le plaisir vit là où le sens s'est éteint.
Engendré, enrôlé, inspiré, viré, perdu, fatigué.
J'ai raisonné, mais cela ne rimera guère.
Il en est pour qui le plaisir ne peut pas vivre si le sens s'est éteint.

Qu'est-ce que tu en retires ?

Remerciements

Pour leur aide à divers titres (parfois à leur insu), l'auteur souhaite exprimer sa gratitude à : The Australia Council for Arts, la famille Bevilacqua, Andrea Brookes, Craig L. Brookes, Sarah Chalfant, Nikki Christer, Barbara Cirignano, Virginia Fay, Doug Ferguson, Simone Ford, Rick Goldberg, David Grace, Julie Grau, Carmen Guirner, Deborah Gurner, Fred Gurner, Jack Gurner, George Halsz, Lib Perlman Handfield, Toby Handfield, Trevor Hildebrand, Mark Irving, Jo Jarrah, Wendy Koleits, Dorothy Kovacs, Susan Lehman, Mark Lock, Peter Marfleet, Liz Marley, Lena Martin, Ross Martin, Martine Murray, Zoë Pagnamenta, Janine Perlman, le Prostitute's Collective of Victoria, Glen Ramos, Nos Sacks, Saud A. Sadiq, Rod Saunders, Suzie Sharp, Ted Woodward, Andrew Wylie et Brent Young.

Une version précédente de la première partie est parue dans *Granta*, et je dois tous mes remerciements à Ian Jack, Liz Jobey et Sophie Harrison pour leur aide dans sa préparation.

Harry Perlman mérite d'être distingué ici pour son attention critique, prodiguée aux nombreux personnages de ce livre, durant toutes les années de sa création. Sa lecture minutieuse et ses conseils profonds se sont révélés précieux, et je ne saurais m'acquitter de cette dette par des mots seuls.

Autorisations

« La Chanson d'Amour de J. Alfred Prufrock », Premiers poèmes choix (1910-1920) *in Poésie* (édition bilingue, traduction de Pierre Leyris), Thomas Stearns Eliot, © Le Seuil, 1947, 1950, 1969.

« Dans le Verger », poème de A.G. Swinburne, DR.

« Quelques conseils à ceux qui vont passer un peu de temps en prison », Nazim Hikmet, DR.

Le sonnet 116 de Shakespeare est extrait des *Sonnets*, traduit sous la direction de Pierre Leiris et Henri Evans, Le Club français du Livre, 1971.

Le Procès, Franz Kafka, traduit par Alexandre Vialatte, Bibliothèque de la Pléiade, Gallimard, 1933.

Billie Holiday, « Lady Sings the Blues ». DR.

Howl (édition bilingue), Allen Ginsberg, traduit de l'américain par Jean-Jacques Lebel et Robert Cordier, Christian Bourgois, 1993.

Cet ouvrage a été composé et imprimé par

FIRMIN DIDOT

GROUPE CPI

Mesnil-sur-l'Estrée

pour le compte des Éditions Robert Laffont
24, avenue Marceau, 75008 Paris
en mars 2005

Imprimé en France
Dépôt légal : janvier 2005
N° d'édition : 46016/06 - N° d'impression : 72902